# 부동산사전

# 부동산사전 不動産辭典

**초판1쇄 발행** 2022년 3월 4일

**지은이** 김영택
**펴낸이** 이길안
**펴낸곳** 세종출판사

**주소** 부산광역시 중구 흑교로 71번길 12 (보수동2가)
**전화** 463－5898, 253－2213~5
**팩스** 248－4880
**전자우편** sjpl5898@daum.net
**출판등록** 제02-01-96

ISBN 979-11-5979-491-9 03320

정가 46,000원

# 부동산사전

## 不動産辭典

백송 김영택 올림
김성훈 도움

세종출판사

# 머리말

필자는 역리사입니다.

명리를 전공으로 했으며 부전공을 주역을 하면서 우연히 풍수에 관심을 가지게 되어 택리지나 명당전서 등으로 공부를 했습니다만 무엇인가 명쾌하게 느껴지는 것이 없어 지금의 풍수론을 가지고 연구하여 2009년에 지상 학이란 제목으로 출판을 하였습니다.

책을 내고 보니 풍수 이론과 주역과 명리가 얽혀 주관이 없어 보여 다시 정리해서 초보자라도 이해가 가는 쉬운 책을 써야겠다는 생각이 들어 이 책을 출판하게 되었습니다.

필자는 책을 쓰기위해 한 지번 마다 비교하고 관찰하여 일치하는 부분이 많아서 저만 알고 있기에 안타가워 풍수에 관심이 있는 모든 사람들과 공유하고 싶은 마음에서 이글을 올립니다.

인간의 운명은 타고난 팔자에 의해서 살아가는 것은 아니라고 봅니다. 타고난 운명이 불운하다 하더라도 주소지를 잘 만나면 행운을 얻어 잘 살수 있다는 것을 필자는 느끼게 되었습니다.

그래서 필자는 이 책의 제목을 부동산 사전(不動産辭典) 일명 주소지의 비밀로 선택하게 되었습니다.

시(市) 구(區) 동(同)번지가 생년월일과 같이 비유할 수 있으며 첫 번째 시나 도를 잘 선택해야 하며 두 번째 구나 군(郡)을 잘 만나야 하며 세 번째 동 또는 리를 잘 만나야 하며 그리고 마지막으로 번지를 잘 얻어야 운명을 개운할 수 있습니다.

필자는 이 책을 팔아 돈을 벌자는 마음은 없습니다. 다만 이 책을 독자들이 많아 보고 이치를 깨달아서 이사를 가고 공장 상가를 잘 구별하여 행운을 얻어 잘 살아가는 이웃이 되었으면 하는 마음입니다.

그러므로 필자는 지금까지 전해오는 풍수의 의미를 새롭게 누구나 공감할 수 있는 풍수로 전환하여 현실에 맞게 전해주고 싶은 마음입니다.

이 글을 읽고 좋은 지번을 얻어 가정에 행운이 깃들기를 바랍니다.

저자 백송 김영택 올림

김성훈 도움

# 차례

# 제 1 편

# 우주의 원리

# 제1편 우주의 원리

## 1장 우주의 운행

먼저 풍수를 이해하기 위하여서는 우주의 기본이 어디서 어떻게 발원 되었으며 어떻게 진화되어 왔을까하고 의문을 가져보아야 할 것 같습니다.

일 월 화 수 목 금 토(日 月 火 水 木 金 土) 어디서 많이 보아왔던 눈에 익은 글자입니다. 우리들 집에 한두 권씩 있는 달력에서 볼 수 있을 것입니다. 필자는 늘 달력을 보면서 너무나 신비롭고 무서운 뜻을 가지고 있는 의미에 감탄할 수밖에 없었습니다.

먼저 천지가 창조될 때 자연 현상을 그대로 표현한 의미의 글자입니다.

인간의 세계가 시작되면서 인간의 눈에서 보고 느낄 수 있었던 것은 밝고 뜨겁고 하늘에는 둥근 불덩어리가 한동안 지속하드니 일정한 시간이 지나고나니 어두 어 지면서 하늘에는 차고 냉한 기운이 감도는 둥근 물체가 점점 밝아 지드니 어느 일정한 시간을 두고 어둠이 지다가 없어지고 또 어느 시간이 경과하면 하늘이 밝아지면서 뜨거운 불덩이가 한동안 지속하다가 어두운 기운이 올 때는 차고 냉한 밝은 현상이 교차하는 현상을 느끼게 되어 아 한번은 뜨겁고 한번은 차고냉한 밝은 현상이 바뀐다는 것을 알게 되었을 것입니다.

뜨겁고 밝은 현상을 낮이 라고 하고 달력에 제일 처음 글자를 날 일(日)자라고 볼 수 있으며 지구에서 가장 처음 느낀 현상이라고 할 수 있다. 그리고 차고 냉한 밝은 것을 보고 달 월(月)을 쓰고 두 번째 느낀 자연 현상이며 이 두 현상이 교차하면서 즉 바뀐다고 하여 날 일자에 달 월자를 쓰서 바뀔 역이라고 하였으며 나중에 날 일(日)에 말 물(勿)자를 쓰서 지금에 쓰고 있는 쉬울 역 바뀔 역이고 생각 합니다. 이러한 낮과 밤이 교차하는 시간이 수 억 년이 지나면서 지금의 지구의 모습이 불덩이(火)였으며 이 당시에는 생명이 없는 무극의 현상이며 달력의 세 번째 현상이 라고 할 수 있습니다.

그리고 하늘에 있는 해는 뜨겁기는 하지만 태울 수가 없으며 지구의 용암이나 지열로 인하여 불이 일어나는 것을 보고 뜨거운 빛과 태울 수 있는 열이 있는 것도 알 수 있었을 것입니다.

낮에는 뜨거운 지열이 밤에는 우주로 가서 이슬방울로 지구로 오기도하고 많은 수분을 머금고 비가 되어 폭우로 홍수를 일으키며 뜨거운 지면을 식히고 또 마르고 하는 현상이 네 번째 자연현상이 水(물)이라고 할 수 있을 것이며 맑게 정수되어 먹을 있는 물과 혼탁하여 먹지는 못하지만 씻을 수 있는 물로 구분 할 수 있었을 것입니다. 이러한 공간이 한없이 흘러 지구의 표면이 식어가면서 깊고 얕은 표면에는 물이 고이고 물속에는 다른 생명의 인자가 지금의 물고기의 원조가 되는 생명체가 생겨났다가 사라지고 또 웅덩이 가에는 한두 포기의 초목이 생겼다가 곧 없어지고 하는 시간이 흘러 처음에는 한 종류의 초목이 돌연변이 되었다가 다 종류의 초목으로 변화되었을 것입니다.

처음에는 2~3일 존재하던 생명력이 일주일 그리고 한 달 두 달로 구성하면서 진정한 초목의 현상으로 지구의 다섯 번째 주인이 탄생 하게 되었다고 할 수 있을 것이며 풀과 나무로 구분 할 수 있는 지혜도 느끼게 되었을 것입니다.

지구상에 물이 존재하기 시작하는 시점이 생명체의 시작이라고 말할 수 있으며 인과응보의 규율이 자연의 나름대로 지켜지고 있었다고 말할 수 있습니다.

초목은 물을 실어 미생물의 생명체도 만들고 잎은 초식 동물들의 먹이사슬로 진화 하였으며 그리고 육식동물로 생겨나고 또 멸종되어 갔을 것이며 그들의 사체 또는 초목의 잎이 썩어 물길을 따라 또 다른 인자를 만들어 지금의 다 종류의 식물 동물의 진화가 되었다고 볼 수 있었습니다.

이러한 과정의 공간이 수천 년 수억 년 흘러가면서 지구의 표면에는 물이 흘러 흙은 떠 내려가고 남은 자리에는 딱딱하고 무겁고 날카로운 자연현상이 생겨나고 이것을 이용하여 무기로 연장으로 활용하면서 금기시대 라고 할 수 있는 지구의 여섯 번째 자연 현상이 이루어 왔다고 할 수 있을 것입니다.

금(金)은 스스로는 유동할 수 없는 정적인 물질이며 풍경 경치 자원이다.

불의현상 물의 현상 목의 현상과 금의 현상을 담고 있는 현상이토(土) 지구 땅이다. 이것이 자연의 일곱 번째 진화라고 할 수 있으며 땅은 불과도 사랑하며 물을 만나도 기뻐한다. 나무를 만나면 배려하고 금을 만나면 감사 안아 준다. 흙은 자연의 주인이며 성정은 여성이다.

## 2장 오행의 의미

화에는 음양으로 두 가지 이론이 성립된다.

하나는 정적이고 빛이고 하나는 유동적이고 열이다. 빛은 음지를 밝게 하고 일정한 위치에서 생명체를 양육한다. 유동적인 열은 길흉을 함께한다. 응용하기에 따라 많은 변화를 활용할 수 있다고 할 수 있을 것입니다.

물에도 음양으로 두 가지 이론이 성립된다. 정적인 물과 유동적이 물로 구분할 수 있으며 정적이것은 고여 있는 물이라고하고 못 호수 바다 등으로 구분할 것이며 유동적인 물은 흘러가는 물을 말하며 강 시냇물 우물 같은 경우를 말할 수 있다. 다르게 표현하면 정수가 잘된 물 즉 먹는 물과 주사액 과 같은 작은 양의 원액으로 많은 양을 희석하여 큰 효과를 얻을 수 있는 물과 자연수 즉 농업용수 또는 공업용수 등으로 나눌 수 있을 것입니다.

다음은 목의 성정이다.

목에도 두 가지 이론이 있을 수 있다. 하나는 풀잎 같은 해마다 지고 피는 화초 같은 경우이고 하나는 목재로 쓸 수 있는 큰 나무로 구분한다. 초목이 성립되면서 초식 동물이 잉태 되었다고 할 수 있으며 따라서 육식동물의 순서로 생겨나고 또 멸종되고 하는 반복이 진행 되면서 다른 인자 돌연변이가 지금의 환경으로 지금도 보지 못한 다른 종류의 인자로 변화되고 있다고 보아도 무리가 없을 것입니다. 하나는 목재로 쓸 수 있는 거목 큰 나무이다. 큰 나무는 홍수를 방지하고 다리를 놓고 무기로 연장으로 응용되고 무엇보다도 인간에게는 집을 짓는데 소중한 자원이 라고 할 수 있다.

다음은 금의 성정이다.

많은 양의 비 또는 폭우가 홍수를 이러키고 물은 산사태를 만들면서 흙은 떠내려가서 남은 자리에는 바위 암석으로 기암절벽으로 풍경을 만들어 온갖 자원을 만들어 인류를 발전하는데 큰 역할을 하였다고 할 수 있다.

금에도 두 가지 이론이 성림된다. 하나는 움직일 수는 없지만 보는 것으로 아름다운 자원이 될 수 있을 것이다. 곧 자연관광이다. 풍경 경치 채광 경계 방어 등 일 것이다. 또 하나는 자갈 모래 작은 알갱이의 돌이다. 은폐 양육 응용 재료 등의 활용되는 것이 많으며 원석에서 생산으로 분류할 수 있는 성정이다.

다음은 흙의 성정이다. 흙은 네 종류로 구분 할 수 있다. 하나는 물을 담수하여 물고기나 수초를 양육하는 (堤防) 흙이 있을 수 있다. 하나는 초목을 양육하는 흙(田園)이다. 하나는 인간이나 동물을 양육하고 주택의 용도로 슬 수 있는 대지(건축용)의 흙으로 활용 하는 흙이다. 그리고 나머지 하나는 유통무역 도로 경계 운동장 활주로 무대 등으로 구분할 수 있으며 농업지로 큰 나무를 기르는 임업의 땅으로 사용 하거나 구분할 수 있다.

흙은 지구의 의미이고 지구의 의미는 화(火) 수(水) 목(木) 금(金)의 어머니요 자연(風水) 모체다. 제 각각 다른 성정의 물질의 의미를 습득하면 풍수나 어떤 땅을 어떻게 활용하여 어떤 이익을 얻어 성공할 수 있을 것인가를 느낄 수 있을 것입니다.

## 3장 인류의 진화관계

- **토기시대(土氣時代)**

초목이 생겨나고 또 사라지고 무수한 변화가 일어나면서 처음으로 유동적 생명체가 생겨나고 사라지는 과정에서 처음에는 초식동물 그리고 변화하는 과정에서 육식동물이 생겨나며 그 가운데 하나라고 할 수 있는 인간도 탄생되었다고 할 수 있을 것입니다. 인간은 처음에는 동굴에서 또는 흙에 의지하면서 (땅굴) 생활하였으며 주식은 풀로 시작하여 육식으로 진화하여 왔다고 할 수 있을 것입니다. 흙은 자식을 금을 두었으며(土生金) 500년 아니면 5천년의 장대한 역사를 이루고 군림 하였다고 할 수 있었을 것입니다. 흙에 초목을 심어 농사를 짓는 방법이 형성될 수 있거나 흙을 이용해서 집을 지어 비바람을 피할 수도 이었을 것입니다.

• 목기시대(木氣時代)

기름진 땅에는 무수한 풀과 나무들이 그들의 시대를 창조하여 갔으며 인간은 나무를 이용하여 집을 짓고 사나운 동물들의 침입을 피했을 것이며 동족간 영역이나 나무로 이용한 무기 교량 등 생활에 필요한 재료로 활용 하였을 것입니다. 목은 자식을 화를 두고 자신의 시대를 300년 또는 3천년의 기반을 다지며 문화와 역사를 구성하여 왔을 것입니다.

• 금기시대(金氣時代)

한편 흙의 후손으로 태어나 목으로부터 패망한 (木克土) 아버지의 시대를 그리워하며 와신상담 복수의 날을 기다리던 금은 무겁고 단단한 돌을 이용해 무기를 만들고 금극목(金克木)의 원리로 목을 치고 금기 시대의 역사를 만들게 되었다. 금기는 연장 무기를 만들어 농사를 짓는데 이용하였으며 전쟁의 무기로 강한 역사를 이루어왔다. 금은 자식을 水(물)로 두고 목에게 물로서 순종하도록 조종하여 자신의 강함을 과신하였다.

• 화기시대(火氣時代)

한편 목의 자식으로 태어나 금의 칼날아래 처참하게 죽어간 아버지를 생각하며 복수의 날을 기다리던 화는 아버지 목(木)의 인자를 개발하여 (火克金) 화약을 만들고 화기를 이용해 그 천하무적 이라고 자랑하던 금기를 녹여서 제압하고 마침내 화기 시대를 열어간다.

화는 생식하던 인류에게 익혀 먹는 식생활로 변화하였으며 추위를 피하게 하고 질병을 막아주고 다른 인자를 생성시켜 수많은 생명의 개체수가 늘어났으며 인류역사상 가장 많은 문화와 유산을 형성시켜주었다. 화는 자식을 흙을 두었으며 흙에게 물을 조심하라고 일러주고 복수를 부탁하고 200년 혹은 7천년의 역사를 군림하였다.

• 수기시대(水氣時代)

한편 금의 아들 수는 뜨거운 화마 속에서 녹아 사라져간 아버지를 생각하며 복수의 날을 기다리고 있었다. 수는 어머니의 인자를 얻어(金生水) 물의 양을 비축하여 왔다. 화의 모체인 나무를 물로 유혹하여 6월의 장마의 힘을 빌어 화의 발아를 막아 화를 전몰시켜버렸다.(水克火)

마침내 수기시대의 시작이 전개되었다. 화의 인자인 목을 이용하여 배를 만들고 수륙양륙의 무역시장을 발전하였으며 지나온 역사를 통해 흙을 이용하여 농업을 부흥시키고 금기를 이용하여 기계문명의 혁신을 가져왔으며 화의 기운에서 예술에서 의술 초목의 발육 등 많은 발전을 이룩하였다. 물은 생명의 물이요 자연 정화의 역할로 많은 미생물의 모체로 자리한다.

## 4장 우주와 지구 그리고 자연의 관계

### 자연 지형학 우주의 이론

우주는 위의 그림과 같은 이론으로 일정한 상하 좌우 관계를 유지하면서 우주의 움직임을 예지해 볼 수 있다. 태양과 지구의 사이에는 태양 인력권이 있으며 태양 인력권이 미치지 못하는 인력권을 무 중력권 이라고 한다.

태양 인력권에 들어오는 어떤 물질이든 소멸된다.

지구와 태양의 사이에는 지구 인력권이 있으며 지구 인력권이 미치지 못하는 구역을 무 중력권 이라고 할 수 있으며 무 중력권에서 지구 인력권으로 들어오는 모든 물질은 타 버리거나 남은 것은 운석이라고 합니다.

지구는 남극과 북극으로 구분하여 남극에서 북극으로 움직이며 봄. 여름. 가

우주 운행도

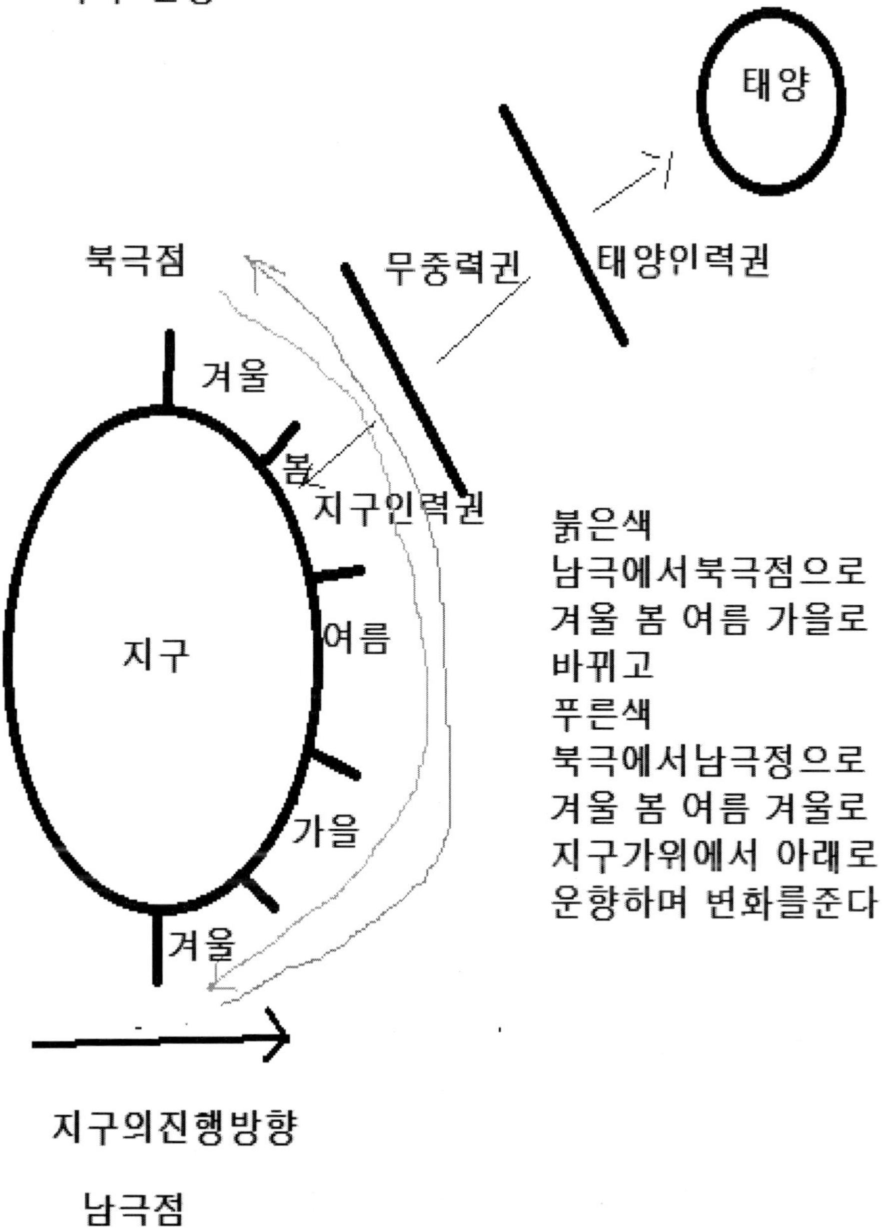
태양
무중력권
태양인력권
북극점
겨울
봄
지구인력권
지구
여름
가을
겨울
지구의진행방향
남극점
붉은색
남극에서북극점으로
겨울 봄 여름 가을로
바뀌고
푸른색
북극에서남극정으로
겨울 봄 여름 겨울로
지구가위에서 아래로
운항하며 변화를준다

을. 겨울로 위에서 아래고 아래에서 위로 운행하며 남극에서 북극까지 한번 움직이는데 365일 즉 1년이 걸리며 북극에서 남극까지 운행하는데 1년이 걸린다고 할 수 있다. 그 1년 중에는 대략 봄이 90일 12시간 여름이 92일 12시간 가을이 90일 겨울이 90일로 구분할 수 있습니다.

북극에서 남극으로 운행할 경우에는 남극 지역이 특별이 추운 겨울이 될 것이며 남극에서 북극으로 운행할 경우에는 북극이 특별이 추운 겨울이 될 것이다. 이러한 계절에 변화를 예측 해보면 그해의 기후 변화를 예측해 볼 수 있을 것입니다. 이런 관계로 지구는 위에서 아래로 아래에서 위로 움직임을 예측해 볼 수 있습니다. 한편 지구는 왼쪽에서 오른쪽 방향으로 움직이며 우리나라에서 볼 때 일본 그리고 한국 서해를 지나서 중국으로 움직이는 것을 알 수 있으며 이렇게 한 바퀴 도는데 24시간 즉 하루가 된다고 할 수 있습니다.

우리가 풍수를 정확하게 이혜하기 위해서는 우선 우주계로 부터 지구환경에 상호 작용 관계를 알아야 할 것입니다. 태양과 달은 낮과 밤을 교차하면시 낮에 뜨거워진 지구에는 열기가 우주로 올라가 밤이 되면 찬 기류와 만나 약간에 이슬이 되어 내렸으며 수억 년의 세월이 흐르면서 지구의 표면이 점점 식어가면서 작은 웅덩이에는 물이 고이 고이게 되었겠지요.

수억 년의 시간이 지나면서 많은 양의 물이 흘러 바다가 구성되어 갑니다.

바다로 모여든 물은 각처에서 모여든 물속에 있는 인자로 인하여 여러 가지 변화가 일어납니다. 고인 물에는 여러 형태의 생명체가 생겨나면서 소멸되었다가 다시 생겨나고 이렇게 변하면서 지구는 진화 되고 있었습니다. 밤에는 웅덩이에 물이 찬 기류와 만나서 증기로 변하여 비가 되어 지구로 내려오고 또 물은 태양의 열기로 증기가 되어 반복해서 대지와 교류를 합니다.

물속에서 만들어진 인자는 대지와 만나면서 새로운 생명체를 탄생 시킵니다.

처음에는 한 두 개의 초목이 태어나서 소멸되어 바다로 가서 또 다른 인자를 보유하여 지구에 생명을 주어 대지에는 또 다른 성정의 나무 또는 초목의 형태가 이루지면서 딱딱한 것은 돌이나 바위가 되고 부드러운 가루는  흙이 되어 지금의 지구의모습으로 점점 변화 되었다고 할 수 있을 것입니다.

화의 물질은 그로부터 많을 세월이 지나서 생겨났다고 볼 수 있을 것입니다.

지구의 표면에 초목이 무성해 지면서 나무와 초목의 마찰로 인하여 화의 인자가 생겨났으며 화제로 인하여 숲은 타서 그 타고남은 재는 하천에서 새로운 물질의 인자를 만들고 그 인자는 강으로 흘러 바다로 인자를 실어 나르게 됩니다. 바다는 자연환경의 모든 물질을 사장(死藏)시키고 또 잉태(孕胎)하여 주므로 바다는 새로운 인자의 모체(母體)요 시작의 근원지(根源地)입니다. 그리고 바다는 남자로 의미하며 산은 여자로 의미할 수 있을 것입니다. 다시 말하면 바다에서 만들어진 인자를 육지에다 심어주면 대지는 그 씨앗을 잉태하고 키워 갈수밖에 없을 것입니다.

## 5장 지구와 사원 물질의 변화관계

바다에서는 파도가가 일어나고 있습니다.

파도가 일어나면서 육지에서 흘러온 물질들은 파도에 의해서 희석 되어 다른 생명체의 인자로 만들어져 심해(深海)에서 해변으로 밀려와서 갯벌에서 많은 씨앗을 뿌려놓고 바다로 밀려갑니다. 그래서 갯벌에는 여러 가지 생명체가 생겨나고 사라지고 변이되어 가는 것입니다. 원래 자연은 누가 갯벌에 씨를 뿌려서 수학하는 사람 있습니까.

한편 바다 속의 생명체도 마찬가지 일 것입니다.

처음에는 한두 종류의 어종이나 초류도 세월이 흐르면서 변이되어 수종의 어류종류가 생겨나며 초류도 이렇게 변이되어 지금의 수 종류의 초류가 생겨났을 것입니다. 바다 속의 온난다습의 기후에 따라 그 기후에 맞는 어류 초류가 생겨나며 그 생명체가 또 다른 생명체로 이루어져 갈 것입니다.

바다는 자연에서 볼 때 최고의 보고(寶庫)입니다. 그래서 바다는 자연에서 가장 큰 지운을 가진 대 명당이라 할 수 있습니다. 한편 적도 부근의 바다에서는 태양에서 뜨거운 열기에 의해서 수증기가 발생하여 거대한 물기둥을 만들어져 강력한 바람에 의하여 바다에서 육지로 비가 되어 내립니다.

육지에 도착한 비는 작은 시내를 만들고 작은 물길이 골짜기 골짜기에서 모여들어 하천을 만들고 하천과 하천에서 물길이모여 강을 만들어 가면서 그 물길은 바다로 입수 됩니다. 다시 바다로 입수된 물은 희석하여 해변으로 우수로 폭풍우로 변하여 자연에 씨앗을 실어 나르게 됩니다.

이러한 과정에서 지운(地運)의 강(强) 약(弱)이 이루어지는 것입니다.

우리는 수많은 세월을 지나면서 풍수의 특별한 기운이 있는 것으로 알고 있지만 그렇지 않다고 필자는 말하고 싶습니다. 약간의 도움이 되는 땅은 있지만 그것도 운영자의 능력과 응용에 따라 효과는 달 라 질수 있습니다. 자연에 지천으로 늘려있는 지운을 이 책을 통하여 배우고 그리고 취해보세요.

## 6장 자연을 보는데 쓰는 자료

첫 번째 지역을 측정하는 자 (일명 지운을 보는 자) 수직자 좌 우 수평 자
두 번째 경사도를 보는 가운도 (지번의 경사지에 따른 지운관계)
세 번째 지번(도로)에서 보는 4등급 지역 길 흉도가 있습니다.
(선택한 지번에서 가장 가까운 위치에 있는 교차로에서 보는 4등급 지역의 적합한 적성관계)
네 번째 건물에 따른 출입문 길흉관계가 있을 수 있으며 주거에 합당한 설계가 있어야 할 것입니다. 그러므로 위의 네 가지의 지운을 감정하는 방법을 알아보기로 하겠습니다.

### 첫 번째 지운 자를 보는 방법

아래 그림은 지운을 보는 자를 설명하기 전에 좀 더 이해가 쉽게 하기 위하여 드리는 설명입니다. 수직자라고 하는 것은 강의 중심이라고 하고 좌 수평 자는 강의 좌 측 에서 우측으로 흘러가는 지천을 말하는 것이며 우 수평 자는 우측 지천에서 강으로 흘러가는 지운관계를 의미 합니다. 그러므로 본 강에서 좌 우 로 수많은 지천을 감정할 때 참고 하시라는 의미입니다.
아래 그림은 좌우지운을 등급지로 구분해 보세요.
지운 자는 영역의 전체를 보는데 측정하는 자입니다.

우리나라 전도에서 볼 때 시나 도를 전체 지운을 볼 때 그리고 동 읍 면 그 지번이 있는 지역의 전체의 지류가 어디서 어떻게 시작되어 어디에 모이는 가를 보는 자입니다.

지운이 자연에 주는 힘

바다와 강이 만나는 지점에서 발원지 쪽으로 지운이 약함

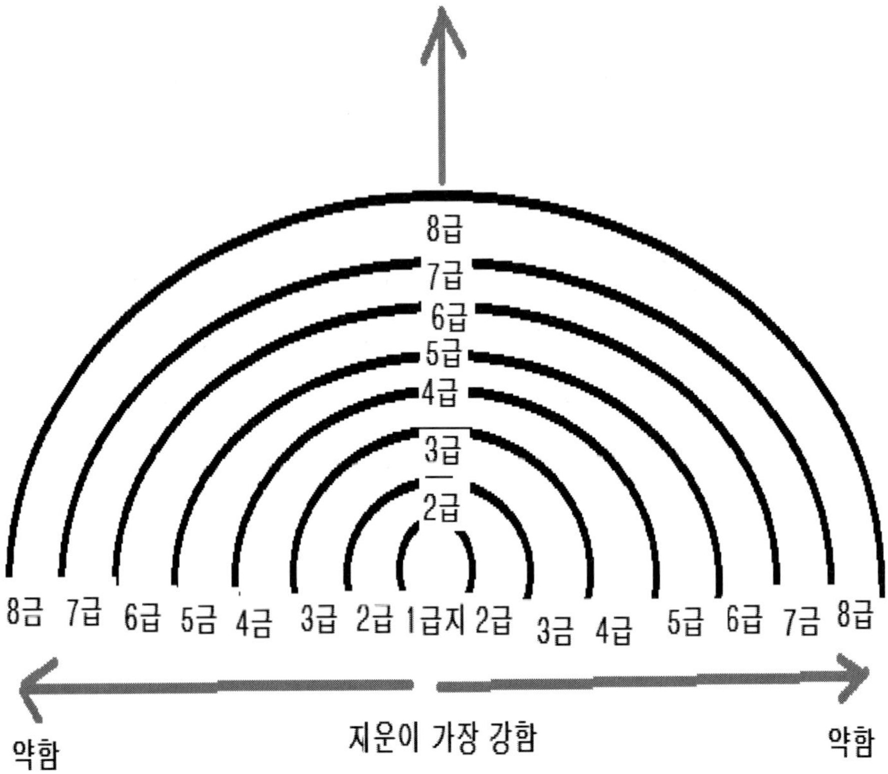


수직으로 1 2 3 등급 지역을 8등급 지역으로 구분하고 좌측으로나 우측으로 1 2 3 으로 8등급 지역을 구분하여 지역의 힘을 가늠해 보는데 이용하는 그림입니다.

두 번째 가운 도는 경사도를 볼 때 측정하는 땅의 기울기를 보는데 사용하는 그림입니다.

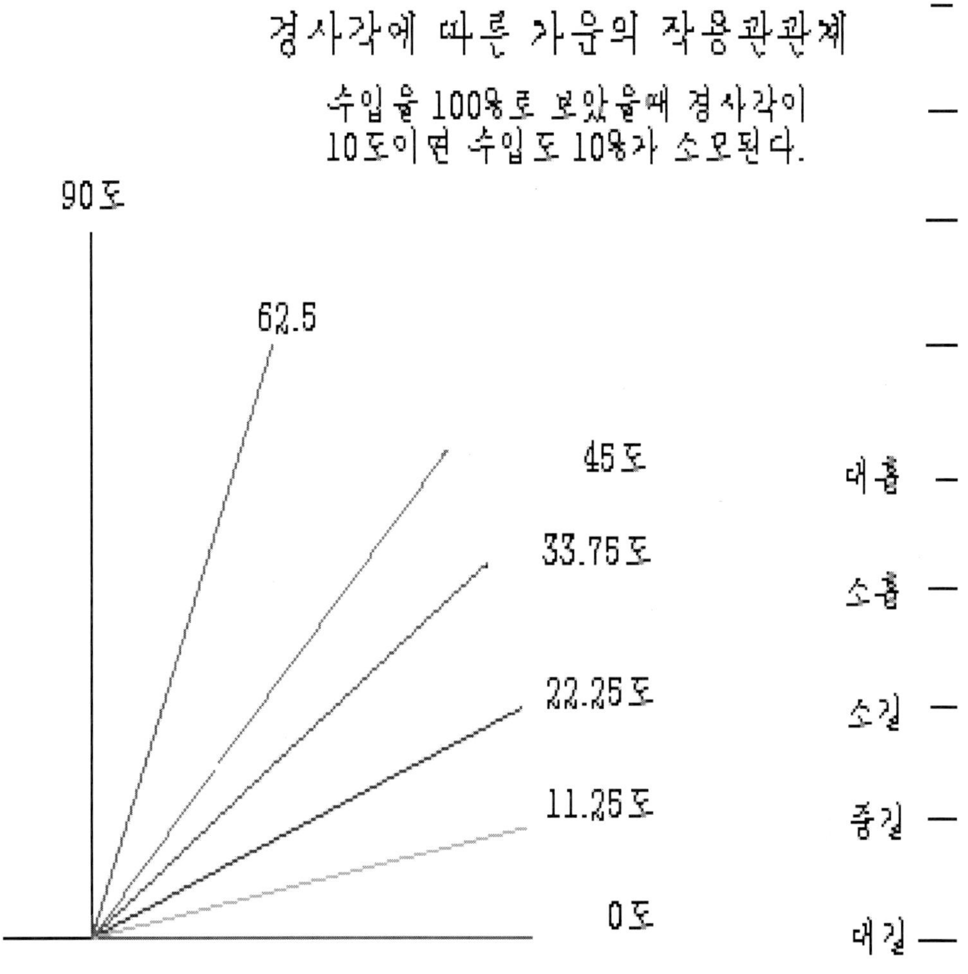


가운 도는 전체 지역이나 선택된 지번의 경사도를 보는 그림입니다. 경사도의 보는 법은 그림에서 참고 하세요.(경사도는 지운의 균형을 보는 의미입니다.)

3 번째 도로에서 보는 4등급 지역의 구분과 지번이 갖고 있는 적성 지운의 의미를 보는 그림입니다. 그림에서 강이나 하천이 어느 방향에서 발원하여 어느 강이나 하천으로 입수되는가를 보고 4등급지역의 지운의 의미를 구분해 보는 것입니다.

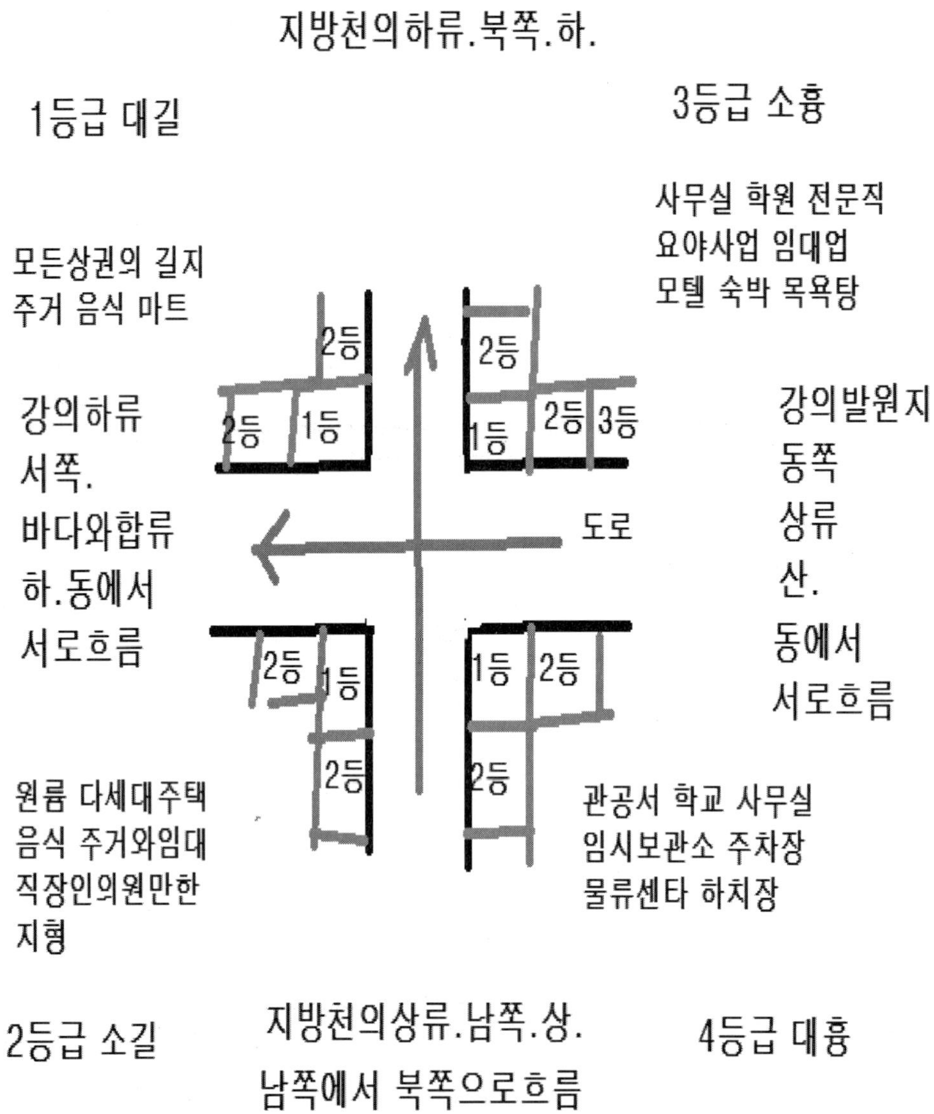


위의 그림의 화살표 방향을 참고 하시고 1 등급 대길 2등급 소길 3등급 소흉 4등급 대융으로 구분해 보세요.

네 번째 선택된 지번에 건물의 출입문 위치 도를 보는 것입니다.

**동에서 서로 남에서 북으로 흐르는 지류**

**각 자번의 출입문 길방**

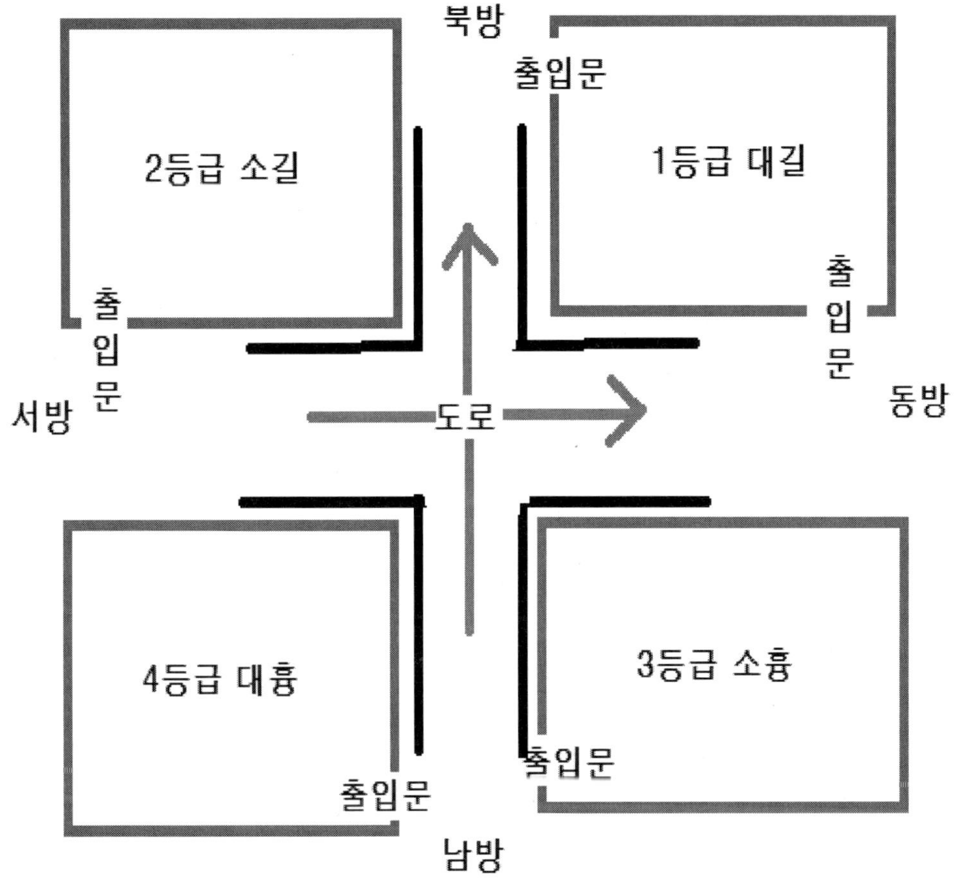


위의 그림은 건물을 건축할 때 건물을 구입할 때 보는 출입문의 위치도입니다. 출입문이라고 쓴 위의에 문을 보 던가 같은 면에 위치를 말하는 것입니다. 위의 그림에서 설명한 내용을 잘 습득 하면 지운을 보는데 전문가 가 될 수 있을 것입니다.

# 7장 지운의 구분

강의 상류와 하류로 보는 수직자와 우측과 좌측을 보는 수평자.

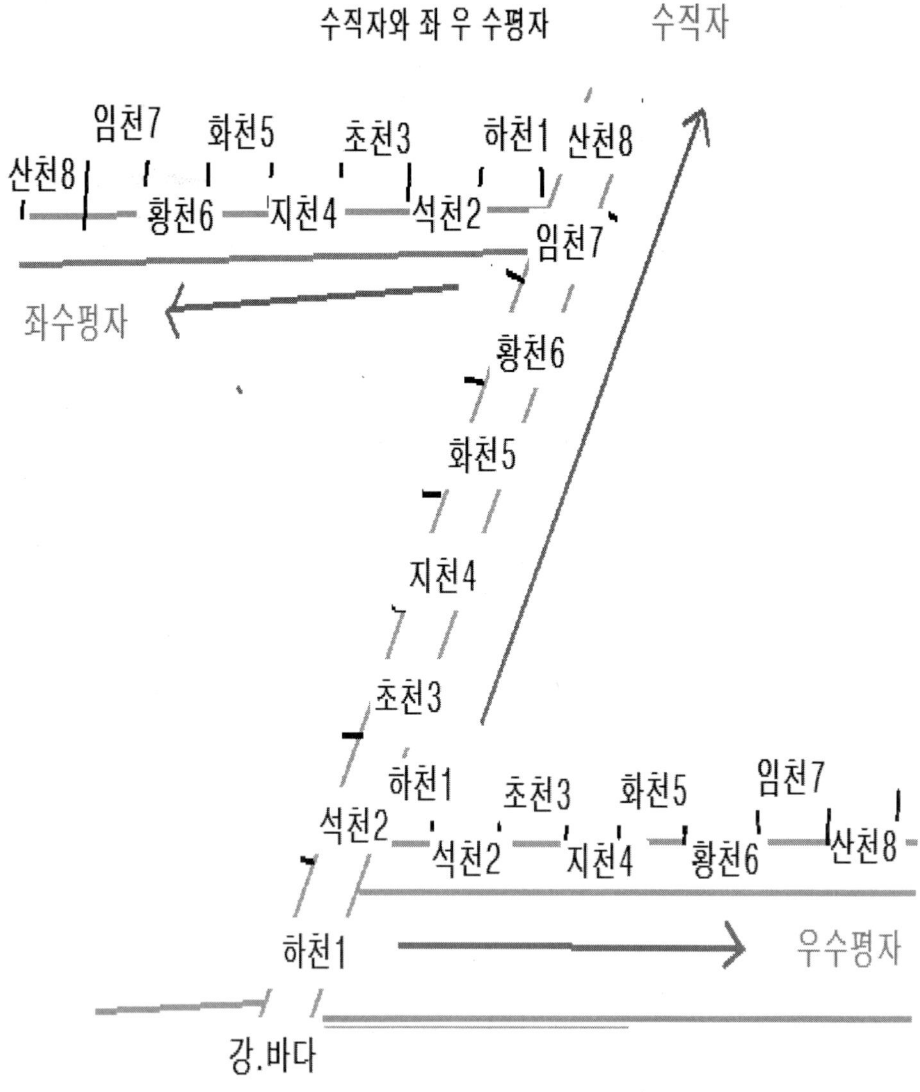

먼저 어느 지역(도 시 군 읍 면 리)에 가며는 그 지역의 강이나 하천이 어디에 있으며 어디서 발원하여 어디에서 강이나 바다로 흘러가는가를 찾아보아야 합니다.

위의 그림을 참고해 주세요.

발원지에서 하구 까지를 수직자라고 하고 우로 흘러가는 지천을 우수평자 좌로 흘러가는 지천을 좌수평자라고 합니다. 좌로 흐르는 지천이나 우로 흐르는 지천을 보는 방법은 동일합니다. 발원지에서 합류하는 지점을 8 등분하여 1등분 1등분의 이미를 참고하면 될 것입니다.

다음 설명을 참고 하십시오.

그 강의 시작점(발원지)에서 하구까지를 8등분하여 강의 하류에서 첫 번째 영역을 1등급 지운이라고 정하고 명칭을 붙이면 하천(河川)이라고 구분 하세요. 그리고 두 번째 영역을 2등급 지운이라고 하고 명칭은 석천(石泉)이라고 부르고 세 번째 영역을 3등급 지운이라고 하고 명칭은 초천(草川)이라고 생각 하고 네 번째 영역을 4등급 지운이라고 하고 명칭은 지천(池川)이라고 생각 하세요.

다섯 번째 영역을 5등급 지운이라고 하고 명칭은 화천(火川)이라고 생각 하세요.

여섯 번째 영역을 6등급 지운이라고 하고 명칭은 황천(荒川)이라고 하세요.

일곱 번째 영역을 7등급 지운이라고 하고 명칭은 임천(林川)이라고 하세요.

여덟 번째 영역을 8등급 지운이라고 하고 명칭은 산천(山川)이라고 하세요.

## 지운(영역)의 의미

### 1 등급지의 의미

위의 그림을 참고 하세요.

- **1 하천**

자연에 비유하면 바다.

강물이 흘러서 바닷물과 만나는 영역

- **지운의 용도**

항만청 항구 무역 유통 해운 조선 해양 연구기관

인체에 비유하면

발바닥 발가락. 인체 10대

- **영역의 경재효율성**

해운 무역 조선 유통의 관계로 인하여 90%의 경재성이 있으며 지운에서 가장 큰 경재 성을 이룰 수 있는 1등급의 영역이다.

- **인구밀도**

영역의 20%의 인구가 거주하며 20%의 인구 출퇴근 유형이다.

### 2 등급 영역의 의미

- **2 석천**

자연에 비유하면 모래톱 작은 알갱이의 돌

• **지운의 용도**

해수욕장 관광 숙박 레저 미 개발지역

인체에 비유하면 20대

종아리 맵시 뽐내다.

• **영역의 경재효율성**

관광 레저 숙박 요식업 오락 등의 활동으로 80%의 경재성이 있으며 지운의 영역에서 2 번째로 경재 성을 이룰 수 있는 2 등급의 영역이다.

• **인구밀도**

영역의 30%의 인구가 거주하며 20%의 인구가 출 퇴근 하는 영역이다.

## 3 등급 영역의 의미

• **3 초천**

자연에 비유하면

수초를 끼고 자라는 풀 습지 침수가 잦은 지역

• **지운의 용도**

임시저장소 방목 농업 목축업 등

인체에 비유하면 30대

발목 발가락 유아

• **영역의 경재효율성**

지금은 농업이나 목축업 등 비생산지로 경재효과가 없어 보이지만 미래에 큰 경재 성을 예측해 볼 수 있는 투자 영역으로 지운의 영역에서 30%의 경재성이 있으며 영역의 3번째의 경재 영역이다.

- **인구밀도**

초기에는 영역의 0%의 인구밀도를 보이지만 차후에는 40%의 인구가 거주할 수 있으며 지금은 대부분 거주지는 따로 있고 둘러보는 영역이다.

## 4 등급 영역의 의미

- **4 지천**

자연에 비유하면 습지 풍수해가 잦은 곳

- **지운의 용도**

농업 양식장 육 모장 임시관리사

인체에 비유하면 40대

허벅지 기둥 대장 항문 방광

- **영역의 경재효율 성**

대체로 농업을 기반으로 구성된 영역이다.

가끔 양식장이나 관리사로 이용되지만 대체로 벼농사로 30%의 경재 성을 가지지만 미래에 큰 지가(地價)가 형성된다.

- **인구밀도**

인구밀도는 10%의 주민이 거주할 수 있지만 대부분 주거는 따로 하고 출퇴근 하며 왕래한다.

## 5 등급 영역의 의미

- **5 화천**

자연에 비유하면

논. 답. 농사짓기에 좋은 지역.

- **지운의 용도**

주택과 주거 교통 문회 상권 숙박 학교

인체에 비유하면 50대

위 십이지장 슬 개 등 소화기 계통.

- **영역의 경재효율성**

주거와 숙박업 임대업 교육 문화 상업 권 직장인 등 다양한 직업과 영업권이 공존하므로 인류가 살아가는데 최고의 영역이며 50%의 경재성이 보인다.

- **인구밀도**

실거주인구가 50%의 유동적 인구가 20%가 활동 한다.

## 6 등급 영역의 의미

- **황천**

자연에 비유하면

밭 황무지

- **지운의 용도**

묘지 밭 사찰 요양병원 별장 연수원 축산 특산물.

인체에 비유하면. 60대

간 폐 심장 유방 갈비뼈

- **영역의 경재효율성**

모텔 과수원 약초 사찰 요양병원 축산업 수련원 연수원 군부대등으로 이용되는 영역으로 경재성은 비교적 높은 편으로 30%의 경재성이 있지만 대부분 외지에서 출퇴근 하는 유동인구가 대체적이다.

- **인구밀도**

15%의 인구가 상주하고 15%의 인구가 유동한다.

## 7 등급 영역의 의미

- **7 임천**

자연에 비유하면

울창한 숲 관상용 경관

- **지운의 용도**

임업 광업 관광시설 레저 구가차원의 영역

인체에 비유하면 70대

어깨 팔 목

- **지운의 경재효율성**

오랜 시간을 두고 경재를 바라보는 투자와 인내의 지형이다.

특수작물(산 약초) 채굴 임업 레저 관광 등으로 경재성은 10%로다.

투자와 시간에 따라 큰 행운을 기대 할 수 있으나 당대에서 보기는 어려워 보인다.

• **인구의 밀도**

10%의 인류가 거주 할 수 있으나 대부분 유동하는 사람들이다.

## 8 등급 영역의 의미

• **산천**

자연에 비유하면

산의 꼭지 점 능선

• **지운의 용도**

레저 관광 통신

인체에 비유하면 80대

눈 코 귀 입 얼굴 머리 정수리 뇌 연구

• **지운의 경재효율성**

국가 관장의 영역으로 감시원 경계선 구역의 구분 통신 군부대 관광 레저 신선의 경지 등으로 볼 수 있어나 경재성은 5%대다.

• **인구밀도**

거주하는 인구는 소수라고 할 수 있고 그것도 일정한 시일이 지나면 교대한다. 대체로 국가 관리차원의 지운이다.

## 지운을 보는 자(측정)

지운을 보는 자는 전체적인 지운을 보거나 지역의 지운을 볼 때 제일먼저 볼 때 사용하는 자입니다.

그 지역을 살펴볼 때 강의하구에 지운 자를 놓고 강의 상류로 올라가면서 그 강의 길이를 8등분하여 (수직자와 좌우 수평 자 참고) 강의 하류에서 첫 번째 지역을 1등급 2등급 지역으로 측정하고 좌우 수평 자도 그렇게 이용하는 자입니다. 어느 지역 마다 꼭 8등분 하라는 말은 아닙니다.

**지운이 자연에 주는 힘**

**바다와 강이 만나는 지점에서 발원지 쪽으로 지운이 약함**

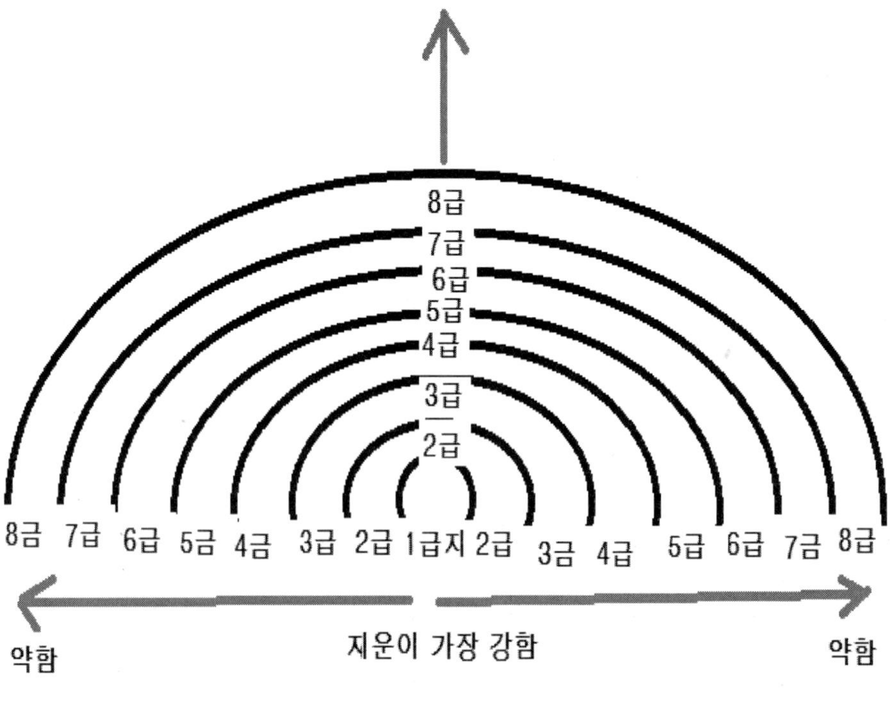

경우에 따라 약간 달라질 수 있습니다 만 수평면이 길면 (평야지)지역의 영역이 넓어 질수 있는 경우도 있습니다. 앞의 그림에서 수직으로 먼저 영역을 보고 그 역역에서 좌로 우로 수평자의 등급 지역을 구별해서 보세요.

## 경사각에 따른 운명의 작용관계

위래의 가운도의 그림을 참고 하세요. 선택한 지번이 평지는 어떠한 환경에도 운명의 길 흉 관계가 원만하게 이루어간다고 할 수 있습니다.

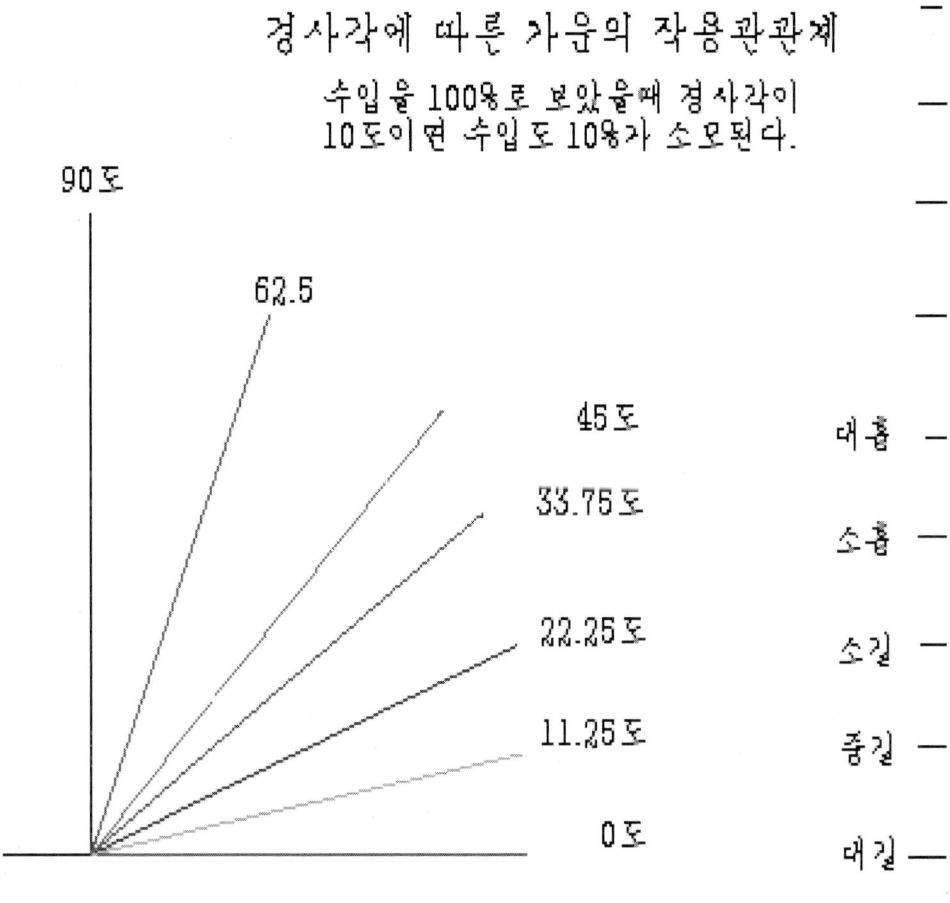

타고난 자신의 운명이 불행한 운명을 지녔더라도 직접 받는 영향은 상당이 감소되어 비교적 평탄한 운명으로 살아갈 수 있다고 할 수 있을 것입니다. 그러나 타고나 운명이 좋다고 한다면 다른 친구나 이웃보다 빨리 성공한다고 볼 수 있을 것입니다. 의문이 간다면 현실적으로 알고 있는 친구나 친지들의 생활을 비교해 보세요.

## 가운도(경사각)

소식을 모르던 친구나 지인을 만났을 때 사는 곳을 물어보면 50%이상 그 사람의 경재능력이 짐작 갈수 있을 것입니다.

주소지의 미밀 (일명 주소지 사주)은 그 사람의 대하여 아무것도 묻지 않고도 사람을 만나보지 않아도 주소만 보면 경재 성 가족관계 등에 관련해서 짐작해 볼 수 있습니다.

위의 그림을 참고 하세요.

모든 자연의 이치는 수평으로 돌아가려는 지구인력권의 원리가 작용한다는 의미를 염두에 두세요. 그림에서 0도 일 경우에 모든 자연의 기운은 수평으로 즉 0도에 해당하는 지역으로 모여들게 때문에 가장 지운의 해택을 가장 많이 받을 수 있는 지점입니다. 그러므로 0 도지점이 최고의 길지로 대길 하다고 하겠습니다.

다음은 경사각이 11.25도가 되는 지점은 중길 지점으로 100%의 환경평가에서 11.25%의 유실은 있지만 이 경우는 운명자의 지해 능력으로 지켜 갈 수 있다고 할 수 있습니다. 다음은 경사각이 22.25도 경우의 주거를 하는 경우의 집에서는 소길(小吉)의 지역으로 수입에 22.25%의 지출로 인하여 그만큼 생활이 어려울 수 있습니다. 지출이란 그 사람의 운명에 따른 길흉 관계에서 건강관계 자녀들의 성장의 장애 부부의 환경 관계라던가 하여 여러모로 경재 적 손실이 따르므로 향상 생활이 22.25% 만큼 힘든 다고 할 수 있습니다.

다음은 33.75도의 지운운의 평가는 소흉(소흉)으로 볼 수 있는 지역입니다. 33.75%의 지운이 따르지 않으므로 생활이 늘 힘들다고 할 수 있을 것입니다. 직장인들이 주로 거주하고 있는 지역으로 봉급을 받아 생활 하는 지역이라 자신은 늘 운이 없어 그런다고 생각할 수 있으나 그렇지 않을 것입니다.

이 지역은 젊었을 때 에는 봉금을 받아 살아가므로 잘 모를 수가 있습니다.

우리 인간들의 생활이란 물론 봉급을 받아 생활 하는 것은 그럭저럭 할 수 있겠지만 노후가 되면 살고 있는 집이 지가 가 올라서 노후 보장이 되어야 하는데 이 지역은 지가가 오르지 않아 팔아도 노후 보장이 어렵게 되는 것입니다.

그래도 봉급생활자 에게는 생활이라도 할 수 있지만 장사를 하는 사람은 먹고 생활하는 것도 어려울 것입니다. 부지런히 하며는 잘 살 수 있을 거라고 생각할 수 있겠지만, 행운은 점점 멀어질 것이므로 지금도 이런 지형에 몸을 담아 있다면 하루빨리 지운을 바꾸고 다시 시작하는 것이 기회를 빨리 맞이하는 것이 될 것입니다.

45도 이상의 지형은 인간이 존재하기에는 적합하지 않으며 여기 이 지형은 특별한 경우에 해당하며 군사시설 종교 관련업 등 특별한 큰 기업형의 시설이 필요할 때 가능하며 그 목적에 따라 이용 가치가 있다고 할 수 있습니다. 지운을 보는 자 가운도 그리고 이번에는 4등급 지역의 길흉관계입니다. 지번이 선택되면 선택된 지번이 4거리에서 어느 부분에 있느냐를 보고 그 해당되는 지번의 적성 이용되는 지운관계입니다.

아래 그림은 4등급 지역 구분도입니다.

4등급 지역의 성정과 의미를 참고 하세요.

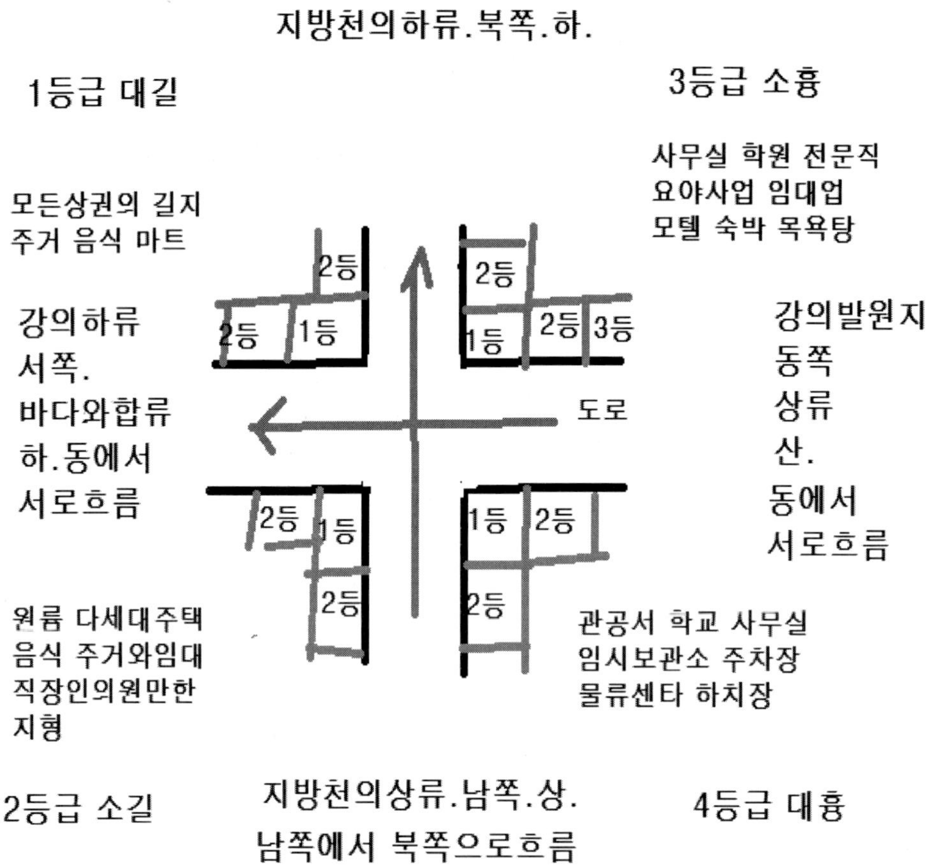


이렇게 하여 풍수를 익히는데 필요한 다섯 가지 자료를 소개 하였습니다. 앞으로 풍수를 공부하는데 필요한 자료이므로 꼭 암기 하세요.

지운을 보는 자료 5 번째는 출입문 길흉도입니다.

아래 그림에서 출입문 길흉관계를 살펴보세요. 등급지에 따른 출입문 위치를 참고하세요.

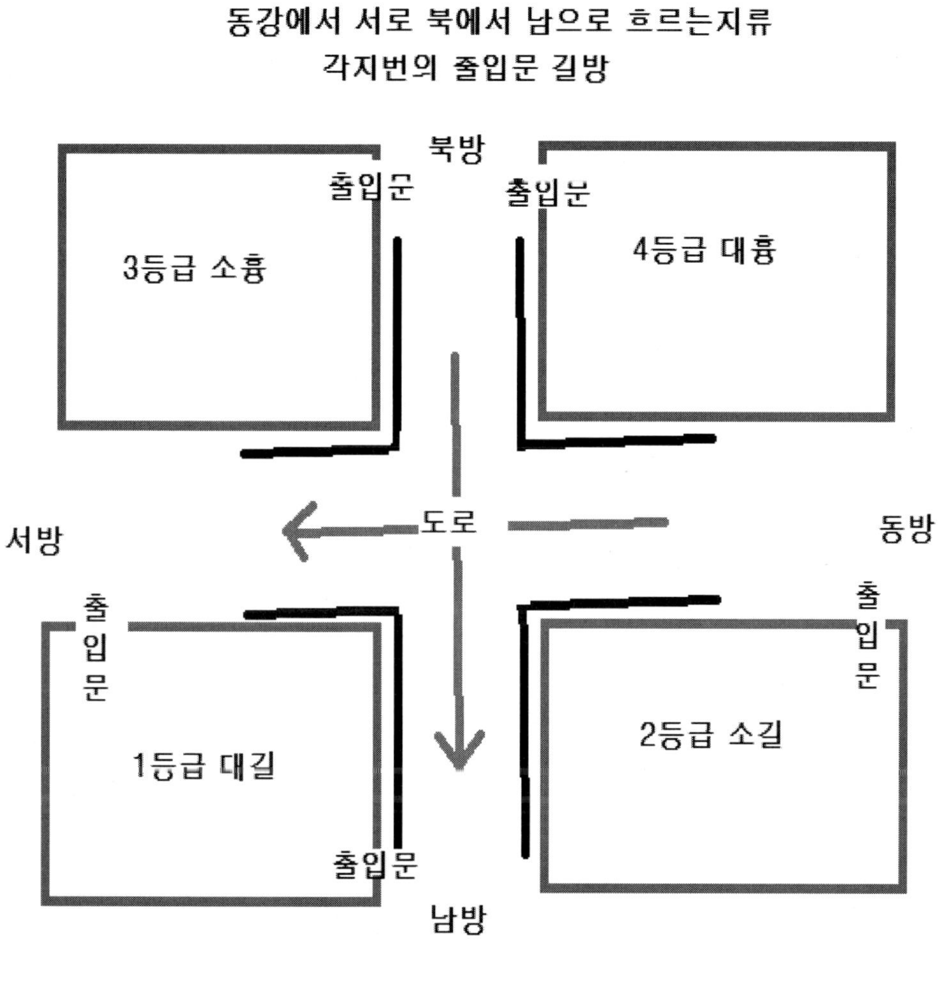

# 8장 도로(길)와 등급지역의 상호관계

도로는 인간관계에 있어서 밀접한 관계가 공유한다. 강이나 하천은 내장(입에서 항문까지의 기능)을 의미한다면 도로는 핏줄과 같아서 내장에서 만들어진 영양분을 혈액은 모든 장기의 기관으로 보내는 역할을 하기 때문에 인간의 생활공간에 모두 중요한 의미가 있다.

도로는 운송수단과 생업에 관리를 하는데 필요한 역할을 한다. 도로에는 큰길과 작은 길  즉 넓이와 길이에 따라 운기에 강약이 다르다. 도로가 넓을수록 큰 지운을 지녔다고 할 수 있으며 좁은 도로는 그 만큼 작은 지운을 지녔다고 할 수 있습니다.

큰길과 작은 길은 필요한 사람의 용도에 따라 길 흉 작용이 다를 수 있습니다. 필요한 사람의 용도라는 말은 나중에 건축을 할 때 건축에 설계에 의해서 길 흉이 다르게 작용 할 것입니다. 그리고 경사가 심한 길 평평한 길 굽은 길에 조건에 따라 민감한 지운의 변화가 따릅니다.

## 도로와 지형 여건에 따른 지운관계

도로와 지형관계에 있어서는 크게 나누면 4등급지역으로 나눌 수 있습니다. 하나는 강의 흐름에 따라서 다른 지운을 만들어 진다고 할 수 있습니다.

그 첫 번째 설명입니다 그림 1도를 참고하세요. 서에서 동으로 흐르는 경우라든가 북에서 남으로 흐르는 강의 지운관계입니다.

아래의 그림을 참고해 주세요.

• 그림 1도

서쪽에서 강이 발원하여 동쪽으로 흐르고 지방 하천은 북쪽에서 발원하여 남쪽으로 흐르는 지형입니다. 좌우로 수평으로 왼쪽이 강의상류 서쪽방향 지형이 높아서 우측방향 강의 하류방향으로 내려가는 길로 보세요. 좌우 수평 자 즉 그 지역의 큰 강이 흐르는 주맥이라는 의미이며 지방천의 상류라는 의미는 그 지방의 지방 하천의 발원지를 말 합니다.

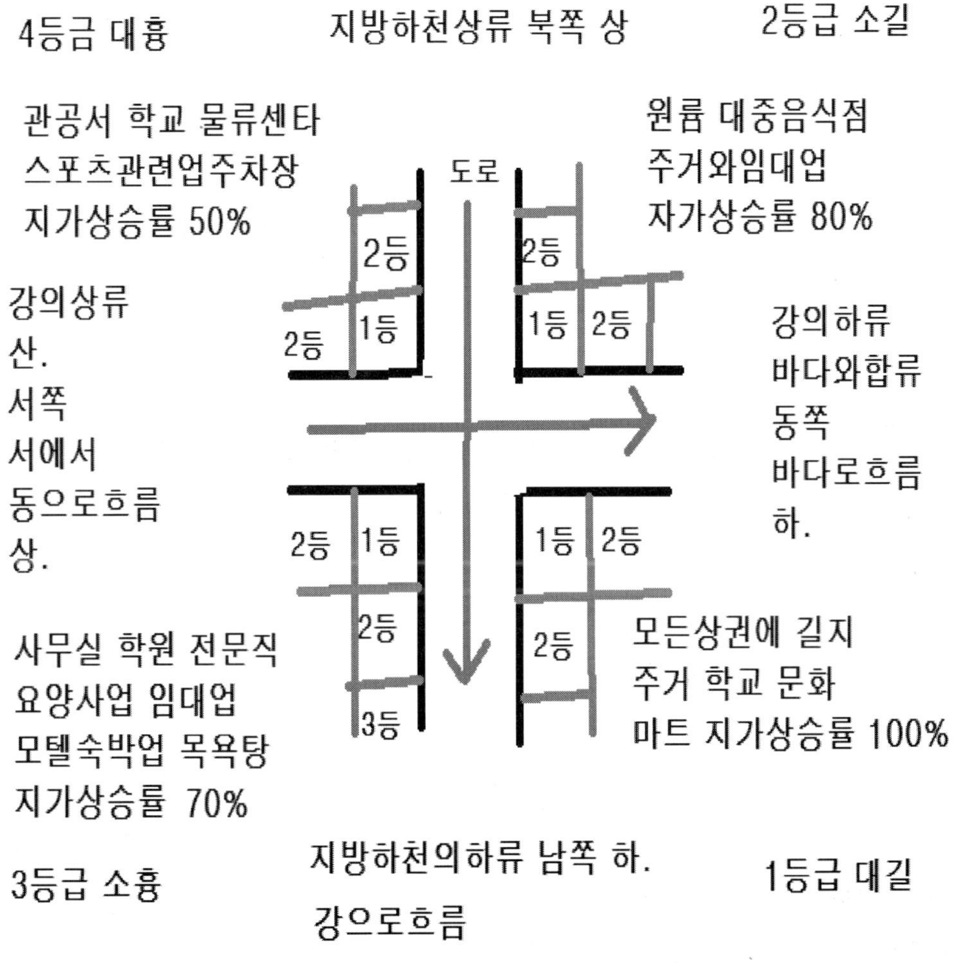

그러므로 큰 강의 하류와 지방하천의 하류가 만나는 그림이다. 지형을 구별할 경우에는 첫 번째 강의 길이를 보고 강의 길이가 길수 록 큰 지운을 가졌다고 보고 유역의 하류에서 부터 큰 지운을 보유하고 있다고 할 수 있습니다.

두 번째 그 주소지가 초천인가 화천의 지역인가를 살펴야 하며 그 지역에서 내가 선택하는 지번이 1등급 2등급 3등급 4등급 가운데서 어느 지번을 선택할 것이냐의 선택이 나와 앞으로 살아가면서 길 흉 화 복 의 운명이 시작 될 것이라고 보아야 하며 최종적으로는 그 지번의 건축법이 길흉의 갈림 길이 될 것입니다.

이래 그림의 1도 오른쪽 하단의 1등급대길이라고 하는 지번에 택지를 구입할 경우에는 10%의 밭농사와 90%의 벼농사로 농업 기반 조성된 매우 길지로서 대문을 어느 방향으로 만들어도 가능한 지번으로 그림의 예를 기본으로 설계를 한다면 길지에서  설계까지 완벽하다 할 수 있을 것입니다
주거와 모든 상권과 교육 문화의 중심지다.

다음은 오른쪽 상단에 2등급 소길 이라고 하는 지번의 경우입니다.

30%의 밭농사와 벼농사 70%의 농업 기반에 비교적 원만한 상권과 경제효과가 따르는 지운으로서 직장 운, 사업 운 또는 고정정인 임대 사업 등 원활한 사업성이 있지만 약간의 권위의식이 지배하여 과소비가 유발될 수 있으므로 배려와 검소한 생활에 자세가 필요하다. 그림에서 2등급지의 예의 설계를 참고하기로 한다. 지운이 유발하는 경제 효과는 80의 지운이 발생한다.

다음은 왼쪽 하단에 위치한 3 등급 지 소흉 이라고 하는 지번의 경우입니다.
40%의 벼농사 60%의 밭농사로 구성된 농업기반에 일반적 소비형의 영업은 어려우며 임대업종 이나 전문직의 사업 형태로 보아야 할 지번이다.

그림의 설계를 참고 하세요.

요양사업 사무실 학원 모텔 원 룸 각종 배달 업종 등의 사업 형이다.

노력을 통해서 성공할 수 있으며 지운이 유발하는 경제 효과는 70% 다.

다음은 왼쪽 상단 그림의 4등급 지 대흉 이라고 하는 지번의 경우입니다.

90%의 밭농사와 10%의 벼농사를 기반으로 조성된 지역이다. 일반적이 판매 소비형의 사업은 20%의 효과가 있을 수 있으며 대체적으로 국가 기관의 관공서 학원 학교 요양시설 호텔 모텔 숙박업 임대업 제조업 등의 지운이 가지고 있는 지역이다. 지운이 유발하는 경제 효과는 50%이다.

**동에서 서로 남에서 북으로 흐르는 지류**

**각 자번의 출입문 길방**

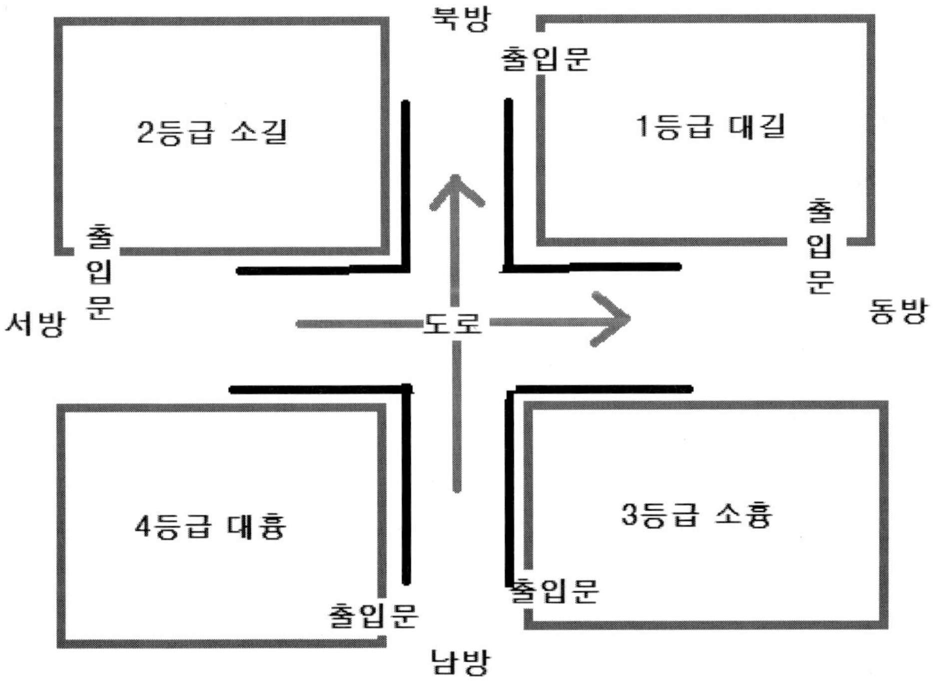

위의 그림에 따른 각 자번의 출입문 길 흉한 방위이다.

위의 그림을 참고 하세요.

설계를 할 때 출입문에 근거를 두고 하세요.

1등급 대길의 경우는 어느 면에 대문을 내어도 무관 하지만 그림의 위치에 두는 것이 좋을 것이 라고 볼 수 있을 것입니다. 2등급 소 길의 경우는 그림의 위치가 적당할 것이 라고 볼 수 있을 것이며 3등급 4등급 소흉과 대흉의 경우에는 불변입니다 그렇지 않으면 재화가 생깁니다.

- **그림 2도**

서에서 발원하여 동으로 흐르는 강과(하천) 남에서 발원하여 북으로 흐르는 하천(강)의 지운관계

서에서 발원하여 동으로 흐르는 강과 남에서 발원하여 북으로 흐르는 지형의 배치도입니다.

좌우 수평자로 왼쪽이 강의 상류로 서쪽 방향이 지형이 높아서 우측 방향인 강의 하류방향 으로 내려가는 길이며 남쪽 방향의 산이 높아서 북으로 흘러가는 지형의 그림입니다.

그림의 오른쪽 상단의 1등급 지대길 이라고 하는 지번이 가장 길지로서 이 코너지리에서 우측으로 1.2.3.의 길지로 보며 오른 쪽 위로 1.2.3. 등급의 지운으로 예측해 볼 수 있습니다.

이 지번에 택지를 구입할 경우에 10%의 밭농사와 90%의 벼농사로 기반이 조성된 매우 길지로서 교육 주거 문화 관광 등의 최고의 상권을 누릴 것입니다. 지가 상승률 100%로 볼 수 있다.

출입문은 어느 면에 내더라도 좋다.

다음은 왼쪽 상단 2등급 소길 이라고 하는 지번의 경우입니다.

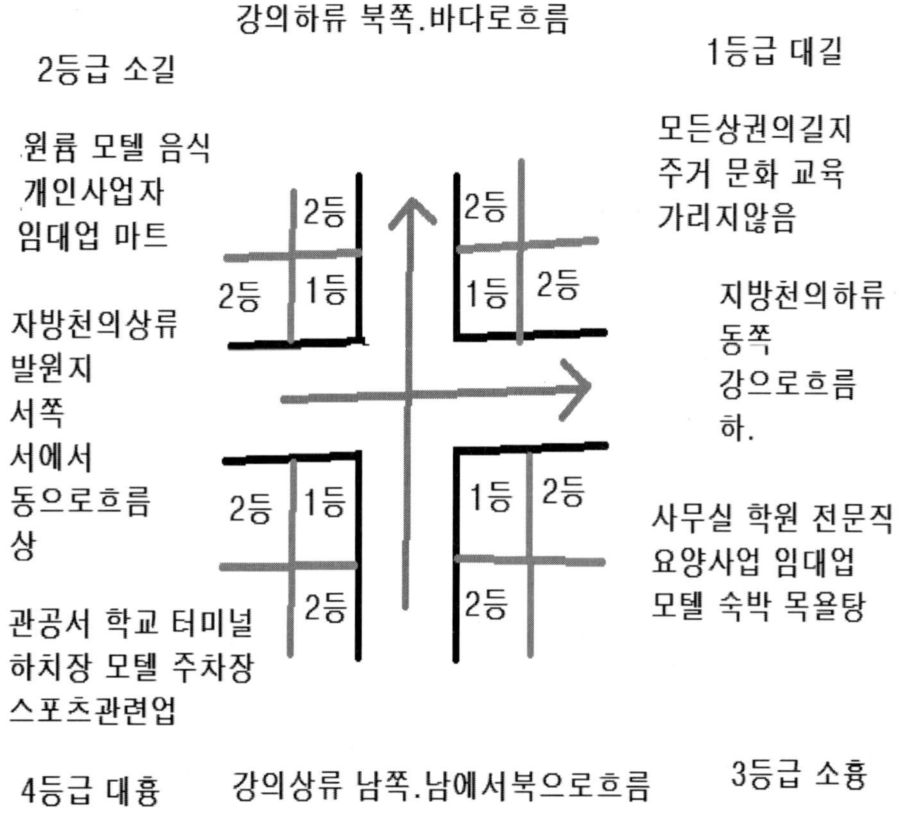


4거리 가운데 2번째의 지운이 있는 주소지다. 업종에는 약간 고려해 볼 있으며 대체적으로 주거에서 상업 운이 좋다.

대중음식점 원룸 임대업 학교 학원 유치원 등으로 비교적 경재 운이 좋다.

시험 입시 운은 1차에서는 합격하드라도 면접에서 떨어지든가 아니면 1차에서 떨어져 2차에서 합격하는 약간의 실패가 있을 수 있으므로 신중히 준비해야 한다. 30%의 밭농사와 70%의 벼농사로 농업 기반이 비교적 원만한 지역으로 주거와 상권 교육 문화가 교류하는 길지로 출입문은 위의 그림의 문의 위치에 따라 건물을 세운다면 후일에 좋은 성과를 얻게 될 것입니다.

지가 상승률 80%의 길지다.

다음은 오른쪽 하단 3등급 소흉 이라고 하는 지번의 경우다.

4거리 가운데 이 지형에 주거나 생활권을 가지고 있다면 70%의 밭농사와 30%의 벼농사로 농업기반 으로 형성된 지형이다. 특수작물 을 주업으로 하는 경우가 많으며 30%의 소비형 영업에 사무실 학원 전문직 요양사업 모텔 숙박업 관광 복지 서비스업 사우나 배달 등의 생활권이다.

지가 상승률 6-70%의 경제 효과가 있지만 그만큼 오랜 세월이 지나야 얻을 수 있다.

다음은 왼쪽 하단에 그림 4등급 지 대 흉 이라고 하는 지번의 경우입니다.

90%의 밭농사와 10의 벼농사를 기반으로 구성된 지형이다.

논 보다 밭이 많다보니 산야초 특수작물 임업 등으로 대를 물러 경영하여 세월과 투자를 하는 경우의 의존한다. 영세한 서민들이 모여 살며 학교 관공서 학원 요양시설 사찰 연수원 군부대 숙박업 임대업 하치장 재조 업 등의 지운이 있으며 운수업이나 배달업 유통 물 센-타 등으로 생활한다. 지운이 유발하는 경제 효과는 50%다. 수입에 50%는 여러 가지 악제로 소비가 많아 늘 사는 것이 힘들 수 있다.

아래의 그림에 따른 출입문 길한 방위의 그림입니다.

설계를 때 참고 하세요.

동에서 서로 남에서 북으로 흐르는 지류

각 자번의 출입문 길방

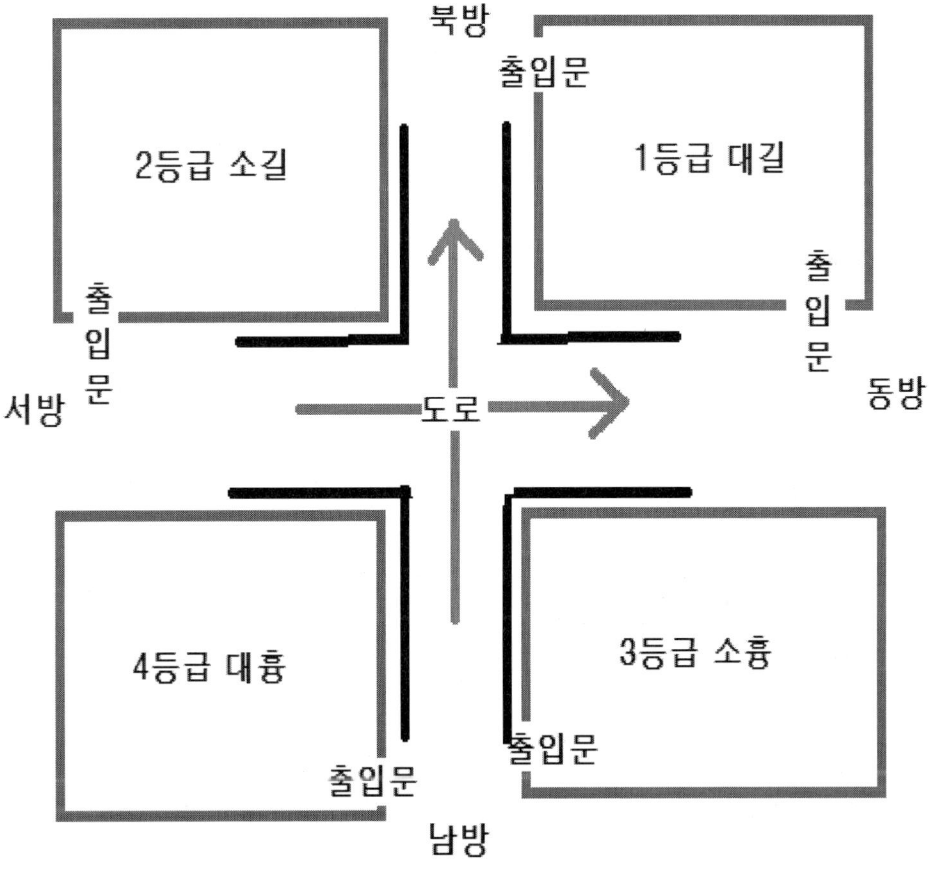


그림의 1등급 의 위치는 문에 대한 길흉을 타지 않으므로 어느 위치에 만들어도 상관이 없습니다. 2등급 3 4 등급지역 의 택지는 그림의 위치를 참고 하셔야 합니다.

• **그림 3도**

강이나 하천의 발원지는 동쪽에 있고 하천이나 강의 발원지는 남쪽에 있는 지형

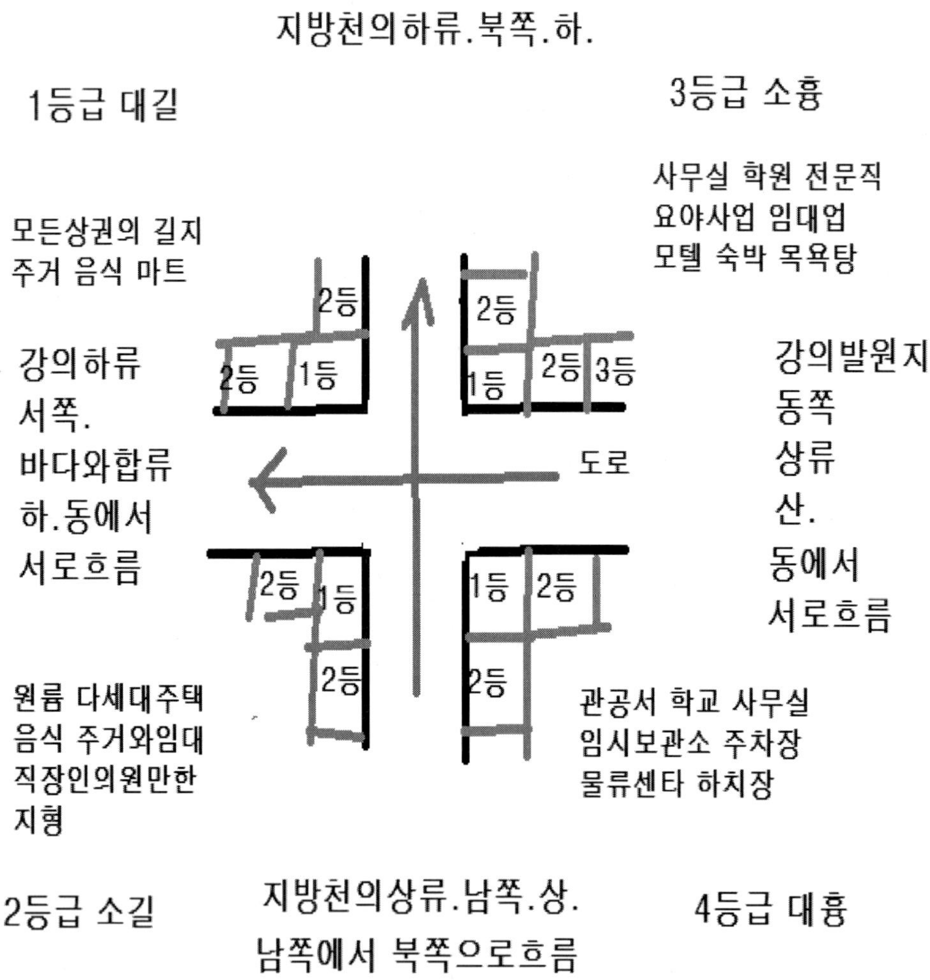


강의 발원지는 동쪽에 있고 하천의 발원지는 남쪽에 있어 건물은 복 쪽에 앉아서 남쪽으로 보거나 건물은 서쪽에 앉아서 동쪽으로 보는 지형을 의미 한다.

그림의 왼쪽 상단에 1등급 대 길이라 고하는 지번의 지운 관계입니다.

이 지번에 땅을 가지고 있는 사람은 아주 선택을 잘한 행운의 사람입니다.

10%의 밭농사와 90%의 벼농사를 기반으로 조성된 매우 길지로서 출입문을 어느 방향으로 내어도 발전이 있는 지형으로 아래 그림을 참고로 설계를 한다면 크게 발원할 수 있는 지형입니다. 주거와 생활에 있어서 교육 문화 상업 직장 등으로 일생이 안락한 지번이다.

그림의 왼쪽 하단의 2등급 소길 이라고 하는 지번에 경우입니다.

30%의 밭농사와 70%의 벼농사로 기반이 조성된 지운입니다.

비교적 원만한 상권과 경재 효과가 따르는 지운으로서 직장 사업 교육 문화가 교류가 이루어지며 원룸 다세대 주택 사무실 개인 전문직 업 등으로 발복하는 지번입니다. 조심할 것은 약간의 권위의식이 지배하여 과소비가 유발 될 수 있으므로 배려와 검소한 생활의 자세가 필요하다.

지운이 유발하는 경재 효과는 80%의 지운이 발생한다.

오른쪽 상단 3등급 소흉의 지번에 주거나 생활권을 갖고 있다면 70%의 밭농사와 30%의 벼농사로 농업기반이 형성된 지형입니다. 특수작물을 주업으로 하는 경우가 많으며 사무실 학원 전문직 요양사업 모텔 숙박업 관광 복지 서비스 운송등의 생활권으로 볼 수 있을 것입니다. 지가 상승률은 5 60%의 경제효과가 있지만 그만큼 오랜 세월을 두고 얻어지는 지운이다.

다음은 오른쪽 하단의 4등급 지역 대흉의 경우입니다.

90%의 밭농사와 10%의 벼농사를 기반으로 구성된 지형입니다. 논보다 밭이 많으니 산야초 특수작물 임업 광물 등으로 대를 물려 경영하여 세월과 투자를 해서 자자손손 이어지는 경우의 지형입니다.

영세한 서민들이 모여 살며 관공서 학원 요양사업 사찰 군부대 연수원 숙박업 임대업 하치장등의 지운이라고 볼 수 있으며 운수업 유통 물 센-타 등의 생활권으로 볼 수 있을 것입니다.

- **출입문**

출입문의 길한 방위는 그림에서 참고 하세요.

다음은 출입문 위치를 설명한 그림입니다.

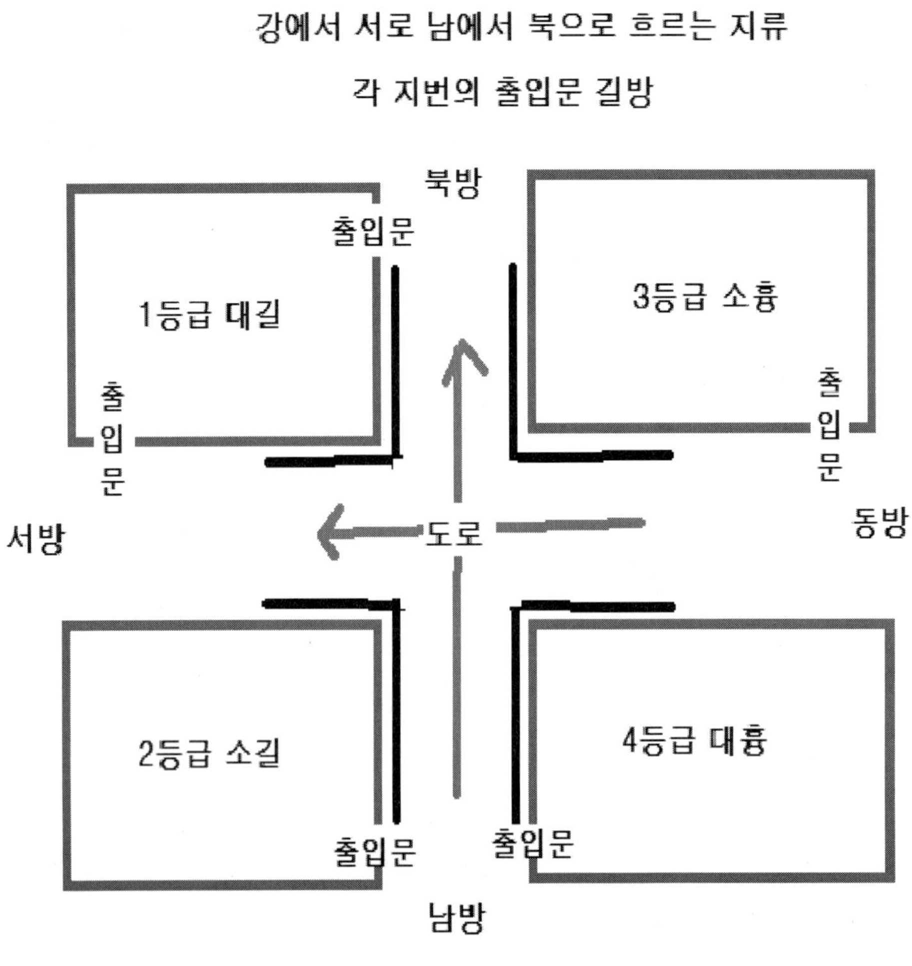

1등급 대길 이러고 하는 택지는 대문은 어느 위치에 선택 하드라고 운을 받지 않으므로 어느 곳에 내어도 좋지만 그래도 그림의 위치가 이상적으로 봅니다. 그러나 2 3 4등지의 경우는 그림의 위치를 보고 선택하는 것이 좋다고 볼 수 있을 것입니다.

- **그림의 4도**

강이 북쪽에서 남으로 흐르는 지류와 동에서 서로 흐르는 지류입니다. 그림에서 왼쪽 하단의 1등급 대길 이라고 하는 지번에 경우입니다.
이 지역은 10%의 밭농사와 90%의 벼농사로 농업 기반이 조성된 매우 길지로서 학교 주거생활 문화 환경 등 전반적이 기능을 보유한 길지다. 자녀들의 입시나 취업 등에 매우 좋은 기운을 받을 수 있다고 할 수 있다. 지가 상승률 100%의 경재효과가 유발한다.

다음은 오른쪽 하단에 2등급 소길 이라고 하는 지번의 경우입니다. 30%의 밭농사와 70%의 벼농사로 농업기반이 조성된 지역입니다.

비교적 원만한 상권과 경제효과가 따르는 지역으로서 직장 사업 고정적이 임대소득 등 원할 한 사업성이 유발되지만 태만과 권위의식이 지배하여 과소비가 유발 될 수 있으므로 배려와 검소한 생활에 자세가 필요합니다. 지운이 유발하는 경재효과는 80% 발복한다.

다음은 오른쪽 상단에 위치한 3 등급 소흉의 지번에 경우입니다.

30%의 벼농사와 70%의 밭농사로 구성된 농업기반에 일반적 소비형의 영업은 어려우며 임대업이나 전문직 의 사업형태로 보아야 할 것입니다. 사무실 학원 요양사업 원룸 다세대 전월세 숙박업 사우나 스크린골퍼 등의 형태의 상권으로 생활 하는 지번이다.

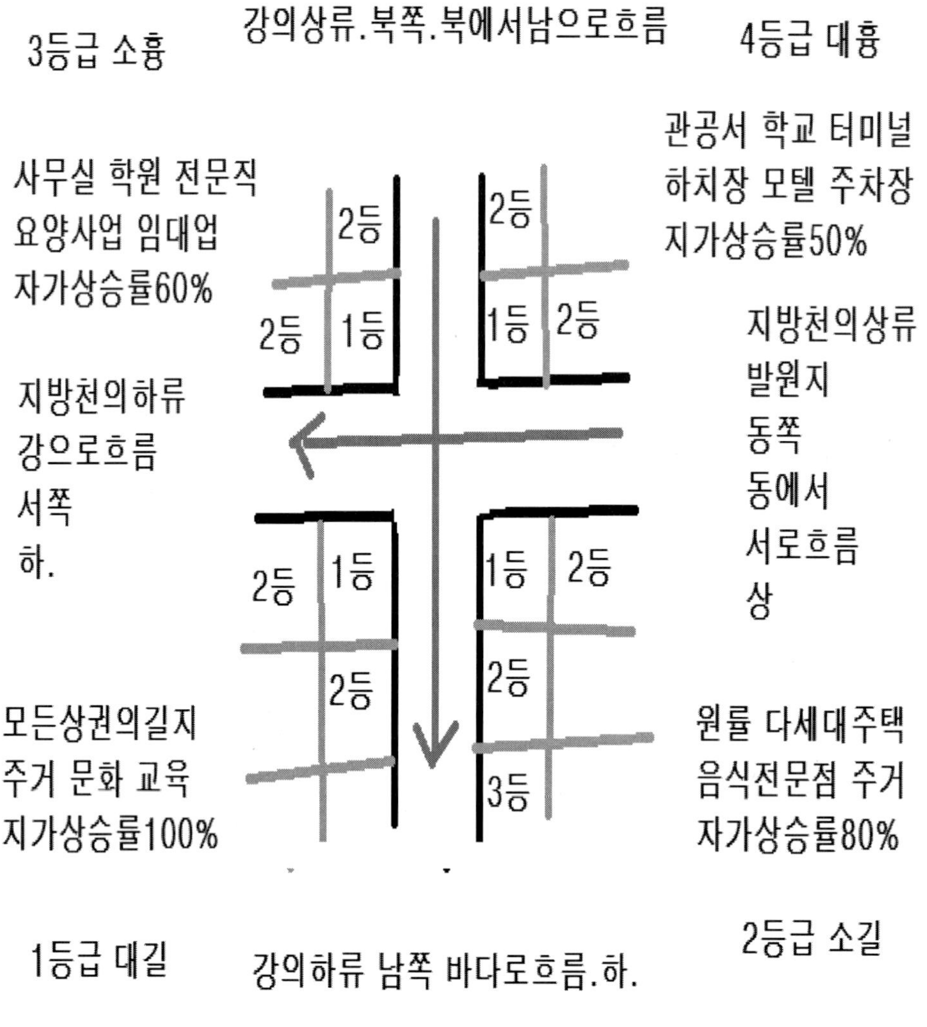


70%의 직장인들로 생활 하는 주거지역 이다.

지운이 유발하는 경재 효과는 50%이다.

다음은 오른쪽 상단에 4등급 대흉의 지번에 경우입니다.

10%의 벼농사(천수답)와 20%의 임야와 산으로 조성된 지역이다.

일반적인 판매 소비형의 수익은 20%의 효과가 있으며 대체적으로 국가 기관의 공공시설 관공서 학교 요양시설 모텔 전원주택 연수원 수련원 사찰 등으로 수익을 얻는 지역이다.

지운이 유발하는 경제효과는 30%이다.

- **출입문**

위의 그림에 따른 출입문의 길한 방위입니다.

아래 그림에서 참고 하세요.

꼭 맞추어서 하라는 말은 아니며 가급적 그림을 참고해서 설계를 한다면 다소 도움이 되지 않을가 하는 생각입니다.

- **출입문 길흉관계**

출입문은 그림에서 1등급 지번은 동도나 북도 어디에 두어도 행운이 있다고 볼 수 있으며 2 3 4 지번의 경우에는 그림에서 표시한 위치를 지키는 것이 좋을 것입니다.

원래 아버지는 건(乾)방 서북방에 두고 어머니는 곤(坤) 아들은 동(東)방 딸은 서(西)방 주방은 동북(東北)방 욕실은 동 동북방으로 한다고 하지만 그것은 택지의 경사도(가울기)에 따라 다를 수가 있으므로 참고로 하세요.

아버지 방을 건방에 두는 것은 아버지의 권위를 말하는 것이며 아들 방은 해가 뜨는 방위에 두어 건강하고 맑은 정신을 받으라는 의미이며 딸은 서방(金)에 두어 성품을 눌러 조신하게 성장하여 남의 집으로 보내어 욕먹는 일이 없어야 한다는 의미이며 현대에서는 연예인 같은 인기직업에 (桃花殺方) 좋다고 하여 많이 선호 할 수 있습니다.

동강에서 서로 북에서 남으로 흐르는지류
각지번의 출입문 길방

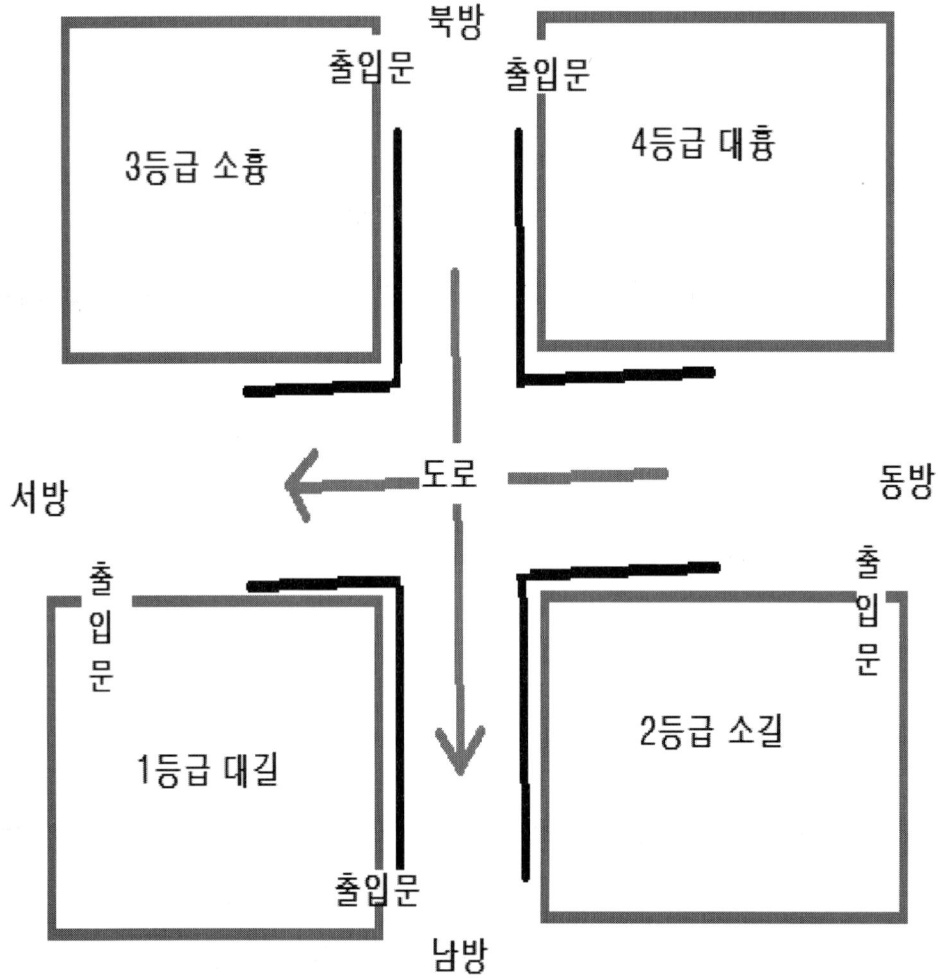


주방과 욕실은 동북방에 두는 것이 좋으며 응접실은 서남 동남간에 두는 것이 옳다고 생각 합니다.

그러므로 필자는 위 그림에 참고 하여 더 좋은 설계가 되었으면 합니다.

출입문의 길흉관계는 위의 그림에서 참고하세요.

이 세상에서 지운을 움직이는 권한을 가진 것은 토목 주택 설계사 이므로 설계사에게는 막대한 책임이 있는 것입니다. 당신이 토목을 하고 설계를 한 집에서 행복을 추구하는 가족들에 행복해 하지 않고 불행하다 며는 그것은 알고 했던 모르고 했던 유쾌한 일은 아닐 것입니다 설계사는 무조건 지형의 변화를 알고 설계를 해야 할 것입니다.

## 9장 지구(자연)를 살펴보는 지혜

먼저 지구를 무극이라고 하고 무극은 아무런 변화를 이룰 수 없는 자연형태라고 생각 하세요. 무극(無極)에서 음양(陰陽)이 생겨나고 음양에서 4상(四象)이 형성되며 4상에서 16형으로 구성되어 지구는 움직이고 있는 것입니다.

음양에서는 지하로 흐르는 물질과 위로 성장하는 물질로 나누어져 있습니다.

지하로 흐르는 물질에는 물 돌(金.水) 이 있으며 위로 성장하는 물질에는 나무와 풀(木.火.)가 있으며 아래로 흐르는 물질에는 정적인 것과 동적인 것이 있으며 위로 성장하는 물질에는 고정적인 장소에서 성장하는 물질과 동적인 물질(동물)등이 있을 수 있습니다.

우리 인간에게는 지혜라는 이점이 있어 다른 동물들과는 다르게 사상에서 움직이는 자연환경을 응용할 수 있는 것입니다. 그래서 인간은 자연을 움직이는 위대한 동물입니다. 우리들의 운명관계가 사주팔자에 그려져 있다면 얼마나 불공평 하겠습니까. 그래서 필자는 타고난 운명이 불운하다 하드라고 좋은 지번을 만나서 노력하면 타고난 팔자는 불운하더라도 좋은 지운으로 회복할 수 있다고 말할 수 있습니다.

운명은 위의 내용처럼 동적인 것이며 지운은 정적인 것입니다.

운명은 지번에 따라 다른 운명을 살 수 있지만 지번은 그 지번에 응용하기에 따라 무한한 가치를 줄 수 있습니다. 운명은 기후와 같아서 좋다고 해도 환경에 따라 변할 수 가 있는 것을 감정을 통하여 흔히 볼 수 있었습니다. 지운은 변함 없는 정적인 것이기 때문에 제주가 없더라도 기다리면 운명을 바뀔 만한 기회가 올 것입니다.

## 전국 지운을 보는 방법

아래의 전국 지도를 참고 하세요.

어느 나라 어떤 지번도 보는 방법은 동일합니다. 다만 땅값의 차이만 다를 뿐이다. 그러므로 똑 같이 집을 짓고 비슷한 일을 하고 십년 2십년 살았는데 결과는 분명히 다른 환경으로 바뀐다고 할 수 있습니다.

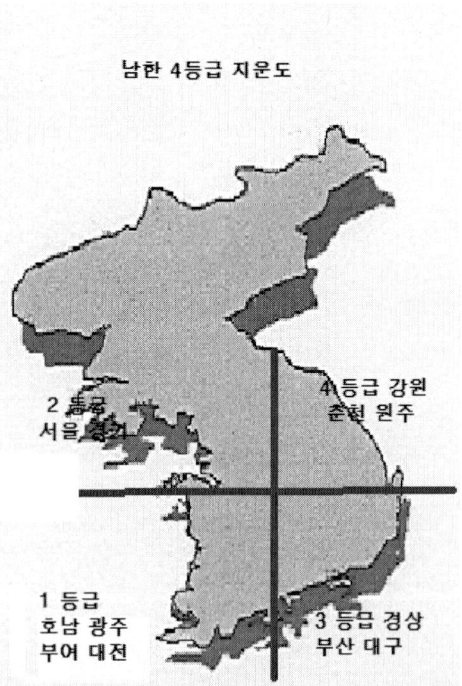


환경의 변화라는 것은 잘 되는 집은 살아가는데 액운이 없어 자식들이나 농사도 그저 평범할 수 있고 잘 안 풀리는 집은 자식들이 잘 풀리지 않는다거나 건강이 나쁘다거나 농사가 절곡을 잘 되지 않아 살아가는데 우환이 많다는 것입니다. 아니 무탈하게 잘 살았다

하더라도 집값의 차이로 소유지의 지가 변화로 경재가 다르게 될 수 있는 것을 여러분도 잘 알고 있을 것입니다.

필자는 그러한 지운을 보는 방법을 이야기 하고 싶은 십은 것입니다.

위의 그림에서 1등급 지역 왼쪽 아래는 군산 부여 김제 익산평야를 만들은 금강유역과 광주 나주 목포로 흐흐는 영산강의 발원지 에서 장수군이나 담양인근에서 발원한 장수 남원 곡성 구례 광양으로 흐르는 섬진강과 영산강의 수위가 호남평야를 매립지로 만들어서 여기에 우리나라 인구가 몀을 식량생산을 하는데 큰 몫을 하였기 때문입니다.

매립지는 그 지역의 모든 기류가 모이는 지형입니다.  이것이 자연이 인류에게 미치는 영향 입니다.

그러므로 이 지역은 대체적으로 부모가 물려준 터전에 의하여 대를 물려 부를 할 수 있으며 비육한 농토로 인하여 살아가는데 어려움이 없다고 할 수 있습니다. 그러나 비육한 토지로 인하여 외세의 침입으로 수난도 많아서며  권력자나  지주들의 권세로 억압을 받은 주민도 있었겠지만 분명 여기는 우리나라 1등급의 지운입니다. 이 지역은 벼농사가 85%와 밭농사가 15%로 조성된 지역이며 교육 직장 농업 어업 배송 등이 모든 기운이 있으므로 지운이 주는 경재효과는 100%입니다.

다음은 2등급 지역 왼쪽 위 대전 세종 안성 서울 인천 등의 지역입니다.

일부 금강의 기류와 남한강 한강의 기류를 받아 비육한 농토와 지리적 요충지로 우리나라의 두 번째의 큰 기류를 가진 땅이다. 수도서울시와 항구도시 인천을 바탕으로 정치 경재 교육 문화 무역과 비옥한 농업을 기반으로 우리나라 최고의 경재도시다.

그러나 빈부의 격차가 심하고 지역의 가난한 젊은 사람들이 꿈을 이루고자 상경하여 이루어진 도시다 보니 말도 많고 불만도 많다. 겉으로 보기에는 아름다운 도시로 보이지만 위험이 각처에 있어 늘 긴장하고 살아야 하므로 지번을 잘 보고 살아야 성공한다.

경재는 여기서부터 발원하지만 30%의 부자를 위해 70%의 주민이 긴장하며 살아야 하며 10%의 권력자를 위해 90%의 주민이 불안에 떨어야 한다.

우리나라 인구의 50%가  자기가 최고라는 의식으로 노예가 되어 살아갑니다. 부의 기준에서 보면 우리나라 2등급지로 볼 수 있습니다.

다음은 우리나라 3번째 지운을 가진 오른쪽 아래 낙동강 기류의 안동 김천 대구 부산과 남강의 기류를 받는 창원 진주 지역의 경상도의 지운이다.

이 지역은 다른 지역과 다른 독창적인 의미가 있는 지역이다. 백두대간의 산맥이 경기도와 호남과의 기류를 구별하여 색다른 특색이 있다. 70%의 임야와 밭으로 척박한 땅의 지운과 논농사를 기반으로 조성된 지역이라 자생력이 강하고 고집이세며 독창적으로 개발로 지도자 상공업 등으로 자수성가한 인물이 많이 배출 되는 지운이다. 지운은 3등급지로 보지만 불출세의 영웅도 재벌도 탄생하는 지역으로 구분 할 수 있다.

다음은 우리나라  4번째의 지운을 가진 오른쪽 위 강원도와 충북 일원의 지역이다. 이 지역은 모든 강의 발원지로  90%의 임야와 밭으로 10%의 벼농사로 광산 관광 산 약초 등 의 수입으로 수입과 지출이 불안전한 경재가 바탕으로 타 지역 에서 왔다가는 유동인구가 많이 있을 수 있는 지역이다. 대체적으로 욕심이 없고 인심이 후하여 자급자족 하며 대를 물려 살아가는 토속적인 사람들이 기본이 되어 살아가는 지역이다.

지역인과 외지에서 와서 특산물 광업 숙박업 관광인 을 상대로 약간의 수입으로 살아가는 지운이다.

이렇게 지운을 보는 방법은 어느 도시나 마을을 가더라도 그 도시의 중심부에서 십자로 정해놓고 강의 하류와 하천의 하류를 만나는 지역을 1등지 2등지로 구분하여 가정의 길 흉과 부의 측도를 구분하여 보는 것입니다.

## 10장 강의 길이와 인구밀도 (지운으로 예측해보는 인구밀도)

강의길이는 그 유역의 인구밀도와 경재를 축정하는데 기준이 될 수 있습니다.

강의 길이에 1 킬로미터 당 2만에서 2만 2천명을 기준으로 하여 작은 도시는 강이나 하천의 경우는 지역은 2만 명으로 예측을 하고 강의 길이가 400킬로 이상 되는 지역은 2천2명을 기준으로 보면 80% - 90% 가량 적중한다고 볼 수 있습니다.

한강은 검룡소 에서 발원하여 동에서 서로 흐르는 강으로서 길이를 약 500킬로 가정하고 천백만 명이 한강 유역에 분포되어 있을 때 가장 환경이 적정하다고 말할 수 있습니다.

경기도는 인천시로 입수되는 화옹 호 와 남영 호 평택 호 등 많은 작은 강으로 서해로 입수되어 1천 5백만 명이 상주하기에 적당한 환경이라고 평가할 수 있습니다. 그러므로 서울 경기는 수도라는 이점을 가지고 있어 1천4-5백만 인구가 분포되어 있으며 교육 문화 정치 외교 예술 상공업 등 우리나라의 중심의 도시라고 할 수 있습니다.

• **낙동강의 길이와 인구밀도**

낙동강은 북에서 남으로 흐르는 강이다.

낙동강은 황지라는 못에서 발원지로 보는 경우도 있으며 다른 문헌에서는 너들 셈이나 금 셈에서 발원다고 합니다. 길이는 520 킬로 로 하고 약 1천1백 40만 인구가 낙동강 유역에 분포되어 있다고 할 수 있습니다.

• **금강의 길이와 인구밀도**

전북 장수군에 위치한  뜬봉셈 에서 발원한 금강은 약 4백 킬로미터로 연평리 용담 호 대청호 세종시청을 논산시 강경읍에서 충청남도와 전라북도의 도계를 이루면서 군산 장항으로 흐르는 강이다. 400 곱하기 2만2천을 곱하면 8백만에서 88십만 인구가 분포될 수 있을 유역이다.

• **남한강 길이와 인구밀도**

남한강은 강원도 태백시 창죽동 금마 산에 있는 검용소 에서 발원하여 충청북도 북동부와 경기도 남동부를 흘러 양평군 양수리에서 북한강과 합류하여 한강으로 흐르는 375 킬로미터의 강이다.

375곱하기 2만으로 750만 인구가 거주할 수 있는 유역이다.

• **섬진강 길이와 인구밀도**

섬진강은 전북 진안군 백운면 팔공산 옥녀봉아래 데미셈 에서 발원하여 광양만까지 223킬로미터 길이로 섬진강 야구장 관촌면 사무소 옥정호를 지나 동산유원지 화개장터 하동군청으로 북에서 남으로 흐르는 강이다.

223곱하기 20 000으로 하면 446만 인구가 거주 할 수 있는 지역이다.

• **영산강의 인구밀도**

영산강은 전북 담양군 가마 골 용소에서 발원하여 담양호 담양군청 광주광역시를 자나 나주 영암 천과 합류하여 목포시를 거처 서해로 흐르는 1 15 킬로미터의 강이다.

115곱하기 20 000명하면 230만 인구가 거주하기에 적합한 유역이다.

다음은 7개 지역의 강의 유역과 지운관계를 보세요.

- **태화강과 형상 강**

태화강의 유역의 지운과 인구밀도

태화강과 형상강의 지운보기는 강의 길이가 짧고 폭이 좁아 태화강과 형상강편에서 참고 하세요. 지금 까지는 풍수를 이해하기 위한 환경관계와 지운을 측정하기 위한 도구 물의 흐르는 유형에 따른 응용관계를 설명 하였습니다. 지금 까지 설명한 자료를 이용한 지역별 지운을 응용해 보기로 하겠습니다.

여러분과 같이 연구해 보기로 합시다.

우리나라 대체적으로 큰 강을 중심으로 한 풍수의 이해관계입니다. 그리고 지번에 따른 적성 응용관계 건축에 따른 출입문관계와 건축물이 내부 설계 등 모두가 짝이 맞을 때 가장 큰 행운을 얻을 것입니다.

한강 낙동강 남한강 금강 영산강 섬진강 태화강 형상강순으로 설명하였으며 그리고 큰 강이 없는 지역은 도시를 예를 들어 참고하였으며 또 건축물에 설계를 더하였습니다. 초보자가 보아도 이해 할 수 있도록 노력 하였습니다만 부족한 부분이 있더라도 넓은 아랑으로 이해하여 주시기 당부 드리면서 필자도 100%는 아니며 지금까지가 한계일 것입니다.

이제부터 우리나라의 발상지 한강에서 시작해 보기로 하겠습니다.

# 제 2 편

# 한강 유역의 지운보기

제2편

# 한강 유역의 지운보기

먼저 우리나의 대표적인 강 한강에서 시작해 봅시다.
먼저 한강은 약 480킬로미터의 긴 강이다.
강의 길이에 8등분으로 나누어 설정을 합니다.
그러면 1등급지당 약 60킬로미터의 구역으로 나눌 수 가 있다.

지운을 측정하는 자로 한강과 바다가 만나는 지점에 자를 놓고 강의 발원지 검룡소 까지를 8등급 지역으로 나누어 봅시다.
대체적으로 1개 시(市)나 군(郡)의 경계선을 1 구역으로 보시면 될 것입니다.
먼저 수직자를 이용해서 강화에서 한강의 발원지 검룡 소 까지를 8등분하여 각 등분의 해당하는 지역의 의미를 습득하셔야합니다.

두 번째 좌측 수령자나 우측 수평 자를 이용해서 수직자의 몇 등급 지역의 좌 우 수평자의 몇 등급의 지역인가 볼 때 사용 하는 자입니다.

이제부터 현실적으로 만나 보기로 합시다.
먼저 한강의 1등급 지인 인천광시에서 시작하기로 합시다.

## 1등급 지역(하천)

• **인천광역시**

인천시에서 서울시 경계선 까지를 1등급 지역으로 구분하고 항만 항구 무역 유통 해양연구 조선 미지의 연구 개발지로 보고 인체의의 나이로는 10대를 의하며 아직은 어리다 소년 소녀로 비교할 수 있지만 미래의 희망과 꿈이 있는 지역으로 교육 상권 관광 모든 면의 희망의 지역이다.

그러므로 미래에 투자를 한다면 경제효율성은 90%로 대실하다. 한강 유역에서는 여기가 1번지라 할 수 있습니다.

자세한 설명은 위의 각 등급지의 의미를 참고 하세요.

## 2등급 지역(석천)

• **서울특별시**

다음은 2등급 지역으로 볼 수 있는 지역은 인천시 인천시와 서울시 경계에서 구리시 경계 까지를 2등급 지역으로 구분하고 상권과 관광 숙박 정치 교육 모든 분야의 미래와 현재의 희망의 지역이다. 인체의 나이로는 20대로 볼 수 있으며 수도 서울이라는 장점 때문에 20대와 80대가 공존하기도 하는 지역이며 대한민국 사람이라면 20살이 되 며는 여기서 꿈을 심고 싶어 하는 도시다.

미래의 경제효율성은 80%다.

## 3등급 지역(초천)

• **구리시**

서울시 구리시 경계에서 구리시 하남시 경계 까지를 3등급 지역으로 구분할 수 있으며 농업을 바탕으로 한 과수 축산 공장 임시저장소 유통업 등으로 성장

해가는 도시로 볼 수 있으나 지형이 경사각이 심하여 부분적 개발로 성장하는 지운입니다.

인체나이로는 30대로 보지만 투자처가 불규칙 합니다. 속고 속이는 유언비어가 많을 수 있으니 사람을 믿지 말고 지역을 잘 선택해야 할 것입니다. 지가가 주는 경제효율성은 70% 이지만 시간이 자나야 될 것입니다.

## 4등급 지역(지천)

- **하남시 남양주시**

미사대교에서 대성국민 관광유원지 까지를 4등급 지역으로 볼 수 있으며 대체적으로 농업을 기반으로 구성된 지역이다. 농업 과수원 축산업 육묘 장 임시저장소 로 이용할 수 있으며 당대에는 힘들지만 후대에 물려 부를 추구할 수 있다. 인체의 나이로는 40대로 보지만 장기간 세월과 함께 희망을 가질 수 있는 지역이다. 지운의 경제효율성은 60%로 볼 수 있다.

묘목 장처럼 여기서 기반을 세워서 서울로 배출되는 지역이다.

## 5등급 지역(화천)

- **가평군**

서종대교 부근에서 춘성대교가 있는 지역으로 구분 할 수 있습니다.

농업으로 기반으로 특수 작물 레저 숙박 콘도 지사 지점 등 서울이나 도회지 사람들이 투자를 해서 돈만 벌어서 시내로 돌아가는 유형의 사업 기반의 지형이다. 인체나이로 비유하면 50대로 시내에서 돈을 벌어서 노후의 안식처로 전원주택 같은 것으로 준비하는 사람들이 많다.

지역의 경제효율성은 50%이다.

## 6등급 지역 (황천)

- **춘천시**

북한강과 홍천 강이 만나는 지점부터 북한강과 지춘 천이 만나는 지점까지를 6등급 지역으로 볼 수 있습니다.

- **영역의 경제성**

대략 묘지 사찰 관광 요양시설 레저 연수원 등의 지운으로 구성된 지역이다.

보통 지역민보다 유동적인 인구가 많아 지역의 특산물과 관광 사업으로 경제를 구성한다. 인체의 나이는 60대로 볼 수 있으며 젊은 사람들은 외지나가서 5-60대에 돌아와서 노년을 보내는 경우다.

영역의 경제효율성은 40%로 볼 수 있다.

## 7등급 지역(임천) 인제군

지춘 천에서 양구군과 고성군의 경계지점 까지 의 영역을 볼 수 있으면 오랜 세월을 두고 경제를 기대하지만 기회가 오기는 어렵다. 산야초 광업 임업 레저 관광 종교시설 의 지운의 경제성이 있지만 당대에는 성공하기 어렵다.

인체의 나이는 70대로 볼 수 있으며 경제효율성은 30%로 예측할 수 있다.

## 8등급 지역 (산천) 화천군 양구군 고성군 일원

통신 관광 종교시설 군사시설 신선의 영역

국가 기관의 관장의 영역 감시원 경계선 통신 관상용 참회의기도원 으로 구분해 볼 수 있다.

인체의 나이는 80대로 20%의 경제성을 기대해 볼 수 있다.

## 1등급 지역 인천시(河川)

먼저 인천시 8등급 지역별 지운보기입니다.

아래의 그림은 지운을 측정하는 자입니다.

먼저 지운을 보는 자로 바다와 한강이 만나는 지점에 위의 그림과 같이 자를 놓고 수직으로 1등급 지역 2등급 지역으로 측정을 합니다.

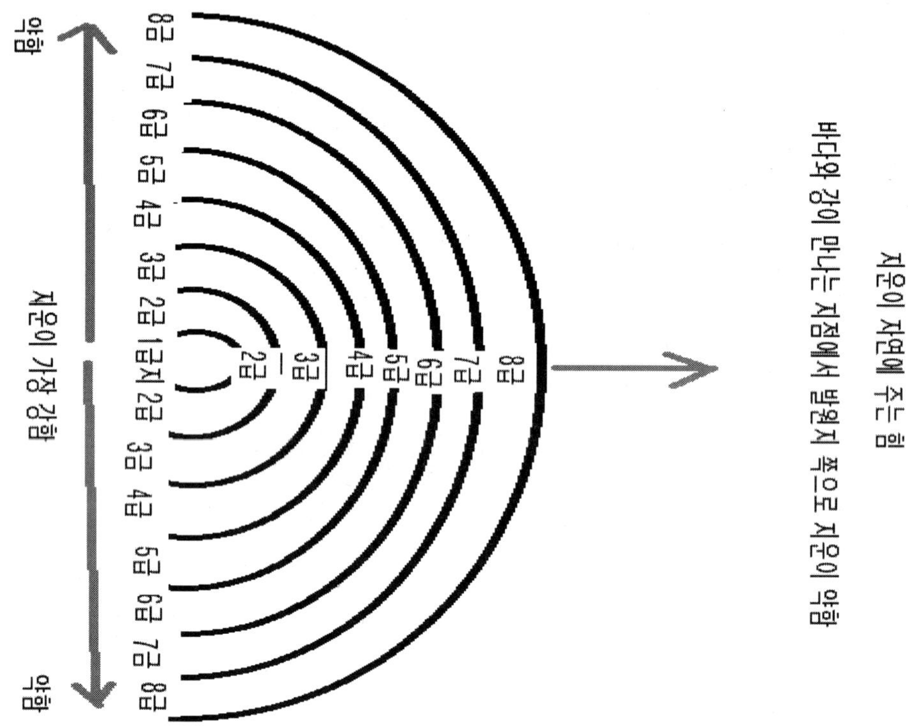


서구청을 중심으로 한 대우자동차 전문학권 인천 체육고등학교 노을공원 주변이 1등급 지역으로 구분할 수 있으며 중구청 미추홀 구청이 있는 북성 포구 인천 출입국 외국인 청 화수부두 주변이 2등급 지역으로 구분할 수 있을 것입니다.

웅진군청 한국교통 안정공단 원인동 복지센터가 있는 지역이 3등급 지역으로 구분할 수 있으며 연수구청 인천대학교 송도캠퍼스 연세대학교 국제캠퍼스가 있는 지역이 4등급 지역으로 구분할 수 있습니다.

부평구청 부평역 삼산1동 복지 센-타 인천마곡 초등학교가 있는 지역이 5등급 지역으로 구분할 수 있으며 계양구청주변 경인교대 입구 역 계산역 주변이 6등급 지역으로 구분할 수 있습니다. 영종도 인천국제 공항이 있는 지역이 7등급 지역으로 구분할 수 있으며 강화도가 8등급 지역으로 구분할 수 있을 것입니다.

이렇게 등급 지역과 지번을 확인했으면 두 번째는 경사각을 보아야 합니다. 내가 원하는 지번이 경사각이 얼마나 되는지를 보세요.

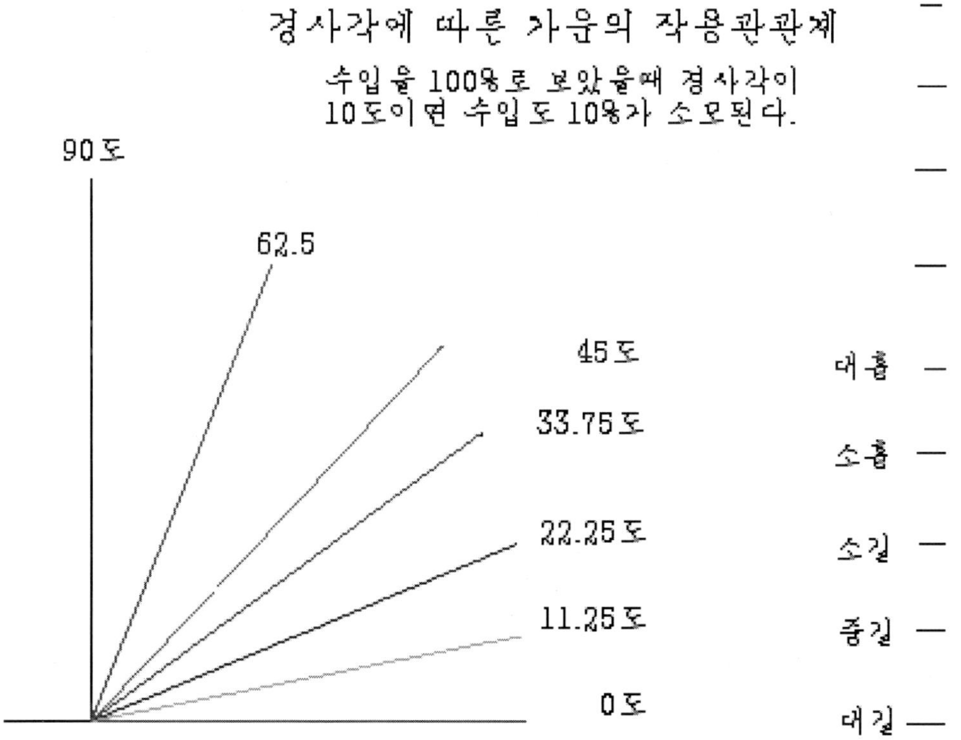

그림에서 보는 것처럼 경사각이 심하면 가정에 불행이 따르게 됩니다.

경사각을 보고나면 도로가 내가 원하는 지번과 어떤 기운을 가지고 있는지 보세요. 대흉이나 소흉은 피하고 안정적인 지번을 선택 하세요.

아래 그림을 참고 하세요.

아래의 그림은 인천시청역 사거리에서 보는 지운 해설입니다.

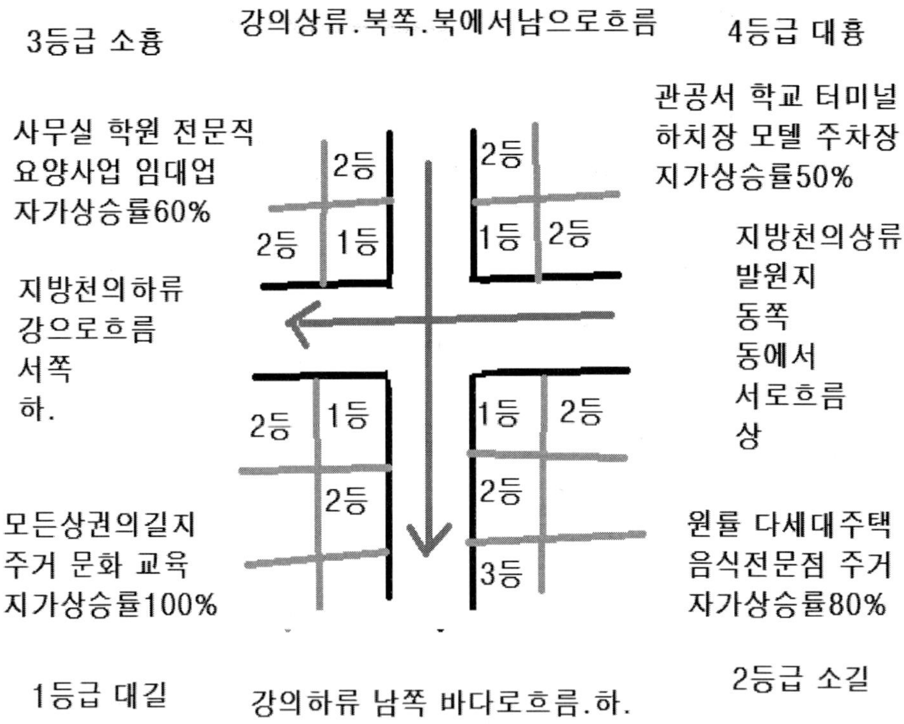


시청역 사거리에서 남쪽아래  중앙공원 인천 문화경기장 인천 내항 웅진 군청이 있는 지역은 1등급 지역으로 구분할 수 있으며  시청역 사거리에서 동남쪽 아래 석천사거리 아래로 해오름 호수 소래포구역 주변으로 2등급 지역으로 가정할 수 있을 것입니다.

시청역 사거리에서 서북쪽 방면으로 인천시청역 인천시 의료원 인천 북 항 방면으로 3등급 지역으로 볼 수 있으며 시청역 사거리에서 동북쪽으로 어울림 금호아파트 간석오거리역 김포시청 방향으로 4등급 지역으로 볼 수 있을 것입니다.

지역의 구분과 경사지 도로에서 보는 지번을 보고나면 선택된 지번의 출입문 관계를 보아야 합니다. 아래 그림은 출입문의 위치도입니다.

그림에서 표시한 위치를 참고 하세요.

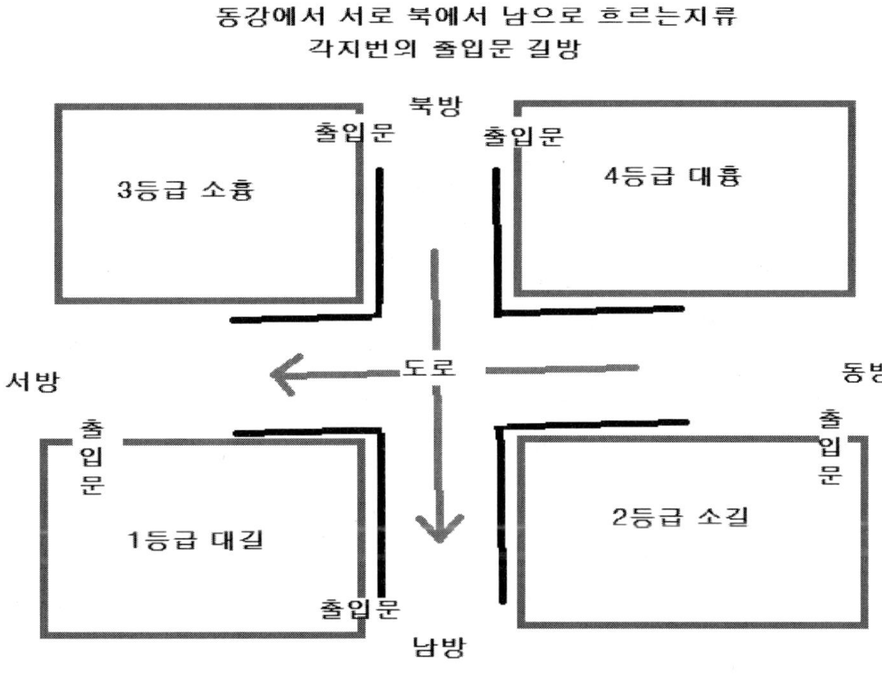


건물에는 향과 방이 있습니다.

방은 앉은 자리에서 보는 쪽은 방이라고 하고 향은 그 건물에 면을 보고 동향이나 서향 이냐를 보는 것입니다. 일반적으로 알고 있는 사람들은 베란다를 보고 향이라고 하는 사람들도 있는데 그것은 틀린 말입니다.

## 2등급 지역 고양시(河川)

고양시 전체의 8등급 지역별 지운보기입니다.

대창천 도촌천과 한강이 만나는 지점에서 북쪽으로 올라가면서 1 2 3 4 로 등급지역을 구분하는 측정하는 자입니다.

**지운이 자연에 주는 힘**

**바다와 강이 만나는 지점에서 발원지 쪽으로 지운이 약함**

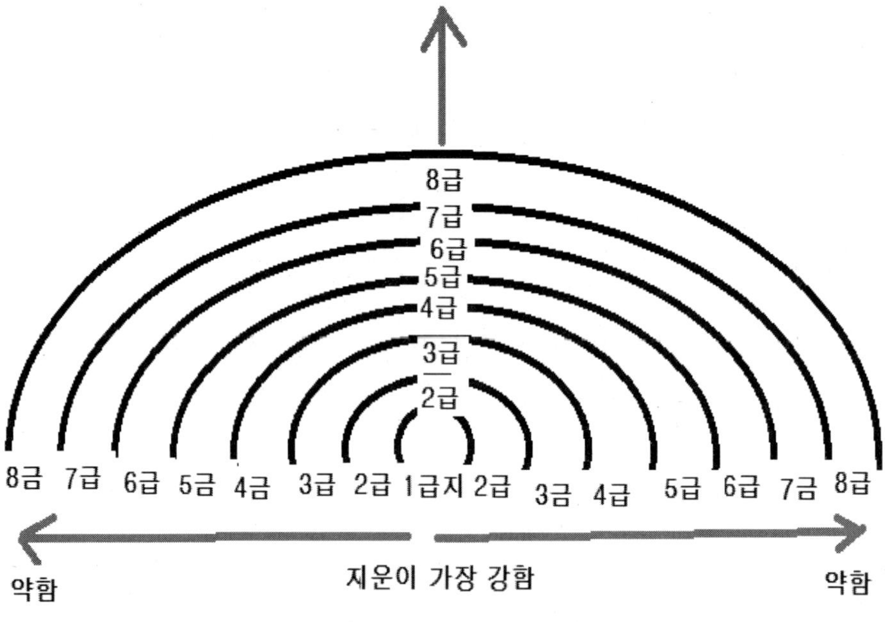


일산서구 가좌마을 2단지 아파트 송신2동 마을회관 양우리 교회가 있는 지역이 1등급 지역으로 가정할 수 있으며 킨텍스 제2전시장 일산 장례식장 장항동 복지 센-타 주엽역 대화역이 있는 지역이 2등급 지역으로 구분해볼 수 있습니다.

능곡역 행신역 덕양구청 고양시청 행주초등학교가 있는 지역이 3등급 지역으로 가정할 수 있으며 한국항공대학교 홍도초등학교 덕수 공원 고양 중학교 주변이 4등급 지역으로 구분할 수 있습니다.

한국 항공대학교 한천동 마을회관 대덕동 행정복지 센-타가 있는 주변이 5등급 지역으로 볼 수 있으며 삼송동 지축역 원흥 초등학교 주변이5등급 지역으로 구분할 수 있을 것입니다. 관산동 복지 센-타 백제 초등학교 내유 초등학교 지영 체육공원이 잇는 주변이 7등급 지역으로 가정할 수 있으며 성석 초등학교 고봉동 복지 센-타 송산동 복지 센-타가 있는 지역이 8등급 지역으로 구분할 수 있을 것입니다.

그리고는 그 지역 또는 지번에 경사각을 살펴 보아야할 것입니다.

경사각은 지운의 균형을 보는 의미입니다. 가운 도를 참고 하세요.

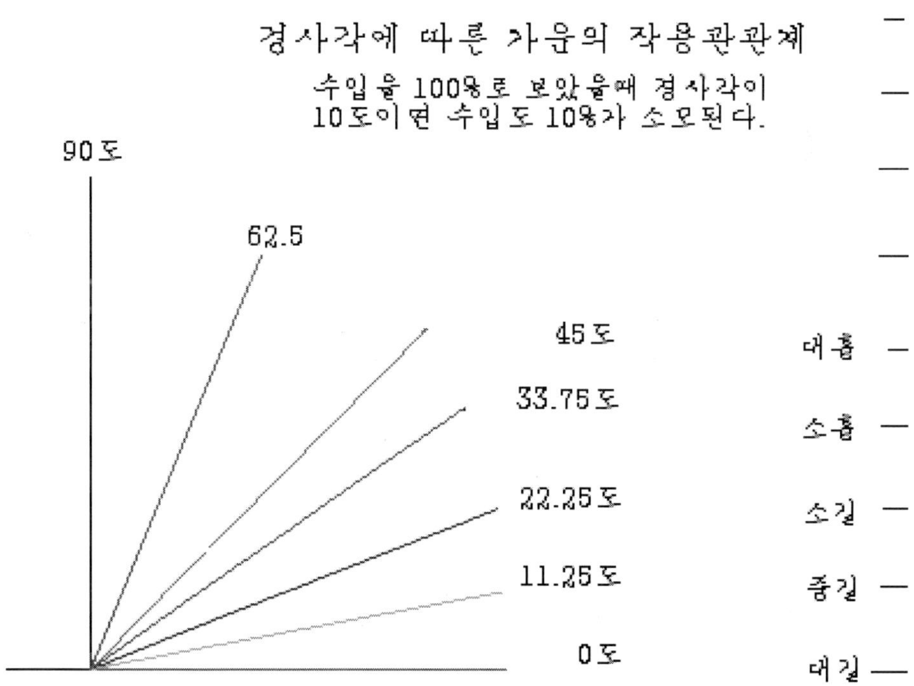

지역별 등급 지와 가운 도를 살펴보았으면 이제는 실제로 도로에서 보는 4등급 지역의 길흉관계를 보세요.

고양시 성사동 사거리에서 보는 지운입니다.

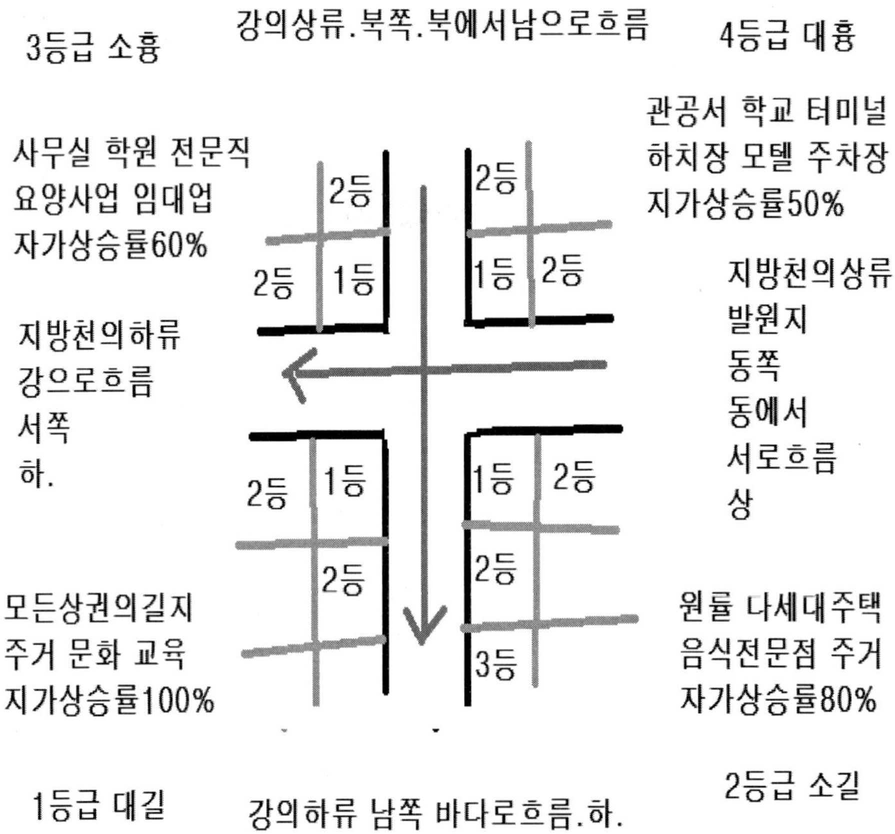


성사동 사거리에서 서남간 방향으로 고양소방서 별무리 경기장 대곡역이 있는 지역이 지금은 아니라고 하드라도 미래의 개발지로 볼 수 있을 것입니다. 서구청이 있는 지역이 1등급 지역으로 투자가치가 매우 높다고 할 수 있으며 신원당 아파트 어울림 극장 해인역이 행주산성이 있는 방면이 2등급 지역으로 볼 수 있을 것입니다.

고양 시청 동구청 원당 초등학교가 있는 지역이 3등급 지역으로 볼 수 있으며 원당 연세병원 성사초등학교 원당성당이 있는 지역이 4등급 대흉의 지역입니다. 각 등급별 지운의 관계는 위의 그림에서 참고하세요.

지역과 지번이 선택되면 선택된 지번에 건물의 출입문 관계를 보아야 할 것입니다 그다음은 출입문에 대하여 알아보겠습니다.

출입문의 위치는 아래 그림에서 참고 하세요.

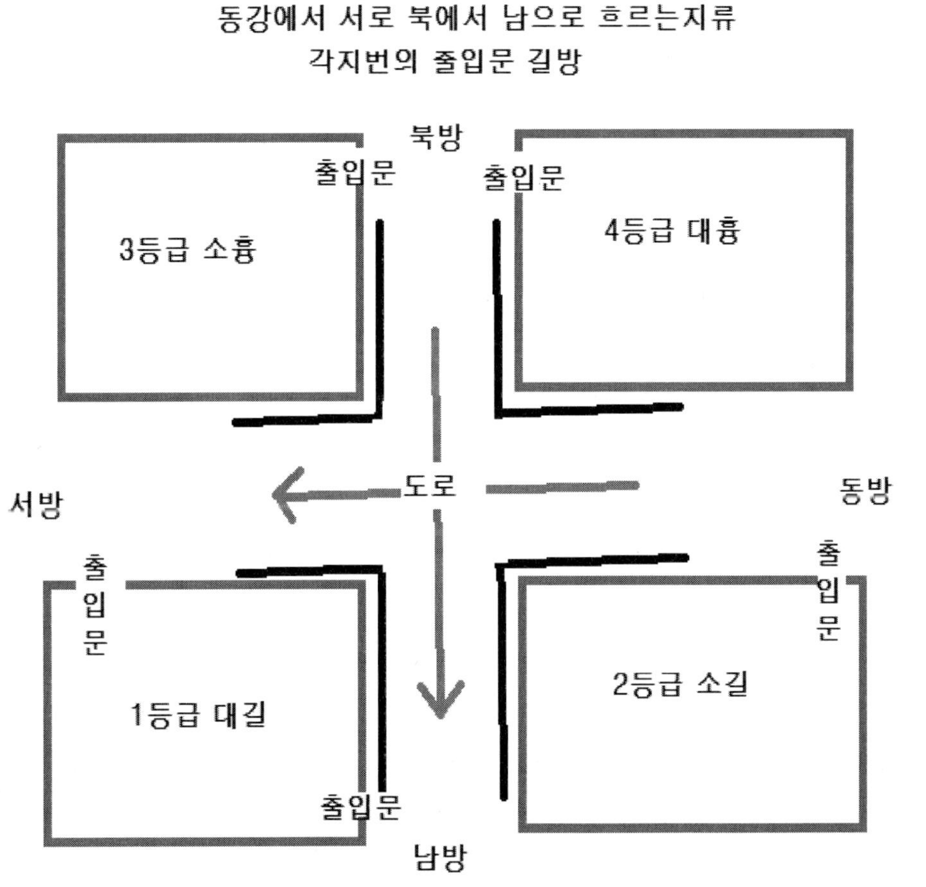

## 2등급 지역 서울특별시(石川)

인천시 경계에서 구리시 경계[까지를 지운을 보는 지를 놓고 보세요.

우리나라 수도 서울의 지역별 구분과 지운관계 입니다.

서울시는 영등포구 여의도를 1등급 지역으로 구분할 수 있을 것이며 강서구 공항동 서울식물원 호수공원이 있는 지역이 2등급 지역으로 볼 수 있을 것입니다.

강남구 신구 중학교 역삼역 한강 시민공원이 있는 주변이 3등급 지역으로 구분할 수 있을 것이며 송파구 가락시장 잠실 종합운동장 강동구청 서울 신사초등학교 주변이 4등급 지역으로 구분할 수 있을 것입니다.

서대문구 마포구 합정역 신사2동 주민 센-타가 있는 지역이 5등급 지역으로 구분할 수 있으며 용산구 종로구 공덕역 주변이 6등급 지역으로 구분할 수 있을 것입니다.

광진구청 동대문구 중랑구 청량리역 중랑역 주변이 7등급 지역으로 구분할 수 있을 것이며 노원구 노원역 상계동 방학동 주변이 8등급 지역으로 구분할 수 있을 것입니다.

다음은 지운을 보는 자로 서울시청을 중심으로 지운을 측정해 보기로 하겠습니다. 한강과 중랑천이 만나는 지점에서 중랑 천과 청계천이 합류하여 청계천의 발원지로 지운이 형성되는 지운입니다.

중랑 천에서 청계천을 따라 올라가면서 1등급 지역 2등급 지역으로 구분을 하고 좌 우 수평 자를 이용하여 그 주변의 지운을 살펴보는 것입니다.

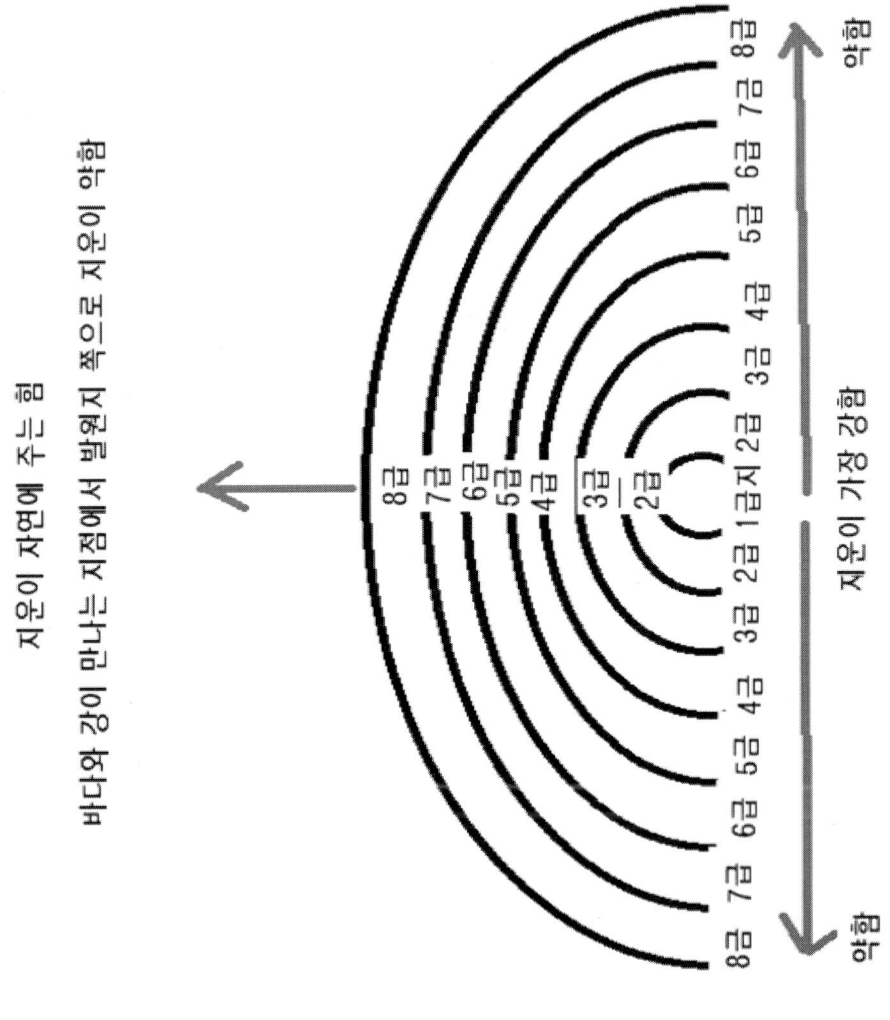


지역별 등급 지와 지운 자를 이용한 지운관계를 살펴보았으면 이제는 실제로 도로에서 보는 4등급 지역의 길흉관계를 보세요.

다음은 가운 도를 참고 하세요.

이렇게 지역별 구분과 지운에서 보는 8등급 지역의 지운을 구별해 보았으면 그 지역 또는 지번에 경사도를 살펴보아야 할 것입니다.

서울시는 60%가 경사각이 심하고 40%가 완만한 경사각으로 되어있는 지형이라 택지를 선택할 때 특별히 선경을 써야합니다.

가운도의 설명은 아래의 그림 에서 참고 하세요.

경사각의 길흉관계는 그림에서 보는 봐와 같이 대길 소길 소흉 대흉관계에서 참고 하세요. 경사각이 1도가 높아지면 그 만큼의 운명이 불운이 생깁니다.

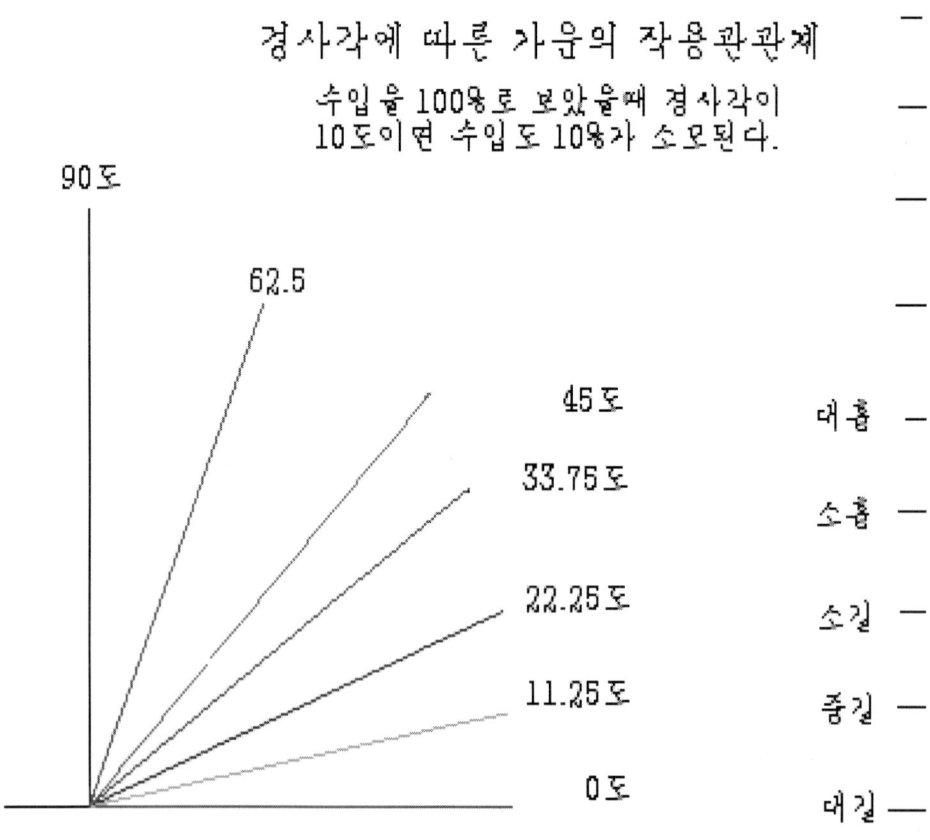

다음은 지번에서 보는 4등급지역의 길 흉 관계입니다.

시청을 중심으로 해서 세종대로 사거리에서 보는 지운입니다.

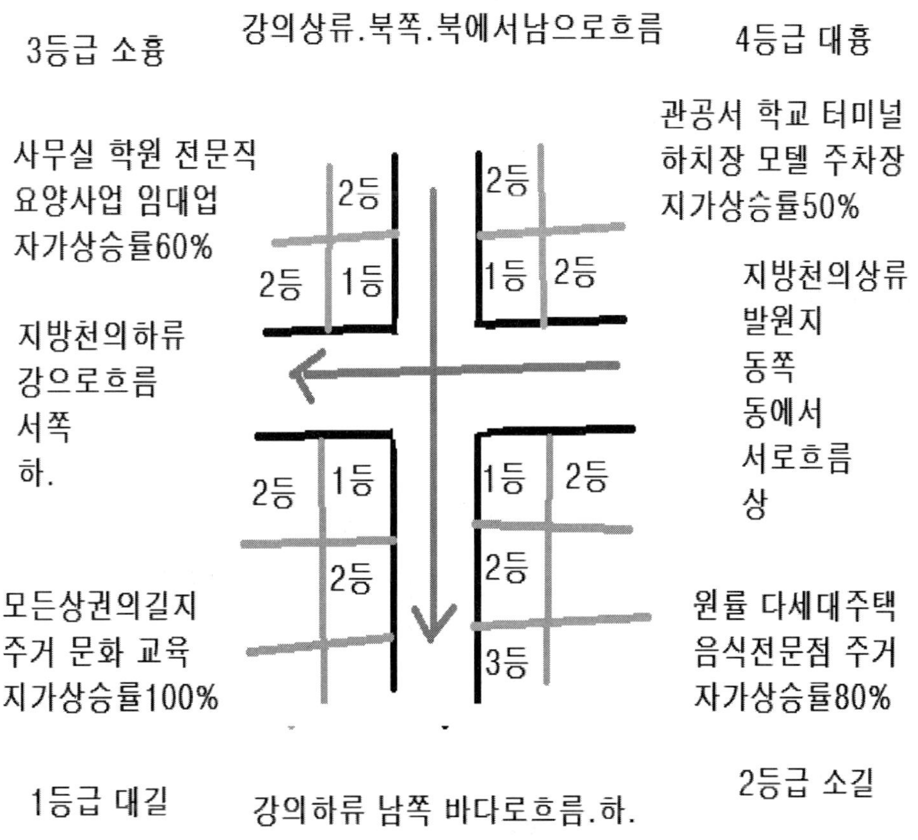


세종대로 사거리에서 좌우 위아래로 십자를 그려놓고 동서남북으로 구분을 하세요. 위의 그림을 참고 하세요. 오른쪽 아래 타이베이 대표부 충정로역 여의도 영등포 지역이 1등급 대길의 지역이며 특히 여의도는 명당중의 명당이다. 현제 시청부근은 본토박이 서울시의 도시가 시작된 발원지로 볼 수 있다.

그러므로 여기서부터 한강으로 갈수록 지가가 높고 현지인들은 의식수준만

높고 청렴결백 하게 산다고 보아야 한다.

다음은 동남쪽 시청 남산 충무로역 옥수역 강남 구청이 있는 지역이 2등급 지역으로 볼 수 있다. 다음은 세종대로 사거리에서 서북쪽 방향으로 세종 문화회관 감리교 신학대학교 은평구 고양시 방향으로 3등급지로 구분할 수 있습니다.

세종대로 사거리에서 동북쪽 방향 광화문역 안국역 창덕궁 개운산 창동역이 있는 지역이 4등급 지역으로 볼 수 있습니다. 4등급지의 용도 효율성은 위의 그림과 4등급 영역의 해설에서 참고 하세요. 다음은 출입문 길흉에 대한 설명입니다. 출입문은 그림의 위치에서 참고하세요.

동강에서 서로 북에서 남으로 흐르는지류
각지번의 출입문 길방

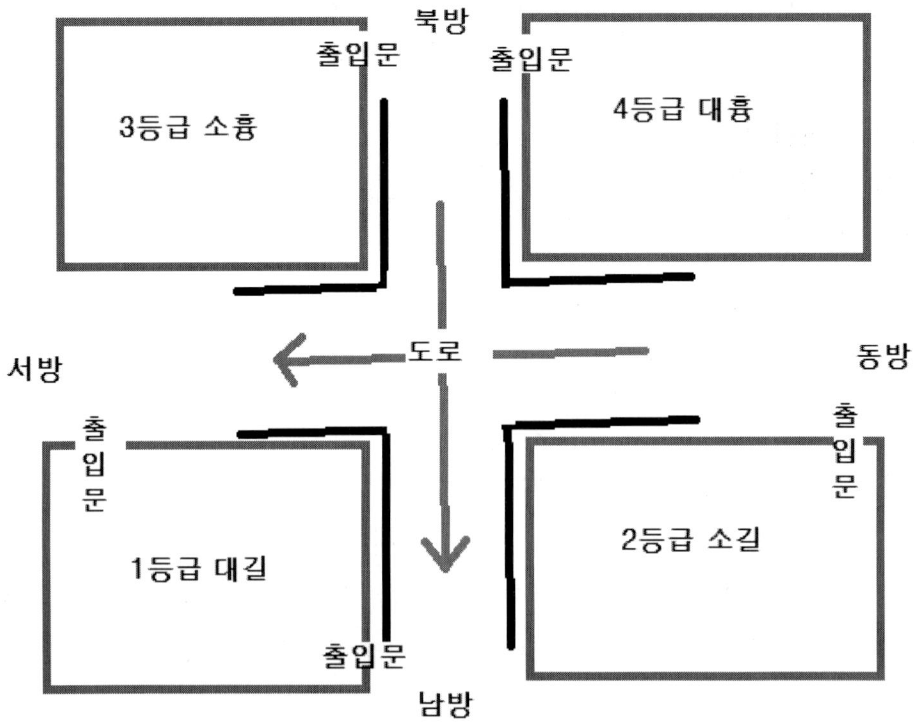

## 3등급 구리시 (草川)

구리시 8등급 지역 구분해 보기입니다.

먼저 지운을 보는 자로 한강과 왕숙천이 만나는 지점에 자를 놓고 왕숙 천을 따라 올라가면서 지운을 측정합니다. 가까운 위치에서 1 2 3등급을 정하여 보며 좌 우 로 같은 방법으로 보면 될 것입니다. 아래 그림을 참고 하세요.

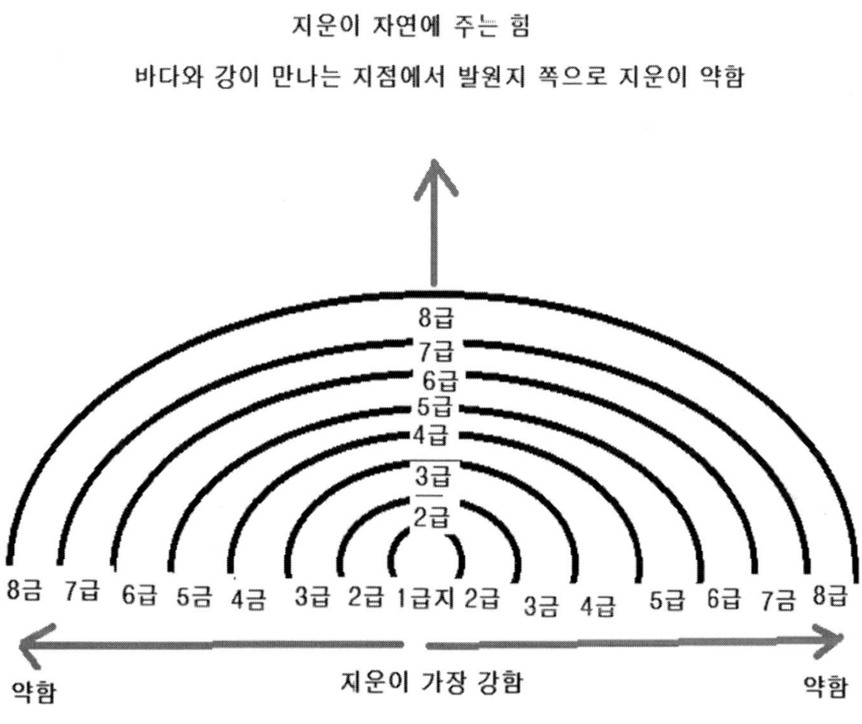


구리 승마장 구리 곤충생태관 내품에 다육식물원이 있는 지역이 1등급 지역으로 구분할 수 있으며 본푸른교회 구리여자 고등학교 수택 고등학교가 있는 지역이 2등급 지역으로 구분할 수 있을 것입니다. 구리 시민한강공원에서 장지못 생태체험관 장지 중학교가 있는 지역이 3등급 지역으로 구분할 수 있을 것이며 토평중학교 수택1동 행정복지 센-타 이편한 수택 센트럴 파크아파트가 있

는 지역이 4등급 지역으로 구분할 수 있을 것입니다.

구리역 안창고등학교 구리농수산물 도매시장이 동구동 행정복지 센-타가 있는 지역이 5등급 지역으로 구분할 수 있으며 구리시청 교문 초등학교 국민연금 공단 한양대학교 구리병원 안창동 행정북 센-타 이편한 세상 안창이반 포레아파트가 있는 지역이 6등급 지역으로 구분할 수 있을 것입니다

갈매 초등학교 갈매중학교 탑골공원 하나로마트가 있는 지역이 7등급 지역으로 구분할 수 있으며 구리어린이 천문대 구리왕숙 체육공원 구리농협 영농자재 시험장이 있는 지역이 8등급 지역으로 구분할 수 있을 것입니다,

지역을 구분하고 나면 가운 도를 보아야 합니다. 아래그림을 참고 하세요.

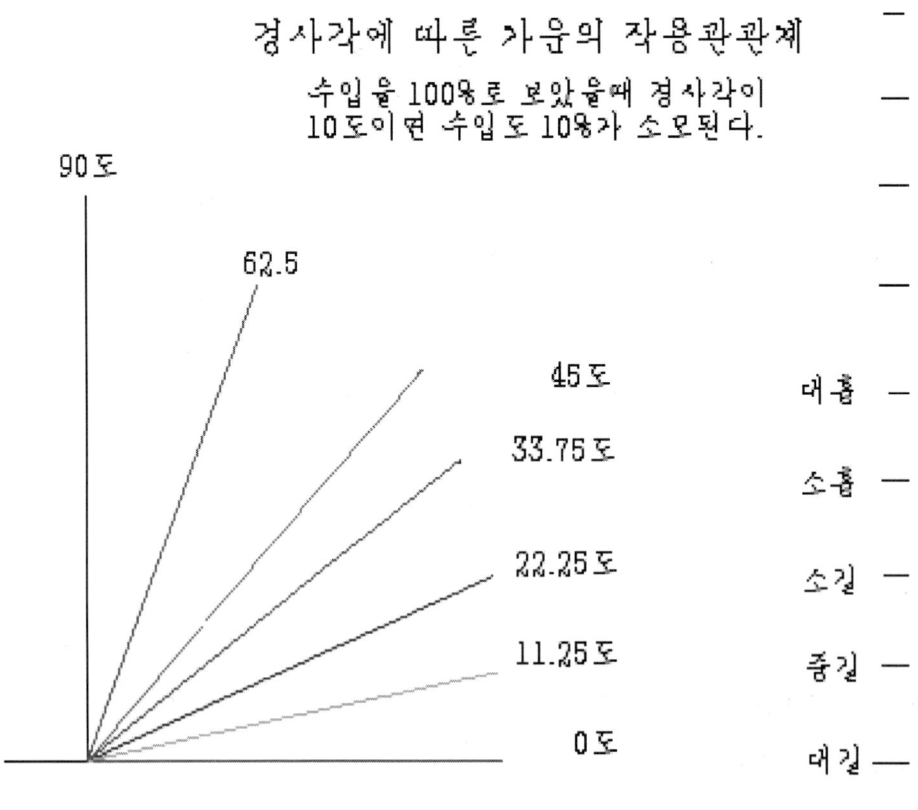

가운 도는 경사각을 보는 것이며 또 지운의 균형을 보는 것입니다.

지역의 구분과 경사도를 보고나면 선택된 지번에서 가까운 교차로에서 보는 4등급 지역 길흉관계입니다. 아래 그림에서 등급지역의 적성 용도를 참고 하세요. 구리시 돌다리 사거리에서 보는 그림입니다.

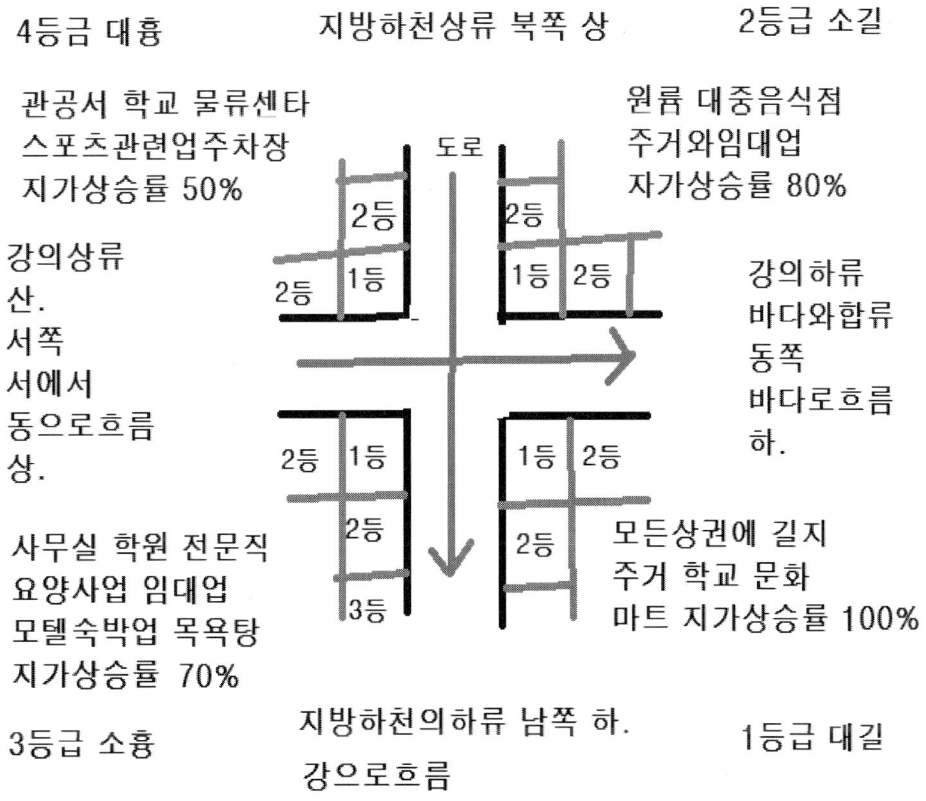


위의 그림 은 도로에서 보는 4등급 지역을 참고 하세요.

돌다리 사거리에서 남동쪽방향 으로 풍산지구 오른쪽 동남간 방향 현대 자동차 구리지점 구리여자 중학교 수택 초등학교가 있는 지역이 1등급 지역 대길 지역이라고 보고 오른쪽 동북간 성모안과 인창 고등학교 구리 농산물 도매시장이 있는 지역이 2등급 지역이라고 볼 수 있습니다.

돌다리 사거리에서 서남간 방향 구리 전통시장 시청 교문 초등학교가 있는 지역이 3등급 지역으로 볼 수 있으며 한국 마사회 구리지사 안창 중앙공원 안창 초등학교가 있는 지역이 4등급 지역으로 볼 수 있습니다. 4등급지의 용도 효율성은 영역의 해설에서 참고하세요.

지번에서 택지가 선택이 되면 그 택지의 건물에 출입문 길흉관계를 참고해 보세요. 위의 그림에서 출입문의 위치를 참고 하세요.
그림에 표시된 위치를 참고 하세요.

동에서 서로 북에서 남으로 흐르는 지류
각 지번의 출입문 길방

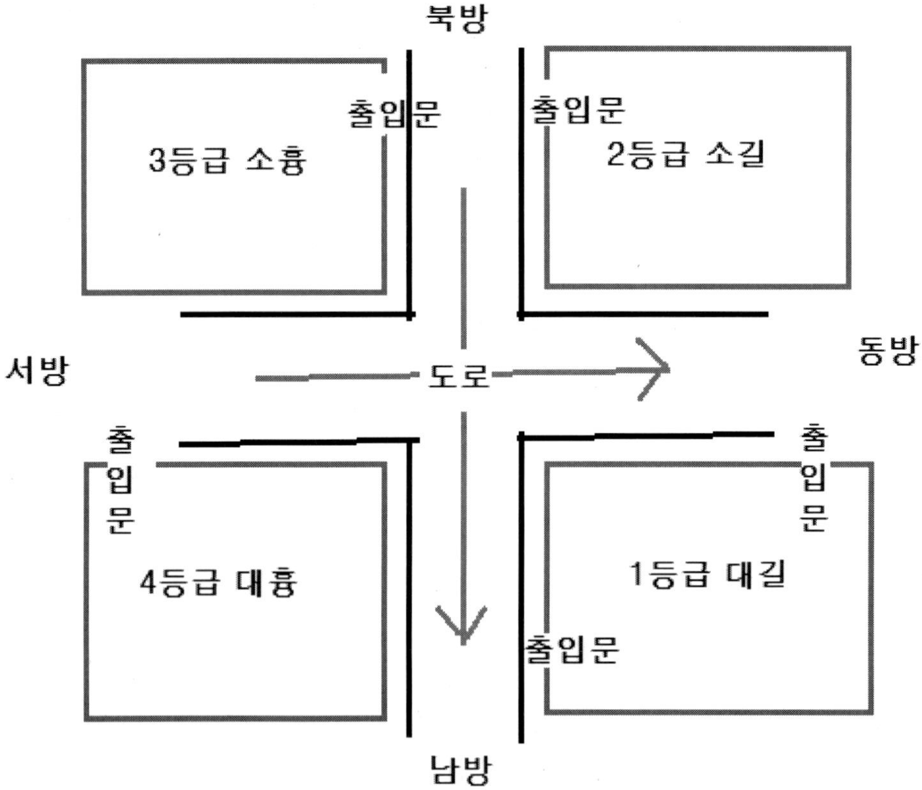

## 3등급 하남시 (草川)

하남시의 8등급 지역 구분하기입니다.

지운자를 참고로 해서 보세요. 한강과 덕풍천이 합류하는 지점에 지운자를 놓고 남남서 방향으로 보는 그림입니다.

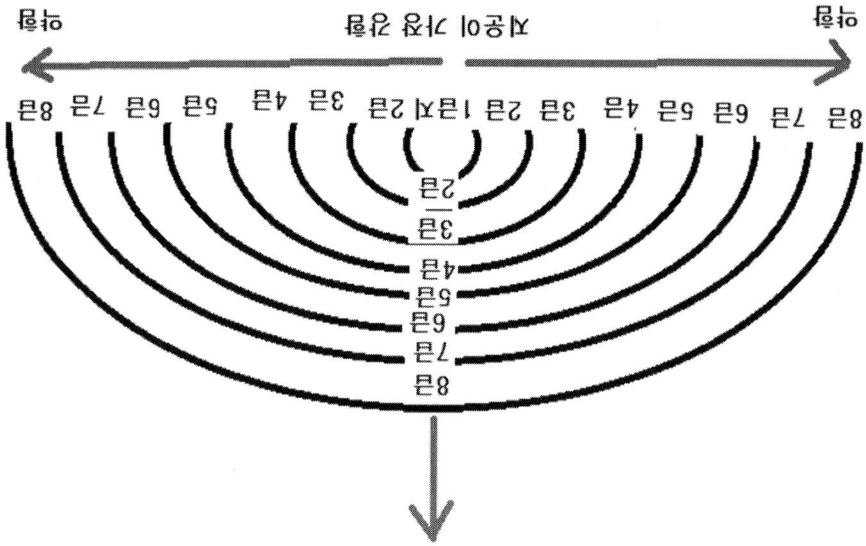


지운이 자연에 주는 힘

바다와 강이 만나는 지점에서 발원지 쪽으로 지운이 약함

하남 나무고아원 미사리 승마공원 미사리 근린공원 미사1동 지역이 1등급 지역으로 구분할 수 있으며 미사한강공원4호 구산성지 미사강변고등학교 미사강변도시 베라체 아파트가 있는 지역이 2등급 지역으로 구분 할 수 있습니다.

미사고등학교 미사2동 행정복지 센-타 하남 종합운동장 윤슬 중학교가 있는 지역이 3등급 지역으로 구분할 수 있을 것이며 강동스마일 요양병원 미사중학교 미사1동 복지센-타 하남 미사우체국이 있는 지역이 4등급 지역으로 구분할 수 있을 것입니다.

롯데시내마 하남풍산 초등학교 나룸 초등학교 하남 역사박물관 코스트코가 있는 지역이 5등급 지역으로 구분할 수 있으며 하난 유니온타워 하남화훼단지 하남 중학교 하남 시청  하남 소방서가 있는 지역이 6등급 지역으로 가정할 수 있습니다. 적풍초등학교 동부 초등학교 덕풍전통시장 신장 1동행정 복지센-타가 있는 지역이 7등급 지역으로 구분할 수 있으며 춘궁동 행정복지 센-타 천현동 도서관 상사창동 연자마 하남경찰서가 있는 지역이 8등급 지역으로 구분할 수 있을 것입니다,

아래의 그림은 하남시 전체를 보는 가운도 입니다.

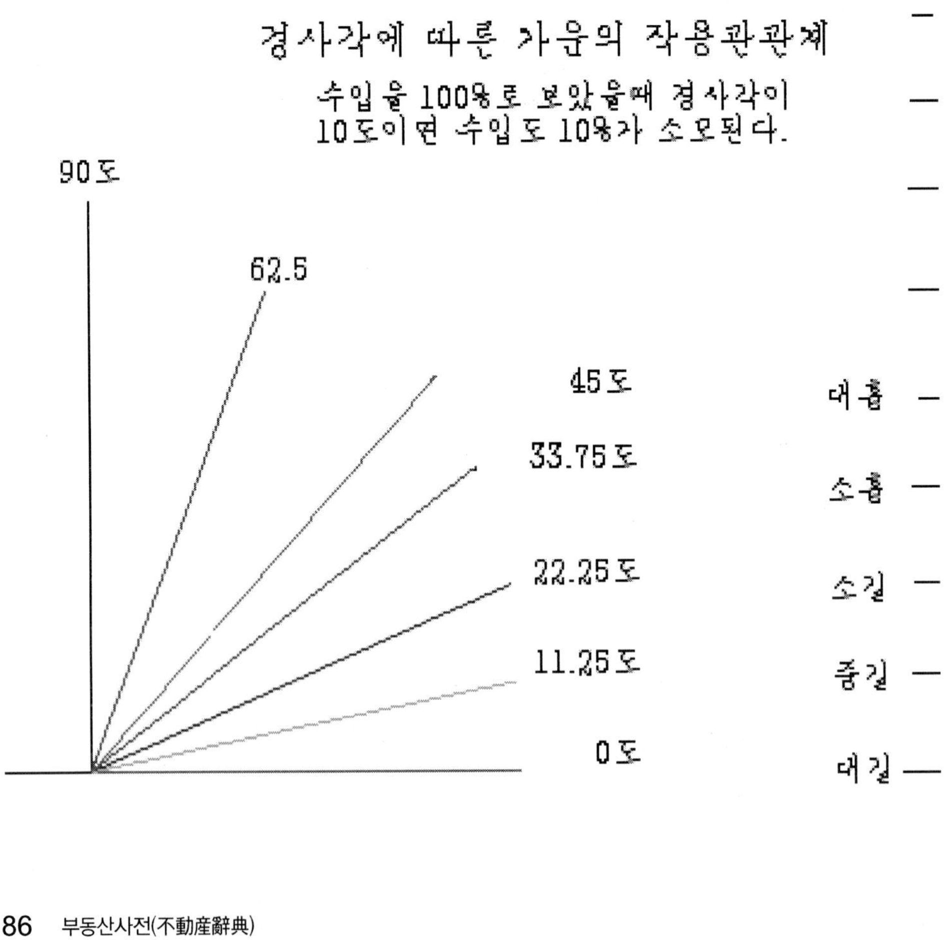

경사각의 길흉관계는 위의 그림에서 참고 하세요.

다음은 선택된 지번에서 가까운 교차로에서 보는 지운 관계입니다.

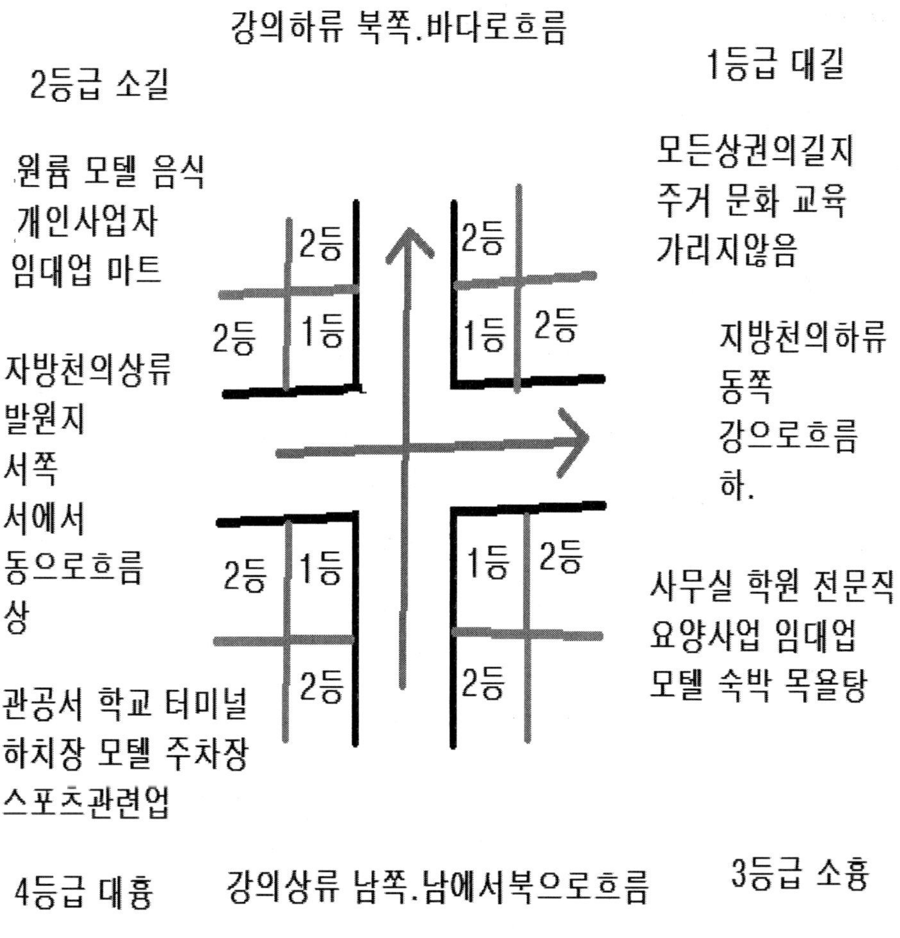


신장 초교 사거리에서 동북쪽 하남문화 예술화관 풍산역 하남 종합운동장 미사리 근린공원이 있는 지역이 하남 1등급 지역이며 이라고 할 수 있습니다. 신장 초고 사거리에서 서북쪽으로 덕풍 초등학교 덕풍 전통시장 풍산동 행정복지 센-타 초이동 복지 센 타가 있는 지역이 2등급 지역으로 볼 수 있습니다.

신장 사거리에서 동남방 하남 시청 하남 중학교 한국 전력공사 신세계 백화점이 있는 지역이 3등급 지역으로 볼 수 있을 것입니다. 사거리에서 서남쪽 NH 농협 은행 신장동 복지 센-타하남 경찰서 천현동 행정복지 센-타가 있는 지역이 4등급지로 개발. 지가 효율성이 낮다고 볼 수 있습니다.

다음 그림은 출입문 길흉도입니다. 아래의 그림에서 참고 하세요.
그림에서 표시된 출입문 위치를 참고 하세요.

동에서 서로 남에서 북으로 흐르는 지류

각 자번의 출입문 길방

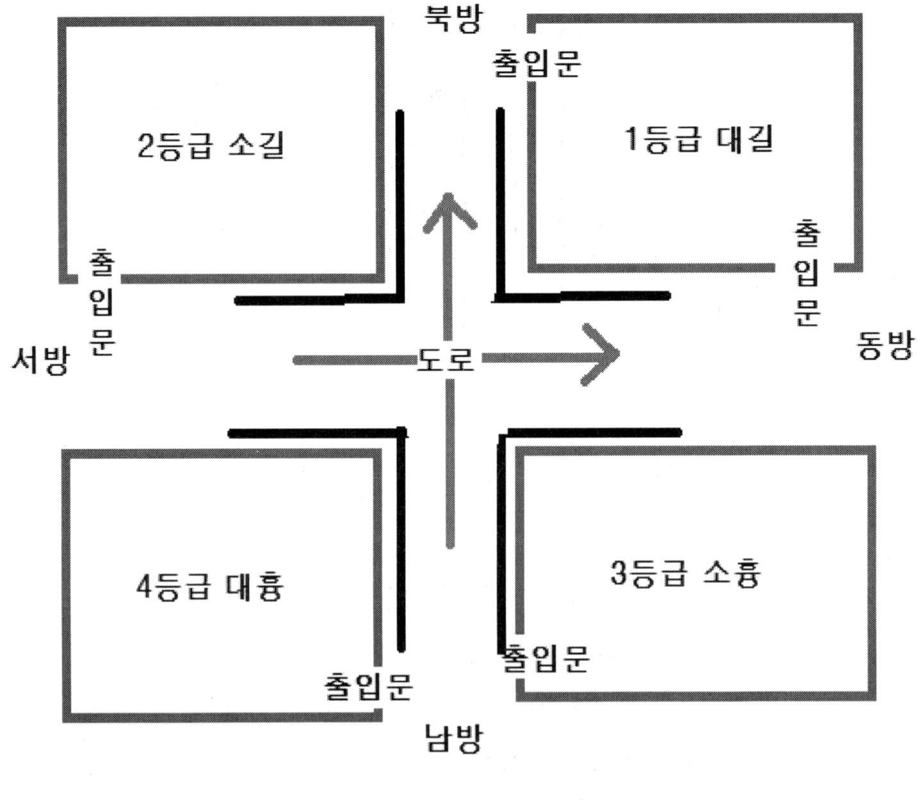

## 4등급 지역 남양주시 (地川)

남양주시는 구리시와 같이 왕숙천을 따라 북쪽으로 올라가면서 왼쪽은 구리시 오른쪽은 남양주시로 구성되어있는 시입니다.

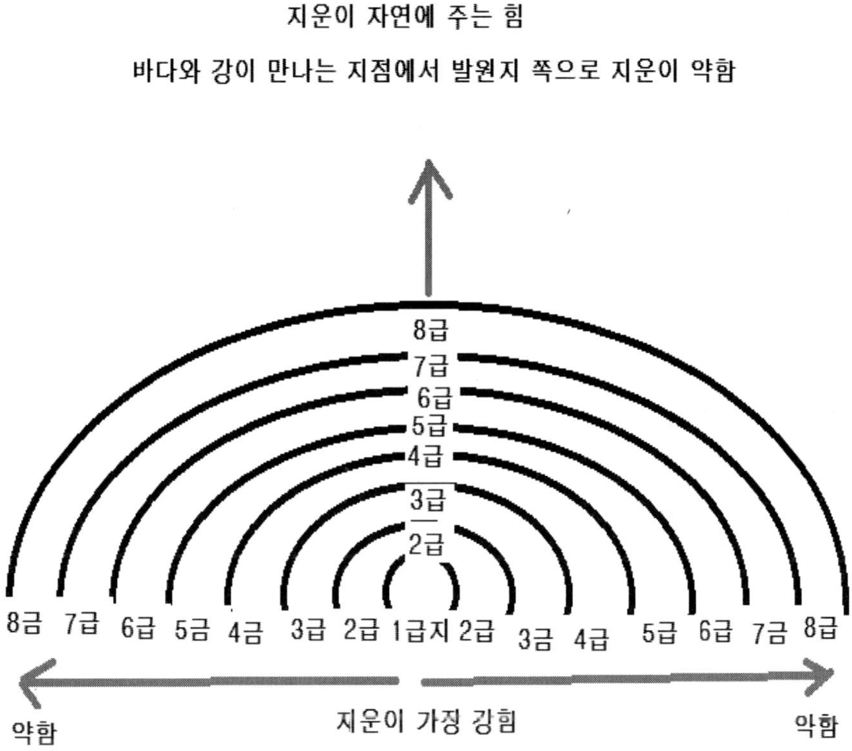


남양주시는 한강에서 왕숙천을 따라 오른쪽으로 남양주 제2청사 다산2행정복지센-타 가운고등학교 국민건강보험공단 덕소역 와부조안복지센-타가 있는 지역이 1등급 지역으로 구분할 수 있으며 다산 1행정복지센-타가 있는 주변 도농역에서 도농고등학교 금교 초등학교 다산 수변공원 남양주 다산 중학교가 있는 사이가 2등급 지역으로 구분할 수 있습니다.

남양주 진관읍 행정복지 센-타 진관 일반산업단지 한양대학교가 있는 지역이

3등급 지역으로 구분할 수 있으며 별내 행정복지 센-타 별내 고등학교 덕송 초등학교 셋별 초등학교 주변이 4등급 지역으로 구분할 수 있을 것입니다.

남양주시청 금곡동 평내동 호평역이 있는 지역이 5등급 지역으로 가정할 수 있으며 화도 수동 행정복지셑-타가 있는 주변으로 천마 마석역 화평중학교가 있는 지역이 6등급 지역으로 구분할 수 있을 것입니다.

오남읍 행정복지센-타 남양주 진접 2공공 주택 예정지구 시릉천 주변이 7등급 지역으로 가정할 수 있으며 진건읍 복지센-타 경복대학교 대경대학교 풍양중학교 남양주 백병원 이마트 가 있는 지역이 8등급 지역으로 구분할 수 있을 것입니다.

다음은 경사각의 해설입니다. 위의 그림 경사각의 보기에서 찾아보세요.
경사도는 지운의 균형을 보는 것입니다.

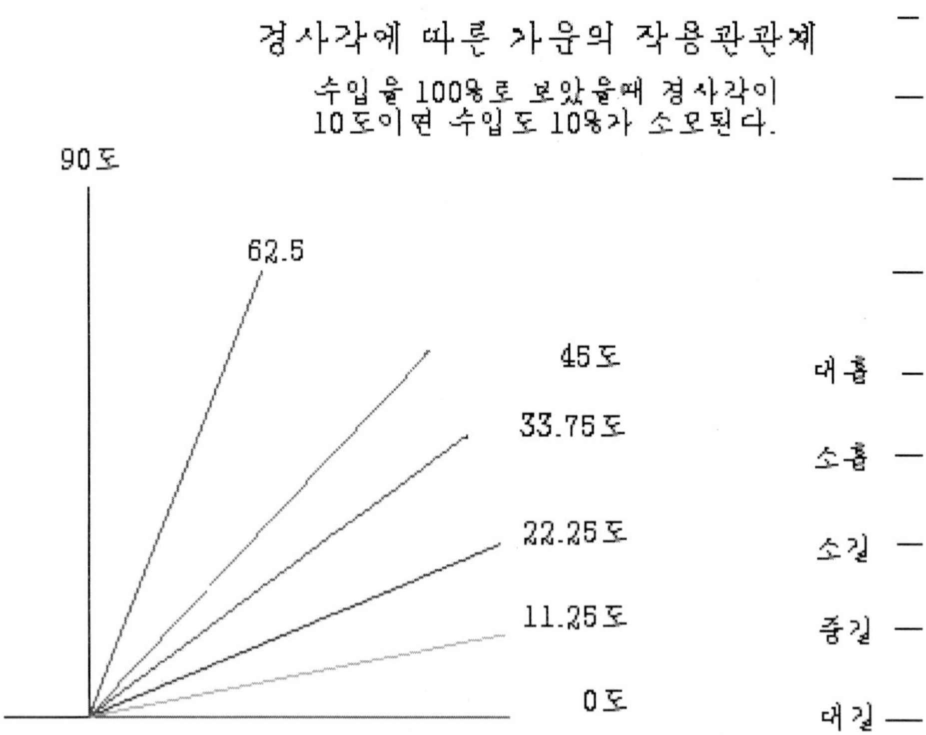

다음은 선택된 지번에서 가까운 교차로에서 보는 지운을 알아봅시다.

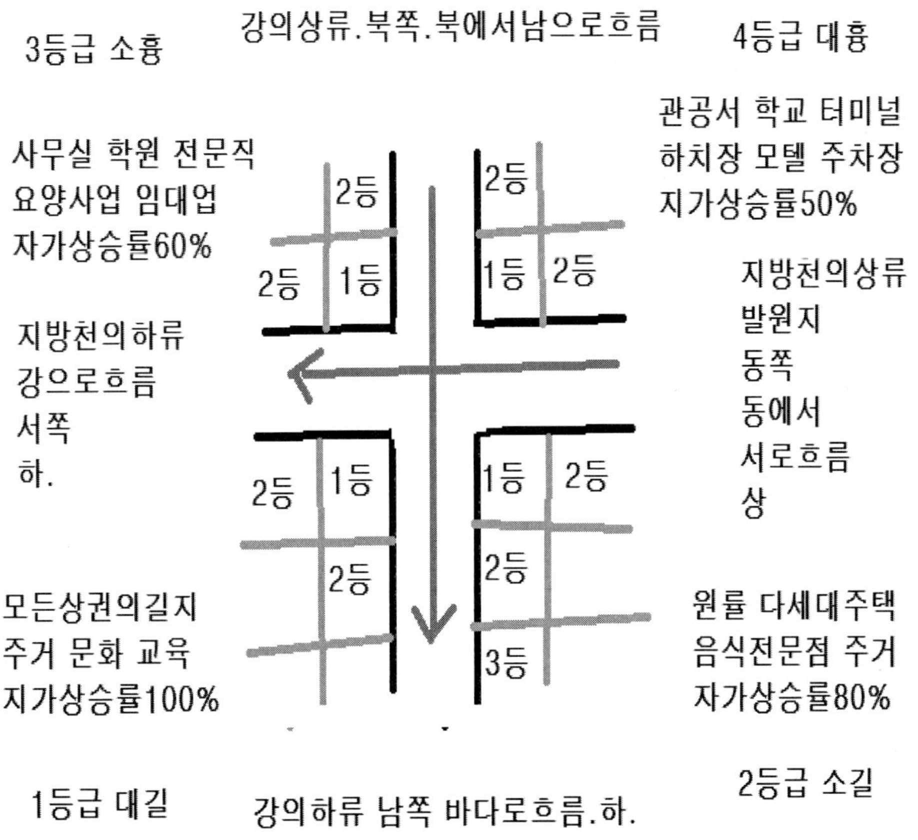


남양주 경찰서앞 사거리에서 보는 지운관계입니다.

사거리에서 서남쪽 방향으로 남얀주 제2청사 다산한강 초등학교 가운 중 고등 학교 주변이 1등급 지로 볼 수 있을 것이며 사거리에서 동남쪽 방향으로 어린이 야구장 남양주 양정지역 역세권 도시개발 지구 와부 고등하교 주변이 2등급 지역으로 구분할 수 있을 것입니다

사거리에서 서북쪽 방향으로 정의용 도서관 풀루리움 4 5단지 아파트 도농고등하교 다산고등학교 다산션형공원이 있는 지역이 3등급 지역으로 구분할

수 있을 것이며 사거리에서 서북쪽으로 금곡동 주민자치 센-타 남양주 시청평내동 주민센-타 진건 고등학교 주변이 4등급 지역으로  가정할 수 있을 것입니다, 등급지역과 경사도 그리고 지번에서 보는 4등급 지역을 살펴보고 선택한 건물의 출입눈 관계를 보아야 합니다. 다음은 출입문의 관계입니다.

출입문은 그림에 표시된 위치를 보고 참고 하세요.

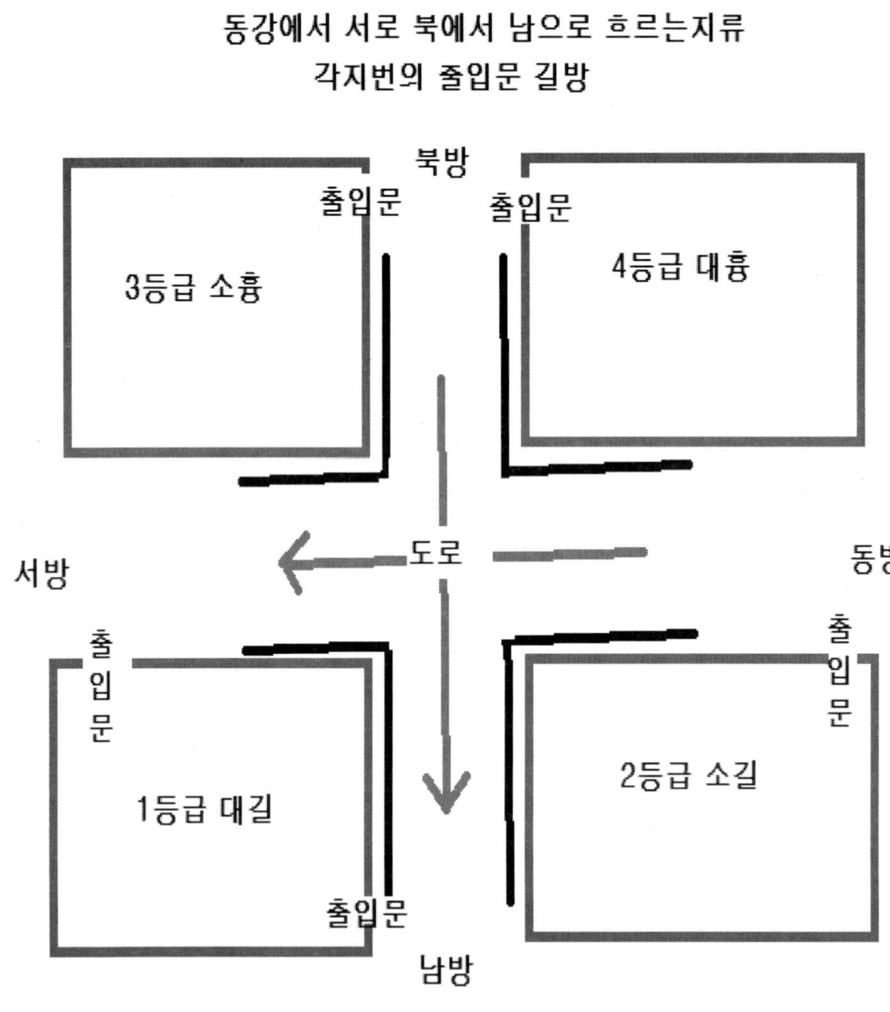

5등급 가평군 화천(火川)

가평군 8등급 지역 지운보기입니다.

북한강과 조동천이 만나는 지점과 북한강과 가평천이 만나는 지점으로 부터 북서방향으로 조동천의 발원지 까지를 8등급으로 나누어 지을 측정해 보세요.

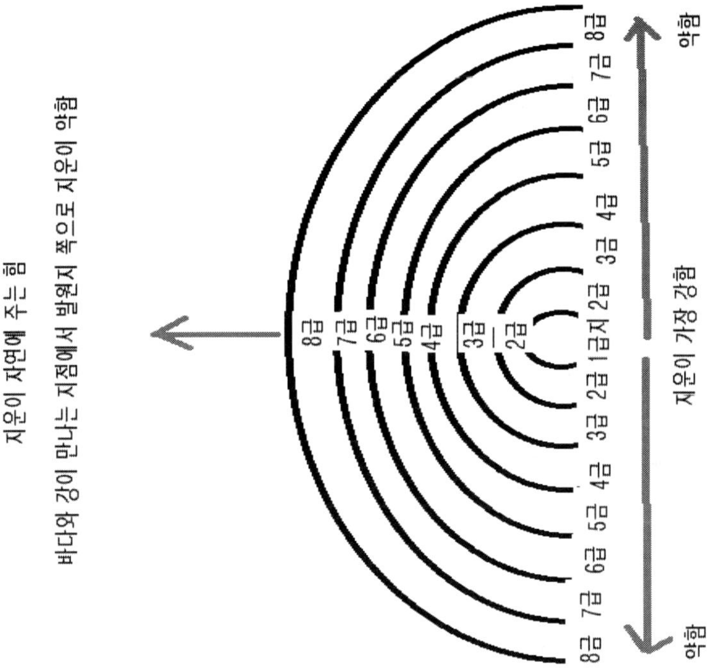


가평읍 행정복지 센-타 가평소방서 가평 고등학교 잔디광장 모험 놀이공원 대한노인회 가평군지회 취업 지원 센-타가 있는 지역이 1등급 지역으로 구분할 수 있으며 가평군청 하나로 마트 가평터미널이 있는 지역이 2등급 지역으로 구분할 수 있을 것입니다. 청평 행정복지센-타 청평터미널 청평역 청평 자연유원지가 있는 지역을 3급 지역으로 구분할 수 있으며 설악면 행정복지 센-타 미원 초등학교 설약 고등학교 설악 체육공원 가평 우브 베이스볼파크 가 있는 주변

이 4등급 지역으로 구분할 수 있을 것입니다.

조종면 행정복지 센-타 조종 초등학교 현리마을 회관 청광 플러스원 아파트 조종고등학교가 잇는 지역이 5등급 지역으로 구분할 수 잇으며 상면 행정복지 센-타 연하 초등학교 상면 초등학교가 있는 지역이 6등급 지역으로 구분할 수 있을 것입니다. 북면행정복지센-타 목동버스 터미널 북면 파출소 가평북면 우체국 목동 초등학교 주변이 7등급 지역으로 구분할 수 있으며 상산리 새마을 회관 돌산 유원지 가평금빛 여울 정다운 요양원이 있는 주변이 8등급 지역으로 구분할 수 있을 것입니다. 지역별로 지운을 구별해 보고나면 그 지역의 경사도를 보아야 할 것입니다.

아래의 그림은 경사도를 보는 가운도입니다.

그림에 참고 하세요.가운도의 설명은 가운도 해설을 참고 하세요.

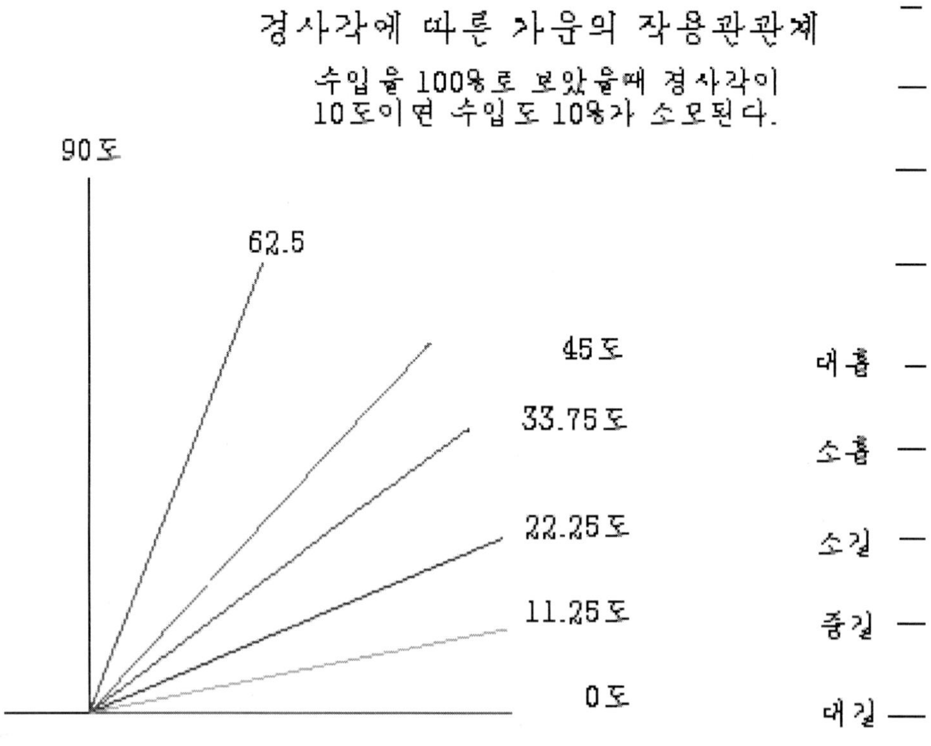

다음은 등급지역과 경사도를 보고나면 지번에서 보는 4등급 지역의 길흉관계입니다. 아래 그림에서 참고 하세요.

군청 앞 회전 교차로에서 보는 그림입니다.

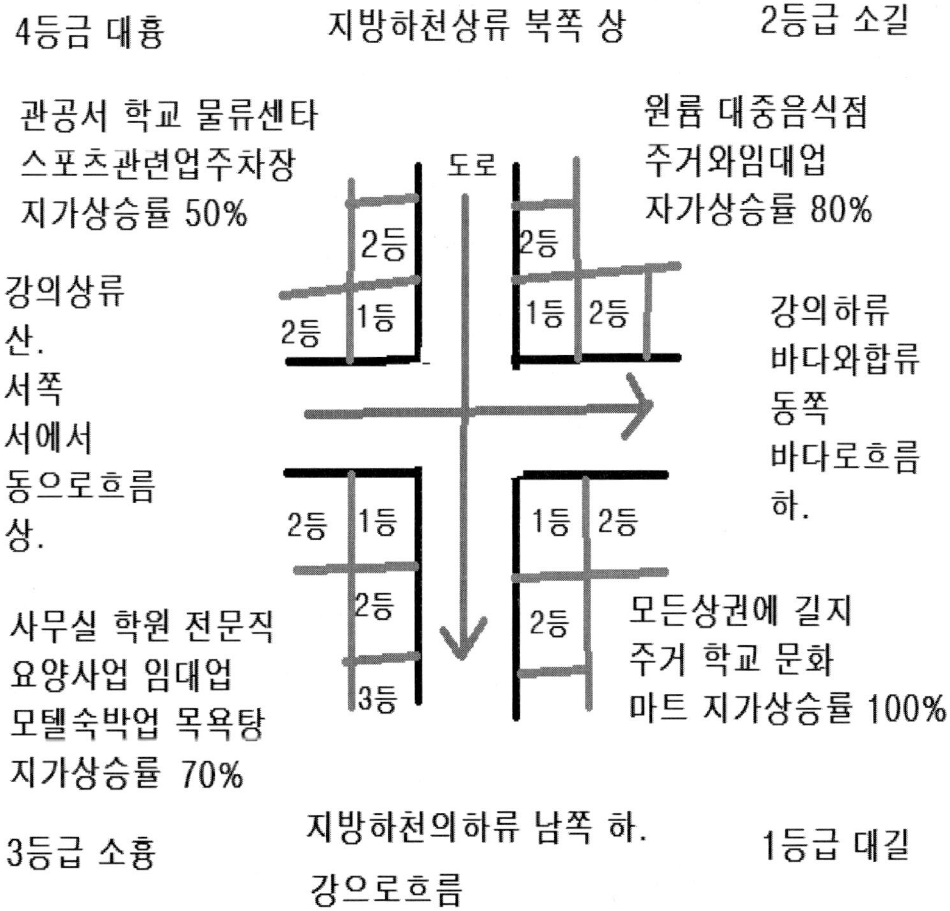


가평우체국이 가평소방서가 있는 지번이 1등급 대길 이라고 하는 지번이며 오른쪽 법무사 한 영길 사무소 가평 읍내 휴먼시아 아파트가 있는 지역이 2등급 소 길이라는 지역이 모든 상권과 경재가 발복한다.

서남쪽 방향이 가평군 의회 낙화장로 교회 가 있는 구역이 3등급 지역으로 구분할 수 있으며 서북쪽 방행 가평군청 승안천이 있는 지역이 4등급 구역으로 가정할 수 있습니다.

다음은 출입문의 길흉에 대한 설명입니다.

아래 그림을 참고 하시고 그림은 위의 지번의 그림에서 설명입니다.

등급지역에 따라 표시한  위치의 출입문을 참고하세요.

동에서 서로 북에서 남으로 흐르는 지류

각 지번의 출입문 길방

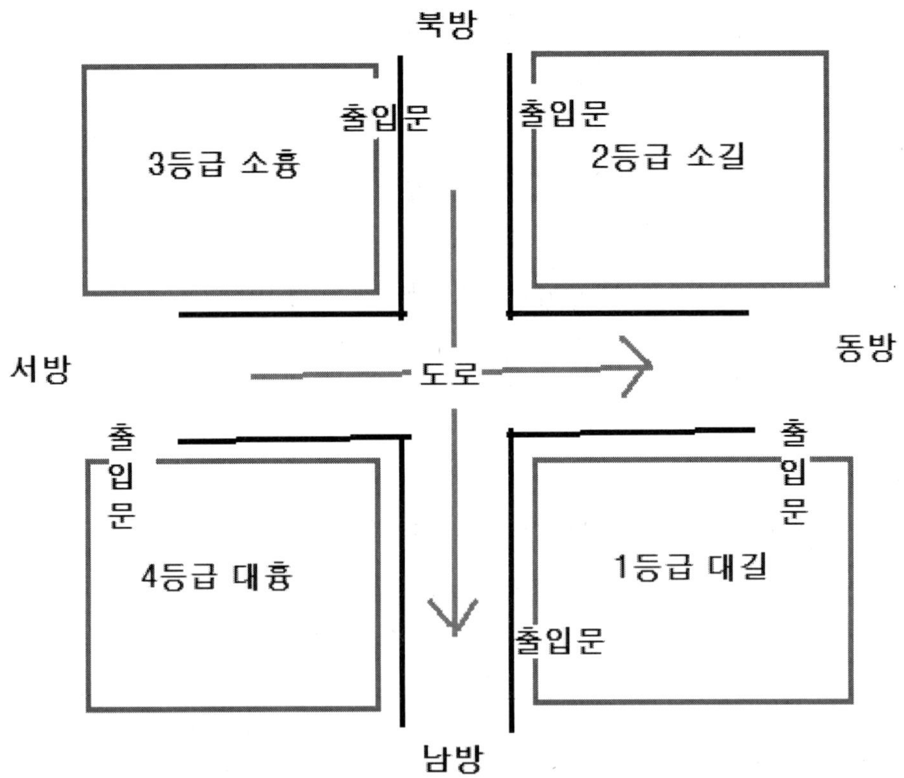

## 6등급 춘천시 (黃川)

• **춘천시의 지운보기**

춘천의 지운은 북한강과 소양강이 합류하여 한강으로 흐르는 지류입니다.

약 30%의 평야 지와 산으로 이루어져 있어 원만한 경재를 이루고 있다고 할 수 있습니다.

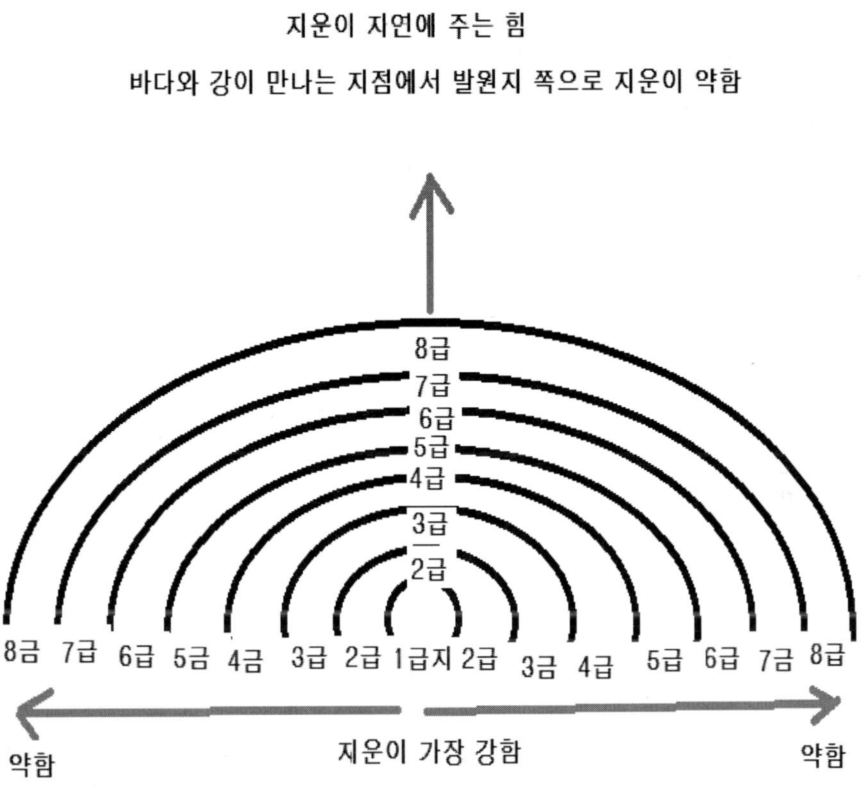


춘천시의 지역별 8등급으로 지운을 보면 춘천역에서 중앙 로-타리 사거리 춘천시청 사이에 춘천 평화생태공원 근화동 복지 센-타 근화초등학교가 있는 주변이 1등급 지역으로 구분할 수 있으며 남춘천역 주변에서 효자 사거리 봉의 초등학교 베드로 병원 주변이 2등급 지역으로 구분할 수 있습니다.

신사우동 주변 매립지 강원 도립 화목원 강원도 재활병원이 있는 지역이 3등급 지역으로 구분할 수 있으며 오봉초등학교 춘천 운전면허 시험장 신북읍 복지세타가 있는 4등급 지역으로 구분할 수 있습니다.

석사동 복지 센-타 운동장 성림초등학교 주변이 5등급 지역으로 구분할 수 있으며 동내면 복지 센-타 춘천 출입국 외국인 사무소 사암리 마을회관이 있는 지역이 6등급 지역으로 구분할 수 있을 것입니다.

후평동 복지 센-타 춘천 기계공업 고등학교 장학 초등학교 봄네골 교통약자 지원 센-타가 있는 지역이 7등급 지역으로 구분할 수 있으며 후평3동 복지센-타 민천 초등학교 우정골프 연습장이 있는 지역이 8등급 지역으로 구분할 수 있을 것입니다. 다음은 가운도입니다. 경사각에 따른 지운 관계입니다.

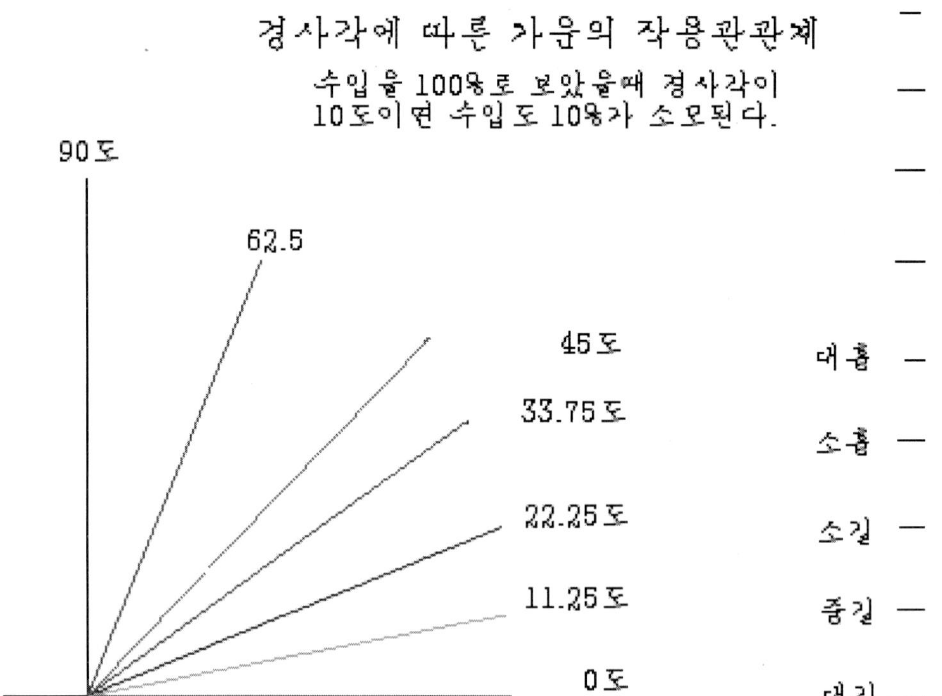

다음은 춘천시 지번에서 보는 4등급 지역의 이해도입니다.

아래 그림을 참고하세요.

춘천시청 앞 중앙사거리에서 보는 지운관계입니다.

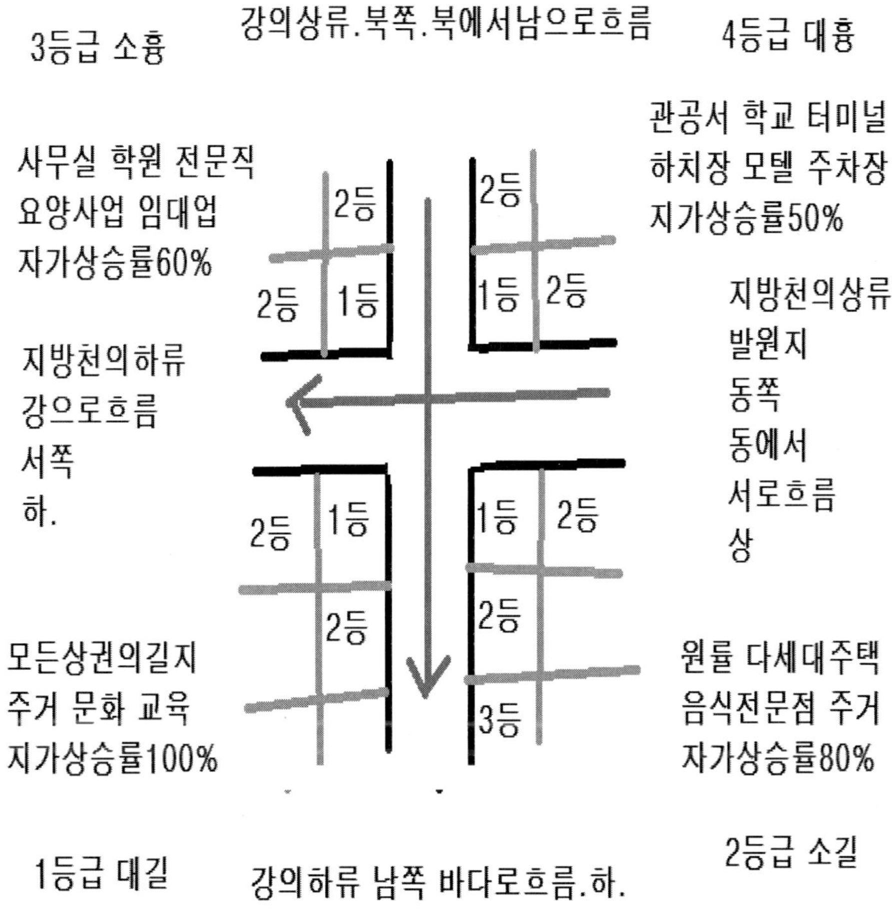


중앙 사거리에서 우리은행 성수 여자고등학교 꿈 자람 축구장이 있는 구역이 춘천 1등급 지역으로 볼 수 있으며 빠리 바게뜨 남춘천역 롯데마트효자동 우체국이 있는 지역이 2등급 지역으로 볼 수 있습니다.

중앙 사거리에서 기업은행 근화 초등학교 춘천 꿈자란 어린이공원이 있는 지역이 3등급지로 볼 수 있으며 춘천시청 후평동 GJ 헬로 강원방송이 있는 지역이 4등급지로 구분할 수 있습니다.

4등급지역의 이용하는 지운관계는 이해도는 그림에서 참고 하세요.

춘천시의 미래 개발지로 신사우동 일원에 투자를 하면 개발로 인한 효과를 얻게 될 것입니다.

다음은 출입문 길 흉 방입니다.

건축을 하거나 건물을 매입할 때 출입문의 길흉관계를 참고 하시기 바랍니다.

아래의 그림에서 표시된 출입문 위치를  참고 하세요.

동강에서 서로 북에서 남으로 흐르는지류
각지번의 출입문 길방

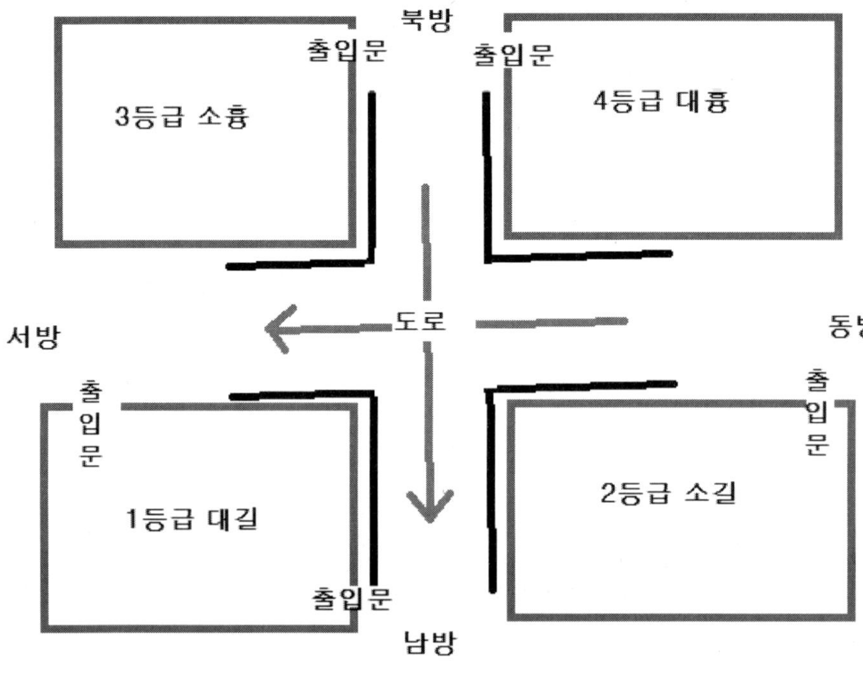

## 8등급 화천군 (林川)

- 화천군 지운보기

북한강의 지운으로 화천군 8 등급 지운 보기입니다. 지운을 보는 자로 화천 천을 중심으로 위와 아래 좌 우 로 지운을 측정해 보는 자입니다.

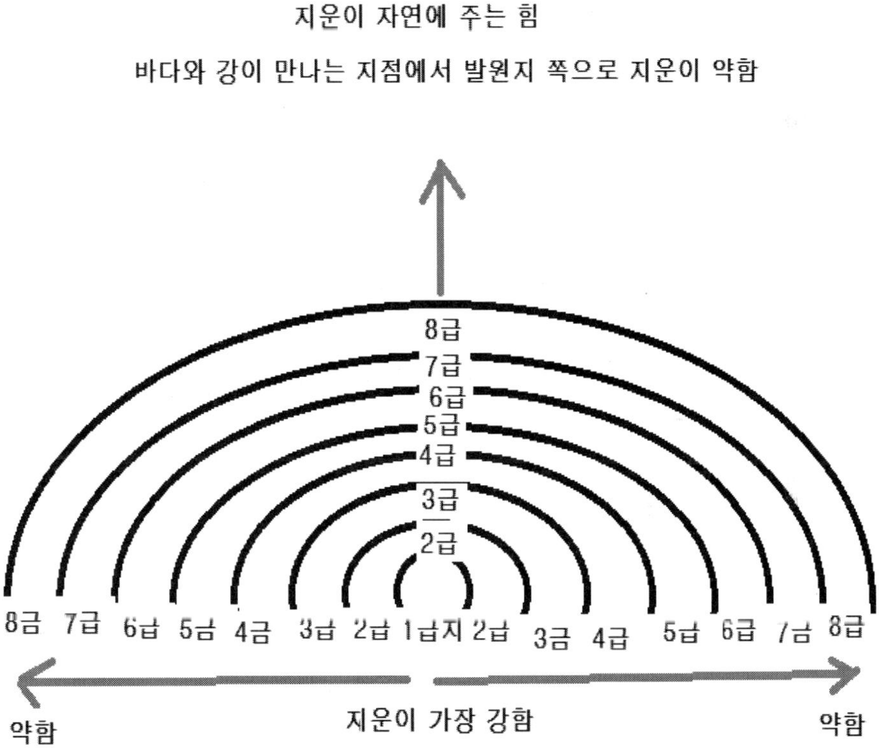


화천군청 화천 정보산업 고등학교 한국 전력공사 화천교육 지원 청이 있는 지역이 1등급 지역으로 구분할 수 있으며 화천박물관 공설운동장 화천소방서 용암 초등학교가 있는 지역이 2등급 지역으로 구분할 수 있을 것입니다.

화남면 사무소 원천 초등학교 원천2리 마을회관이 있는 지역이 3등급 지역으로 구분할 수 있으며 간척2리 마을회관 간척교회 간척3리 마을회관이 있는 지역이 4등급 지역으로 구분할 수 있을 것입니다.

간동 우체국 하나로 마트 오음2리 건강관리실 중대전술기지가 있는 지역이 5등급 지역으로 구분할 수 있으며 간동면 사무소 간동 고등학교 유촌리 경노당이 있는 지역이 6등급 지역으로 구분할 수 있을 것입니다.

화천군 농업기술 센-타 상2리 마을회관 화천농업 주변이 7등급 지역으로 구분할 수 있으며 칠성교회 상서면 사무소 상서중학교 평강 성결교회가 있는 지역이 8등급 지역으로 구분할 수 있을 것입니다.

등급지역을 구분하고 나면 선택한 지번의 경사도를 보는 가운도입니다.

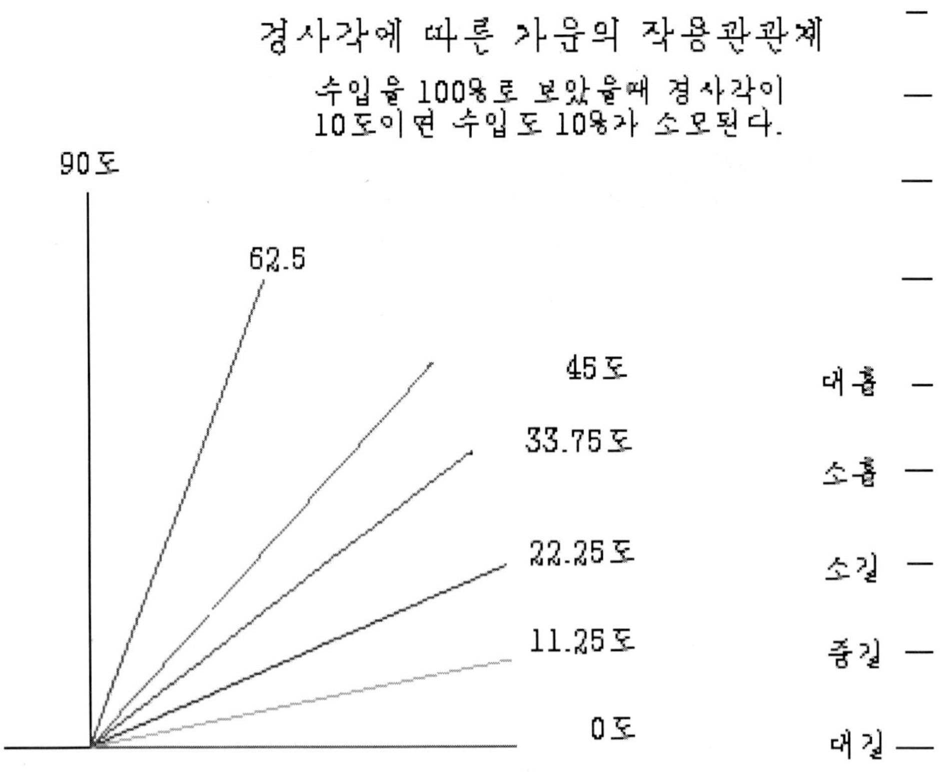

다음은 도로에서 보는 4등급 지역 이해도입니다.

선택한 지번에서 가까운 사거리 교차로애서 보는 지운관계입니다.

국민건강 보험공단 앞 사거리에서 보는 4등급 지역 길흉관계입니다.

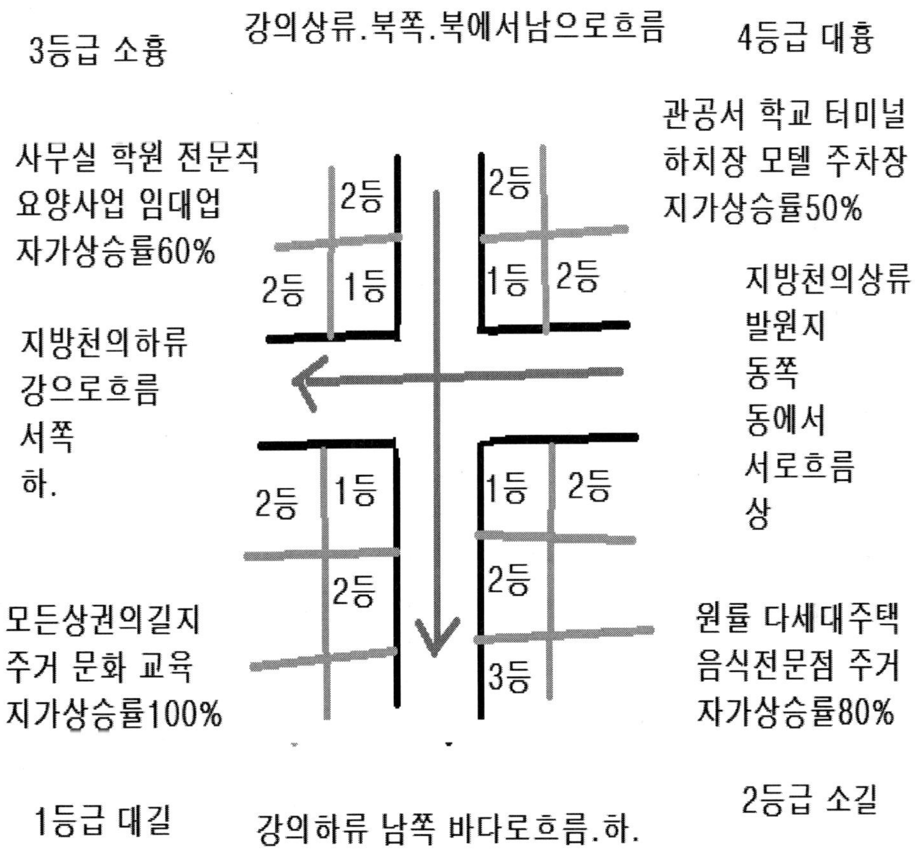


보험공단이 있는 위치에서 동남쪽으로 낙원아파트 어린이 급식관리 지원센-타 하리파출소 화천농협이 있는 지역이 1등급 지역으로 구분할 수 있으며 보험공단 앞 사거리에서 동북쪽으로 화천군청 화천 초등학교 화천군 보건의료원 화천 청소년 수련관이 있는 지역이 2등급 지역으로 구분할 수 있을 것입니다.

보험공단 사거리에서 서남쪽으로 대동목욕탕 화천교육  지원 청 산천어 시네마 탑 볼링장이 있는 지역이 3등급 지역으로 구분할 수 있으며 공단사거리에서 서북쪽으로 화천정보 산업고등학교 화천체육관 화천군 장애인 복지 센-타 한국전력공사 화천지사가 있는 지역이 4등급 지역으로 구분할 수 있을 것입니다.

아래 그림은 출입문 길흉관계입니다.
지번이 선택되면 그 지번에 맞는 출입문 위치를 보아야 합니다.
출입문 해설은 그림에서 표시한 위치를 참고 하세요.

동강에서 서로 북에서 남으로 흐르는지류
각지번의 출입문 길방

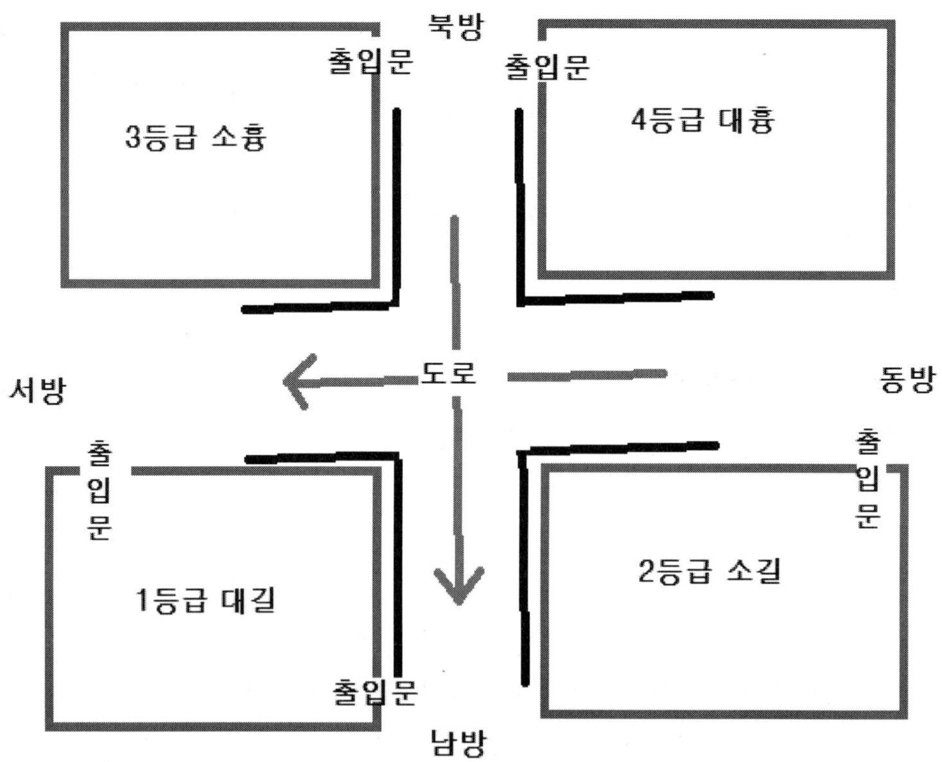

## 8등급 양구군 지운보기

양구군 4등급지역 지운관계입니다.
양구군은 산지가 많고 농지가 적어 지역이 협소하므로 4등급 지역 해설로 줄이겠습니다.

아래의 그림은 양구 커피에 반하다 삼영 떡 방앗간 GS 25시 양구 교회 앞 4거리에서 보는 4등급 지역 지운도입니다

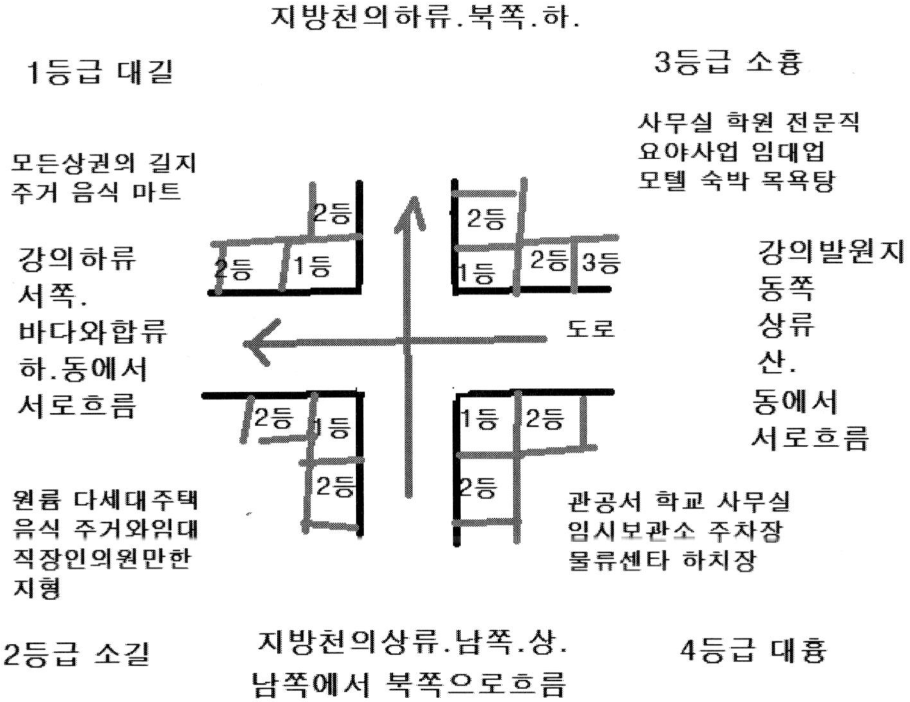


사거리에서 서남쪽으로 양구 우리병원 양구교회 양구 종합운동장 양구청소년 수련원이 있는 지역이 1 등급 지역으로 구분할 수 있으며 사거리에서 동남쪽 양구교육 도서관 정림 1 2공원 전원예식장 박수근 미술관이 있는 지역이 2등급 지역으로 구분 할 수 있을 것입니다.

사거리에서 서북쪽으로 양구군 농협 양구군 군청 양구경찰서 양구중앙시장이 있는 지역이 3등급 지역으로 구분할 수 있으며 사거리에서 동북쪽으로 제이마트 양구세브란스 병원 양구 고등학교 양구 소방서가 있는 지역이 4등급 지역으로 구분할 수 있을 것입니다.

다음 그림은 가운도입니다.
가운 도는 지운의 균형을 보는 의미입니다.

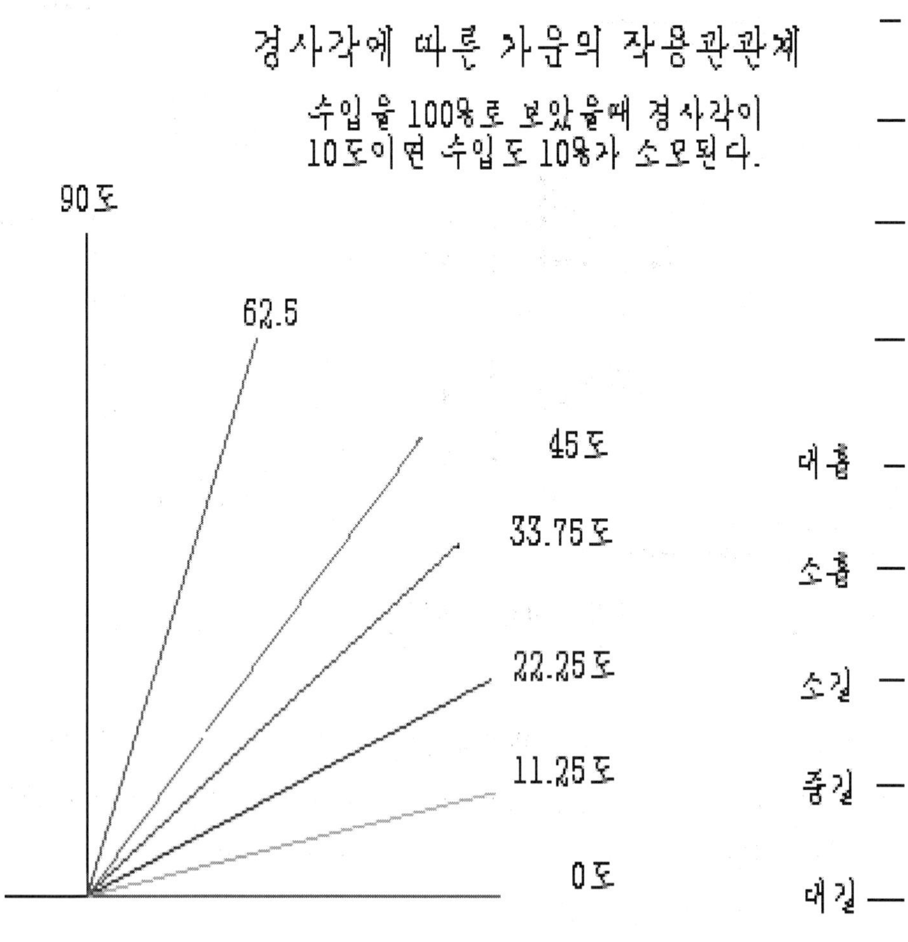

가운 도에서 지운의 균형을 보고 나면 도로에서 보는 4등급 지역 지운을 보고 선택된 지번에 출입문 위치 도를 보아야 할 것입니다.

아래의 그림에서 지번이 선택되면 선택된 지번에 따른 건물의 출입문 위치를 보아야 할 것입니다. 아래 그림은 출입문 위치도입니다.

그림에서 표시한 출입문 위치를 참고하세요.

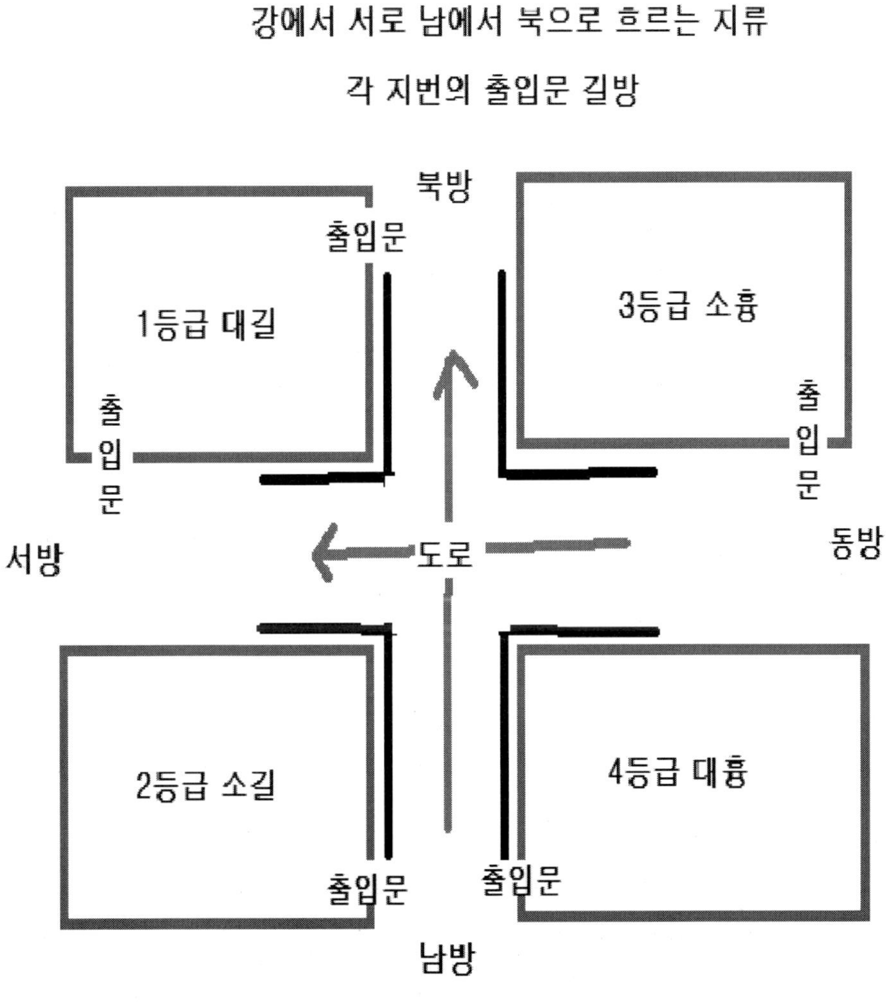

## 8등급 인제군 지운보기

인제군 전체 지역의 8등급으로 구분한 지운입니다

인제군은 인북 천이 소양강과 합류하여 한강으로 흐르는 지운입니다.

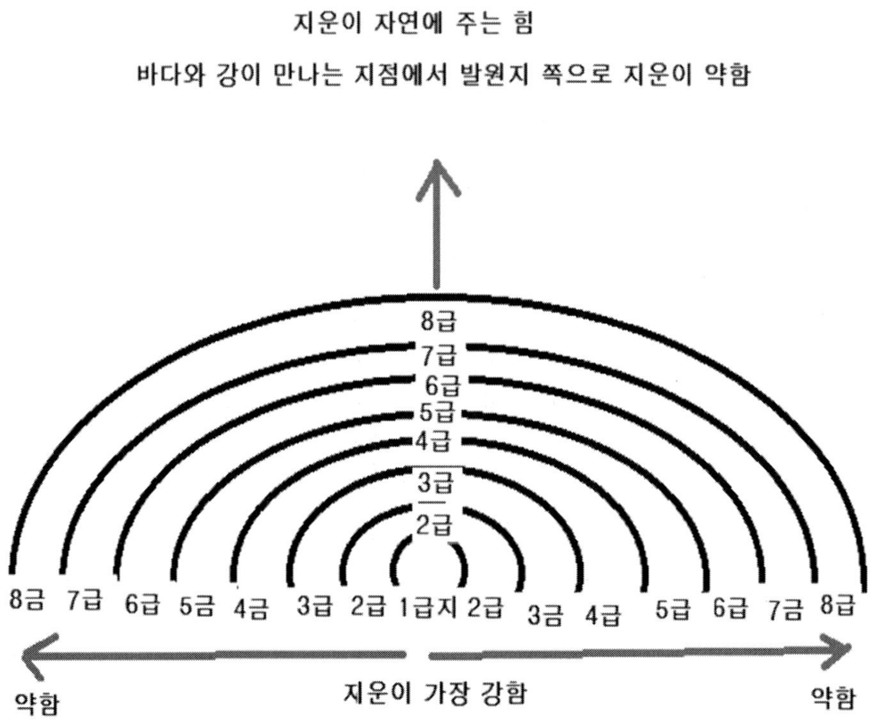


인제 장증잉 휴게소 신전 떡볶기 인제산촌 민속 박물관 인제 남초등학교 인제시장이 있는 지역이 1등급 지역으로 구분할 수 있으며 인제 고려병원 인제터미널 청솔마-트가 있는 지역이 2등급 지역으로 구분할 수 있을 것입니다.

인제 소방서 인제 체육관 자유수호 희생자 위령탑 인제야구장이 있는 지역이 3등급 지역으로 가정할 수 있을 것이며 인제군청 인제 경찰서 한국 전력공사 인제 고등학교가  있는 지역이31등급 지역으로 구분할 수 있으며 남면 신남 버스

터미널 하나로 마트 남면 복합문화센-타가 있는 지역이 4등급 지역으로 구분할 수 있습니다.

인제 원통농공간지 하나로마-트 원통시장 인제농협이 있는 지역이 5등급 지역으로 구분할 수 있을 것이며 원통 우체국 원통고등학교 원통 119안전센-타가 있는 지역이 6등급 지역으로 구분할 수 있으며 용대리 마을회관 백담황태구이 백담설화 캠핑장이 있는 지역이 7등급 지역으로 구분할 수 있을 것이며 헌리시외버스 터미널 기린 보건소 기린 초등학교 기긴 중학교가 있는 지역이 8등급 지역으로 가정할 수 있을 것입니다.

다음 그림은 경사도를 보는 가운도입니다. 그림의 내용을 참고 하세요.
경사각이 심한 지번이면 오래 거주하면 불행해 질 수 있습니다.

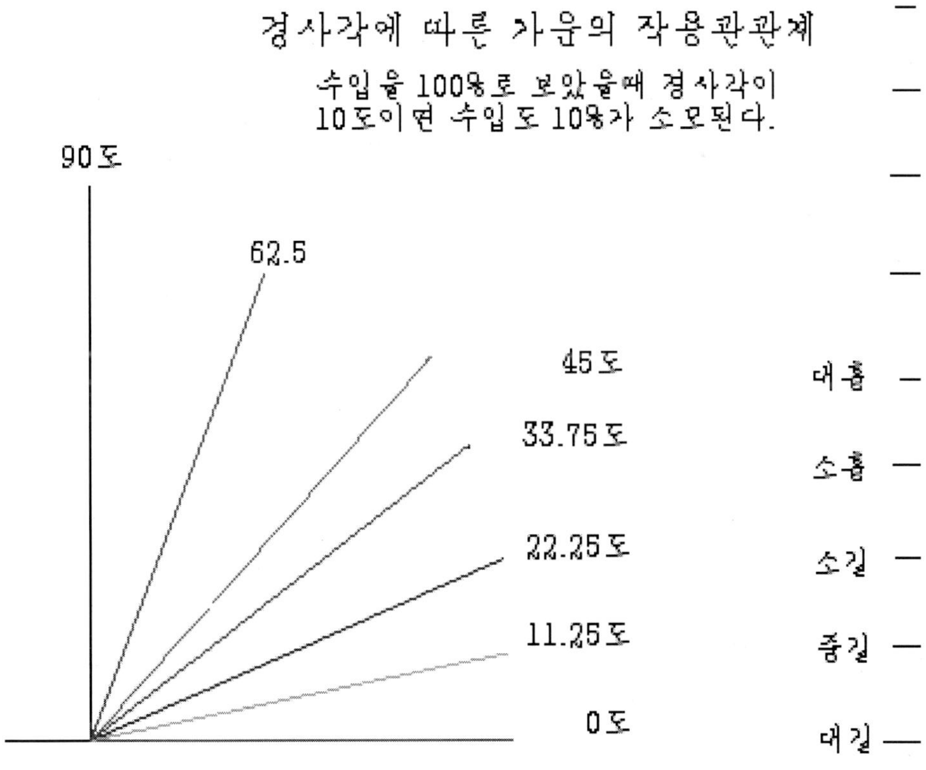

다음은 도로에서 보는 4등급 지역 지운보기입니다.

인제군 하나로마-트 인제농협 소망약국 강원한우전문 판매장 앞 4거리에서 보는 도로에서 보는 4등급 지역 지운보기입니다,

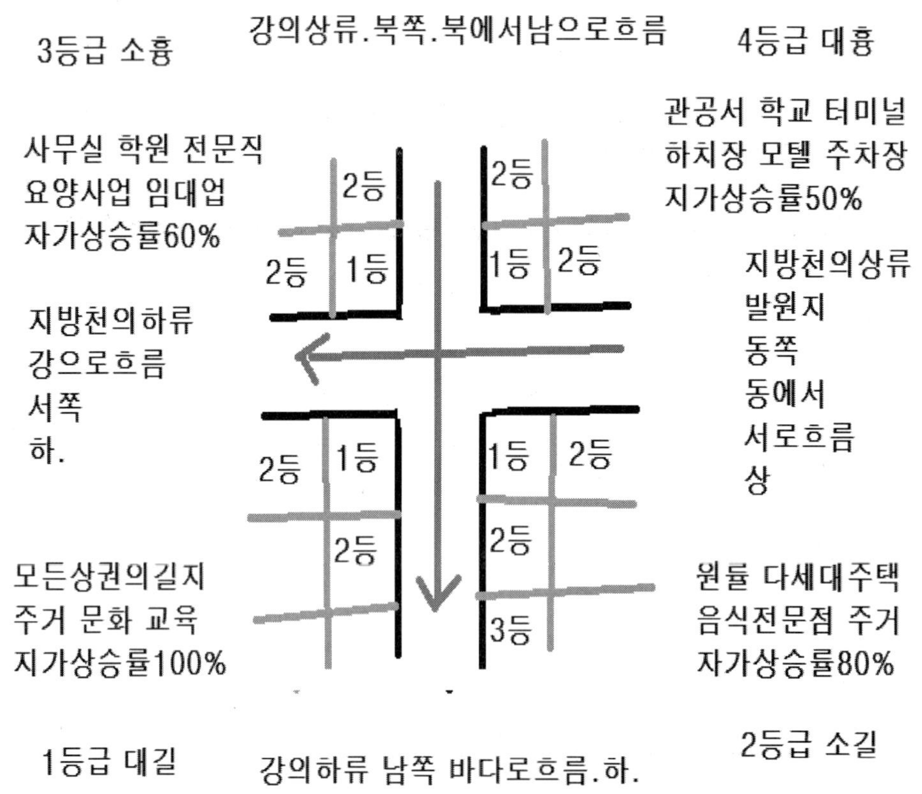


위의 그림을 참고 하세요.

하나로 마-트 앞 4거리에서 서남쪽으로 강원한우 전문매장 인제군 산림조합 상동파출소 인제 공설운동장이 있는 지역이 1등급 지역으로 구분할 수 있을 것입니다. 하나로 마트 4거리에서 인제문화원 인제터미널 인제 양우 내 안애 아파트 가 있는 지역이 2등급 지역으로 구분할 있을 것입니다.

하나로 마-트 사거리에서 서북쪽으로 인제 농협 인제군청 국민 건강보험공단 신흥종묘사가 있는 지역이 3등급 지역으로 구분할 수 있을 것이며 사거리에서 동북쪽으로 인제 고려병원 인제 우체국 인제중학교 축구장 인제 고등학교가 있는 지역이 4등급 지역으로 구분할 수 있을 것입니다.

도로에서 보는 4등급 지역을 보고나면 선택된 지번에서 보는 출입문 위치 도를 보아야 합니다.

아래의 그림은 출입문 위치도입니다 그림을 보고 참고 하세요.

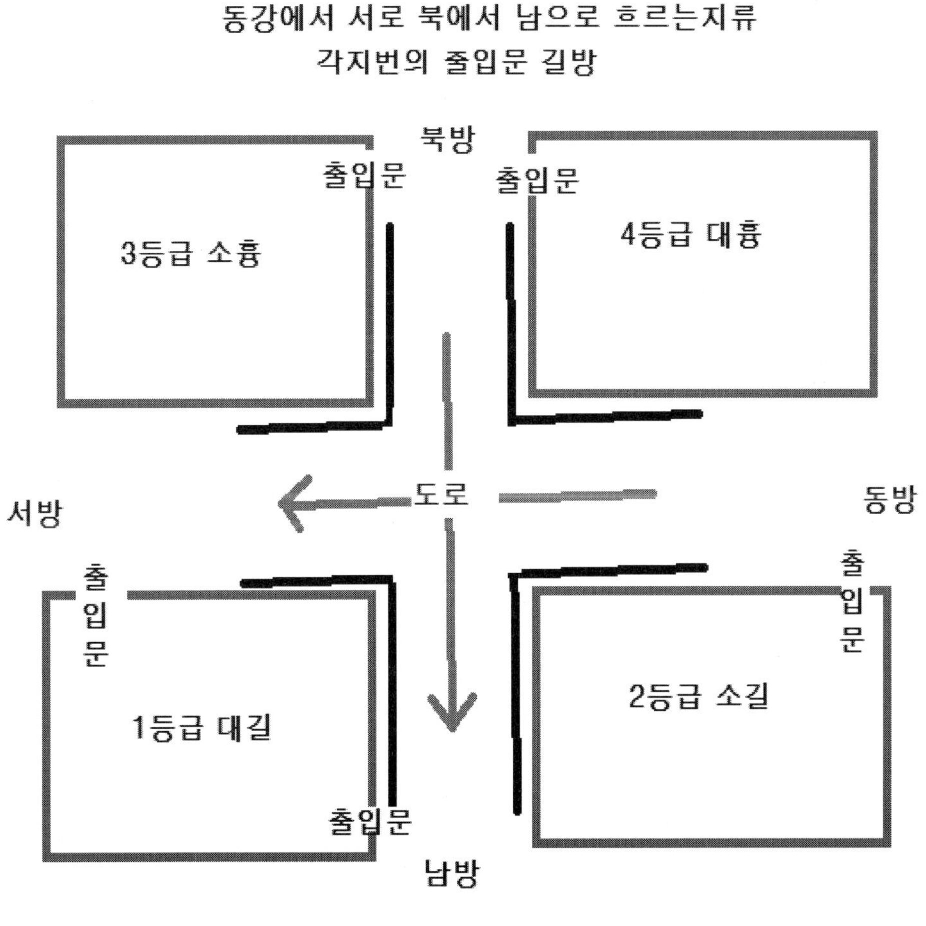

# 제 3 편

# 낙동강 유역의 지운보기

# 제3편 낙동강 유역의 지운보기

낙동강은 한강과 유사한 507킬로미터의 긴 강의 유역입니다.

이 강의 길이에 8등분하여 하구에서 상류로 가면서 1등급 지역 2등급 지역으로 구분 합니다. 대체적으로 시(市)나 군(郡)의 지역을 1개의 등급지로 나눌 수 있을 것입니다. 정확하지는 않을 수도 있지만 비교적 합당할 것입니다.

다음 그림에서 좌우 수평 자를 보면서 참고 하세요. 지운 자를 이용한 이해도 입니다. 낙동강 하구에서 발원지 태백시 황지 못 까지를 8등분하여 구역을 나누어 본다는 의미입니다.

낙동강 유역의 8등급 지역과 등급지의 지운의 의미를 구분해 봅시다.

## 1등급 지역 하천(河川) 부산 김해 양산유역

부산시 가덕도에서 김해시 양산시 경계까지를 낙동강의 1등급 지역으로 구분할 수 있습니다.

항만 무역 유통 항공등 개발과 주거 공업이 겸비하여 무한한 성장과 희망의 지역이다. 인체의 나이로는 10대를 의미하고 어리다 미숙 하다라는 말은 앞으로 개발할 수 있는 조건이 많을 것으로 볼 수 있습니다.

경재효율성은 90%로 대길 합니다.

## 2등급 지역(石川) 밀양시 청도군

다음은 2등급 지역으로 볼 수 있는 양산시 경계에서 대구시 경계 지점까지를 2등급 지역으로 구분할 수 있으며 현제는 농업과 축산 지방에 공업과 공존하는 지역으로 볼 수 있지만 비교적 낮은 지가로 인하여 개발로 인한 발전이 있을 것으로 볼 수 있는 지역이다.

인체의 나이로는 20대로 경재 효율성은 80%다.

## 3등급 지역 초천(草川) 대구시

대구시 3등급 지역으로 구분 할 수 있습니다.

농업과 산지가 70%를 차지하고 있지만 대구시라는 거대한 분지가 많아 빈부의 격차가 심하고 우리나라 정치 경재의 주축이 되는 인제가 많이 나는 지역이다. 인체의 나이로는 30대로 볼 수 있습니다. 지가가 주는 경재효율성은 70%이지만 지운을 보는 자로 잘 구별해 보아야 될 것입니다.

## 4등급 지역 지천 (地川)

- **구미 선산 김천시**

구미시를 4등급 지역으로 농업과 과수 축산 그리로 상공업이 공존하는 지역으로 당대에는 발원하여 후대로 물러 경재를 이루고 있는 지역이다. 인체의 나이로는 40대로 보지만 세월과 기다림으로 진보하고 있는 지역이다.

지가가 주는 경재효율성은 60%이다.

기반은 여기서 잡아서 도시로 배출되는 지역이다.

## 5등급 지역(火川)

• **상주 문경시**

상주 문경시를 5등급 지역으로 구분하고 농업과 과수 고추 참외 같은 특수작물과 축산업으로 경재를 구축하고 있는 지역이다. 인체의 나이로는 50대로 볼 수 있으며 전원주택이나 요양시설 노후의 쉼터로 생각 할 수 있는 지역이다.

지가가 주는 경재효율성은 50%이다.

지가가 주는 경재효율성은 40%로 볼 수 있다.

## 6등급 지역 화천 (火川)

• **안동시 예천군**

안동시를 6등급 지역으로 구분할 수 있으며 농업을 기반으로한 특수작물 버슷 산약초 사찰 휴양지 문화재 관광 전원주택 가공품 등으로 경재구성을 하고 있는 지역이다. 인체의 나이로는 60대로 가정할 수 있으며 젊은 시절에는 객지에서 활동을 하다가 노후에 고향으로 와서 안주하는 지역이다.

지가가 주는 경제효율성은 40%로 볼 수 있습니다.

## 7등급 지역 (林川)

• **봉화 영양 영주시**

봉화 영양 영주시를 7등급 지역으로 볼 수 있으며 부모님으로부터 물려받은 터를 버리지 못하여 대를 물려 살아가는 빈곤한 지역입니다. 농업을 기반으로 한 산나물 산약초 특수 작물 관광업으로 얻는 약간의 수익으로 경제를 이루고 있는 지역이다. 인체의 나이로는 70대로 볼 수 있으며 지가가 주는 경재효율성은 20%로 가정할 수 있습니다.

자식들은 객지로 떠나보내고 부모님들만 남아서 조상님의 물려받은 터를 지키면서 고독과 외로움을 낙으로 삼고 살아가는 지역입니다.

앞으로 사라질 마을 농가 많아지겠지요.

## 8등급 지역(山川)

- **태백시 일원**

태백시 8등급 지역 보기입니다.

국가 기관의 관장의 영역 분기점 감시원 경계선 통신 관상용 기도원 요양병원 으로 구분할 수 있다. 인체의 나이는 80대로 볼 수 있으며 20%의 경재효율성이 있다고 볼 수 있으며 나그네 바람 잠시 스쳐가는 지운이다.

- **1등급 하천 (河川) 부산시**

낙동강 지운의 1등급 부산시 지역 전체 8등급 지운을 보기로 하겠습니다.

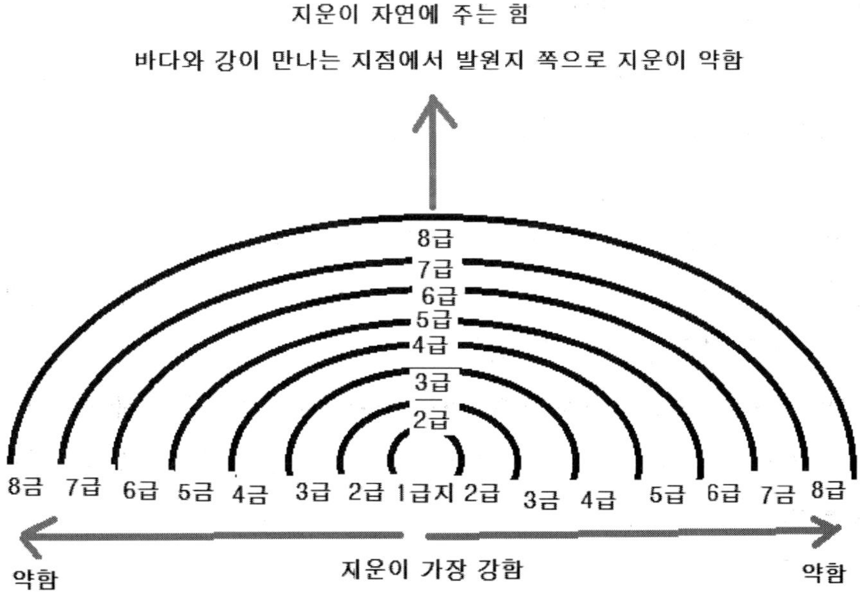

위의 그림 지운을 보는 자를 참고하세요. 장지도 앞에 지운을 보는 자를 놓고 북으로 김해 양산시의 경계까지를 부산시의 지역입니다.

부산시 강서구 명지동 일원은 자연적 사토가 축적된 매립지입니다. 토사가 밀려와 매립이 되었다는 의미는 모든 지운이 여기에 모인다는 뜻입니다. 그러므로 르노삼성 지동차 부산공장 신호 일반 산업단지 명지1동 복지센-타강동동 복지센-타가 있는 지역이 부산시의 1등급 지역이라고 가정할 수 있을 것입니다.

2번째 지역은 수영강과 바다가 만나는 수영구와 해운대구 수영역 민락동 복지센-나 수영구청 해운대 구청 신세계 백화점 주변으로 볼 수 있을 것입니다. 교육 관광문화 예술의 기운을 갖춘 지운입니다.

3번째 지역은 중구 영도구 중구청 보수동 복지센-타 부산관광호텔 남항동 복지센-타 봉학초등학교 일원이라고 가정할 수 있을 것입니다. 상공업 관광 조선 해운 어업 교육 등 의 부산시의 발상지입니다.

남구 연제구 주변으로 부경대학교 동명 대학교 평화공원 부산남부 경찰서가 있는 지역이 4등급 지역을 구분할 수 있을 것입니다.

부산진구 춘해병원 롯데백화점 부산진중학교 동의대학교 개금역 동의대역 주변이 5등급 지역으로 가정해 볼 수 있을 것입니다. 부산시의 중심에 있어 지역적으로 힘을 얻을 수 있는 지역입니다.

사상구 북구 주변으로 학장동 항정복지 센-타 사상 산업단지 사상역 구포 화명동 지역으로 상공업 교통 교육 문화의 지운으로 6등급 지역으로 가정해 볼 수 있을 것입니다.

금정구 부산대학교 금정구청 금정 여자고등학교 남산 초등학교 지역이 7등급 지역으로 구분해 볼 수 있을 것이며, 기장군청 수산과학관 일광 기장철마 정관읍 지역이 8등급 지역으로 구분해 볼 수 있을 것입니다.

부산시의 지운이주는 경제효과는 90% 라고 할 수 있습니다.

지역을 구분하고 나서 그 지역의 경사도를 참고 하세요.

야래 그림은 가운도입니다.

등급지역을 구분해서 지번이 선택되면 그 지번의 경사지도 분석해 보아야 할 것입니다. 가운 도를 참고하여 경사지를 구분해 보세요.

가운 도에서 소흉과 대흉이라고 생각되면 조심하세요.

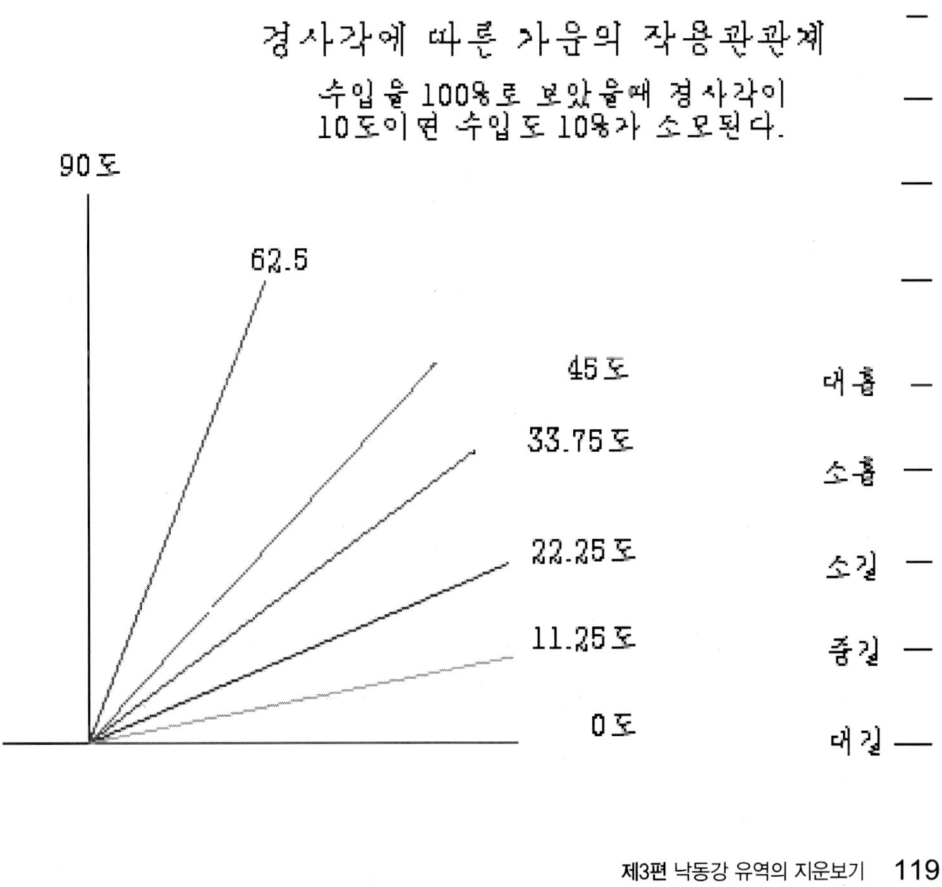

가운 도에서 경사지를 분석하고 나면 선택한 지번에서 가까운 교차로에서 보는 4등급 지역의 길흉관계를 분석해 보세요.

아래 그림은 4등급지의 길흉을 참고 하세요.

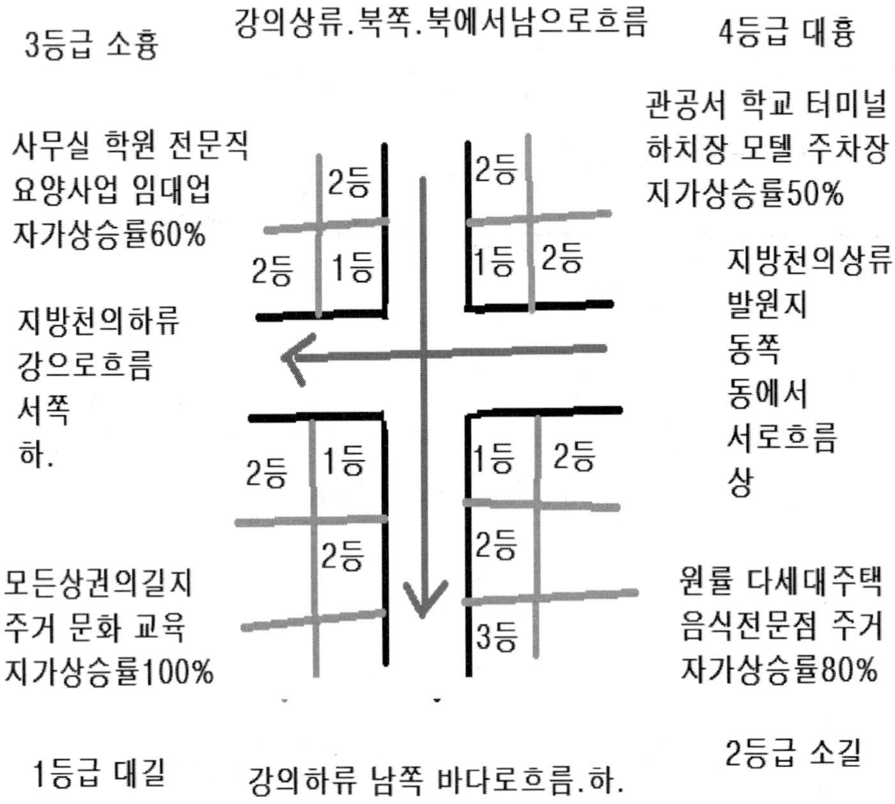


위에 그림은 연제구 부산광역시청에서 가까운 연산교차로에서 보는 4등급 지역적성 용도를 구분하기입니다.

교차로에서 동남간 방향 연제 일신병원 연산 중학교 부산경상 대학교 수영구 방향으로 1등급으로 구분할 수 있습니다. 모든 상권과 영역의 의미에 따라 지운의 힘이 1등 이라고 볼 수 있습니다.

서남쪽아래 연산5동 행정복지 센-타 부산지청 연제구청 동의과학 대학교 주변이 2등급 지역으로 볼 수 있습니다. 그리고 서북쪽 하나은행 연서 초등학교 한양 류마디병원 동래구청이 있는 주변이 3등급 지역으로 볼 수 있을 것이며, 교차로 세어 서북간 쪽으로 다이야몬드 호텔 부산가정법원 거학 초등학교 사직 야구장 미남역이 있는 주변이 4등급지역으로 볼 수 있는 지역입니다.

영역의 의미와 용도는 그림에서 응용 하세요.

지번을 선택하면 그 선택된 지번에 따른 출입문의 방향의 길 흉 을 보아야 합니다. 아래그림은 출입문 위치도입니다.

아래 그림에서 표시한 지번마다 출입문 위치를 참고 하세요.

동강에서 서로 북에서 남으로 흐르는지류
각지번의 출입문 길방

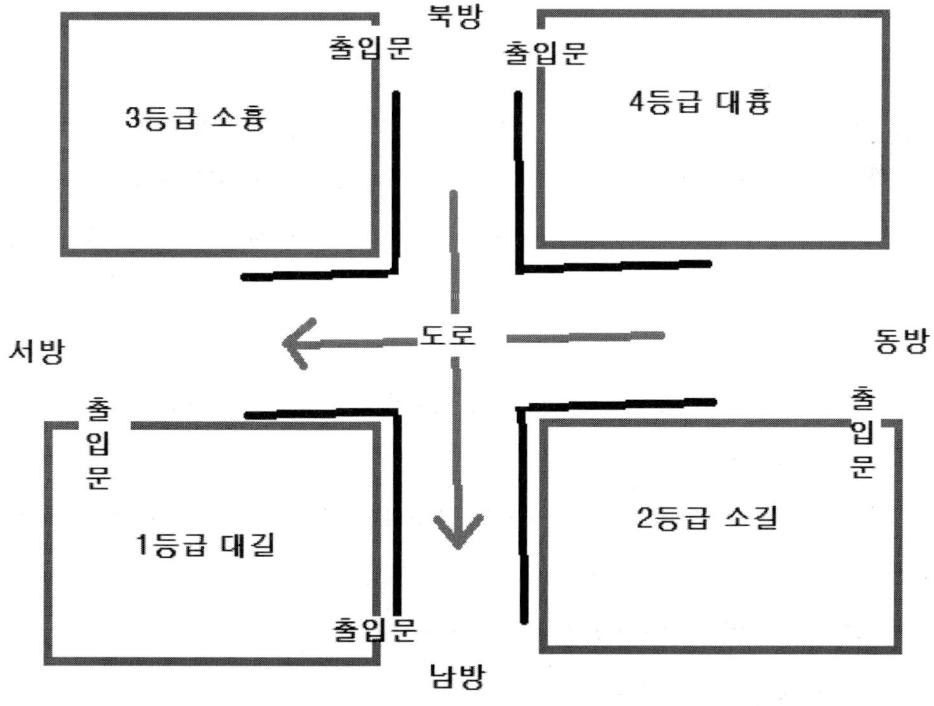

## 2등급 석천(石川) 김해시

다음은 김해시의 전체를 보는 8등급 지운보기 입니다.

김해시의 장유면 롯데 김해 물류센-타 하나로 마트 김해시청 장유출장소 김해 중장비학원이 있는 주변이 1등급 지역으로 볼 수 있을 것이며 내외동 복지센-타 중앙병원 봉명중학교 칠서 서부동 행정복지센타앞 농지가 2등급 지역으로 구분할 수 있을 것입니다.

김해시청 활천동 복지 센타 회현동 복지 센타 김해고등학교가 있는 농지가 3등급 지역으로 구분할 수 있을 것이며 김해대학역 김해한일 여자고등학교 삼안동 복지센타 김해대학교 인제대학교 주번이 4등급 지역으로 구분할 수 있을 것입니다.

진례면 대진 초등학교 테크노밸리1 일반산업단지 진례면 행정복 지 센-타가 있는 주변이5등급 지역으로 구분 할 수 있으며 진영읍 진영고등학교 김해 주호 일반산업단지 한서재활 요양병원이 있는 지역이 6등급 지역으로 구분할 수 있을 것입니다.

대동면 복지센타 김해 대동중학교 대중초등학교 상동면 주변이 7등급 지역으로 구분할 수 있을 것이며 한림면 한림 술뫼 생태공원한림면 복지센타 이북초등하교 한림 일반산업단지 주변이 8등급 지역으로 구분할 수 있을 것입니다.

다음은 김해시의 지역에서보는 보기입니다.

아래 그림에서 참고 하세요.

김해시의 지운보기입니다. 김해시는 해반 천과 조만 강이 만나는 지점에서 지운 자를 놓고 북쪽으로 김해공원 방면으로 1 2 3 등급지역을 구분해보고 좌우 지운도 이렇게 보는 것입니다.

**지운이 자연에 주는 힘**

**바다와 강이 만나는 지점에서 발원지 쪽으로 지운이 약함**

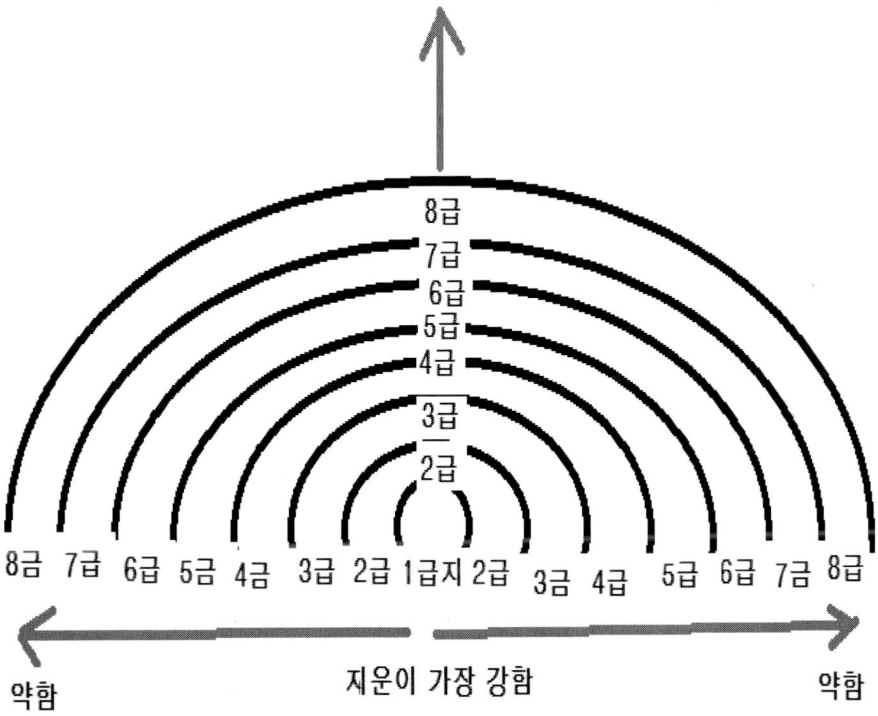


그림에서 보는 봐와 같이 수직으로 1 2 3 등급지역을 구분하고 좌 우 로도 이렇게 측정해 보세요. 지역을 보고 등급 지역을 구분하고 나면 지역이나 해당 지번의 경사지를 보아야 할 것입니다.

## 가운도

가운도는 지형의 균형을 보는 그림입니다.

김해시는 경사가 많은 지역이므로 경사각의 의미를  관찰해 보시기 바랍니다.

경사가 심하면 가정에 손재 개운 질병 등의 불행이 초래될 수 있습니다.

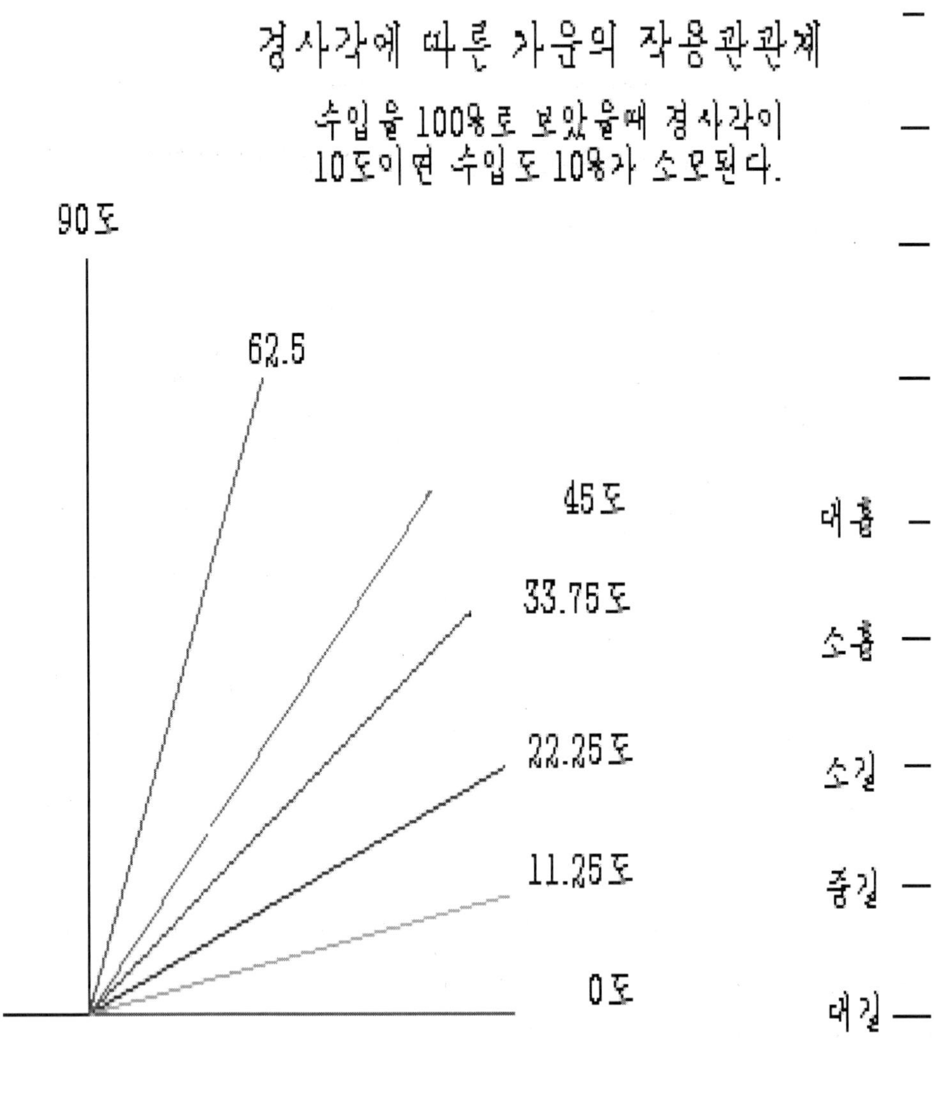

지번을 측정하고 경사지를 보고 나면 선택한 지번에서 가장 가까운 교차로에서 보는 사거리에서 보는 지운관계입니다.
다음은 김해시 중심에서 보는 전하교 사거리에서 지운 보기입니다.
아래그림은 참고하세요.

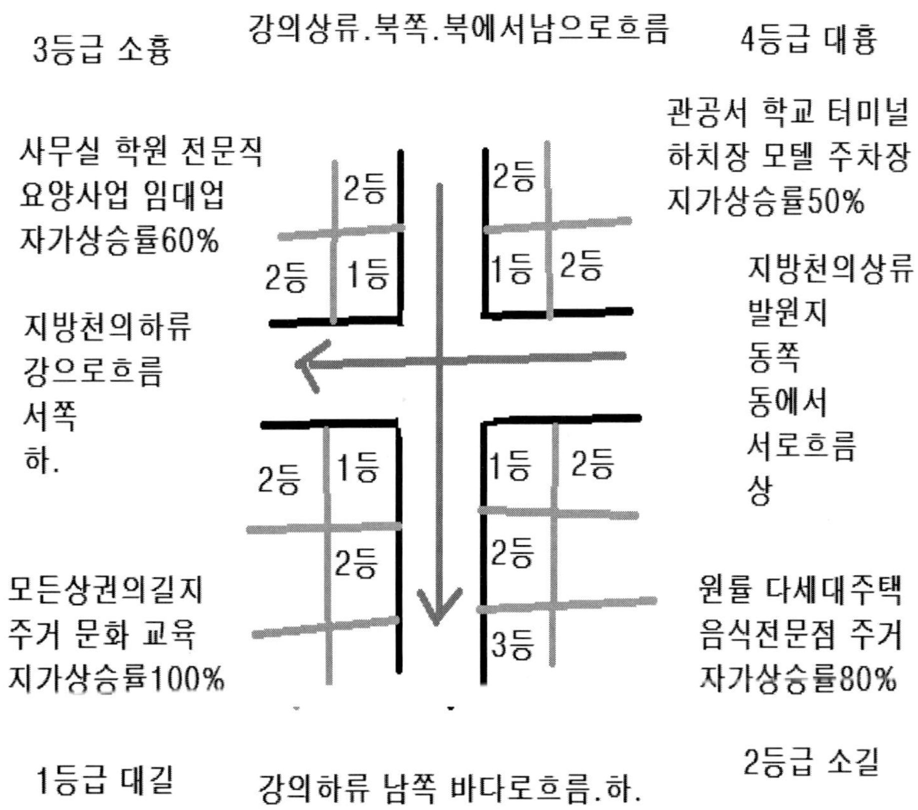


전하 교 사거리에서 동남간 으로 이편한세상 아파트 부원역 부원동앞 농지가 지역이 1등급 지역으로 볼 수 있으며 전하교 사거리에서 서남쪽으로 새마을 금고 국민건강 보험공단 김해시 농업기술 센타 칠서 초등학교 장유동 방면이 2등급 지역으로 가정해 볼 수 있을 것입니다.

전하교 사거리에서 동북쪽으로 김해시청 김해건설공업고등학교 김해한일 여자고등학교 인제대학교 주변이 3등급 지역으로 구분할 수 있을 것입니다.

전하교 교차로에서 서북쪽으로 신세계 백화점 가야 요양병원 김해제일 고등학교 내동중학교 부산 장신대학교 주변이 4등급 지역으로 가정할 수 있을 것입니다.

다음은 4등급지의 출입문 길흉 도입니다.

8등급 지역별 지운을 보고 경사도를 보고 그리고 도로에서 보는 4등급 지역의 지운을 보고나면 그 지번에 출입문의 위치를 보아야 합니다.

아래의 그림을 참고 하세요.

동강에서 서로 북에서 남으로 흐르는지류
각지번의 출입문 길방

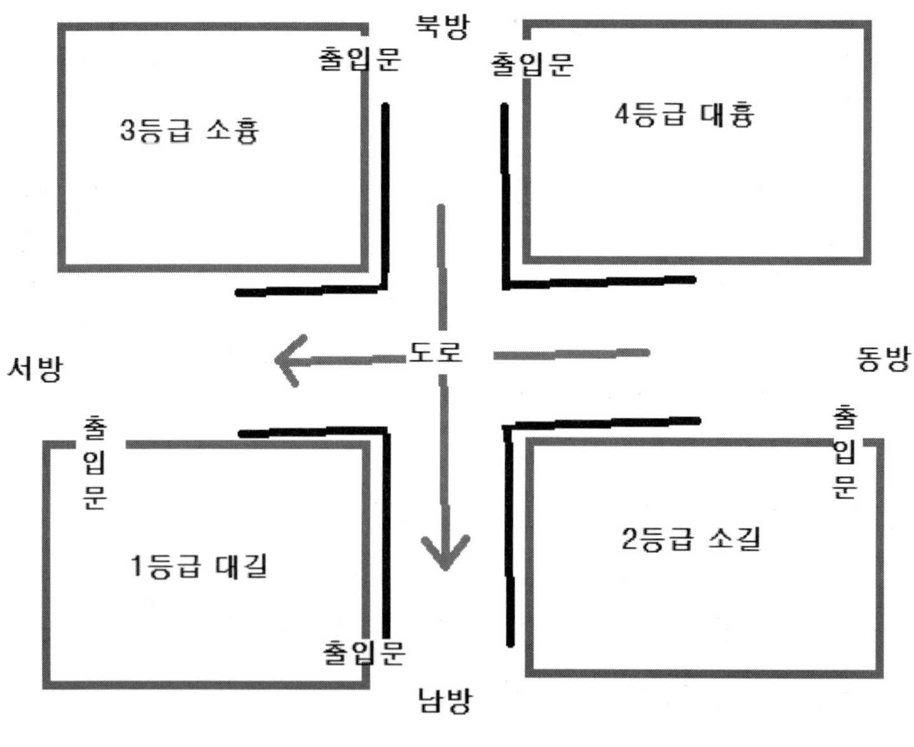

## 2등급 석천 (石川) 양산시

양산시 전체를 8등급 하여 그 지역의 관계를 먼저 보세요. 양산시는 25%의 농지와 75%의 산지로 조성된 시입니다.

낙후된 시가 신도시로 지정되면서 신흥도시로 성장된 도시입니다.

부산시 울산시 김해 창원시의 주변에서 지리적 요건이 좋아 앞으로 위성도시로 성장할 수 있는 시입니다.

양산시 동면 석산리 호포역 수질 정화공원 이편한 1 2차 경남 양산제일병원이 있는 지역이 1등급 지역으로 구분할 수 있을 것이며 물금면 증산리 증산역 부산대 병원 주변이 2등급 지역으로 가정해 볼 수 있으며 입니다.

양산읍 시청 양주동 운동장 중앙동 경남 아너스빌 아파트 한마음 아파트 네오파트 아파트가 있는 지역이 3등급 지역으로 구분할 구 있으며 상북면 한성강변타운 동우 아파트 내석리 주변이 4등급 지역으로 구분할 수 있을 것입니다.

하북면 보광 고등학교 통도사 환타지아 일원이 5등급 지역으로 구분할 수 있을 것이며 서창동 소주동 개운 중학교 신언 아침도시 아파트가 있는 지역 일원이 6등급 지역으로 구분할 수 구분할 수 있을 것입니다.

덕계동 평산동 양산 두산위버2차 아파트 양산 평산kcc 아파트가 있는 지역이 7등급 지역으로 가정할 수 있을 것이며 원동면 원동중학교 배내골  에덴벨리 화제리 일원이 8등급 지역으로 구분할 수 있을 것입니다.

양산시 의 지운보기입니다.

먼저 지운을 보는 자로 양산 천과 낙동강이 만나는 지점(호포)에 지운 자를 놓고 북쪽 통도사 방면으로 보고 등급 지역을 구분 하세요

그리고 좌우 수평 자로 좌우 등급지역을 구분합니다.

**지운이 자연에 주는 힘**

**바다와 강이 만나는 지점에서 발원지 쪽으로 지운이 약함**

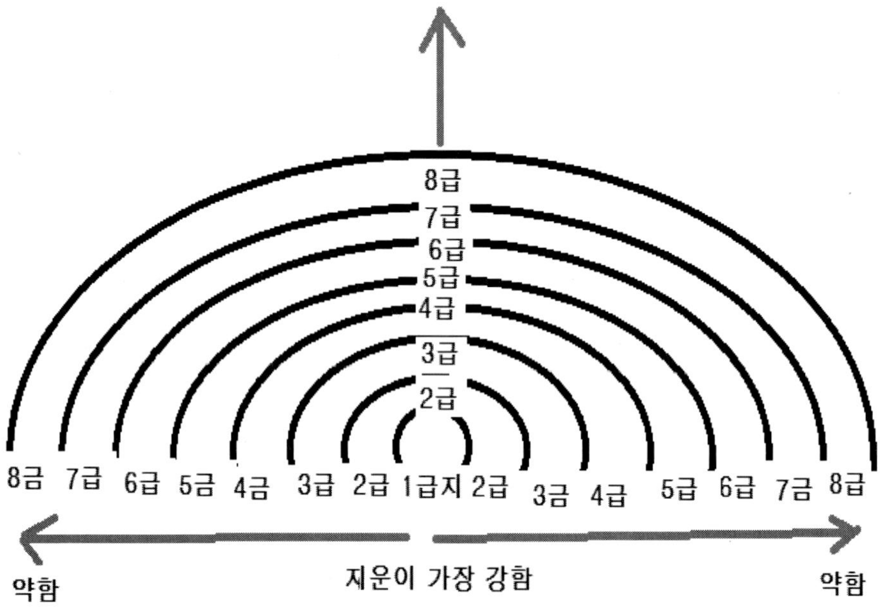


양산천은 낙동강과 양산천이 합류하는 지점(호포)이서 영축산 양산천의 발원지 까지 약 22킬로미터가 양산시의 인구밀도라고 할 수 있으며 킬로 미터당 2.2로 계산하면 약 45만에서 50만인구로 성장 할 수 있는 시로 볼 수 있을 것입니다. 위의 그림을 참고하면 수직으로 좌 우 수명으로 등급 지역을 보고 지운의 힘을 측정해 보세요.

등급지역에서 지번을 선택하고 나면 그 지번에 경사지를 살펴보아야 합니다. 다음그림은 가운도입니다.

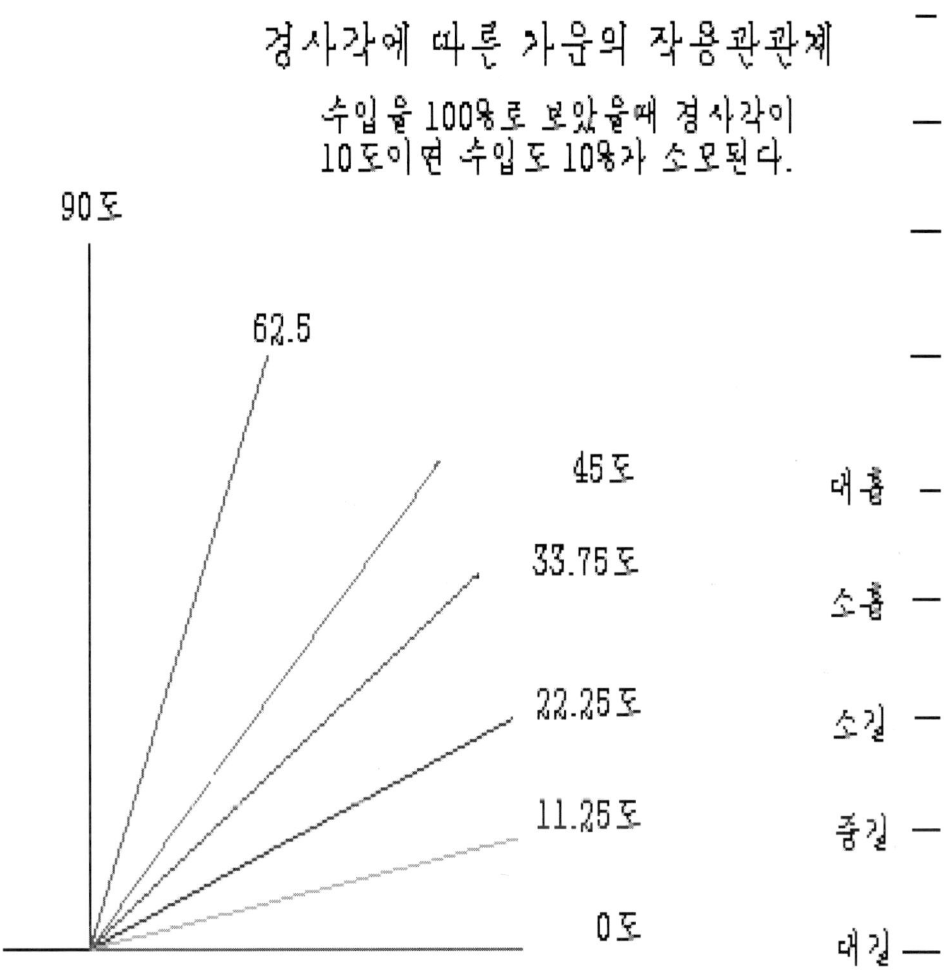


가운 도에서 경사가 몇도 일 때 지운의 힘은 어떤 지운으로 변하는가를 참고해 보세요. 매우 중요하므로 신중하게 보세요.

양산시 전원 농촌 지역에서 상공업과 신도시로 전환 하면서 구성된 시입니다.

30%의 평야 지와 70%의 산지로 조성된 시로서 농업과 상공업이 균형을 이루고 있어 부산시와 울산시 김해시 창원시와 근접하여 위성 시로 부상한 시라고 할 수 있습니다. 지운이 주는 경재효과는 60%의 지운입니다.

다음은 지번에서 보는 4등급 지역의 길흉 관계입니다.

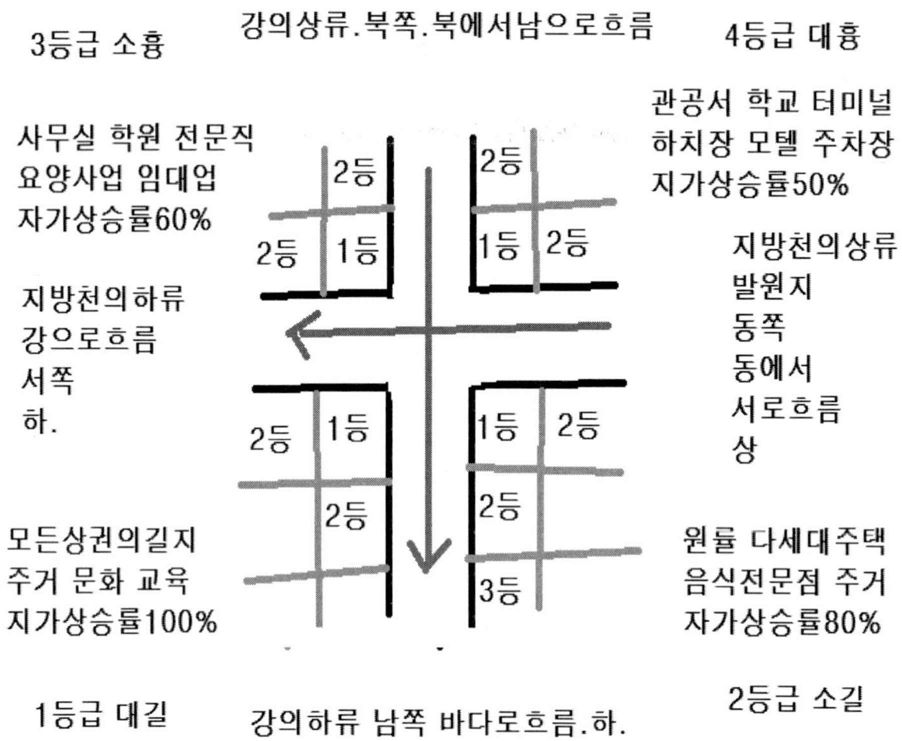


위의 그림을 참고 하세요.

수학체험 공원 앞 사거리에서 보는 그림입니다. 그림에서 동남간 방향으로 반도유보라 4차 알루아 웨딩홀 양산세무서 증산역 화물터미널이 있는 지역이 1등급 지역으로 구분할 수 있을 것입니다.

사거리에서 동북쪽으로 부산대역 남양산역 양산타워가 있는 지역이 2등급 지역으로 가정할 수 있을 것입니다.

서남쪽으로 CGV 양우 내안애 물금면 사무소 가양초등학교가 있는 지역이 3등급 지역으로 볼 수 있을 것입니다. 왼쪽 위 서북 방향 부산대병원 양산소방서 양산 경찰서가 있는 지역이 4등급 지역으로 관공서 공업 관광 요양병원 등의 지운을 갖고 있는 지역입니다.

다음은 출입문 길흉 관계입니다.

택지가 선택되고 그 지번에 건축을 하게 되면 건축물에 따른 출입문을 보아야 합니다. 그림에서 출입문 이라고 표시된 위치를 잘 보고 판단하세요.

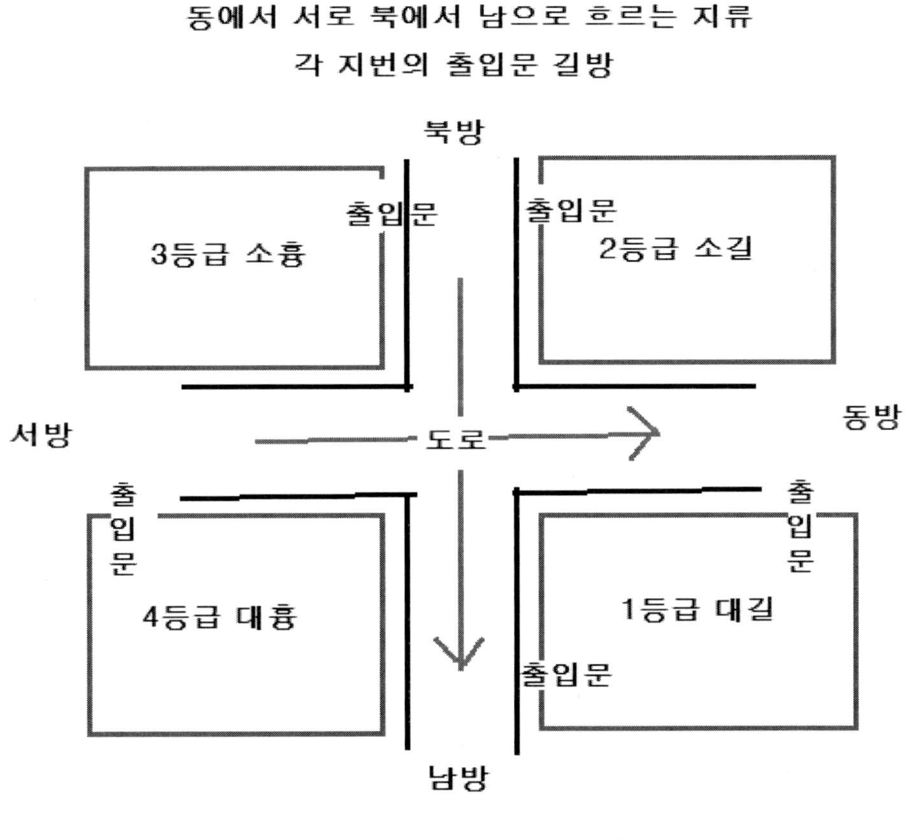

## 3등급 초천 (草川) 밀양시 청도군

밀양시 전체를 보는 8등급 지역별 지운보기입니다. 아래 그림을 참고 하세요,

지운이 자연에 주는 힘

바다와 강이 만나는 지점에서 발원지 쪽으로 지운이 약함

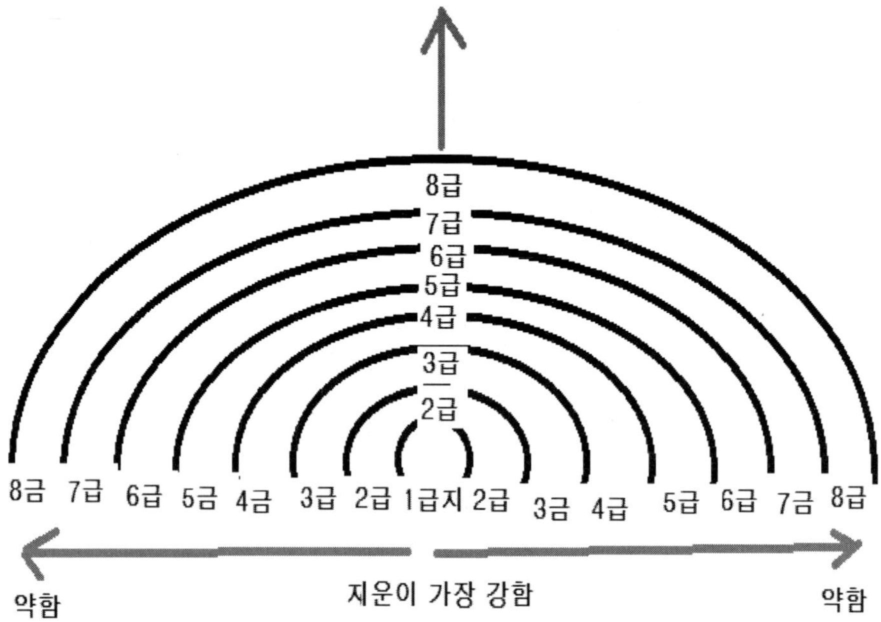


밀양시 하남읍을 중심으로 수산리 명례리 초동면 지역이 1등급 지역으로 구분할 수 있으며 상남면 예림리 연림 체육공원이 있는 주변이 2등급 지역으로 구분할 수 있습니다.

삼문동 가곡동 밀양역 용두원 유원지 주변이 3등급 지역으로 구분할 수 있으며 내일동 내이동 밀양시청 밀양고등학교 창원 지방법원이 있는 지역이 4등급 지역으로 구분할 수 있습니다.

부북면 밀양춘화 농공단지 밀양 아리나 월산리 주변이 5등급 지역으로 구분할 수 있으며 무안면 중산리 무안 중학교 판곡리 주변이 6등급 지역으로 구분할 수 있을 것입니다.

청도면 미리 벌 중학교 테마농원 고법리 주변이 7등급 지역으로 구분할 수 있으며 단장면 단장 숲 유원지 동국 대학교 사범대학교 산내면 산외면 주변이 8등급 지역으로 구분할 수 있을 것입니다.

등급지역을 정하고 나면 선택한 지번에서 경사각을 참고 하세요. 경사각은 지운의 균형을 보는 의미입니다.

아래의 그림은 경사도를 보는 가운도입니다.

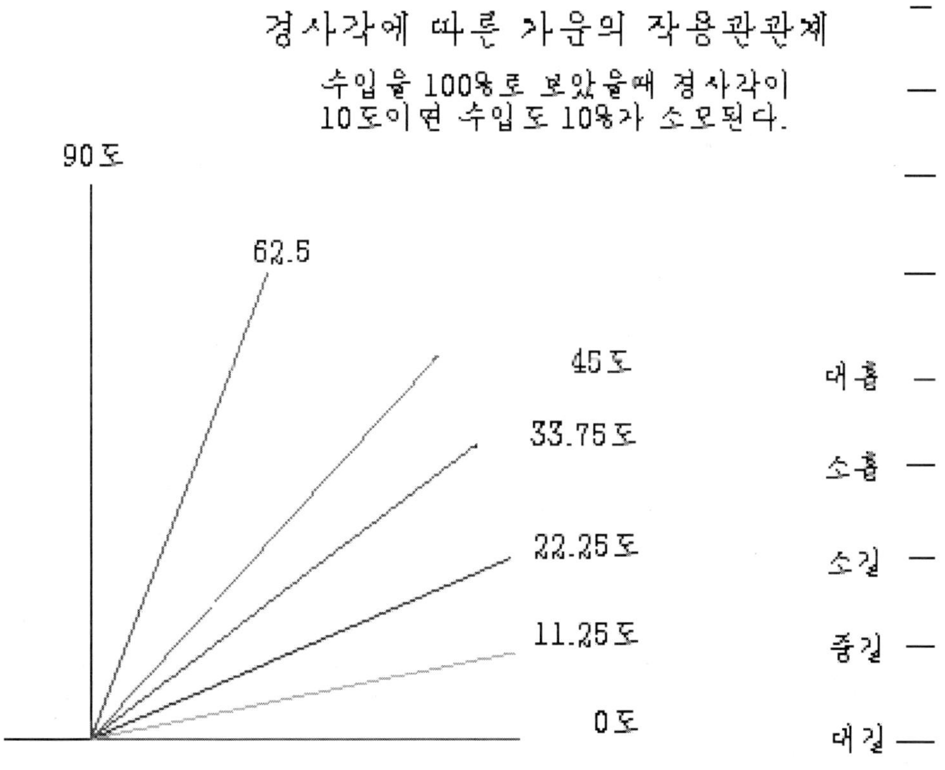

밀양 함안 청도군은 산지가 많고 평야지가 적어 25%가 75%를 양육해야하는 힘든 지운을 가진 지역 이라고 보아야 할 것입니다. 그러므로 25%의 지운에서 기본으로 하고 75%의 산지에서 수익을 얻어야 경재를 늘어갈 수 있을 것입니다. 그러나 부산과 마산 대구시가 주변에 있어 위성도시로 성장하는데 도움이 될 것입니다.

다음그림은 주소지에서 보는 4등급 지역 길흉 관계를 보는 것입니다.

아래의 그림은 밀양시청 서문사거리에서 보는 지운입니다.

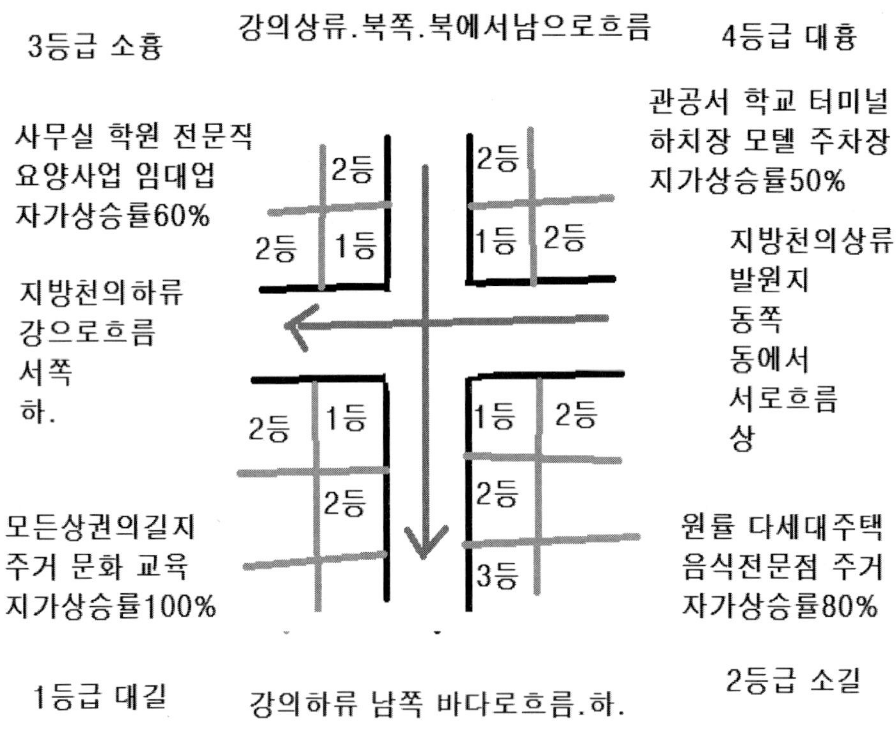


법무사 우 갑식 사무소 가야 동물병원 제대 천과 밀양강이 만나는 지점 서남향이 1등급 대길 이라고 볼 수 있습니다. 이 지역에 투자 그리고 생활권을 두고 사신다면 자자손손 부귀해 질 것입니다.

두 번째 오른쪽 동남간 향으로 미리벌 주택조합 밀성 중학교 밀양 아리랑 시장이 있는 방향이 2등급지로 구분할 수 있을 것입니다. 삼문동 일원은 서울의 여의도와 같은 지운입니다.

다음은 사거리에서 서북쪽 방면 세븐 일레븐 법무사 김태원 사무소 국민 건강보험 공단 덕곡 저수지가 있는 지역이 3등급 지역으로 볼 수 있으며 개발이 늦어질 수 있으나 매력이 있는 지역입니다. 다음은 밀양시청 종합 운동장 밀양 향교 교동 복지센타 방면으로는 4등급지역으로 볼 수 있습니다. 등급별지운의 적성은 위의그림에서 참고 하세요

다음은 출입문의 길흉 관계입니다.

등급지에 따른 출입문 위치입니다. 아래 그림을 참고 하세요.

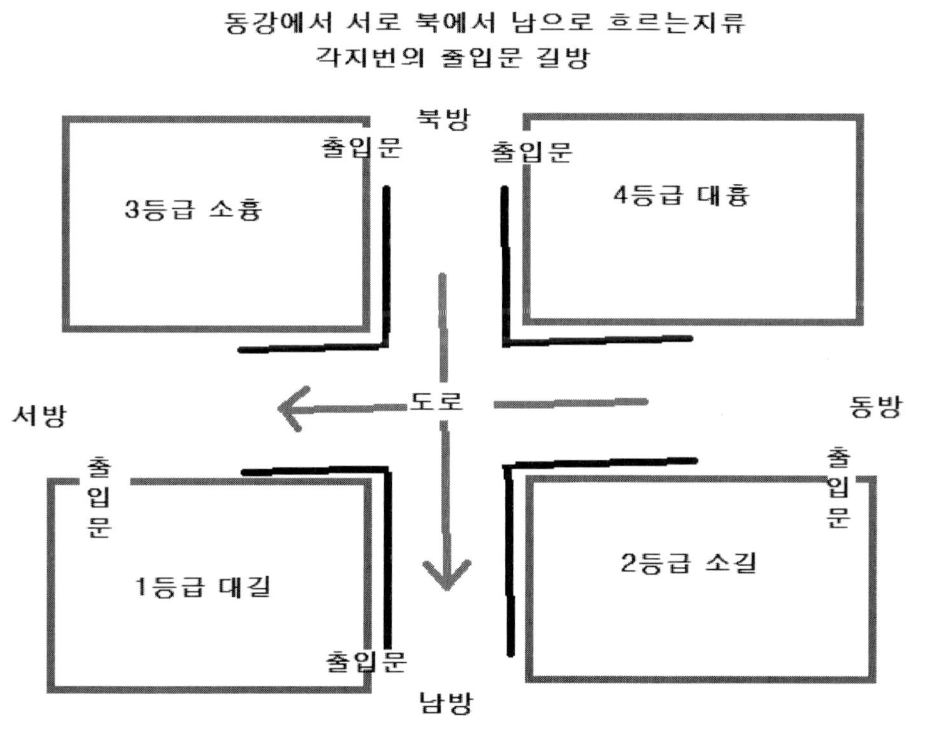

- **청도군**

다음은 청도군의 지운입니다.

지운을 보는 자를 밀양강과 청도천이 만나는 지점에 청도군청 까지 등급지역을 찾아보세요. 청도군 8등급 지역 구분하기입니다.

**지운이 자연에 주는 힘**

**바다와 강이 만나는 지점에서 발원지 쪽으로 지운이 약함**

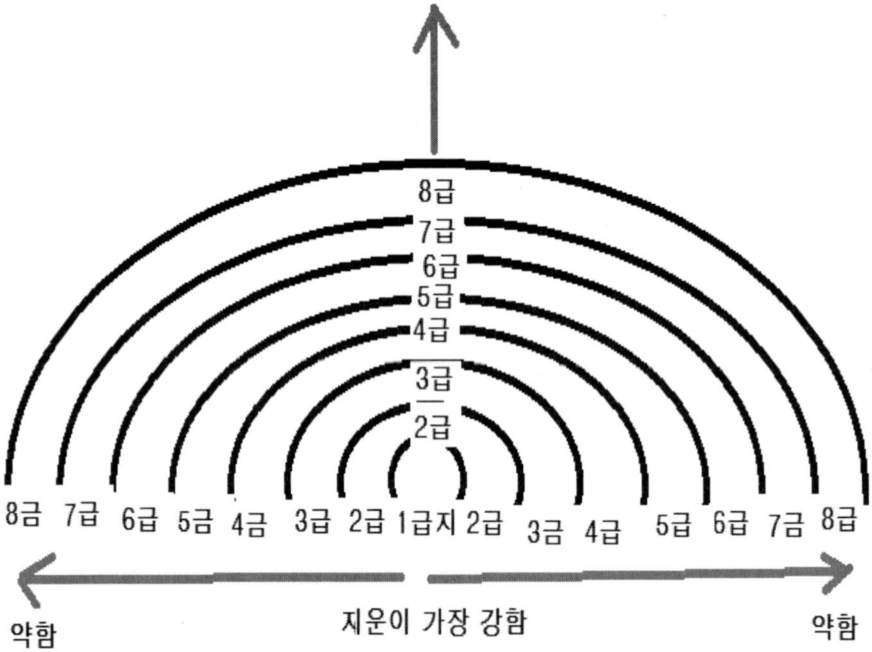


청도천을 따라 청도 재래시장 하나병원 청도읍 사무소 청도 고등학교 청도 장애인 복지관이 있는 지역이 1등급 지역으로 가정할 수 있으며 도담도담마을 돌봄터 삼성디지털 프라자 다솜 노인복지센타가 있는 주변이 2등급 지역으로 가정할 수 있을 것입니다.

청도군청 청도대남병원 청도초등학교 송복리 노인회관이 있는 농지주변이 3등급 지역으로 구분할 수 있을 것이며 창도읍성 청도공설 운동장 눌미 노인정이 있는 지역이 4등급 지역으로 가정할 수 있을 것입니다.

각남 면사무소 자계서원 학산1리회관 아서고등학교 주변이 5등급 지역으로 가정할 수 있으며 풍각면 사무소 풍각 농공단지 각북 벗꽃길 주변이 6등급 지역으로 가정할 수 있을 것입니다.

한국코미디 타운 베니카이 호텔 청도소싸움 경기장 무등2리 마을회관이 있는 지역이 7등급 지역으로 구분할 수 있을 것이며 각북면 사무소 동비원 하늘펜션 하비카라반 캠핑장이 있는 지역이 8등급 지역으로 가정할 수 있을 것입니다. 청도군 전체의 지운을 보고 나면 선택한 지역의 경사지를 보아야 할 것입니다.

다음 그림은 경사지역의 지운을 측정해 보는 가운도입니다.

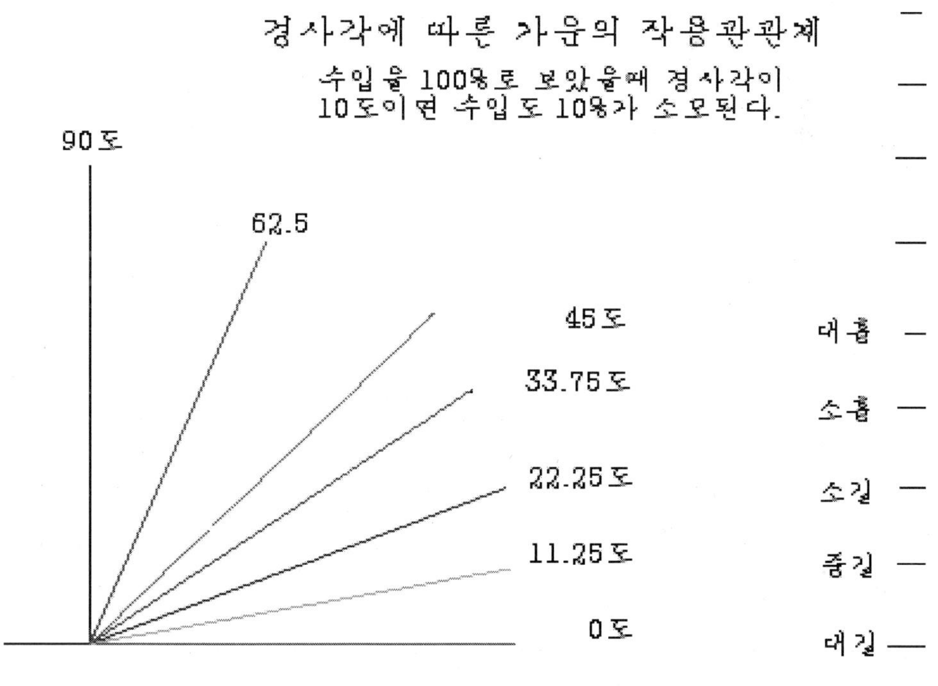

경사각이 운명에 미치는 영향을 4 길흉관계에서 관찰해 보세요.

지역을 측정하고 경사지의 의미를 보고나면 선택할 지번에서 가까운 교차로에서 보는 4등급 징역의 길흉관계를 보아야 할 것입니다.

아래 그림에서 참고하세요.

청도군청 SK 주유소앞 오거리에서 보는 청도의 지운입니다.

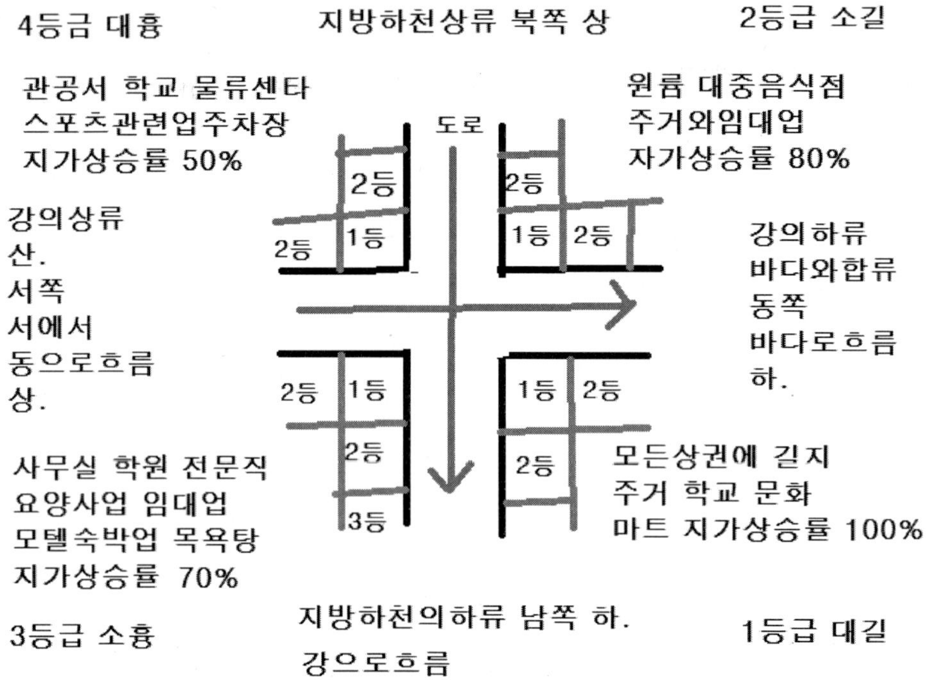


오거리에서 동북족 성암산 해물탕 하얀마을 청도재가노인 지원센타 하나병원이 있는 동북간 지역이 1등급 지역으로 가정할 수 있으며, 동남쪽 마디연합정형외과 청도재래 시장 바르게 살기공원 청도 중고등학교가 있는 지역이2등급 지역으로 볼 수 있을 것입니다.

오거리에서 서북쪽으로 청도 대남병원 모개 중고등하교 청도군 범원 청도천이 있는 지역이 3등급 지역으로 볼 수 있으며 오거리에서 서남쪽으로 청도 공설 운동장 청도읍성이 청도군청 대동지가 있는 지역이 4등급 지역으로 볼 수 있습니다.

지역과 경사도 선택된 지번에서 가까운 교차로에서 보는 4등급 지역을 구분하고 나면 선택된 지번에 출입문을 보아야 합니다.

아래그림에서 선택한 지번에 출입문 이라고 표시한 위치를 참고 하세요.

**동에서 서로 북에서 남으로 흐르는 지류**

**각 지번의 출입문 길방**

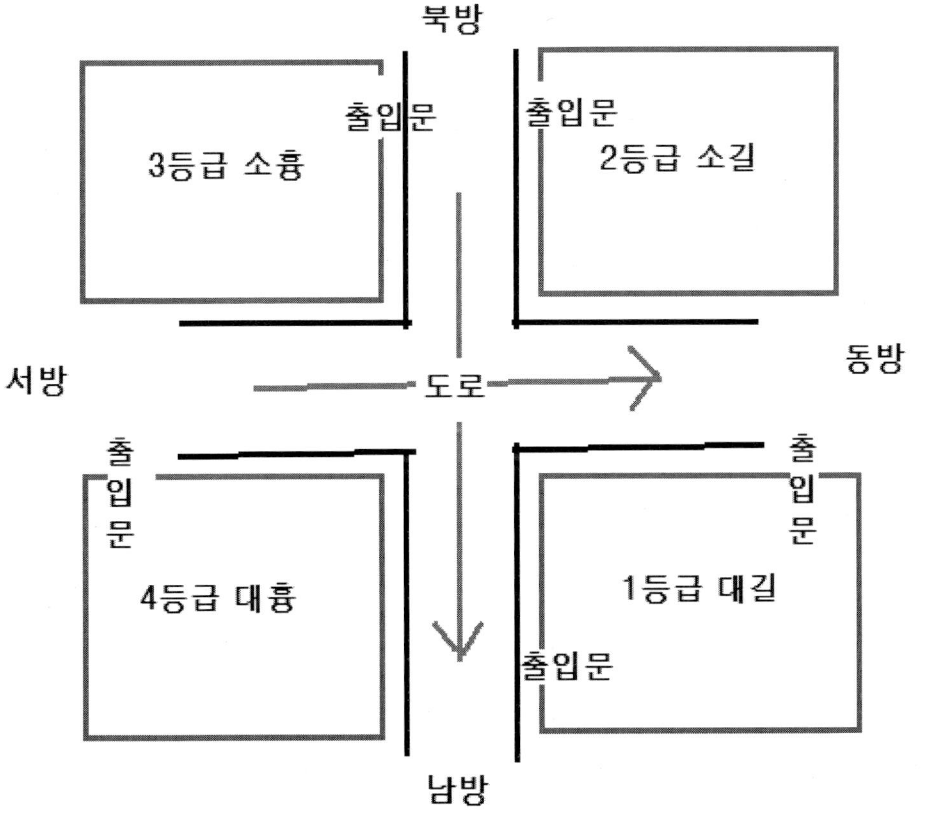

## 4등급 지천(地川) 대구시

대구시 전 지역 8등급 지역의 구분입니다.

낙동강과 금호강 진천천이 만나는 지점에 지운을 보는 자를 동북향으로 놓고 등급을 설정 하세요. 낙동강에서 금호강의 발원지 까지를 8등분하여 각 등급지의 성격을 구별 합니다.

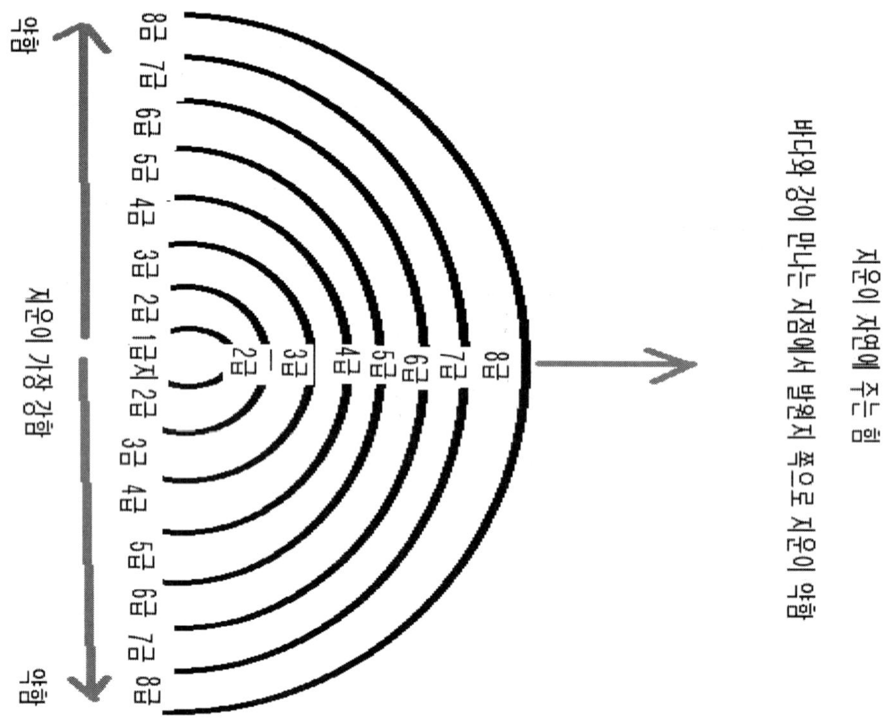


대구시 달서구 대구 호산 고등학교 대구 환경공단 달서 구청이 있는 지역이 1등급 지역으로 볼 수 있으며 서구 대구 시외버스 터미널 서구청 서대구 사업단지가 있는 지역이 2등급 지역으로 구분할 수 있습니다.

중구 대구광역시청 대구 서문시장 대구 중구보건소 경북 대학교 병원이 있는 지역이 3등급 지역으로 볼 수 있으며 남구청 계명대학교 대구가톨릭대학교 병원이 있는 주변이 4등급 지역으로 구분할 수 있습니다.

북구 침산동 경북 대학교 노원동 주변이 5등급 지역으로 가정할 수 있으며 동구 신천역 신천3동 청구고등학교 대구 알 마이스터 고등학교가 있는 주변이 6등급 지역으로 구분할 수 있을 것입니다.

달성군청 대구 국가산업단지 대영포장 대구공장 성서첨단 일반산업단지가 있는 지역이 7등급 지역으로 구분할 수 있으며 수성구청 대구 한의대 부속 한방병원 동원 중학교 주변이 8등급 지역으로 구분할 수 있을 것입니다.

등급지역을 구분하고 나면 선택한 지번에 경사지역을 보아야 합니다.

가운도에서 경사각을 참고하시고 각 지번에 길흉을 공부해 보세요.

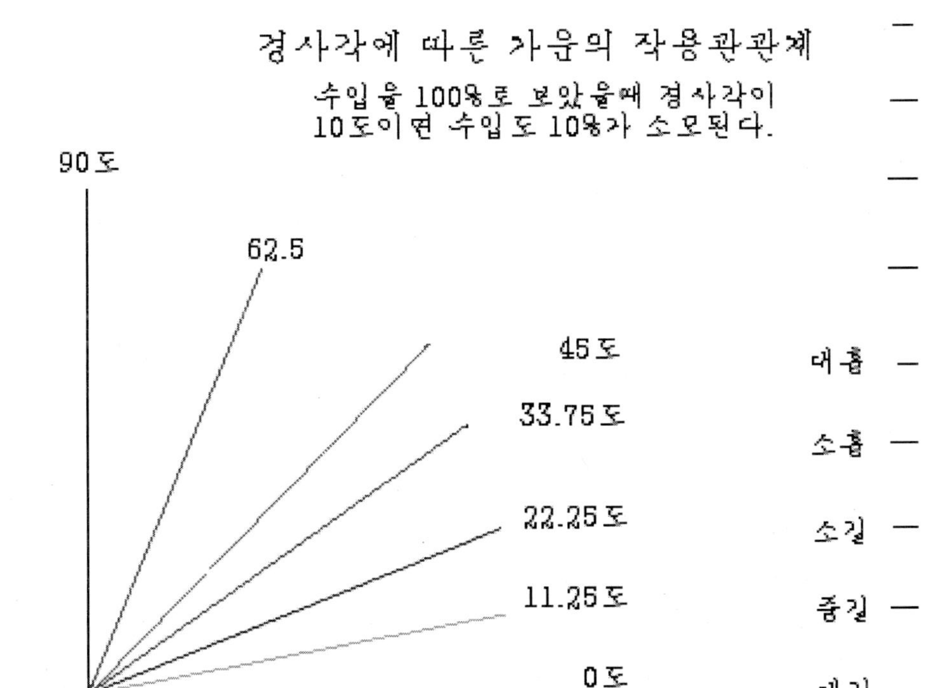

위의 그림은 경사도를 보는 가운도입니다. 다음은 선택한 지번에서 가까운 교차로에서 보는 4등급 지역의 길흉 도입니다.

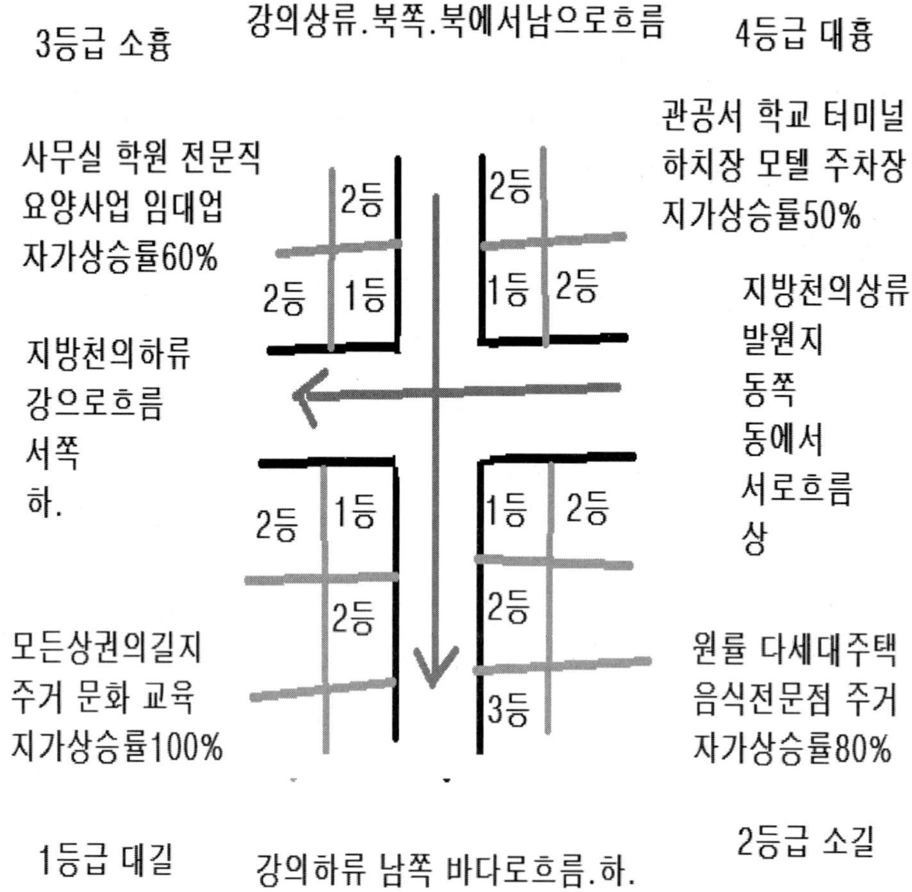


위의그림은 시청 앞 공평네거리에서 보는 길흉도입니다.

사거리에서 서남쪽 전기충전소 중앙공원 신광역 청사가 있는 방위가 1등급 지역으로 볼 수 있으며 화합의 광장 우리들 병원 김광석 다시그리기 거리 신천이 있는 방향이 2등급 지역으로 볼 수 있을 것입니다.

서북쪽으로 송 내과 의원 대구역 유채 꽃 단지가 있는 지역이 3등급 지역으로 구분 할 수 있으며 동북쪽으로 대구광역시청 경북대학교 금호 제2교가 있는 방향이 4등급 지역으로 구분할 수 있습니다.

등급별 지운의 의미는 위의 그림에서 참고 하세요. 선택된 지번에 경사지와 도로에서 보는 지운의 용도 적성은 그림에서 구별해 보세요.

다음은 출입문 길흉 방입니다. 선택한 지번에서 경사도와 등급별 의미를 보고나면 지번에 건축물에 관한 출입문의 길흉관계입니다.

그림에서 출입문 표시를 참고 하세요.

동강에서 서로 북에서 남으로 흐르는지류
각지번의 출입문 길방

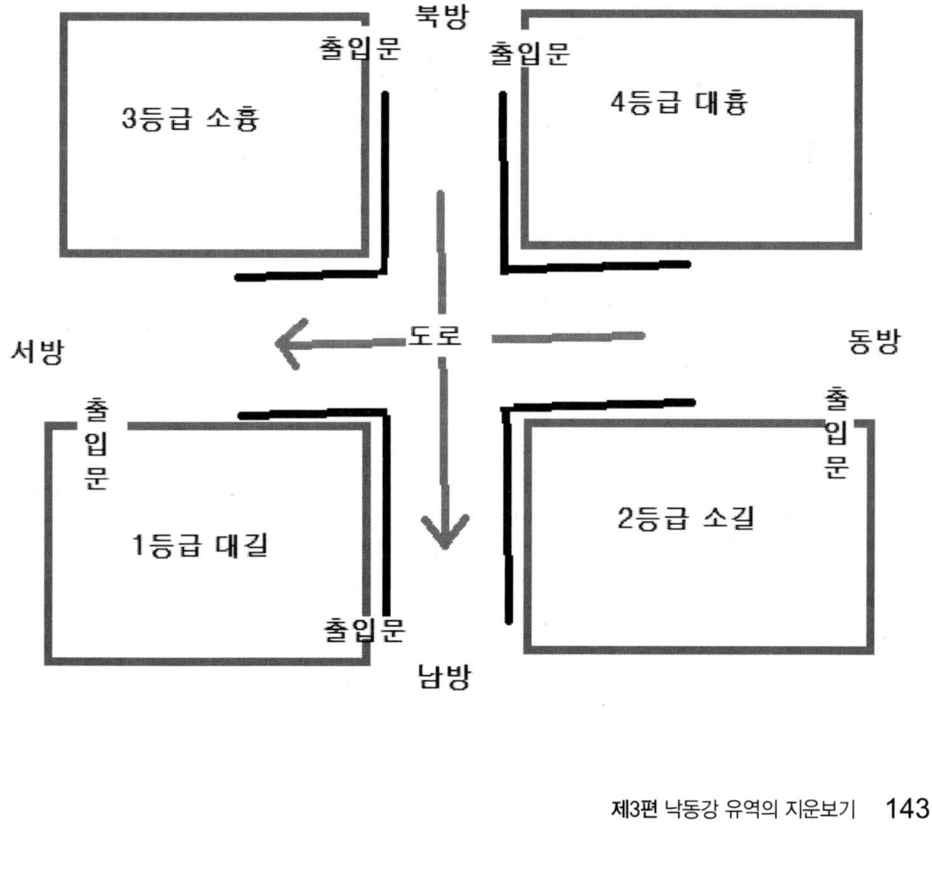

## 5 화천(火川) 구미 김천

구미시 전체 8등급 지역의 구분입니다.

낙동강과 구미천이 만나는 지점에 지운을 보는 자를 놓고 서쪽으로 가면서 구미시 경계까지 8등급 지역으로 나누고 그 나누어진 지번에서 좌우로 8등급 지역을 나누어보는 자입니다.

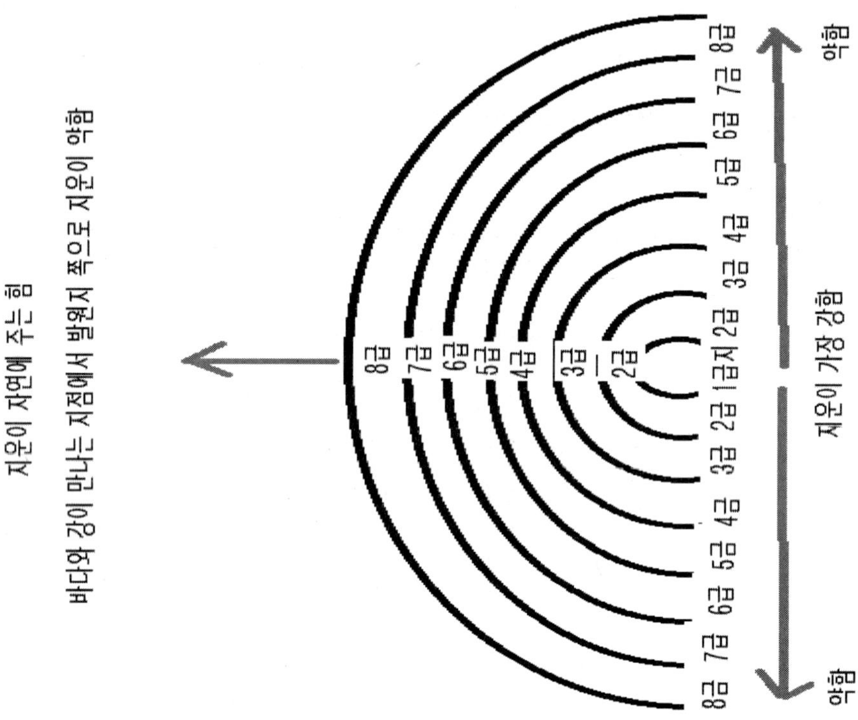


임오동 행정 복지센-타 주변 엘지전자 A공장 티케이 케미칼 삼정전자 농심 구미공장 주변이 구미시 1등급 지역으로 구분할 수 있으며 공단1동 구미 경찰서 구미 시청 종합터미널 비산동 복지센-타가 있는 주변이 2등급 지역으로 구분할 수 있습니다.

낙동강 체육공원 과평리 마을회관 지산동 다식리 주변이 3등급 지역으로 미래의 개발지로 볼 수 있으며 구미리틀 야구장 구미 국가산업 3단지 고용노동부 구미지청 구미 전자 공업고등학교 도로 교통공단 천생초등학교 주변이 4등급 지역으로 볼 수 있습니다.

선산읍 지역 선산 시외버스 터미널 고아 농공단지 예강리 주변이 5등급 지역으로 구분할 수 있으며 해마루 공원 구미국가 산업4단지 구미 산동고등학교 임봉 보건소 주변이 6등급 지역으로 구분할 수 있을 것입니다.

도개면 복지 센-타 신라 불교초전지 사산리 주변이 7등급 지역으로 구분할 수 있으며 금호리 해평면 행정복지 센-타 구미산동 농공단지 성수리 주변이 8등급 지역으로 구분할 수 있을 것입니다. 다음은 그 지번을 선택하고 그 지번의 경사각의 길흉관계를 보아야 할 것입니다.

아래의 그림을 참고 하세요.

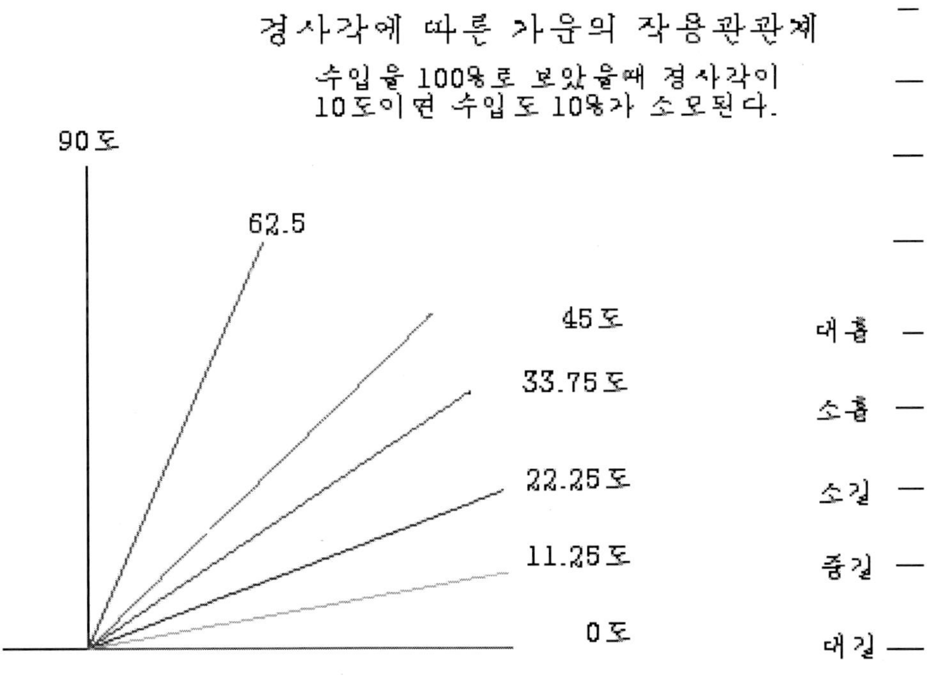

경사각은 지운의 균형을 보는 의미입니다. 균형을 잃으면 가정에 불운이 초해할 수 있습니다. 다음은 등급 지와 경사각을 보았으면 선택한 지번에서 가까운 교차로에서 보는 4등급 지역 지운보기입니다.

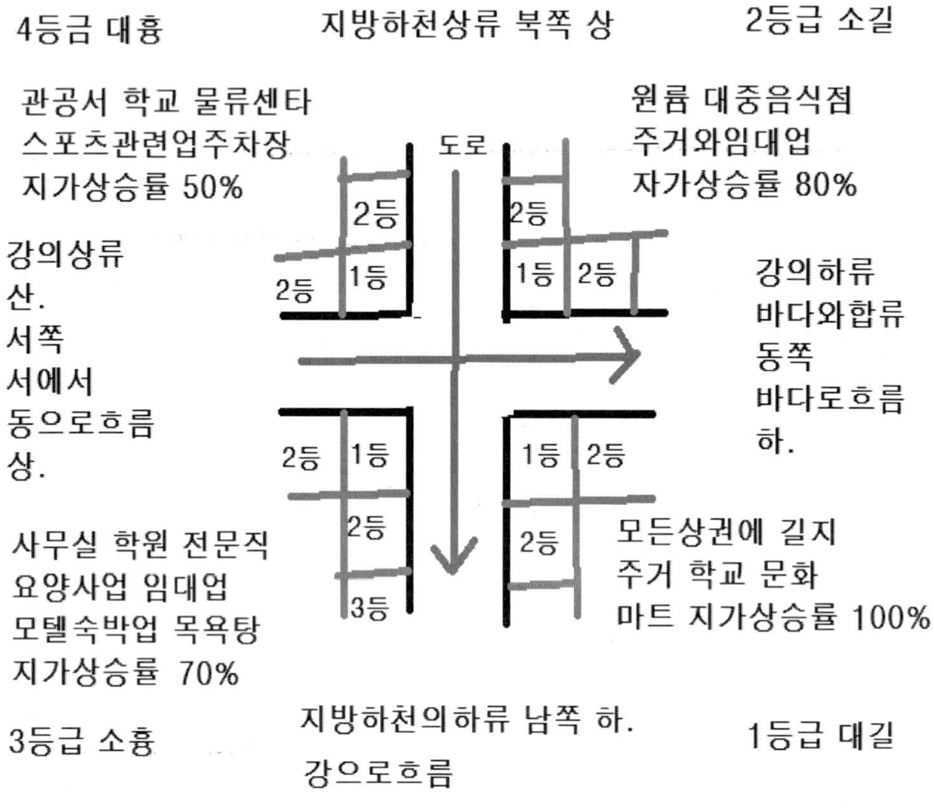


구미시 터미널 네거리에서 보는 4등급 지역 구분하기입니다.

구미시 터미널 네거리에서 남쪽 방향 나우 휘트니스 오성예식장 구미 시민운동장이 있는 지역이 1등급 지역으로 구분할 수 있을 것이며 동쪽방향 구미종합터미널 한국 교통 안전공단 낙동강 체육공원이 있는 지역이 2등급 지역으로 구분할 수 있을 것입니다.

그리고 서쪽 구미시청 구미도서관 구미여자 중학교가 있는 방향이 3등급 지역으로 구분 할 수 있을 것입니다. 터미널 네거리 에서 북쪽 방향으로 홍희선 산부인과 예스구미타워 금오여자고등학교가 있는 지역이 4등급 지역으로 구분할 수 있을 것입니다.

이렇게 수직자에서 등급지역을 찾아보고 좌우 수평자로 원하는 지번에 길흉을 보고 그 선택한 지번에 경사각과 지번에서 보는 지운을 감정하고 선택한 지번에서 출입문 관계를 보아야 할 것입니다.

아래의 그림은 출입문 길흉 도입니다. 그림의 설명에서 참고하세요.

**동에서 서로 북에서 남으로 흐르는 지류**
**각 지번의 출입문 길방**

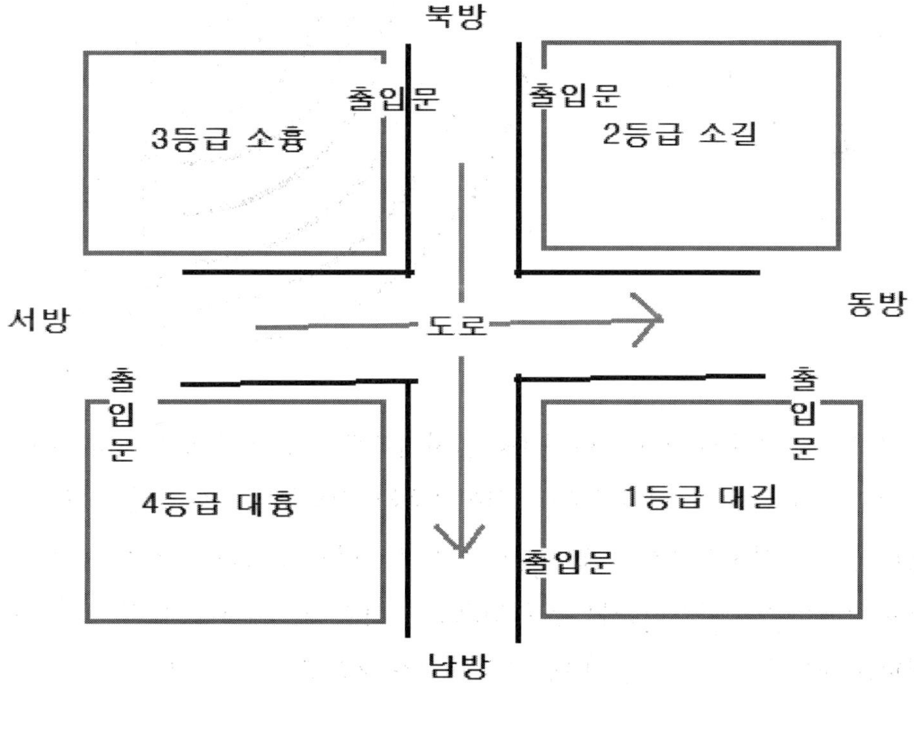

## 6 황천(荒川)김천시

김천시의 8등급 지역의 지운관계입니다.

김천시는 낙동강과 감천이 만나는 지점에서 지운을 보는 자를 놓고 감천의 발원지 까지를 8등분하여 그 지역의 등급 지를 구분하는 방법입니다.

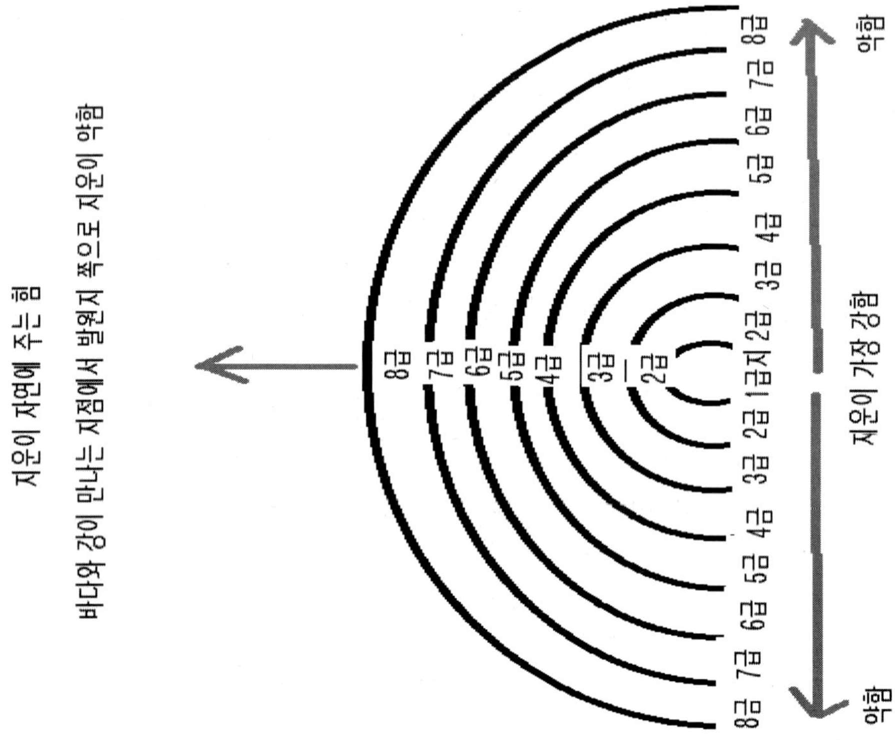


김천시 광천리 태촌리 주변이 1등급 지역으로 가정할 수 있으며 의리 봉산리 아포행정 복지 센-타가 있는 지역이 2등급 지역으로 가정해 볼 수 있을 것입니다. 김천시청 김천여자 고등학교 강변 조각공원이 있는 지역이 3등급 지역으로 구분할 수 있으며 직지사천 주변으로 김천 대학교 봉산면 복지 센-타 한보 아파트 대룡 초등학교 주변이 4등급 지역으로 구분할 수 있을 것입니다.

율곡동 행정복지 센-타 율곡 고등학교 김천 경찰서가 있는 주변이 5등급 지역으로 구분할 수 있으며 김천일반 산업단지 김천대광 농공단지 신룡리 주변이 6등급 지역으로 구분할 수 있을 것입니다.

감천면 행정복지 센-타 도평리 김천 현대자동차 전문 학원 신안리 주변이 7등급 지역으로 구분할 수 있으며 군자리 위랑 초등학교 아천 초등하교 감문 중학교 감문 농공단지가 있는 주변이 8등급 지역으로 구분할 수 있을 것입니다.

다음은 경사도를 보는 가운도입니다. 가운 도는 지운의 균형을 봅니다

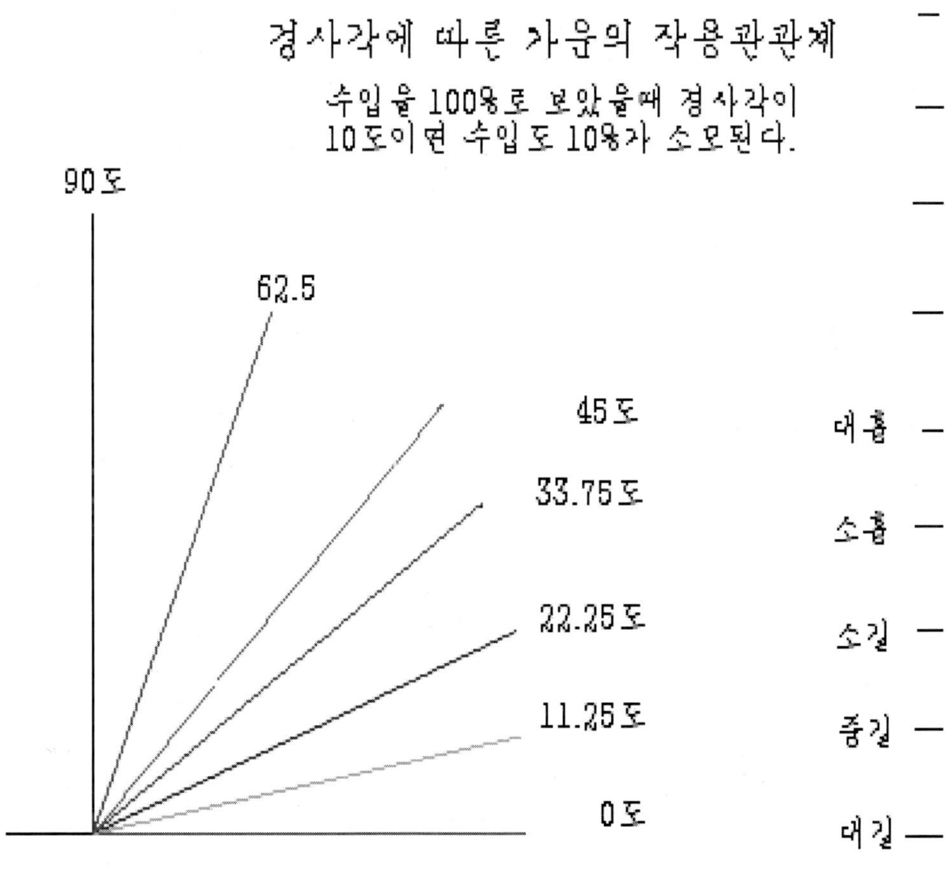

다음은 등급지역과 경사지를 보고나면 선택한 도로에서 가까운 교차로 에서 보는 4등급 지역의 길흉관계를 보아야 합니다. 아래의 그림은 감천교 선산통로 사거리에서 보는 4등급 지역 지운보기입니다.

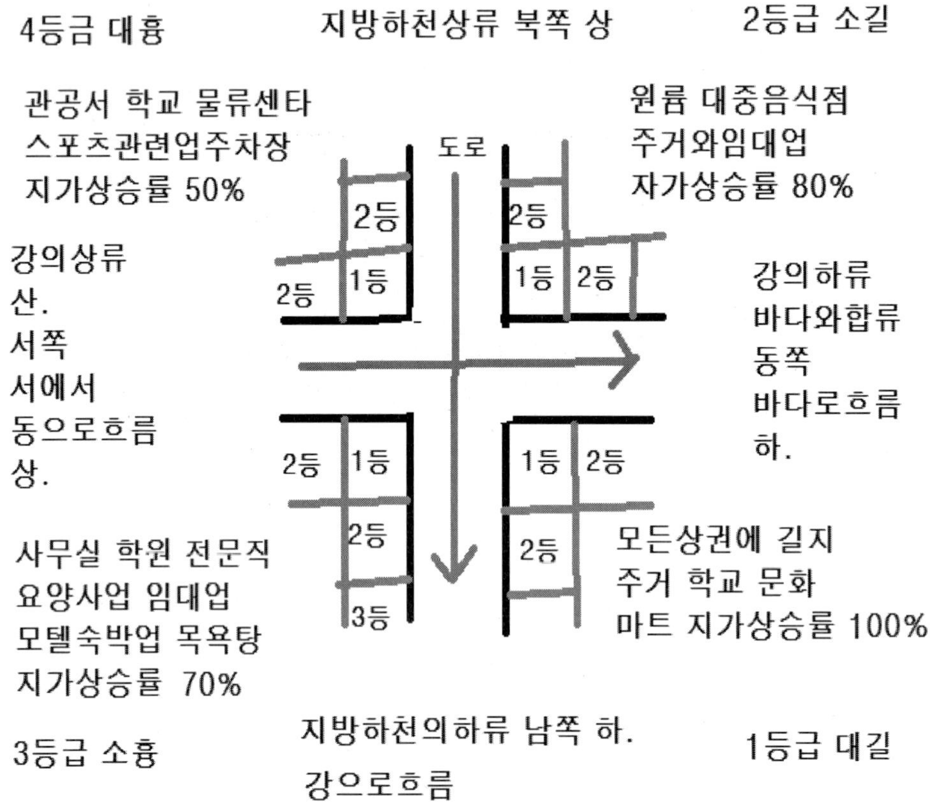


동쪽 방향으로 감천을 따라 아래 신촌마을 회관 김천 혁신도시 대신2리 마을 회관 신촌동 주민센-타가 있는 지역이 1등급 지역으로 개발 발전이 우선될 수 있으며 갑천을 가운데 두고 북쪽으로 김천시 농산물 도매시장 김천대광 농공단지 신룡리 개령 초중학교 벗내 농악 전수관 감문 중학교가 있는 논밭 주변이 2등급지역으로 구분할 수 있을 것입니다.

선산통로 사거리에서 서쪽 방향으로 김천 여자고등학교 김천 모임 초등학교 한국전력 성덕여자 고등학교 김천 소방서 김천 다수 초등학교 주변이 3등급 지역으로 볼 수 있으며 김천시청 김천 일반산업단지 김천 종합운동장 봉계 초등학교가 있는 지역이 4등급 지역으로 구분할 수 있을 것입니다.

이렇게 4등급 지역의 지운의 의미를 분석하고 나면 그 선택한 지번에 건축물에 관한 출입문을 보아야 할 것입니다. 건물을 매입할 때도 같은 의미입니다.

다음은 4등급 지번에 따른 출입문 길흉 도입니다.

동에서 서로 북에서 남으로 흐르는 지류
각 지번의 출입문 길방

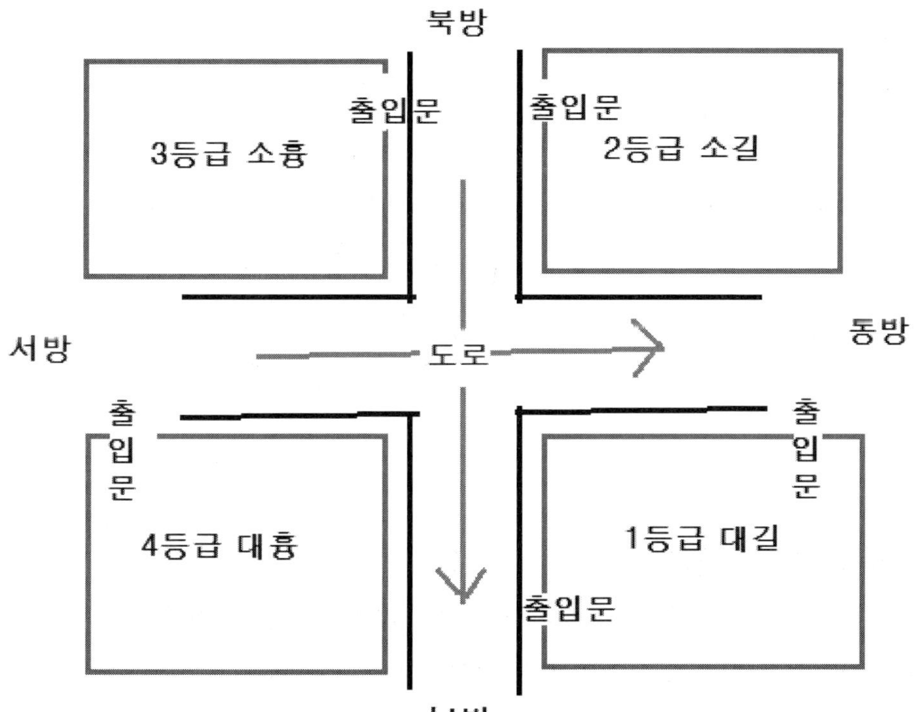

## 6황천(荒川)화천 (火川) 상주

상주시의 전체 8등급 지역의 구분입니다.

다음은 상주시 전체 지운을 보기 입니다. 지운을 보는 자를 참고 하세요.

낙동강과 병성천이 만나는 지점 승천원 앞에서 서쪽 방향으로 지운을 보는 자를 놓고 1등급 2등급지역 3등급지역으로 8등분하여 측정합니다.

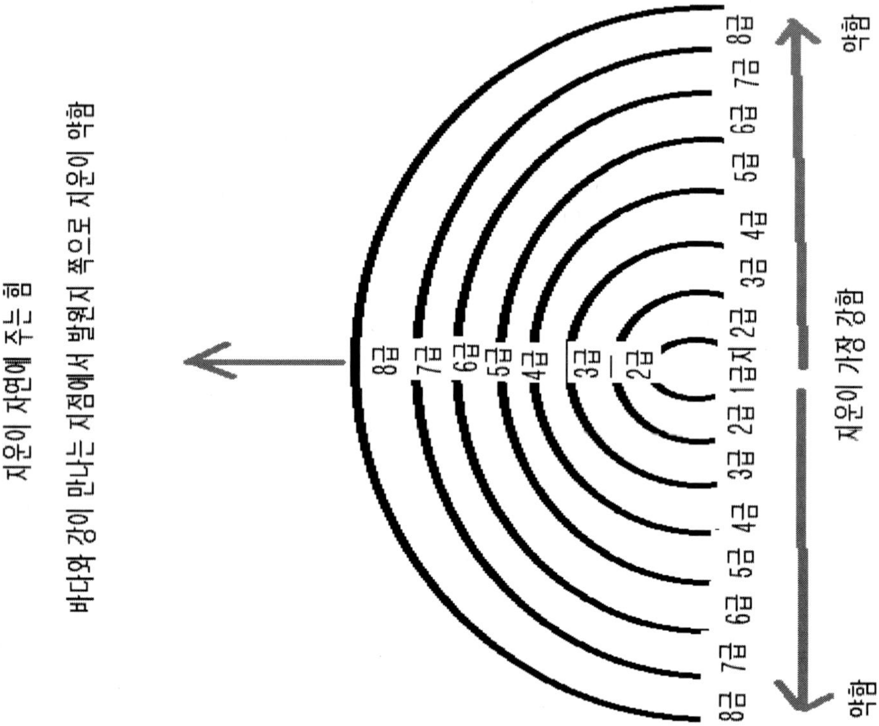


삼덕리 앞 논 화달리 엄암리 주변이 1등급 지역으로 이 지역에 지번이 있다면 매우 희망적으로 볼 수 있을 것이며 중덕지 자연생태공원 벼락바위산 상주 시민운동장 앞 들녘이 2등급 지역으로 구분할 수 있습니다.

상주시청 남원동 행정복지 센-타 상주 성모병원 성동 초등학교 주변이 3등급 지역으로 구분할 수 있으며 학하리 삼괴리 수상리 덕산리 청리역 주변이 4등급 지역으로 구분할 수 있을 것입니다.

상주 함창농공단지 상지 여자상업 고등하교 오사리 주변이 5등급 지역으로 구분할 수 있으며 공성면 행정복지 센-타 공성면 장동리 주변이 6등급 지역으로 가정할 수 있을 것입니다.

모등면 복지 센-타 모서터미널 중모 초등학교 주변이 7등급 지역으로 가정할 수 있으며 화동면 복지 센-타 상주화동 농공단지 신촌리 화서면 복지센-타가 있는 지역이 8등급 지역으로 구분할 수 있은 것입니다.

그래서 원하는 지번을 정했다면 그 지번의 경사도를 참고 하세요.

다음은 경사도를 보는 가운도입니다. 다음 그림을 참고 하세요.

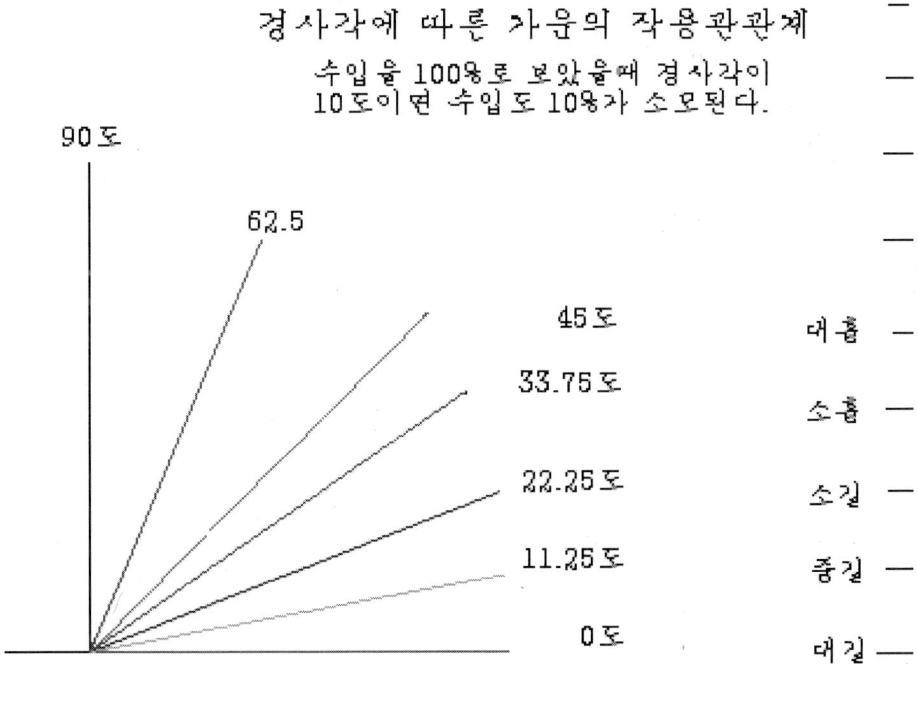

가운도의 의미를 분석하고 나면 선택된 지번의 길흉관계를 찾아 보세요.
다음 그림은 선택된 도로에서 보는4등급 지역의 이해도입니다
먼저 상주 서문 사거리에서 보는 지운입니다.

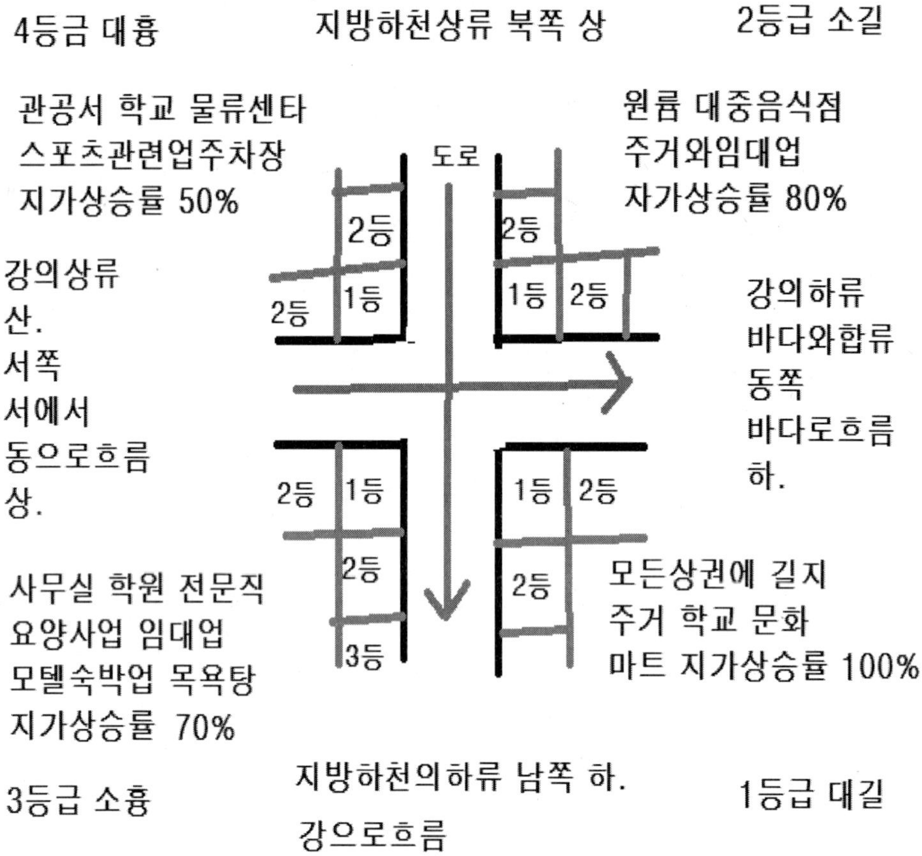


사거리에서 서북방으로 엘지 유플러스 정치과 온누리 약국 북룡동 유적지가 있는 지역이 1등급 지역으로 볼 수 있으며 동남쪽 방향으로 램브란트 치과의원 동문동 행정 복지센-타 외답 농공단지가 있는 지역이 2등급 지역으로 구분 할 수 있습니다.

사거리 서남쪽 상주시청 신세계 치과의원 상주 공업고등학교가 있는 지역이 3등급 지역으로 볼 수 있으며  다이소 상주 청소년 문화 센-타 상주시 보건소가 있는 지역이 4등급 지역으로 볼 수 있습니다.

4 등급지에 따른 용도 적성 관계는 그림에서 이해하세요.

다음은 출입문에 길흉 관계입니다. 아래 그림에서 참고 하세요.

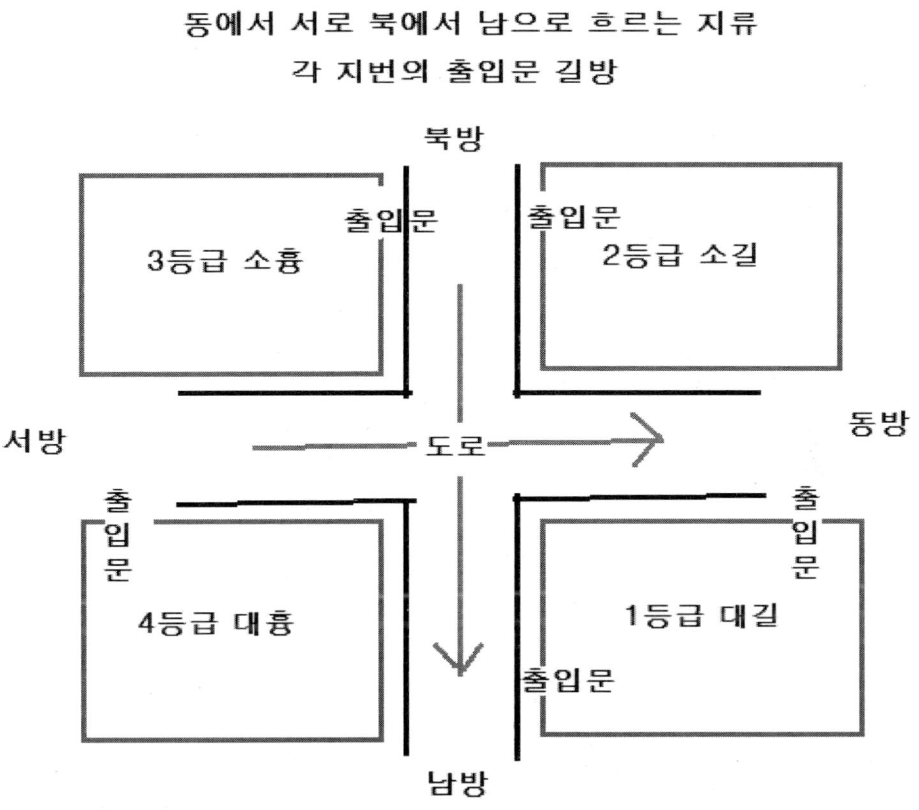


위의 그림에서 출입문의 위치를 보고 같은 면에 따라서 위치가 변경을 해도 가능 하지만 면이 바뀌면 안 될 것입니다.

그림에서 출입문에 표시된 위치를 참고 하세요.

## 6 황천(荒川) 문경시

문경시 전체지역을 보는 8등급 지역의 구분입니다. 동강과 영강이 합류하는 지점에서 영강의 발원지까지를 8등분해서 보는 지운관계입니다.

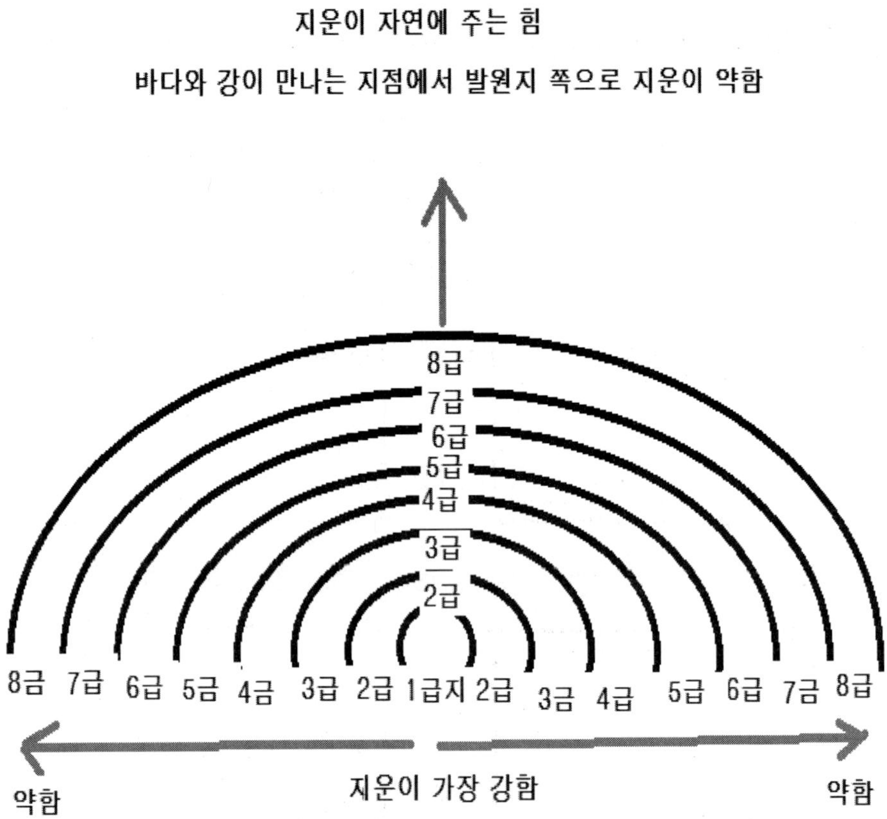


점촌2동 영산동11통 마을회관 영신성결교회가 있는 지역이 문경 1등급 지역으로 구분할 수 있으며 문경시청 문경여자고등학교 문경 시민운동장 주변이 2등급 지역으로 구분할 수 있습니다. 점촌1동복지센-타 문경시 육아종합 복지센-타 분경 중학교가 있는 지역이 3등급 지역으로 가정할 수 있으며 영순면 영순 초등학교 영순면 주변이 4등급 지역으로 구분할 수 있습니다.

문경읍 복지 센-타 문경버스 터미널 경북조리 과학 고등학교가 있는 지역이 5등급 지역으로 구분할 수 있으며 남호1리 회관 남호2리 마을회관 문경 봉룡 일반 산업단지 미성중학교 주변이 5등급 지역으로 구분할 수 있을 것입니다.

가은읍 복지센-타 가은고등학교 가은 농공단지가 있는 지역이 7등급 지역으로 구분할 수 있으며 농암면 복지 센-타 농암초등학교 청화분교장 연천마을 회관이 있는 지역이 8등급 지역으로 구분할 수 있을 것입니다.

농축산물 산약초등의 주 산품과 관광업으로 경재를 구축하는 시입니다.

다음은 가운도의 길흉 관계입니다.

8등급 지역에서 지운을 선택하고 8등급 구역별 지운을 보고 나면 선택된 지번의 경사도를 참고하셔야 합니다.

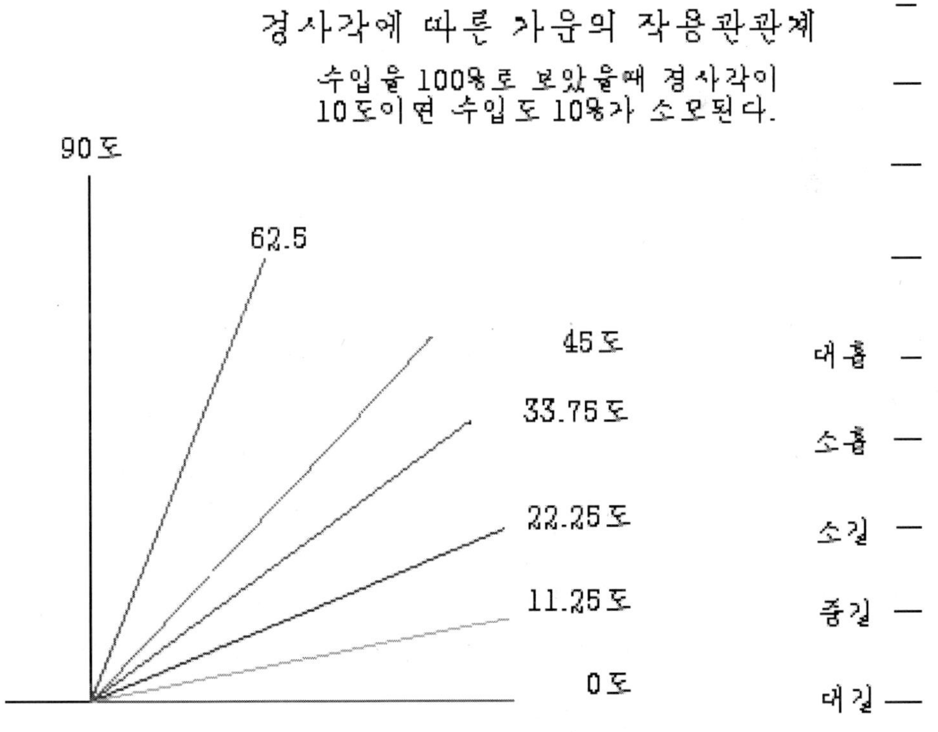

다음은 지번에서 보는 4등급 지역의 해설입니다.

문경시 모전 오거리에서 보는 지운입니다.

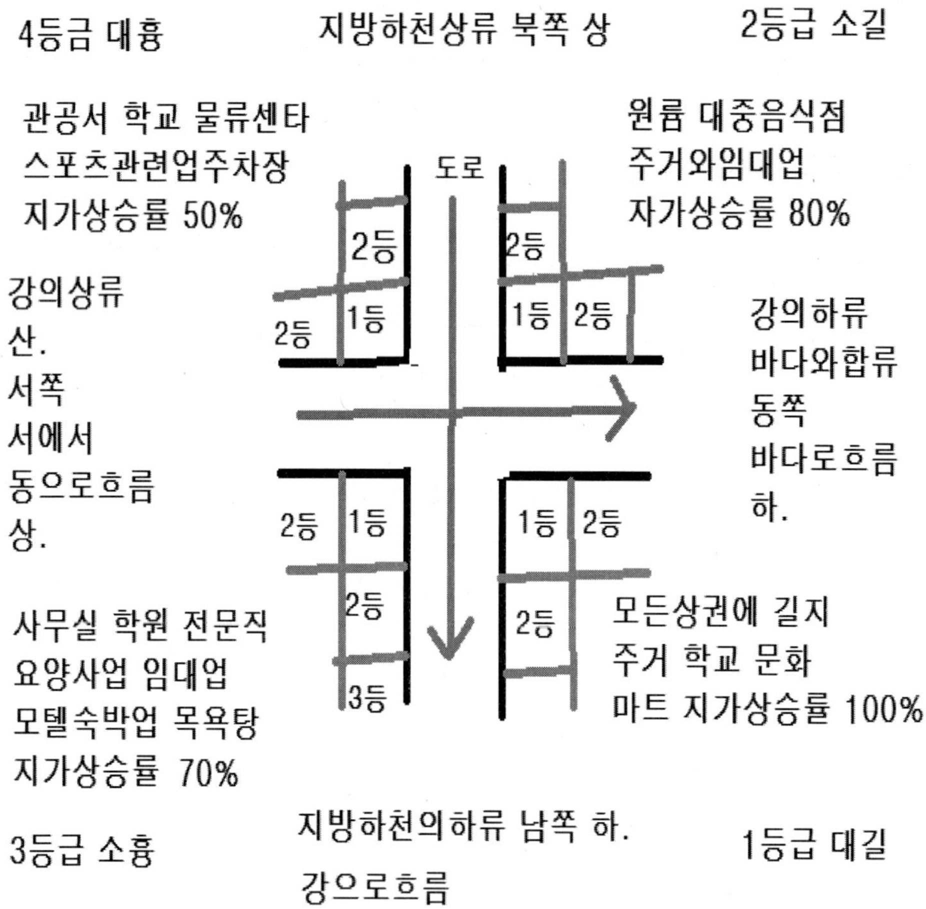


오거리에서 롯데 하이마트 문경제일병원 상지여자 상업고등학교 효신 장례식장 신흥체육공원이 있는 지역이 1등급 지역으로 볼 수 있으며 오거리에서 동쪽 엠 컨벤션 웨당 홀 문경문화 예술 회관 점촌 시내버스 터미널이 있는 지역이 2등급 지역으로 볼 수 있습니다.

오거리에서 서쪽으로 문경시청 삼성생명 홈플러스 문경 경찰서가 있는 지역이 3등급 지역으로 볼 수 있으며 오거리에서 북쪽으로 문화 노인복지 센-타 문경 여자고등학교  점촌 중앙초등학교가 있는 지역이 4등급 지역으로 볼 수 있을 것입니다. 각 등급지의 용도 지운의 효율성은 그림에서 참고 하세요.

다음은 4등급 지역의 출입문 길흉 도입니다.

아래의 그림에서 출입문의 면과 위치를 참고 하세요. 같은 면의 위치는 변경할 수 있으나 면은 바꾸면 안 됩니다.

출입문은 모든 화복을 불러오는 관문입니다.

동에서 서로 북에서 남으로 흐르는 지류

각 지번의 출입문 길방

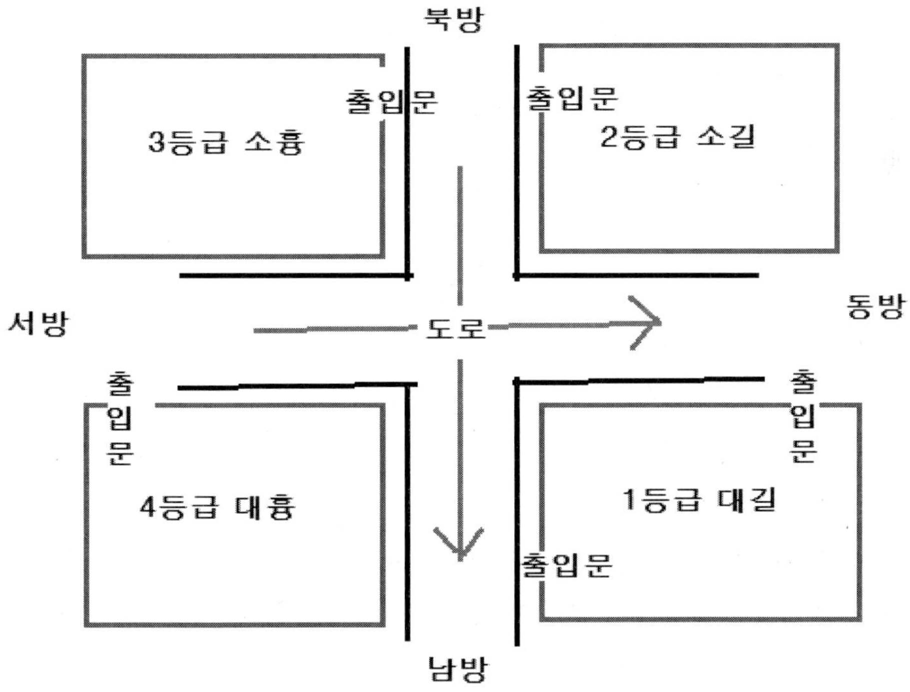

## 7 임천 (林川) 예천 안동시

안동시 의 지운을 보는 자입니다.

낙동강과 반변천이 만나는 지점 영호대교에서 지운 자를 동북 동남간으로 놓고 보는 지운입니다.

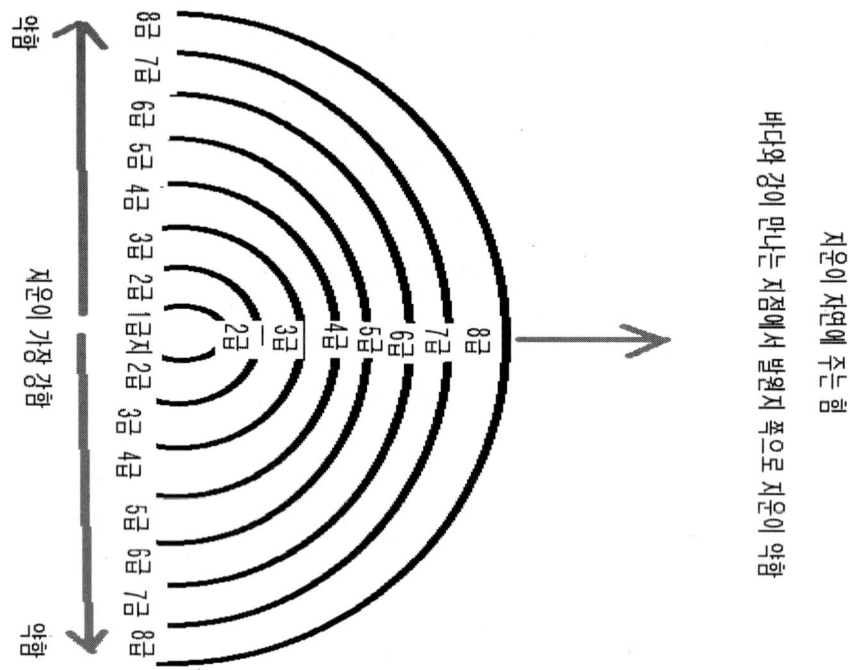


안동시청 안동문화의 거리 북주 여자중학교 가있는 지역이 1등급 지역으로 구분할 수 있을 것이며 안동병원 대구지방법원 안동지원 길주중학교 송천 초등학교 가 있는 지역이 2등급 지역으로 가정할 수 있을 것입니다.

한국 생명과학 고등학교 화성자동차 전문학원 안동 시설관리 공단 동방환경 사업이 있는 지역이 3등급 지역으로 가정할 수 있을 것이며 안동 화회마을 화천서원 이 있는 지역이 4등급 지역으로 구분할 수 있을 것입니다.

경북도청 경상북도 교육청 시외버스 터미널 웅치골일원이 5등급 지역으로 가정할 수 있으며 풍천면 가산리 신성 초등학교 앞 논밭이 6등급 지역으로 구분할 수 있습니다. 풍산읍 풍산버스 정류장 풍산천 주변이 7등급 지역으로 구분할 수 있으며 경북 바이오 일반산업단지 오미리 길안면 주변이 8등급 지역으로 구분할 수 있습니다.

안동시는 산지가 많고 평야지가 적고 체면을 중시하여 학문으로 불세출의 인물도 나지만 체면을 중시하여 대를 물려 가난한 지운으로 볼 수 있을 것입니다

다음은 전체적이 지역별 지운을 구분하고 선택된 지번의 경사도를 보아야 할 것입니다. 아래 그림은 경사도를 보는 가운도입니다.

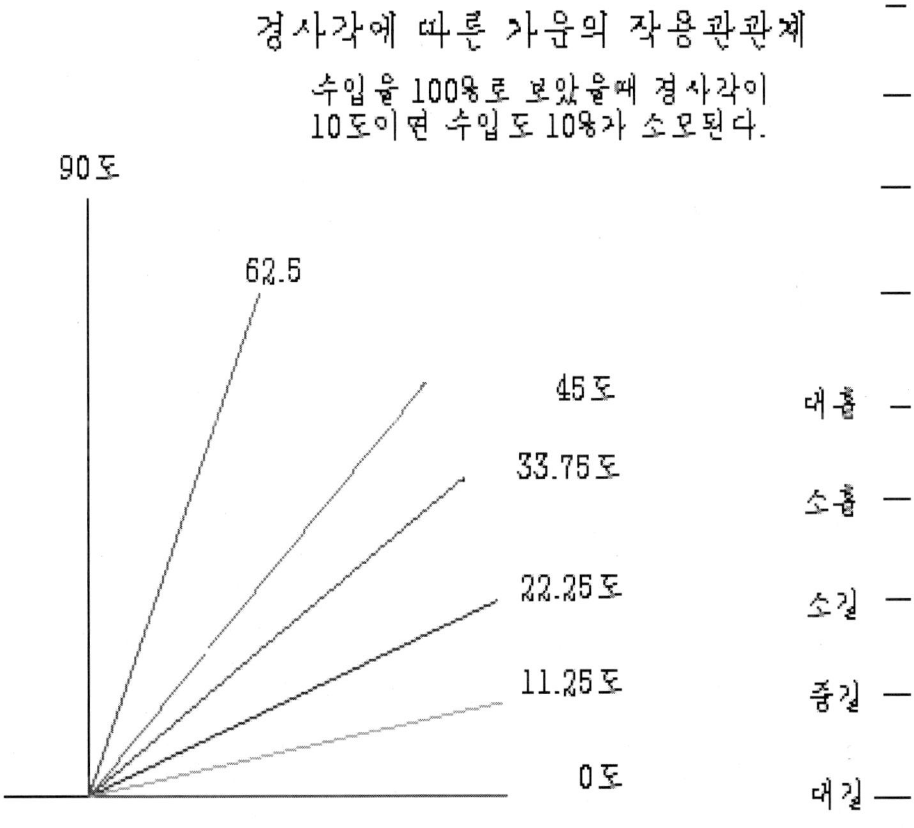

다음은 지번에서 보는 4등급 지역의 길흉 관계입니다.

천리교가교 북단 교차로에서 보는 지운입니다.

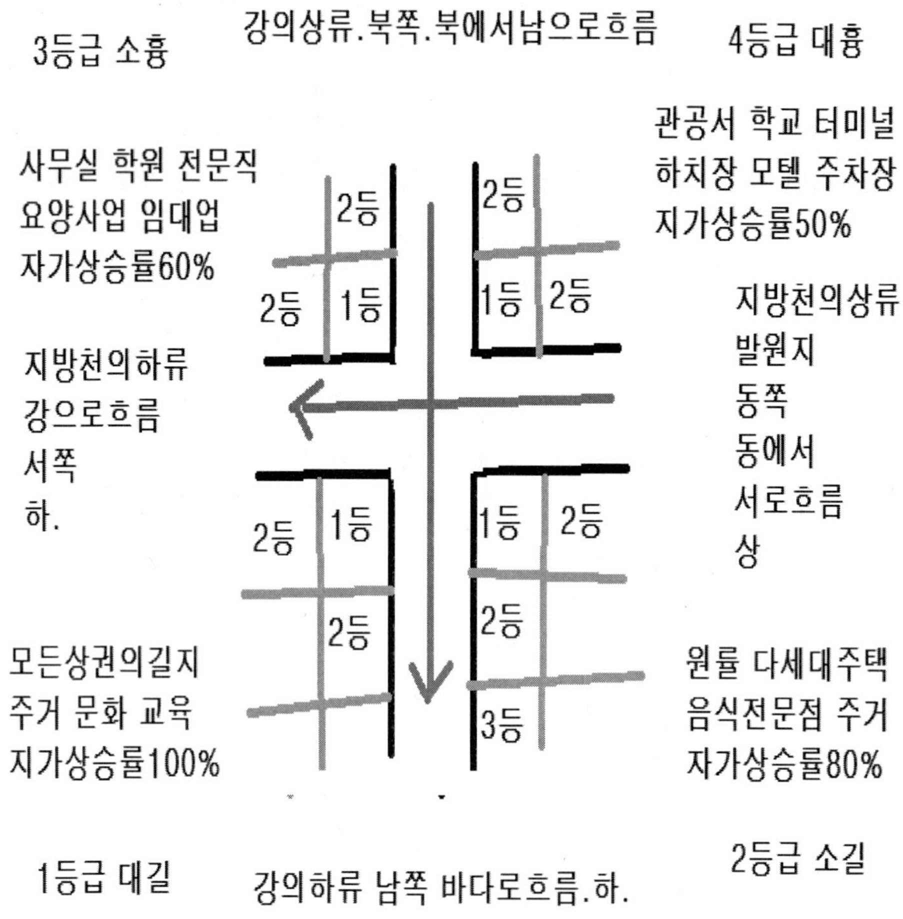


교차로에서 서남쪽 방향 안동 간 고등어 안동 교육지원 청 복주 여자중학교 안동센트럴 자이아파트가 있는 지역이 안동시 1등급 지역으로 볼 수 있습니다.

교차로에서 동남간 방향으로 삼천리 자전거 권도경 한의원 안동체육관 안동 소방서가 있는 지역이 2등급 지역으로 볼 수 있을 것입니다.

서북쪽 방향 원 연합 이비인후과 안흥 목공소 안동 서부 초등학교 경안 고등학교 kbs 안동방송국이 있는 지역이 3등급 지역으로 볼 수 이을 것입니다.

교차로에서 동북방향으로 국제빌딩 안동초등학교 안동시청 가톨릭 상지 대학교가 있는 지역이 안동시 4등급 지역으로 참고할 수 있을 것입니다

지번에 따른 용도 적성 길흉관계는 그림에서 참고 하세요.

다음은 출입문 길흉도입니다.

지번이 선택하면 그 지번에 따른 출입문의 위를 보아야 할 것입니다.

아래의 그림은 출입문의 위치도입니다. 그림에서 참고 하세요.

그림에서 대흉이나 소흉은 피 하시고 그림에서 표시한 위치에 참고를 하세요.

동강에서 서로 북에서 남으로 흐르는지류
각지번의 출입문 길방

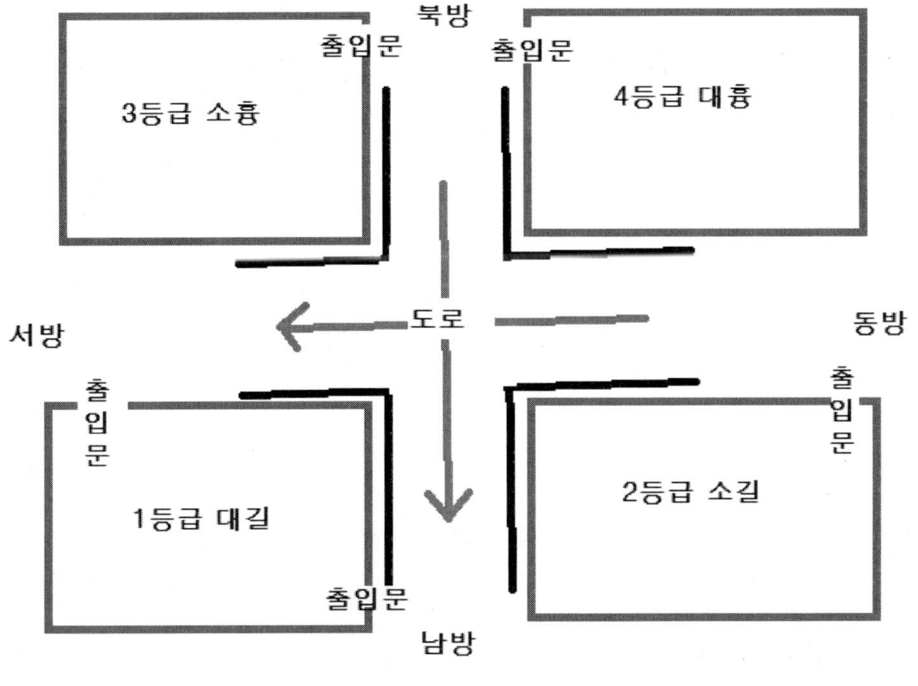

## 7임천(林川) 예천군

예천군 전체 8등급 지역의 지운관계입니다.

낙동강과 내성천이 만나는 지점에서 동북방향으로 지운 자를 놓고 보는 지운입니다. 낙동강에서 내성천의 발원지 까지 8등급으로 구분하여 1등급 지역마다 지운의 용도 적성 을 탐구해 보는 것입니다. 예천군은 80%의 산지와 20%의 논밭으로 구성되어 척박한 지역으로 볼 수 있습니다.

**지운이 자연에 주는 힘**

**바다와 강이 만나는 지점에서 발원지 쪽으로 지운이 약함**

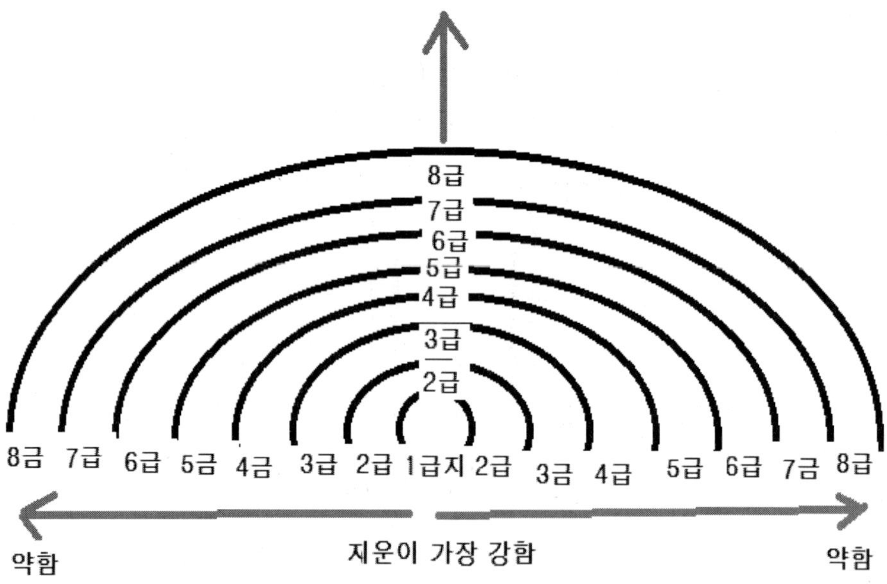


풍양면 낙상리 고당리 효길리 주변이 1등급 지역으로 가정할 수 있으며 흔효리 오지리 흥천리 주변이 2등급지역으로 구분할 수 있을 것입니다. 창곡리 우망리 청운리 주변 농지가 3등급 지역으로 구분할 수 있으며 한어리 금능리 어신리 주변이 4등급 지역으로 구분할 수 있을 것입니다.

내신리 왕신리 상동리 주변이 5등급 지역으로 구분할 수 있으며 예천군청 서본리 예천 시외버스 터미널이 있는 주변이 5등급 지역으로 구분할 수 있으며 예천읍 예천 공설운동장 예천동부 초등학교가 있는 지역이 6등급 지역으로 구분할 수 있을 것입니다. 용문초등학교 용문 중학교 금곡천 주변 농지가 7등급 지역으로 가정할 수 있으며 유천면 광전리 유천초등학교 유천면 복지 센-타가 있는 지역이 8등급 지역으로 생업에 종사하고 있다.

다음은 경사각을 보는 가운도입니다.

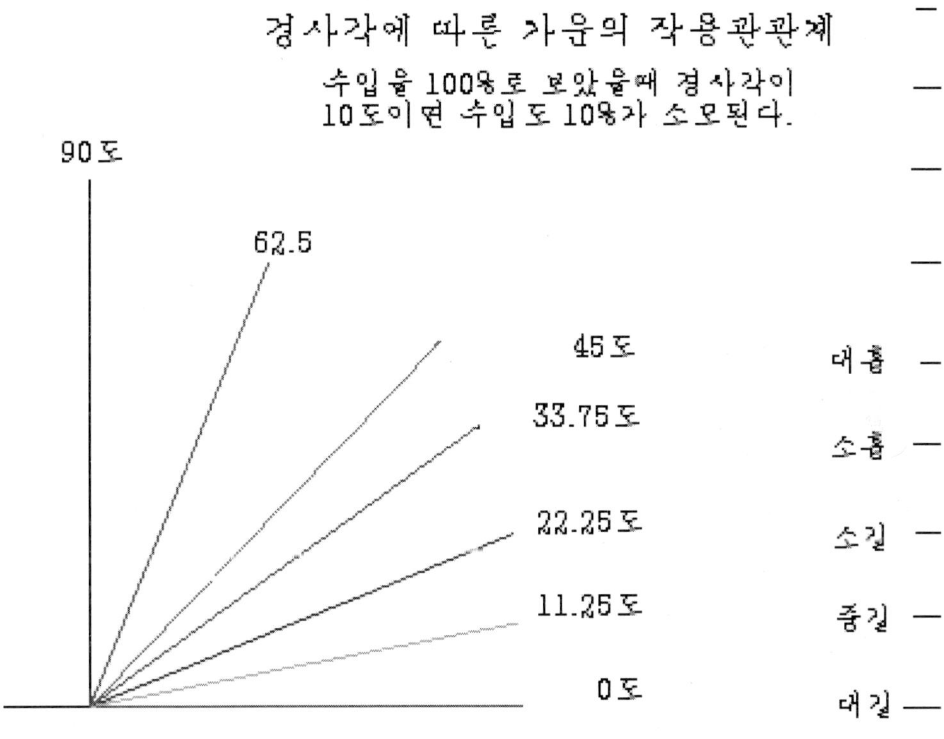


지형이 경사각이 심하고 지류가 산만하여 빈부의 격차가 심할 수 있으며 대를 물려 살아가면 회복하기 어려운 지역입니다. 숙박 관광 레저 밭농사 위주로 고추 산 약초 특산물 수집하여 경재를 구성하는 마을이다.

예천군의 전체 지역의 8등급지역을 구분하고 선택된 지번에서 경사도를 보고 나면 지번에서 보는 4등급 지역의 길흉관계를 보아야 할 것입니다.

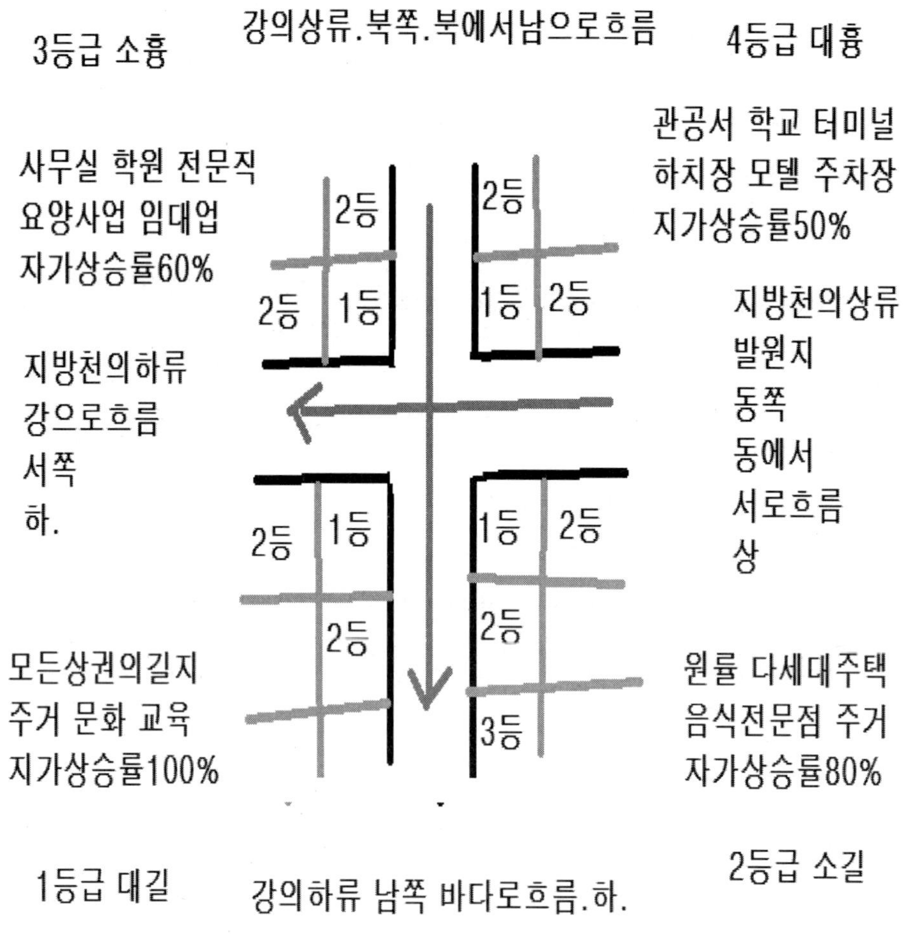


위의 그림은 왕신 교차로에서 보는 4등급 지역의 길흉관계입니다.

왕신 교차로에서 서남쪽으로 왕신2리 마을회관 대신리 한천이 있는 지역이 1등급 지역으로 볼 수 있으며 동남간 방향으로 예천농협 장례식 장 장복리 내성천이 있는 주변이 2등급 지역으로 구분할 수 있을 것입니다.

서북쪽 방향으로 예천한천 파크골프장 예천군청 대구 지방법원이 있는 지역이 3등급 지역으로 가정할 수 있으며 동북방향 경북 도립대학교 문화체육관 예천여자중학교 예천 공설운동장이 있는 지역이 4등급 지역으로 구분할 수 있을 것입니다. 4등급 지역의 지운에 이용도 이해관계는 그림에서 참고하세요.

다음은 지역별 구분과 등급지역 그리고 경사 도 를 보시고 지번이 정해지면 그 선택된 지번에 출입문 관계를 보아야 합니다.

다음 그림의 출입문관계 그림을 잘 보고 참고 하세요.

각 지번에 그림에서 출입문이라고 표시한 위치를 신중하게 이해하세요.

동강에서 서로 북에서 남으로 흐르는지류

각지번의 출입문 길방

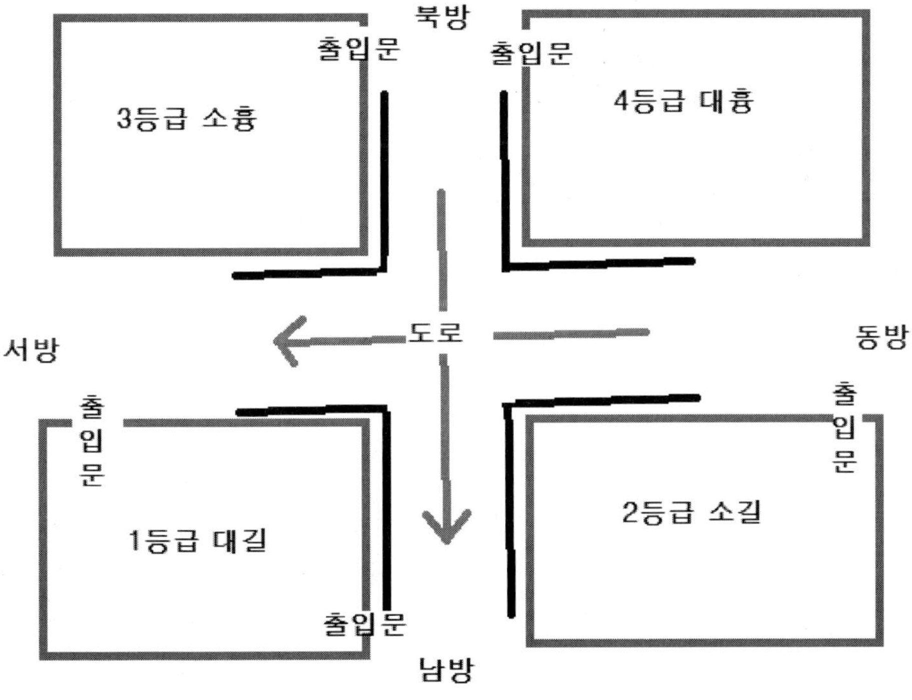

## 8 산천 (山川) 영주시 영양군 봉화군 태백시

영주시 8등급 지역의 구분입니다. .

원당 천과 서천이 만나는 지점에 지운 자를 놓고 북쪽으로 올라가면서 영주시의 지운의 등급지역을 측정해 보는 이론입니다. 아래의 그림을 참고 하세요.

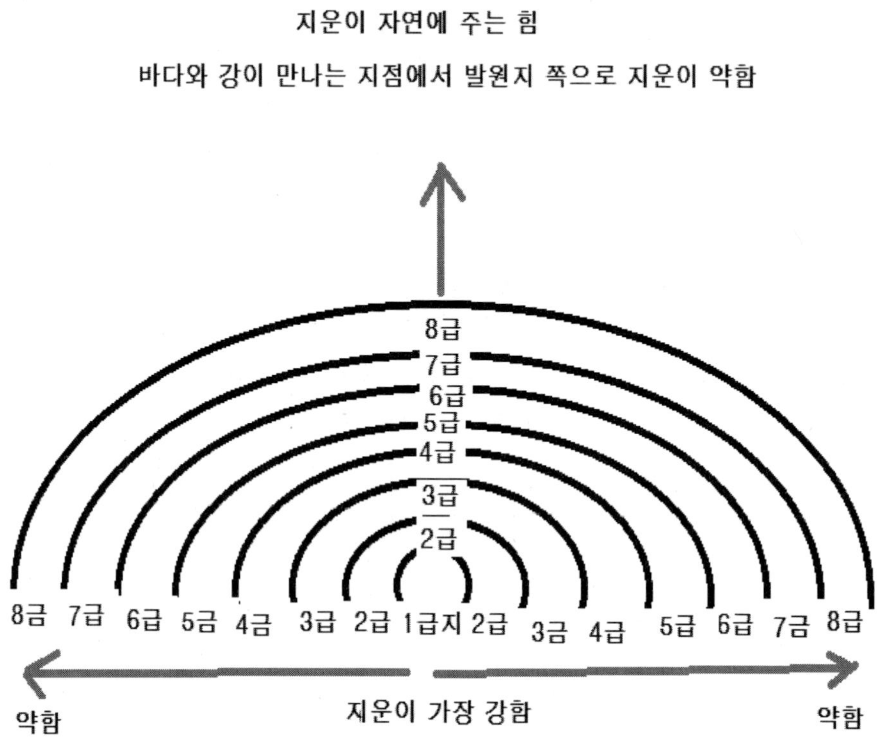


영주시청 영주남부 초등학교 홈플러스 곶동산 회전교차로 주변이 영주시 1등급 지역으로 구분할 수 있으며 기흥 1동복지센-타 영주기흥 초등학교 영주시민 운동장 국립농산물 품질관리원이 있는 지역이 2등급 지역으로 구분할 수 있을 것입니다. 영주 2동 복지 센-타 영주1동 복지 센-타 영주초등학교 영일 초등학교 국민건강보험공단 구학공원이 있는 지역이 3등급 지역으로 가정할 수 있

으며 영주종합 터미널 영주 기흥3단지 아파트소망 장례식장이 있는 지역이 4등급 지역으로 구분할 수 있을 것입니다.

안정면 서천을 따라 좌우 논밭 영주 자동차 전문학원 일원교회 영주시 농업기술 센-타가 있는 지역이 5등급 지역으로 구분할 수 있으며 풍기읍 복지센-타 영주 봉현 농공단지 동양 대학교 주변이 6등급 지역으로 구분할 수 있을 것입니다. 순흥면 복지 센-타 순흥 우체국 소수 순흥 초중등학교 소수서원 주변이 7등급 지역으로 구분할 수 있으며 부석면 대구 경북 능금농협 부석 초등학교 부석 119지역대가 있는 지역이 8등급 지역으로 구분할 수 있을 것입니다.

다음은 영주시의 전체 8등급 지역을 분석해 보고나면 선택한 지번의 경사지를 살펴보아야 합니다. 아래 그림은 경사도를 보는 가운도입니다.

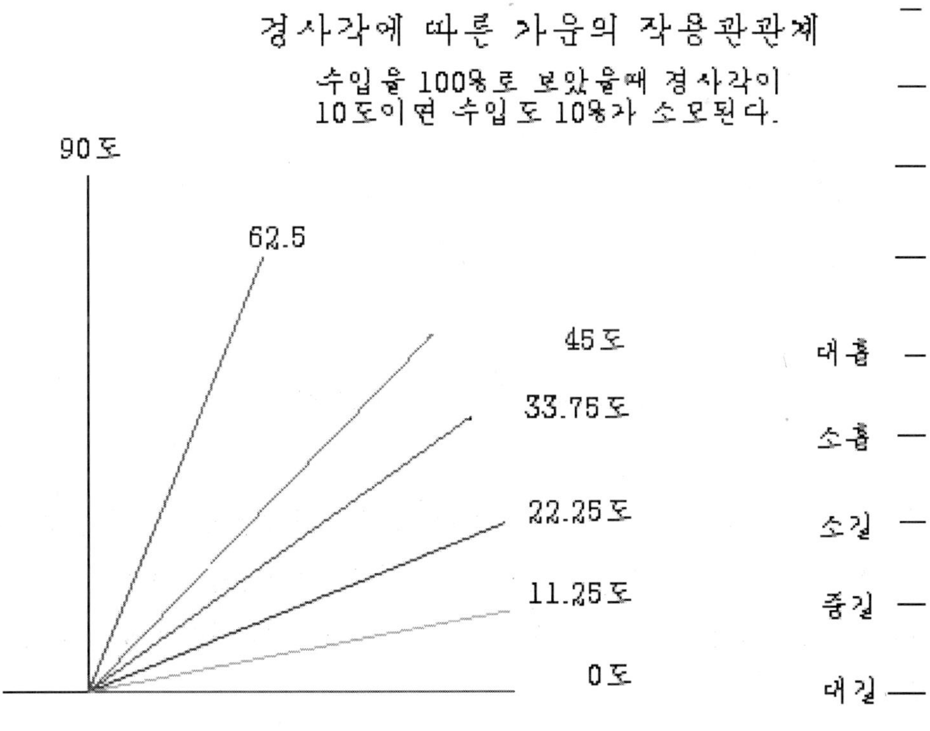

지역별 구분과 경사도를 보고나면 선택한 지번이 도로에서 얻어지는 지운관계를 보아야 할 것입니다. 다음은 영주시 의 중심지 꽃동산 회전교차로에서 보는 4등급 지역의 지운입니다.

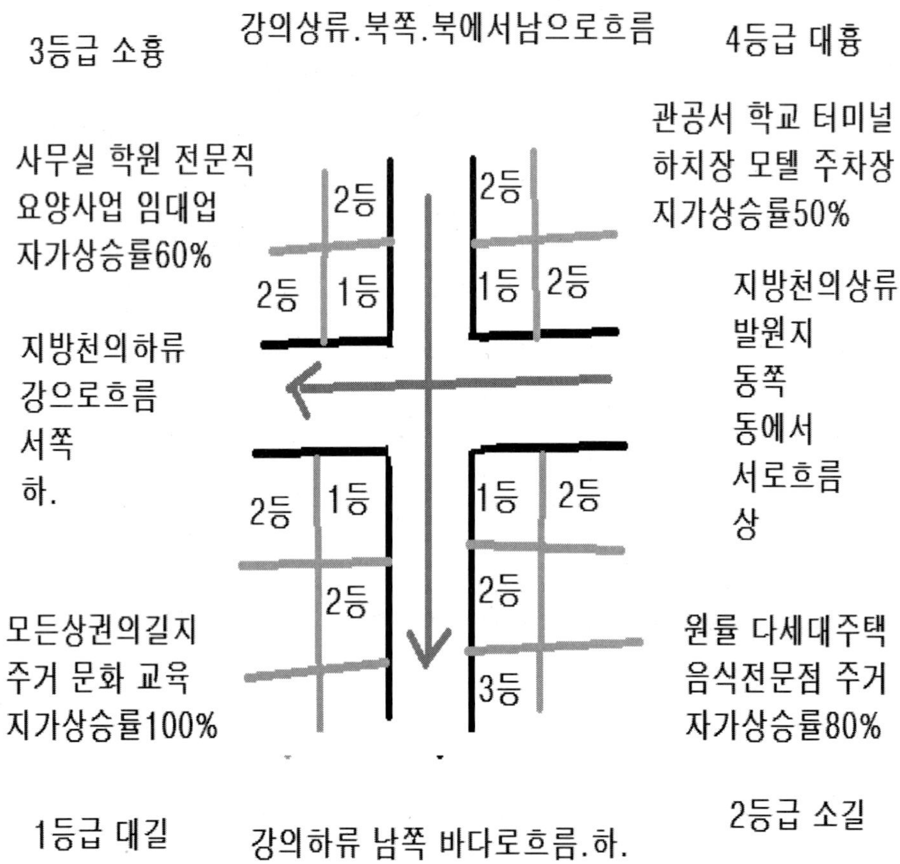


교차로에서 서남방향으로 한화 손해보험 영주 시민 운동장 경북 전문 대학교가 있는 지역이 1등급 지역으로 볼 수 있으며  교차로에서 동남쪽 향록 탕 꽃동산약국 영주시청 한국 철도공사가 있는 지역이 2등급 지역이라고 할 수 있을 것입니다.

서쪽 신진 식육식당 영주시 탁구전용구장 영주시립도서관이 있는 지역이 3등급 지역으로 구분할 수 있습니다.

교차로에서 파리바게트 영주 한방병원 남산 초등학교 영주 중학교가 있는 지역이 4등급 지역으로 볼 수 있을 것입니다.

위의 그림에서 4등급 지역의 지운의 의미와 관계되는 설명을 참고 하세요. 다음은 출입문의 길흉관계입니다. 아래의 그림에서 표시한 출입문 위치를 참고 하세요.

동강에서 서로 북에서 남으로 흐르는지류
각지번의 출입문 길방

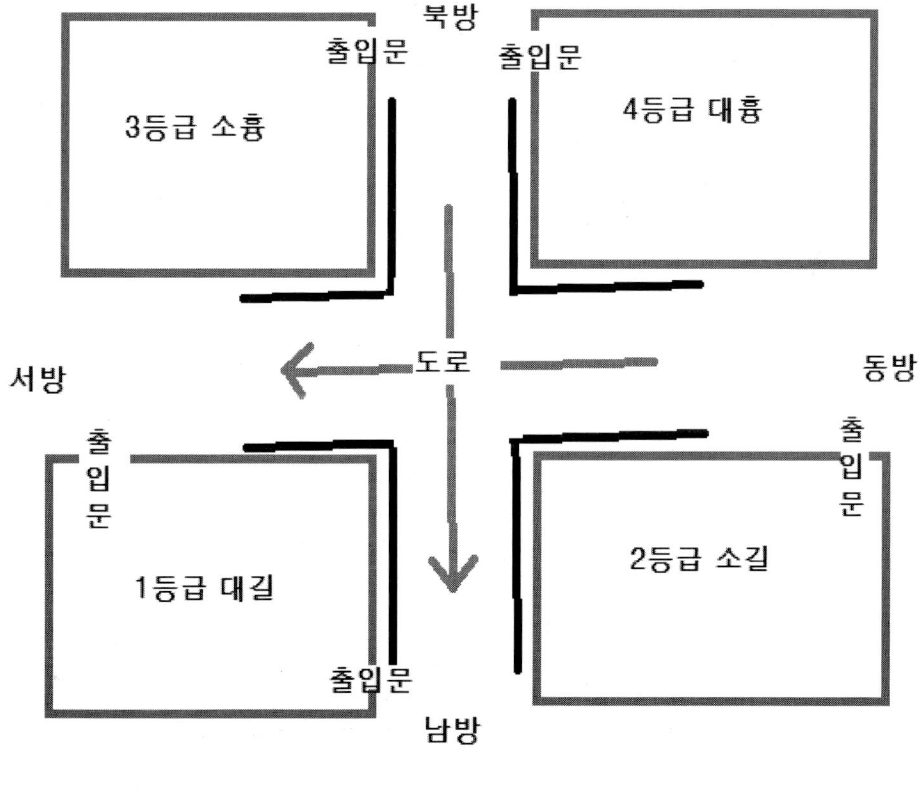

## 8 산천(山川) 봉화군의 지운 보기

봉화군은 지역은 넓으나 산지가 많고 척박한 땅이 많아 보입니다.

봉화군 8등급 지역으로 구분해 보기로 하겠습니다.

내성천과 낙화암천이 합류하는 지점에서 봉성면 방향으로 지운 자를 놓고 북동쪽으로 보세요. 아래그림은 지운을 측정하는 자입니다.

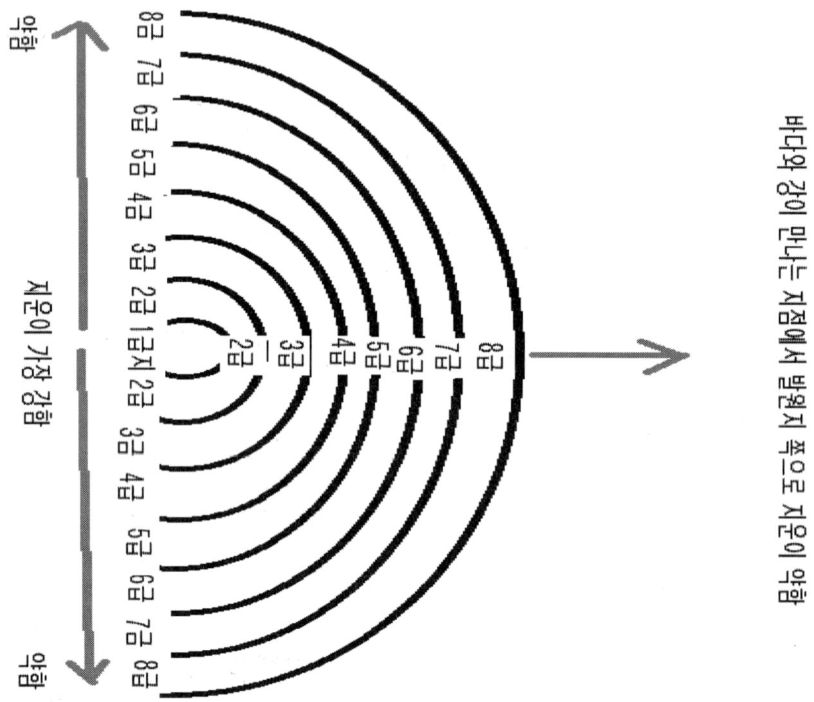


봉화군청 봉화 해성병원 봉화 공용정류장 농업인 경영인회관 봉화역이 있는 지역이 1등급 지역으로 구분할 수 있으며 봉화읍 사무소 내성 초등학교 한국전력이 있는 지역이 2등급 지역으로 구분할 수 있을 것입니다.

도촌초등학교 문단역 적덕교회 주변 농지가 3등급 지역으로 구분할 수 있으며 금봉리 마을회관 덕창 마을회관 한국 농어촌공사 동양 초등학교주변이 4등급 지역으로 가정할 수 있을 것입니다.

춘양면 춘양역 주민문화 자치 센-타 춘양 초등학교 주변이 5등급 지역으로 구분할 수 있으며 분천역 분천 보건진료소 주변 농지가 6등급으로 가정할 수 있을 것입니다. 서벽 1리 회관 서벽초등학교 춘양중학교 가 있는 지역이 7등급 지역으로 구분할 수 있으며 소천 초등학교 임기역 재산면 사무소가 잇는 지역이 8등급 지역으로 구분할 수 있을 것이며 앞으로 소멸될 지역도 많아 보입니다.

지역별 기류를 보고나면 지번의 경사도를 보아야 합니다.

아래 가운 도를 참고사세요. 가운 도는 지운의 균형을 보는 의미입니다.

아래의 그림에서 설명한 내용을 응용 하세요.

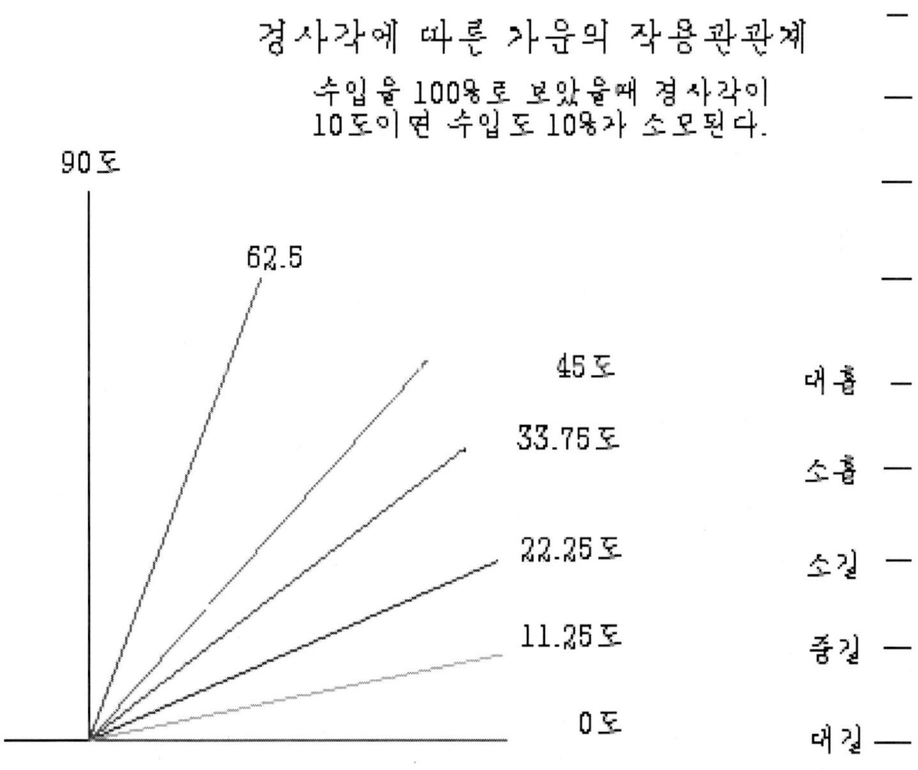

8등급 지역과 가운 도를 보고 나면 내가 선택한 지번이 도로에서 보는 4등급 지역의 지운관계를 보아야 할 것입니다. 다음 그림은 4등급 지역의 지운보기입니다.

군청 앞 봉화 사거리에서 보는 지운관계입니다.

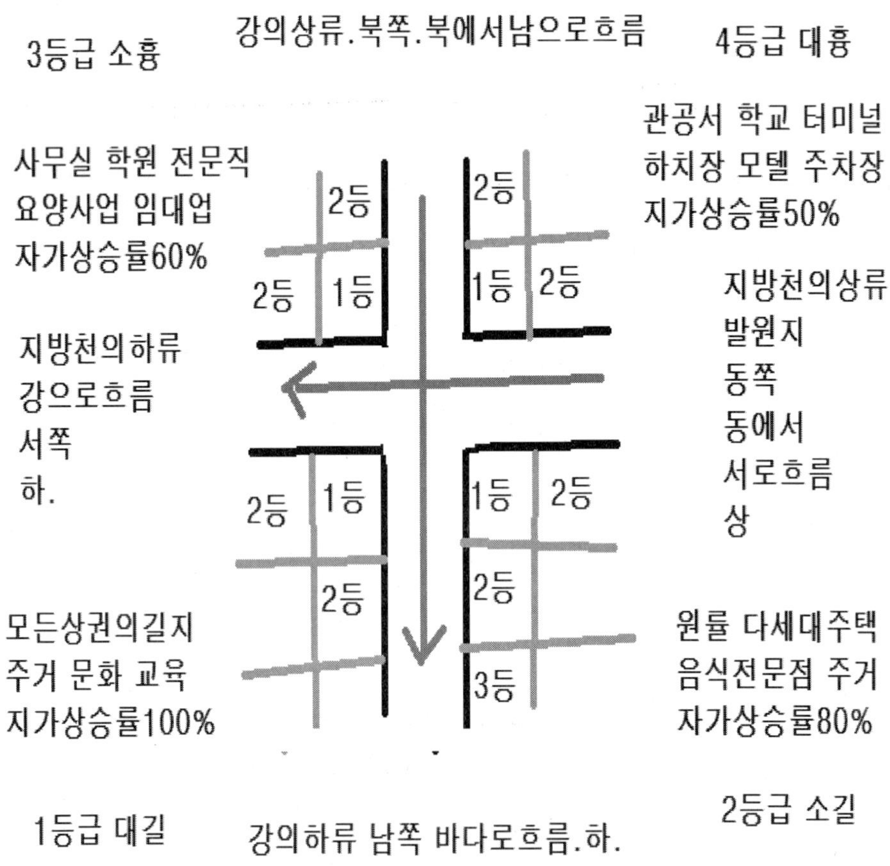


사거리에서 서남쪽 봉화역 봉화 송어 테마공원 내성천 주변 논밭이 1등급 지역으로 구분할 수 있으며 동남쪽 동명아파트 봉화 작은 결혼식장 봉화 공영정류장이 있는 지역이 2등급 지역으로 구분할 수 있을 것입니다.

사거리에서 서북 족 대구 지방법원 봉화군청 청평정미소 농업 경영인회관 봉화 자동차 전문학원이 있는 지역이 3등급 지역으로 구분할 수 있으며 사거리에서 동북쪽 봉화 해성병원 봉화중앙교회 봉화 상설지장 성모의원 등이 있는 지역이 4등급 지역으로 구분할 수 있을 것입니다.

다음은 지역과 경사도 4등급 지역의 지운을 보고나면 선택한 지번에 출입문 길흉을 보아야 할 것입니다. 지번을 잘 선택했다고 해도 출입문이 나쁘면 불운이 따르므로 신중하게 참고 하세요.

아래 그림은 출입문 길흉도입니다.

아래의 그림에서 표시된 출입문위치를 참고 하세요.

출입문의 위치를 경시하면 가정에 불화가 시작 됩니다.

동강에서 서로 북에서 남으로 흐르는지류
각지번의 출입문 길방

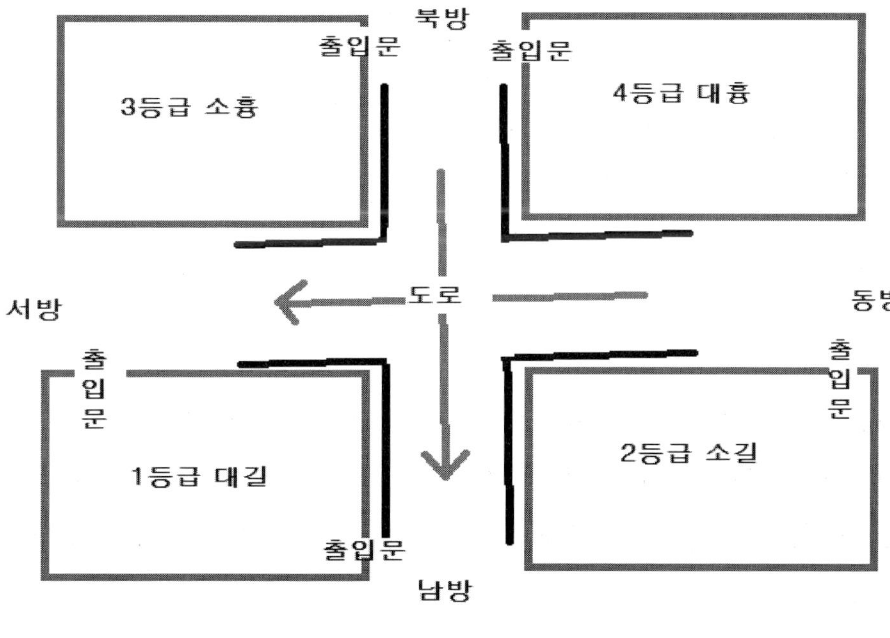

## 8등급 산천(山川) 영양군

영양군은 반변 천과 동부천이 합류하는 지번에서 황룡지 방향으로 지운 자를 놓고 보는 지형입니다,

아래 그림은 지운을 보는 자입니다. 그림에서 참고 하세요.

영양군은 도로에서 보는 8등급 구분하기입니다.

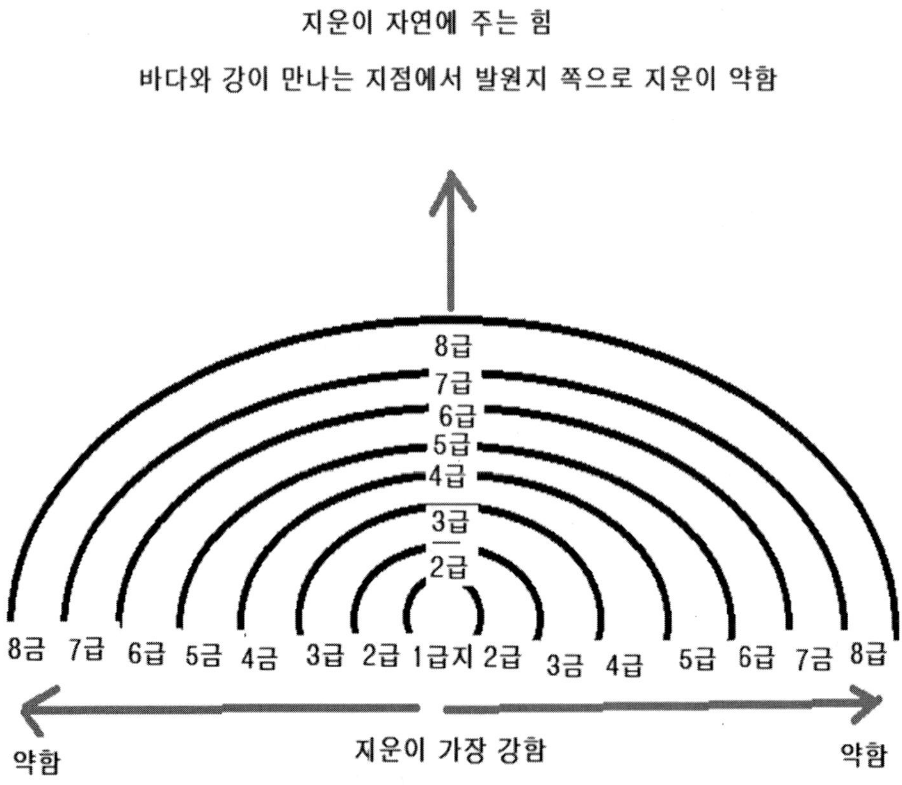


영양 버스 정류장 영양 중앙중학교 영양 여자고등학교 영양군 공설 운동장 영산서원이 있는 지역이 1등급 지역으로 구분할 수 있으며 영양 우체굴 영양군 법원 영양군청 서부3리 마을회관이 있는 지역이 2등급 지역으로 구분할 수 있을 것입니다.

입암 터미널 선바위 관광지 영양 서석지 주변이 3등급 지역으로 가정할 수 있을 것이며 방전리 석보면 사무소 홍구리 주변이 4등급 지역으로 구분할 수 있을 것입니다. 영상군농업 기술센타 대천교회 화천1리 마을회관이 있는 지역이 5등급 지역으로 구분할 수 있을 것이며 일원면 사무소 만곡정사 곡강리 주변이 6등급 지역으로 강정할 수 있을 것입니다.

수비면 행정복지 센타 약천정 수비면 주변이 7등급 지역으로 구분할 수 있으며 토구리 마을회관 사동교회 화곡 고택 기포리 주변이 8등급 지역으로 구분해 볼 수 있을 것입니다.

다음은 지번에 따른 경사지를 보는 가운도입니다.

아래의 그림에서 경사도의 지운관계를 살펴보세요.

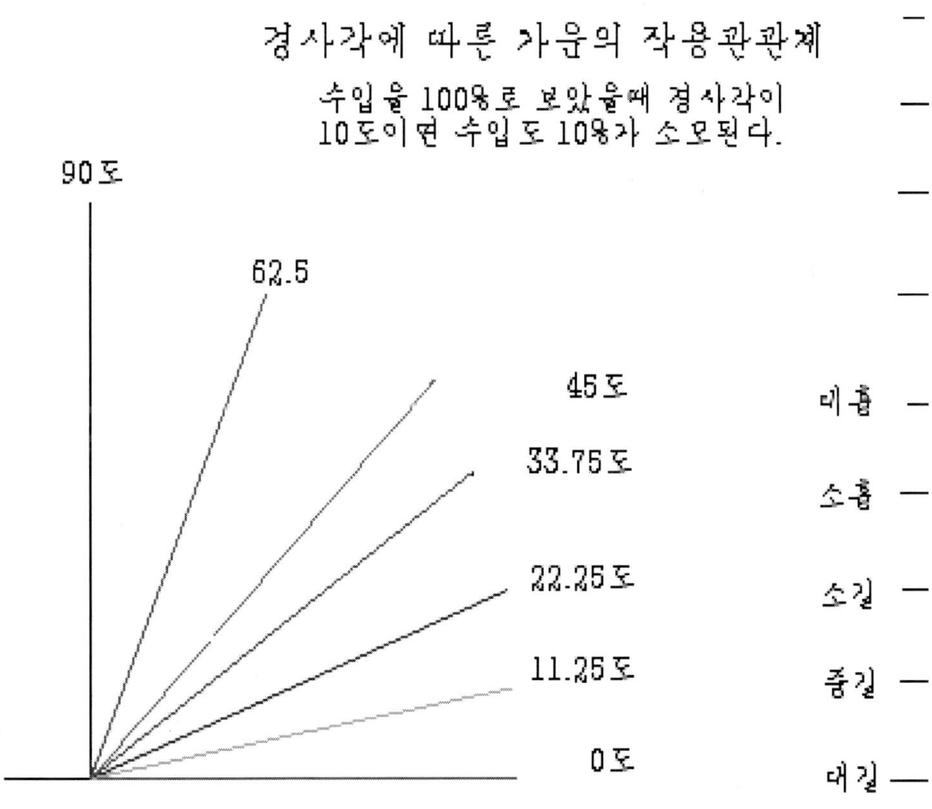

지역을 구분하고 가운 도를 보고나서 지번이 선택되면 선택된 지번에서 가까운 교차로에서 보는4등급지 지운 운관계입니다.

영양군 한 상국 법무사 앞 사거리에서 보는4등급 지역의 지운관계입니다.

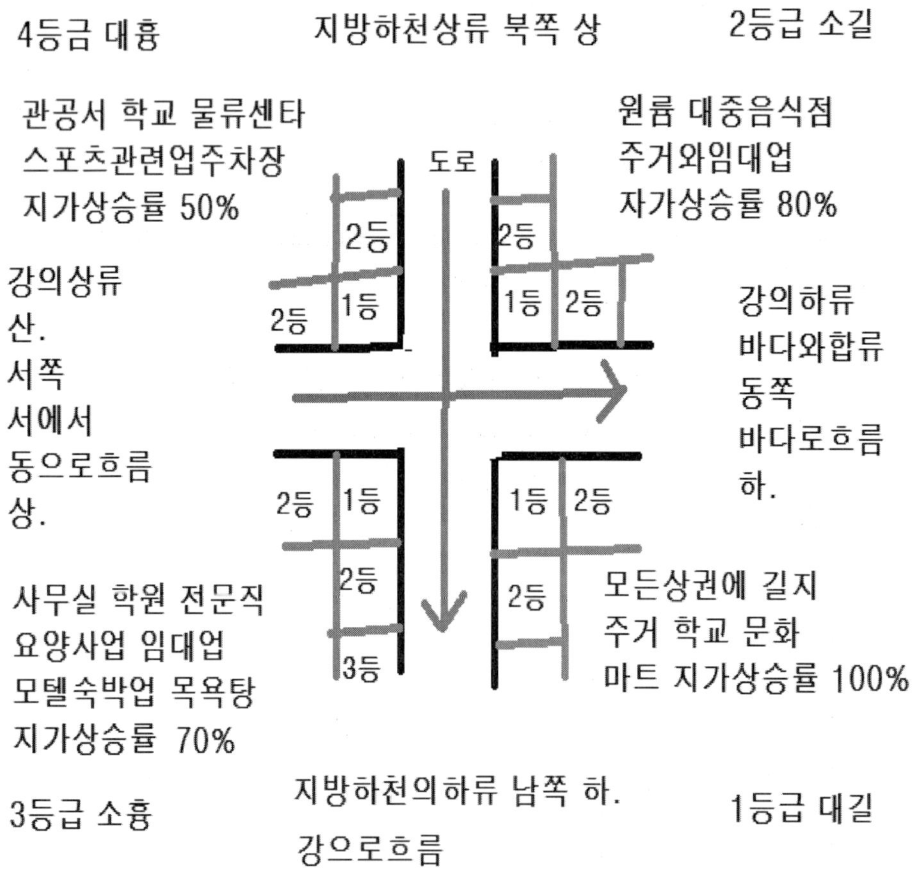


사거리에서 동남쪽 영양 건축자재 백화점 영양 호국공원 영양군 공설운동장 똥강아지 장난감 도서관이 있는 주변이 영양 1등급 지역으로 구분할 수 있으며 서남쪽 영양 서부블록 아파트 영양 고등학교 영양군 새마을회관  월삼사 주변이 2등급 지역으로 구분할 수 있을 것입니다.

사거리에서 동북쪽 한 상국 사무소 새천년 마트 영양 중앙초등학교 영양 경찰서가 있는 지역이 3등급 지역으로 구분할 수 있으며 영양군 법원 영양 초등학교 영양읍 복지 센-타가 있는 지역이 4등급 지역으로 구분할 수 있을 것입니다. 지역과 지번 그리고 경사도를 보고나면 선택 지번에 출입문 길흉관계를 보아야 합니다.

아래 그림 출입문 길흉도입니다.

그림에서 표시한 위치를 중요시하고 보세요.

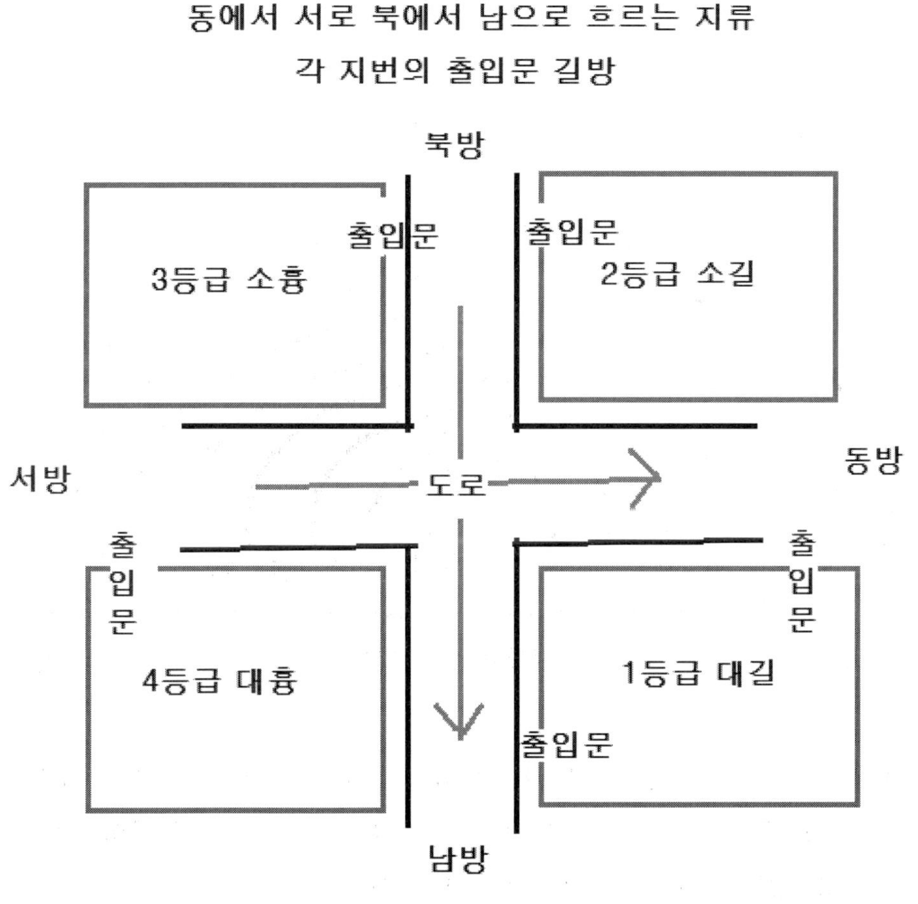

## 8 산천 (山川) 태백시

태백시의 지역별 8등급 지역보기입니다. 지운을 보는 자입니다.

황지천고 소도천이 합쳐지는 지점에서 북쪽으로 지운 자를 놓고 선택하는 지번이 몇 등급 지역인가 보세요. 그리고 좌 우 수평 자를 놓고 우로는 몇 등급 좌로는 몇 등급 지역인가를 구분 합니다.

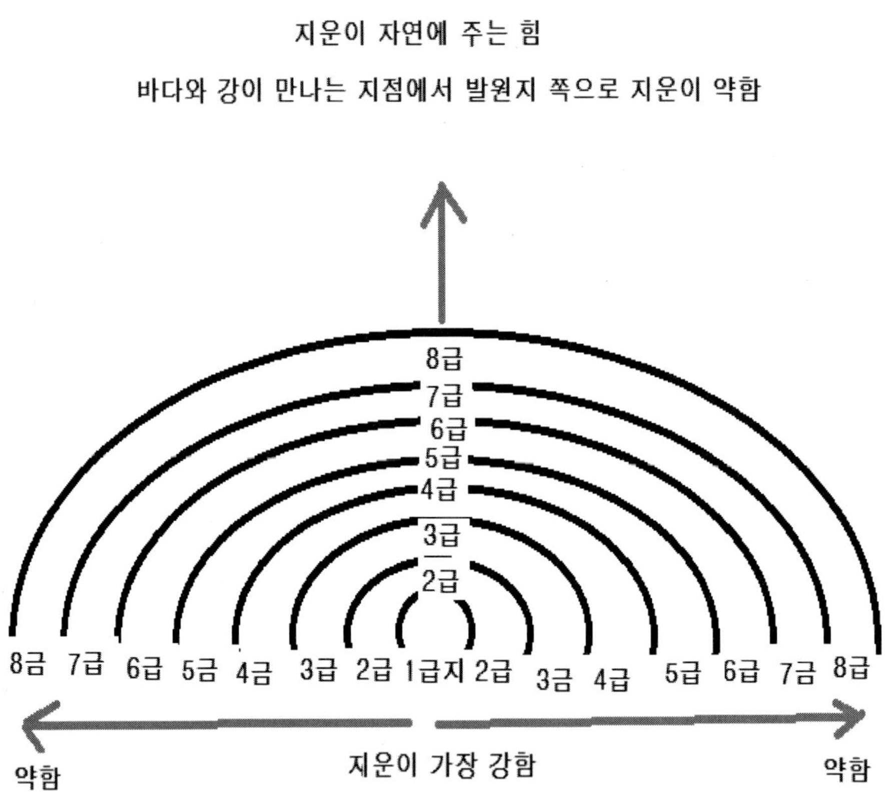


태백 성결교회 상장동 벽화마을 육일공업사 성장 초등학교 주변이 태백 1등급 지역으로 구분할 수 있으며 태백 시청 한국전력 태백지사 무궁화 아파트가 있는 지역이 2등급 지역으로 구분할 수 있습니다.

근로복지공단 서연 중학교 황지중앙 초등학교가 있는 지역이 3등급 지역이라 구분할 수 있으며 삼수동 복지 센-타 농협 주유소 태백운전 시럼장이 있는 지역이 4등급 지역으로 구분할 수 있을 것입니다.

장성농공단지 태백 기계공업 고등학교가 있는 지역이 5등급 지역으로 구분할 수 있으며 태백 초등학교 태백 경찰서 장성 여자고등학교가 있는 지역이 6등급 지역으로 가정할 수 있을 것입니다.

태백동점 산업단지 구문소 경노당 태백시 수질환경사업소가 있는 지역이 7등급 지역으로 구분할 수 있을 것이며 태양의후예공원 통리 초등학교 동백산역 철암 중학교 가 있는 주변이 8등급 지역으로 가정할 수 있습니다

지역을 선택하고 나면 지번의 경사각이 어떠한가를 보는 방법입니다.

아래 그림은 경사각을 보는 가운도입니다.

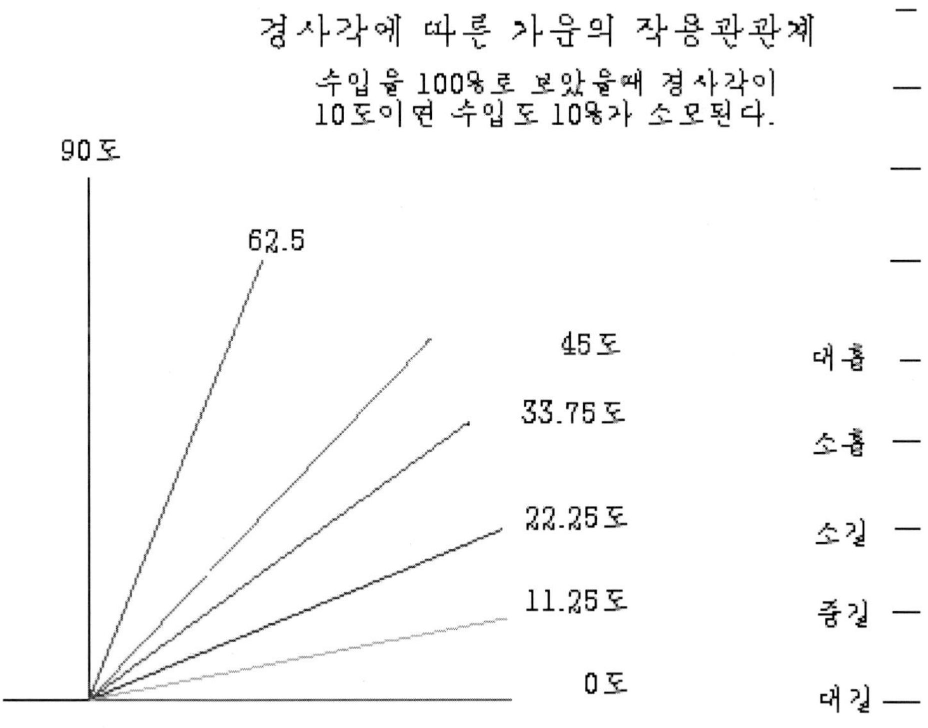

이렇게 지번과 지번의 경사각을 보고나면 선택한 지번이 가까운 교차로에서 보는 4등급 지역의 적성용도 길흉 관계를 보아야 합니다.

아래의 그림은 테니스장 문 민규 정형외과 GS 25편의점 태백 종합지물 앞 사거리에서 보는 길흉관계입니다.

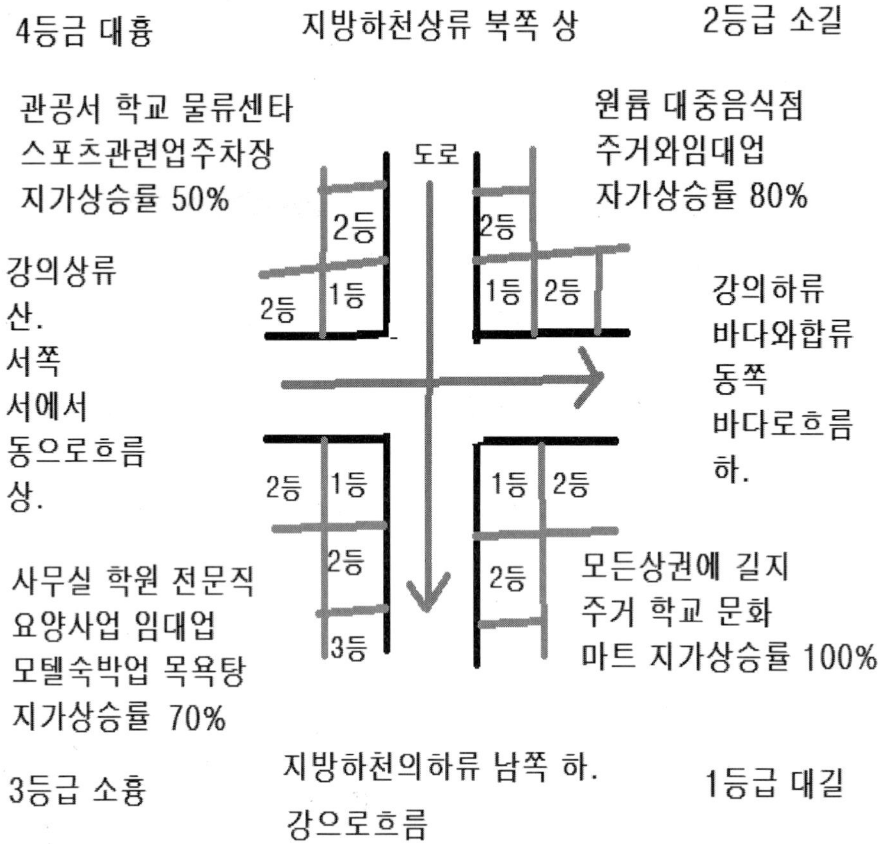


사거리에서 동남쪽 테니스장 한국 광물지원공사 황지 제일교회가 있는 지역이 태백시의 1등급 지역으로 볼 수 있으며 동북 족으로 정형외과 메디컬 약국 한국 전기안전공사 황지 자유시장이 있는 지역이 2등급 지역으로 구분할 수 있습니다.

사거리에서 서남쪽으로 헤어 킴 미용실 한국 토지 정보 사 태백시청 강원관광 대학교가 있는 지역이 3등급 지역으로 구분할 수 있으며 사거리에서 서북쪽으로 GS 25시 황지정부 산업고등학교 태백 버스터미널이 있는 지역이 4등급 지역으로 나누어 볼 수 있을 것입니다.

지역별 등급지역과 경사도 그리고 도로에서 보는 4등급 지역을 보고나면 선택된 지번의 출입문 관계를 보아야 합니다.

아래 그림은 출입문의 길흉관계입니다.

**동에서 서로 북에서 남으로 흐르는 지류**
**각 지번의 출입문 길방**

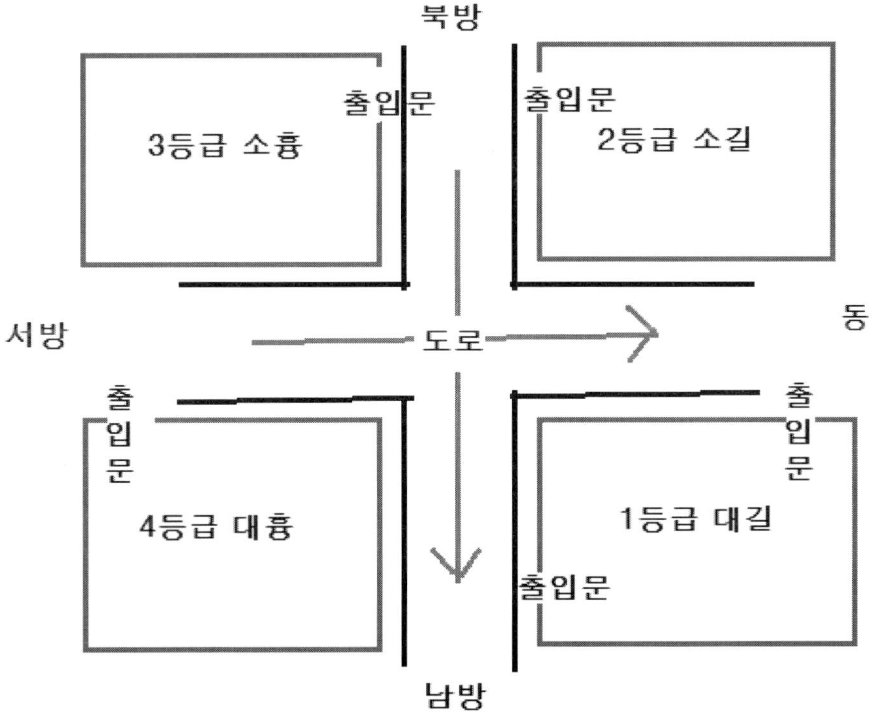

제 4 편

# 남한강 유역의 지운보기

# 제4편 남한강 유역의 지운보기

남한강 유역의 지운보기남한강은 394킬로미터의 남동 간에서 북으로 흐르는 강이다. 남한강과 북한강이 합류하는 지점에 지운 자를 놓고 강의 길이에 8등분을 해서 지운의 힘을 가늠해 보세요.

## 1등급 지역 양평군 (河川)

한강과 합류하는 지점에서 남한강대교까지로 구분할 수 있습니다.

양평군은 1등급 지역으로 복 수 있으나 산이 많고 경사각이 심하여 개발이 늦은 지운이다. 서울이 가까운 이점이 있어 농업을 위주로 한 전원주택 관광 축산이나 과수원 맛 집 등으로 수입원이 될 수 있습니다. 생산을 해서 서울이나 타지로 내다파는 유통 교류형의 지운이다. 인체의 나이로는 10대를 의미하고 지역이 주는 경재효율성은 90%로 볼 수 있다. 인체에 비유하면 발바닥

## 2등급 지역 (석천) 여주 시

남한강대교에서 남한강교까지를 2등급 지역으로 구분할 수 있으며 이 지역은 기본적이 농업을 위주로 한 지역에서 교통의 요충지가 되어 외지에서 유입되어 관광 레저 축산 과수원 특산물 전원주택지로 성장하는 유통무역의 지운이

다. 남한강 유역의 가장 전망되는 개발지다. 인체의 나이로는 20대를 의미하고 지가가 주은 경재효울성은 80%다. 인체의 부분에는 종아리

## 3등급 지역 (초천) 충주시

남한강교에서 청풍대교 까지를 3등급 지역으로 구분할 수 있으며 담천과 충주천의 기류를 받아 충북의 중심도시로 성장된 시다. 기본적인 농업도시에서 과수 축산 상공업이 고루 발전 하는 충북지역의 교육 행정의 도시로 볼 수 있으나 개발은 늦은 편이다. 인체의 나이로는 30대로 의미하고 지운이 주는 경재효율성은 70%다 신체의 부위에서는 허벅지로 본다.

## 4등급 지역 (원주시) (地川)

원주시는 남한강과 섬강과 합류하는 지점에서 섬강을 따라 올라가다 서천에 지운을 받은 전원도시다. 문인과 선비의 고장이라고 할 수 있으며 농업을 기반으로 한 강원도 내륙 지방에 중심도시다. 수맥이 짧고 경사가 많고 척박하여 밭에서 얻을 수 있는 감자 옥수수 산야초 특수 작물과 축산 과수 약간의 상공업으로 개발되는 도시다. 인체의 나이로는 40대루 볼 수 있으며 지가가 주는 경재효율성은 60%다. 인체의 부위로는 배꼽 신장 대장 부분이다.

## 5등급 지역 화천 (火川)

단양군은 청풍대교에서 용진대교 까지를 5등급 지역으로 구 분 할 수 있으며 농업을 기반으로 한 특수 작물 과수 축산 수련원 관광 음식 숙박업 등의 수입으로 성장되는 군이지만 경사각이 많고 산지가 많아 외지인이 투자를 해서 부는

이루지만 현지인은 가난한 지역이다. 인체의 나이로는 50대로 볼 수 있으며 인체에 비유하면 위 십이장 소호기 부분이다.

## 6등급 지역 영월군 (荒천)

용진대교에서 문산교 까지를 6등급 지역으로 구분 할 수 있으며 농업을 주업으로 한 감자 옥수수 산야초 관광 숙박 체굴 수집으로 경재 구성을 하고 있는 지운이다. 인체의 나이로는 60로 볼 수 있으며 인체에 비유하면 페 기관지 간 심장 갈비뼈 부분이다. 지가가 주는 경재효율성은 40%다

## 7등급 지역 정선군 (임천)

문산 교에서 정선군 임계면 일원이 7등급 지역으로 가정할 수 있으며 농업을 기반으로 한 감자 옥수수 산야초 체굴 체취 자연을 바탕으로 한 관광 수련원 요양시설 등의 의미로 이용될 수 있는 지역이다. 인체의 나이로는 70대로 볼 수 있으며 경재효율성은 30%다. 인체의 부위로는 목 어깨 팔 부분이다.

## 8등급 지역 (山川) 평창군

평창군 진부면 횡계면 일부 지역이 8등급 지역으로 구분 할 수 있으며 척박한 농지와 기후의 탓으로 개인의 경재성장이 어려운 지역으로 국가 관리차원이라던가 기업 형 투자로 관광 레저 숙박 특산 물 등 자연을 응용한 수입원으로 이용되는 지역이다. 인체의 나이로는 80대로 볼 수 있으며 경재효율성은 20%로 볼 수 있지만 대부분 외지인이 얻어가는 지운이다. 신체의 부위로는 머리 정수리 얼굴 체면에 해당하며 욕심을 버리고 신선의 경지로 본다.

## 양평군 전체의 지역별 지운보기

### 1등급 지역 하천 (河川) 양평군

양평대교에서 동남간 방향으로 지운자를 놓고 여주시 경계까지 양평군의 8등급 지운보기입니다. 아래그림은 지운을 측정하는 자입니다.

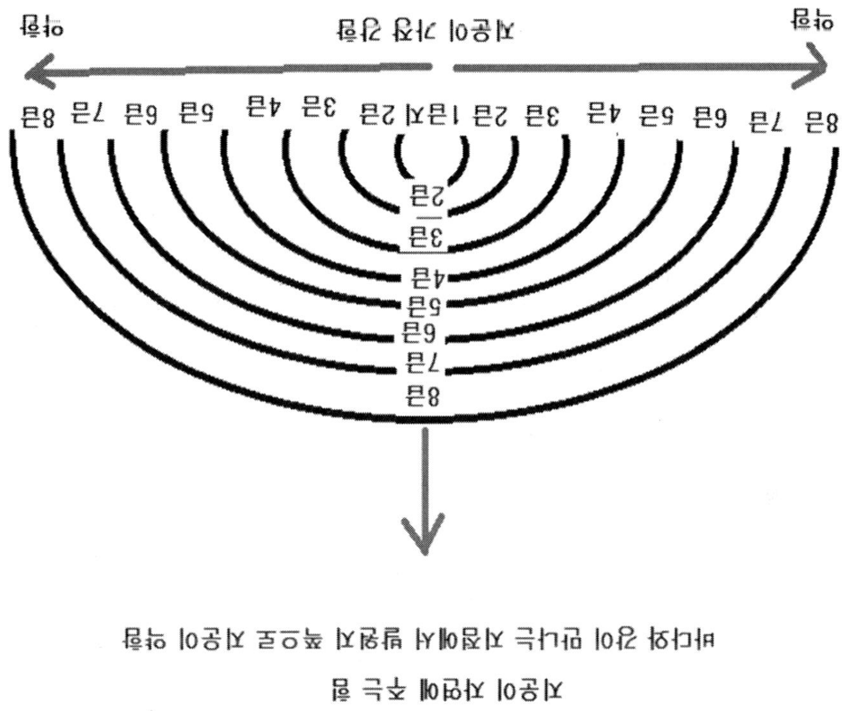


양평군청 양평 자동차극장 양평군 중앙도서관이 있는 지역이 1등급 지역으로 구분할 수 있으며 교평리 강상면 사무소 강상체육공원 병산리 마을회관이 있는 지역이 2등급 지역으로 구분할 수 있을 것입니다.

옥천면 사무소 양평곤충박물관 아산역이 있는 주변이 3등급 지역으로 구분할 수 있을 것이며 석장리 마을회관 양평수도사업소 세월초등학교 주변이 4등급 지역으로 구분할 수 있을 것입니다. 대문리 마을회관 대문 초등학교 용문버스 터미널이 있는 주변이 5등급 지역으로 구분할 수 있을 것이며 국수생활 체육공원 국수역 대아 초등학교 주변이 6등급 지역으로 구분할 수 있을 것입니다.

원덕역 잔디정원 원덕리 원덕 초등학교 삼성리 미을 회관이 있는 지역이 7등급 지역으로 구분할 수 있을 것이며 단월면 사무소 비룡라 마을회관 용두버스 터미널이 있는 지역이 8등급 지역으로 구분할 수 있을 것입니다.

다음 그림은 경사도를 측정하는 가운도입니다. 그림에서 참고하세요.

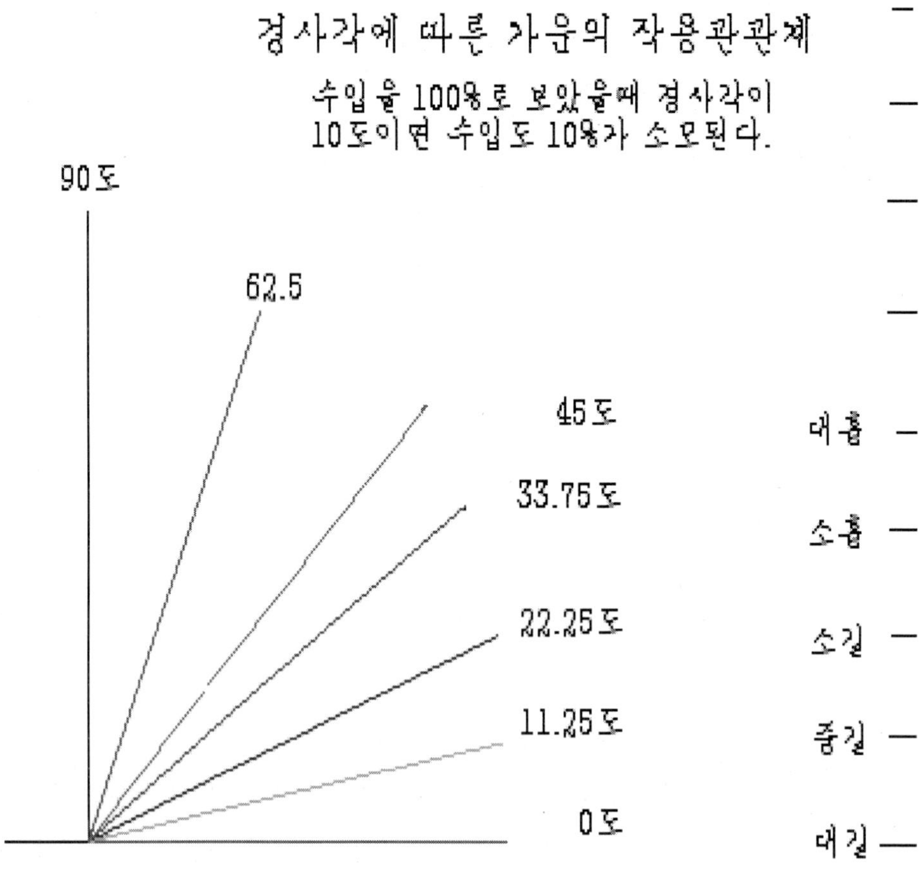

다음은 4등급 지역에서 보는 지운관계입니다.

아래의 그림은 양평군 공흥 사거리에서 보는 4등급 지역의 길흉관계입니다.

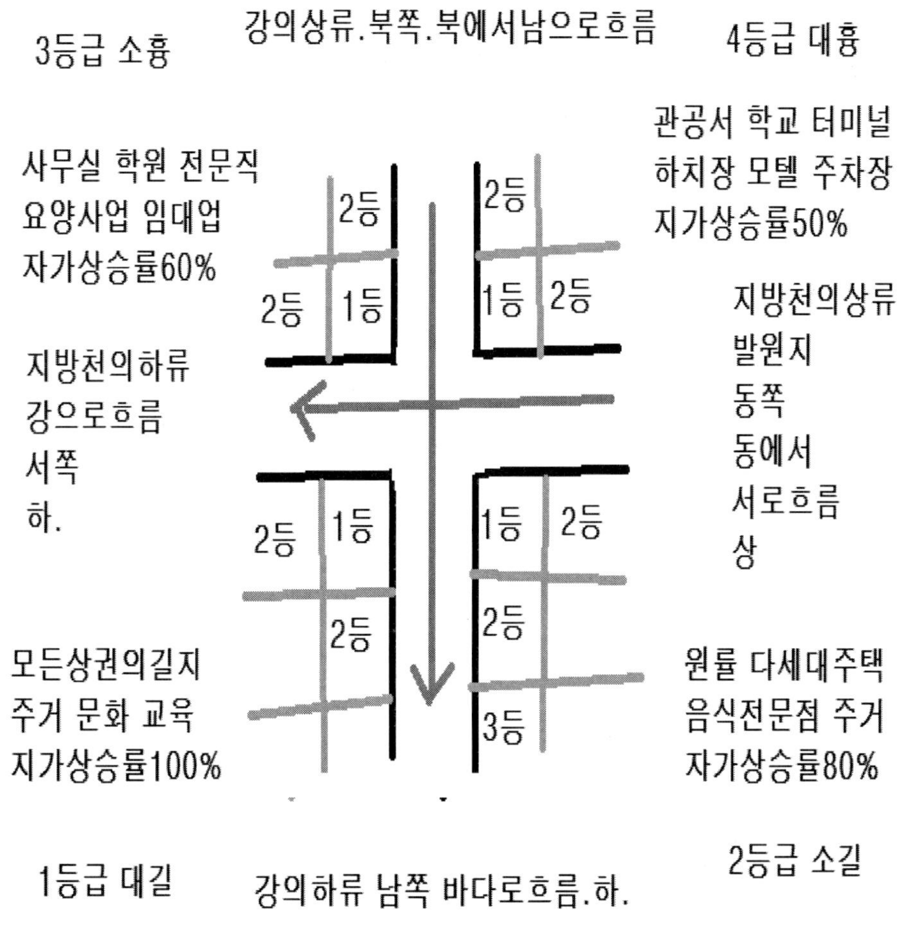


공흥 사거리에서 서남쪽 박 치과 의원 치킨마루 양평군청 양평군립 도서관이 있는 지역이 양평 1등급 지역으로 구분할 수 있으며 동남쪽 축산1번가 양평건설 양평 동초등학교 갈월 공원이 있는 지역이 2등급 지역으로 구분할 수 있습니다.

공흥 사거리에서 서북쪽 양평 버스터미널 삼성 디지털 프라자 국민건강보험 양평 중학교가 있는 지역이 3등급 지역으로 구분할 수 있으며 동북쪽 하나로 마트 양평벽산 블루밍 아파트가 있는 지역이 4등급 지역으로 구분할 수 있습니다.

등급 지와 경사도 그리고 4길지의 길흉관계를 보고 지번이 선택되면 그 지번의 건축물의 출입문 관계를 보아야 합니다.

다음 그림은 출입문 길흉도입니다.

위의 그림에서 출입문의 위치를 참고하세요.

동강에서 서로 북에서 남으로 흐르는지류
각지번의 출입문 길방

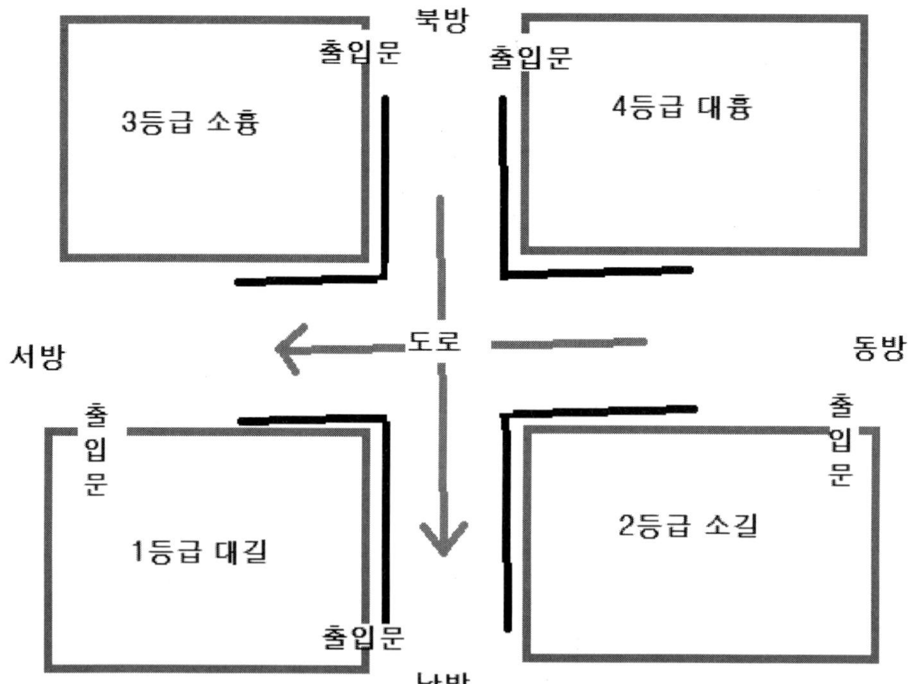

## 2등급 지역 여주 시

여주시 전체의 8등급 지역별 지운보기 아래 지운 자를 참고하세요.

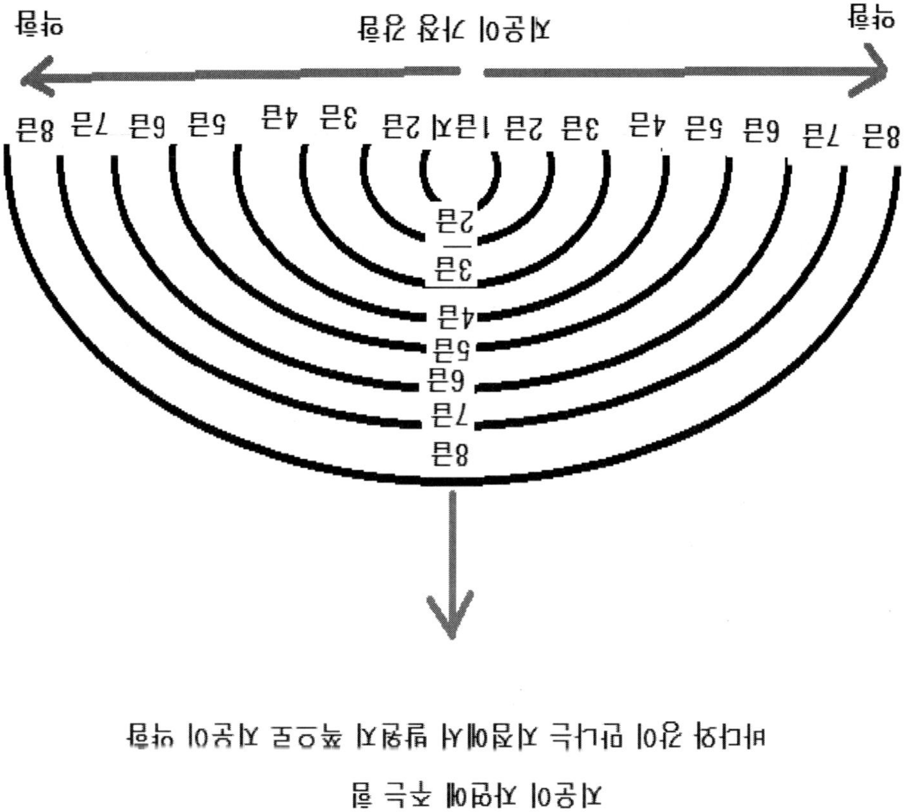

여주시청 세종 고등학교 여주종합 운동장이 있는 지역이 1등급 지역으로 구분할 수 있으며 학동감리교회 지방법원 여주지청 오학 초등학교가 있는 지역이 2등급 지역으로 구분할 수 있을 것입니다.

능북 초등학교 내양리 백석2리 마을회관 왕대리 마을회관 앞 논밭이 3등급 지역으로 구분할 수 있을 것이며 홍천면 복지센-타 상용리 하다리 마을회관이 있는 전답이 4등급 지역으로 구분할 수 있을 것입니다.

가정리 마을회관 정무도예 연구원 금은모래 갬프장이 있는 지역이 5등급 지역으로 구분할 수 있으며 북내면 복지센-타 신남리 마을회관 북내 초등학교가 있는 지역이 6등급 지역으로 구분할 수 있을 것입니다.

능서면 복지 센-타 한국농어촌공사 여주지청 매류 초등학교 주변이 7등급 지역으로 구분할 수 있을 것이며 가남 읍 복지센-타 가남 초등학교 건창리 마을회관이 있는 지역이 8등급 지역으로 구분할 수 있을 것입니다.

이렇게 등급 지역을 살펴보고 나면 선택된 지번의 경사도를 참고해야 합니다.

다음 그림은 경사도의 길흉관계입니다.

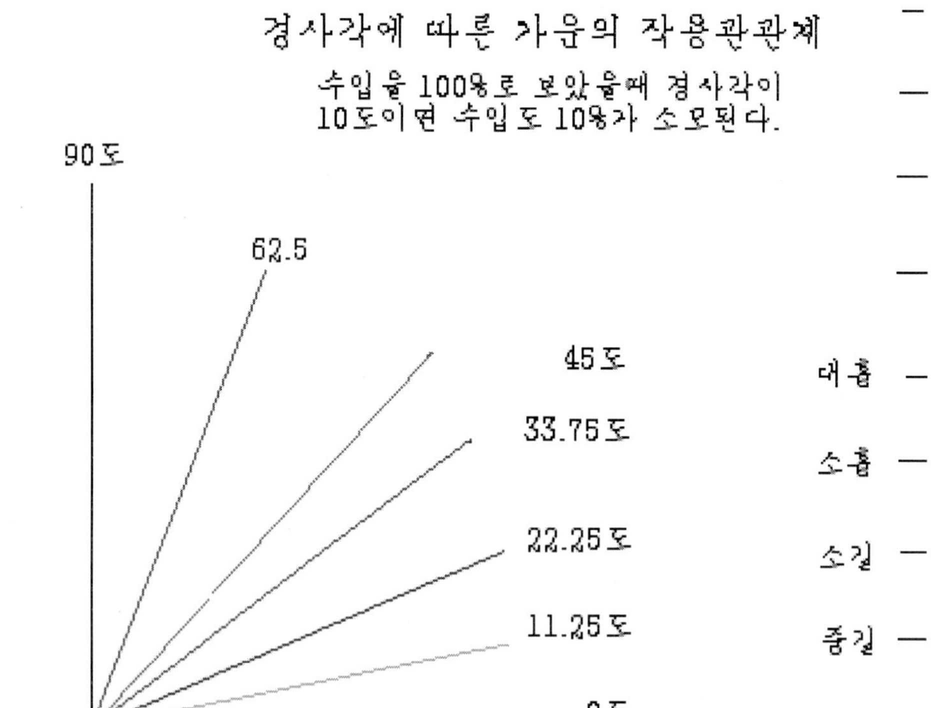

경사지의 의미를 그림에서 관찰해 보세요.

여주시의 전체의 지역별 등급지역과 경사지의 의미를 보고 선택한 지번이 도로에서 보는4등급 지역의 내용을 의미를 보아야 합니다.

아래 그림을 참고하세요.

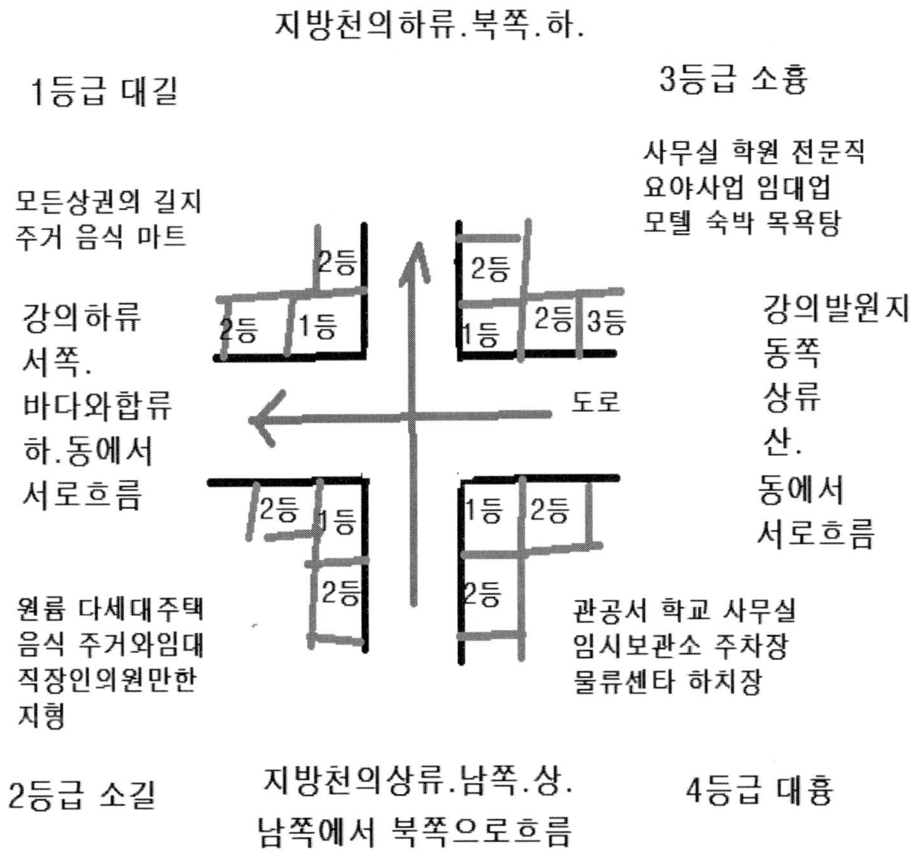


위의 그림은 여주시 버스터미널 사거리에서 보는 4등급 지역의 길흉관계입니다. 터미널 사거리에서 서북간 타이어뱅크 여주우체국 소양천을 따라 세종여주병원이 있는 지역이 여주 1등급 지역으로 구분할 수 있으며 서남쪽 여주시 장애인 생활아동지원 센-타 소양천 상류로 여주역 월송2리 마을회관이 있는 지역

이 2등급 지역으로 구분할 수 있습니다.

터미널 사거리에서 동북쪽 한국전력 여주지사 여주 종합터미널 세종고등학교 주변이 3등급 지역으로 구분할 수 있으며 사거리에서 롯데하이마트 기아 여주지점 여주시 수도사업소 명성황루 생가가 있는 지역이 4등급 지역으로 구분할 수 있습니다. 등급지역과 경사도 그리고 도로에서 보는 4등급 지역의 길흉을 보고 지번이 선택되면 그 지번의 건물에 관한 출입문 길흉관계를 보아야 합니다.

다음 그림은 출입문 길흉도입니다.

그림의 4등급 지역의 출입문을 표시한 위치에 출입문을 참고 하세요.

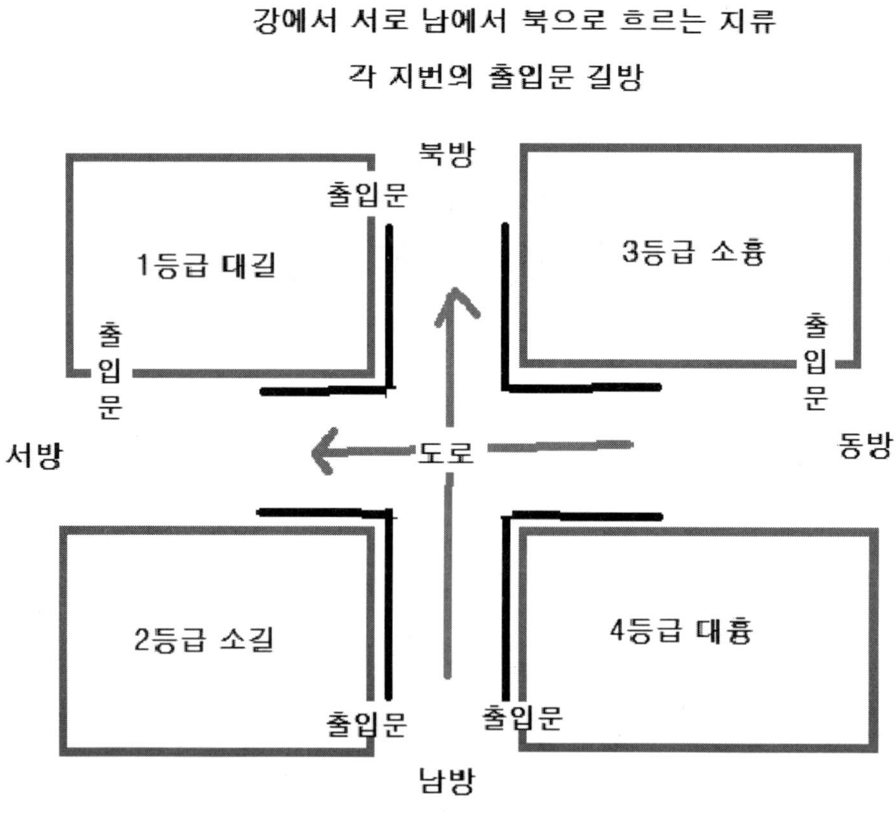

## 3등급 지역 충주시

- **충주시 전체 8등급 지역 지운보기입니다.**
- **남한강에서 충주 천 유역의 지운관계**

지운을 보는 자를 남한강에서 충주 천을 따라 동으로 놓고 지운의 등급을 측정해 보세요.

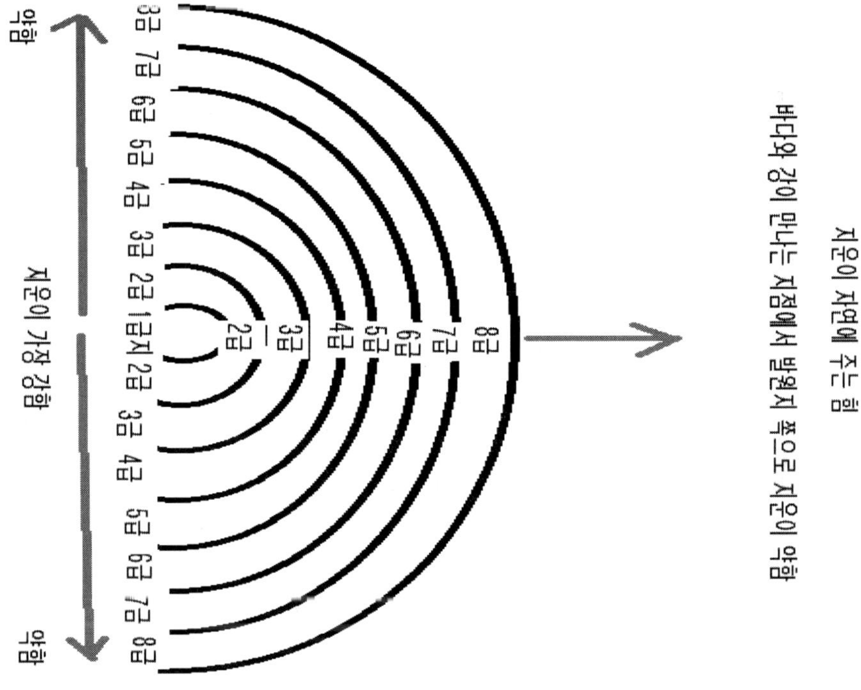

칠금 사거리에서 충주천위로 충주야구장 미인무대 충주세계 무술공원 능바위 폭포가 있는 지역이 1등급 지역으로 구분할 수 있으며 충주천 아래 하방마을 회관 모다 아울렛 달천동 복지 센-타가 있는 지역이  2등급 지역으로 볼 수 있습니다. 충주시청 칠금 중학교 충주교육 지원청 충주 공설운동장이 있는 지역이 3등급 지역으로 구분할 수 있으며 제1 로타리 교차로에서 아래로 어울림 시장 충

주 제금당 충주 중학교가 있는 지역이 4등급 지역으로 구분할 수 있습니다.

한국교통 대학교 하나로 마트 달천역 황대 다기능회관이 있는 지역이 5등급 지역으로 구분할 수 있으며 대소원면 복지센-타 주덕읍 복지 센타 삼등산 주변이 6등급 지역으로 구분할 수 있습니다. 용원초등학교 신니중학교 신의마을 회관 선당마을회관이 있는 지역이 7등급 지역으로 볼 수 있으며 양성온천광장 충주가금 농공단지 중원 중학교가 있는 지역이 8등급 지역으로 구분할 수 있을 것입니다.

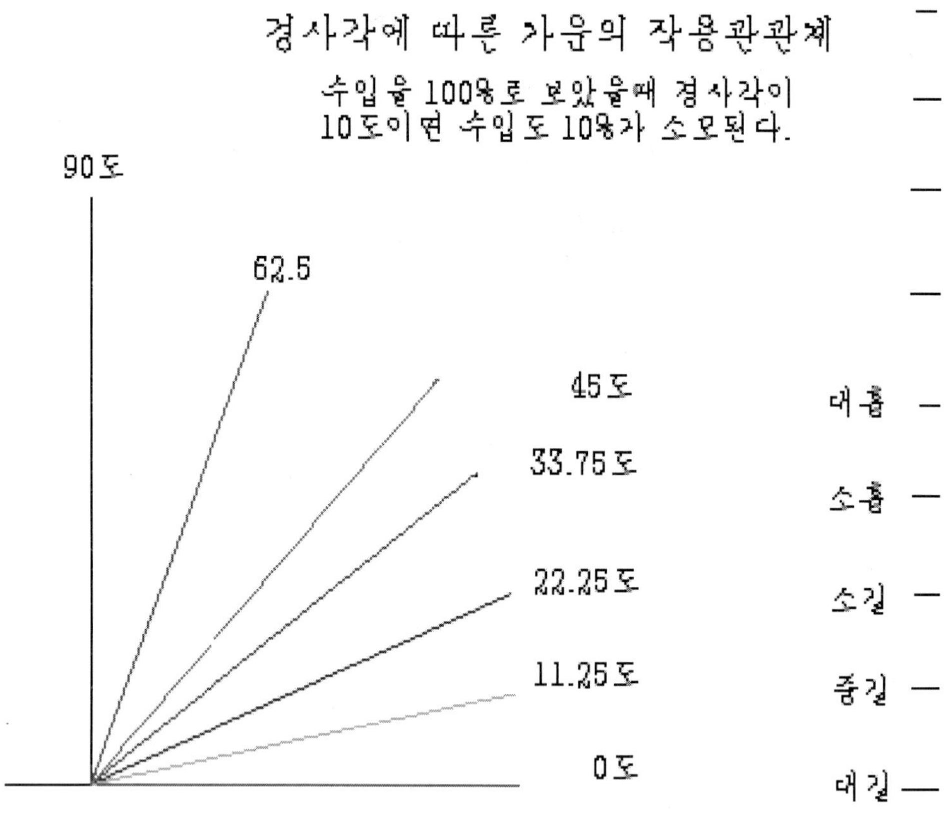


위의 그림은 경사도를 보는 가운도입니다.

경사도의 길흉관계를 그림에서 참고 하세요.

지번이 선택되면 선택된 지번에서 가까운 교차로에서 보는 4등급지역의 지운을 보아야 할 것입니다.

다음은 충주시 중심지라고 볼 수 있는 대가 미 사거리에서 보는 4등급 지역의 길흉관계입니다.

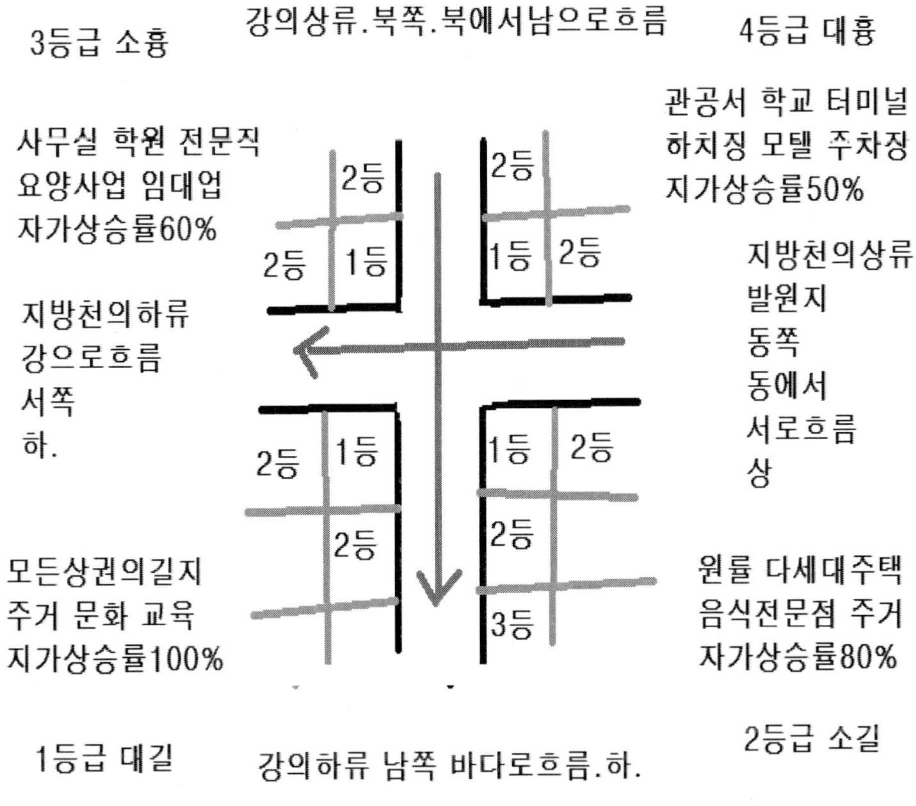


대가 미 사거리에서 북서쪽 대성빌딩 충주시청 충주공용 버스터미널 있는 지역이 중주  1등급 지역으로 볼 수 있으며 사거리에서 서남쪽 하나로 정보통신 국원고등학교 충주역 모다 아울렛이 있는 지역이 2등급 지역으로 구분할 수 있습니다 사거리에서 동북쪽으로 대학약국 충주 공설운동장 연수 초등학교가 있는 지역이 3등급 지역으로 구분할 수 있으며 동남쪽 드림약국 롯데손해보험 충

주 종합운동장 조양 자동차운전 전문학원이 있는 지역이 4등급 지역으로 구분할 수 있습니다. 이렇게 등급지의 구분과 경사지의 의미와 도로에서 보는 4등급 지역의 길흉관계를 예지했으면 그 선택된 지번의 건물에 대한 출입문 길흉관계를 살펴보아야 합니다.

아래 그림은 출입문에 대한 길흉도입니다.

출입문은 마지막 길흉관계를 조정하는 선택입니다. 아래 그림에서 표시된 출입문 위치를 참고 하세요.

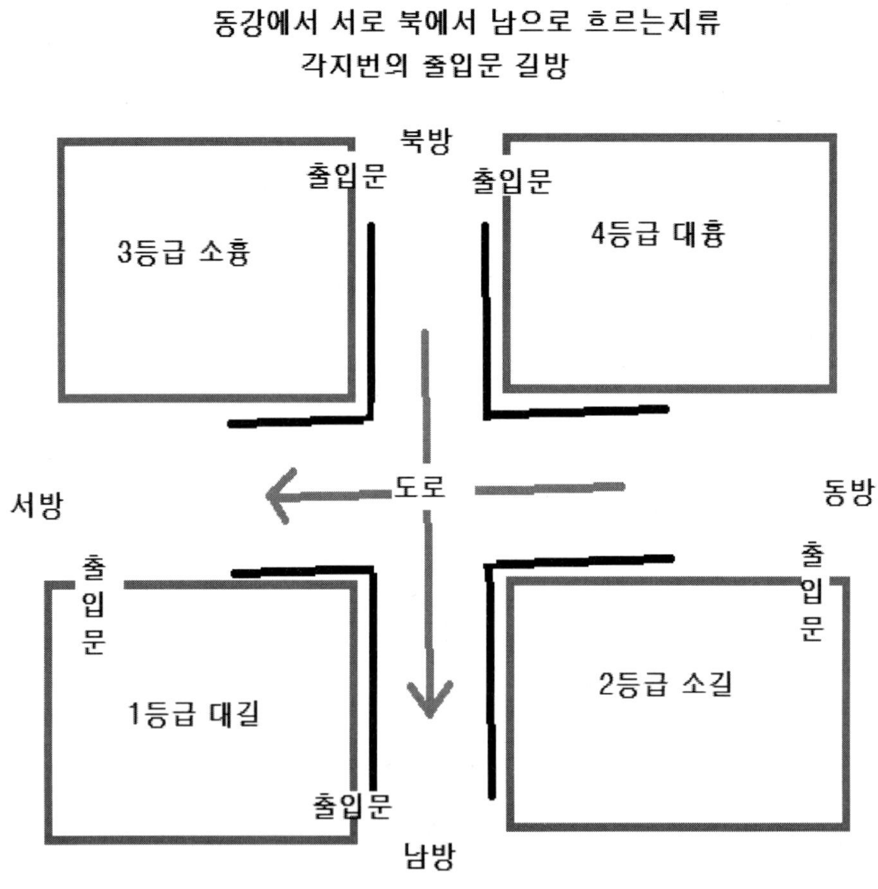

## 4등급 지역 원주시

- **원주시 전체를 보는 8등급 지역 지운보기**

원주 천과 홍양 천이 합류하는 지점에서 지운 자를 남쪽으로 놓고 원주천 발원지 까지를 8등분해서 각 지분의 길흉관계를 설정하세요.

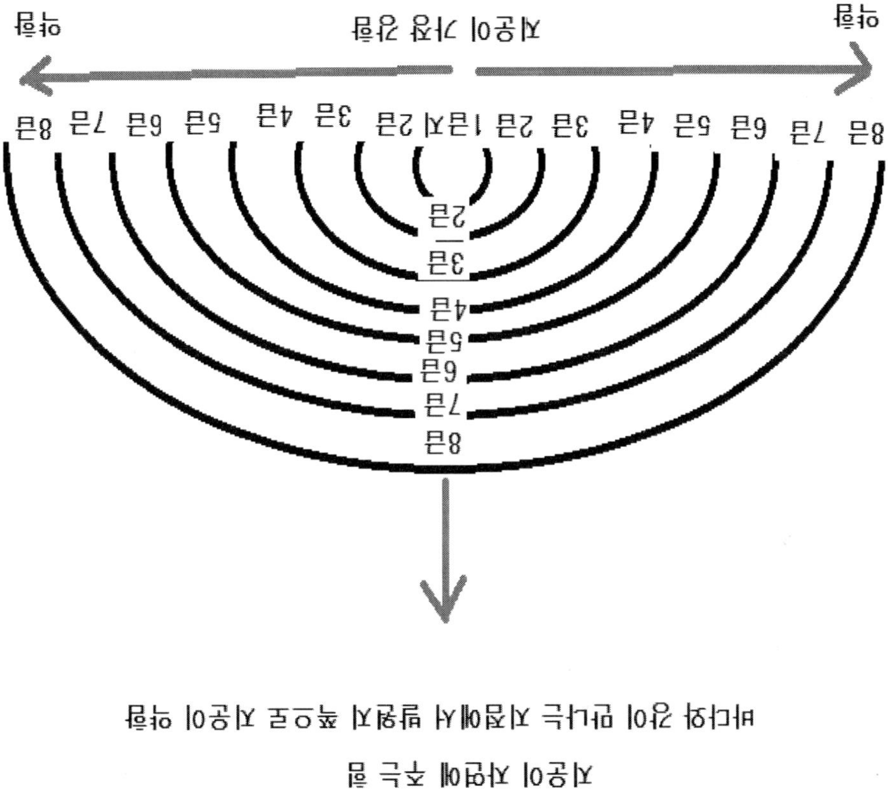


가한 교 에서 강변 교 까지를 1등급 지역으로 구분할 수 있으며 강변 교 에서 태학 교 까지를 2등급 지역으로 구분할 수 있습니다.

태학 교에서 개봉 교 까지를 3등급 지역으로 구분할 수 있으며 대봉 교에서 치악교 까지를 4등급 지역으로 구분할 수 있습니다.

치악 교에서 월운정교 까지를 5등급 지역으로 구분할 수 있으며 월운정교에서 동부 교 까지를 6등급 지역으로 구분할 수 있습니다. 동부 교에서 신성 교 까지를 7등급 지역으로 구분 할 수 있으며 신성 교에서 원주천 발원지 까지를 8등급 지역으로 구분할 수 있습니다.

이렇게 8등분한 지분에서 내가 선택한 지번의 경사각을 보아야 합니다.

아래 그림은 경사도 길흉입니다. 경사각에서 지운의 기류를 살펴보고 선택한 지번의경사각의 관찰해 보세요.

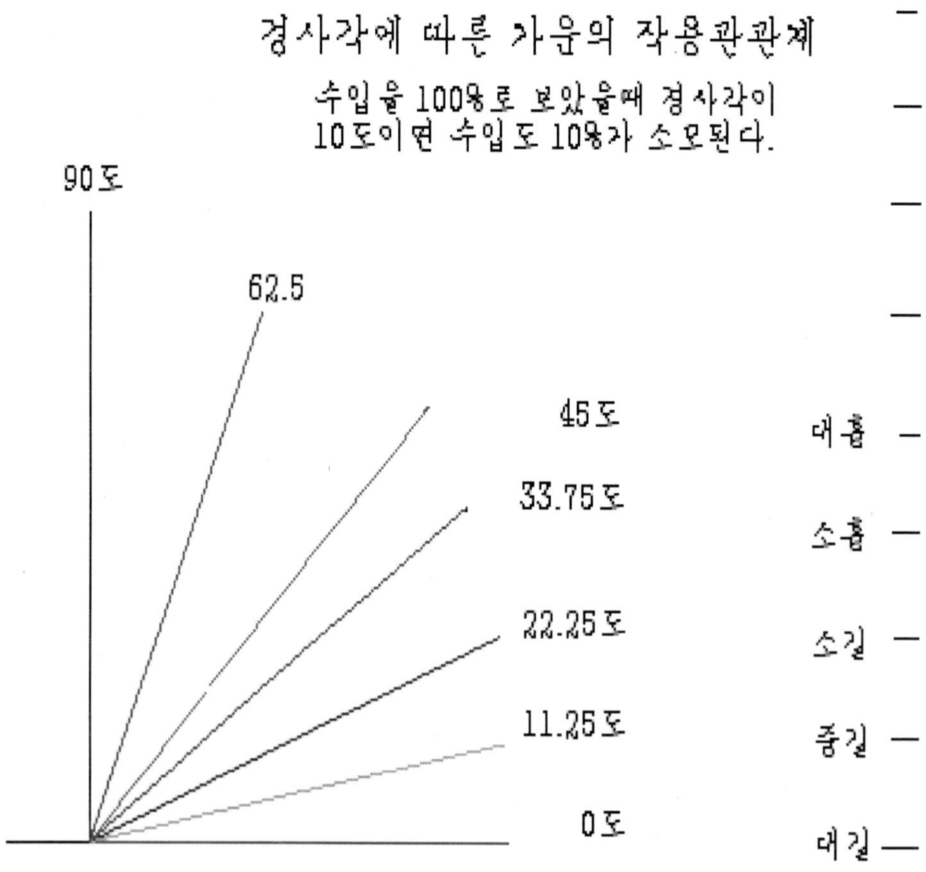

다음은 원주시 전체에서 보는 지운관계 그리고 경사각을 보고 나면 내가 선택한 지번이 도로에서 보는 지운관계를 보아야 합니다.

아래의 그림은 원주시 중심지라고 볼 수 있는 의료원 사거리에서 보는 4등급 지역의 길흉관계입니다.

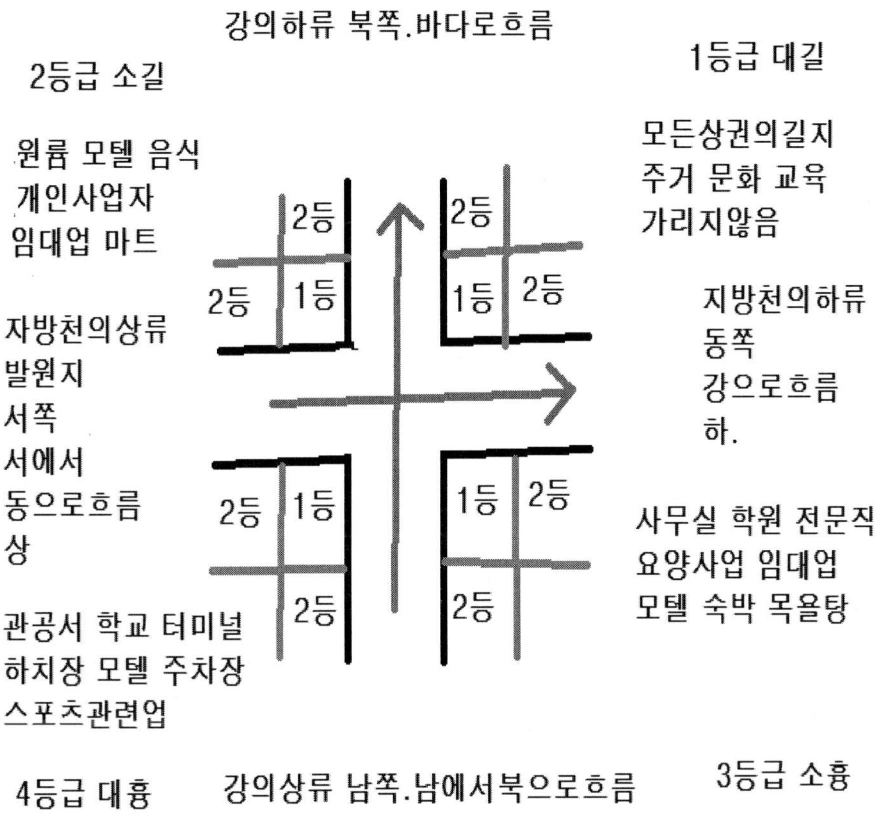


의료원 사거리에서 북동쪽 원주국민 체육 센-타 원주 종합운동장 원주 가톨릭 병원이 있는 지역이 원주 1등급 지역으로 구분할 수 있으며 서남쪽 인제 한약방 서 원주 초등학교 원주시청이 있는 지역이 2등급 지역으로 볼 수 있습니다.

사거리에서 동쪽 고승연 신경외과 원주 중학교 원주 장애인 종합 복지관이 있는 지역이 3등급 지역으로 구분할 수 있으며 남쪽 노빌리티 타워 구곡 초등학교 단관공원 관설동성당이 있는 지역이 4등급 지역으로 구분할 수 있습니다.

다음은 등급 지와 경사지 그리고 도로에서 보는 4길지를 보고 지번이 선택되면 그 지번에 출입문 길흉을 보아야 합니다.
다음은 출입문의 길흉관계입니다.
위의 그림은 출입문 길 흉 관계를 보는 그림입니다.
그림에서 표시한 위치를 관찰해 보세요.

**동에서 서로 남에서 북으로 흐르는 지류**

**각 자번의 출입문 길방**

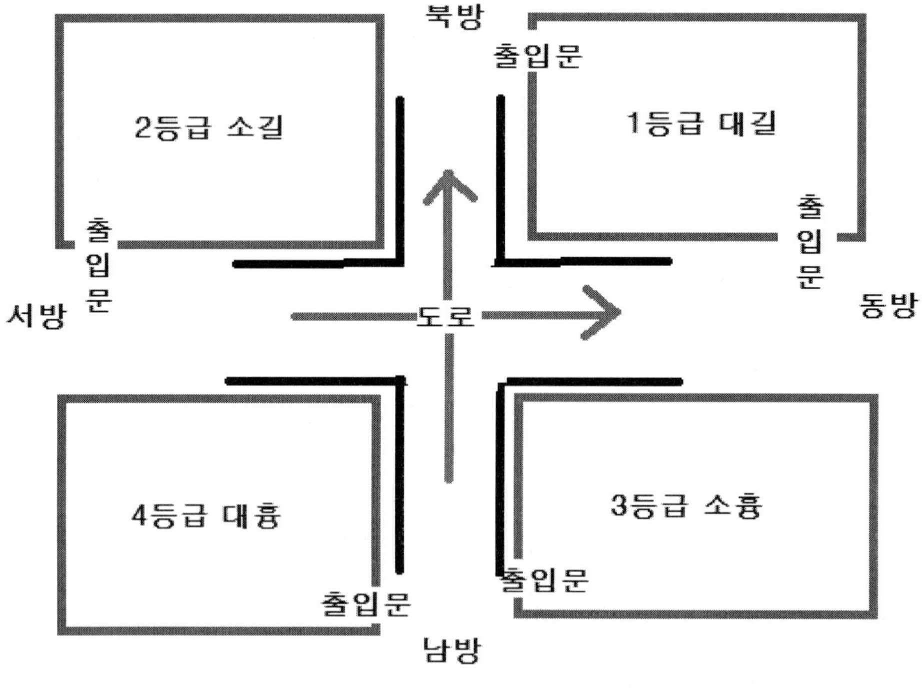

## 5등급 지역 단양군

• **단양군의 전체 8등급 지운보기**

청풍대교에서 용진대교방면으로 지운을 보는 자를 놓고 8등분해서 각 구역의 지운을 살펴보세요. 단양군은 산지가 많고 농지가 적어 척박한 군으로 볼 수 있습니다. 그러므로 부분적으로 설명을 하겠습니다.

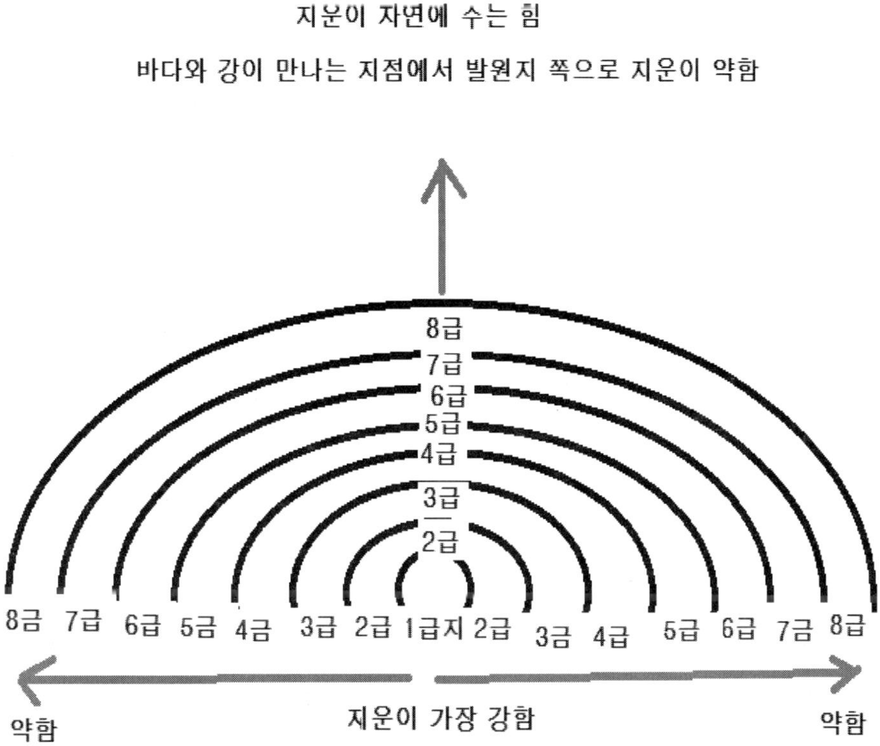


단양군은 현 단양군청 단양공설 운동장 단양 생태체육 공원이 있는 지역이 1등급 지역으로 구분할 수 있으며 전기충전소 소노문 단양 상진초등학교 단양관광호텔이 있는 지역이 2등급 지역으로 구분할 수 있을 것입니다.

단양팔경 휴게소 단성 생활체육공원 한국 호텔관광 고등학교가 있는 지역이

3등급 지역으로 구분할 수 있으며 단양 도담삼봉 도담 그린공원 이 있는 지역이 4등급 지역으로 구분할 수 있을 것입니다.

하괴리 매포리 한일 시멘트 매포읍 사무소 매포종합 운동장이 있는 지역이 5등급 지역으로 볼 수 있으며 영춘면 사무소 온달동굴 상2리마을 주변이 6등급 지역으로 구분할 수 있을 것입니다. 적성면 사무소 현곡리 주변이 7등급 지역으로 구분할 수 있으며 월악산 국립공원 가산보건소 사인암 노인정이 이는 지역이 8등급 지역으로 구분할 수 있습니다.

이렇게 지역으로 등급지역을 구분을 하고 나면 내가 선택한 해당 지번에 경사도를 참고하세요. 경사도는 가운의 균형을 보는 의미입니다. 경사가 심하면 가정에 불행이 유발 할 수 있으므로 신중하게 선택해야 할 것입니다.

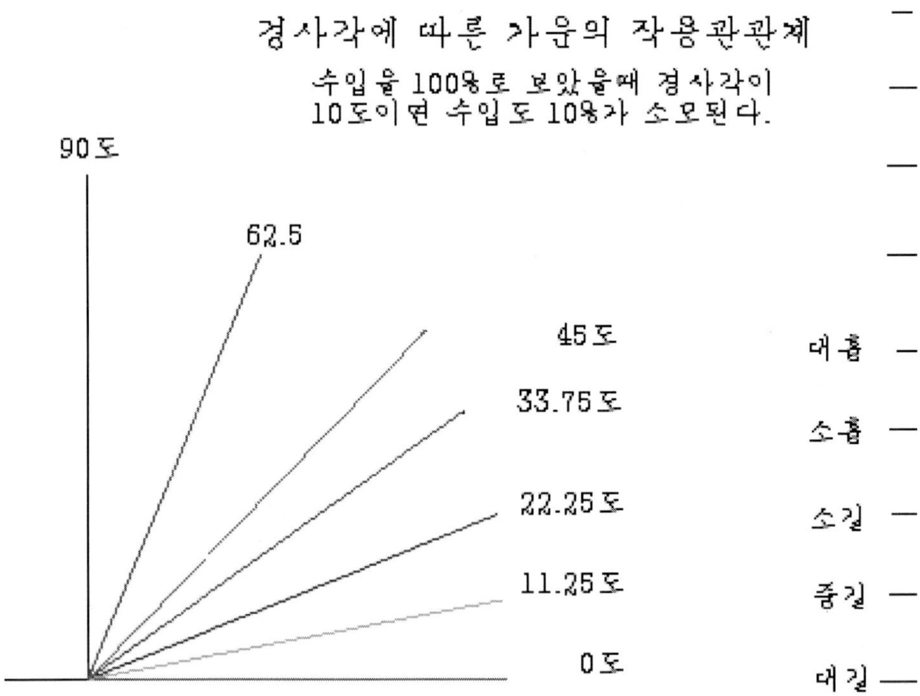

경사도에서 지운의 의미를 살펴보고 나면  단양군 중심도로에서 보는 4등급 지역의 길흉을 보세요.

서울 삼성의원 앞 사거리에서 보는 4등급 지역 길흉관계입니다.

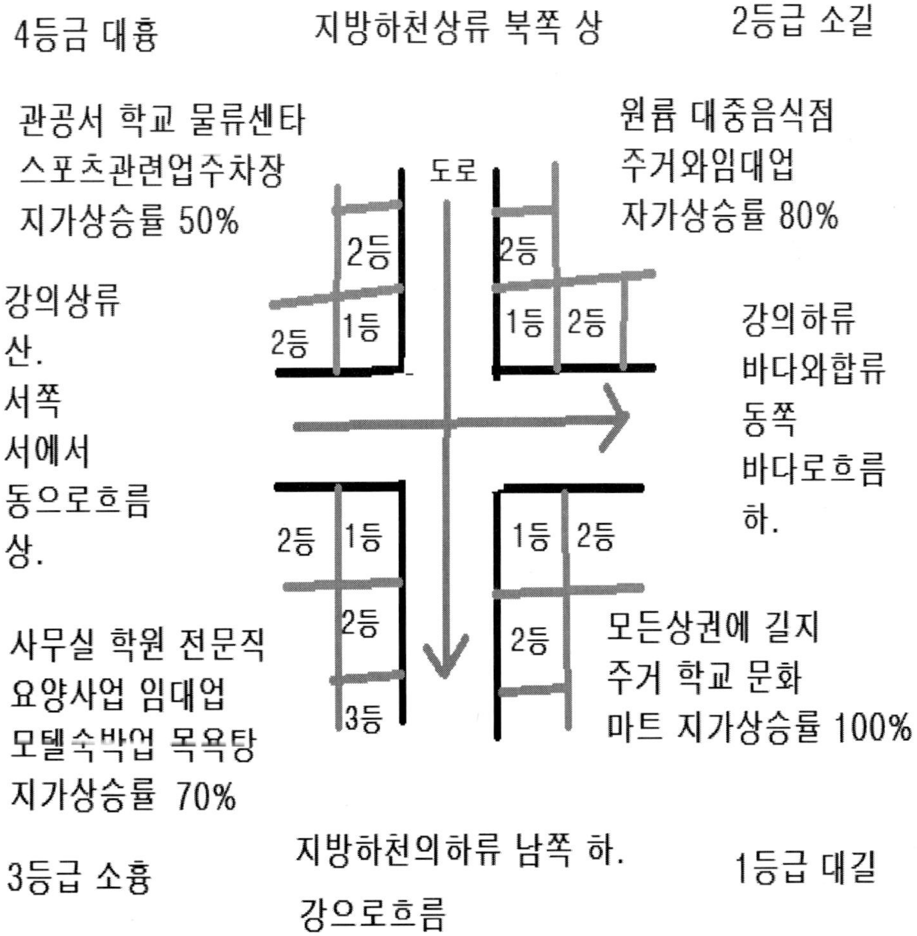


삼성의원 단양구경시장 단양초등학교가 있는 지역이 단양 1등급 지역으로 구분할 수 있으며 사거리에서 동북쪽 중앙내과 종합의원 나루공연장단양시외 버스 터미널이 있는 지역이 2등급 지역으로 볼 수 있습니다.

서남쪽 지 에스 25시 하나로 마트 단양 중학교 단양고등학교가 있는 지역이 3등급 지역으로 구분할 수 있으며 사거리에서 서북쪽 은미정 치과의원 단양군청 단양 공설운동장이 있는 지역이 4등급 지역으로 구분할 수 있습니다.

등급지의 구별과 경사지 그리고 4등급지에 길흉관계를 보았으면 출입문의 길흉관계를 보아야 합니다.

출입문은 화복을 불러오는 길목이므로 신중하게 살펴보세요.

아래의 그림에서 각 등급지역의 출입문 위치를 표시한 곳에서 참고하세요.

**동에서 서로 북에서 남으로 흐르는 지류**
**각 지번의 출입문 길방**

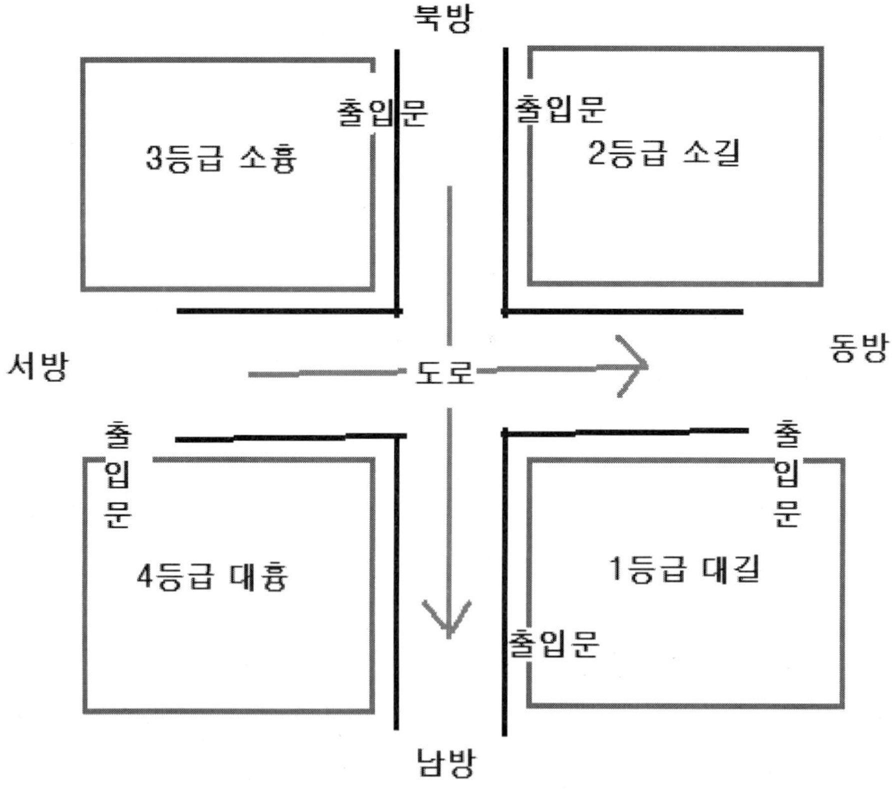

## 6등급 지역 영월군

영월군 8등급 지역 구분하기입니다.

요진대교에서 문산교 방향으로 지운 자를 놓고 보는 그림입니다.

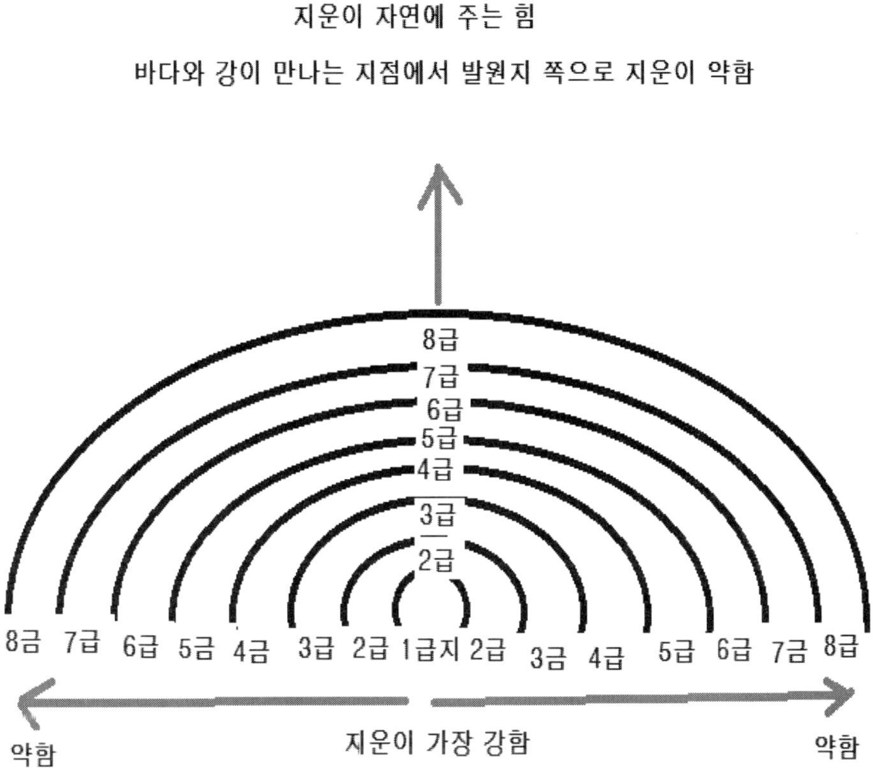


영월 스포츠파크 세경 대학교 영월 공설운동장이 있는 지역이 1등급 지역으로 구분할 수 있으며 영월군청 영월경찰서 춘천 지방법원 영월지청 영월 청소년 수련원등이 있는 지역이 2등급 지역으로 구분할 수 있을 것입니다.

영월군 농업기술 센-타 동남 지동차운전학원 덕포우체국 봉래 중학교가 있는 지역이 3등급 지역으로 리버뷰 팬션 동강오토 캠핑장 동강솔 펜션 국제현대 미술관이 있는 지역이 4등급 지역으로 구분할 수 있습니다.

삼옥2리 마을회관 동강생태공원 영월 곤충박물관 태극 동강래프팅 봉래초등학교분교가 있는 지역이 5등급 지역으로 구분할 수 있으며 옥동초등학교 김삿갓면 하나로 마트가 있는 지역이 등급 지역으로  구분하수 있을 것입니다.

한반도면사무소 한반도지형전망대 용석리 마을회관이 있는 지역이 7등급지역으로 구분할 수 있으며 주천면 사무소 주천중학교 무릉도원 면사무소가 있는 지역이 8등급 지역으로 볼 수 있다

영월군의 8등급 지역을 구분하고 나면 선택하는 지번에 경사지를 보아야 합니다. 다음 그림의 경사도를 보는 가운도입니다.

가운 도를 보고 균형과 길흉관계를 살펴보세요.

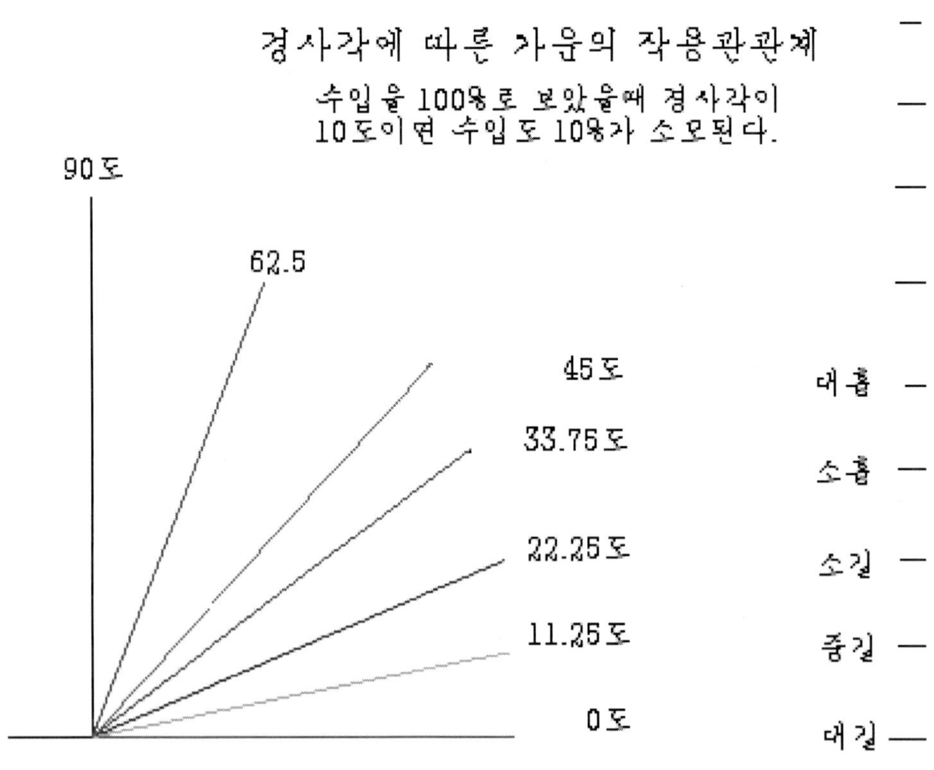

경사도를 살펴보고 나면 이번에는 도로에서 보는 4등급 지역의 길흉관계를 참고해 보세요. 다음은 선택한 지번의 가까운 교차로에서 보는 4등급 지역 지운의 의미입니다.

영월 농협 앞 사거리에서 보는 4등급 지역 길흉관계입니다.

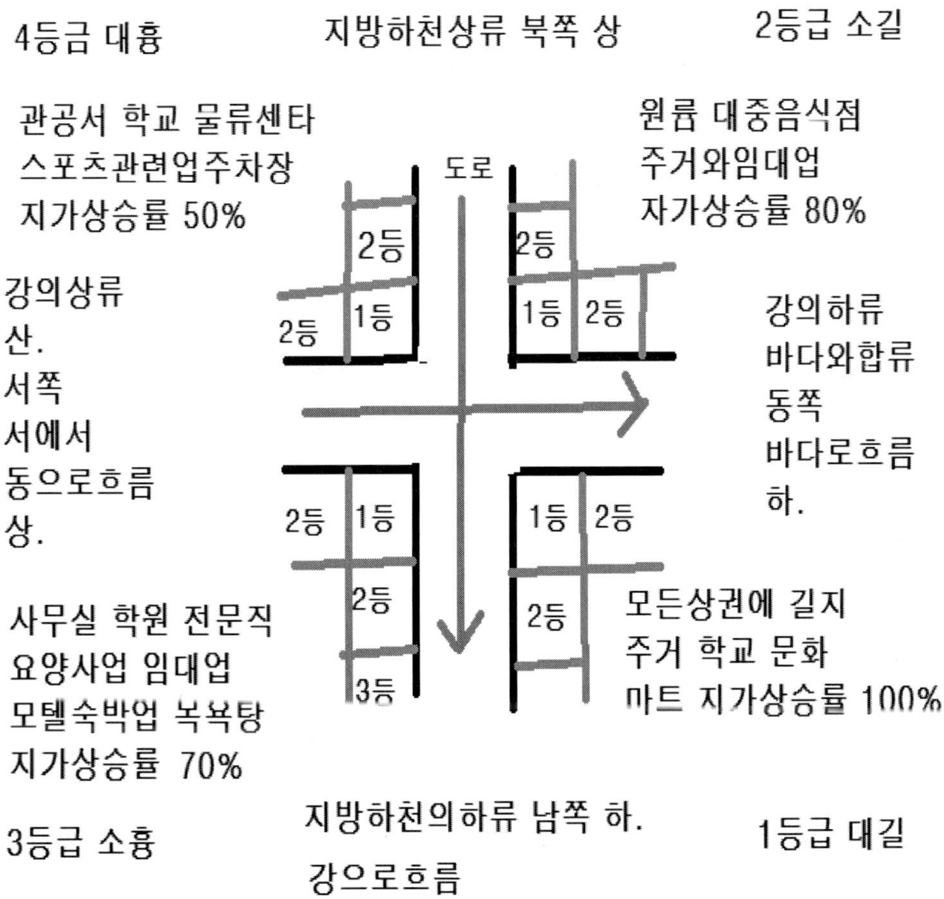


사거리에서 동남쪽 로뎀 명가 영월 초등학교 봉래초등학교 덕포 우체국이 있는 지역이 1등급 지역으로 구분할 수 있으며 동북쪽 스마일 찹쌀꽈배기 춘천지방법원 영월지원 삼태사 가있는 지역이 2등급 지역으로 구분할 수 있습니다.

사거리에서 서남쪽 하나로 마트 영월 종합상가 영월군청 영월 공설운동장이 있는 지역이 3등급 지역으로 구분할 수 있으며 서북쪽 약사 세요약국 영월 정선 축산농협 영월경찰서 영서방송이 있는 지역이 4등급 지역으로 구분할 수 있습니다.

지금까지 지역별 구분 경사도 그리고 도로에서 보는 4등급 지역의 보고 나면 선택된 지번의 건축물의 출입문을 보아야 합니다.

다음 그림은 출입문 길흉관계입니다.

아래의 그림은 선택한 등급 지역의 출입문 위치도입니다.

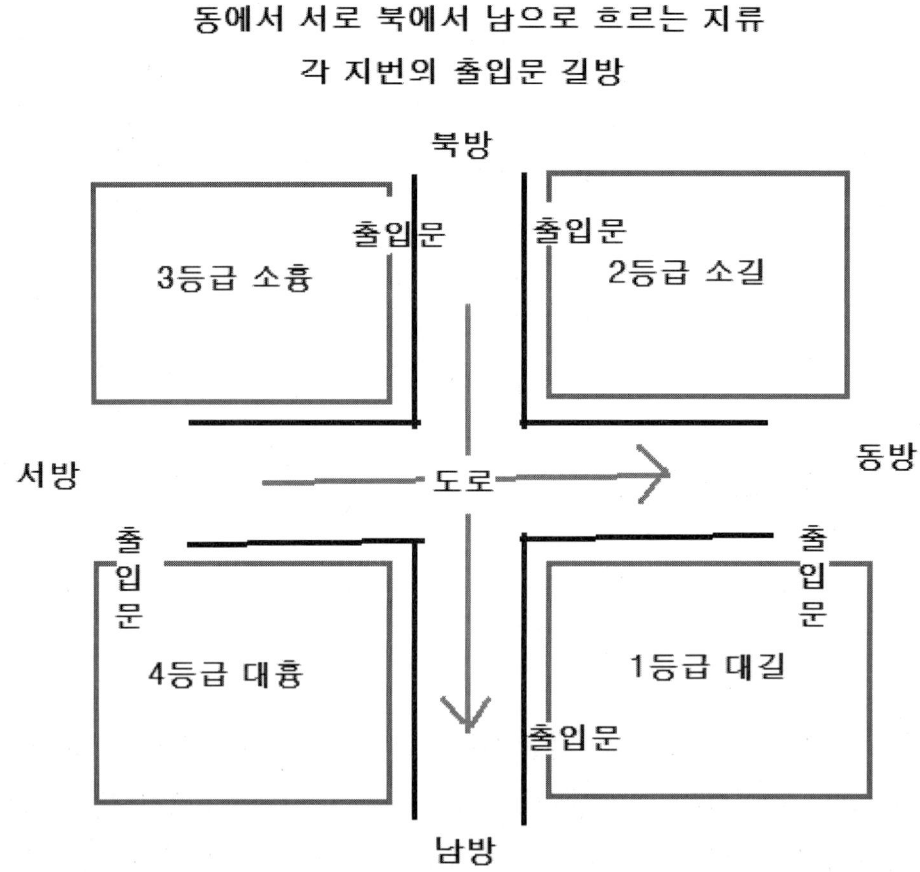

## 7 등급 지역 평창군

평창군 전체 지역의 지운을 측정하는 8등급 지역의 구분입니다.
지운을 보는 자를 남에서 북으로 놓고 등급 지를 구분해 보세요.

지운이 자연에 주는 힘
바다와 강이 만나는 지점에서 발원지 쪽으로 지운이 약함

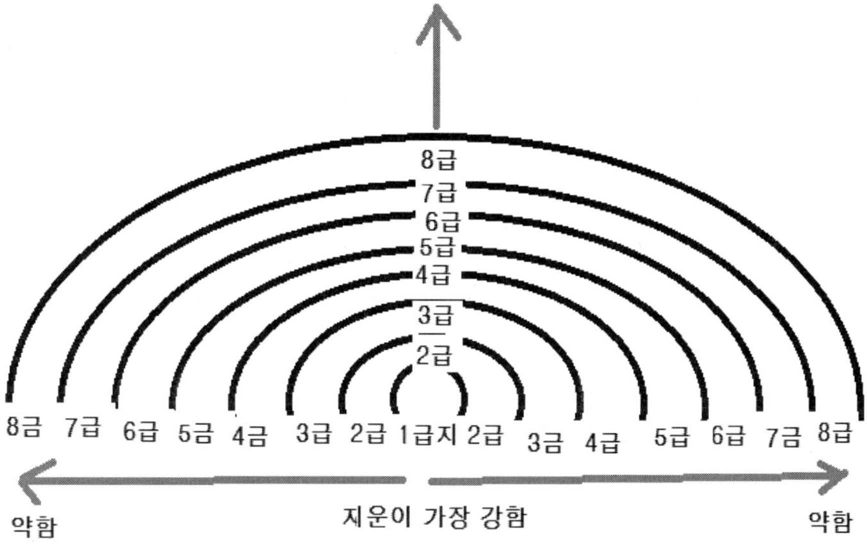


평창군청 평창군법원 한국전력 평창지사 올림픽시장이 있는 지역이 평창1등급 지역으로 구분할 수 있으며 평창 종합운동장 평창 야구장 종부 2리 마을회관이 있는 지역이 2등급 지역으로 볼 수 있을 것입니다.

유동리 마을회관 휴 모텔 천동리 마을 회관이 있는 주변 논밭이 3등급 지역으로 구분할 수 있으며 평창강 힐링 하우스 평창강 펜션 평창읍 마지1리 마을회관 도돈리 마을 회관이 있는 지역이 4등급 지역으로 구분할 수 있을 것입니다.

안마초등학교 하 안마리 마을회관 물굽이 공원 방안리 마을회관이 있는 지역

이 5등급 지역으로 구분할 수 있으며 평창역 서울 대학교 캠퍼스 평창 시외버스 터미널이 있는 지역이 6등급 지역으로 구분할 수 있을 것입니다.

진부고등학교 진부 시외버스 터미널 진부 장례식장 평창 우수 한약재 유통 센-타가 있는 지역이 7등급 지역으로 구분할 수 있으며 대관령 중학교 횡계 장로교회 올림픽 기념관 용평동 체육관이 있는 지역이 8등급 지역으로 구분할 수 있을 것입니다.

이렇게 등급지역과 기류를 보는 의미를 보고나면 선택한 지역의 경사도를 보아야 할 것입니다. 아래의 그림은 경사도의 길흉관계를 보는 가운도입니다.

경사도는 지운의 균형을 보는 의미입니다.

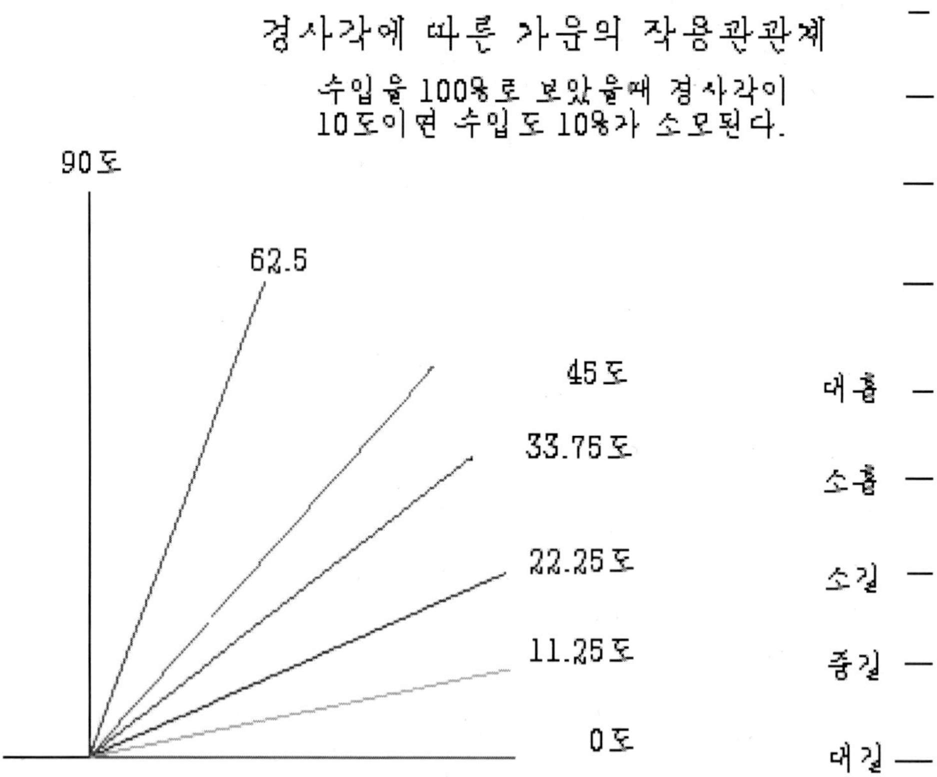

다음은 내가 선택한 지번이 도로에서 보는 4등급 지역의 의미입니다.

이디아 커피 농협 이미스톱 앞 사거리에서 보는 지운의 의미입니다.

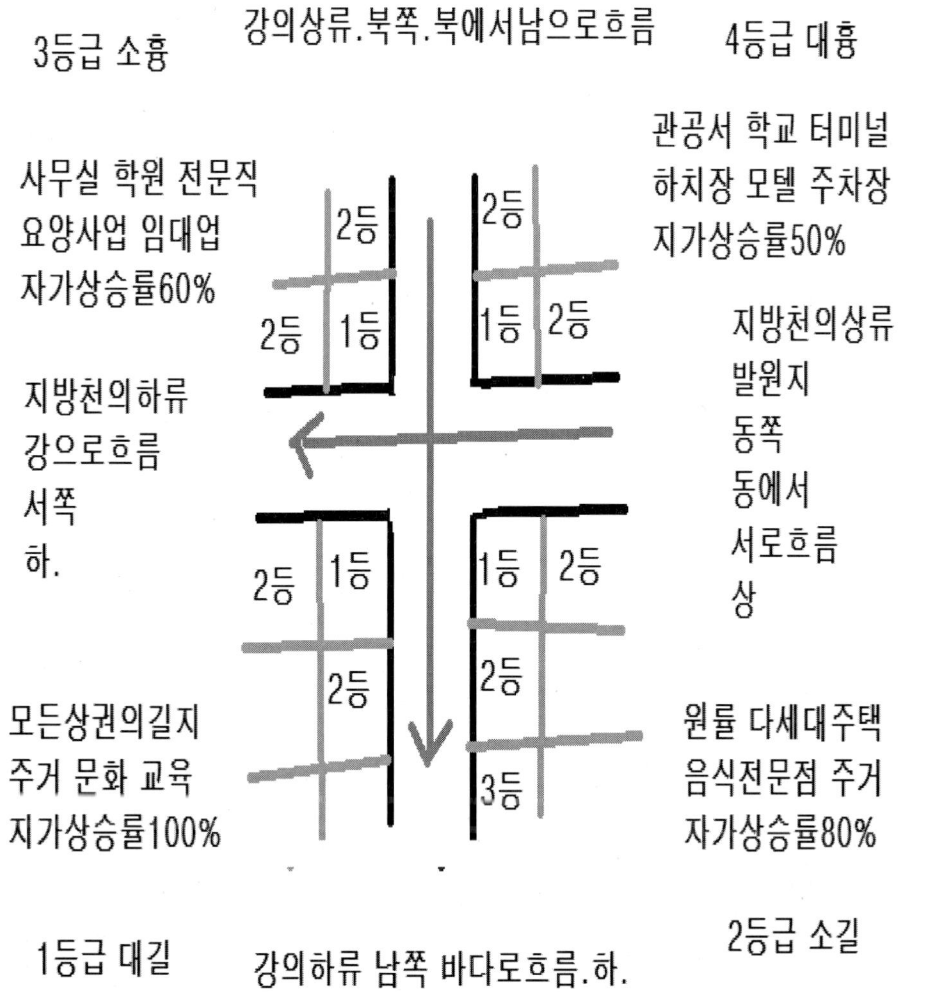


사거리에서 아디야 커피 평창 버스터미널 평창 가구마을이 있는 지역이 1등급 지역으로 구분할 수 있으며 사거리에서 동남쪽 농업은행 평창 이용소방대 백오 아파트가 있는 지역이 2등급 지역으로 구분할 수 있을 것입니다.

사거리에서 다문화가족 지원 센-타 평창고등학교 평창군청 평창소방수가 잇는 지역이 3등급 지역으로 구분할 수 있으며 사거리에서 동북쪽 평창 우체국 평창읍사무고 평창 교육 지원청 평창 고등학교가 있는 지역이 4등급 지역으로 구분해 볼 수 있을 것입니다. 등급지의 이미는 그림에서 참고하세요.

평창군 전체를 보는 지역별 등급 지와 경사도 그리고 도로에서 보는 4등급 지역의 지번을 선택하고 나면 그 지번에 출입문을 보아야 합니다.

아래 그림은 각 지번에 따른 출입문 위치도입니다.

그림에서 설명을 참고하세요.

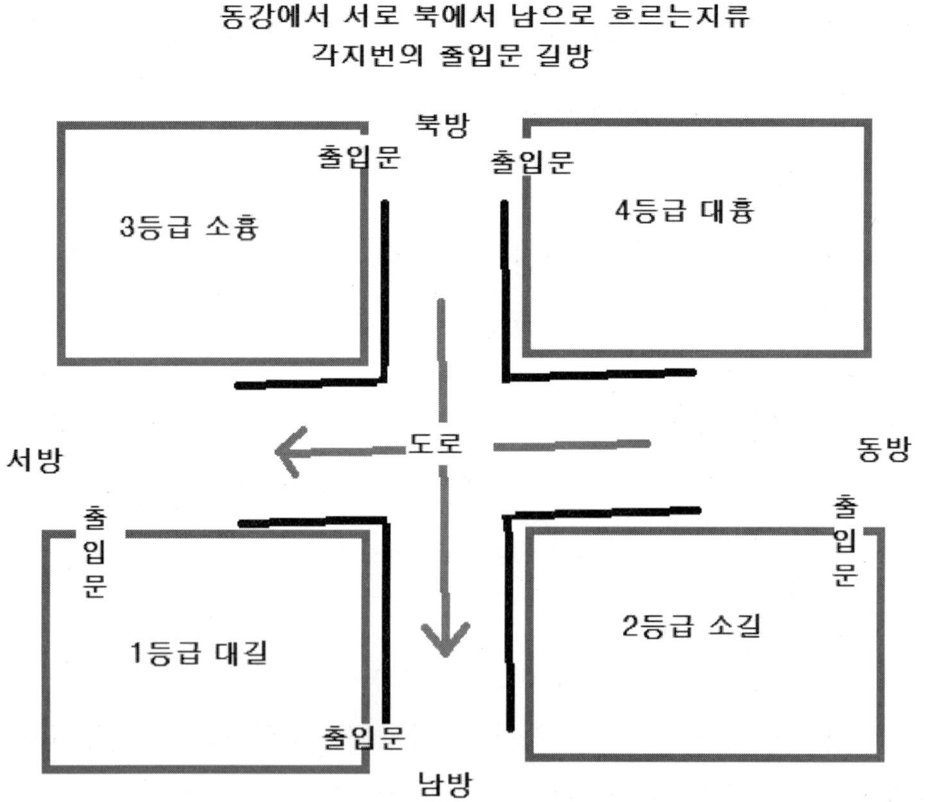

## 8등급 지역 정선군

정선군 전체 8등급 지운 보기입니다.

남한강과 동강이 만나는 지점에 지운 자를 놓고 동강의 발원지를 향해 1등급 2등급 지를 구분해서 지류의 강약을 구분해 보는 것입니다.

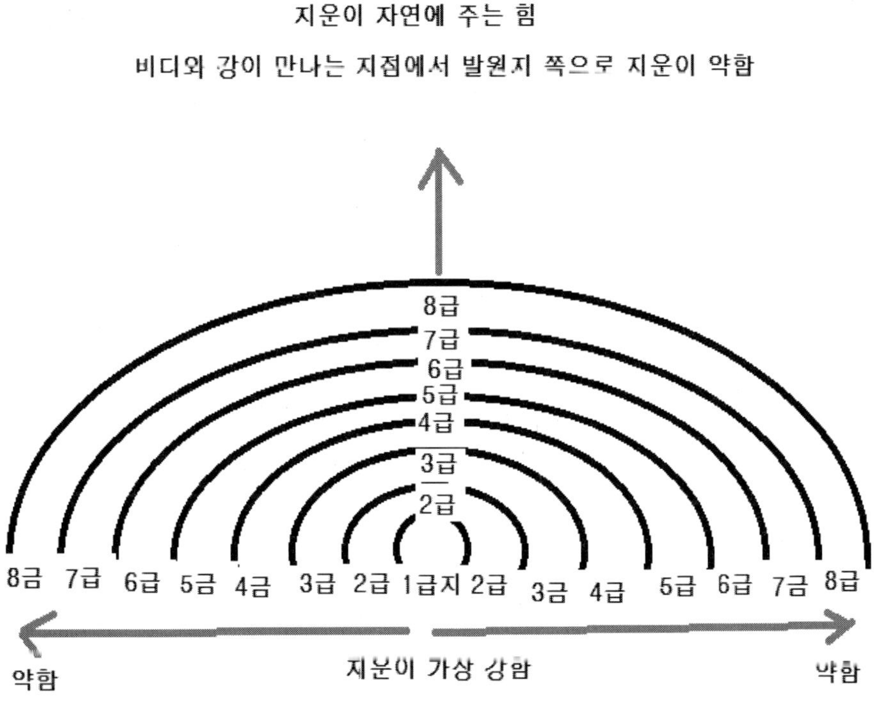


정선 군청 정선 고등학교 정선 아리랑 시장 정선법원이 있는 지역이 1등급 지역으로 구분할 수 있으며 정선군 행정지원센-타 봉양초등학교 정선 종합운동장이 있는 지역이 2등급 지역으로 구분할 수 있을 것입니다.

봉양리 마을회관 경로당 벽탄초등학교 임씨네 농장이 있는 지역이 3등급 지역으로 구분할 수 있을 것이며 정선 생태체험 학습장 광하리 마을회관 귤암 노인회관이 있는 지역이 4등급 지역으로 구분할 수 있을 것입니다.

예미역 신동읍 복지센-타 하나로 마트 신동파출소가 있는 지역이 5등급 지역으로 구분할 수 있으며 정희 농박 별 품은강 덕천교회 예미초등학교가 있는 지역이 6등급 지역으로 구분할 수 있습니다.

나전역 북평면 복지센-타 정선군 농업 기술센-타가 있는 지역이 7등급 지역으로 구분할 수 있으며 여랑면 버스 터미널 아우라지 관광지 아루라지 마을회관이 있는 지역이 정선군 8등급 지역으로 구분할 수 있을 것입니다.

등급지역을 구분하고 나면 경사도를 참고해야 합니다.
다음 그림은 지번에 관한 경사도에 관한 길흉도입니다.
그림을 보고 참고하세요. 경사도는 지운의 균형을 보는 것입니다.

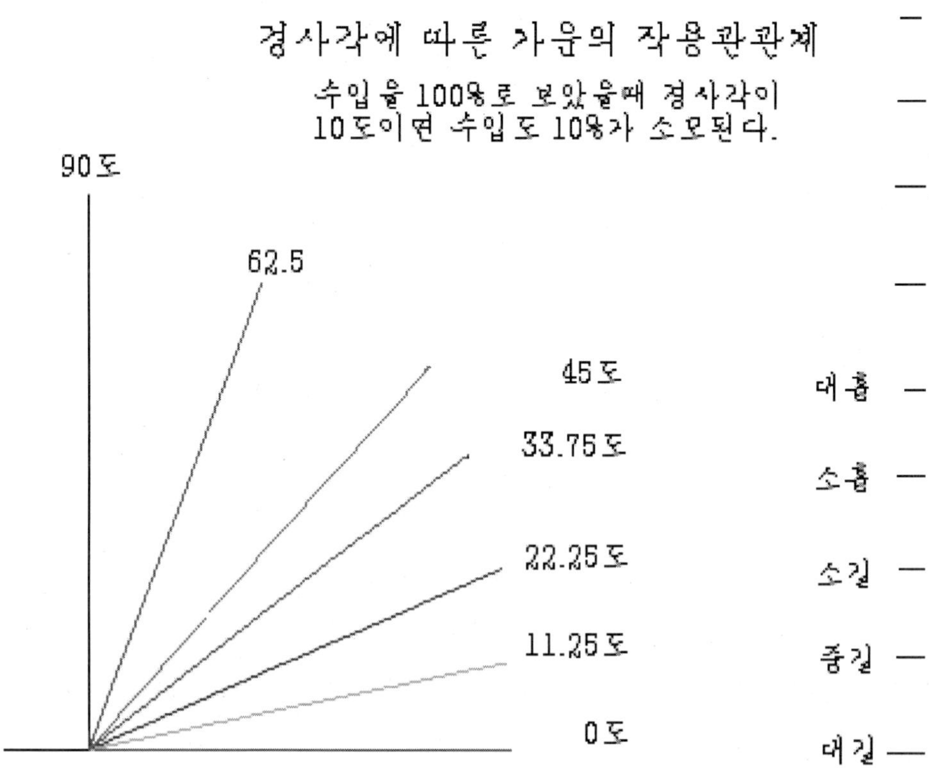

8등급 지역별 선택과 지운보기 그리고 경사도를 보고나면 선택한 지번에 따른 도로에서 보는 4등급 지역 길흉관계입니다.

아래의 그림에서 참고 하세요.

정선군 읍사무소 앞 사거리에서 보는 4등급 지역의 길흉관계입니다.

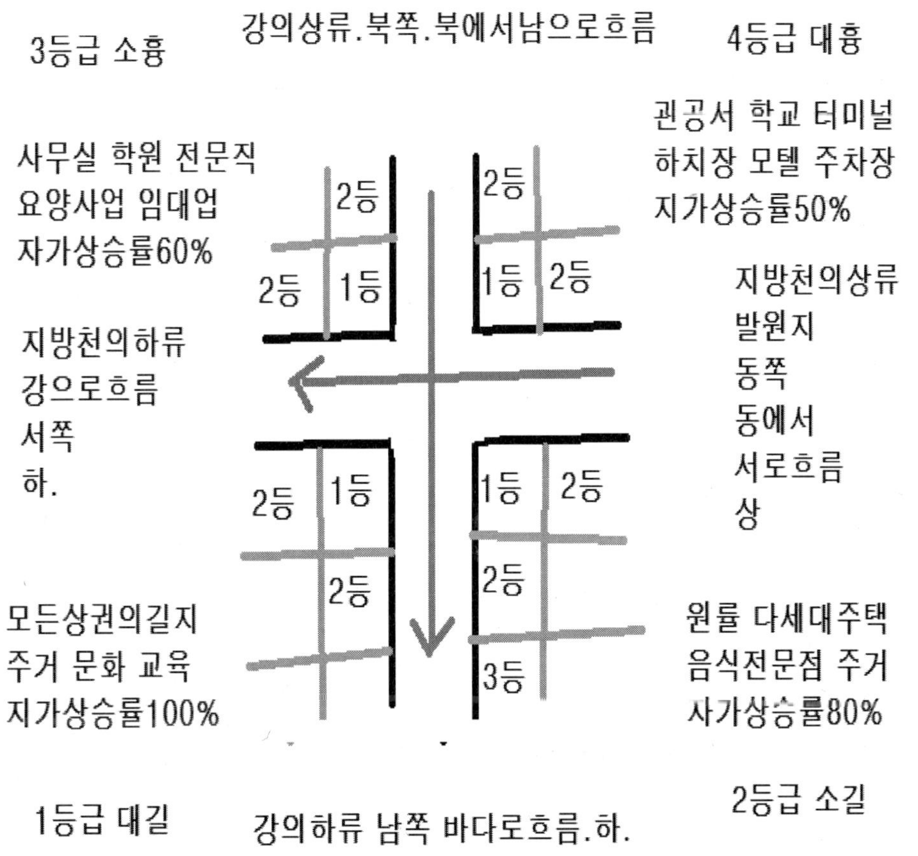


사거리에서 서남쪽 정선축협 정선국유림 관리소 정선 초등학교 정선정보 공업고등학교 정선 버스터미널이 있는 지역이 1등급 지역으로 구분할 수 있으며 사거리에서 동남쪽 아맛나 슈퍼 춘천지방법원 대한법률 구조단 하나로 마트가 있는 지역이 2등급 지역으로 구분할 수 있습니다.

사거리에서 원주 쌀 상회 정선군청 정선초등학교가 있는 지역이 3등급 지역으로 구분할 수 있으며 동북쪽 정선낚시 강원일보 정선교육 지원청 정선향교가 있는 지역이 4등급 지역으로 구분해 볼 수 있습니다.

등급지역과 경사도 그리고 4등급 지역의 길흉관계를 보고 나서 원하는 지번을 선택하면 그 지번에 건물의 출입문 길흉을 보아야 합니다.

아래 그림은 출입문 길흉도입니다.

지역별 등급 지와 경사도 지번에서 선택한 지번에 출입문 관계입니다.

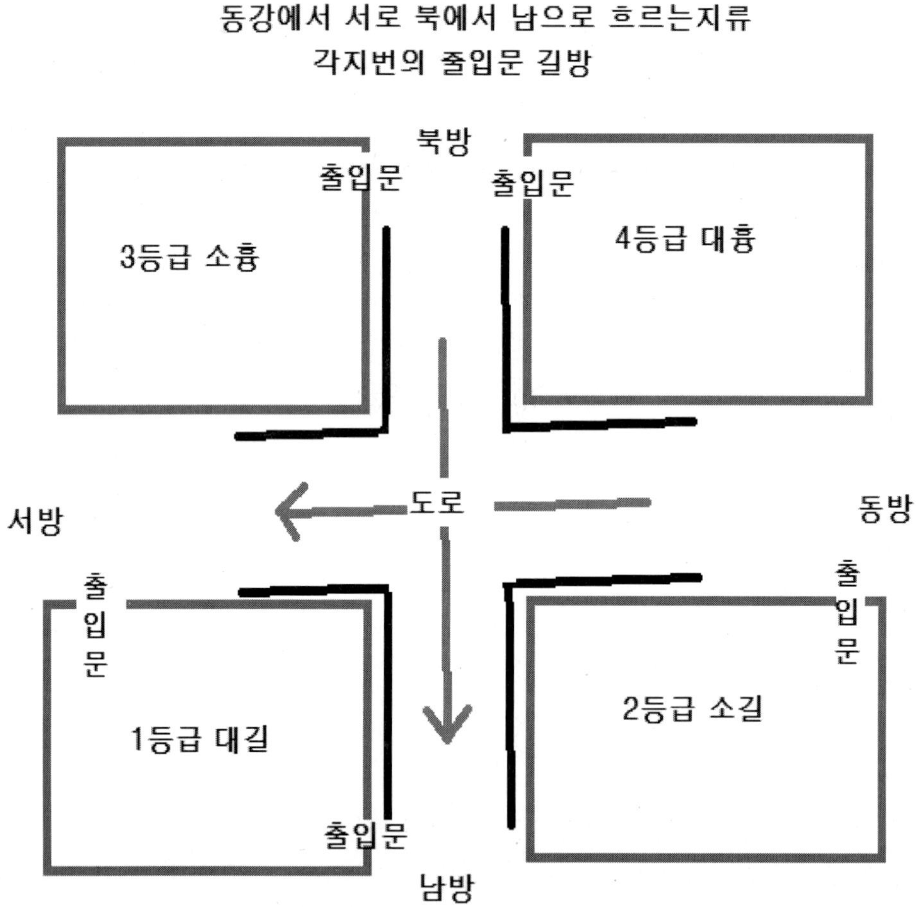

# 제 5 편

# 금강 유역의 지운보기

제5편
# 금강 유역의 지운보기

금강은 약 400킬로미터의 우리나라에서 3번 째 긴 강으로 알고 있습니다. 강의길이에 8등분하여 하류지역에서 상류로 올라가면서 1 2 3등급 지역으로 구분합니다. 1등급 지역을 하천이라고 하고 인체의 발바닥에 비교할 수 있습니다. 군산시 동백대교에서 익산시 황산대교 까지를 1등급 지역으로 구분할 수 있습니다. 아래 그림에서 지운을 보는 자와 좌우 수평 자를 이용한 그림입니다. 군산시 동백대교에서 동향으로 금강의 하류로 가면서 1등급 지역 2 3등급 지역으로 구분하세요.

## 1등급 지역 하천(河川) 군산시

군산대교에서 황산대교까지 구분하면 북으로는 서천군이 있고 남으로는 익산시가 위치하고 있다. 군산 익산은 금강의 400킬로의 기류가 군산항을 밀어주어 금강의 1등급 지역이다.

항만 무역 유통으로 개발과 발전이 유망한 지역입니다.

인체의 나이로는 10대를 의미하고 미숙하지만 앞으로 개발이나 발전할 기회가 많다고 할 수 있습니다. 인체에비유하면 발바닥

경재효율성은 90%입니다.

## 2등급 지역 석천(石川) 익산 김제시

다음은 2등급 지역으로 볼 수 있는 황산대교에서 왕진교까지를 금강의 2등급 지역으로 구분할 수 있으며 현제는 농업과 식량공급 축산 다수의 과수원 유형으로 경제를 기반으로 살아가고 있지만 미래에는 우리나라의 경재발원에 원동력이 될 수 있는 지역이다.

인체의 나이로는 20대로 볼 수 있으며 경제 효율성은 80%로 가정할 수 있다. 인체에 비유하면 종아리

## 3등급 지역 초천(초천) 공주시

황진교 에서 청벽대교 까지를 금강의 3등급 지역으로 볼 수 있으며 지금은 농업과 축산 특산물 약간의 상공업으로 진보 될 수 있는 지역 이지만 우리나라 정치 문화 교육의 밑거름이 될 수 있는 지역이다.

인체의 나이로는 30대로 볼 수 있으며 경재효율성은 70%로 가정할 수 있지만 지운의 변화가 많아 잘 구별해 보아야 할 지역입니다.

인체의 비유하면 허벅지.

## 4등급 지역지천 (地川) 세종시

청벽대교에 외천천 까지를 4등급 지역으로 40%의 농지와 60%의 산지로 조성된 지역으로 농업축산 특산물과 교육 약간의 상공업이 교류하는 지역으로 볼 수 있으며 성공과 실패가 공존하여 지번을 잘 살펴보아야 할 예민한 지역이다. 인체의 나이로는 40대로 볼 수 있으며 지가가 주는 경재 효율성은 60%로 볼 수 있다. 인체에 비유하면 배꼽아리 성기 대장

## 5등급 지역 (화천) 대전광역시

외천 천에서 수생식물 학습원이 있는 지역 까지를 5등급 지역으로 구분 할 수 있으며 30%의 농지와 70%의 산지로 구성된 지역으로 농업과 상공업 특산물 관광 체험장 수련원 요양시설 등으로 활용되는 지역으로 청정지역이라 규제가 많아 개발이 늦어 질 수 있는 지역으로 볼 수 있습니다. 인체의 나이로는 50대로 볼 수 있으며 지운이 주는 경재효과는 50%입니다.

인체에 비유하면 위 십이지장 췌장

## 6등급 지역 황천(荒川) 옥천 영동군

수생 식물 학습원에서 영동 천과 만나는 지점 양강교 지역이 6등급 지역으로 볼 수 있으며 청정지역으로 제한이 많아 짓는 농사보다 수집하는 농업과 체험장 수련원 산 약초 버섯 사찰 휴양지 묘지 전원 주택지로 구분해 볼 수 있는 지역이다. 인체의 나이로는 60대로 볼 수 있으며 지운이 주는 경재효율성은 40%다. 객지에서 성장하여 노년에 안식처로 찾아오는 지역이며 인체에 비유하면 가슴 폐 심장 갈비뼈

## 7등급 지역 임천(林川) 무주군 금산군

양강 교에서 남대천과 금강이 만나는 지점 용포교 까지를 7등급 지역으로 부모로부터 물려받은 터를 버리지 못하고 대를 물려 살아가는 순박한 사람들의 터전이라고 할 수 있는 지역입니다. 인체의 나이로는 70대를 의미하며 지운이 주는 경재효휼성은 30%로 볼 수 있으며 인체의 비유하면 목 어깨 팔에 비유할 수 있습니다.

## 8등급 지역 산천(山川) 진안군 장수군

용포 교 에서 진안군 마이산 장수군까지를 8등급 지역으로 순박하고 법 없이 살아가는 신선의 경지라고 하고 싶습니다. 국구가기관의 관장의 영역 분기점 감시원 경계선 통신 관상용 관광 기도원 요양사업 휴양지로 구별해 볼 수 있는 지역입니다. 인체의 나이로는 80대로 볼 수 있으며 지운이 주는 경재효율성은 20%입니다. 인체에 비유하면 머리 정수리 눈 코 귀 부분이라고 할 수 있습니다. 이렇게 수직자로 지운의 등급을 구분하고 그리고 좌우 수평자로 구분하는 법을 숙지하세요.

# 금강의 지운보기

## 1 등급 하천(河川) 군산시

군산시 8등급 지역 구분하기입니다.

군산자유 무역지역 새만금 마을공원 한성필 하우스 아파트 하모돈트 코리아가 있는 지역이 1등급 지역으로 구분할 수 있으며 한국전력공사 군산지사 월명동 복지 센-다 군산중동교회 군산 고등학교 군산 서흥 초등하교가 있는 지역이 2등급 지역으로 구분할 수 있을 것입니다.

이마트 군산시청 군산 미창 초등학교가 있는 주변이 3등급 지역으로 구분할 수 있으며 옥서면 사무소 수산리 여은리 주변 논밭이 있는 지역이 4등급 지역으로 구분할 수 있습니다. 화현면 사무소 봉뫼 산 옥구읍 사무소 오봉초등학교가 있는 지역이 5등급 지역으로 구분할 수 있으며 지경 리 추진 장애인 자립작업장 대아남 공설 버스터미널 대아남 초등학교주변이 6등급 지역으로 구분할 수 있을 것입니다.

주곡 리 주변 나포면 사무소 내촌마을 회관 성산공원 주변이 7등급 지역으로 구분할 수 있으며 서구면 주변 마룡 초등학교 서수면 사무소 금암 초등학교주변이 8등급 지역으로 구분할 수 있을 것입니다.

이렇게 군산시의 지역별 8등급 지역을 구분해 볼 수 있을 것입니다.

다음은 군산시에서 보는 지운보기입니다.

금강과 경포천이 만나는 지점에 지운 자를 남향으로 놓고 1등급 2 3 등급으로 설정을 하세요. 아래의 그림을 참고 하세요.

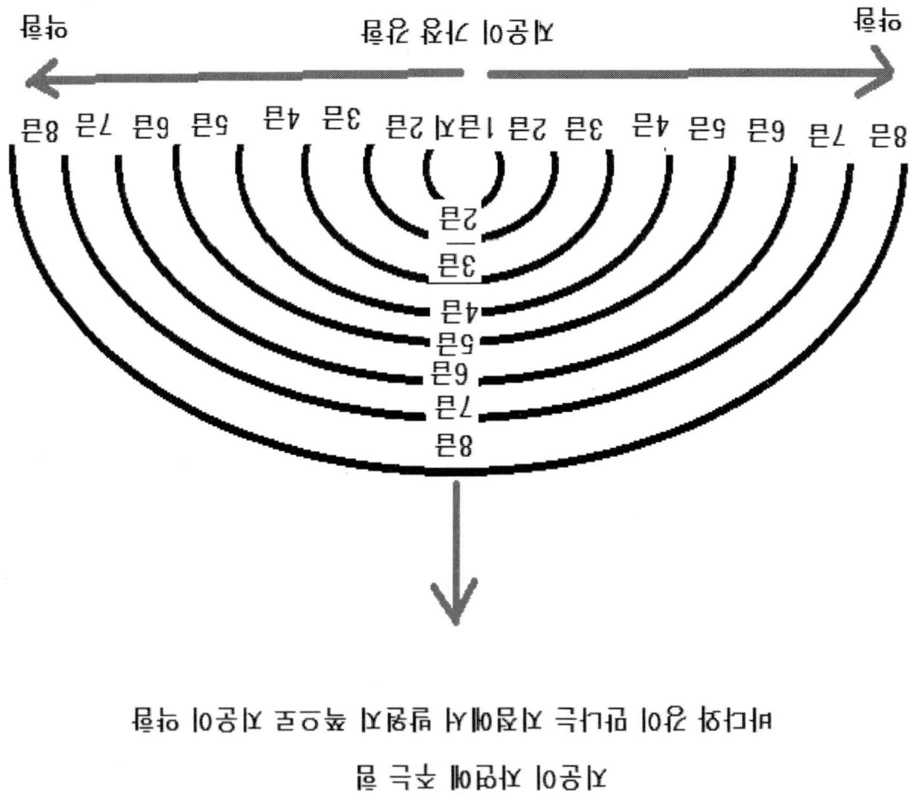

1등급 발전본부 이마트 2등급 군산 경찰서 구암 초등학교 3등급 연일 아파트 경미 경로당 4등급 열방교회 현대마트 대명 아파트 한양기공사 5등급 삼일 자동차 공업사 군산 대한교회 6등급 파인빌 2차아파트 군산 한일교회 7등급 삼성 쉐르빌 아파트 군산 미장 휴먼시아 아파트 8등급 아이파크 아파트 중앙 장례식장등으로 8등급으로 구분 하세요.

이러한 의미는 좌우 수평 자를 가지고 모두 같은 방법으로 보는 것입니다. 그리고 자기가 사는 곳이 라던가 상가 공장 지번이 있는 곳이 수직으로 몇 등급 지역이며 좌우 수평지역에서는 몇 등급지에 해당 하는지를 보고 길흉관계 라던가 지운의 의미를 분석해 보는 것입니다.

다음은 지번을 구분해 보았으면 그 지번에 경사지를 보아야 합니다.
아래의 그림은 경사지의 길흉관계입니다.

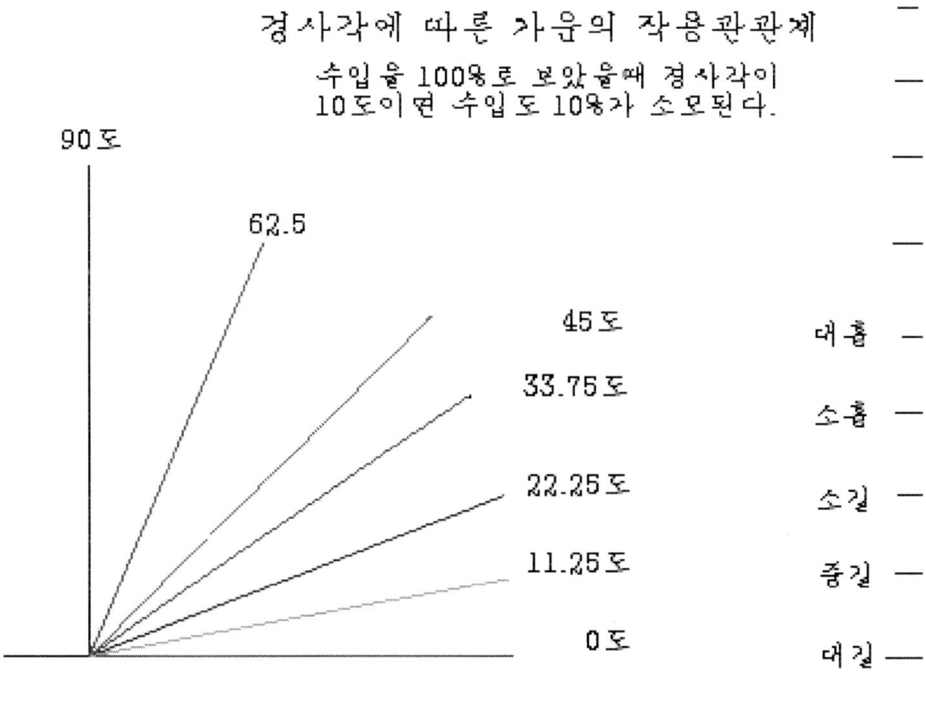

다음은 도로에서 보는 4등급 지역의 길흉을 분석해 보세요.

아래의 그림을 참고 하세요.

군산시의 중심가 수송 사거리에서 보는 지운입니다.

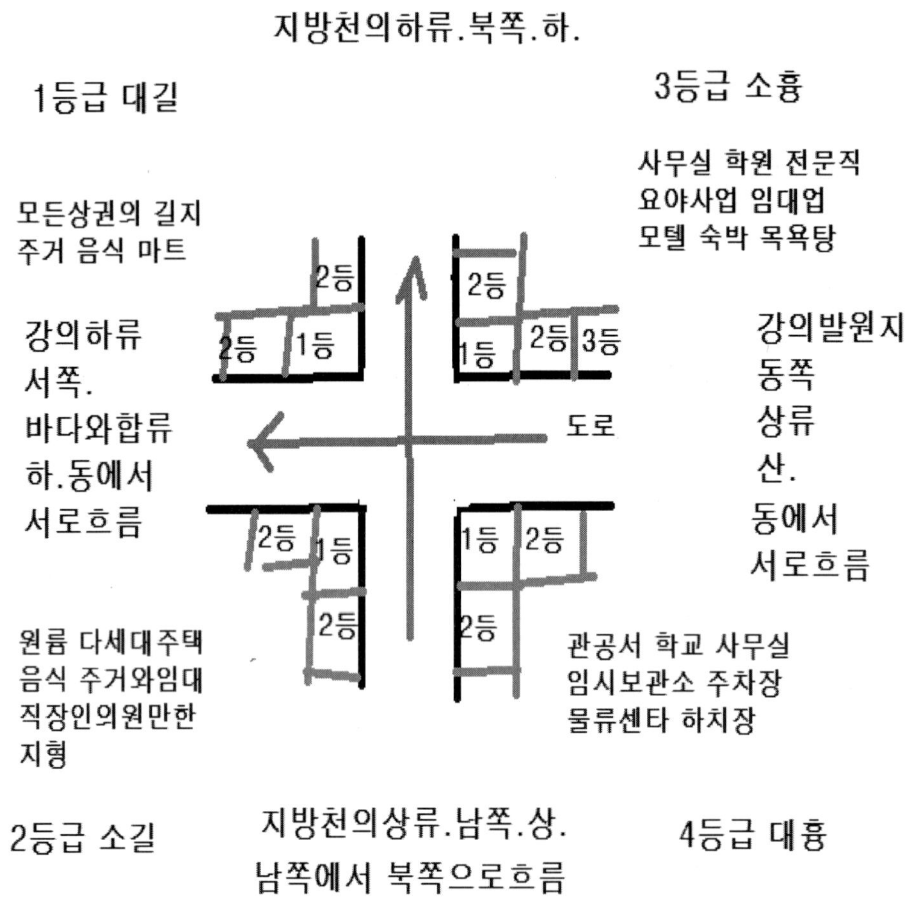


수송 사거리에서 서북쪽 방향 한국 금 거래소 골든 벨 드림 스타트 센-타 군산 서흥 중학교 군산 해양경찰서가 있는 지역이 1등급 지역으로 볼 수 있습니다. 서남쪽 방향 삼성 로-알 의원 군산 명화학교 군산 의료원이 있는 지역이 2등급 지역으로 가정할 수 있습니다.

수송 사거리에서 동북쪽 방향 롯데 하이마트 수송 아이파크 아파트 이마트 군산 경찰서가 있는 지역이 3등급 지역이며 동남쪽 현대 자동차 군산지점 군산 수송공원 군산 시청이 있는 지역이 4등급 지역으로 구분해 볼 수 있는 지역입니다 4등급 지역의 길흉관계 적성은 그림에서 참고하세요.

지번이 선택하였으면 그 지번에 건축물에 따른 출입문 길흉을 살펴보아야 할 것입니다. 출입문이란 희 노 애 락이 교차하는 관문 입니다.

아래의 그림에서 출입문의 길흉관계를 참고 하세요.

그러므로 그림에서 표시한 위치를 참고하세요.

**강에서 서로 남에서 북으로 흐르는 지류**

**각 지번의 출입문 길방**

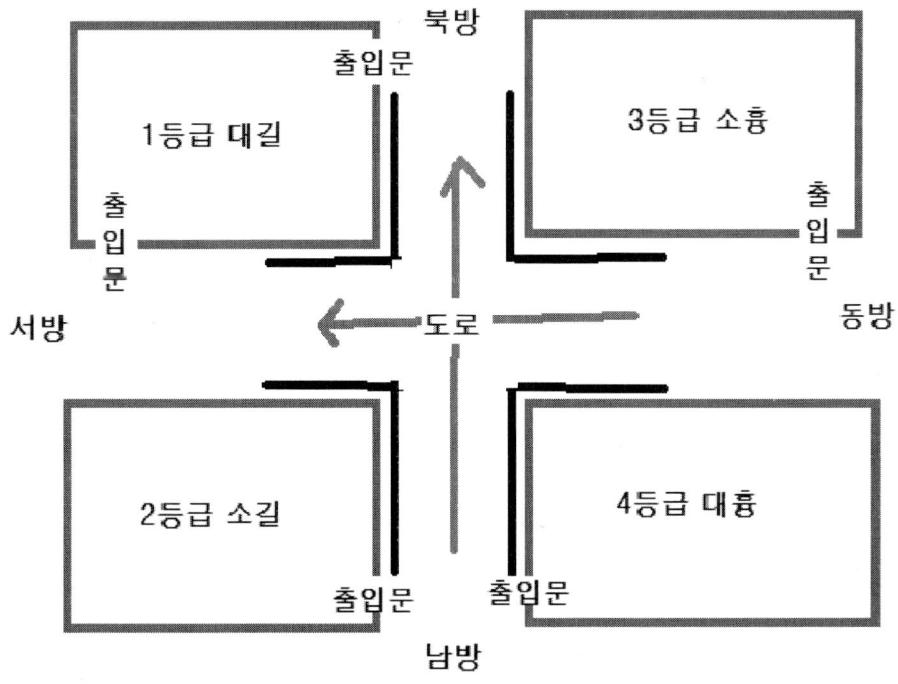

## 2등급 지역 석천(石川)익산시 김제시

익산시 8등급 지역 구분하기입니다. 아래의 그림을 참고 하세요.

중산 천과 죽정천의 발원지 까지를 8등분 하여 각 등급지의 지운의 힘은 측정 하여 나누어 보세요. 이 지역은 지금은 곡창지대라서 개발이 늦어질 수 있어 가능성이 없어 보이지만 나중에 논밭에서 나는 식량 증산으로 크게 수익을 낼 수 있으며 나지막한 산들은 생활에 큰 복을 받을 것입니다.

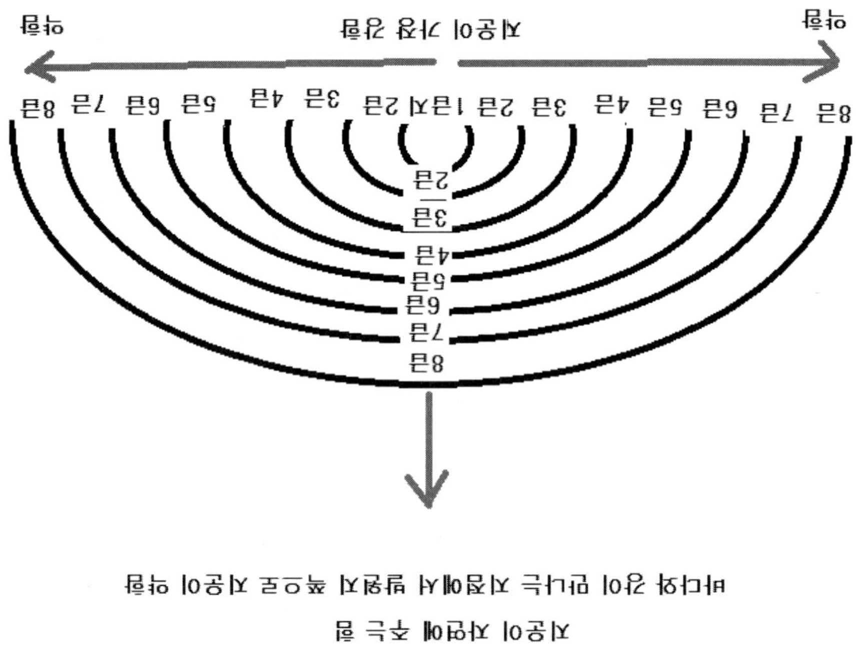


오산면 신지리 남전리 문화마을 복지회관 오산남 초등학교 오산면 복지 센-테 백제 고등하교가 있는 주변이 익산시 1등급 지역으로 구분할 수 있으며 익산시청 익산공항 버스 터미널 이리신흥 초등학교 주변이 2등급 지역으로 구분할 수 있습니다.

삼포리 덕실리 춘포면 복지 센-타 이리 석암초등학교가 있는 지역이 3등급 지역으로 구분할 수 있으며 신성 리 다망 리 신동 리 함라 중학교가 있는 논밭 주변이 4등급 지역으로 구분할 수 있을 것입니다.

석동리 법성리 청리 구산리 용 안면 주변이 5등급 지역으로 구분할 수 있으며 신적리 장선리 화산리 망성면 복지 센-타가 있는 지역이 6등급 지역으로 구분할 수 있을 것입니다. 용궁면 발산리 쌍제리 용궁면 행정복지 센-타가 있는 지역이 7등급 지역으로 구분할 수 있으며 익산제 3 일반산업단지 삼기면 낭사면 두여 리 여산 시외버스 터미널이 있는 지역이 8등급 지역으로 구별할 수 있을 것입니다.

다음은 지번에서 보는 경사지의 길흉관계입니다. 아래 그림을 참고 하세요. 경사도는 지운의 균형을 보는 것입니다.

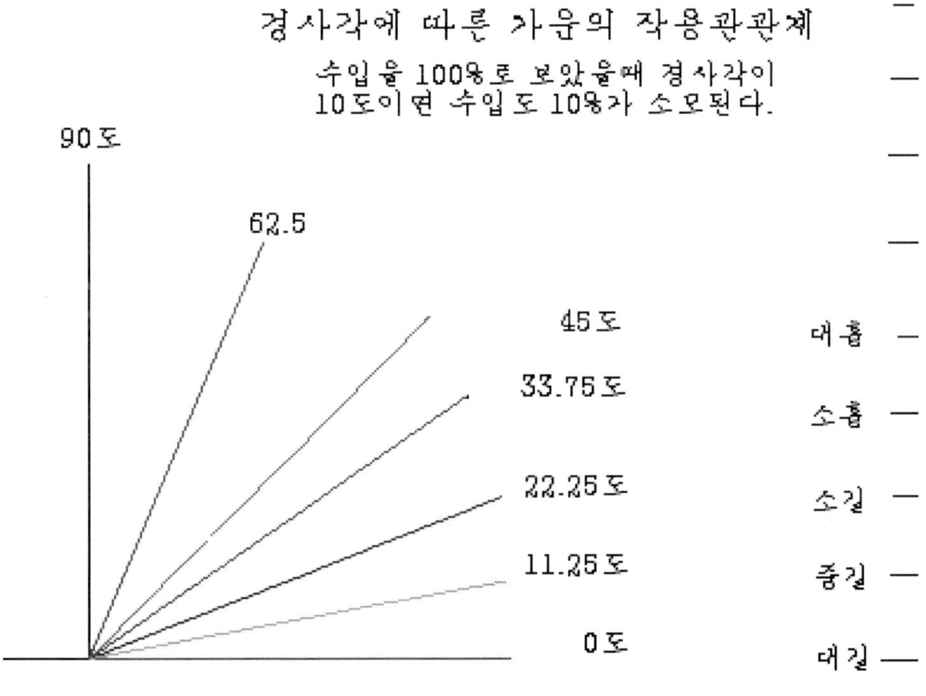

다음은 도로에서 보는 4길지의 길흉관계입니다.

익산시청 앞 사거리에서 보는 길흉도입니다.

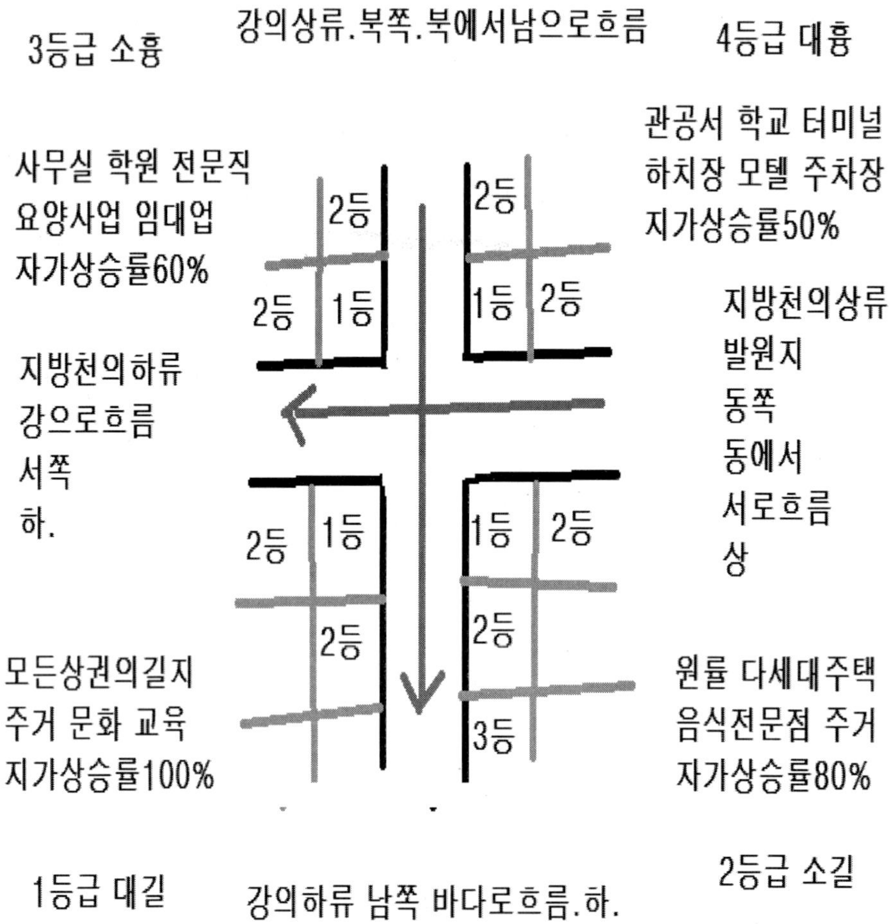


사청 앞 사거리에서 서남쪽 방향 교보생명 남성 아파트 이리 여자고등학교 우석 장례식장이 있는 지역이 1등급 지역으로 가정할 수 있으며 동남쪽 시청 앞 사진관 익산 국민생활관 이리 동중학교가 있는 지역이 2등급 지역으로 가정할 수 있습니다.

서북쪽 신동 한의원 농업회사법인 봄사랑 이리 고등학교 원광 여자 중고등학교가 있는 지역이 3등급 지로 가정할 수 있으며 동북향 익산 시청 전북 기계공업 고등학교 부송도서관 익산 궁동초등학교가 있는 지역이 4등급 지역으로 볼 수 있습니다.

지번을 선택 하였으면 지번에 따른 출입문 길흉관계입니다.

아래 그림을 참고 하세요.

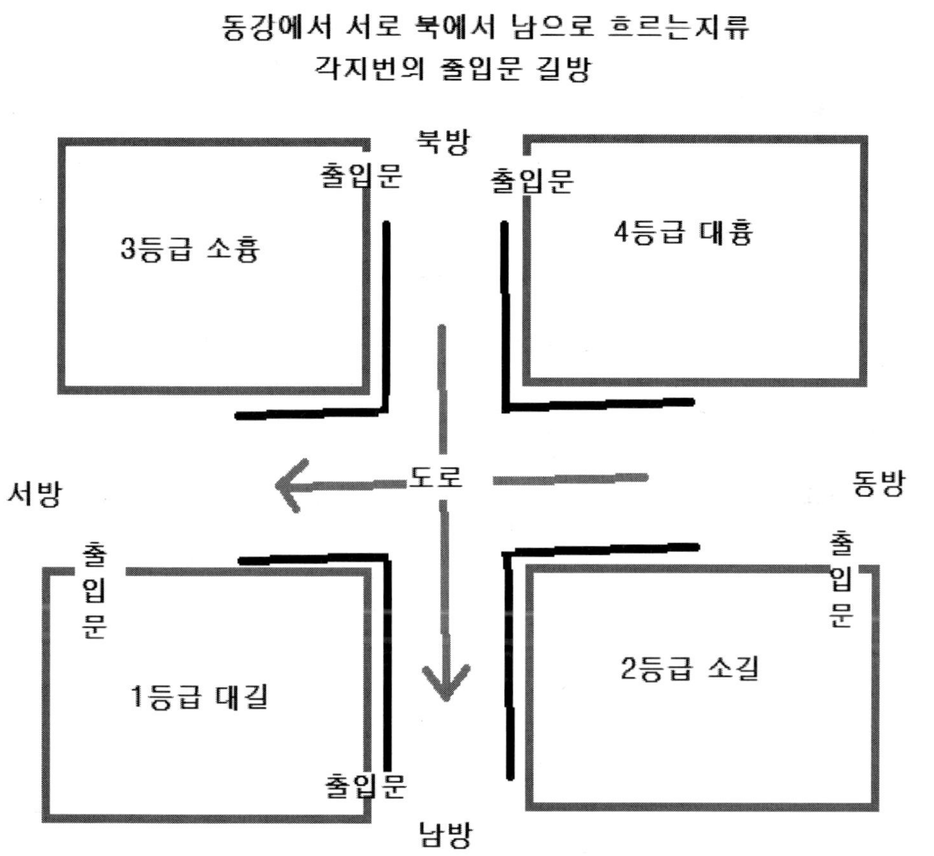


출입문 관계도 지운을 보는 입장에서는 중요하므로 신중하게 참고 하세요.

그림에서 표시한 위치에 출입문을 참고하세요.

## 김제시

김제시 전체 지역의 8등급 지역의 구분입니다.

김제시는 만경강과 동진강의 양쪽 강에서 지운을 받아 우리나라 제1의 지운을 가지고 있는 지역으로 보아도 손색이 없을 것 입니다.

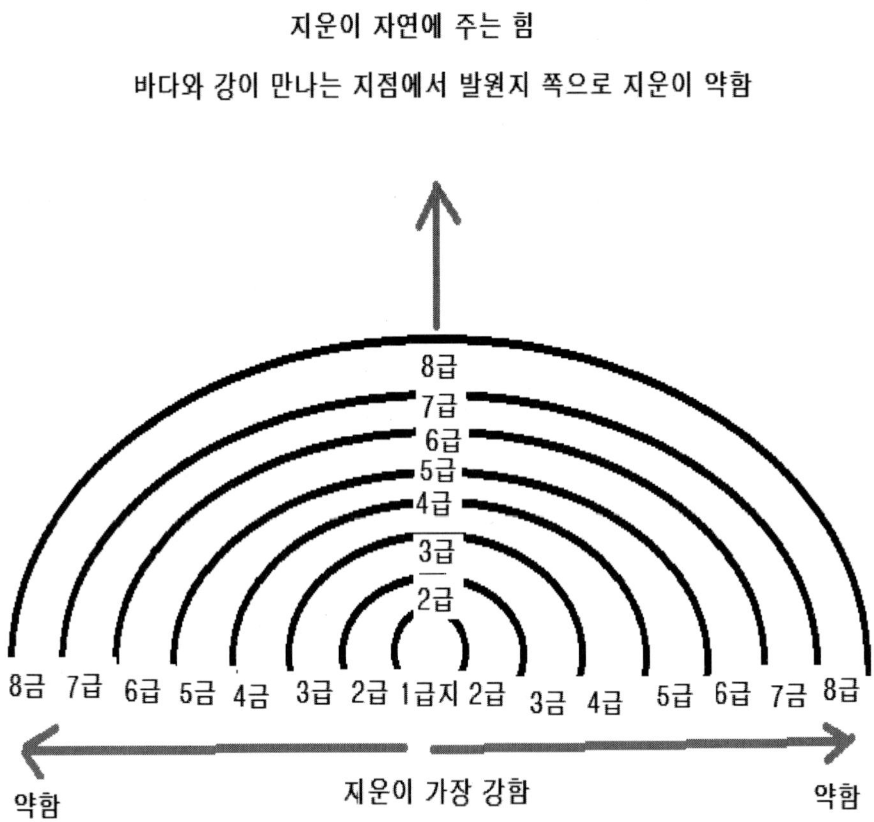


장제리 광활면 복지센-타 옥포리 지봉면 복지 센-타 만경 여자 고등학교가 있는 주변이 1등급 지역으로 구분할 수 있으며 동지 산리 청하초등학교 제말리 월현리 주변의 논밭이 2등급 지역으로 구분할 수 있습니다.

종신리 죽산리 금강리 죽산초등학교 주변이 3등급 지역으로 구분할 수 있으며 부량면 김제월촌 농공단지 김제시청이 있는 주변이 4등급 지역으로 구분할 수 있습니다.

월성 초등학교 황산면 복지 센-타 봉남 초등학교 주변이 5등급 지역으로 구분할 수 있으며 화봉리 구정리 금산면 복지센-타 금남 초등학교 주변이 6등급 지역으로 구분할 수 있을 것입니다. 김제북초등학교 황산 복지 센-타 봉월면 주변이 7등급 지역으로 구분할 수 있으며 용지리 금구면 복지센-타 남양 초등학교 주변이 8등급 지역으로 구분할 수 있을 것입니다.

• 가운도

가운도는 지운의 균형을 보는 것입니다. 가운 도에서 경사각의 길흉관계를 살펴보시고 느껴보세요.

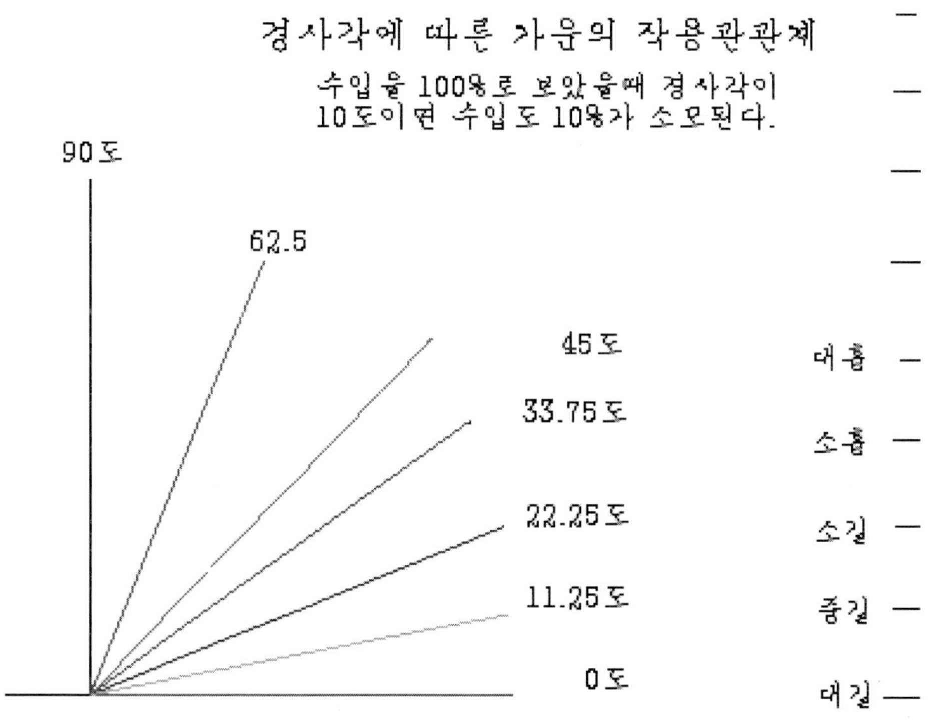

다음은 도로에서 보는 4길지의 길흉관계를 보세요.

아래 그림은 김제시청 앞 구산사거리에서 보는 4등급지역의 길흉관계입니다.

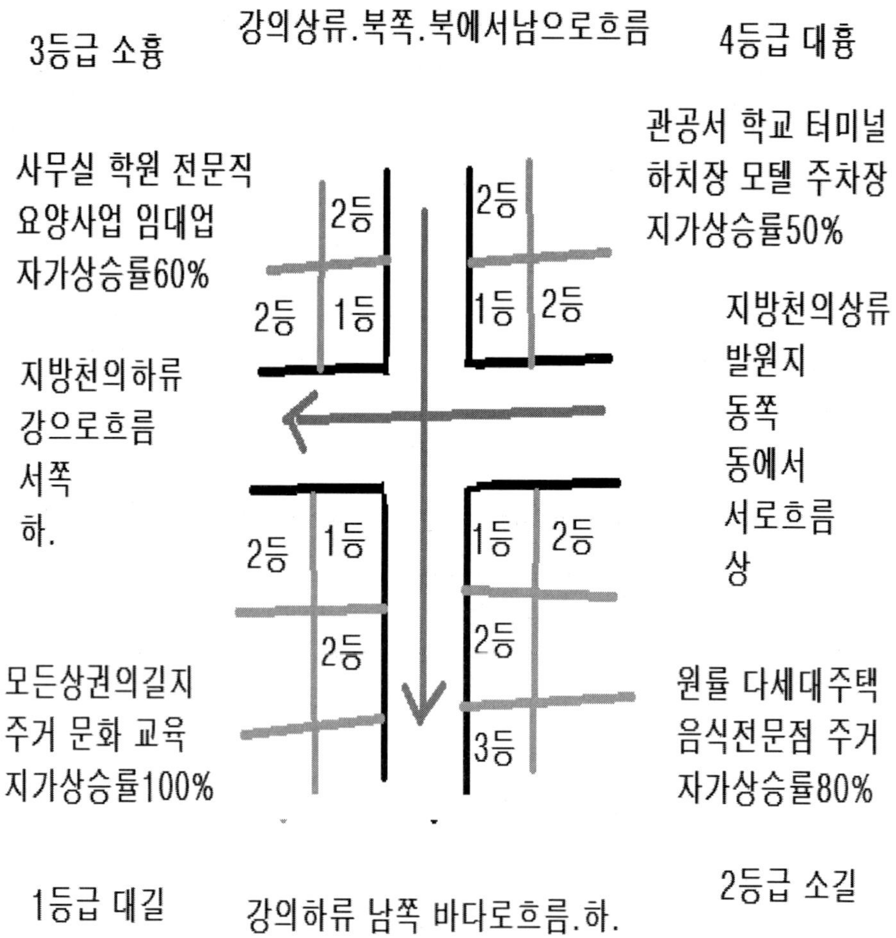


남쪽아래 김제 요촌동 우편 취급국 김제 중앙중학교 김제 하우스 디 아파트가 있는 지역이 1등급 지역으로 볼 수 있으며 동남쪽 방향으로 반딧불 교육 복지원 한국 타이어 김제 중고등 학교 가 있는 지역이 2등급 지역으로 구분할 수 있습니다.

구산 사거리에서 서북쪽으로 김제 시청 김제 월촌 농공단지 광활면 방면이 3등급 지역으로 가정할 수 있으며 동북쪽 방향 반딧불 교육 진흥원 하나 이비인후과 김제 버스터미널 국민건강 보험공단이 김제 장례식장이 있는 지역이 4등급 지역으로 구분해 볼 수 있습니다.

4등급지의 길흉관계 지운의 의미는 그림에서 참고 하세요.

다음은 출입문 길흉관계입니다.

출입문은 그 지번의 건물에 길흉관계를 관장하는 수위실과 같은 의미입니다.

수위실이 잘 조화로워야 집안이 편안한 것입니다. 아래 그림을 참고 하세요.

그림에서 표시한 위치를 참고하여 행운을 맞이하세요.

동강에서 서로 북에서 남으로 흐르는지류
각지번의 출입문 길방

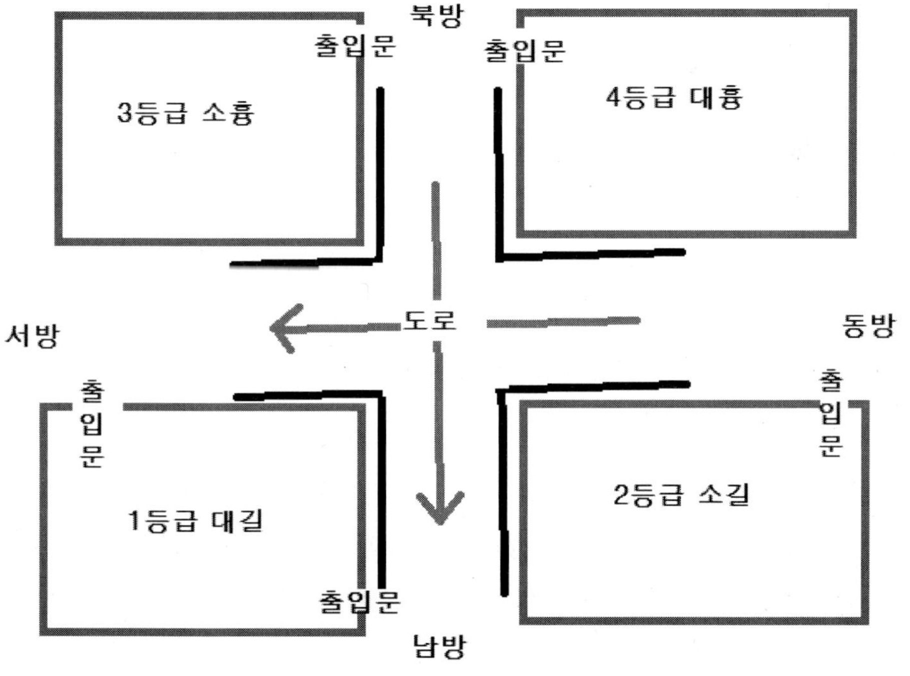

김제시의 풍수를 써다보니 하고 싶은 말이 많네요. 우리나라에는 쌀뒤주가 4개가 있는데 그 하나가 김제 익산 전주 논산평야에 있으며 경기평야가 2번째의 뒤주가 될 것이며 3번째 뒤주가 호남평야가 될 것이며 4번째가 김해 창원 양산 밀양 평야로 볼 수 있을 것입니다. 뒤주는 온 식구가 먹고 살아야할 곡식 창고입니다. 창고를 허물어 도시가 되면 현제는 지가 형성으로 부를 얻을지는 모르지만 머지않아 굶어 죽는 꼴이 됩니다.

이미 4번째 뒤주는 반 토막이 났지만 더 이상 뒤주를 깨는 일은 없어야 할 것입니다. 1970년 이후 농지를 매립해서 신도시를 만들면서 빈부의 격차가 심해지고 사람과 사람사이에 불신이 팽배해지고 있다는 사실을 인지해 주었으면 합니다. 우리나라 4대 곡창지대를 허물어 뒤주를 깨어버리는 일은 없었으면 하는 마음입니다.

## 2등급 지역 논산시

논산시의 8등급 지역 구분해보기입니다.

논산시의 서남간 지역 봉선사 강경중학교 대전지방법원 한미식품 논산공장 장화 리 주변이 1등급 지역으로 구분할 수 있으며 개척 리 병촌 리 삼산 리 삼호 리 주변 논밭이 2등급 지역으로 구분해 볼 수 있을 것입니다.

신화리 봉동리 베이스볼 파크 황화초등학교 연무초등학교 주변이 3등급 지역으로 구분할 수 있으며 논산시청 논산버스 터미널 화산리 채운면 사무소가 있는 주변이 4등급으로 구분할 수 있을 것입니다.

논산 노강서원 신당리 덕운리 광리 광석중학교가 있는 주변이 5등급 지역으로 구분할 수 있으며 아호리 부적초등학교 덕평리 덕은 감리교회 탑정리 주변이 6등급 지역으로 구분할 수 있을 것입니다.

주곡리 노성면 사무소 학당리 대명초등학교 금강대학교가 있는 지역이 7등급 지역으로 구분할 수 있으며 목곡리 가야곡 초중학교 국방대학교 건양고등학교 양촌면 사무소가 있는 지역이 8등급 지역으로 구분할 수 있을 것입니다.

지운 자로 보는 논산시 지운보기입니다.

금강에서 논산 천과 만나는 지점에 지운 자를 놓고 탑정호 까지를 8등분하여 지운을 측정하세요.

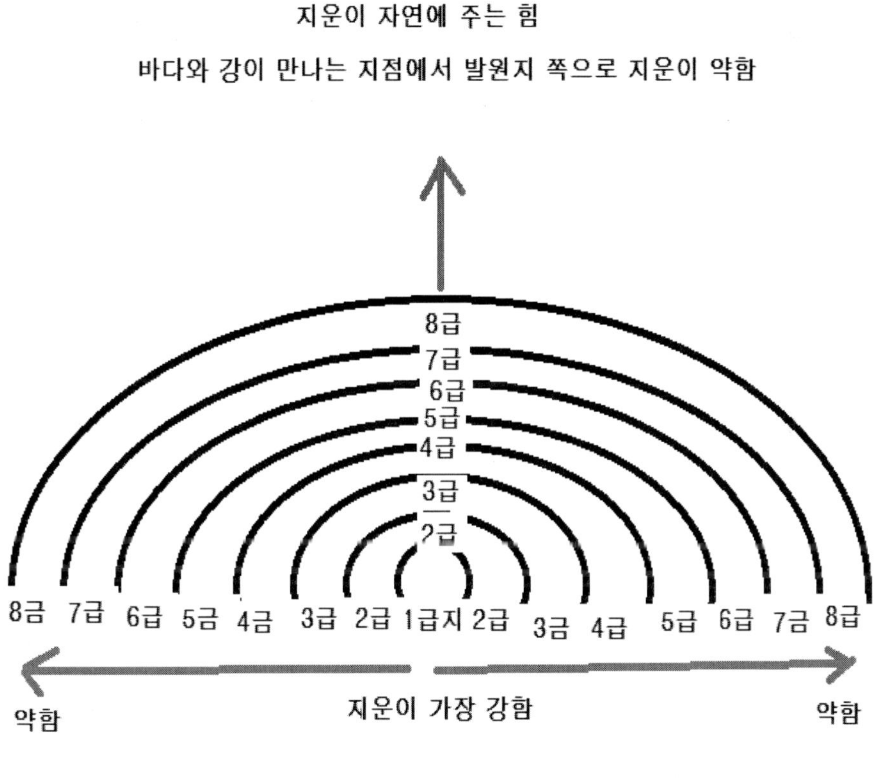


위의 그림에서 설명한 내용을 분석하여 그 지역의 등급 지역을 볼 때 참고 하세요. 논산시는 4대 뒤주 중에 속하여 풍부한 농산물과 자급자족 하는데 타 시군의 부러움을 받을 만큼 풍부한 시로 볼 수 있습니다.

• **가운도**

아래의 그림은 가운도입니다.

선택지의 지운을 보고 그 지번의 경사지를 구별해 보세요. 경사지가 심하면 지운에서 2등 3등급 지역이라도 불운이 따르므로 선택하면 안 될 것입니다.

경사지는 지형의 균형을 보는 의미입니다. 그림에서 보면 1도씩 올라 가며는 그만큼 지운이 나빠지는 것을 볼 수 있습니다

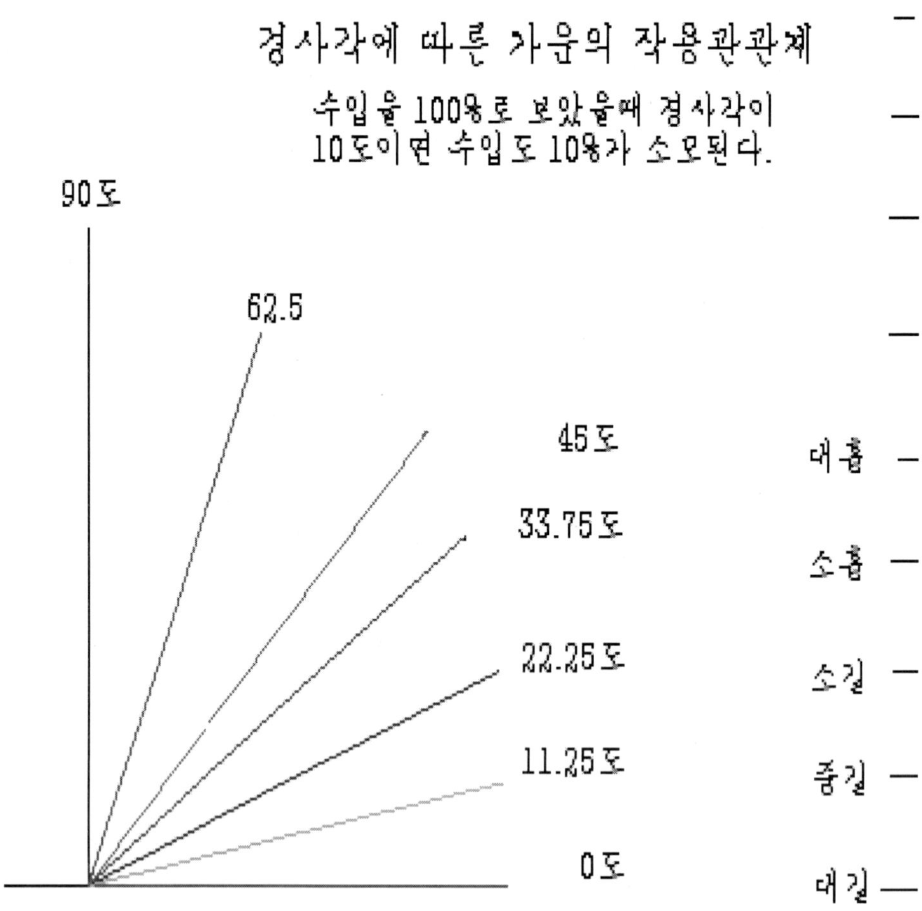

다음은 도로에서 보는 4등급 지역의 길흉관계입니다.

논산시 강신 사거리에서 보는 지운관계입니다.

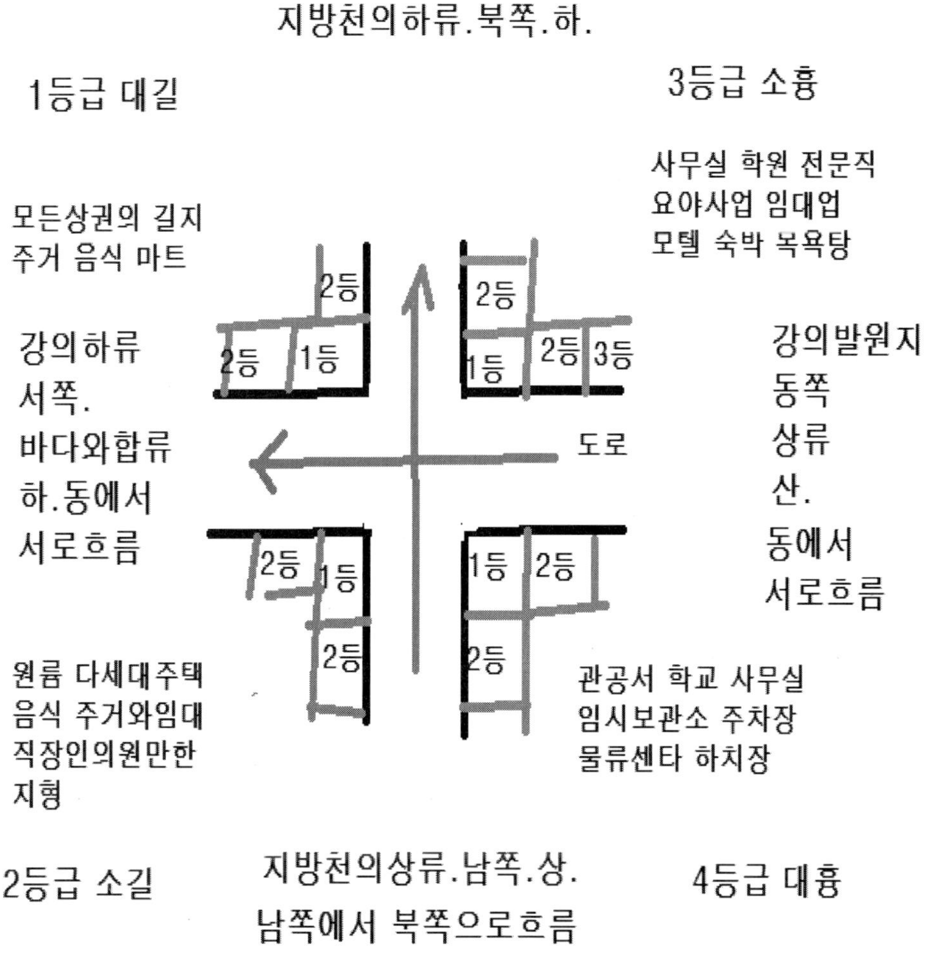


강신 사거리에서 서북 방향 논산 세무서 원봉 초등학교 논산 일반 산업단지 방향이 1등급 지역으로 구분 할 수 있을 것이며. 강신 사거리에서 서남쪽 비전 센-타 sk충전소 하나병원 채운 초등학교가 있는 지역이 2등급 지역으로 볼 수 있을 것입니다.

사거리에서 동북방향으로 청솔 아파트 논산 중앙 초등학교 더 행복한 웨딩홀이 있는 지역이 3등급 지역으로 구분할 수 있으며 논산 시청 논산 시민운동장 관촉 도시 자연공원이 있는 지역이 4등급 지역으로 구분 할 수 있습니다.

지번이 주는 의미는 4등급 지역 구분도 에서 적성. 용도 경제효율성을 참고하세요. 특히 화살표 방향을 세밀하게 관찰해 보세요.

다음은 출입문의 길흉관계입니다. 입문은 길흉화복을 불러오는 관문입니다. 아래 그림에서 참고 하세요.

그림에서 표시한 출입문 위치를 참고하세요.

**강에서 서로 남에서 북으로 흐르는 지류**

**각 지번의 출입문 길방**

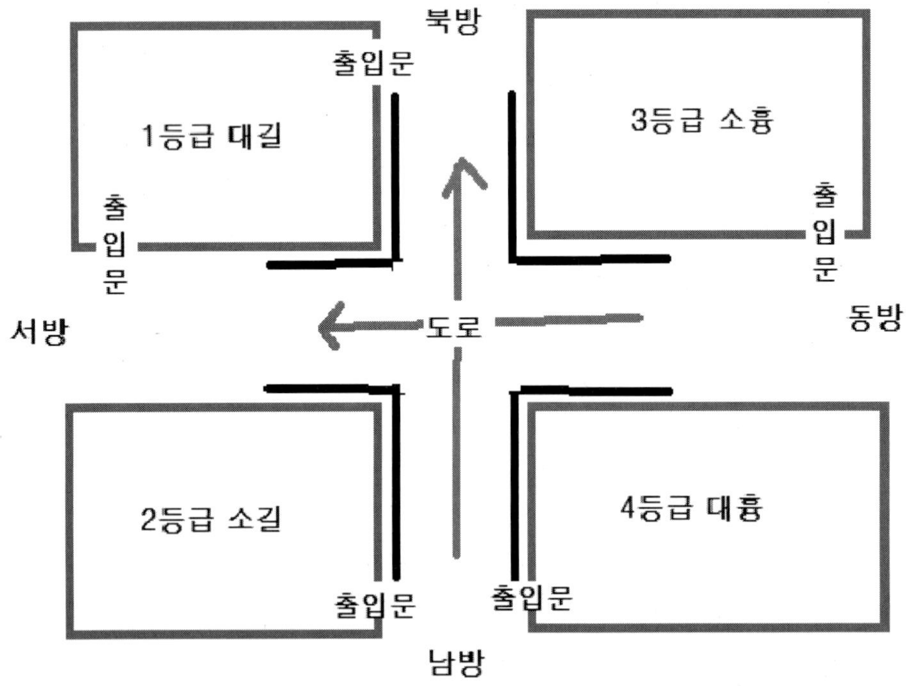

## 3등급 지역 초천(草川) 부여 지역

부여군의 8등급 지역 지운보기입니다. 아래 그림을 참고 하세요.

금강과 금천이 만나는 지점에 지운 자를 놓고 서쪽 방향으로 등급지역을 설정하여 지운의 의미를 찾아보세요.

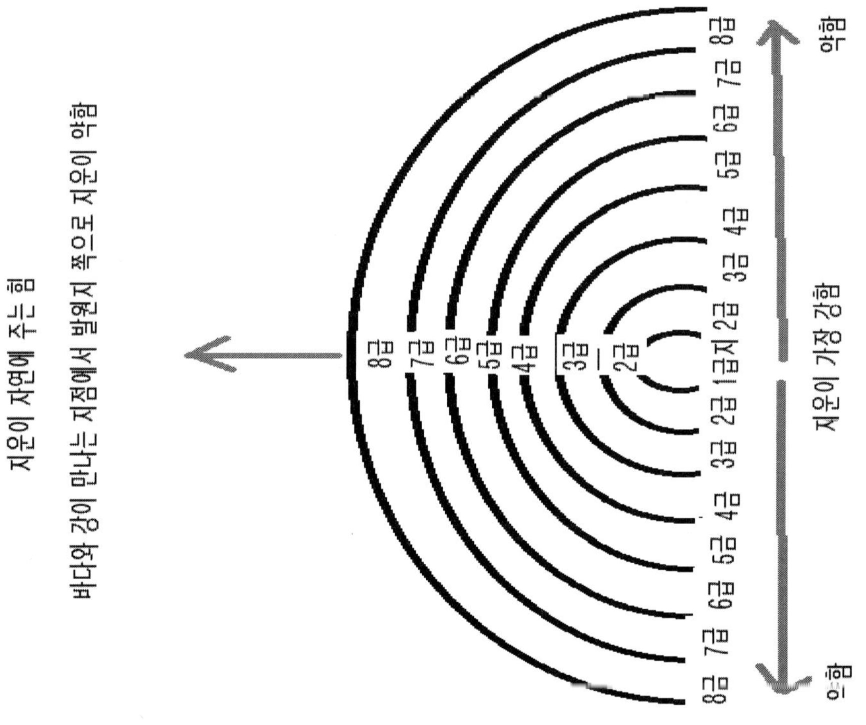


부여군 시비 장례식장 외리3기 마을회관 인삼공사 부여공장 부여종합 운동장 백강초등학교가 있는 지역이 1등급 지역으로 구분할 수 있으며 부여군청 부여초등학교 대왕초등학교 부여 경차러가 있는 지역이 2등급 지역으로 구분할 수 있을 것입니다. 부여 두리 마을회관 노화리 순복음교회 주변 논밭이 3등급 지역으로 구분할 수 있으며 용당리 용당초등학교 마정초등학교 남면 송암리 동방리 주변이 4등급 지역으로 구분할 수 있을 것입니다.

석성초등학교 봉정리 증산1리 마을회관이 있는 지역이 5등급 지역으로 구분할 수 있으며 조촌초등학교 조촌면 복지센-타 태극제약 산직리 주변이 6등급 지역으로 구분할 수 있을 것입니다.

자왕리 금강 장례식장 부여청산성 백제 관광호텔 이 있는 지역이 7등급 지역으로 구분할 수 있으며 옥산면 복지 센-타 부여홍산 농공단지 홍산 초등학교 주변이 8등급 지역으로 구분할 수 있을 것입니다.

다음은 지번의 경사지를 보아야 합니다.

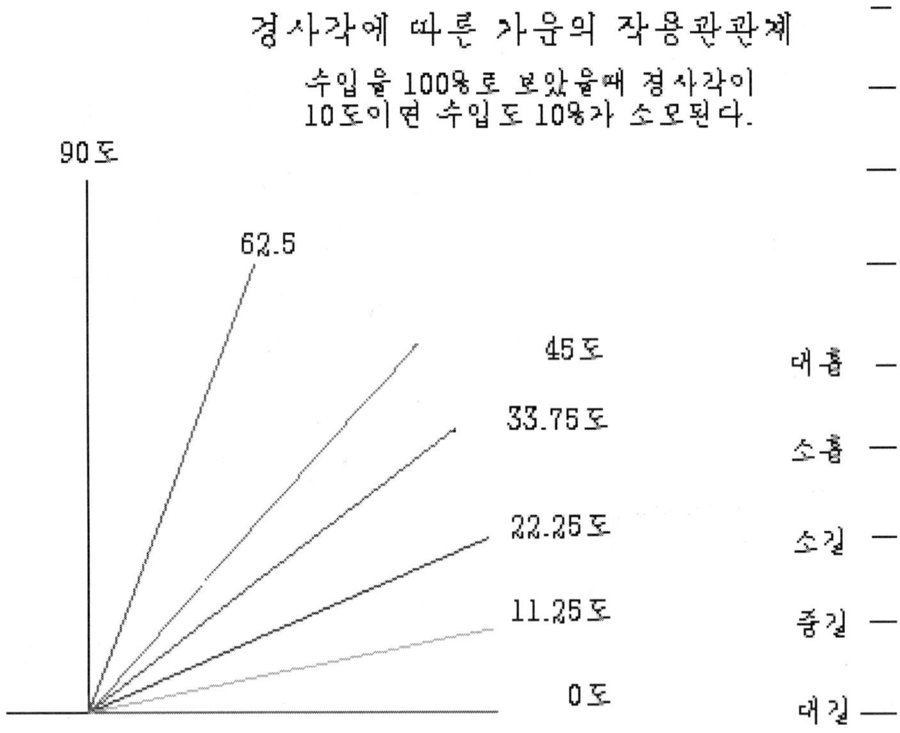


위의 그림은 경사지를 보는 가운도입니다. 그림에서 경사지의 의미를 참고하세요. 경사지의 길흉관계는 그림의 내용을 참고하세요.

다음은 4등급 지역의 길흉관계입니다. 그림에서 표시한 등급지의 의미를 관찰해 보시고 실전에 비교해 보세요. 군청 사거리에서 보는 지운보기입니다.

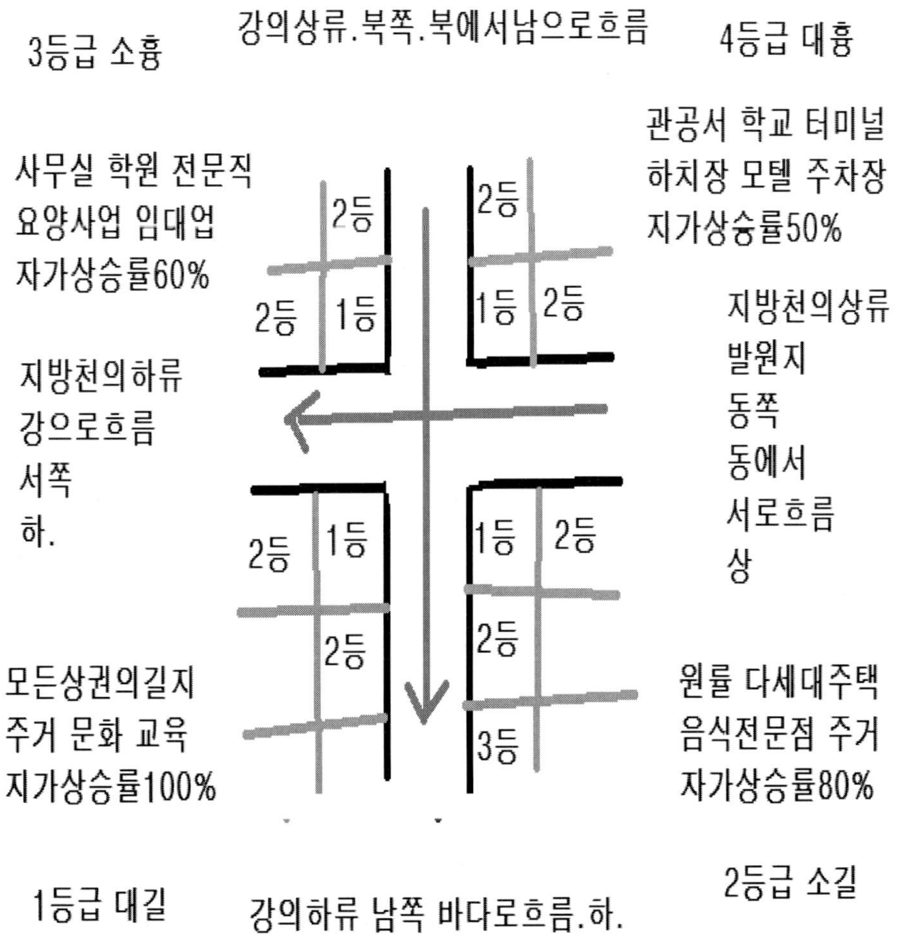


그림에서 군청사거리에서 서남간 방향으로 군청 궁남초등학교 부여 백제리 그 야구장이 있는 지역이 사거리에서 1등급 지역이라고 볼 수 있으며 동남쪽 부여읍 행정복지 센-타 백제 오천결사대 충혼탑이 있는 지역이 2등급 지역으로 가정할 수 있습니다.

부여 군민회관 롯데 하이마트 성왕 로타-리가 있는 지역이 3등급 지역으로 볼 수 있으며 동북쪽 농업은행 부여 중학교 국립 부여박물관 부여 고등학교가 있는 지역이 4등급 지역으로 볼 수 있습니다. 4등급 지역의 길흉관계는 4등급 지역 용도 적성 지운운의 효율성은 해설에서 참고 하세요.

다음은 출입문에 길흉관계를 알아봅시다.

먼저 지역의 등급 지를 보고 다음은 경사지를 참고하고 4등급 지의 지번을 선택하고 그리고 선택된 지번의 출입문을 참고 하세요,

그림에 표시한 출입문 위치를 참고하세요.

동강에서 서로 북에서 남으로 흐르는지류
각지번의 출입문 길방

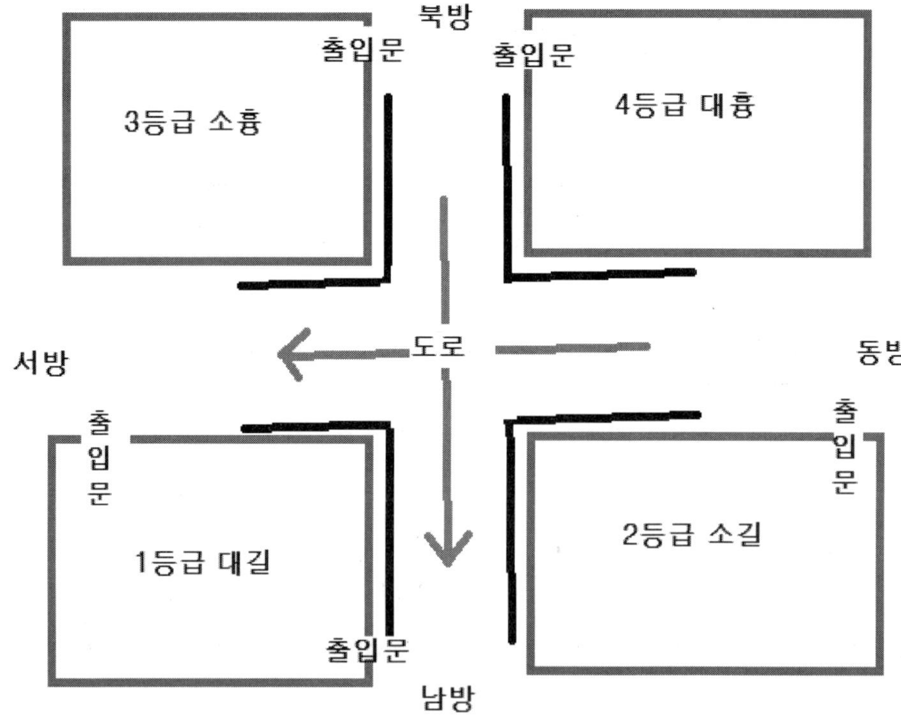

## 3등급 지역 초천(草川) 공주시

공주시 전체 8등급지역 구분하기입니다.

공주시는 제민천과 금강이 합류하는 지점에서 남으로 지운자를 놓고 등급지역을 구분해 보세요. 아래 그림은 지운을 측정하는 자입니다.

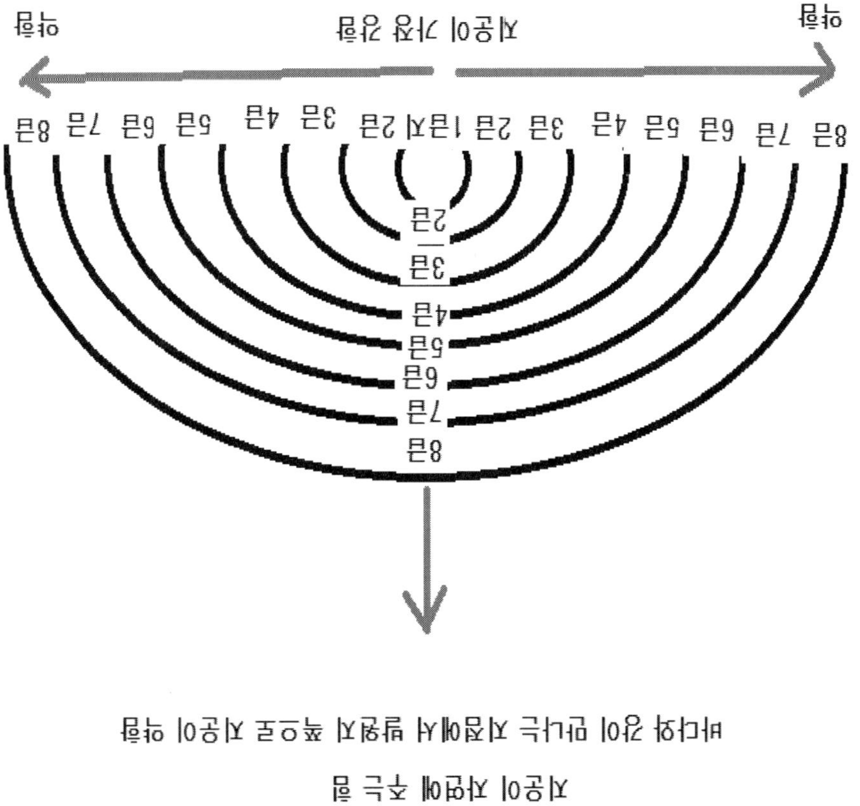

곰나루 국민 관광단지 공주 종합운동장 공주중학교 시내버스터미널이 하나로 마트가 있는 지역이 1등급 지역으로 구분할 수 있으며 공주우체국 공주시청 한국 전력공사 공주대학교가 있는 지역이 2등급 지역으로 구분할 수 있을 것입니다. 신관동 복지센-타 공주대학교 신관 캠프스 월송동 복지 센-타가 있는 지

역이 3등급 지역으로 구분할 수 있으며 상서초등학교 대성리 우성중학교 우성초등학교가 있는 주변이 4등급 지역으로 구분할 수 있을 것입니다.

귀산 초등학교 공주 월미 농공단지 쌍성일반 산업단지 주변 논밭이 5등급 지역으로 구분할 수 있으며 공주원로원 의당면 사무소 의당 수촌초등학교 주변이 6등급 지역으로 구분할 수 있을 것입니다.

경천초등학교 화헌리 화마루 합동정류소 계룡면 복지센-타가 있는 지역이 7등급 지역으로 구분할 수 있으며 이인면 사무소 바위솔 사랑 식물원 옥동리 마을회관이 있는 주변이 8등급 지역으로 구분할 수 있을 것입니다.

다음은 그 지번에 경사각이 어떤가를 보아야 합니다.

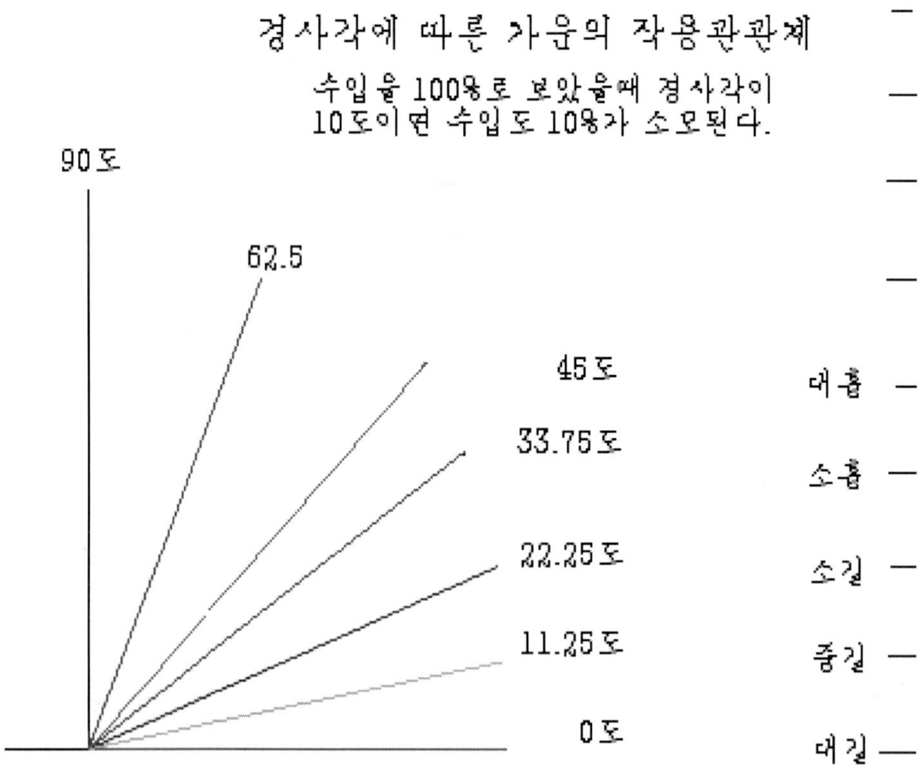

위의 그림은 가운 도입니다. 경사각의 의미는 지운의 균형을 의미 합니다.

다음은 지번과 경사각을 보았으면 도로에서 보는 4등급 지역의 길흉관계를 보아야 할 것입니다.

아래의 그림은 4등급 지역의 길흉관계입니다.

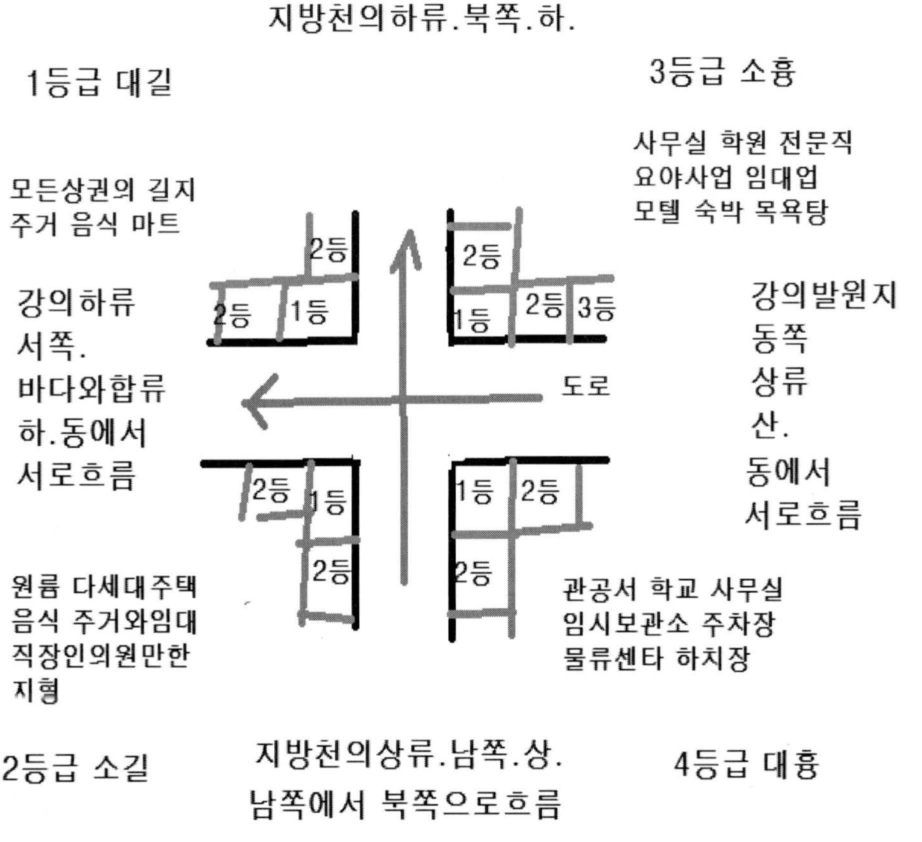


공주시의 중심지로 볼 수 있는 중앙교차로 사거리입니다.

사거리 교차로에서 북서쪽 다이소, 아가방, 시장, 문화공원, 공주여자중학교가 있는 지역이 1등급 지역으로 볼 수 있으며, 서남쪽 본 도시락, 공주농협, 공주북중학교, 공주시청이 있는 지역이 2등급 지역으로 볼 수 있을 것입니다.

교차로에서 북동쪽 제일 가축병원 하나은행 박찬호 골목길 영명선원이 있는 지역이 3등급 지역으로 가정할 수 있으며 교차로에서 사거리 약국 오내과 중동 성당 공주영명 중 고등학교가 있는 지역이 4등급 지역으로 구분해 볼 수 있습니다.

4등급 지역의 길흉관계를 참고 하시고 나면 그 지번에 출입문의 길흉관계를 보아야 합니다.

아래 그림에서 출입문의 길흉관계를 참고 하세요.

그림에서 표시한 출입문 위치를 참고하세요.

강에서 서로 남에서 북으로 흐르는 지류

각 지번의 출입문 길방

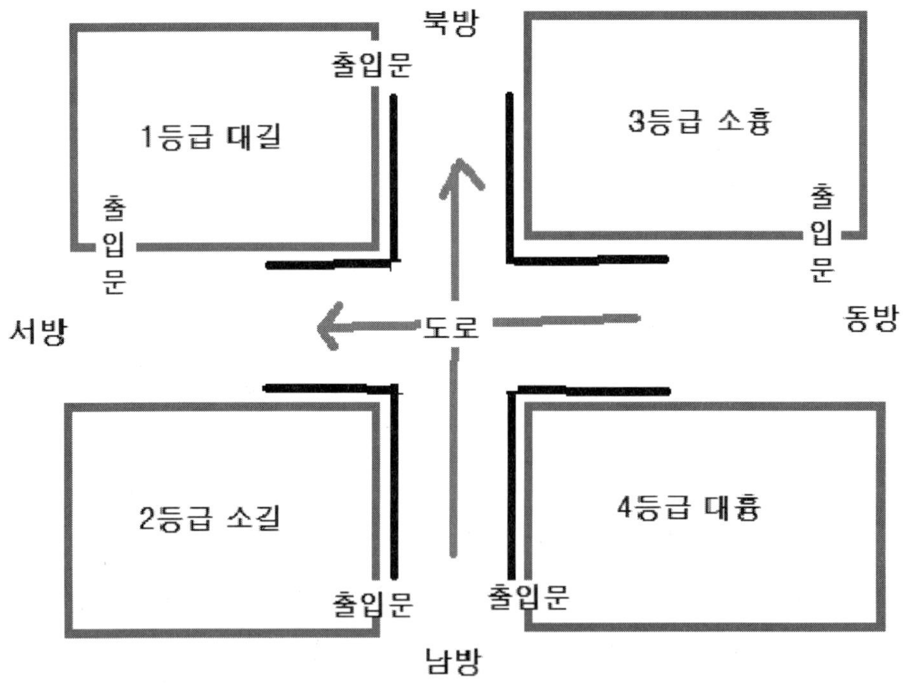

## 4등급 지역 지천(地川) 세종시

세종시 전체 8등급 지역 지운보기입니다.

다음은 지천에서 보는 8등급 지역을 구분하는 지운자입니다. 금강과 미호천이 만나는 지점에 지운을 보는 자를 놓고 북쪽 방향으로 지운을 측정해 보세요.

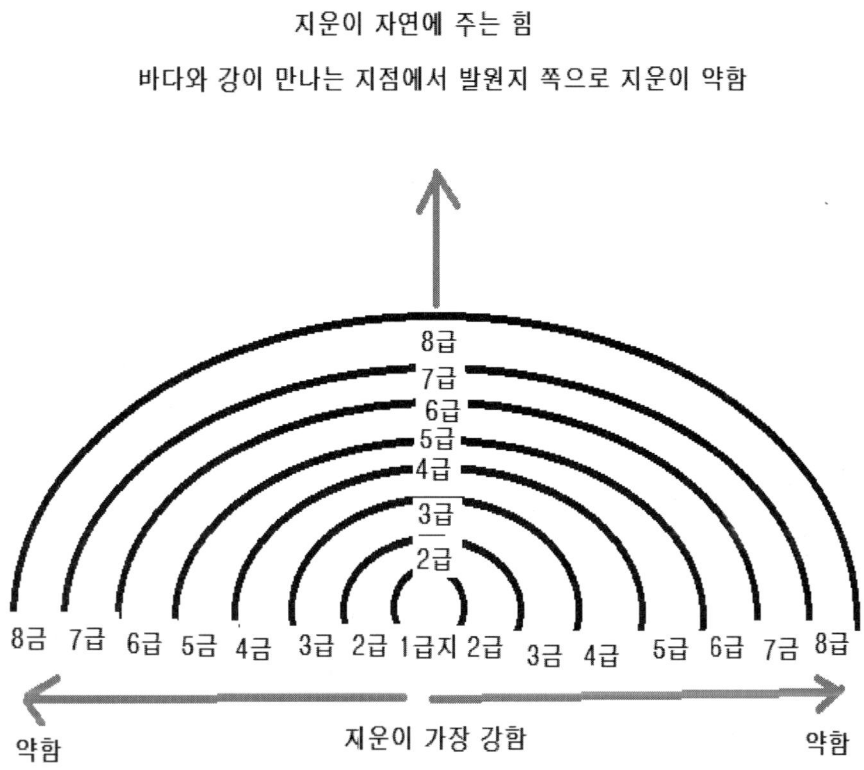


세종시청 반곡고등학교 강변벚꽃 십리길이 있는 지역이 1등급 지역으로 구분할 수 있으며 국립세종 수목원 세종중앙공원이 있는 지역이 2등급 지역으로 구분할 수 있을 것입니다. 한솔동 복지센-타 한국 지역난방공사 이마트주변이 3등급 지역으로 구분할 수 있으며 새롬동 복시센-타 다청동 복지센-타 세종초등학교 국세청이 있는 지역이 4등급 지역으로 구분할 수 있을 것입니다.

아름동 복지 센-타 온빛 초등하교 중촌동 복지센-타 가 있는 지역이 5등급 지역으로 구분할 수 있으며 도담동 복지 센-타 충남대학교 병원 국립 세종 도서관 세종소방서가 있는 지역이 6등급 지역으로 구분할 수 있을 것입니다.

세중학교 세종특별 자치시청 조치원청사 세종여자고등학교 세종고등학교가 있는 지역이 7등급 지역으로 구분할 수 있으며 전의역 전의면 복지 센-타 영당리 마을회관이 있는 지역이 8등급 지역으로 구분할 수 있을 것입니다.

다음은 경사각의 지운의 의미를 참고 하세요.

내가 살고 있는 지번이나 취득하려는 지번은 몇 번째 지운을 가졌으며 경사각은 어떠한가를 구별해 보세요. 경사도는 지운의 균형을 보는 의미입니다.

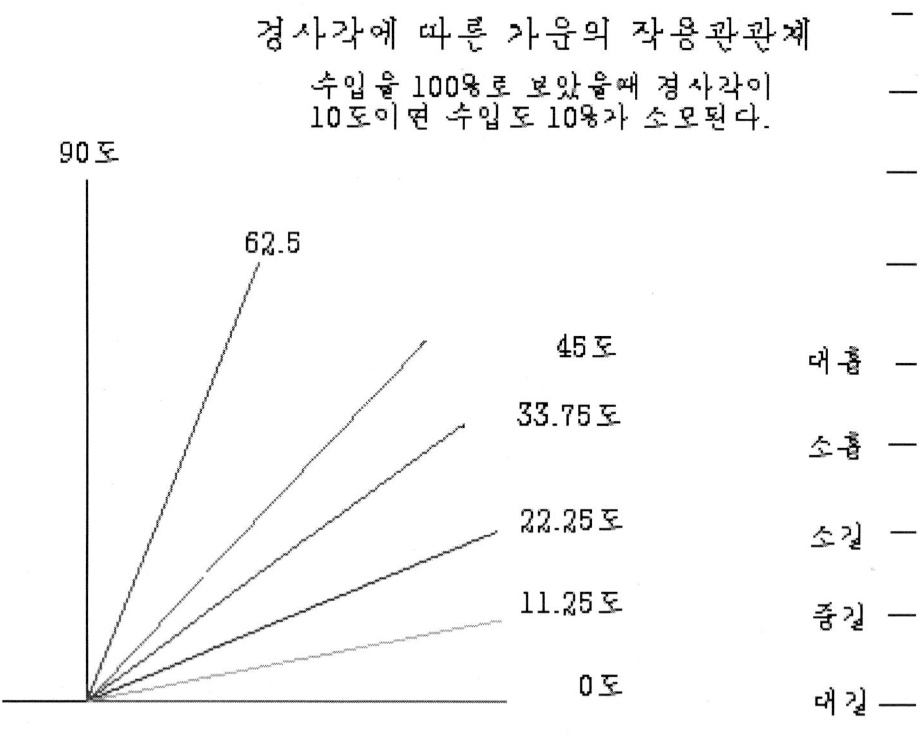

등급 지역과 경사도를 보고나면 도로에서 보는 지운관계는 어떤 지운의 의미를 가지고 있는가를 생각해 보세요.

아래의 그림은 4길지의 길흉도입니다. 세종시의 중심 지역이라고 볼 수 있는 어진 교차로에서 보는 지운 관계입니다.

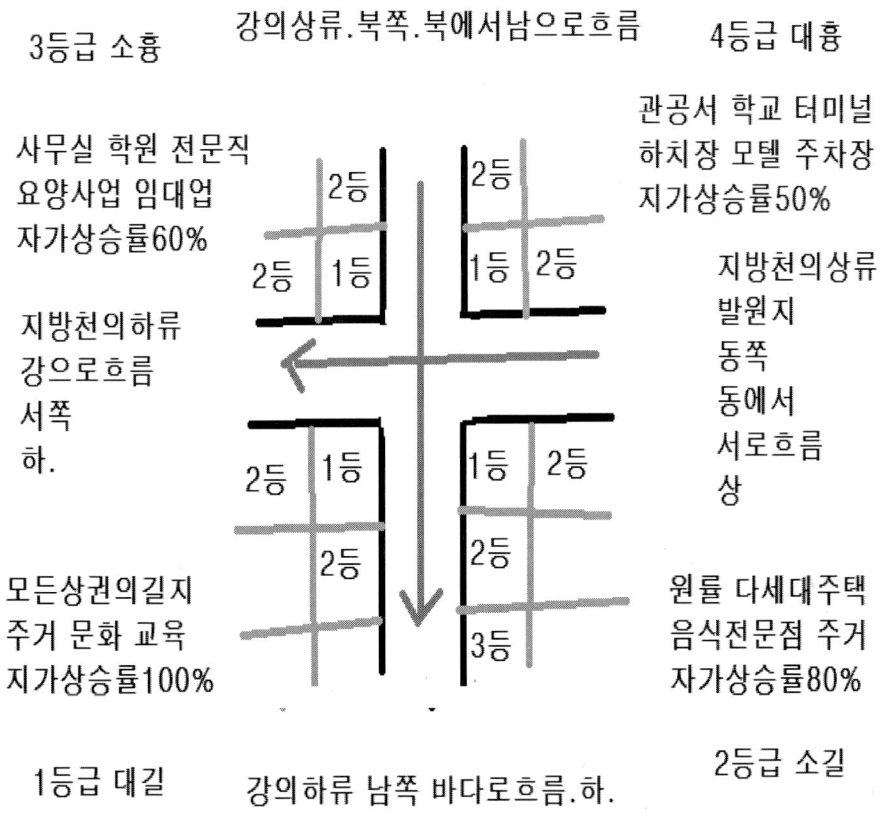


어진 사거리에서 서남쪽 어진 중학교 대성고등학교 이마트 지역난방공사가 있는 지역이 2등급 지역으로 가정할 수 있으며 동남쪽 어진국사 세종 모닝 센-타 한국 토지주택공사 국립세종 수목원이 있는 지역이 1등급 지역으로 가정할 수 있습니다.

사거리에서 서북쪽 방축천 음악분수 베스트웨스턴 플러스 호텔 고운뜰 공원이 있는 방향이 3등급 지역으로 볼 수 있으며 산업통상 자원부 NH 농협 정부 세종청사 원수산 습지생태원이 있는 지역이 4등급 지역으로 경제 문화 교육 등이 육성된다.

다음은 선택한 지번의 출입문 길흉도입니다.

출입문을 참고하여 복을 받으세요.

출입문은 그림에서 표시한 위치를 참고 하세요.

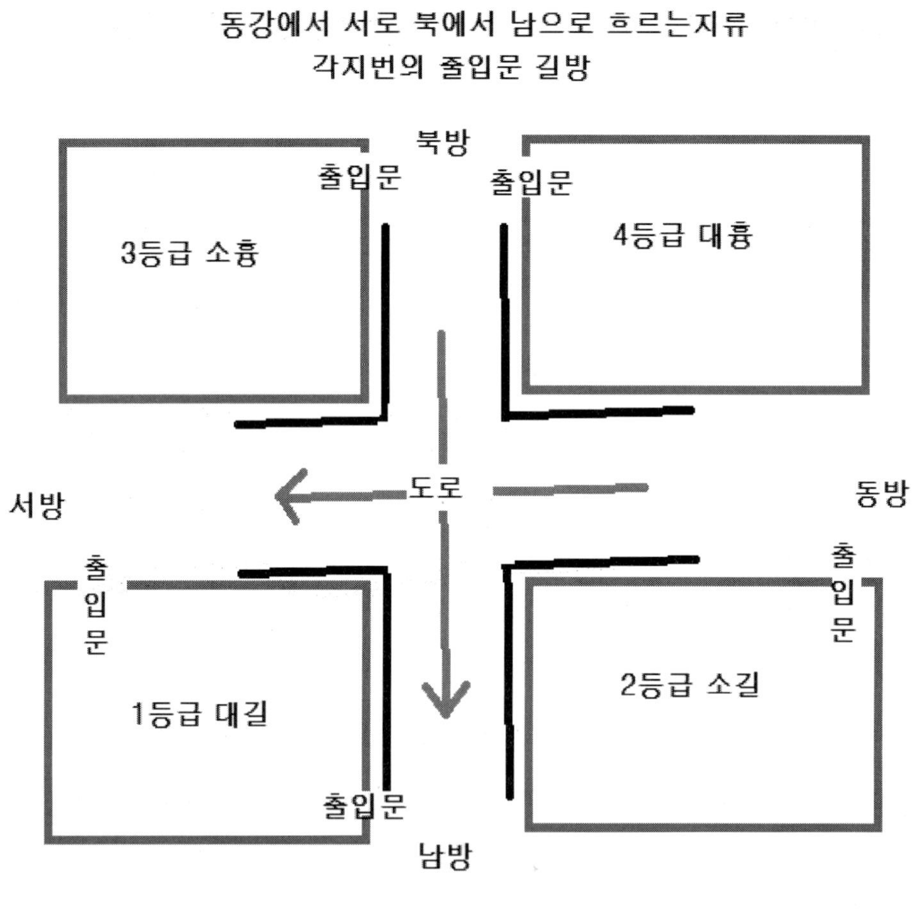

## 5등급 화천(火川) 대전광역시

대전광역시 전체 8등급 지역 구분입니다.

대전시는 금강의 지운보다는 갑천의 지운을 받고 형성된 시다.

지운자로 금강과 갑천이 합류하는 지점에서 갑천의 발원지로 8등급해서 보는 지운입니다. 다음 그림은 지역을 측정하는 지운자입니다.

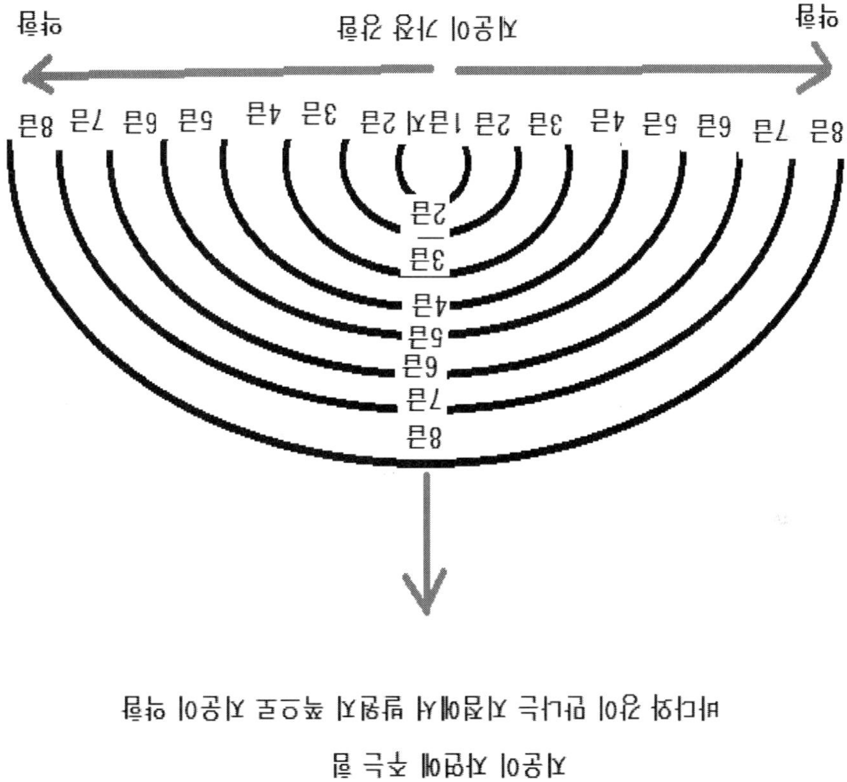


옥상동 복지센-타 한솔제지 대전공장 대덕 산업단지가 있는 지역이 1등급 지역으로 구분할 수 있으며 신탄진역 덕임동 복지센-타 세일 초등학교 신탄진 자동차 운전학원이 있는 지역이 2등급 지역으로 구분할 수 있을 것입니다.

대전광역시청 대전 예술의전당 대전둔산 여자고등학교가 있는 지역이 3등급 지역으로 구분할 수 있으며 대화동 복지센-타 오정동 복지센-타 대전 대덕소방서가 있는 지역이 4등급 지역으로 구분할 수 있을 것입니다.

충남대학교병원 충남 여자중학교 태평2동 복지 센-타 코스트 코가 있는 지역이 5등급 지역으로 구분할 수 있으며 대전대학교 자양동 복지 센-타 대전 복합터미널 충남 중학교가 있는 지역이 6등급 지역으로 구분할 수 있을 것입니다.

한국 침례신학 대학교 대전 월드컵 경기장 대전 유성소방서 국립대전 현충원이 있는 지역이 7등급 지역으로 구분할 수 있으며 관저동 복지 센-타 건양대학교병원 효성 자동차전문 학원 대전공업 고등학교가 있는 지역이 8등급 지역으로 구분할 수 있을 것입니다.

아래의 그림은 가운도입니다. 경사각의 의미는 그림의 내용에서 참고하세요. 경사각의 중요한 의미는 균형을 보는 것입니다.

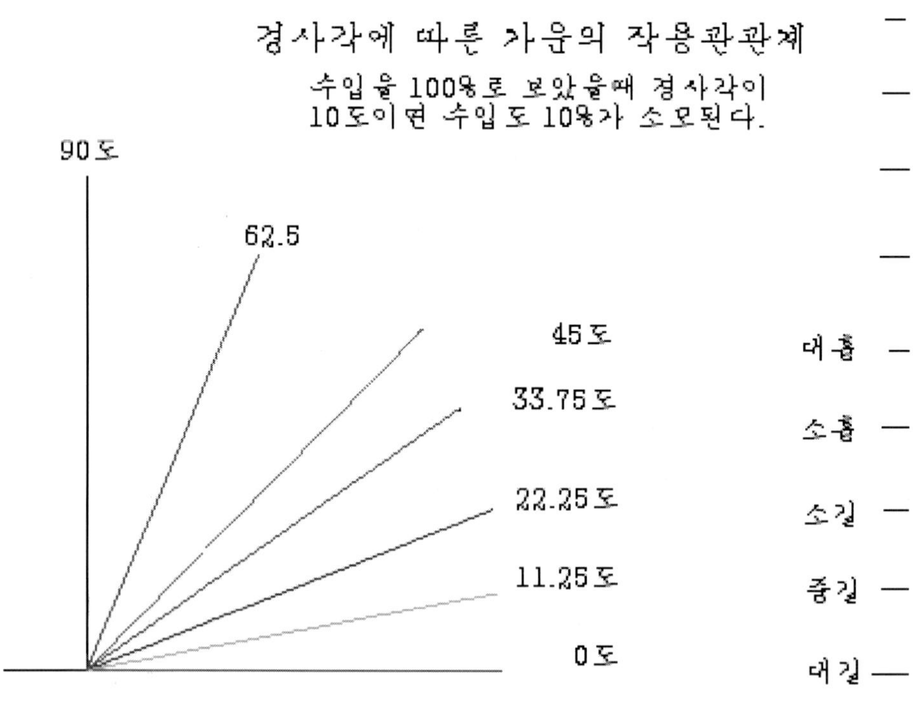

등급 지역과 경사도를 보고나면 4등급 지역의 지운관계를 보아야 할 것입니다. 대전광역시는 갑천과 유등 천을 양쪽으로 끼고 자리를 잡고 있어 앞으로 우리나의 중심적인 역할을 할 수 있는 지역입니다.

시청역 네거리 교차로에서 보는 지운관계입니다.

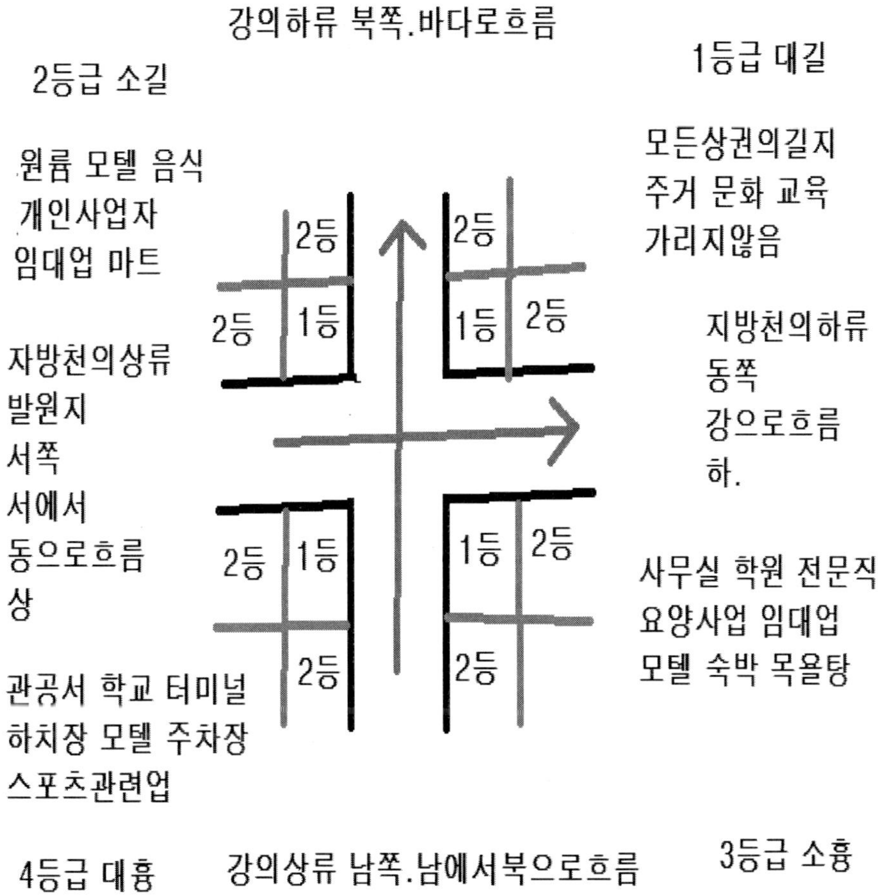


교차로에서 동북쪽 센티 온 빌딩 웅진 빌딩 SK주유소 대전 산업단지가 있는 지역이 1등급 대길 지역으로 구분할 수 있으며 교차로에서 서북쪽 둔산 우체국 교육청 한밭 수목원이 있는 지역이 2등급 지역으로 볼 수 있을 것입니다.

동남쪽 플러스 흥부외과 대덕 프라자 남산공원 이 있는 지역이 3등급이라고 할 수 있으며 서남쪽 시청 둔산 초등학교 월평 사이클 장이 있는 지역이 4등급 지역으로 볼 수 있을 것입니다.

이렇게 지번이 선택하면 선택된 지번에 건물의 출입문 을 보아야 할 것입니다. 출입문은 길흉화복을 불어오는 관문이기 때문에 신중하게 잘 보아야 할 것입니다. 그림에 표시된 출입구 위치를 참고 하세요.

**동에서 서로 남에서 북으로 흐르는 지류**

**각 자번의 출입문 길방**

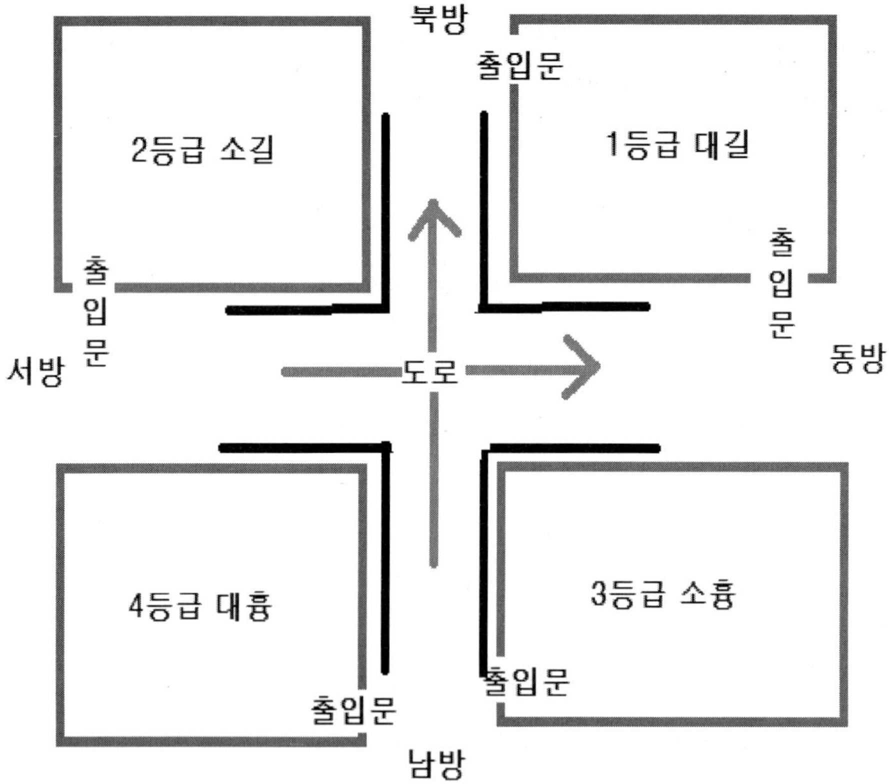

## 6등급 지역 황천(荒川) 옥천군

옥천군 8등급 지역 구분하기입니다.

다음은 옥천군 하천에서 보는 지운보기입니다.

옥천군은 서화 천과 금구 천과 합류하는 지점에서 동남쪽 방향에서 지운을 받은 척박하고 자립도가 낮은 군이다. 경사각이 심하고 논이 적고 밭이 많아 고추 버섯 같은 농업 가공식품 축산 과수원 같은 특수 작물에 수입을 의존해야 하는 지역입니다.

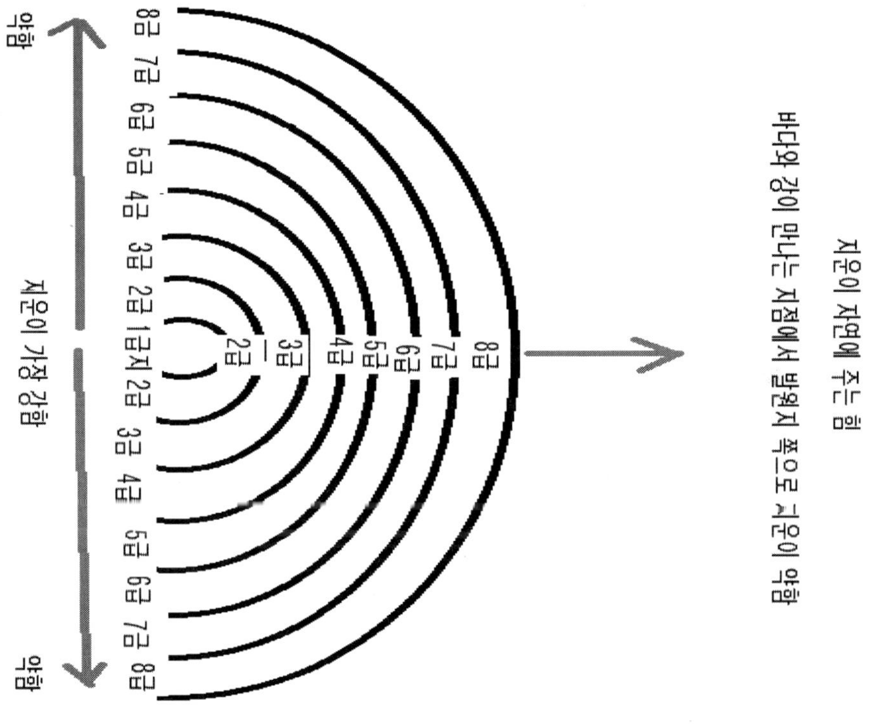


옥천군청 충북도립 대학교 옥천경찰서가 있는 지역이 1등급 지역으로 볼 수 있으며 국제종합기계 옥천관광호텔 옥천종합 미곡처리장이 있는 지역이 2등급 지역으로 구분할 수 있을 것입니다.

옥천농공단지 죽향 초등학교 옥천전통 문화 체험장이 있는 지역이 3등급 지역으로 구분할 수 있으며 이원면 사무소 옥천 이원농공단지 순직철도원 위로원이 있는 지역이 4등급 지역으로 구분할 수 있을 것입니다.

동이마을회관 동이파출소 옥천동이 농공단지가 있는 지역이 5등급 지역으로 볼 수 있으며 지탄역 백지리 교회 지탄마을회관 주변이 6등급 지역으로 구분할 수 있을 것입니다. 청성면 복지 센-타 옥천 천상일반 농공단지 청산면 복지 센-타가 있는 지역이 7등급 지역으로 볼 수 있으며 안내면 안남면 도곡 보건 진료소가 있는 지역이 8등급 지역으로 구분할 수 있을 것입니다.

그리고 선택한 지번에 경사각을 살펴보세요.

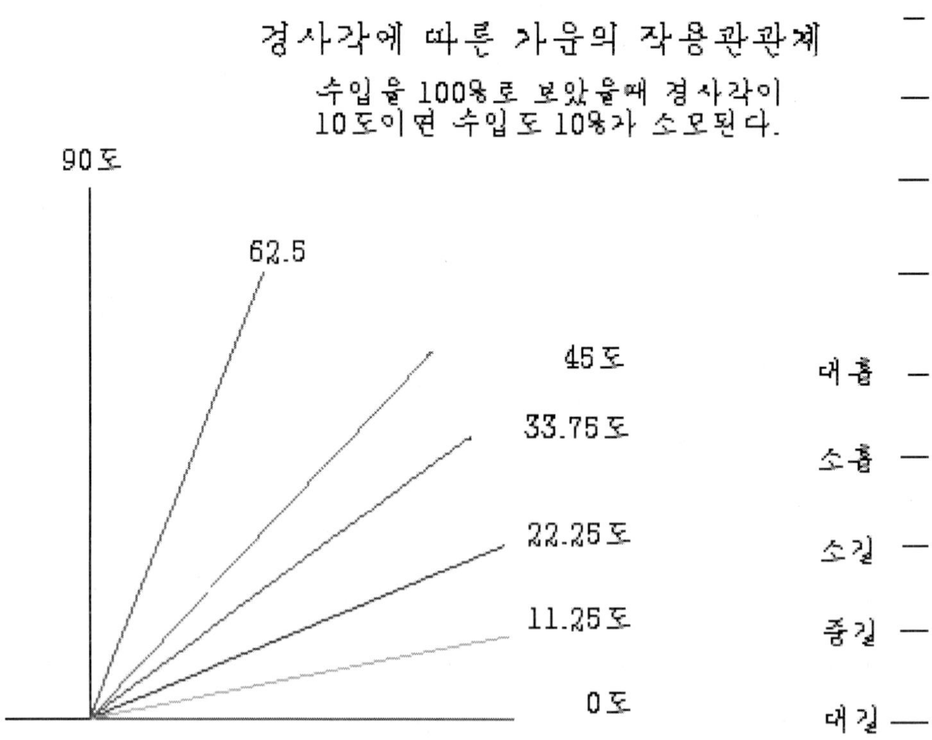

위의 그림 가운 도를 참고하세요. 가운 도는 지운의 균형을 보는 의미입니다.

다음은 도로에서 보는 4길지의 길흉관계입니다.

옥천군에서 중심지로 보여 지는 장이 사거리 교차로입니다.

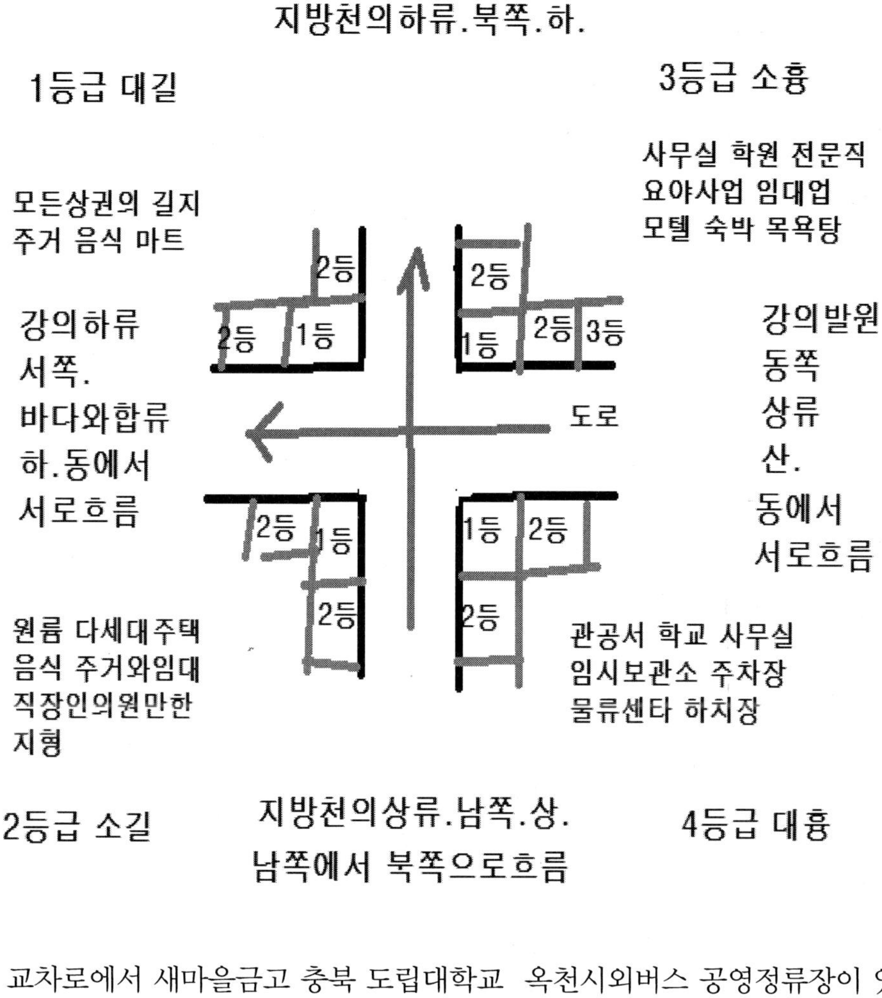


교차로에서 새마을금고 충북 도립대학교  옥천시외버스 공영정류장이 있는 지역이  1등급 지역으로 볼 수 있으며 엘마트 뚜레쥬르 삼양 초등학교 본 치과 의원이 있는 지역이  2등급 지역으로 가정할 수 있습니다

교차로에서 북동쪽 옥천 합동 인쇄사 쌍용 자동차 옥천 전시장 옥천 농공단지가 있는 지역이 3등급 지역으로 구분 할 수 있으며 동남쪽 장야 주공활이마트 주공아파트 장야 초등학교가 있는 지역이 4등급 지역으로 가정해 볼 수 있습니다. 등급 지역의 용도 적성 지운의 효율성은 그림에서 지운의 의미를 살펴보세요.

다음 그림은 출입문의 길흉관계입니다. 그림에서 표시한 위치를 참고 하세요. 출입문은 지운의 이용하는 마지막 선택입니다.

**강에서 서로 남에서 북으로 흐르는 지류**

**각 지번의 출입문 길방**

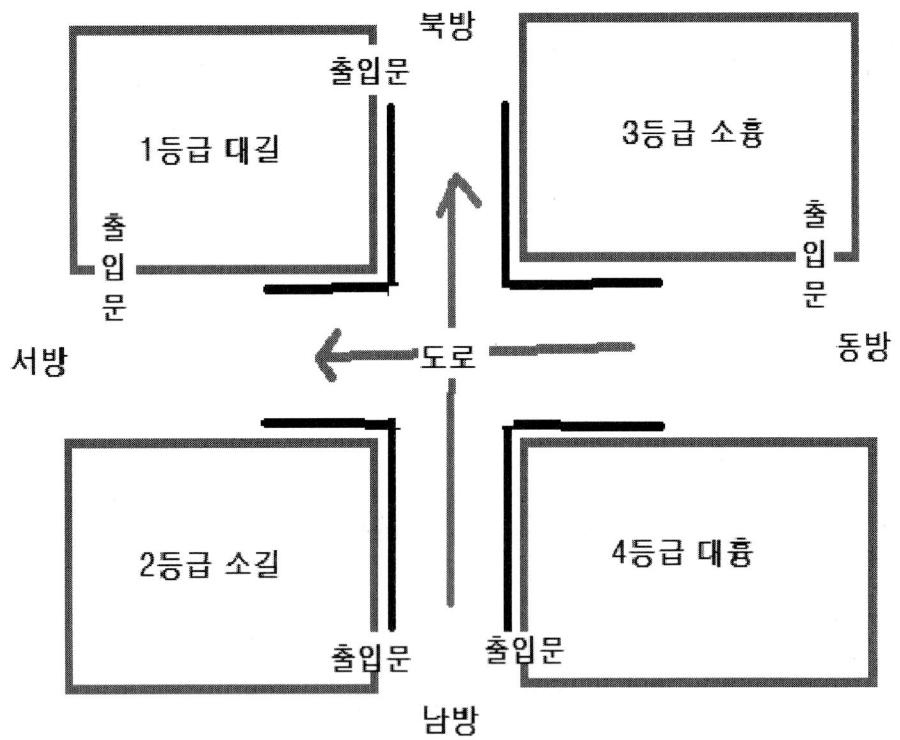

## 7등급 지역 임천(林川) 금산군

금산군 전체 8등급 지역 구분하기입니다. 다음은 지운을 보는 자입니다.

금천군은 봉황 천과 금산천이 합류하는 지점에서 서쪽으로 지운 자로 이용하여 8등급 지역으로 구분을 하세요.

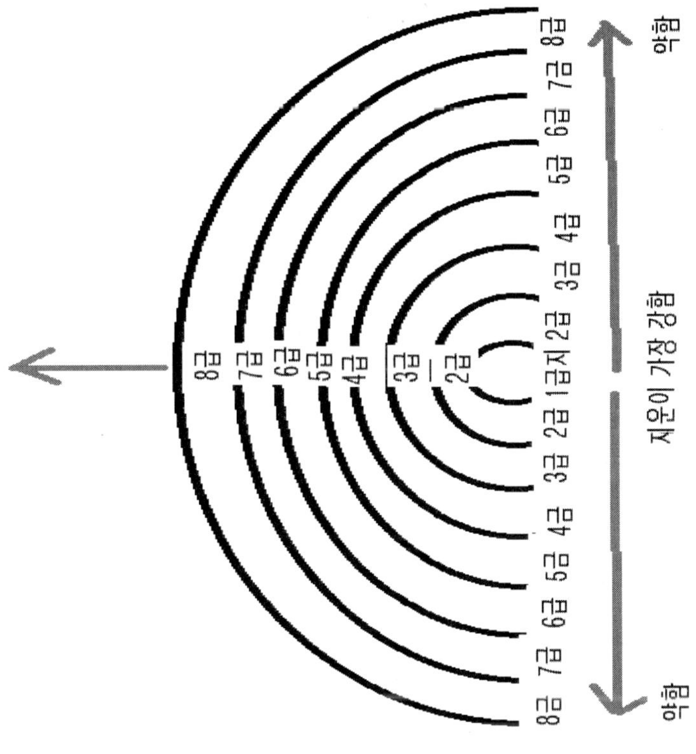


금산시외 버스터미널 금산중학교 금산동 초등학교가 있는 지역이 1등급 지역으로 구분할 수 있으며 금산군청 금산 산업 고등학교 금산 여자고등학교가 있는 지역이 2등급 지역으로 구분할 수 있을 것입니다.

금산 종합체육관 금산 중앙초등학교 금산 수삼센-타가 있는 지역이 3등급 지역으로 구분할 수 있으며 제원면 복지 센-타 한국 타이어 금산군 파크골프장이 있는 지역이 4등급 지역으로 구분할 수 있을 것입니다.

금성면 복지 센-타 은성교회 하류리 주변 논밭이 있는 지역이 5등급 지역으로 구분할 수 있으며 추부면 복지 센-타 추부 초등학교 성원타일 주변이 6등급 지역으로 구분할 수 있을 것입니다.

남일면 복지 센-타 상동리 동수교회 금산효 사랑요양병원이 있는 주변이 7등급 지역으로 구분할 수 있으며 신대리 원진대 마을회관 신대중앙교회 강촌 나루터공원 복수면 복지 센-타가 있는 지역이 8등급 지역으로 구분할 수 있을 것입니다.

아래 그림은 경사각을 보는 가운도입니다.

가운 도에서 설명한 내용을 참고 하세요.

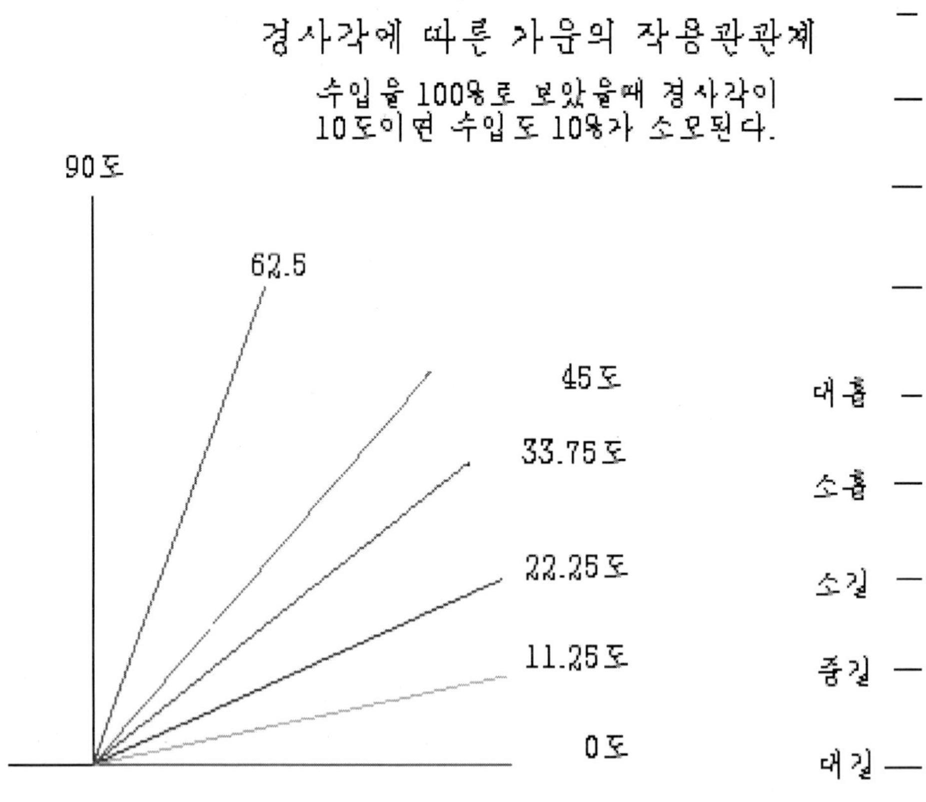

경사도를 보고 나면 금산군의 도로에서 보는 지운관계입니다.
금산군 읍사무소 사거리에서 보는 지운 관계입니다.

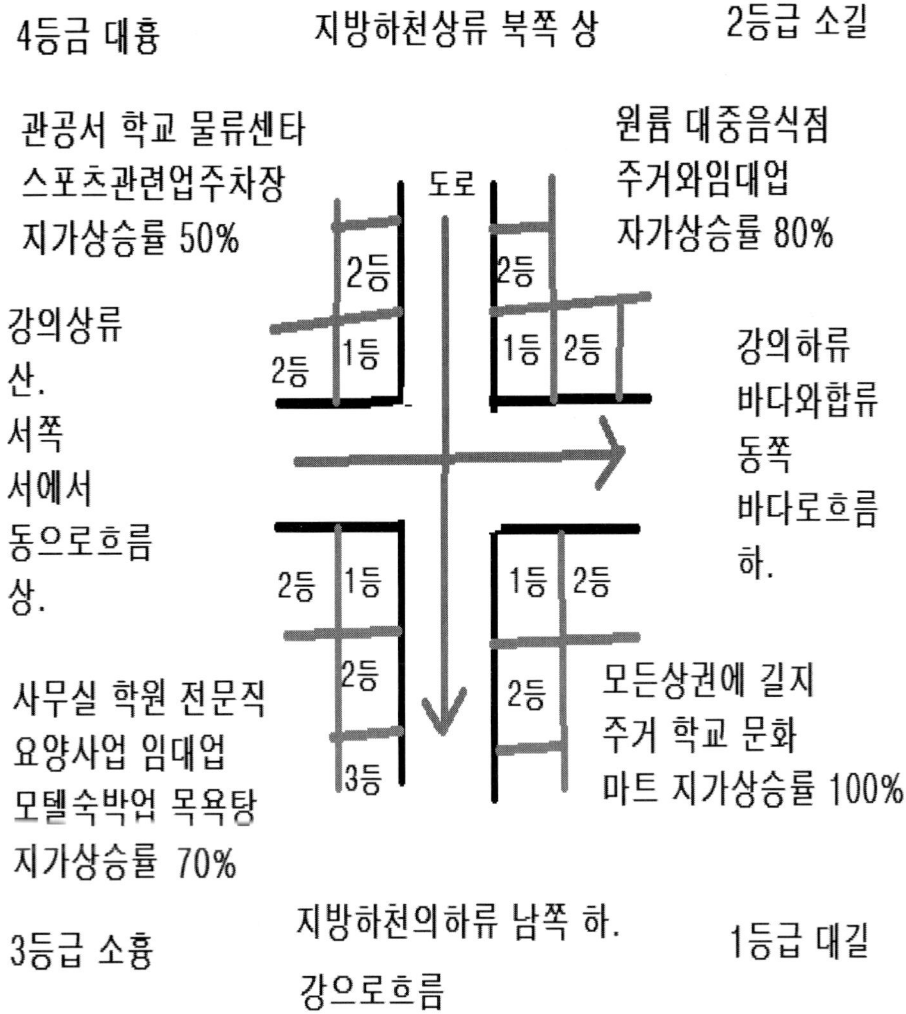


동남쪽 현대자동차 금산 지점 금삼교 교차로가 있는 지역이 금산 1등급 지역으로 구분할 수 있으며 서남쪽 7번가 피자 금산 여자 중고등학교 가 있는 지역이 2등급 지역으로 볼 수 있습니다.

동남쪽 금산 행정복지 센-타 금산 고등학교가 있는 지역이 3등급 지역으로 가정 할 수 있으며 서북쪽 삼천리 자전거 금산군청 한국 수자원공사가 있는 지역이 4등급 지역으로 구분 할 수 있습니다.

다음은 출입문의 길흉관계입니다.
아래 그림에서 표시한 위치를 참고 하세요.

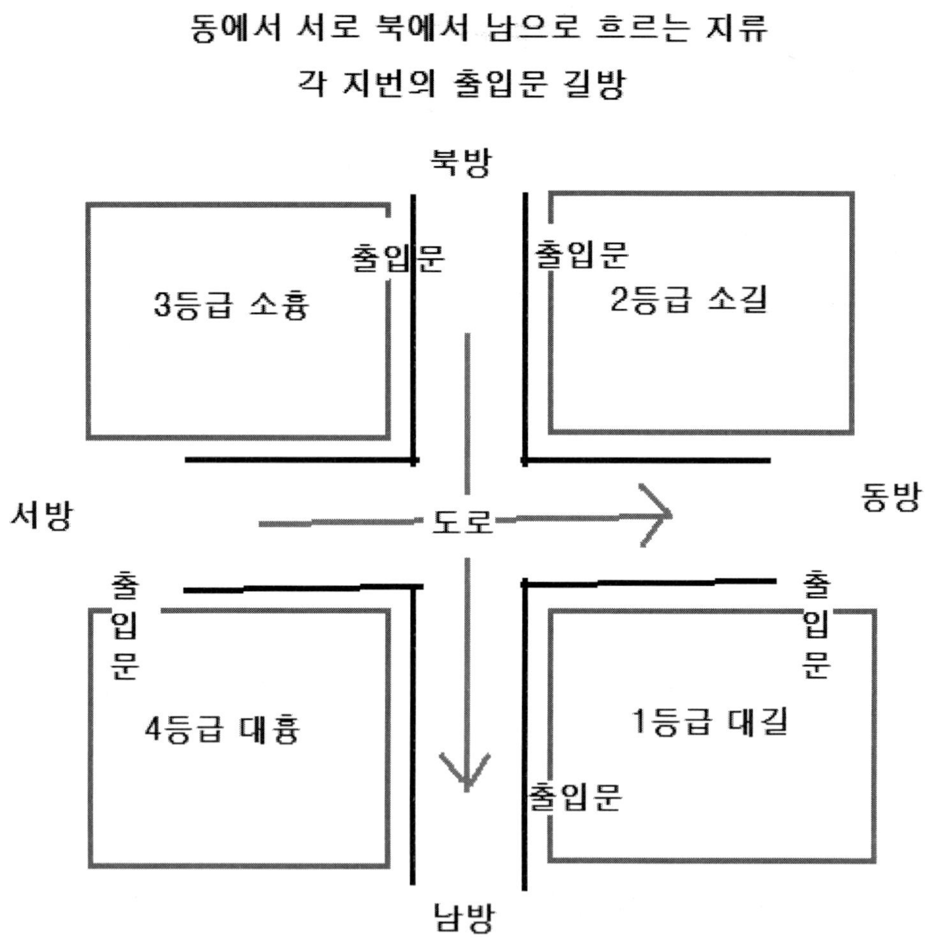

## 8등급 지역 산천(山川) 장수군

장수군의 8등급 지역 구분하기 입니다.

다음은 지운자로 보는 장수군 지운보기입니다.

금강과 장계천이 만나는 지점에서 남쪽으로 지운 자를 놓고 금강의 발원지로 1 2 3 등급을 지어 보는 것입니다.

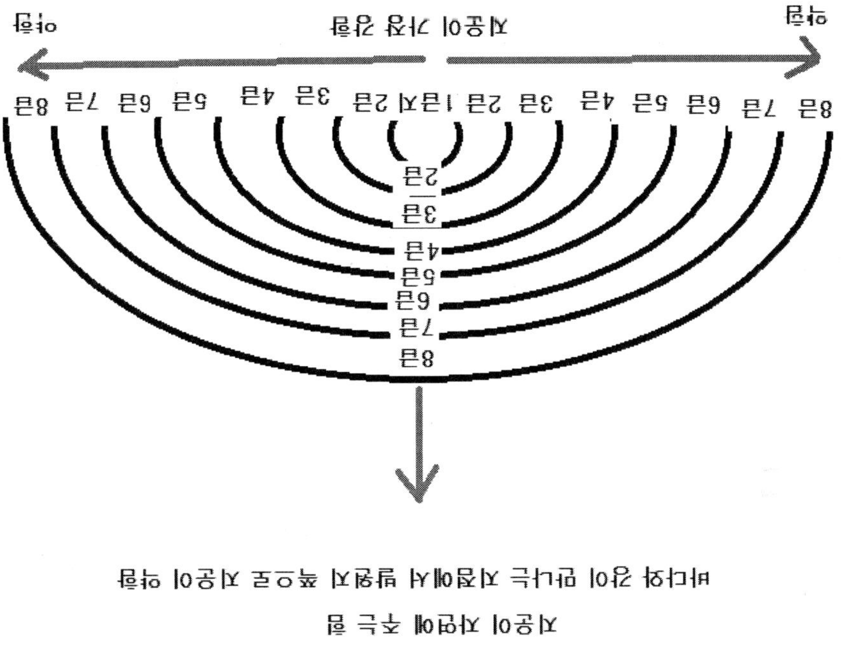


장수군청 동물위생시험소 장수군보건의료원 하나로 마트가 있는 지역이 1등급 지역으로 볼 수 있으며, 송천 마을 회관 구락 마을회관 앞 논밭이 2등급 지역으로 볼 수 있을 것입니다.

한국 전력공사 장수 잔디구장 두산마을회관 한국 농업 연수원이 있는 지역이 3등급 지역으로 볼 수 있으며 장수사과 동부농장 노골 하리마을회관 대리마을회관 주변 논밭이 4등급 지역으로 구분할 수 있을 것입니다.

장계시외버스 터미널 백화 여자고등학교 장수 장계 농공단지가 있는 지역이 5등급 지역으로 볼 수 있으며 천천면 사무소 장양마을회관 백곡마을회관이 있는 지역이 6등급 지역으로 구분할 수 있을 것입니다.

선서면 사무소 왕곡회관 서창마을회관이 있는 지역이 7등급 지역으로 볼 수 있으며 계북면사무소 농소마을회관 정인승 기념관이 있는 지역이 8등급 지역으로 구분할 수 있을 것입니다.

다음은 경사도를 보는 가운도입니다.

위의 그림에서 경사각이 주는 지운의 의미를 참고 하세요.

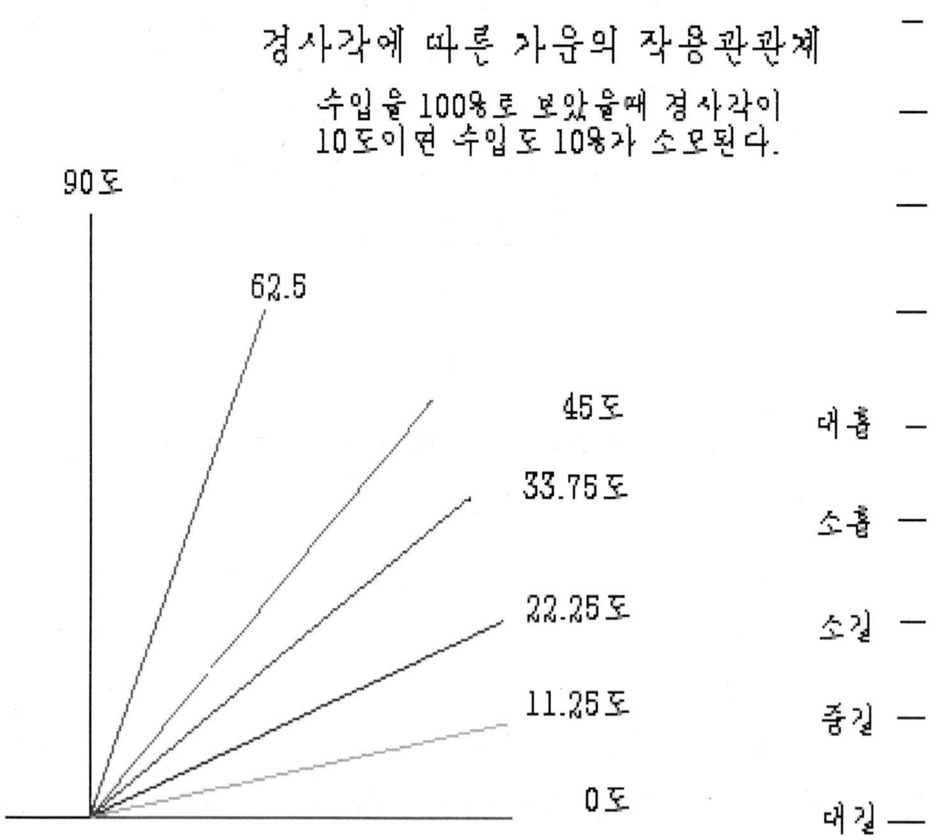

지역을 구별하고 등급지역을 나누어 보고 그리고 경사도를 보고 나면 원하는 지번에 길흉을 보는 도로에서 보는 4등급 징역 길흉관계입니다.

도로에서 보는 4등급 지역의 길흉관계입니다.

장수군의 중심지로 보이는 장수 사거리에서 보는 4등급 지역의 해설입니다.

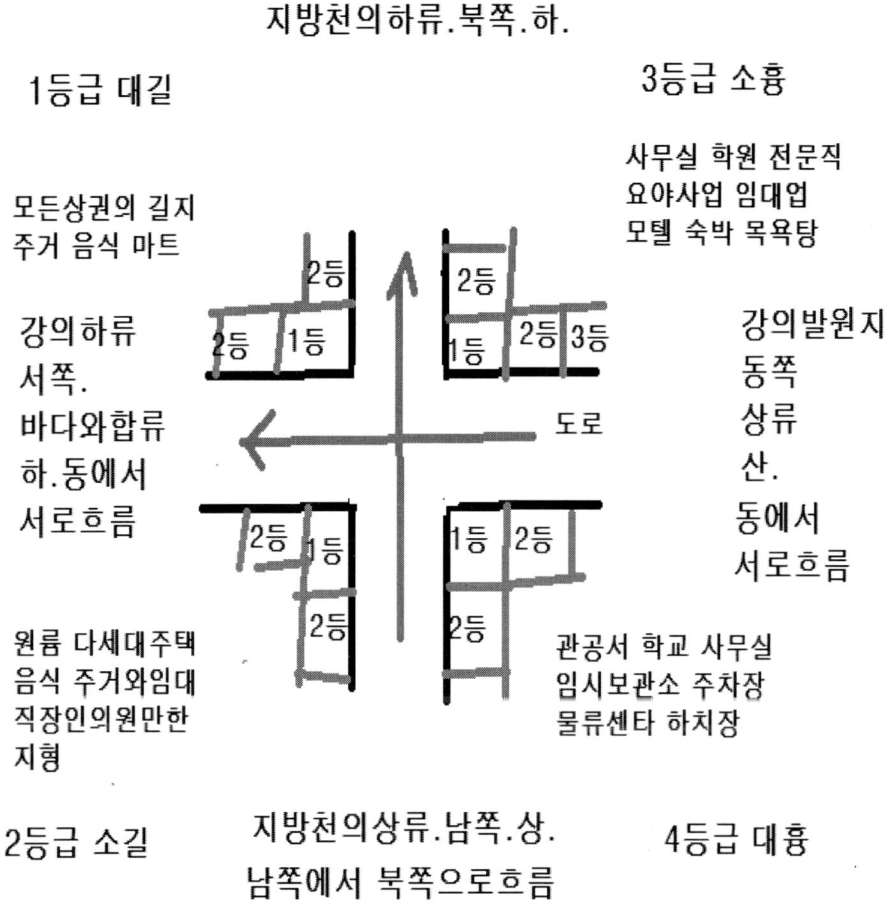


장수 사거리에서 서북쪽 장수 성당 하나로 마트 1급 자동차 공업사가 있는 지역이 1등급 지역으로 구분할 수 있으며 서남쪽 한사랑 의원 장수 시장 동물 위생시험소가 있는 지역이 2등급 지역으로 구분할 수 있습니다.

장수 농협세차장 장수군 법원 장수 가야운동장 장수 고등학교가 있는 지역이 3등급 지역으로 가정할 수 있으며 동남쪽 우주 라이크 커피 장수군 산림조합 장수군청이 있는 지역이 4등급 지역으로 구분할 수 있습니다.

지역과 등급지역 그리고 경사각 도로에서 보는 4등급 지역의 지번을 선택하고 나면 선택된 지번에 출입문 길흉 관계를 보아야 합니다.
아래 그림은 출입문 위치도입니다. 그림에 표시된 위치에서 참고하세요.

**강에서 서로 남에서 북으로 흐르는 지류**

**각 지번의 출입문 길방**

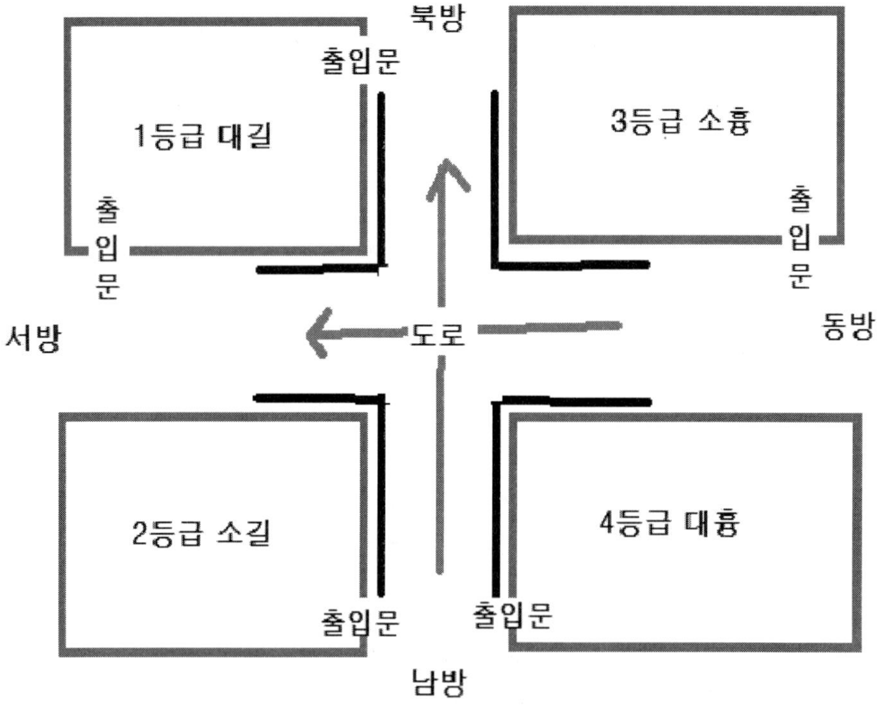

## 8등급 산천(山川) 진안군

다음은 진안군 지운입니다.

진안군 8등급 지역 구분입니다.

진안천교에 지운자를 놓고 남서 간으로 보는 지운입니다.

진안군민 의료원 진안군청 마이파출소 방향으로 등급 지역을 구분하세요.

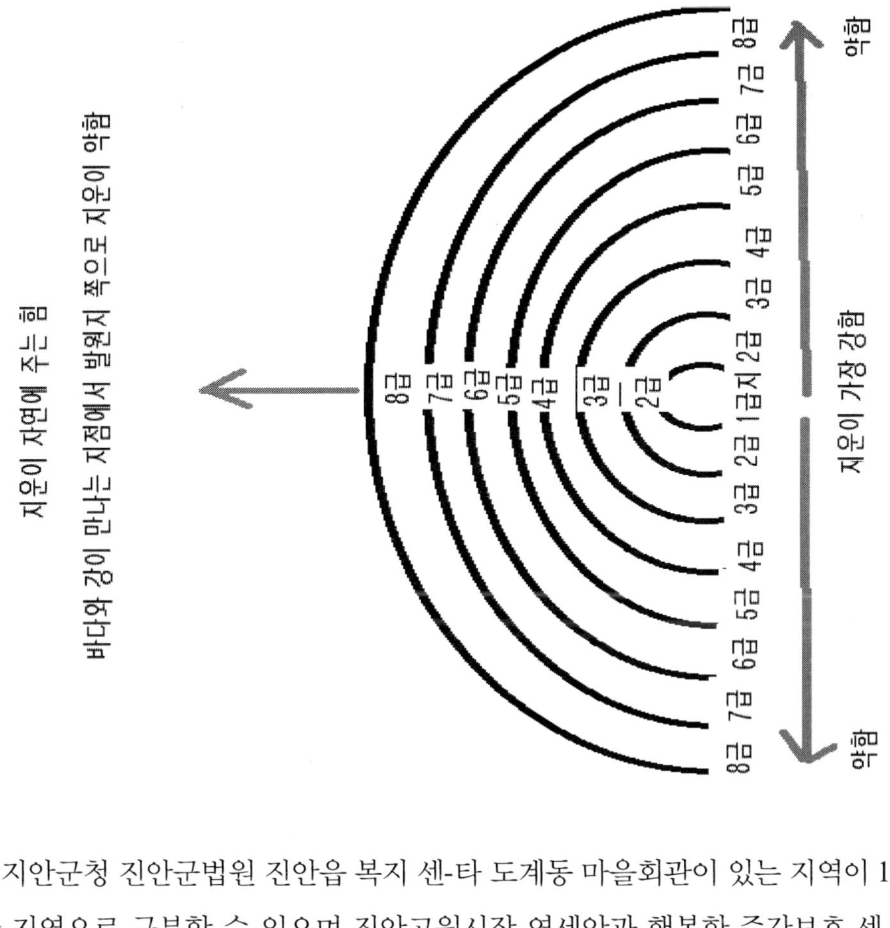

지안군청 진안군법원 진안읍 복지 센-타 도계동 마을회관이 있는 지역이 1등급 지역으로 구분할 수 있으며 진안고원시장 연세안과 행복한 주간보호 센-타가 있는 지역이 2등급 지역으로 구분할 수 있을 것입니다.

연방마을회관 덕천보건진료소 한국 한방고등학교가 있는 지역이 3등급 지역으로 볼 수 있으며 마령면 복지 센-타 마령고등학교 사곡마을회관이 있는 주변이 4등급 지역으로 구분할 수 있을 것입니다.

평장 보건진료소 신전마을회관이 있는 주변이 5등급 지역으로 구분할 수 있으며 동신마을회관 상서마을회관 백운면사무소가 있는 지역이 6등급 지역으로 구분할 수 있을 것입니다.

진안군의 7등급 8등급지역은 생략합니다.

다음은 경사각을 보는 가운도입니다. 그림에서 참고 하세요.

가운 도는 지운의 균형을 보는 것입니다.

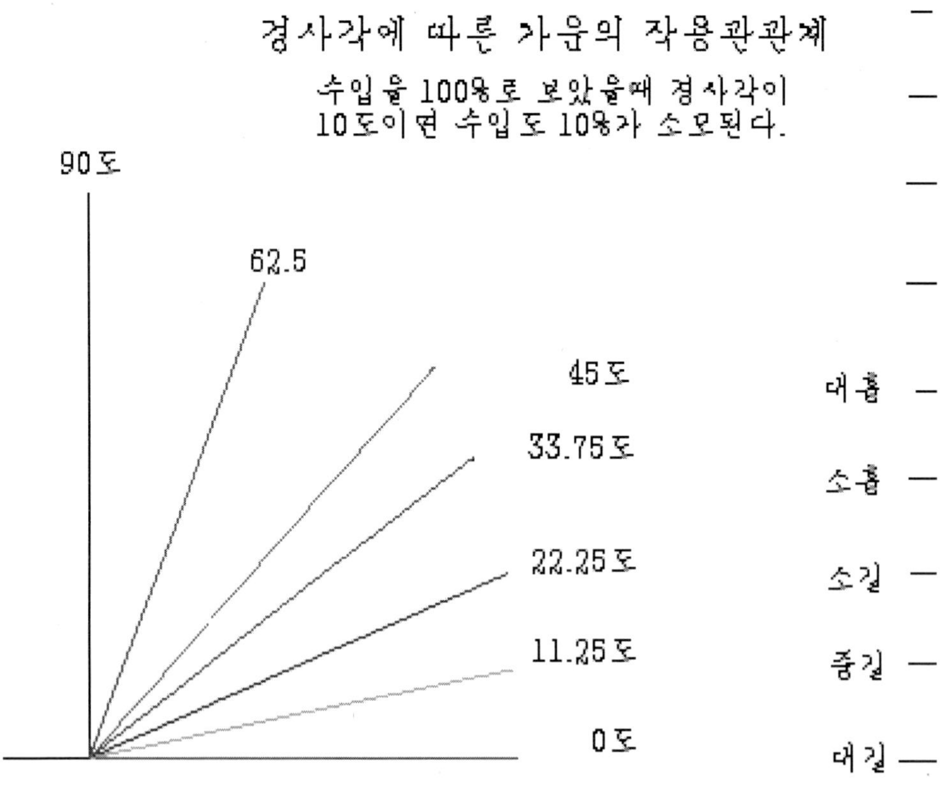

다음은 도로에서 보는 4등급 지역 길흉도입니다.

진안 경찰서 앞 사거리에서 보는 4등급 지역의 길흉관계입니다.

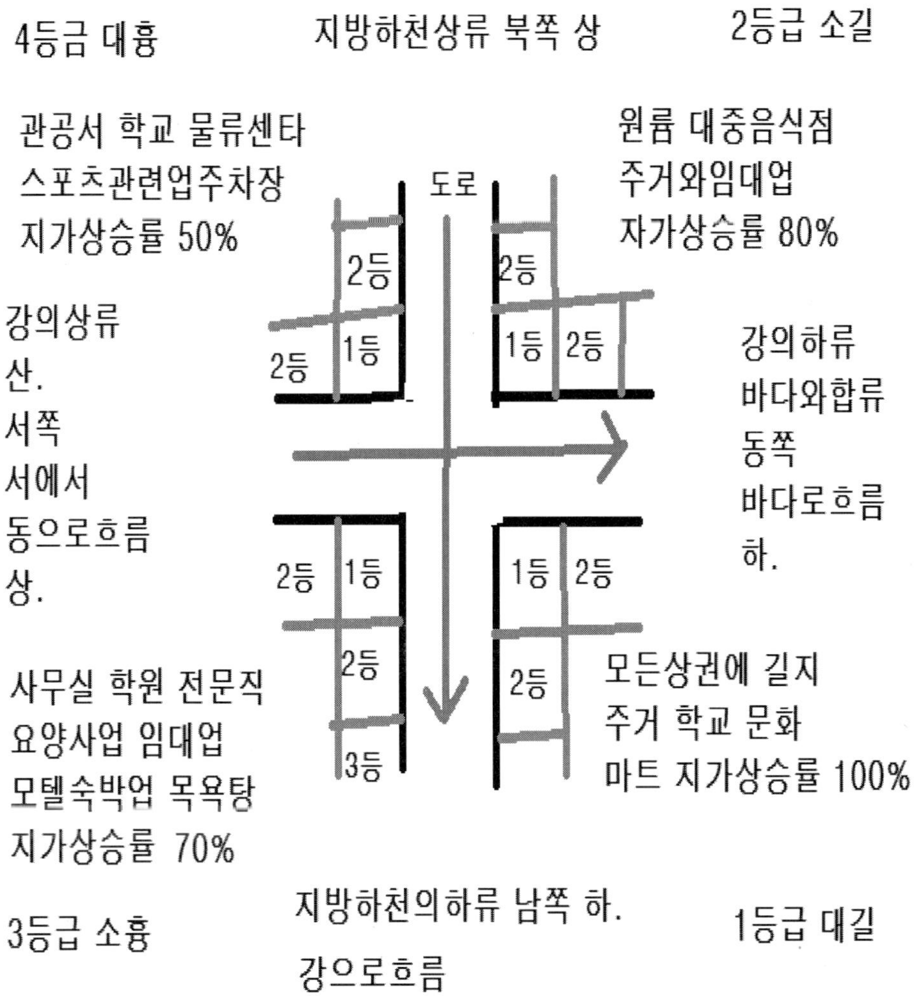


진안 경찰서 앞 사거리에서 동북쪽 진안경찰서 KT 플라자 진안고원시장이 있는 지역이 1등급 지역으로 가정할 수 있으며 농협은행 진안등기소 진안 만남 쉼터가 있는 지역이 2등급 지역으로 구분 할 수 있습니다.

사거리에서 서북쪽 무진장 축산농협 진안 어린이집 상림천이 있는 지역이 3등급 지역으로 가정할 수 있으며 사거리에서 서쪽 진안군청 진안 초등학교 교육청 진안 도서관이 있는 지역이 4등급 지역으로 구분할 수 있습니다.

위의 그림에서 표시한 등급지역의 용도와 지운의 효율성 지운의 의미를 참고하세요. 다음은 선택한 지번에 따른 출입문 길흉관계입니다.

출입문은 위의 그림에서 표시한 위치를 참고 하세요.

건물을 짓거나 살 때 문을 중요하게 보셔야 할 것입니다.

**동에서 서로 북에서 남으로 흐르는 지류**

**각 지번의 출입문 길방**

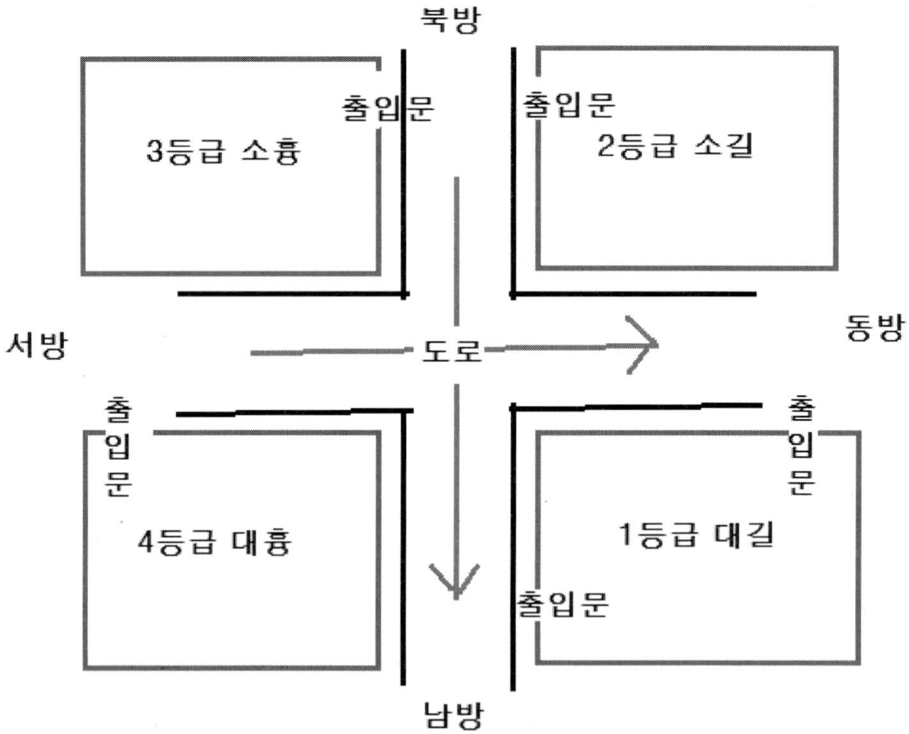

제 6 편

# 영산강 유역의 지운보기

# 제6편 영산강 유역의 지운보기

영산강은 115킬로미터 강으로서 담양군의 가마골 용소에서 발원하여 목포로 해서 서해로 흐르는 강이다.

**지운이 자연에 주는 힘**

**바다와 강이 만나는 지점에서 발원지 쪽으로 지운이 약함**

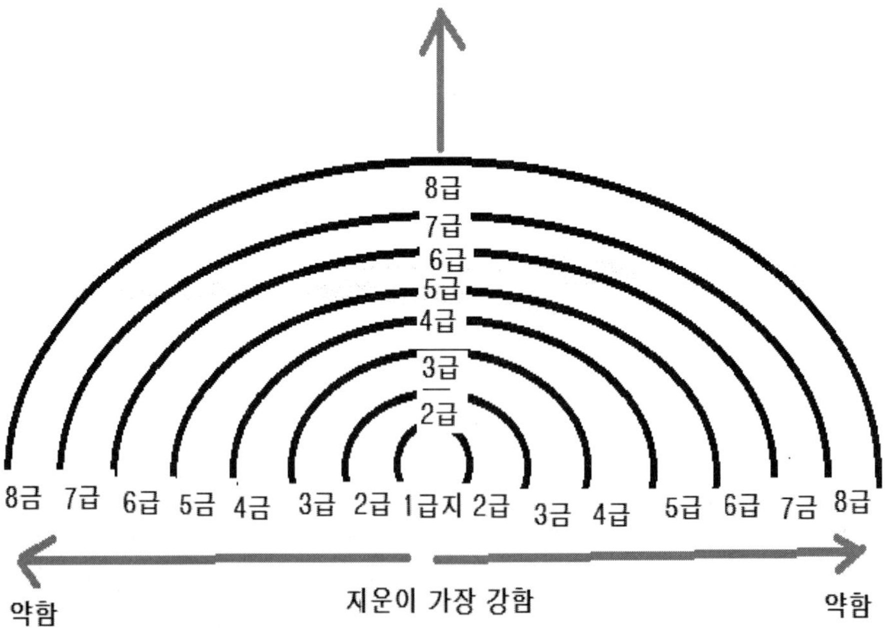

강의 길이에 8등분하여 하류에서 상류로 올라가면서 1등급 지역 2 3등급 지역으로 구분합니다. 1등급 지역을 하천이라고 하고 인체의 발바닥에 비유할 수 있습니다. 목포대교에서 남창 천과 영산강이 합류하는 지점 까지를 1등급 지역으로 구분하세요.

위의 그림 지운 도를 이용해서 수직으로 보는 방법과 좌우 수평으로 보는 자를 이용해서 그 지역의 지운을 보세요.

## 1등급 지역 (河川) 목포시

영산강의 115킬로미터의 기류가 목포시를 부흥 하게 하여 영산강의 1등급 지역이다. 인체의 나이로는 10대로 의미하고 미숙하지만 앞으로 개발이나 발전이 유망한 지역입니다. 인체에 비유하면 발바닥.

경재효율성은 90%로 가정할 수 있습니다.

## 2등급 지역 (석천) 영암군

영산강과 남창 천과 합류하는 지점에서 영산강 대교 까지를 영산강의 2등급 지역으로 구분할 수 있으며 현재는 농업과 어업 유통업 관광업을 기반으로 살아가고 있지만 영산강의 경재발원에 원동력이 될 수 있는 지역이다. 인체의 나이는 20대로 볼 수 있으며 경재효과는 80%이다. 인체에 비유하면 종아리.

## 3등급 지역 (草川) 나주시

영산강 대교에서 자석 천과 합류하는 지점 까지를 3등급 지역으로 볼 수 있으며 지금은 농업과 과수 축산과 약간간의 상공업이 교류하여 교육 문화 정치등 많은 역할을 할 인제가 탄생할 수 있는 지역이다. 인체의 나이로는 30대를 의미하고 경재효율성은 70%가정할 수 있으나 인제이 따라서 100%로 볼 수 있다. 인체에 비유하면 허벅지.

## 4등급 지역 (지천) 광주광역시

영산강과 지석 천과 합류 하는 지역에서 영산 교 까지를 4등급 지역으로 구분할 수 있습니다. 70%의 농업과 상공업으로 교육 문화 정치의 중심지이며 우리나의 3번째 뒤주를 가지고 있어 호남의 기둥이다. 인체의 나이로는 40대로 볼 수 있으며 지가가 주는 경재효율성은 60%로 볼 수 있다.

인체에 비유하면 배꼽 대장 성기

## 5등급 지역 담양군(화천)

영산교 에서 담양호 까지를 5등급 지역으로 구분할 수 있습니다. 30%의 농지와 70%의 밭과 임야로 구성되어 있으므로 수도 작으로 생산되는 쌀농사와 밭농사와 축산 과수 펜션 가공업 등으로 경제구성을 이루고 있다고 보여 집니다. 인체의 나이로는 50대로 볼 수 있으며 지운이 주는 경재효과는 50%로 볼 수 있으며 인체에 비유하면 위와 가슴 폐 심장

## 6등급 지역 (황천)

담양군 상위 지역은 국가관리 정원이며 국립공원 수련원 사찰 화사나 기업형의 지역이며 개인의 개발 투자가 불가하여 영산강의 지운은 여기서 생략 합니다.

## 영산강의 지운보기

### 3등급 지역 목포시

목포시 전체로 보는 8등급 지역구분하기입니다. 아래 지운 자를 이용 하세요.

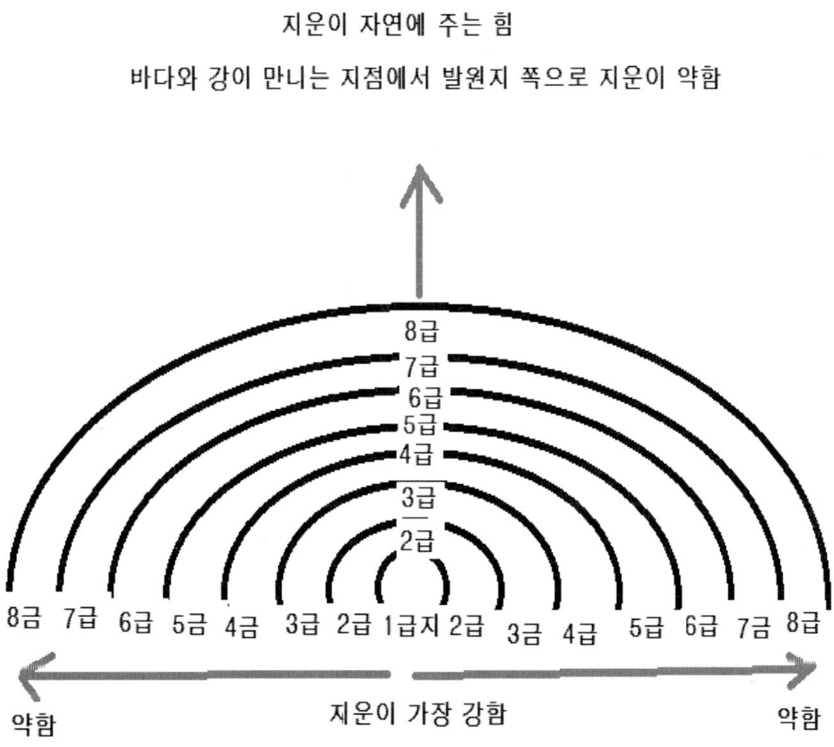


연동 복지 센-타 목포 삼학초등학교 유달 경기장 목포 우체국이 있는 지역이 1등급 지역으로 볼 수 있으며 유달동 복지 센-타 목포서산 초등학교 목호진 역사공원 목포 청명 여자고등학교 삼성장례식장이 있는 지역이 2등급 지역으로 볼 수 있을 것입니다.

목포 해양경찰서 목포홍일 고등학교 목포시청 목포 양동우체국이 있는 지역이 3등급 지역으로 구분해 볼 수 있으며 롯데마트 부흥동 복지 센-타 영흥 고등학교 목포하당 중학교 주변이 4등급 지역으로 구분할 수 있을 것입니다.

부주동 행정복지 센-타 작은섬 공원 광주지방법원 목포 지원이 있는 지역이 5등급 지역으로 구분할 수 있으며 목포대양 일반산업단지 목포 중앙병원 목포 중앙고등학교가 있는 지역이 6등급 지역으로 구분할 수 있을 것입니다. 고하도 이충무공 유적지 국립호남권 생물지원관 목포 신항만이 있는 지역이 7등급 지역으로 볼 수 있으며 달라도 율도가 8등급 지역으로 구분할 수 있을 것입니다.

다음은 그 지역의 경사도를 보는 가운도입니다. 아래 그림을 참고 하세요. 경사도의 의미는 지운의 균형을 보는 그림입니다. 경사가 심하면 지운의 균형을 잃게 됩니다.

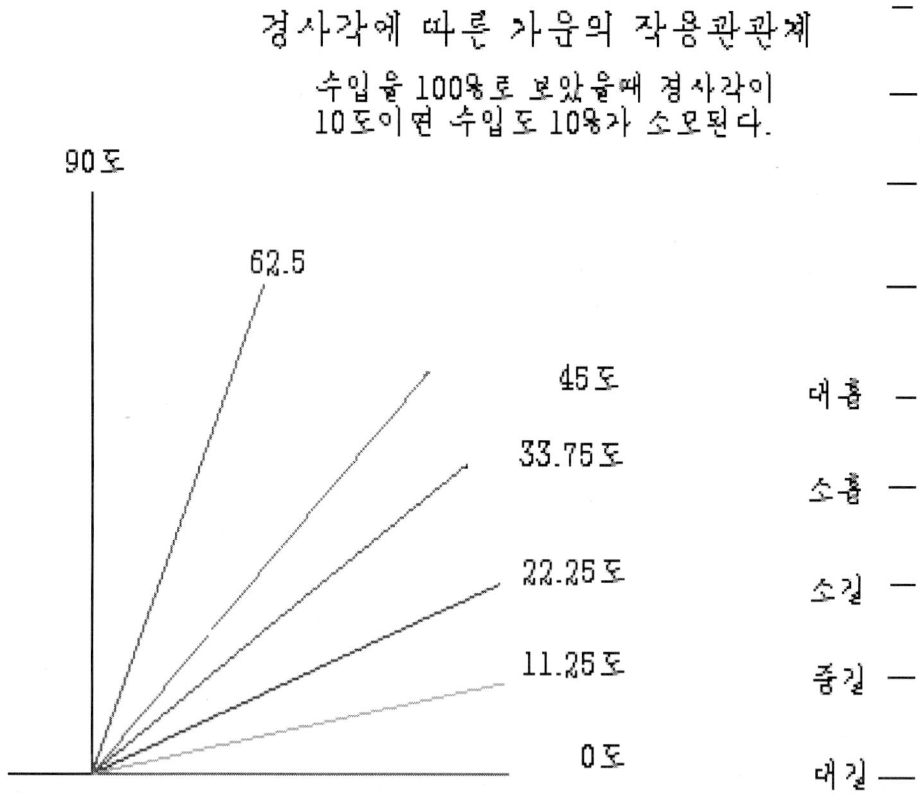

다음은 도로에서 보는 4등급 지역의 길흉관계입니다.

아래 그림을 참고 하세요.

아래의 그림은 목포시 중심지로 볼 수 있는 용당 광장 교차로에서 보는 4등급 지역의 길흉관계입니다.

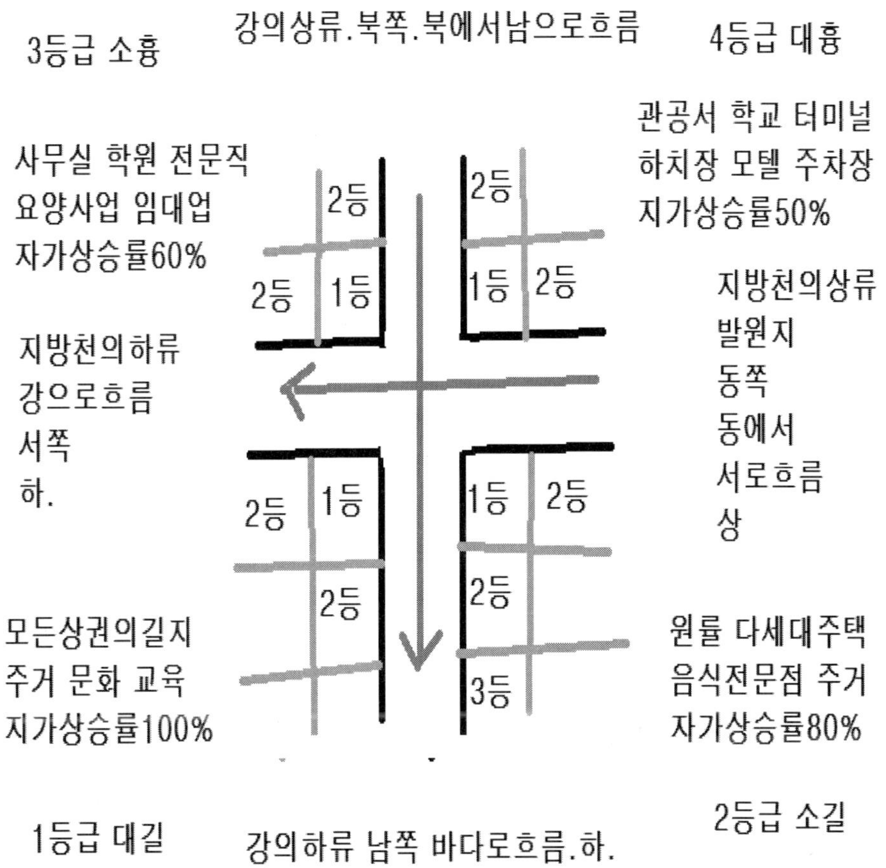


용당 광장 교차로에서 서남쪽으로 목포수협 용당지점 김정문 알로에 유달 경기장 삼학도 공원이 있는 지역이 1등급 지역으로 볼 수 있으며 동남쪽 광주은행 우금사 목포시립도서관 목포남항이 있는 방향이 2등급 지역으로 구분할 수 있습니다.

교차로에서 엘지 베스트샵 목성 고등학교 목포시청 목포대양 일반산업단지가 있는 지역이 3등급 지역으로 구분 할 수 있으며 동북쪽 삼성 디털프라자 홈플러스 목포 대학교가 있는 지역이 목포 4등급 지역으로 볼 수 있을 것입니다.

등급지역을 보고 지번이 정해지면 그 선택한 지번의 건축물의 출입문의 위치를 보아야 합니다. 다음 그림은 출입문 길흉도입니다.

아래의 그림의 출입문의 표시한 위치를 참고 하세요.

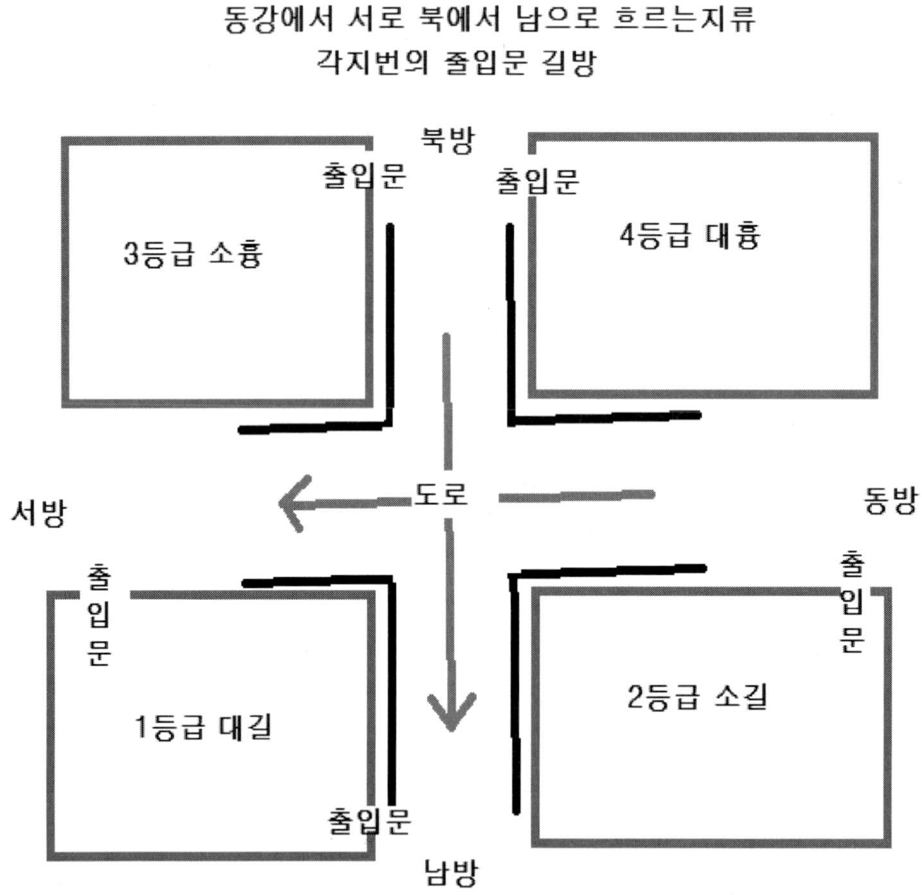

## 2등급 지역 영암군

영암군의 전체지역의 8등급지역 구별하기입니다.

영암 천과 영산강이 만나는 지점에 지운을 보는 자를 동북쪽으로 놓고 신금대교 까지를 보는 그림입니다.

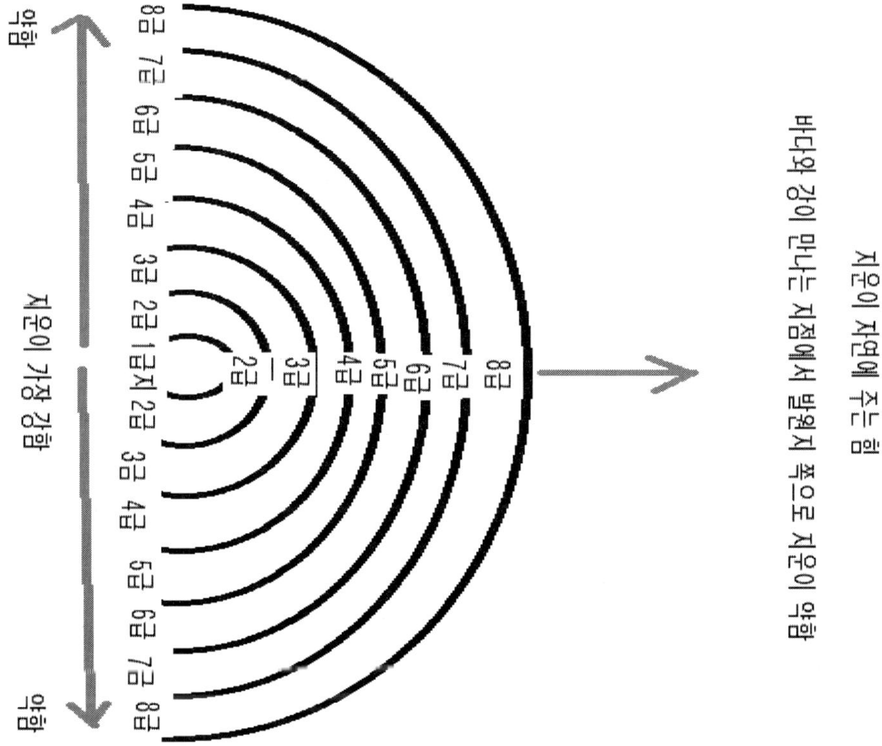


영암 소방서주변 산업단지 삼호읍 복지 센-타가 있는 지역이 1등급 지역으로 구분할 수 있으며 삼호읍 서창 초등학교 독천 터미널이 있는 지역이 2등급 지역으로 구분할 수 있을 것입니다.

비랑산 금다불산 산호리 동호리 주변이 3등급 지역으로 구분할 수 있으며 신학리 봉소리 구산리 주변이 4등급 지역으로 구분할 수 있을 것입니다.

도정리 성재리 천주교성당 양장리 주변논밭이 5등급 지역으로 구분할 수 있으며 원항리 도포리 도포 중학교 용호리 주변이 6등급 지역으로 구분할 수 있을 것입니다. 영암군청 영등리 덕진면 사무소 영암읍 주변이 7등급 지역으로 구분할 수 있으며 신흥리 금지리 영호기 월롱리 주변 논밭이 8등급 지역으로 구분할 수 있을 것입니다.

영암군은 농업과 어업이 발달하고 분지가 많아 70%의 농업에서 얻는 경재효율성과 관광 어업이 어울려져 80%의 지가로 얻는 경재개발이 큰 지역이라 할 수 있습니다. 그르므로 대로 물려 자자손손 부를 하고 인제를 발굴하여 호남일원에 부자의 군으로 개운될 지역입니다,

다음은 그 지역의 경사각을 보는 가운도입니다.

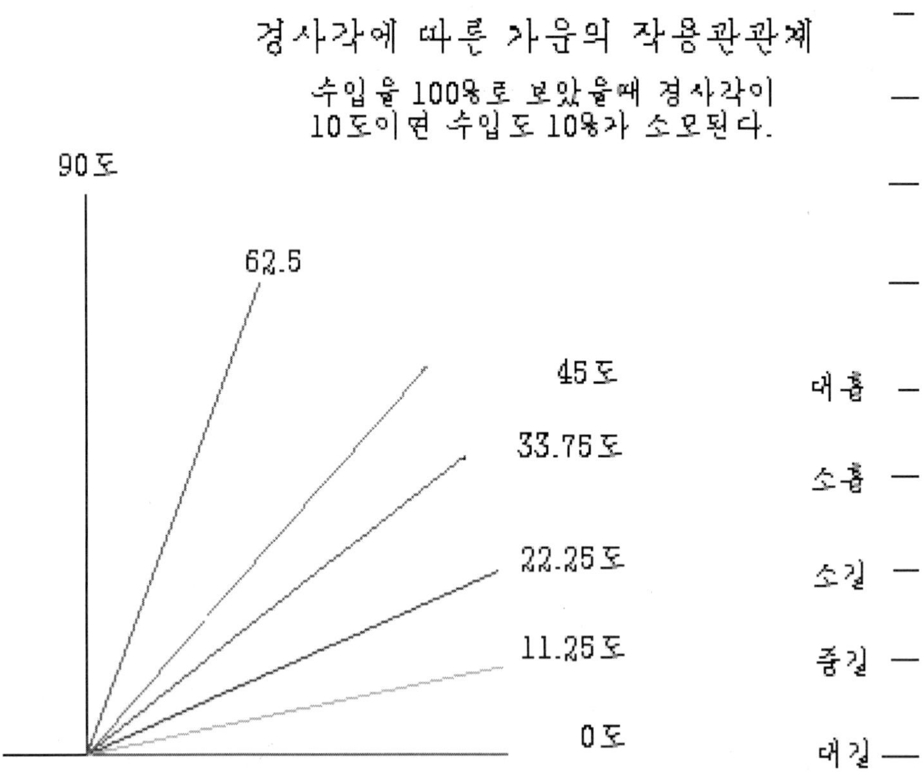

가운 도는 지운의 균형을 보는 것입니다. 아래 그림을 참고하세요.

경사각을 보고 대흉이나 소흉이면 피하는 것이 옳습니다.

다음은 그 지번의 도로에서 보는 지운관계입니다. 영암군의 중심지역으로 볼 수 있는 영산강과 도포천이 합류하는 지점에서 보는 4등급 지역의 길흉 관계입니다.

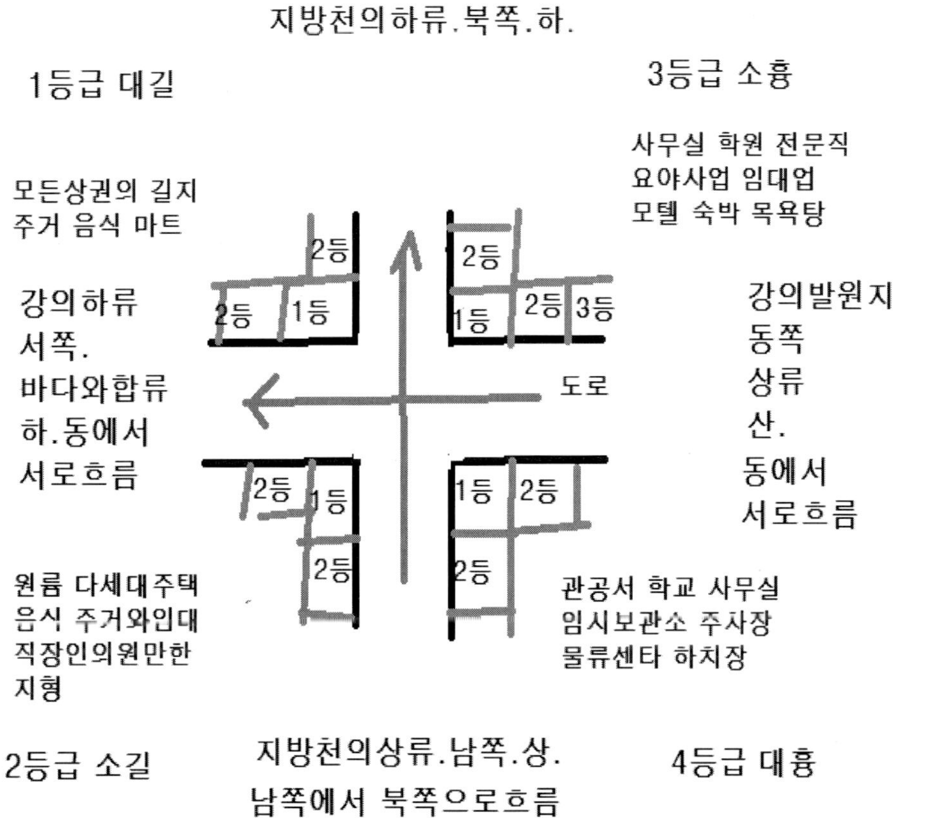


이지점에서 서북쪽으로 원항리 신학리 봉소리 구산리 지역이 1등급 지역으로 볼 수 있으며 영산강 서남쪽으로 도장리 동호리 양장리 금강리지역이 2등급 지역으로 차후에 개발이 되면서 가운이 일어날 것입니다.

다음은 영산강 상류로 올라가면서 동북 쪽 으로 장선리 수산리 영호리 행정리 지역이 영암군 3등급 지역으로 가정할 수 있으며 동남쪽 송평리 영암군청 대신리 영암 농협 장례식장이 있는 지역이 4등급 지역으로 구분 할 수 있습니다.

옛날에는 이지역이 바닷물이 조수를 하여 척박한 지역이었으나 세월이 가면서 영산강 유역에 큰 영향을 받게 될 것입니다.

다음은 지번을 선택했으면 지번의 건물의 출입문 길흉관계입니다.

아래 그림에서 참고 하세요. 건축을 짓거나 건물을 살 때 그림에서 표시된 출입문을 참고하세요.

강에서 서로 남에서 북으로 흐르는 지류

각 지번의 출입문 길방

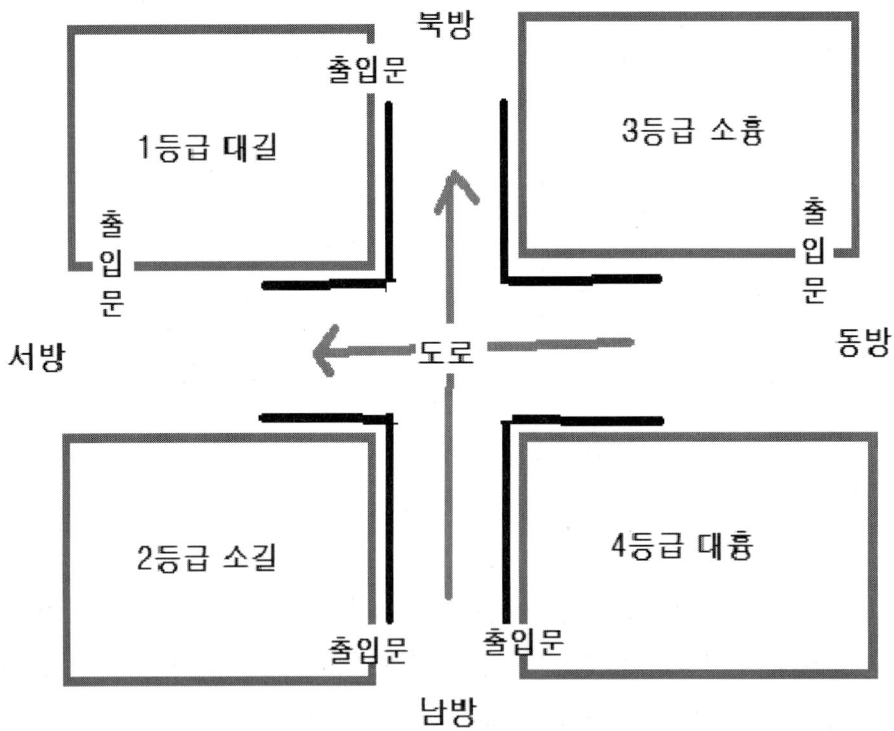

## 3등급 지역 나주시

나주시 8등급 지역 구분하기입니다.

영산강과 만봉천이 합류하는 지점에서 지운자를 놓고 남쪽으로 내려가면서 지역을 구분해 보세요.

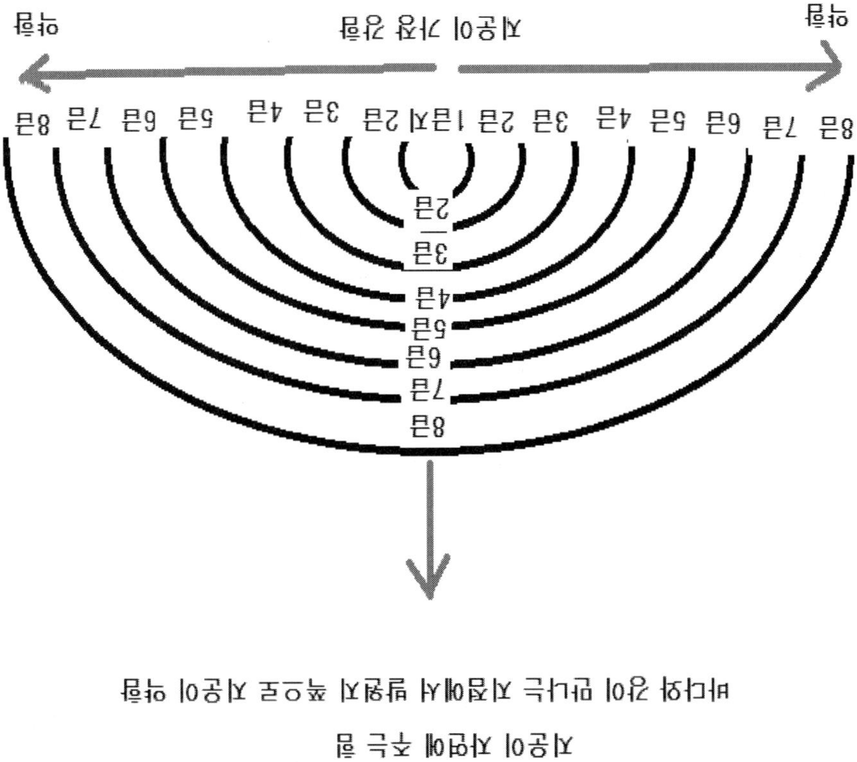


금천면 호남원에 고등학교 배메산 산포면 교촌리 주변이 나주시 1등급 지역으로 구분할 수 있으며 영산동 주민 센-타 영산포 공용터미널 전남 외국어 고등학교 영산동주변 논밭이 2등급 지역으로 구분할 수 있을 것입니다. 장동리 대전리 공산면 월송리 주변이 3등급 지역으로 구분할 수 있으며 옥곡리 본양리 왕곡면 나주혁신 산업단지가 있는 지역이 4등급 지역으로 볼 수 있을것입니다.

다시면 사무소 문평면 복지 센-타  나주 복암리 고분군  죽산리 주변이 5등급 지역으로 구분할 수 있으며 나주시청 금남동 복지 센-타 주변이 6등급 지역으로 구분할 수 있을 것입니다.  노안초등하교 오정리 구정리 주변이 7등급 지역으로 구분할 수 있으며 봉황면 사무소 용전리 세지면 주변이 8등급 지역으로 구분할 수 있을 것입니다.

영산대교에서 지석 천과 합류하는 지점까지를 영산강 3등급 지역으로 분류할 수 있으며 나주평야는 김제평야와 함께 우리나라 4대 뒤주에 해당하는 식량 창고입니다. 영산강 유역에서 가장 유력한 힘을 가진 행복도시로 볼 수 있을 것입니다. 충분한 농업수와 기후로 인하여 농업 과수업 채소 그리고 적당한 축산 상공업이 고루 발전하는 도시로 볼 수 있을 것입니다.

다음 그림에서 경사각의 의미를 구분하시고 참고 하시기 바랍니다.

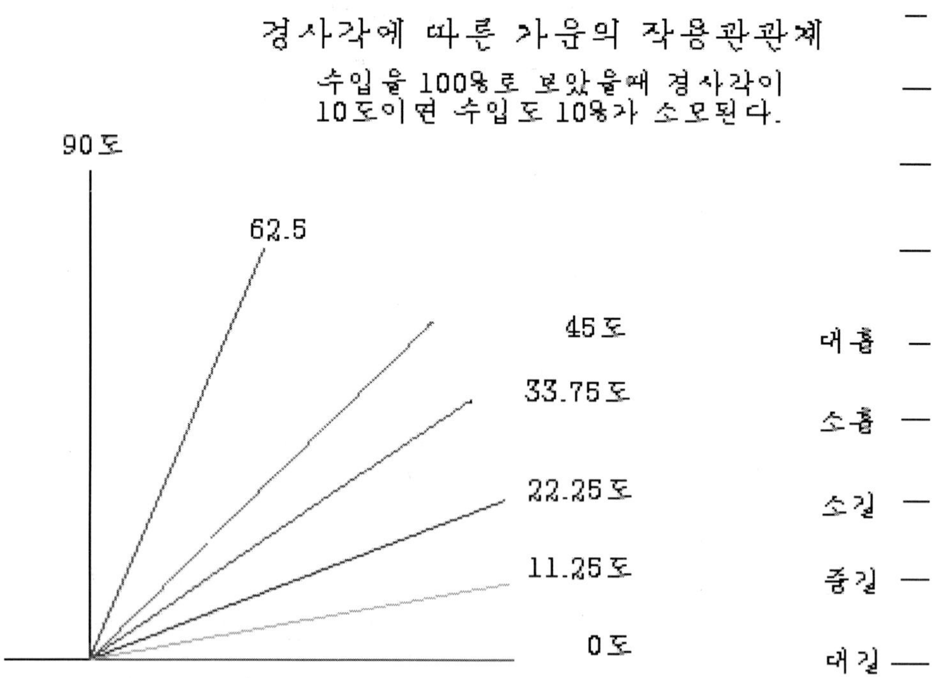

가운도의 그림에서 소길이나 대길은 좋겠지만 대흉이나 소흉은 피하세요. 가운도는 지운의 균형을 보는 의미입니다.

다음은 도로에서 보는 4등급 지역의 길흉관계입니다.
대가 육교 사거리에서 보는 4등급 지역의 길흉 관계입니다.

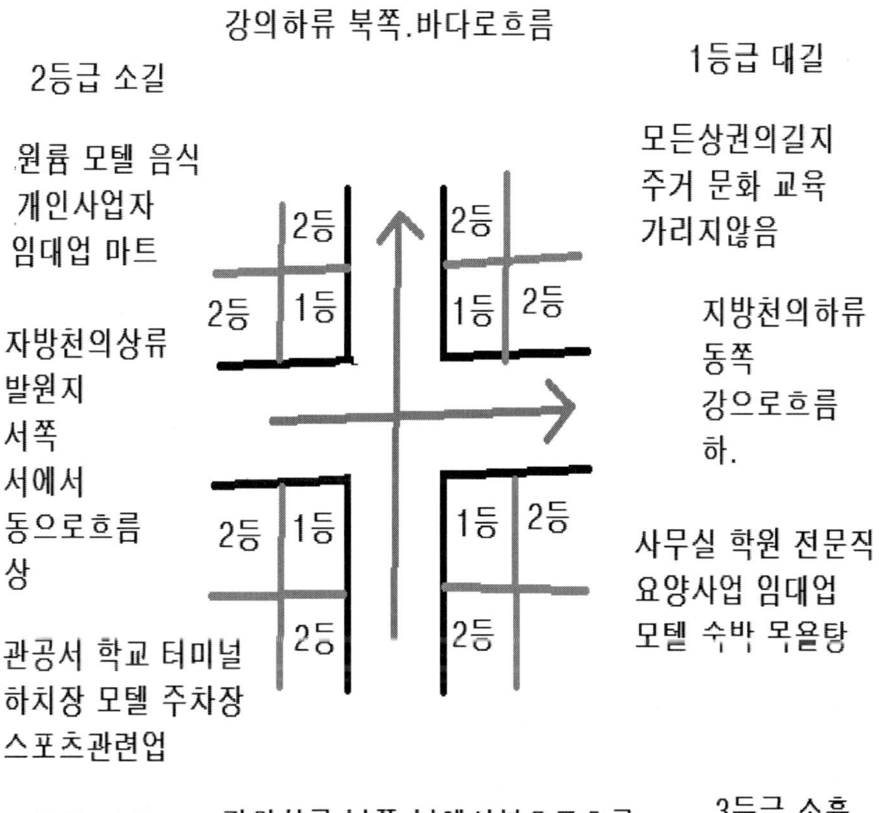


4거리에서 북동쪽으로 영산동일원 농어촌공사 배메산 주변 금천면 지역이 나주 1등급 지역으로 볼 수 있으며 서북쪽으로 영산포 공용터미널 나주혁신 산업단지 국립 목포대학교가 있는 지역이 2등급 지역으로 가정할 수 있습니다.

사거리에서 동남쪽으로 신동리 옥곡리 봉황면 사무소가 있는 지역이 3등급 지역으로 볼 수 있으며 남서쪽 새천년 자동차 운전학원 송제리 세지 중앙교회가 있는 지역이 4등급 지역으로 구분 할 수 있습니다.

다음은 출입문 길흉관계입니다.

동에서 서로 남에서 북으로 흐르는 지류

각 자번의 출입문 길방

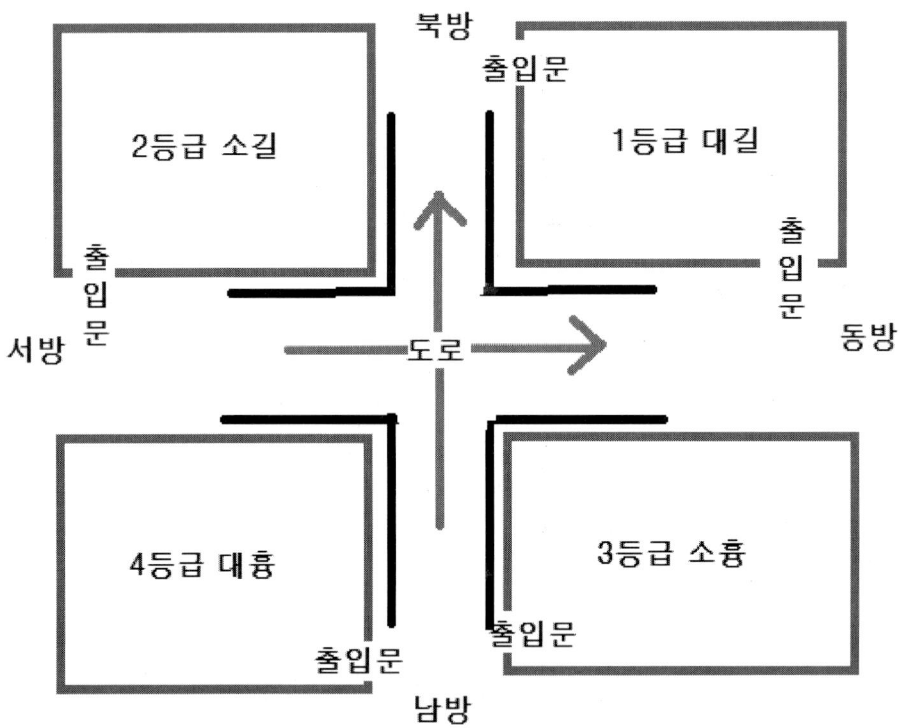


택지가 선택되면 출입문의 길흉관계를 보아야 합니다,
위의 그림에서 표시한 위치를 참고 해서 보세요.

## 4등급 지역 광주광역시

광주광역시 전체를 보는 8등급 지역 지운을 구분해 보기입니다.

광주시는 영산강과 광주천이 만나는 지점에서 제2 수원지로 이어지는 광주천의 지운과 용동지에서 발원하여 영산강으로 합류하는 풍영 정천의 기류를 받아 동과서의 지운으로 이루어져 강력한 광주시가 조성된 시다. 광주시의 주축의 발원지로 보이는 광주천에 지운을 대표로 보기로 하겠습니다.

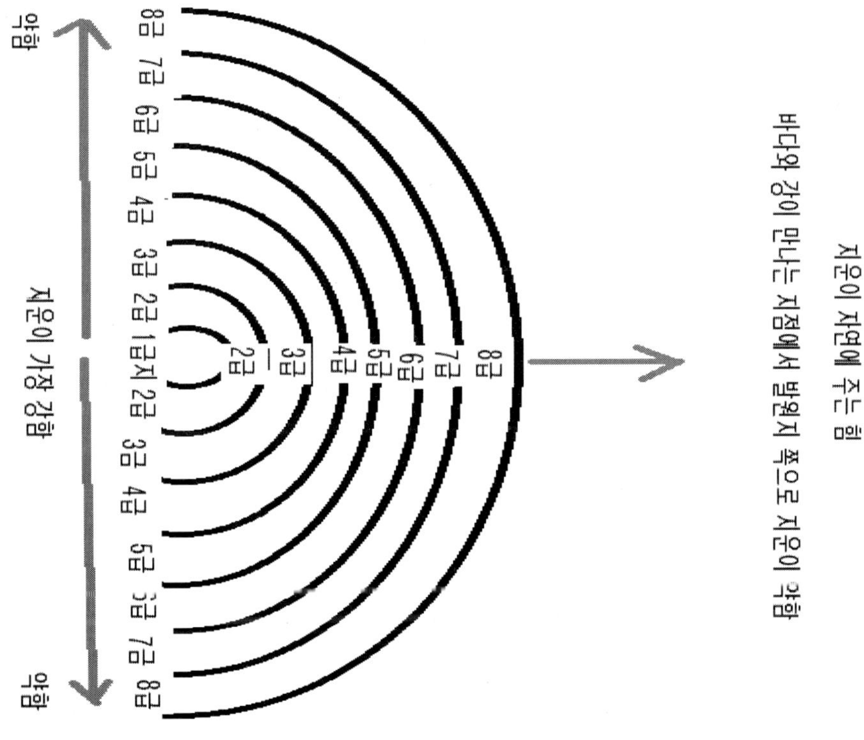


영산강과 지천에서 보는 8등급 지역 지운보기입니다. 광주광역시청 광주 환경공단본부 광주종합 버스터미널 518 기념공원이 있는 지역이 1등급 지역으로 구분할 수 있으며 신안동 복지 센-타 NC 백화점 동구청 동강대학교가 있는 지역이 2등급 지역으로 구분할 수 있을 것입니다.

신기동복지 센-타 광산소방서 하남 일반산업단지 신창동 복지 센-타가 있는 지역이 3등급 지역으로 구분할 수 있으며 금호중앙 여자고등학교 북구청 광주 교육 대학교 주변이 4등급 지역으로 구분할 수 있을 것입니다.

상무2동 복지 센-타 롯데마트 남구청 광주 제일고등학교주변이 5등급 지역으로 구분할 수 있으며 첨단종합병원 신용동 복지 센-타 국립광주 박물관 광주자연 과학고등 학교가 있는 지역이 6등급 지역으로 구분할 수 있을 것입니다.

동곡동 복지 센-타 평동일반 산업단지 동산마을 회관이 있는 주변이 7등급 지역으로 구분할 수 있으며 대천동 복지 센-타 무학 초등학교 빛고을 농촌테마공원이 있는 지역이 8등급 지역으로 구분할 수 있을 것입니다. 아래 그림은 가운도입니다. 경사각은 지운의 균형을 보는 것입니다.

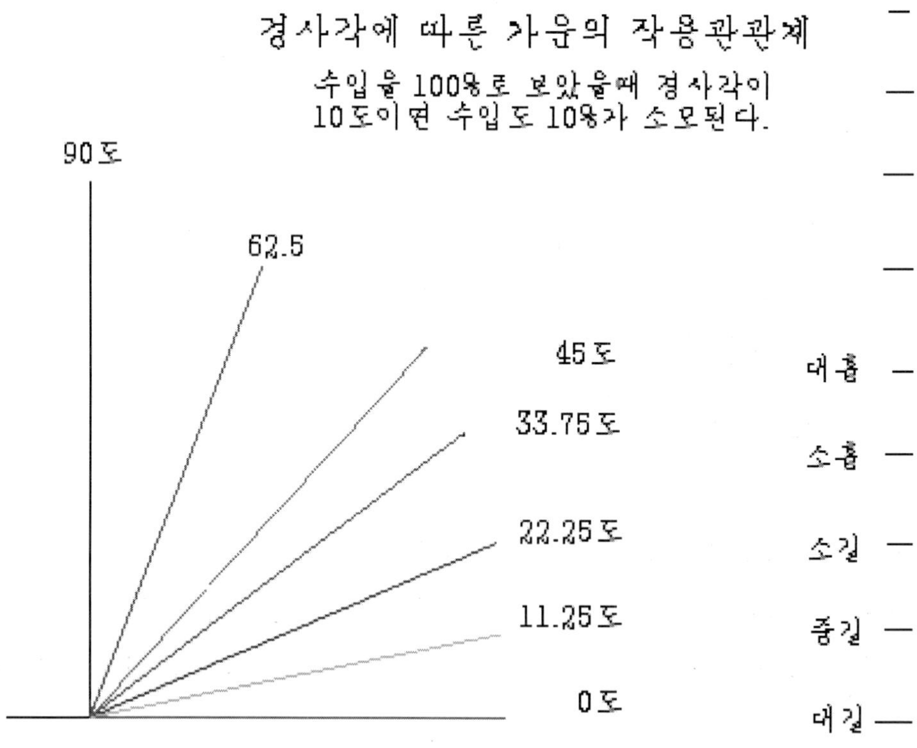

다음은 지번과 경사지를 참고하였으면 도로에서 보는 4등급 지역의 길흉관계를 봅니다. 광주시의 중심지역으로 볼 수 있는 광천사거리에서 보는 4등급 지역 길흉관계입니다.

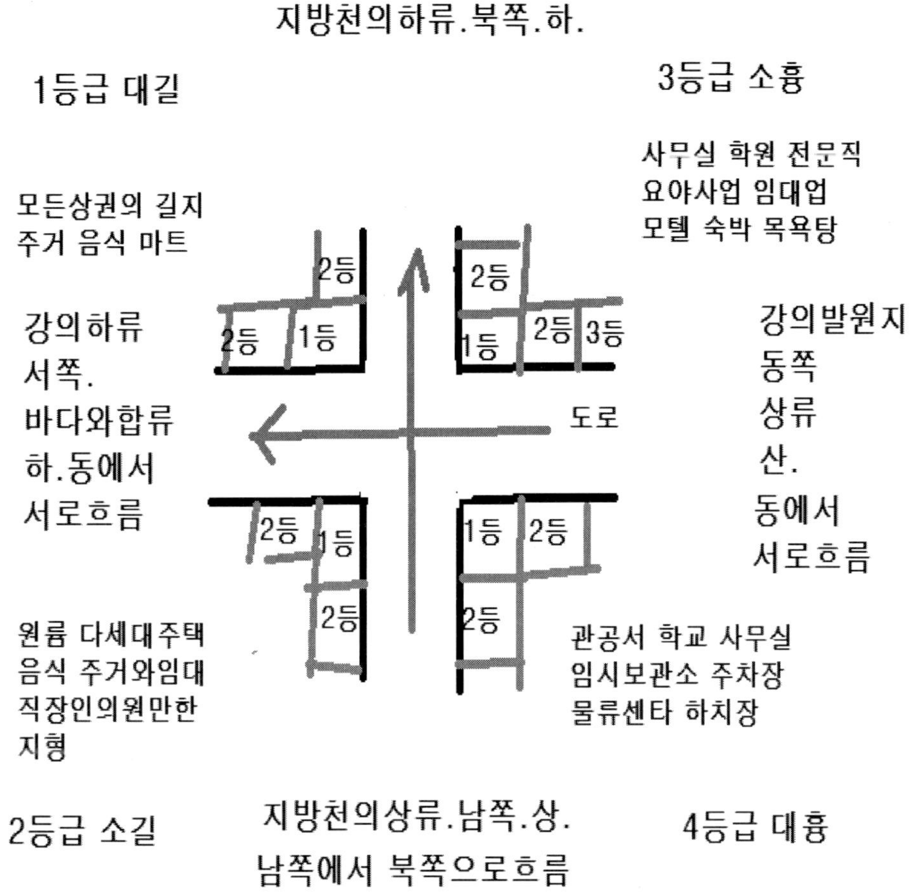


광천 사거리에서 서북쪽 엠탑 남성의원 기아 자동차 북구 종합 운동장이 있는 지역이 1등급 지역으로 볼 수 있으며 광천사거리에서 서남쪽 신세계 백화점 광주종합 버스터미널 광주시청이 있는 지역이 2등급 지역으로 구분할 수 있습니다.

사거리에서 동북쪽으로 신세계 안과의원 무등 야구장 전남대학교가 있는 지역이 3등급 지역으로 볼 수 있으며 동남쪽 무등산 타워 남구청 동구청이 있는 지역이 4등급지역으로 구분 할 수 있습니다.

광주시 서쪽 지역도 이와 같은 방법으로 영산강과 풍영정 천과 합류하는 지점에서 서북방으로 지운 자를 놓고 좌우로 탐구해 보세요.

다음은 출입문 길흉관계를 참고 하세요.

출입문은 길흉화복을 불러들이는 관문입니다.

건물을 구입하거나 건축을 할 때 신중하게 보아야 할 것입니다.

강에서 서로 남에서 북으로 흐르는 지류

각 지번의 출입문 길방

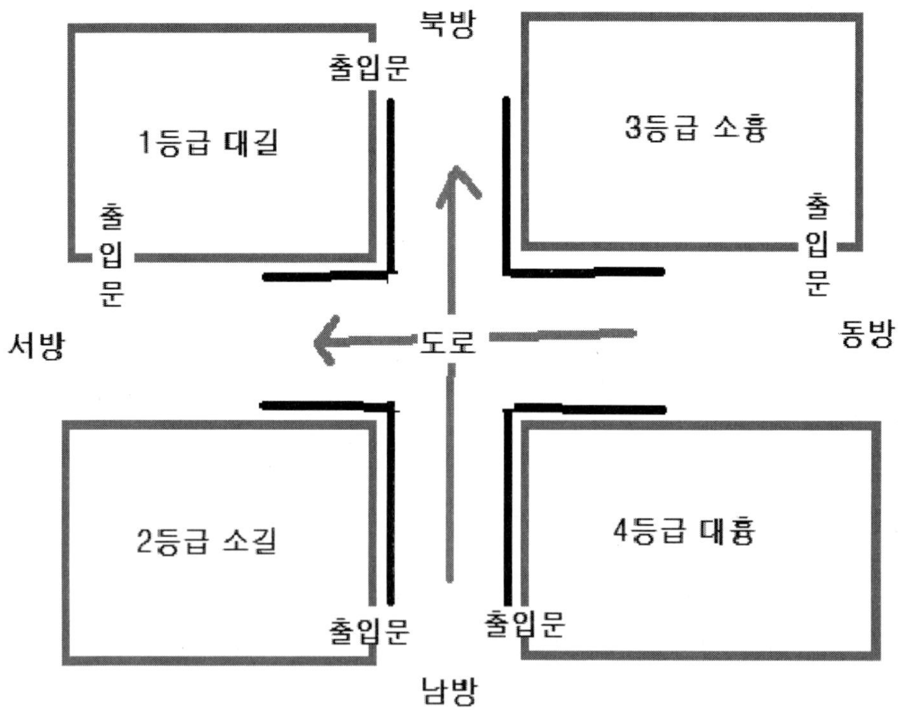

## 5등급 지역 담양군

담양군 8등급 지역 구분하기입니다.

먼저 지운을 보는 자로 황교 교에서 남쪽으로 놓고 보세요.

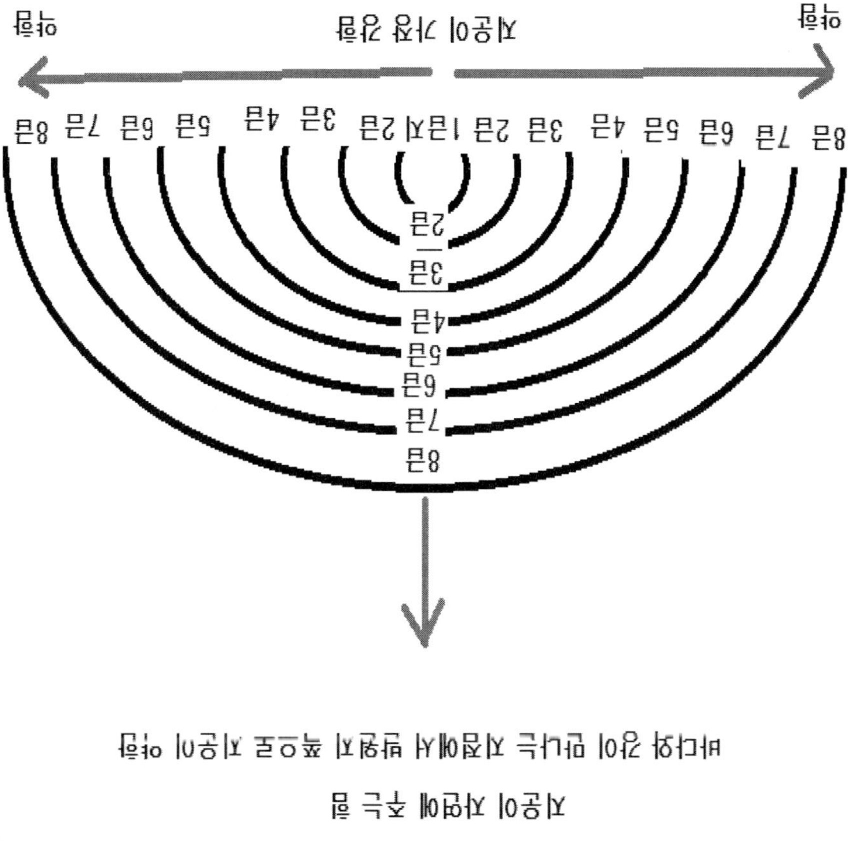


서옥마을 회관 공예미술관 중옥리 한제초등학교주변 논밭이 1등급 지역으로 구분할 수 있으며 두리 농원 중중회관 성산리 고성리 회관이 있는 주변이 2등급 지역으로 구분할 수 있을 것입니다. 삼지리 봉산면사무소 와우리 신평 마을회관이 있는 주변이 3등급 지역으로 구분할 수 있으며 개동리 남산리 수북면사무소 주평리 회관이 있는 지역이 4등급 지역으로 구분할 수 있을 것입니다.

대주리 담양여자중학교 강쟁리 영천리 무정면 사무소가 있는 지역이 5등급 지역으로 구분할 수 있으며 담양군청 담양 중학교 담양군 도시재생지원 센-타 추성경기장 한국전력공사가 있는 주변이 6등급 지역으로 구분할 수 있을 것입니다. 담양 금성면사무소 담양에코 하이테크 농공단지 담양 금성농공단지 담양 야구장이 있는 지역이 7등급 지역으로 구분할 수 있으며 월산면 사무소 담양달뫼 한옥팬션 왕산마을회관 월평마을회관이 있는 지역이 8등급 지역으로 구분할 수 있을 것입니다.

다음은 경사각을 보는 가운도입니다. 등급지역과 지번이 선택되면 그 지번에 경사각을 보세요.

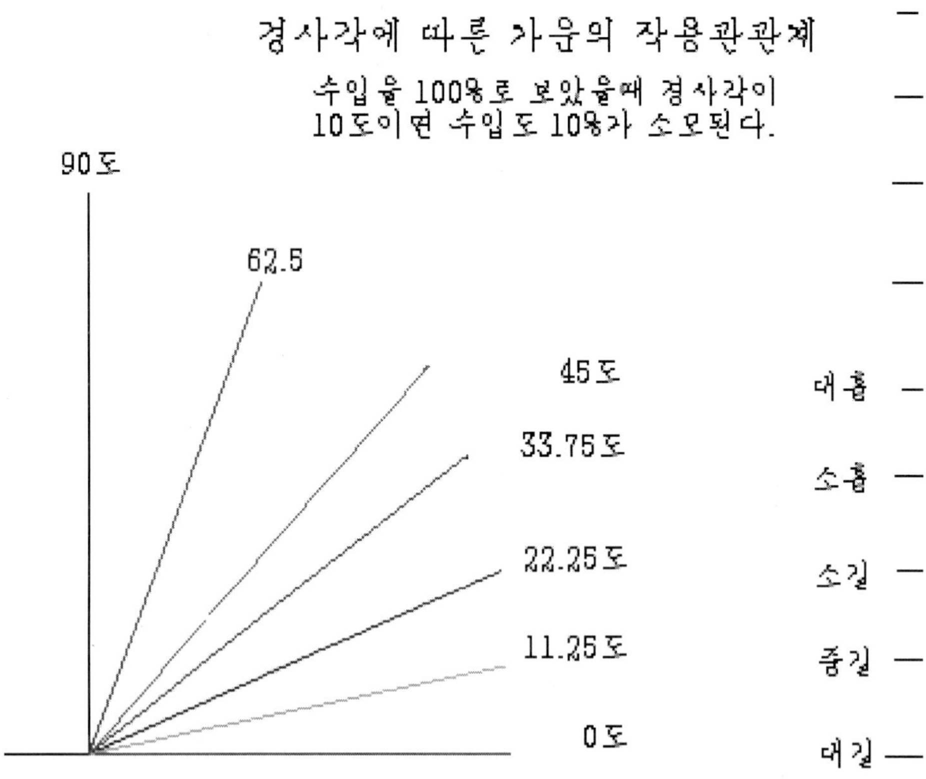

경사각이 심하면 1 2등급의 길지라도 포기 하셔야 합니다. 경사각이 심하면 가운이 산만해 지며 건강 재물 시험 운이 나쁘게 됩니다. 경사도는 지운의 균형을 보는 의미입니다. 위의 그림에서 참고 하세요.

다음은 담양군의 중심에서 보는 4등급 지역의 길흉관계입니다. 담양군 신남정 사거리에서 보는 지운관계입니다.

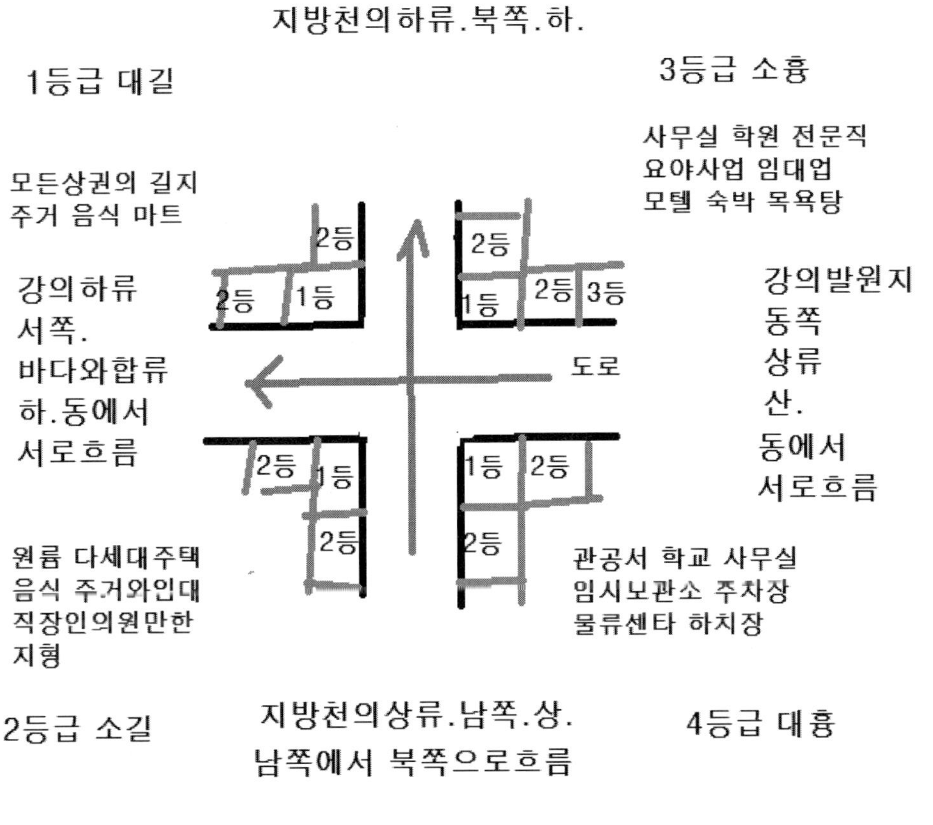


담양 중앙교회 담양 동초등학교 담양시장 담빛 길 작은 도서관이 있는 지역이 1등급 지역으로 볼 수 있으며 사거리에서 서남쪽 서울약국 서진건설 담양 중학교 국립 농산물 품질관리원이 있는 지역이 2등급 지역으로 가정할 수 있습니다.

동북쪽 김 향호 법무사사무소 담양군청 추성경기장이 있는 지역이 3등급 담양 남초등학교 담양청소년 문화의집이 있는 지역이 4등급 지역으로 구분할 수 있습니다.

- **출입문 보기**

4등급지의 지운의 관계를 이해하고나면 그 지번의 출입문 관계를 보아야 합니다. 각 지번에서 선택한 지번의 출입문 관계입니다.

아래의 그림에서 표시한 위치를 보고 참고 하세요.

**강에서 서로 남에서 북으로 흐르는 지류**

**각 지번의 출입문 길방**

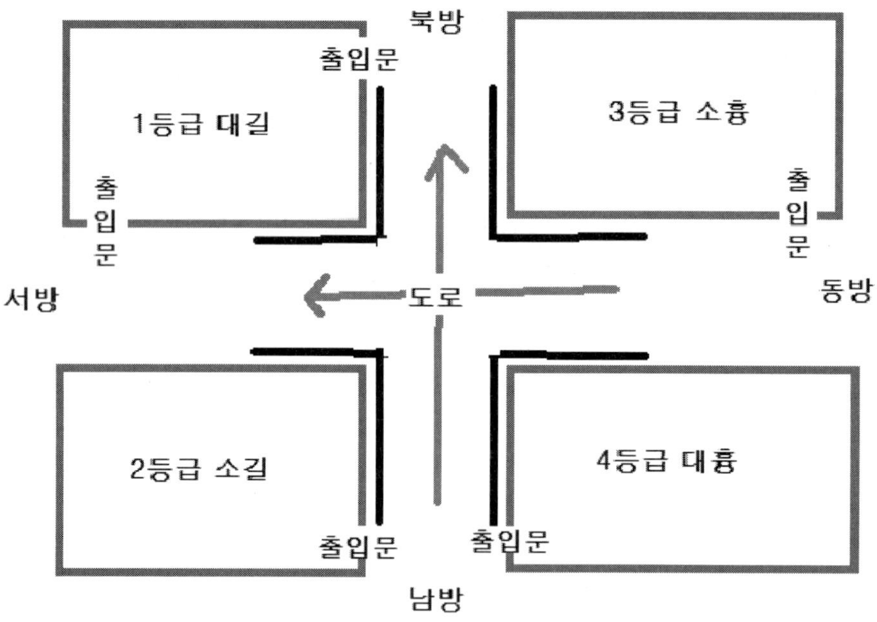


6 7 8 등급 지역은 국가나 그룹형의 관리지역으로서 개인의 개발이 불가는 하므로 생략 합니다.

제 7 편

# 섬진강 유역의 지운보기

## 제7편 섬진강 유역의 지운보기

섬진강은 북에서 남으로 흐르는 강으로 길이225킬로미터의 기류로 전라도와 경상도의 경계를 이루고 있는 강이다.

강의 길이를 8등분하여 지역별 지운을 구분해 보기로 합시다.

배일도 에서 섬진강교까지를 섬진강 1등급 지역으로 구분하고 인체에는 발바닥 에 비유하여 발바닥이란 발로 뛴다고 하여 수집에서 유통으로 경제를 이룬다고 볼 수 있습니다. 그러므로 우선 수직자로 이용하여 섬진대교에서 용담호 까지를 8등급 지역으로 나눈 지역별 지운을 가려 보세요.

다음 그림을 참고해 보세요.

### 1등급 지역 (河川) 하동군

섬진강 225킬로미터의 기류가 섬진대교로 흘러가니 섬진강의 1등급 지역이다. 인체의 나이로는 10로 의미하고 어리다 미숙하다 미개발 지역이지만 미래에 성장 도시로 유망한 지역이다. 인체에 비유하면 발바닥 경제효율성은 90%다.

### 2등급 지역 (石川) 하동군

섬진강교에서 남도대교 까지를 섬진강 2등급 지역으로 구분할 수 있습니다.

현재는 30%의 벼농사와 밭에서 생산되는 농산물 과수 그리고 산 약초 수집으로 상권이 형성되어 경재구성을 하고 있는 군이다. 인체의 나이로는 20때로 볼 수 있으며 경재효율성은 80%로 노동으로 이룬다. 인체에 비유하면 종아리

## 3등급 지역 (초천) 구례군

남도대교에서 두가 세월 교와 만나는 지점 까지를 3등급 지역으로 구분할 수 있으며 지금은 농업과 고추 축산 약간의 특산물 제배나 수집으로 경재를 구성하고 있는 군이다. 경재호율성은 70%로 볼 수 있으나 경사각이 많아 감소 될 수도 있을 것입니다. 인체의 나이로는 30대 몸체는 허벅지로 본다.

## 4등급 지역 (地川) 곡성군

두가 세월 교에서 새종방 교까지를 4등급 지역으로 구분할 수 있으며 농업과 임업 축산 산지 특산물로 경재를 구성하고 있는 군이다. 인체의 나이로는 40대로 볼 수 있으며 지가가 주는 경재효율성은 60%로 가정할 수 있으며 인체의 부분은 배꼽 대장 부분이다.

## 5등급 지역 (火川) 남원시

섬진강과 요천이 만나는 지점에서 요천의 발원지 까지를 남원시의 지운이다. 남원시는 섬진강의 기류를 받는 것이 아니고 요천에서 지운을 받는 시다. 30%의 벼농사와 산지에서 얻는 산약초 고등체소와 관광 펜-션 등에서 얻는 수입원으로 경재를 구성하는 시다. 예술 예능으로 인제가 발굴되기도 하지만 지역의 개발은 늦다. 인체의 나이로는 50대로 볼 수 있으며 지가가 주는 경재효율성은

50%로 볼 수 있으며 인체에 비유하면 위 십이지장

## 6등급 지역(荒川) 순창군

새종방교 에서 진강과 오수천이 만나는 지점 우평 교 까지를 6등급 지역으로 구분 할 수 있는 지역이다. 20%의 수도 작과 20%의 밭으로 구성된 지역이며 60%의 산과 임야로 구성되어 농업으로 기반으로 하고 산야초 특산물에서 얻는 수익으로 경재구성을 하는 군이다. 인체의 나이로는 60대로 볼 수 있으며 인체에 비유하면 폐 기관지 간 심장 갈비뼈 이다. 지운이 주는 경재효율성은 40%다.

## 7등급 지역 (林川) 임실군

섬진강과 오수천이 만나는 우평 교에서 섬진강과 임실천이 만나는 지점까지를 7등급 지역으로 구분해 볼 수 있습니다. 청정지역으로 국가관리 지역이며 짓는 농사보다 수집하는 농업과 산약초 사찰 묘지 휴양지 요양시설 등으로 활용될 수 있는 지역이다. 인체의 나이로는 70때 이상으로 볼 수 있으며 지운이 주는 경재효율성은 30%다. 인체에 비유하면 목 어깨 팔부분이다,

## 8등급 지역 (산천)

선진강과 임실천이 만나는 지접에서 데미샘 자연휴양림 까지를 8등급 지역으로 구분해 볼 수 있으며 있습니다. 이 지역은 국가 관리지역으로 관광 체험 군사시설 통신 등의 지역이며 개인의 경재 개발이 어려우므로 생략합니다. 인체에 비유하면 80대로 볼 수 있으며 신체부위에서는 머리 얼굴 로 비유할 수 있으며 사상 예지 무념무상의 세계다.

## 하동군

섬진강의 지운보기 하동군 전체의 8등급 지역 구분입니다.

길사만 조선 사업단지 갈육 초등학교 하동해양 파크 빌 아파트가 있는 매립지 지역이 1등급 지역으로 구분할 수 있으며 금성면 사무소 하동소방서 고포 수변공원이 있는 지역이 2등급 지역으로 구분할 수 있을 것입니다.

선소마을회관 하나로 마트 영천마을회관 금남고등학교 고전농공단지가 있는 주변 논밭이 3등급 지역으로 구분할 수 있으며 하동군청 하동공설 운동장 구동마을회관이 있는 지역이 4등급 지역으로 구분할 수 있을 것입니다. 대차 리 동주민센-타 모텔 엘도라도 해와 달 해양낚시터가 있는 지역이 5등급 지역으로 구분할 수 있으며 술상마을회관 하동군 금오영당 들꽃 식물원이 있는 지역이 6등급 지역으로 구분할 수 있을 것입니다.

진교면 사무소 평당 마을회관 진교중학교 고외 마을회관이 있는 지역이 7등급 지역으로 구분할 수 있으며 양보면 사무소 하동양보 야구장 하장암 마을회관 한 다사 중학교가 있는 지역이 8등급 지역으로 구분할 수 있을 것입니다.

다음은 강이나 하천에 서보는 8등급 지역 구분하기입니다.

### 1등급 지역 하동군

명당공원 삼현철강 광영국사 산업단지 배일도 섬진당교 일원이 하동군의 1등급 지역으로 물류 유통 산업조성 으로 개발 진원지로 볼 수 있는 지역입니다. 이 지역의 지운은 비교적 매립지로 조성되었으며 경사각이 심한 곳은 피하고 향(向)이나 방(方)은 구별하지 않아도 되는 길지입니다. 이 지역에 주소지가 있다는 것만으로 부의 근원을 이루었다고 보아도 될 것입니다.

## 1.2등급 지역 하동군

섬진강과 신기교 아래로 흐르는 천을 따라 지운 자를 동북방으로 놓고 지운을 척정하세요.

아래의 그림은 지운을 보는 자입니다.

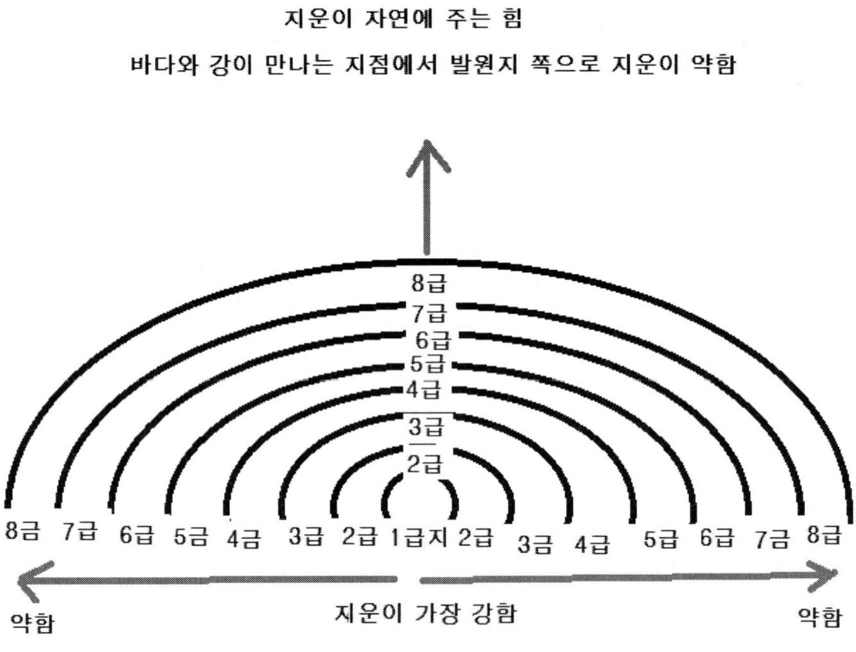


신촌마을 회관 하동 교육지원 청이 있는 지역이 1등급 지역으로 구분할 수 있으며 하동역 버스터미널이 있는 지역이 2등급 지역으로 구분할 수 있을 것입니다. 비파리 마을회관 경동나비엔 이 있는 지역이 3등급 지역으로 구분할 수 있으며 하동군청 하동천년나무 1단지아파트가 있는 지역이 4등급 지역으로 구분할 수 있을 것입니다.

롯데리아 이마트24가 있는 지역이 5등급 지역으로 구분할 수 있으며 하동 우체국 도원한의원이 있는 지역이 6등급 지역으로 구분할 수 있을 것입니다. 기쁜 소식 하동교회 금회마을 지역이 7등급 지역으로 구분할 수 있으며 하동 독립공원 하동 중앙 중학교가 있는 지역이 8등급 지역으로 구분할 수 있을 것입니다.

아래그림의 경사각을 참고 하세요.
경사각의 의미는 지운의 균형을 보는 것입니다.
아래 그림은가운도입니다.

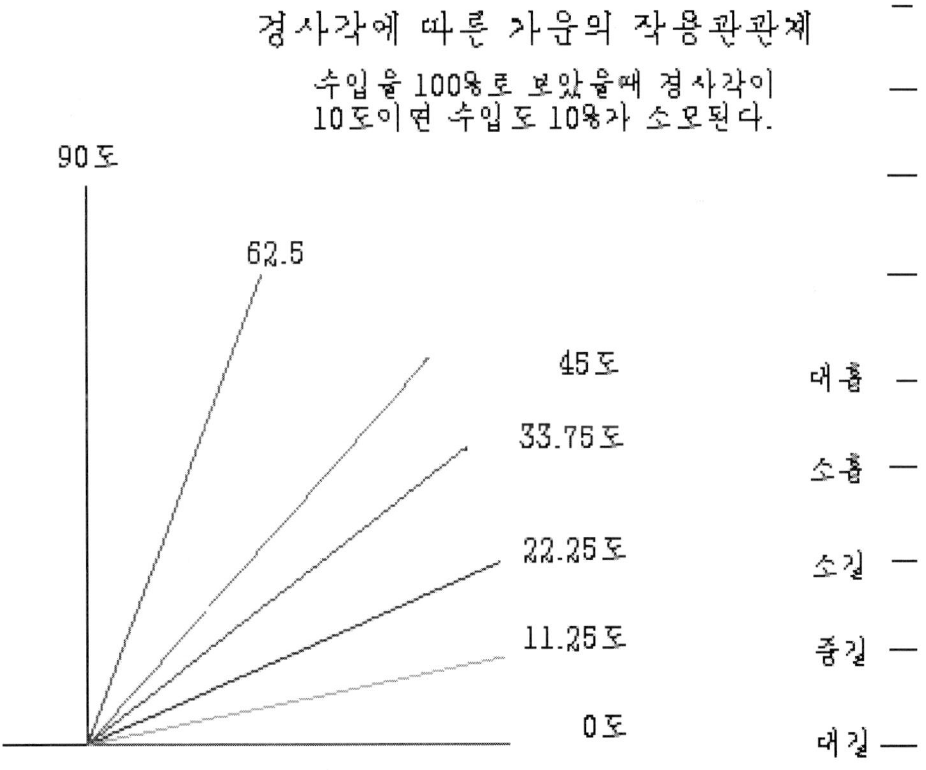

경사각을 보고나면 선택된 지번에 가장 가까운 교차로에서 보는 4등급 지역의 지운 보기입니다.

하동 회전교차로에서 보는 4등급 지역의 지운보기입니다.

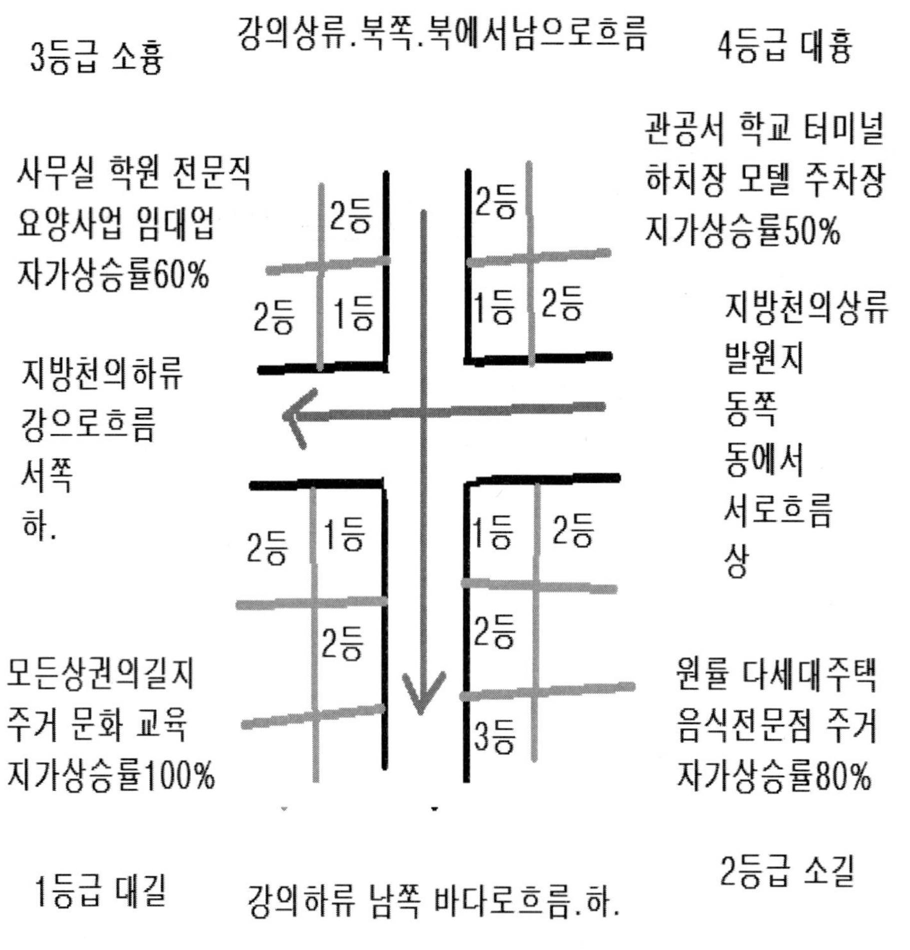


회전 교차로에서 서남쪽 주 종수 법무사 사무소 하동 천년나무 1단지아파트 원광 어린이집 농구장이 있는 지역이 1등급 지역으로 구분할 수 있을 것이며 교차로에서 덕천빌딩 아세아 농기계 하동군청 하동공설 운동장 방향으로 하동군 2등급 지역으로 볼 수 있을 것입니다.

교차로에서 서북쪽 하동경찰서 하동시장번영회 한수 한우판매장 하동읍 사무소가 있는 지역이 3등급 지역으로 볼 수 있으며 교차로에서 동북쪽 베스킨 라빈스 하동군 수협 하동지점 하동중학교가 있는 지역이 4등급 지역으로 구분해 볼 수 있습니다.

이렇게 수직으로 보는 해당 지번의 등급지역과 경사각 도로에서 보는 4등급 지역의 길 흉 관계를 참고해서 지번이 선택되면 그 지번의 건축물의 출입문 관계를 보아야 할 것입니다.

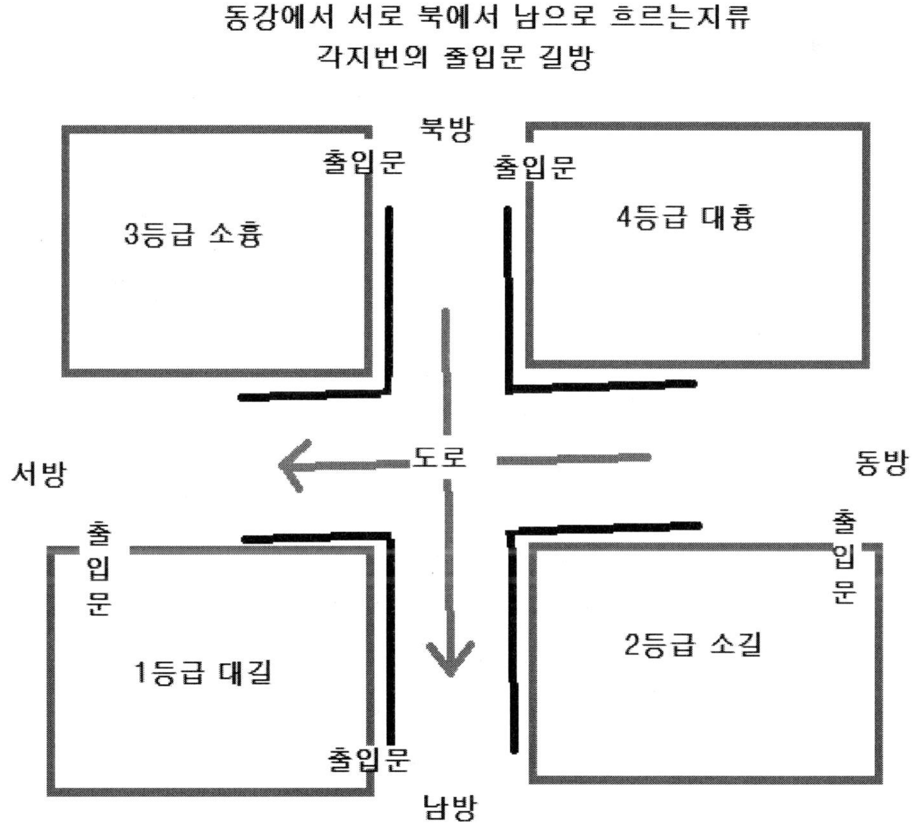


위의 그림은 지번에 따른 출입문에 관련된 길흉관계입니다.

위의그림에 표시한 출입문 위치를 참고 하세요.

## 3등급 지역 구례군

- **구례군 지운보기 구례군전체를 보는 8등급 지역 구분입니다.**

강이나 하천을 따라보는 지운 운을 보는 지입니다. 섬진강과 서시천이 합류하는 지점에 지운 자를 남에서 북으로 놓고 지운의 힘을 척정합니다.

**지운이 자연에 주는 힘**

**바다와 강이 만나는 지점에서 발원지 쪽으로 지운이 약함**

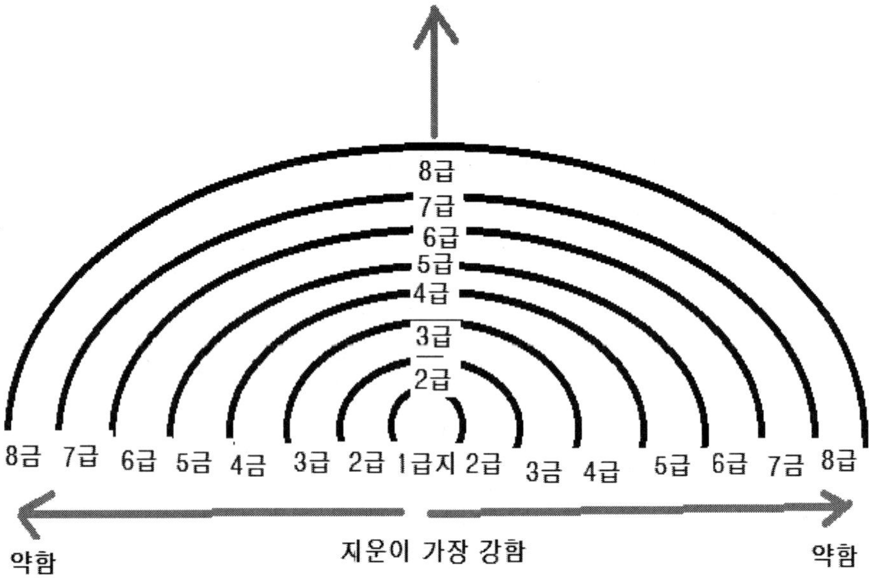


신월리 또또 게스트 아우스 신촌 마을회관 원방리 주변이 1등급 지역으로 구분할 수 있으며 구례군청 농업기술원 구례향교 구례공설 운동장이 있는 지역이 2등급 지역으로 구분할 수 있을 것입니다. 토지면 사무소 원내마을회관 용뒤리 건전면 사무소가 있는 지역이 3등급 지역으로 구분할 수 있으며 문천면 사무소 안지마을회관 구성회관 죽연마을 회관이 있는 지역이 4등급 지역으로 구분할

수 있을 것입니다.

마산면사무소 갑산리 천개의향 나무숲 지리산 역사문화관이 있는 지역이 5등급 지역으로 구분할 수 있으며 광의면 사무소 구례북중학교 용방면 사무고가 있는 지역이 6등급 지역으로 구분할 수 있을 것입니다.

도암 마을회관 한국도로공사 우리 밀 가공공장 구례자연드림공원이 있는 지역이 7등급 지역으로 구분할 수 있으며 산동면사무소 지리산 온천관광단지 산수유마을 상위마을이 있는 지역이 8등급 지역으로 구분할 수 있을 것입니다. 그리고 그 지역의 경사각을 참고해서 보세요.

아래의 그림은 가운도입니다. 경사각은 지운의 균형을 보는 것입니다.

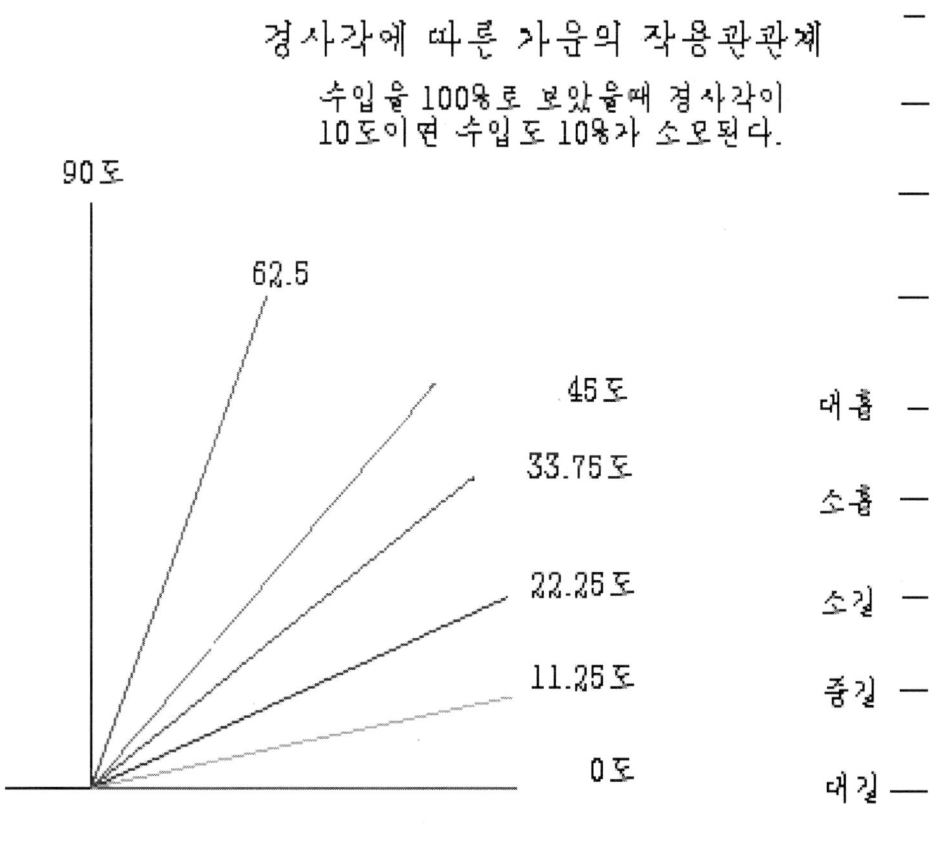

다음은 선택된 지변에서 가장 가까운 교차로에서 보는 4등급 지역의 길흉관계를 보아야 할 것입니다.

다음 그림은 도로에서 보는 4등급 지역의 길흉관계입니다.

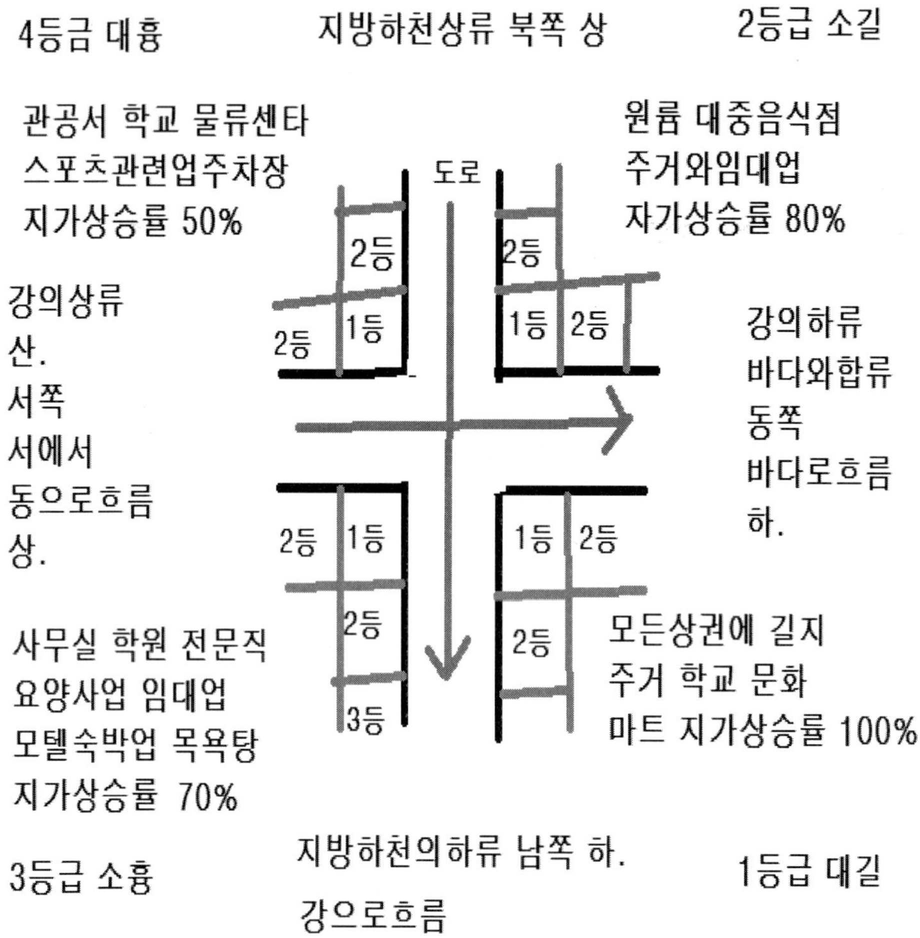


구례군 중심도로 로 볼 수 있는 구례 군청 앞 17번 교차로에서 보는 지운입니다. 교차로에서 동남쪽으로 구례 식자재마트 양정마을 회관이 있는 방향이 1등급 지역으로 구분할 수 있으며 서남쪽 에니카 랜트 지리산 삼성 요양병원 한국

인화 박물관이 있는 지역이 2등급 지역으로 구분할 수 있습니다

동북쪽으로 구례중앙 초등학교 향아 찻집 그린조경 꽃 식물원 구례공영 터미널이 있는 지역이 3등급 지역으로 구분할 수 있으며 서북쪽으로 구례중앙 초등학교 구례시청 구례 건강보험 공단이 있는 지역이 4등급 지역으로 구분할 수 있습니다. 위의 그림을 참고하세요.

4등급 지역을 의미를 분석하고 나면 그 해당지번의 출입문의 길흉관계를 보아야 합니다. 내가 선택한 지번이 그림에서 어느 지번에 해당되는가를 보고 그 지번의 표시한 출입문 위치를 참고하세요.

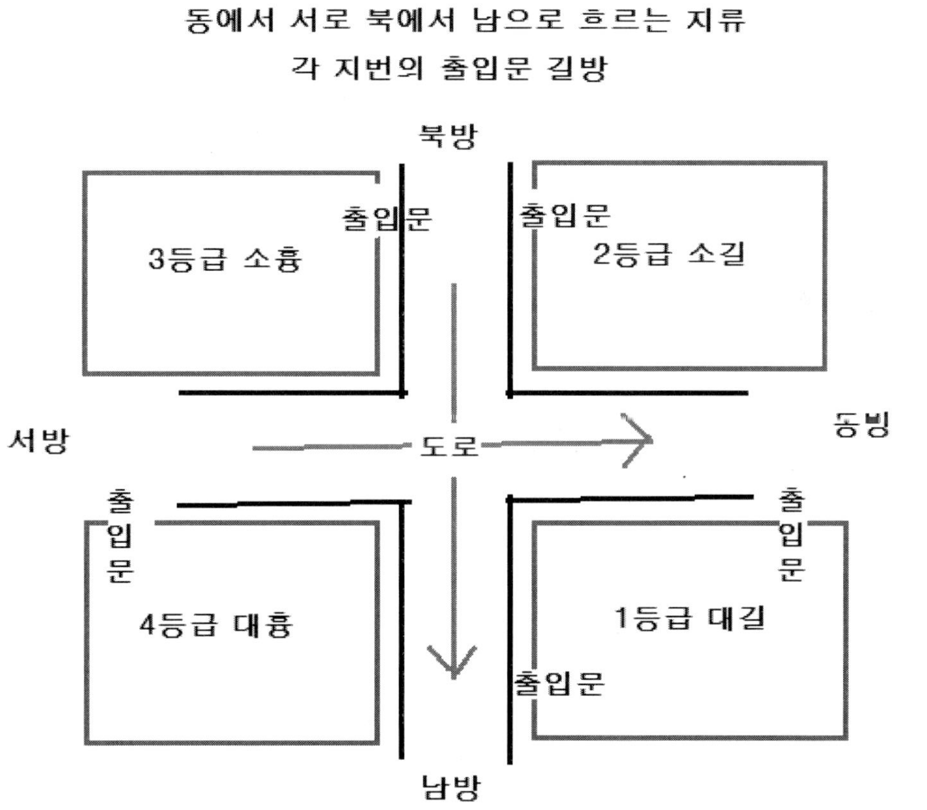

## 4등급 지역 곡성군

곡성군 전체를 보는 8등급 지역 구분하기입니다. 아래 그림은 지운자입니다.

섬진강과 곡성천이 합류하는 지점에서 서북쪽 방향으로 지운 자를 놓고 지운의 힘을 구분해 보세요.

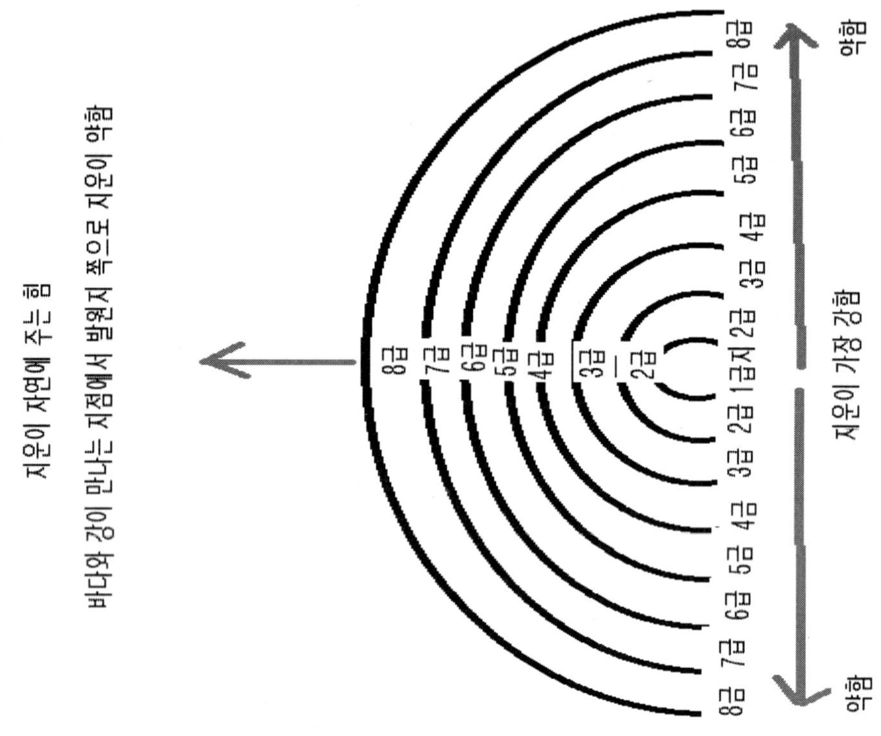


오곡면 사무소 승법리 오지리 중앙광장 주변 논밭이 곡성1등급 지역으로 볼 수 있으며 대평2구 마을회관 동산유원지 장선2구 마을회관이 있는 지역이 2등급 지역으로 구분할 수 있을 것입니다.

곡성군청 동악체옥공원 곡성역이 있는 주변이 3등급 지역으로 구분할 수 있으며 고달면사무소 목동리 백곡마을회관 대사리 주변이 4등급 지역으로 구분할 수 있을 것입니다.

농소리 마을회관 청계리 삼기면 농소3구 마을회관 삼기면사무소가 있는 지역이 5등급 지역으로 구분할 수 있으며 옥과면 복지 센-타 옥과 초등학교 대문리 주변이 6등급 지역으로 구분할 수 있을 것입니다. 입면 초등학교 금호타이어 곡성공장 소룡리 주변이 7등급 지역으로 볼 수 있으며 목사동면 죽정보건진료소 한울고등학교 주변이 8등급 지역으로 구분할 수 있을 것입니다.

• 가운도

그 지역의 지운을 구분해 보았으면 그 지번의 경사각을 참고 해야 합니다.

아래 그림 가운 도를 참고 하세요. 가운 도는 지운의 균형을 보는 의미입니다. 세밀하게 관찰해 보세요.

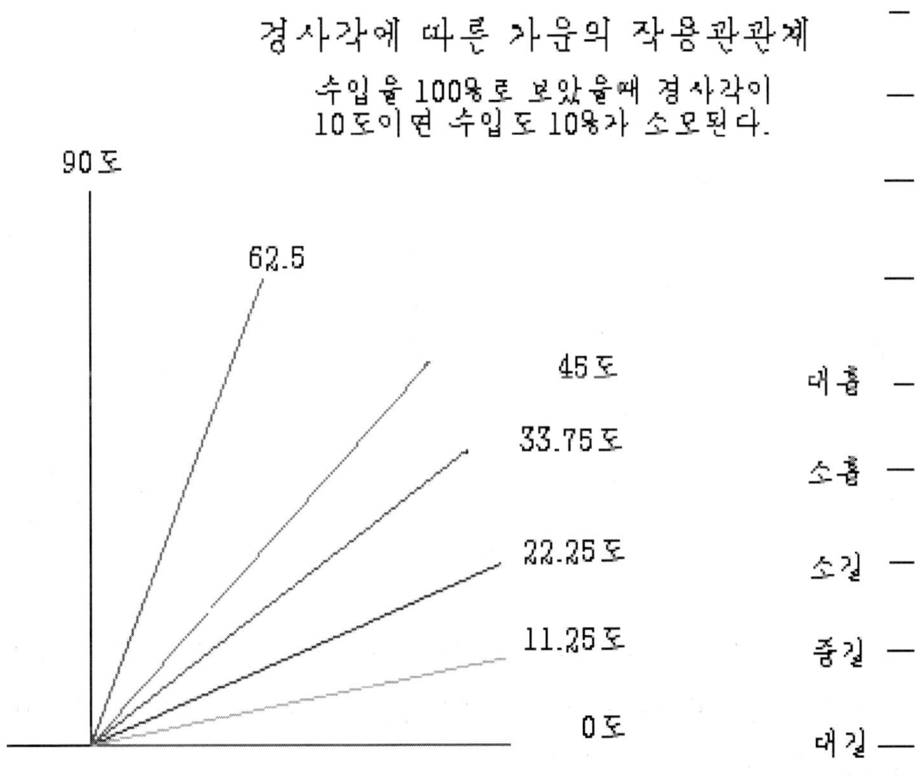

등급지의 구분과 경사지의 의미를 참고해 보았으면 다음에는 도로에서 보는 4등급 지역 길흉관계를 살펴보세요.

곡성군 중심지로 볼 수 있는 읍내 교차로에서 보는 4등급 지역 길흉관계입니다. 아래의 그림을 참고하세요.

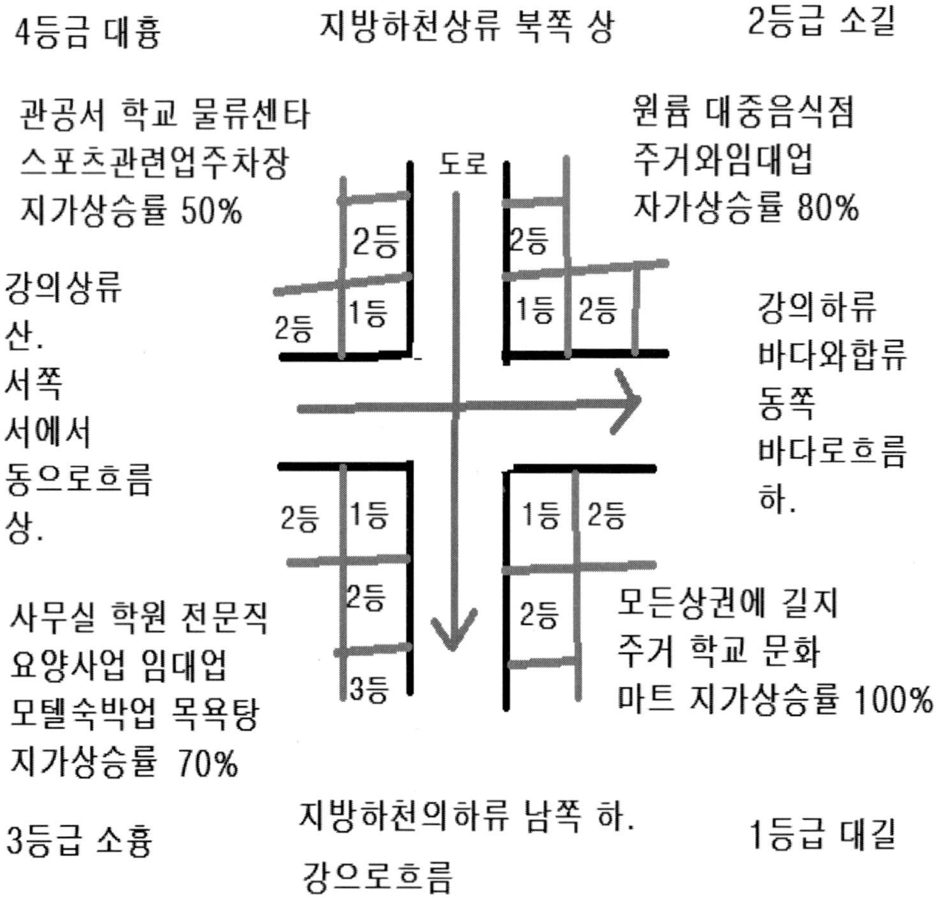


읍내 교차로에서 동남쪽 방면으로 대평리 섬진강주변 일원이 1등급 지역으로 구분할 수 있으며 동북쪽 대평2구 마을회관 천일 운전학원 동산리 일원이 2등급 지역으로 구분할 수 있습니다.

교차로에서 서남쪽 곡성 섬진강 기차마을 전기 충전소 승법 리 묘천 리 일원이 3등급 지역으로 구분할 수 있으며 곡성군청 곡성 실내 체육관 곡성 고등학교가 있는 지역이 4등급 지역으로 볼 수 있을 것입니다. 위의 그림에서 각 등급지의 적성과 지운관계를 참고해보세요.

등급 지와 경사지 그리고 4등급지의 길흉관계를 보았으면 선택한 지번에 출입문의 길흉관계를 보아야 합니다.

동에서 서로 북에서 남으로 흐르는 지류
각 지번의 출입문 길방

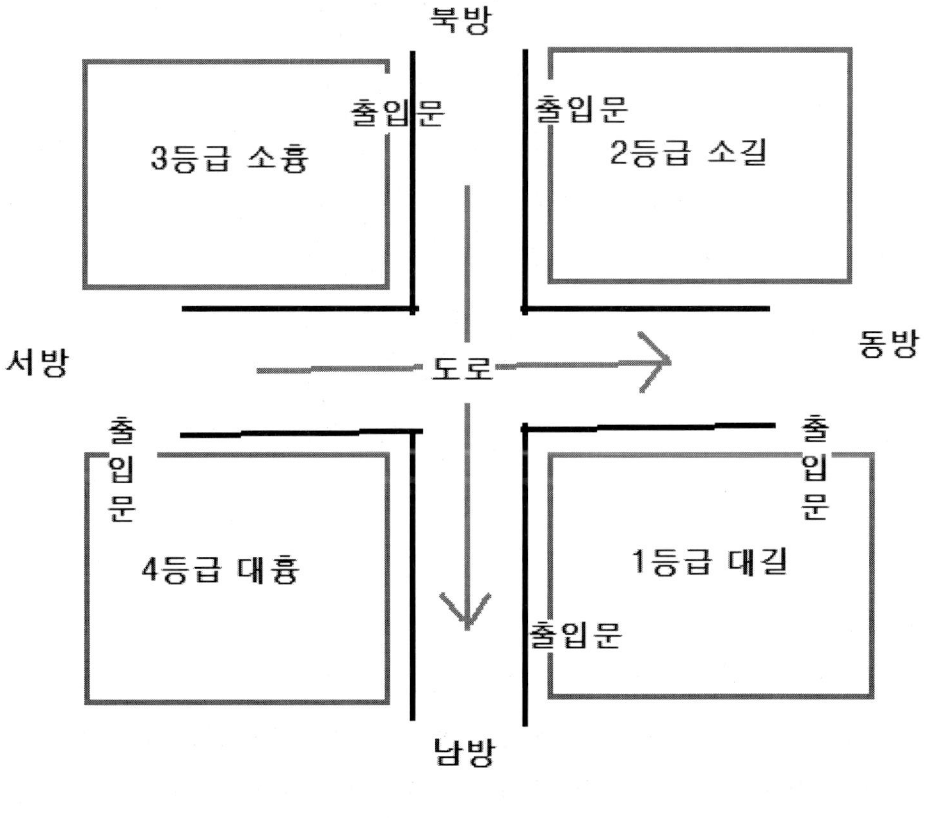


위의 그림에서 각 지번마다 표시한 출입문의 위치를 참고하세요.

## 5등급 지역 순창군

순창군 전체지역의 8등급지역 구분하기입니다.

아래그림은 지운을 보는 자입니다. 섬진강과 경천이 합류하는 지점에서 지운자를 서북향으로 놓고 지운의 등급을 구분 합니다.

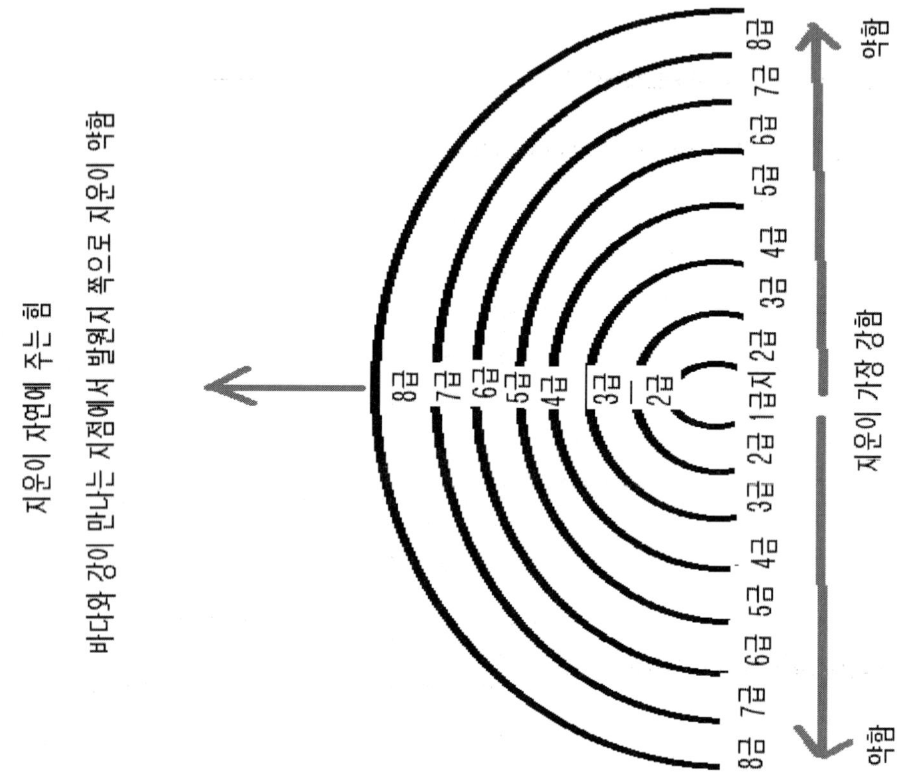


유동면사무소 대가리 두승리 주변이 1등급 지역으로 구분할 수 있을것이며 창신마을회관 창신리 상촌리 순창가남 농공단지가 있는 지역이 2등급 지역으로 구분할 수 있을 것이며 순창보건의료원 순창행교 순창청소년 수련원이 있는 지역이 3등급 지역으로 구분할 수 있을 것입니다.

순창군청 순창종합시장 순창중앙 초등학교 순창고등학교 한국 농어촌공사 순창지사가 있는 지역이 4등급 지역으로 구분할 수 있습니다.

적성면사무소 고원리 적성 원다리 유원지 동계면 사무소가 있는 지역이 5등급 지역으로 구분할 수 있으며 인계면사무소 팔학 마을회관 호계 마을회관 인계초등학교가 있는 주변이 6등급 지역으로 구분할 수 있을 것입니다.

팔덕면사무소 월곡 마을회관 청계마을회관 평지마을회관이 있는 지역이 7등급 지역으로 구분할 수 있으며 풍산면 복지 센-타 풍산농공단지 금과면사무소 수양마을회관이 있는 지역이 8등급 지역으로 구분할 수 있을 것입니다.

다음은 가운도입니다. 가운 도는 지운의 균형을 보는 그림입니다.

다음 그림 가운도 에서 참고 하세요.

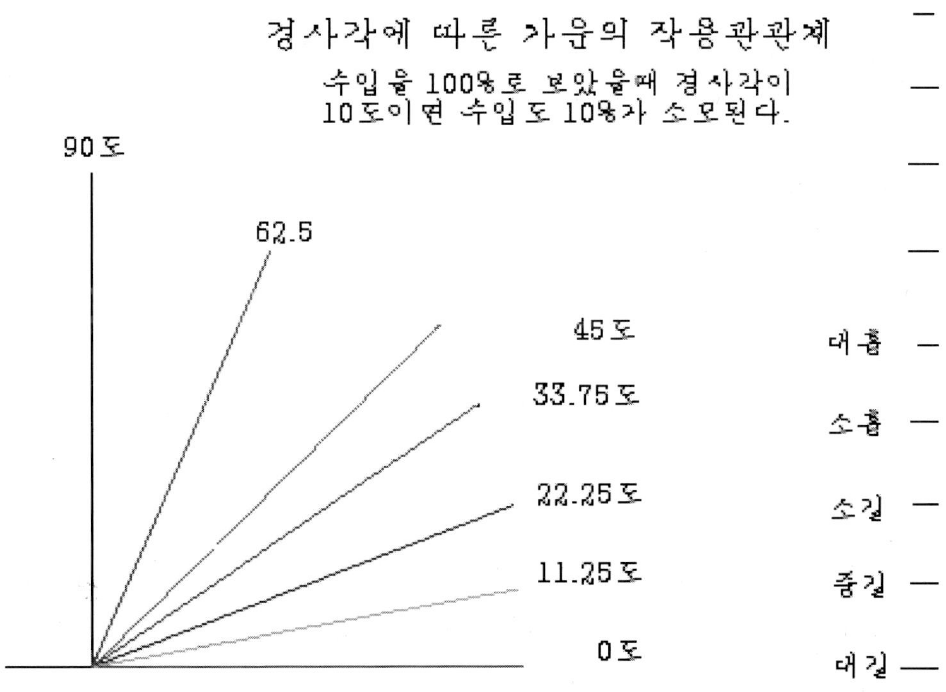

등급 지와 경사각을 참고 하였으면 선택된 가까운 교차로에서 보는 4등급 지역의 길흉관계입니다.

아래 그림은 순창군의 중심도로 에서보는 4길지의 지운의 의미입니다.

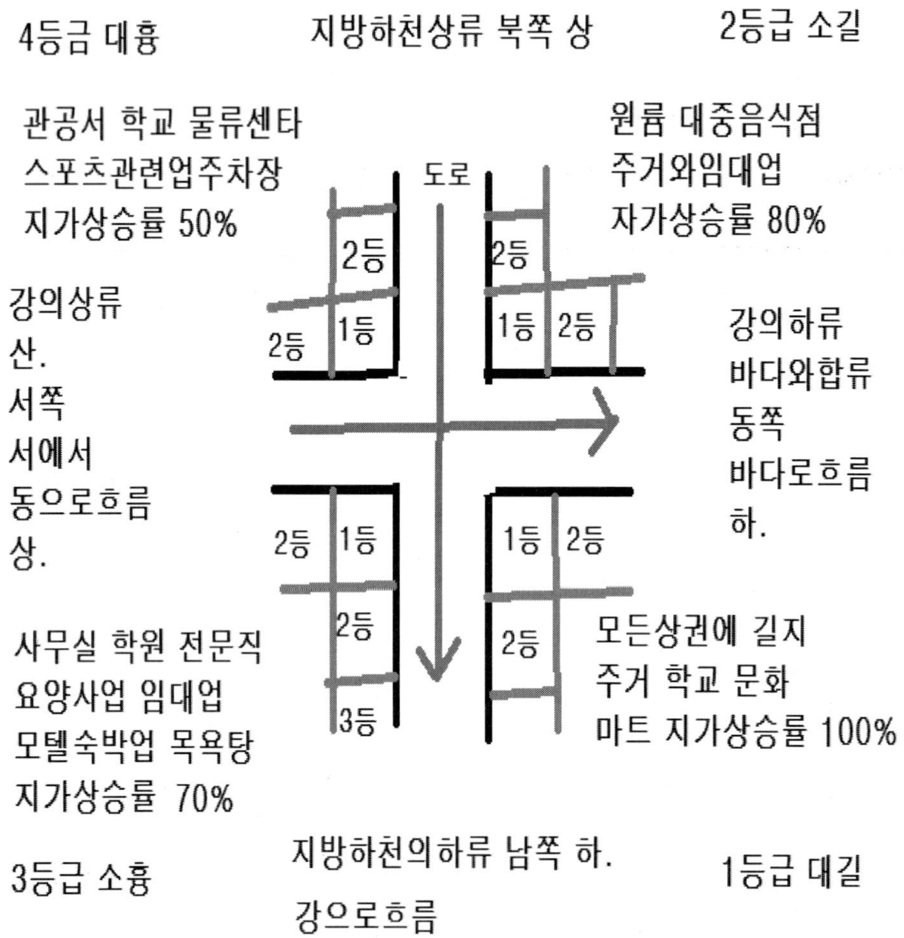


중앙사거리에서 동남쪽 제일치과 옥천 초등학교 순창 종합시장이 있는 지역이 1등급 지역으로 구분할 수 있으며 동북쪽 순창교육 지원청 순창 실내 체육관 순창 제일고등학교가 있는 지역이 2등급 지역으로 구분할 수 있습니다.

사거리에서 서남쪽 서울안과의원 순창군청이 있는 지역이 3등급 지역으로 구분할 수 있으며 서북쪽 전일건재철물 순창성당 순창 북중학교가 있는 지역이 4등급 지역으로 구분할 수 있습니다. 이렇게 4등급지의 의미를 참고하여 선택한 지번이 선정되면 그 지번의 출입문 관련 길흉관계를 보아야 합니다.

동에서 서로 북에서 남으로 흐르는 지류
각 지번의 출입문 길방

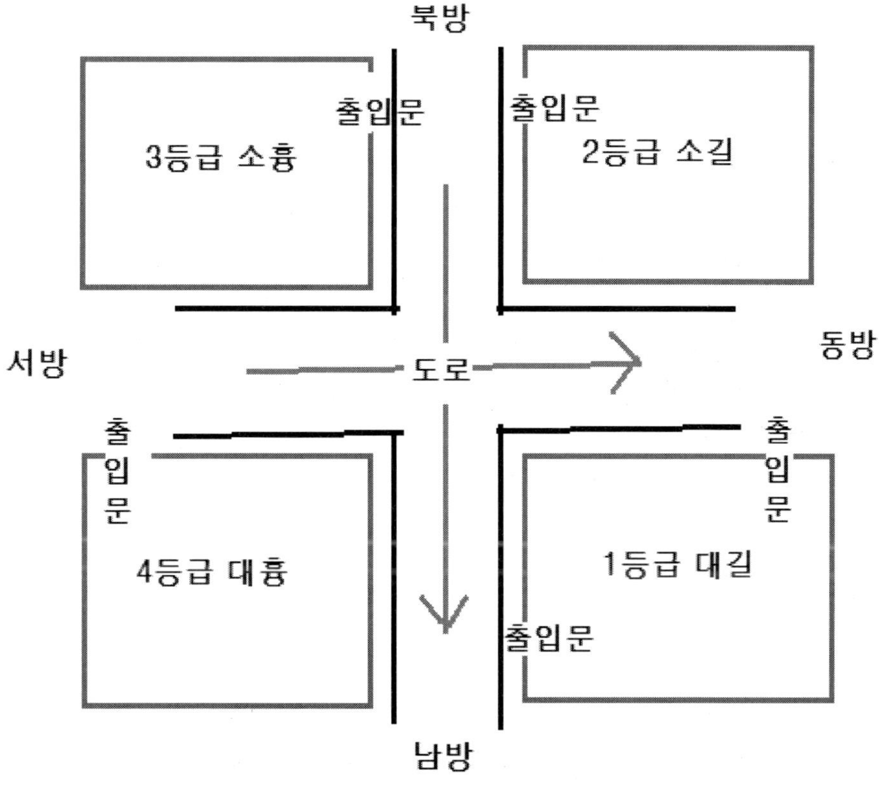


위의 그림은 출입문 위치에 따른 길흉관계입니다. 그림에서 참고 하세요. 출입문은 그림에서 표시한 위치에서 참고 하세요.

## 6등급지역 남원시

남원시 섬진강과 요천에서 보는 8등급 지역구분해 보기입니다.

먼저 자운을 측정하는 자로 섬진강에서 요천을 따라 북쪽으로 놓고 수직으로 또 좌 우 수평으로 등급지역을 구분해 보세요.

**지운이 자연에 주는 힘**

**바다와 강이 만나는 지점에서 발원지 쪽으로 지운이 약함**

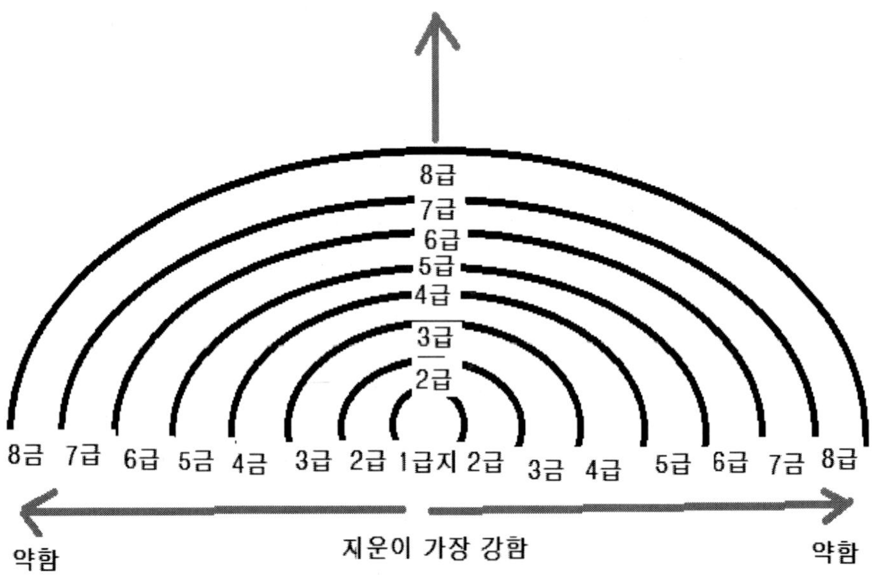


하도리 귀석리 신월리 상신리 신월 보건진료소 금남교회가 있는 논밭 주변이 1등급 지역으로 구분할 수 있으며 금지면복지 센-타 입암리 옹정리 도산리 주변 농지가 2등급 지역으로 구분할 수 있을 것입니다.

세전리 쌈지공원 연산리 초리 수지미술관이 있는 주변이 3등급 지역으로 구분할 수 있으며 주생역 주생면 복지센-타 제천마을회관 송동면 주변이 4등급 지역으로 구분할 수 있을 것입니다.

요천생태 습지공원 중동리 수덕리 남원역 주변이 5등급 지역으로 구분할 수 있으며 남원시청 남원시 보건소 남원교동 초등학교 노암동 복지 센-타 가 있는 지역이 6등급 지역으로 구분할 수 있을 것입니다.

운봉읍 복지 센-타 한국경마축산 고등학교 향정리 회관 남원 백두대간 전시관이 있는 지역이 7등급 지역으로 구분할 수 있을 것이며 아영면복지 센-타 성내마을회관 인월 고등학교 산내면복지 센-타 삼화마을회관이 있는 주변이 8등급 지역으로 구분할 수 있을 것입니다.

다음은 경사각(가운도)는 지운의 균형을 보는 것이므로 중요하게 관찰해야 합니다. 아래그림은 가운도입니다.

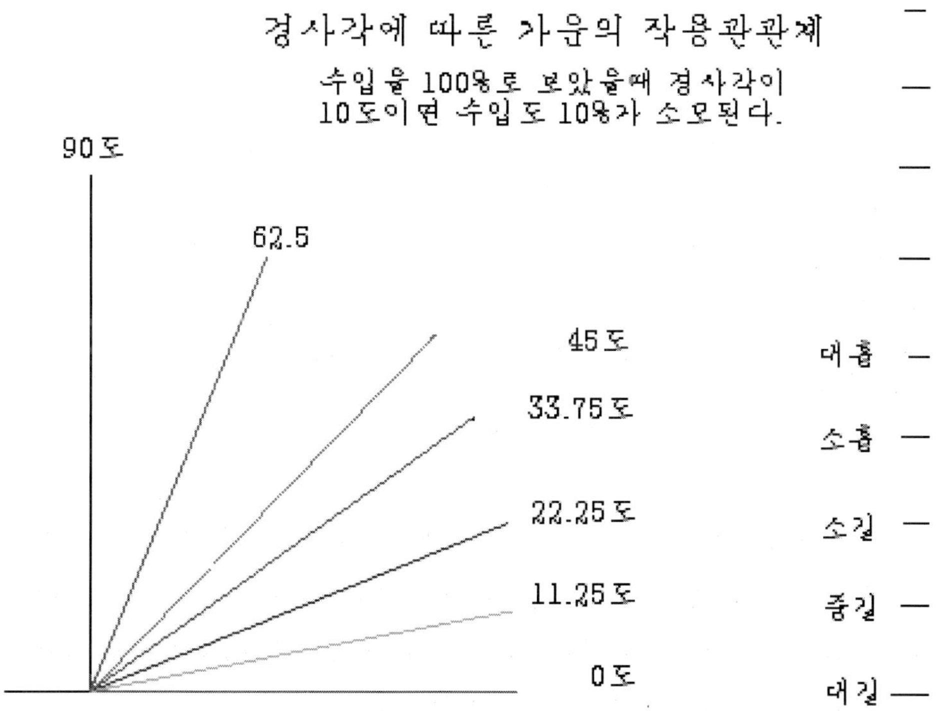

다음은 선택된 지번이 해당되는 지역에서 가까운 사거리에서 보는 4등급 지역 길흉관계입니다. 남원시 시청사거리에서 보는 4등급 지역의 의미입니다.

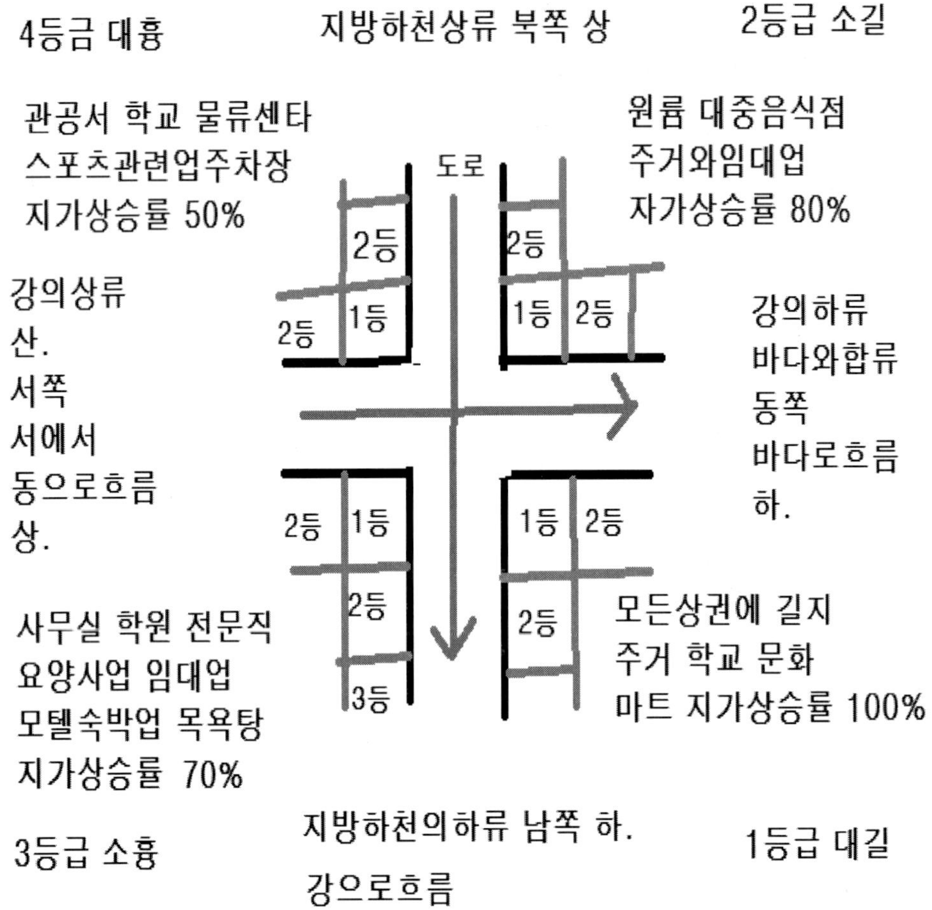


시청 삼거리에서 서남쪽으로 한샘리 하우스 나우 통신 남원향교 우편취급소 남원 공용버스 터미널 광한루원이 있는 지역이 1등급 지역으로 구분할 수 있으며 사거리에서 동남쪽으로 인력사무소 남원시청 도동동 복지 센-타가 있는 지역이 2등급 지역으로 구분할 수 있을 것입니다.

사거리에서 서북쪽으로 타이어워드 남원세무서 남원교동 초등학교 국민건강보험공단이 있는 지역이 3등급 지역으로 구분할 수 있으며 사거리에서 동북쪽으로 현대모비스 롯데마트 남원장례식장 남원왕지초등학교가 있는 지역이 4등급 지역으로 구분할 수 있을 것입니다.

다음은 해당되는 지번에서 보는 건물에 출입문 길흉관계를 보아야 합니다.

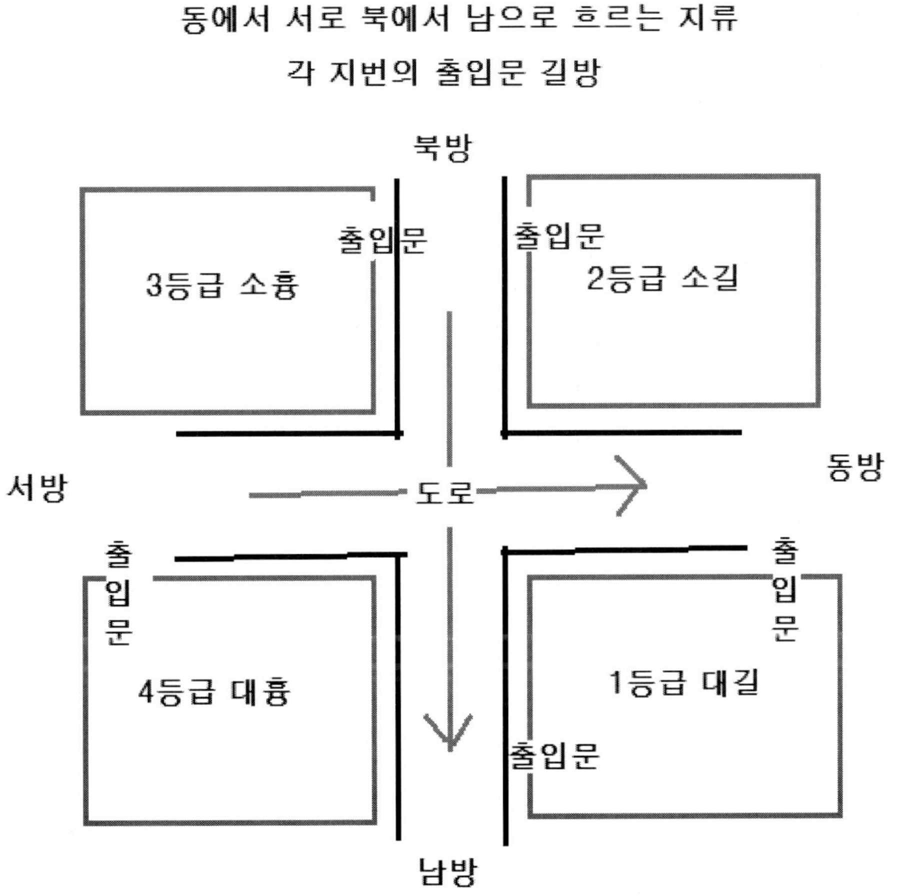


출입문은 마지막 주택의 가운을 정리하는 부분을 위의 그림에서 표시한 위치를 참고사세요.

## 7등급 지역 임실군

임실군 전체에서 보는 8등급 지역 구분입니다.

강이나 하천에서 보는 8등급 지역 보기입니다. 섬진강과 임실천이 합류하는 지점에 지운 자를 놓고 동남향으로 내려가면 임실군이 있다.

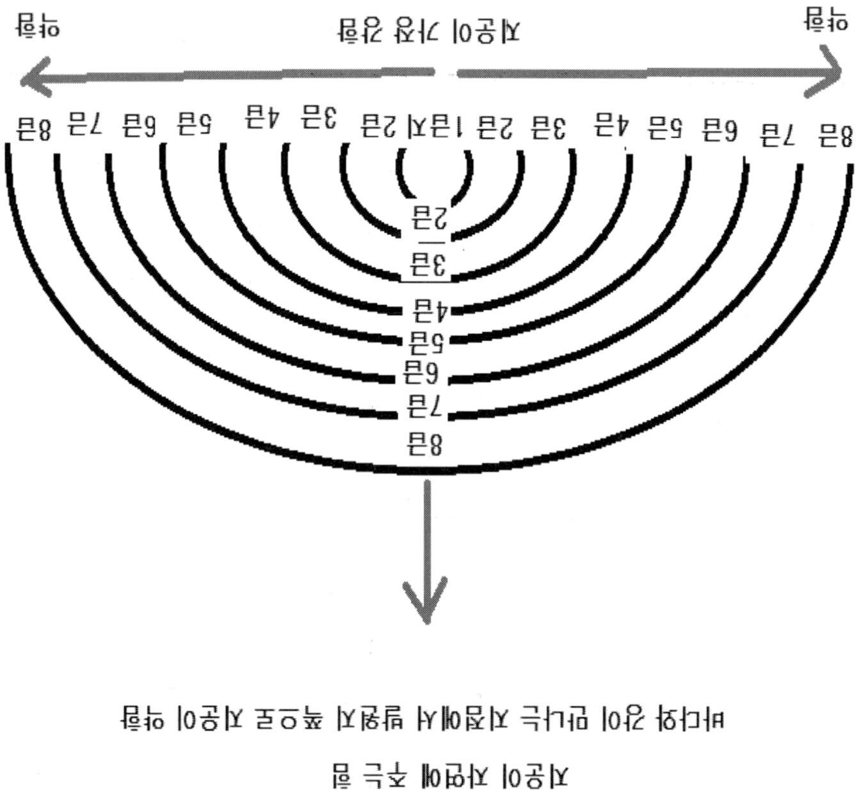

임실군청 임실군공설운동장 임실초등학교 임실고등학교가 있는 지역이 1등급 지역으로 구분할 수 있으며 예원예술대학교 임실전원교회 임실 신평 농공단지가 있는 주변이 2등급 지역으로 구분할 수 있을 것입니다.

관촌 초등학교 방현리 관촌 휴게소 방수보건진료소가 있는 지역이 3등급 지역으로 구분할 수 있으며 오수초등학교 오수농공단지 문기리 대정마을회관이 있는 지역이 4등급 지역으로 구분할 수 있을 것입니다.

인화 초 중고등학교 주천리 오지리 오동회관 주천교회가 있는 지역이 5등급 지역으로 구분할 수 있으며 강진면사무소 섬진강다슬기마을 덕치면사무소 덕치초등학교가 있는 지역이 6등급 지역으로 구분할 수 있을 것입니다.

운암면사무소 운암초등학교 방길리 회관이 있는 지역이 7등급 지역으로 구분할 수 있으며 신평면사무소 덕암리 용암리 석등 오궁리 미술촌이 있는 지역이 8등급 지역으로 구분할 수 있을 것입니다.

다음은 지운을 보는 가운 도입니다. 가운도는 지운의 균형을 보는 것입니다

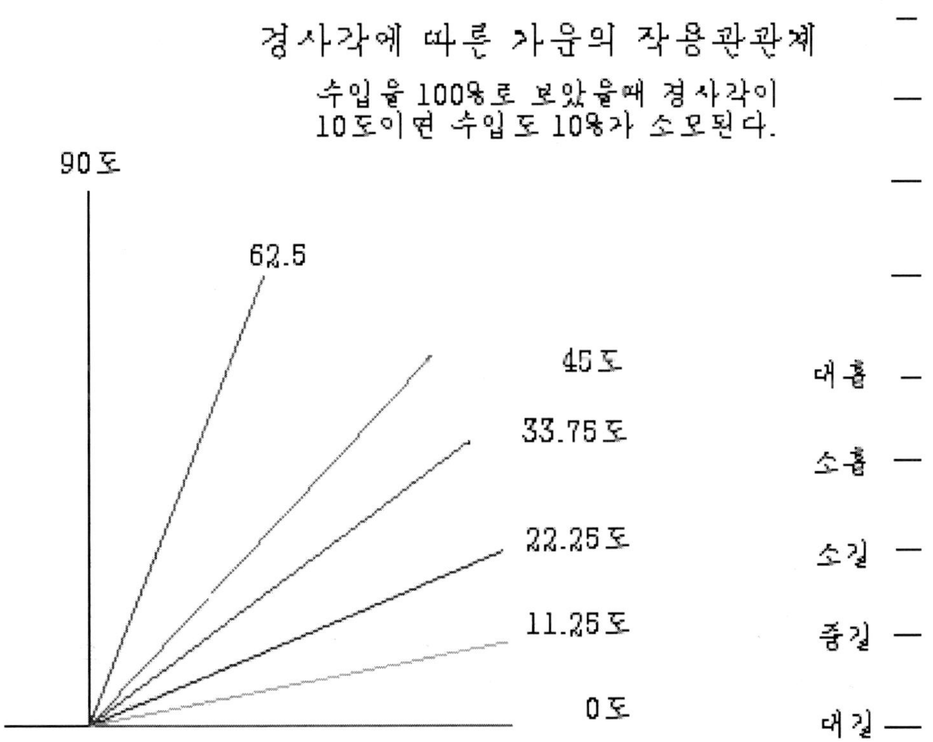

다음은 지역을 선택하고 경사각을 보았으면 도로에서 보는 지운관계를 보아야 합니다. 아래그림은 4등급 지역 적성 용도를 보는 그림입니다.

임실군에서 중심 도로로 보여 지는 임실군 보건 의료원 앞 상통 사거리에서 보는 4등급 지역 길흉관계입니다.

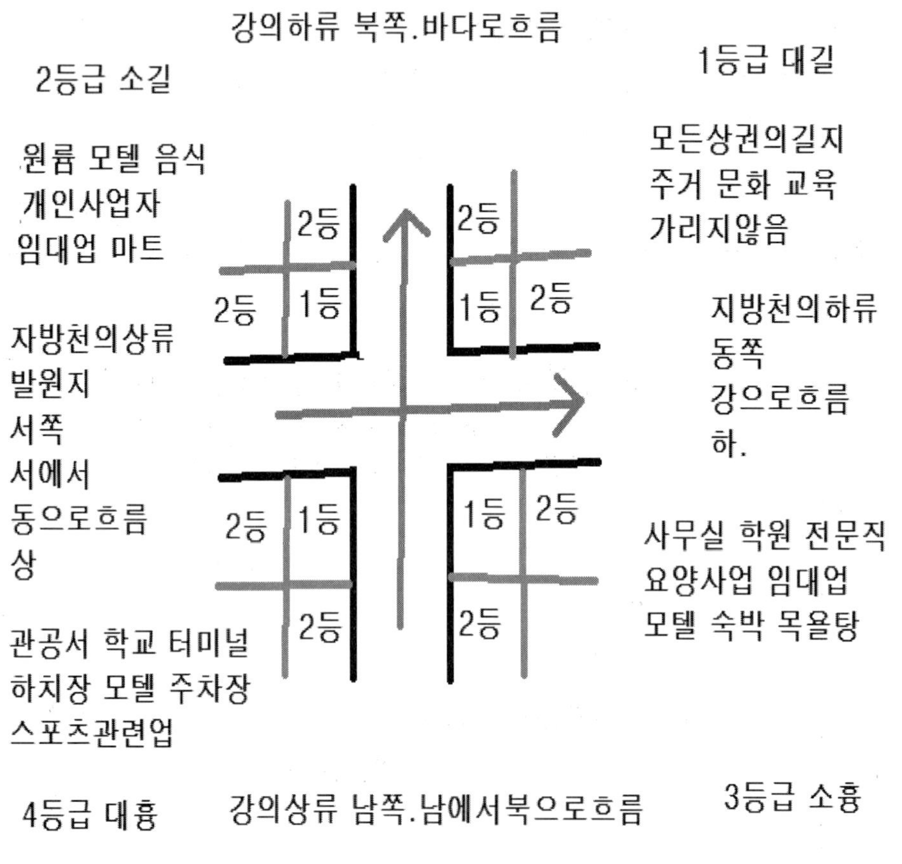


상통 사거리에서 동북쪽 임실 효 나눔 재활 보호 센타 임실군민 회관 임실군청이 있는 지역이 1등급 지역으로 구분할 수 있으며 국민연금공단 전주 지방법원 임실군법원 한국 농어촌공사 임실지소가 있는 지역이 2등급 지역으로 구분할 수 있습니다.

사거리에서 동남쪽 보건의료원 임실 119안전 센-타 임실 자동차 운전학원이 있는 지역이 3등급 지역으로 구분할 수 있으며 사거리에서 일품가든 임실군 공설운동장 전북 119안전 체험관이 있는 지역이 4등급 지역으로 구분할 수 있습니다.

8등급 구분과 경사도 4등급 지역의 지번을 참고하고 나면 선택한 지번의 건축물에 관한 출입문 관계를 보아야 합니다. 출입문은 길흉화복이 불러들이는 길입니다. 그림에서 표시한 위치를 참고 하여 행운을 불러 오십시오.

동에서 서로 남에서 북으로 흐르는 지류

각 자번의 출입문 길방

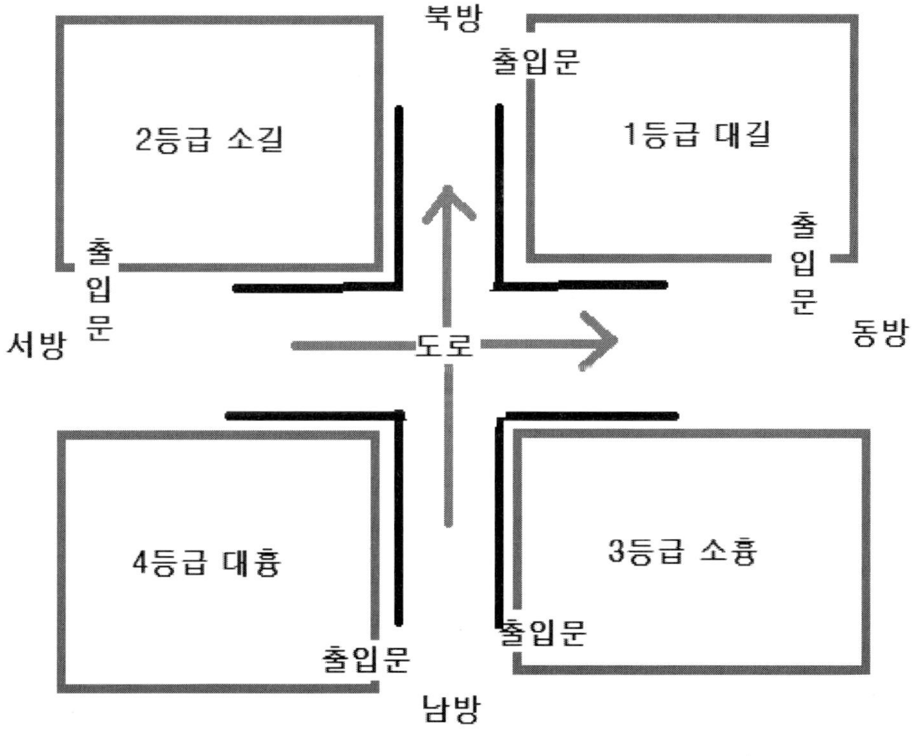

# 제 8 편

# 태화강 형상강 유역의 지운보기

## 제8편 태화강 형상강 유역의 지운보기

울산시 울주군의 8등급 지역 구분하기입니다.

태화강은 서북간 상북면 석남사 주변 삼남면 방기천에서 지류가 흘러 태화강에 입수되어 동해로 흐르는 약48 킬로미터의 작은 강이다. 울산항에서 상북면 석남사주변까지 8등분해서 지역별 지운을 구분해 보기로 하겠습니다.

아래 그림은 지운을 측정하는 지운자입니다.

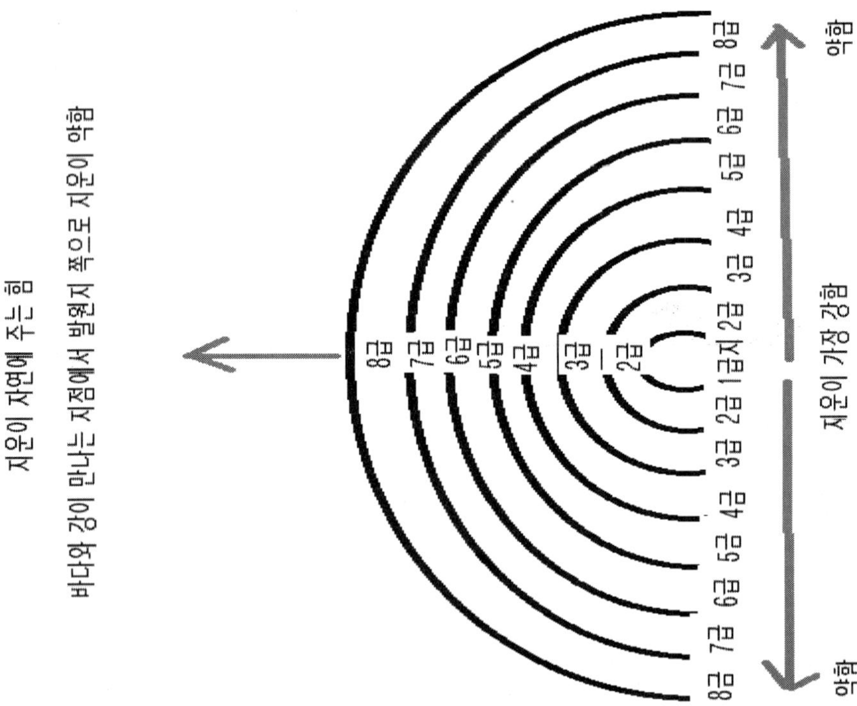

- **1등급 지역 하천(河川) 울산항**

현대 자동차 현대 중공업 남회예선 부두에서 명촌대교 까지는 국가 관리지역이나 그룹형 관리지역으로 울산시 1등급 지역으로 구분할 수 있으며 무역 생산 국제교류형의 의 지역으로 구분할 수 있을 것입니다.

인체의 나이로는 10대를 의미하고 지운이주는 경제효과는 100%다.

인체에 비유하면 발바닥.

- **2등급 지역 석천(石川) 동구**

미포조선 현대중궁업 외국인 아파트 방어진 버스정류장  일산동 행정복지센-타가 있는 지역이 울산시 2등급 지역으로 구분해 볼 수 있으며 인체의 나이로는 20로 구분하며 경재효과는 80%이다.

인체에 비유하면 종아리

- **3등급 지역 초천(草川) 남구**

명촌대교에서 태화교까지를 3등급 지역으로 구분할 수 있으며 교육 정치 상권등 모든 권리의 길지로 볼 수 있습니다. 직장인 이 60% 자영업이나 전문으로 40%의 사뢰성을 가지고 있는 지역이다. 인체의 나이로는 30대를 의미하고 경제효율성은 70%로 볼 수 있는 지역이다.

신체의 부위로는 허벅지로 볼 수 있습니다.

- **4등급 지역 지천(地川) 범서읍**

굴화리 천상 구영리 입암리 반천리주변이 4등급 지역으로 농업과 과수 축산등으로 경제구성을 하고 있지만 미래의 개발지로 지가 상승이 전망되는 지역이다. 인체의 나이로는 40대로 볼 수 있으며 지가가 주는 경재효유성은 60%로 볼 수 있으려 인체로 비유하면 신장 대장 항문 부분이다.

- **5등급 지역 화천 (화천) 언양읍**

농업과 과수 원 축산업 지역특산물로 기반으로 한 상공업이 교류하는 지역이다. 인체의 나이로는 50대 볼 수 있으며 인체에 비유하면 위 십이지장 소화기 부분으로 볼 수 있으며 지운이 주는 경제효율성은 50%로 가정할 수 있을 것입니다.

- **6등급 지역 황천 (황천) 삼남읍**

보람병원 울산역 오뚜기식품 등의 지역으로 볼 수 있으며 농업 축산 과수원 전원 주택 숙박업등의 기반으로 경제를 구성할 수 있는 지역이다.

인체의 나이로는 60대로 가정할 수 있으며 기관지 폐 간 심장 부분이다.

지운이 주는 경제성장율은 40%로 가정할 수 있습니다.

- **7등급 지역 임천(林川) 상북면**

상북면 복지센-타 군근정리 석남사 주변으로 농업과 과수원 묘목장 특수작물 관광 숙박 전원주택 교육 약간의 상공업 등의 근거로한 경제구성을 하고 있는 지역이다. 인체의 나이로는 79때로 가정할 수 있으며 인체에 비유하면 목 어깨 팔 부분이다 지운이 주는 경제효율성은 30%로 가정할 수 있습니다.

- **8등급 지역 산천 (山川)두동 두서면**

농업을 기반으로 한 축산 묘목장 창고업 모텔 전원주택 학교 국가나 기업형 개발지로 볼 수 있으며 인체의 나이로는 80대로 가정할 수 있으며 신체의부위로서는 머리정수리 얼굴에 해당할 수 있으며 신선의 경지로 볼 수 있다. 지

지가가 주는 경제효율성은 20%로 가정할 수 있을 것입니다.

울산시의 지운을 이렇게 구분할 수 있습니다.

- **1등급 지역 울산항**

울산항은 그룹이나 국가관리 차원의 지운이므로 생략 합니다.

- **2등급 지역 동구**

동구의 8등급 지운보기입니다.

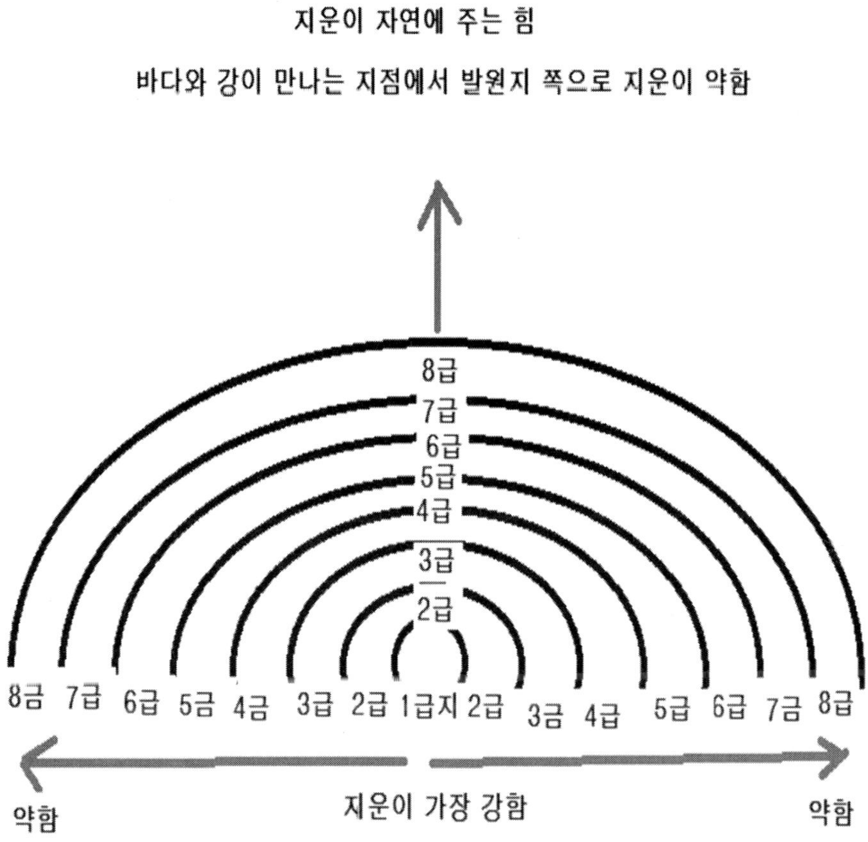


KCC 울산공장에서 망개산 주변 해안가 주변이 1등급 지역으로 구분할 수 있으며 문화고등학교 현대중공업 외국인 아파트 울산동부 소방서 주변이 2등급 지역으로 구분할 수 있을 것입니다. 방어진항 방어진 해양파출소 용왕사 울산 꽃리단길상수도 사업본부  꽃나무공원이 있는 지역이 3등급 지역으로 구분할

수 있으며 일산동 복지 센-타 현대모비스 종합부품 동뫼산 공원 화정동복지 센-타가 있는 지역이 4등급 지역으로 구분할 수 있을 것입니다.

현대건설기계 산하2동 복지 센-타 동 울산 우체국이 있는 지역이 5등급 지역으로 구분할 수 있으며 현대중공업 울산대학교병원 남목2동 복지 센-타가 있는 지역이 6등급 지역으로 구분할 수 있을 것입니다. 주전초등학교 주전항 선돌바위가 있는 지역이 7등급 지역으로 구분할 수 있으며 남목 초등학교 남목 파출소 남목1동 복지 센-타 현대공업 고등학교가 있는 지역이 8등급 지역으로 구분할 수 있을 것입니다.

다음은 경사각을 보는 가운도입니다.

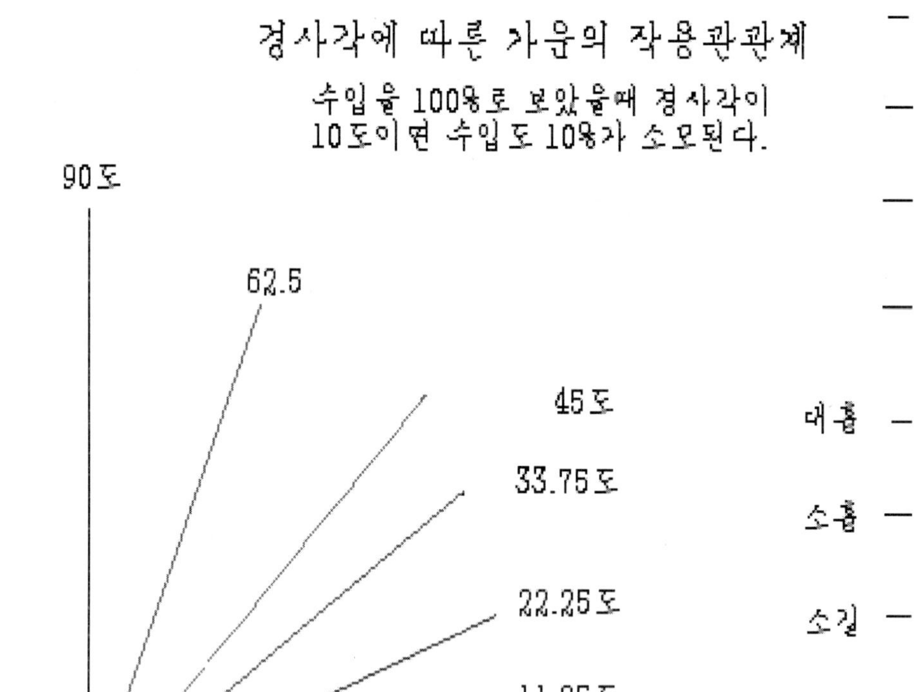

등급 지역과 지운을 구별하고 경사각을 참고 했으면 이번에는 도로에서 보는 4등급 지역의 길흉관계를 보세요.

울산시 동구 고늘 사거리에서 보는 4등급 지역구별하기입니다.

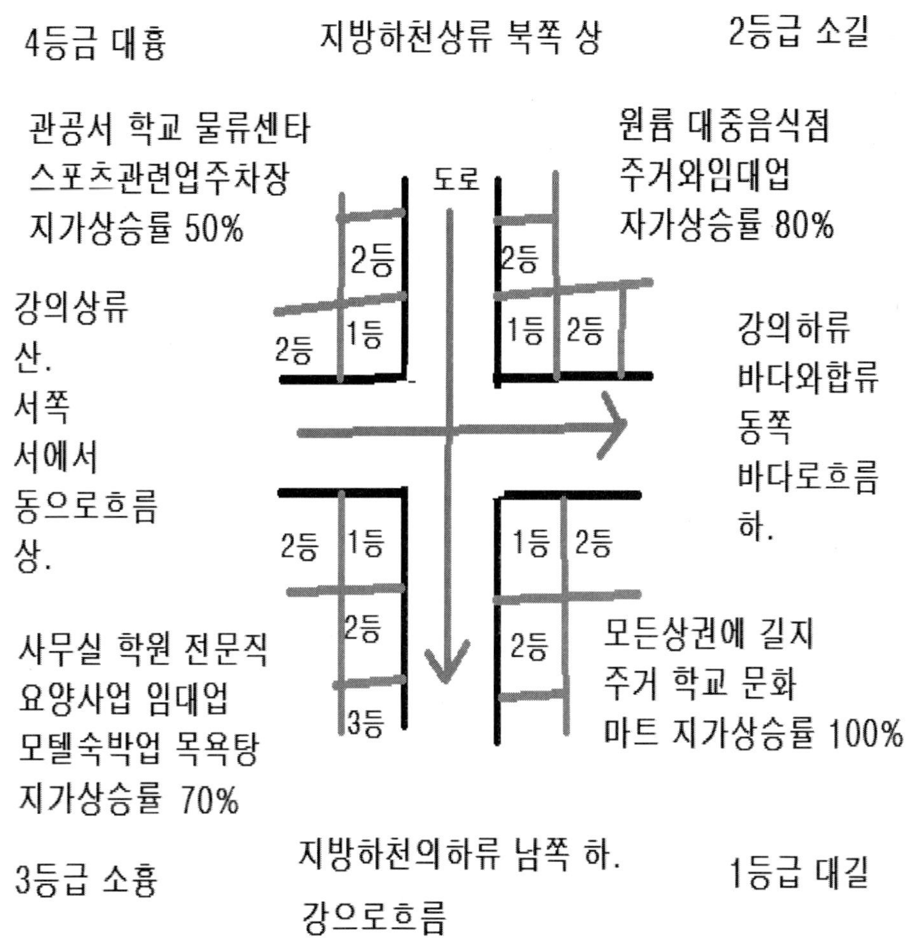


사거리에서 동남쪽으로 시온성결교회 일산동 복지센-타 일산 해수욕장 주변이 1등급 지역으로 구분할 수 있으며 사거리에서 일산 초등학교 울산동부 경찰서 현대중공업이 있는 지역이 2등급 지역으로 구분할 수 있을 것입니다.

명덕여자중학교 화정동 복지센-타 화암중학교가 있는 지역이 3등급 지역으로 구분할 수 있으며 서거리에서 서북쪽으로 명덕초등학교 미포초등학교 울산대학교병원 명덕호수공원이 있는 지역이 4등급 지역으로 구분할 수 있을 것입니다.

지금까지 지역별 보기와 경사각 그리고 도로에서 보는 4등급 지역을 보고나면 선된 지번에서 출입문 길흉 방을 보아야 합니다.

아래 그림은 출입문 위치도입니다, 그림에서 참고 하세요.

동에서 서로 북에서 남으로 흐르는 지류

각 지번의 출입문 길방

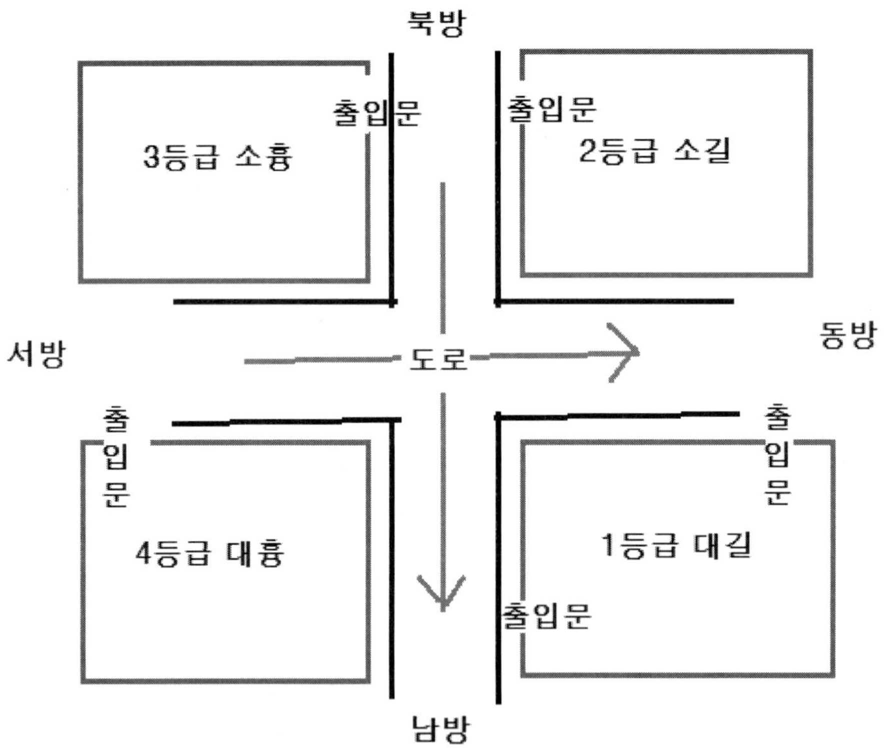

## 2등급 지역 남구

울산시 남구 8등급 지역 구분하기입니다.

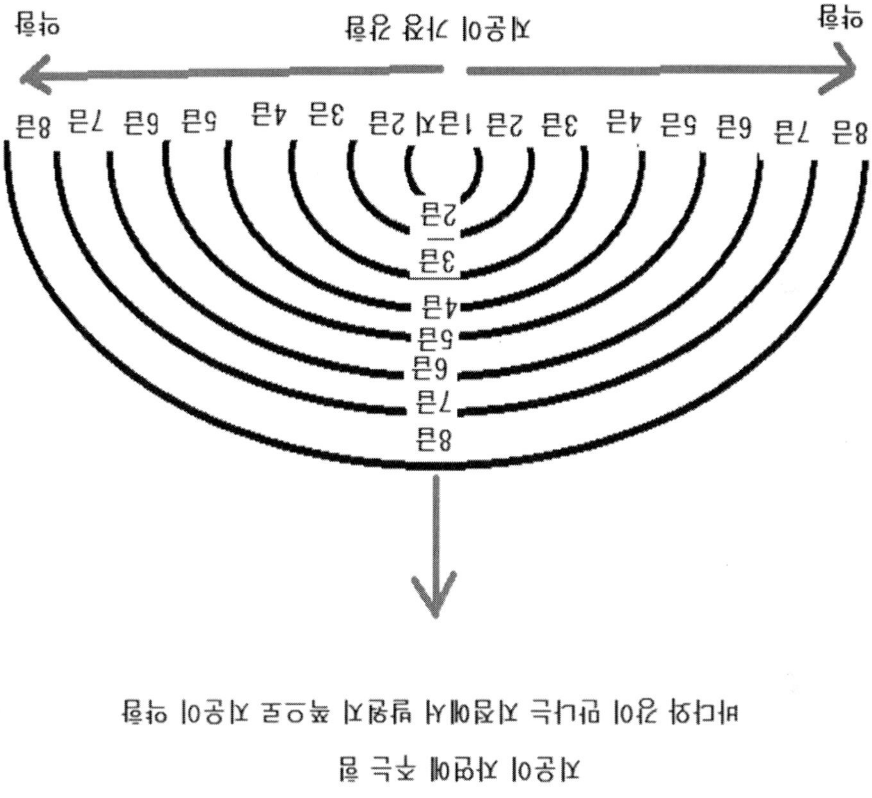


태화강에서 남족 호수공원이 있는 방향으로 지운자를 놓고 보는 그림입니다. 울산항역 장생포동 돋질산 주변이 1등급 지역으로 기업이나 국가 관지역으로 구분할 수 있으며 울산항만역 장생포항 울산 석유 화확단지가 2등급 지역으로 구분할 수 있을 것입니다.

삼산고등학교 삼산초등학교 울산 농산물 도매시장 태화강역 주변이 3등급 지역으로 구분할 수 있으며 남구청 울산남부 소방서 현대백화점 울산고속버스 터미널 울산방송국이 있는 주변이 4등급 지역으로 구분할 수 있을 것입니다.

울산강남 고등학교 신정5동 행정복지세-타 울산광역시청 굿모닝 병원이 잇는 지역이 5등급 지역으로 구분할 수 있으며 삼호동 행정복지센-타 울산 지방법원 무거동 행정복지센-타가 있는 지역이 6등급 지역으로 구분할 수 있을 것입니다, 신정동대현동 수암동 행정복지센-타가 있는 지역이 7등급 지역으로 가정할 수 있으며 태화중학교 울산도서관 울산영락원 장례식장 여천초등학교 삼일 여자고등학교가 있는 지역이 8등급 지역으로 구분할 수 있을 것입니다.

남구지역의 8등급 지역을 보고나며 선택한 지번의 경사지를 보아야 합니다.

아래 그림은 경사지를 보는 가운도입니다. 경사각은 지운의 균형을 보는 의미이며 그림에서 참고 하세요.

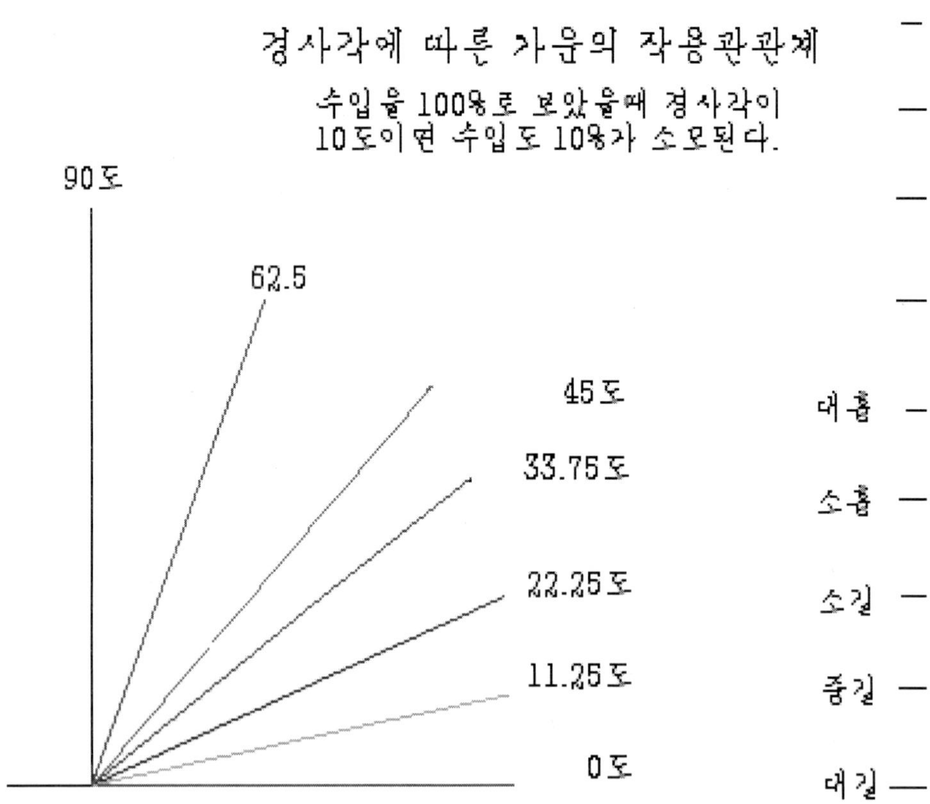

아래의 그림은 울산시의 중심가로 볼 수 있는 남구청 주변 번영 사거리에서 보는 4등급 지역의 길흉관계입니다. 아래 그림에서 참고 하세요.

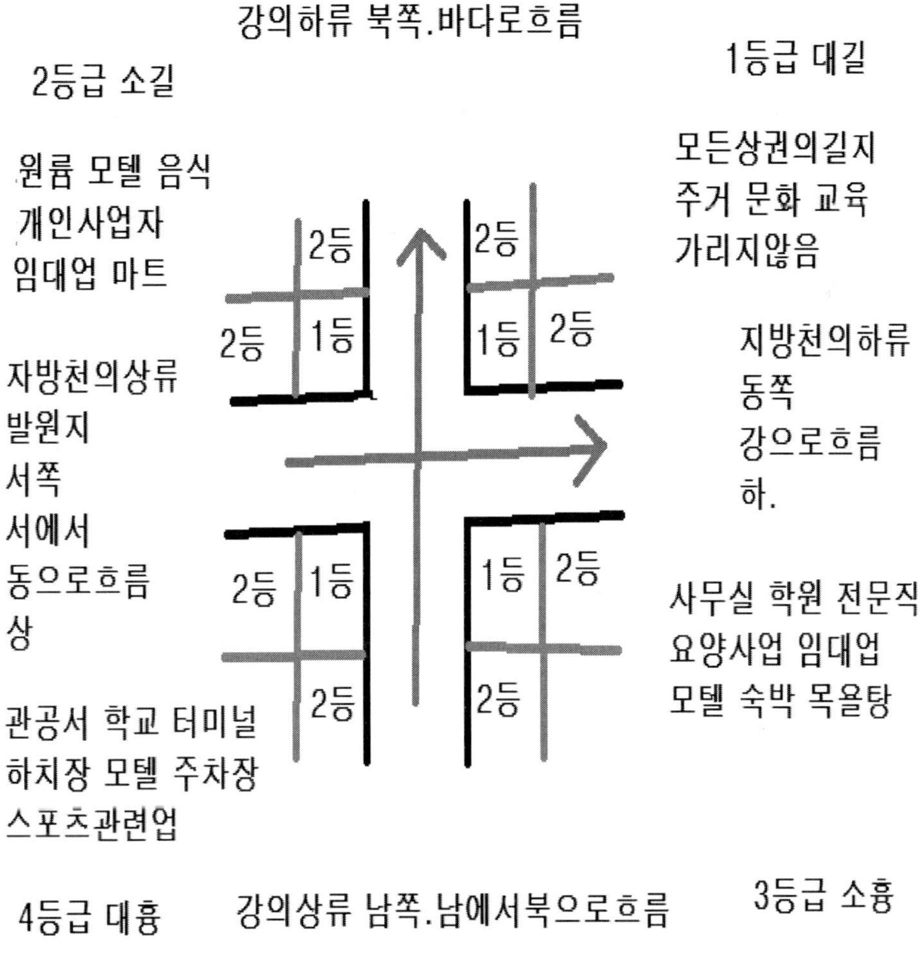


사거리에서 동북쪽 한국 주택금융공사 울산센트럴 자이아파트 삼산현대 세앙 청구아파트가 있는 지역이 1등급 지역으로 구분할 수 있으며 사거리에서 서북쪽으로 울산극동방송 극동 스타클래스 아파트 신정 푸르지오 아파트 지역이 2등급 지역으로 구분할 수 있습니다.

번영로 사거리에서 동남쪽으로 신라 스테이 롯대 백화점 농수산물 도매시장 울산세무서가 있는 지역이 3등급 지역으로 구분할 수 있으며 사거리에서 서남쪽 현대해상 스타벅스 sk아파트 울산 여자상업 고등학교가 있는 지역이 4등급 지역으로 구분해 볼 수 있습니다.

4등급 지역을 살펴보고 나면 선택한 지번의 출입문 길흉관계를 보아야 합니다. 다음 그림에서 표시한 위치에 출입문 길흉관계를 살펴보세요.

**동에서 서로 남에서 북으로 흐르는 지류**

**각 자번의 출입문 길방**

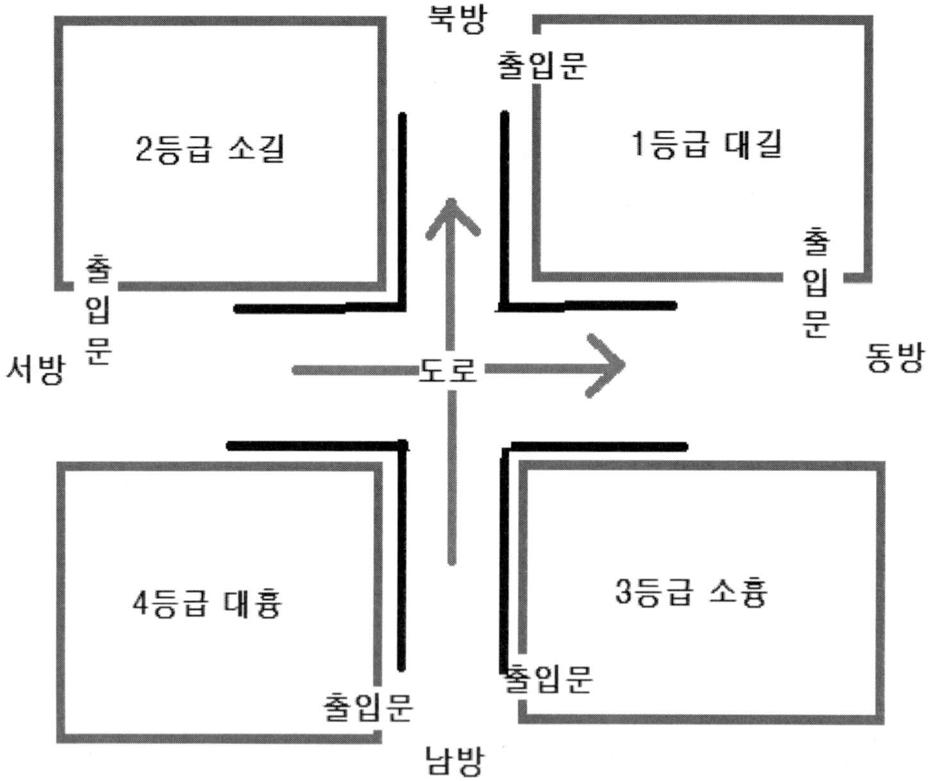

## 3등급 지역 중구

중구의 8등급 지역 구분해 보기입니다.

중구도 태화강에서 번영교에서 북쪽으로 지운 자를 놓고 성안동 방향으로 8등급으로 구분해서 등급별 지운을 살펴보세요.

아래그림에서 참고하세요.

**지운이 자연에 주는 힘**

**바다와 강이 만나는 지점에서 발원지 쪽으로 지운이 약함**

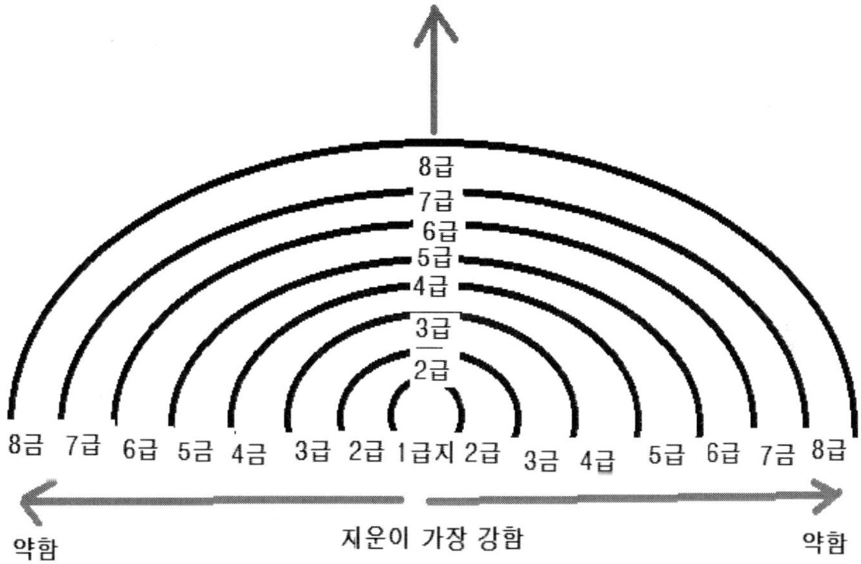


종합운동장 중구 방구1동 2동 복지 센-타가 있는 지역이 1등급 지역으로 구분할 수 있으며 중앙동복지 센-타 암사초등학교 우정동복지 센-타가 있는 지역이 2등급 지역으로 구분할 수 있을 것입니다. 학성 여자중학교 명정초등학교 울산중앙고등학교 다사랑 공원이 있는 지역이 3등급 지역으로 구분할 수 있을 것이며 병영1동 2동 복지 센-타 병영초등학교 주변이 4등급 지역으로 구분할 수

있을 것입니다.

중구청 약사동 학산 여자 고등학교 복산1동 복지 센-타가 있는 지역이 5등급 지역으로 구분할 수 있을 것이며 유곡중학교 우정초등학교 근로복지공단본사 울산시교육청이 있는 지역이 6등급 지역으로 구분할 수 있을 것입니다.

다운동복지 센-타 다운초등학교 다운고등학교 주변이 7등급 지역으로 구분할 수 있을 것이며 성안동복지 센-타 울산경찰서 백양초등학교 함월 구민운동장 주변이 8등급 지역으로 구분할 수 있응 것입니다.

지운을 보는 자로 등급 지역을 구분하고 나면 그 등급 지역의 경사지를 의미해 보세요. 경사지는 지역의 균형을 보는 그림입니다.

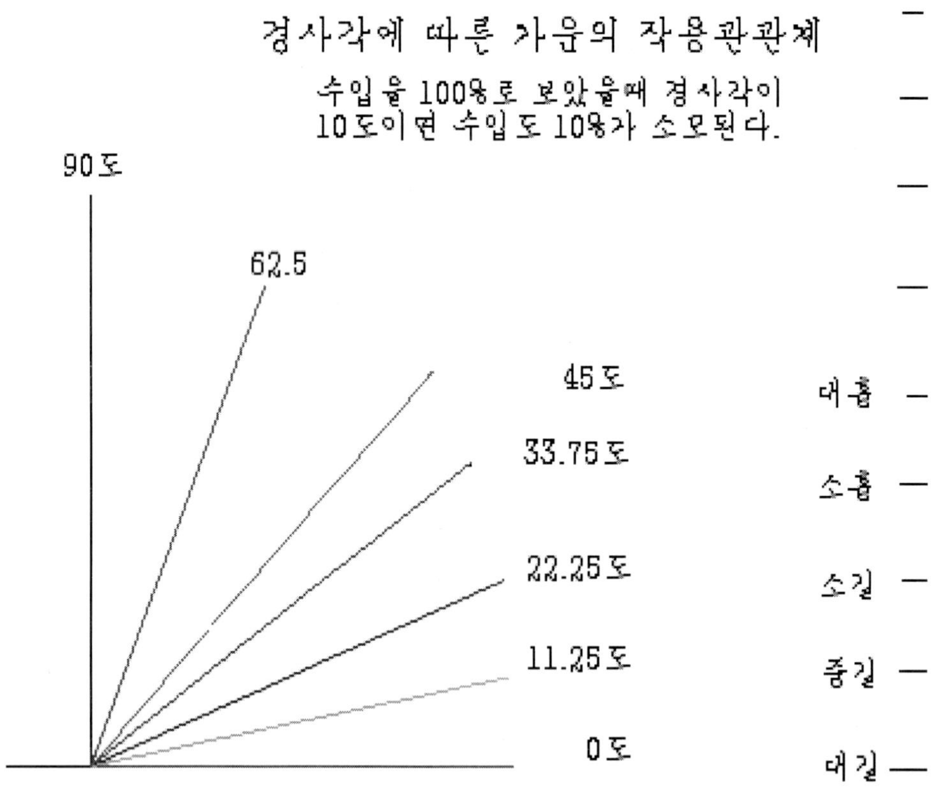

아래의 그림은 중구에서 중심지로 보여지는 복산 사거리에서 보는 4등급지역 지운관계입니다.

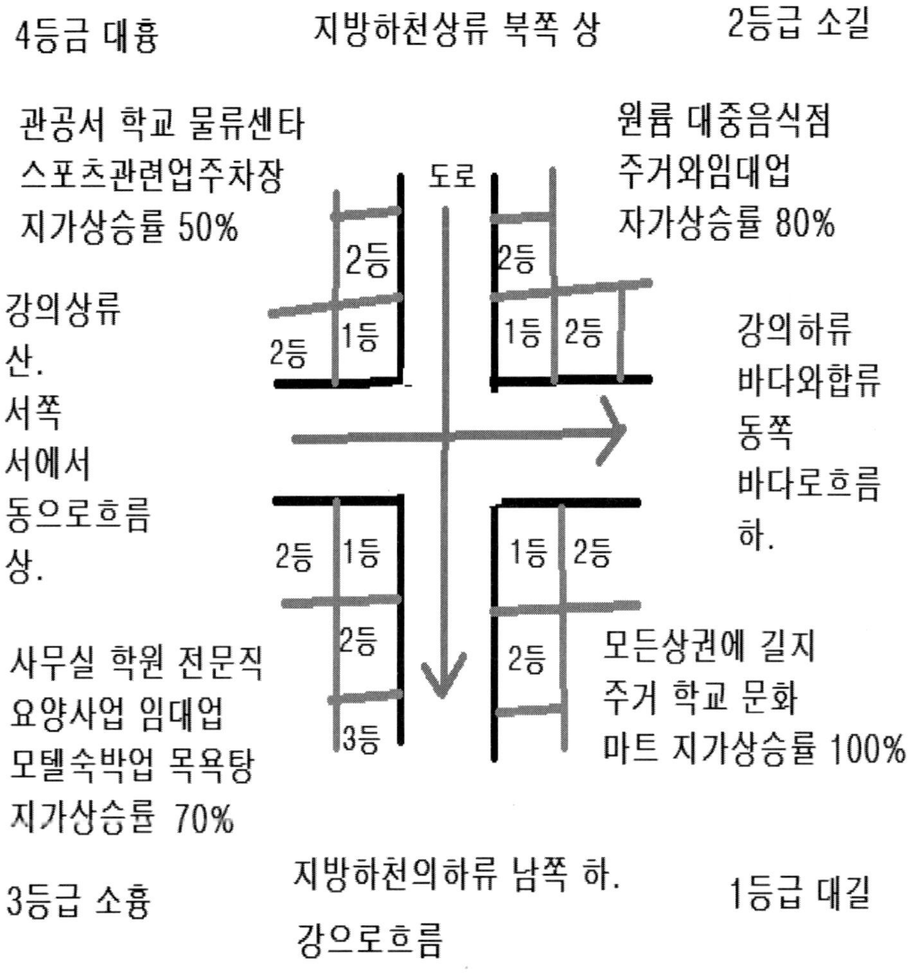


사거리에서 동남쪽 던킨 도너츠 엘지 베스트샵 울산여자 중학교 종합운동장 평창 리베러 아파트가 있는 지역이 1등급 지역으로 볼 수 있으며 동북쪽 산정전자 하나은행 병영 초등학교 한국 폴리텍 대학이 있는 지역이 2등급 지역으로 구분할 수 있을 것입니다.

사거리에서 서남쪽 피자스쿨 국민연금공단 문화방송 옥성 초등학교가 있는 지역이 3등급 지역으로 구분할 수 있을 것이며 사거리에서 서북쪽 홈플러스 울산고등학교 한국 에너지공단 도로교통공단이 있는 지역이 4등급 지역으로 구분할 수 있을 것입니다.

다음은 선택된 지번의 건물에 출입문을 보아야 합니다.

다음 그림은 지번에 따른 출입문 보기입니다.

그림에서 표시한 위치를 참고 하세요.

**동에서 서로 북에서 남으로 흐르는 지류**
**각 지번의 출입문 길방**

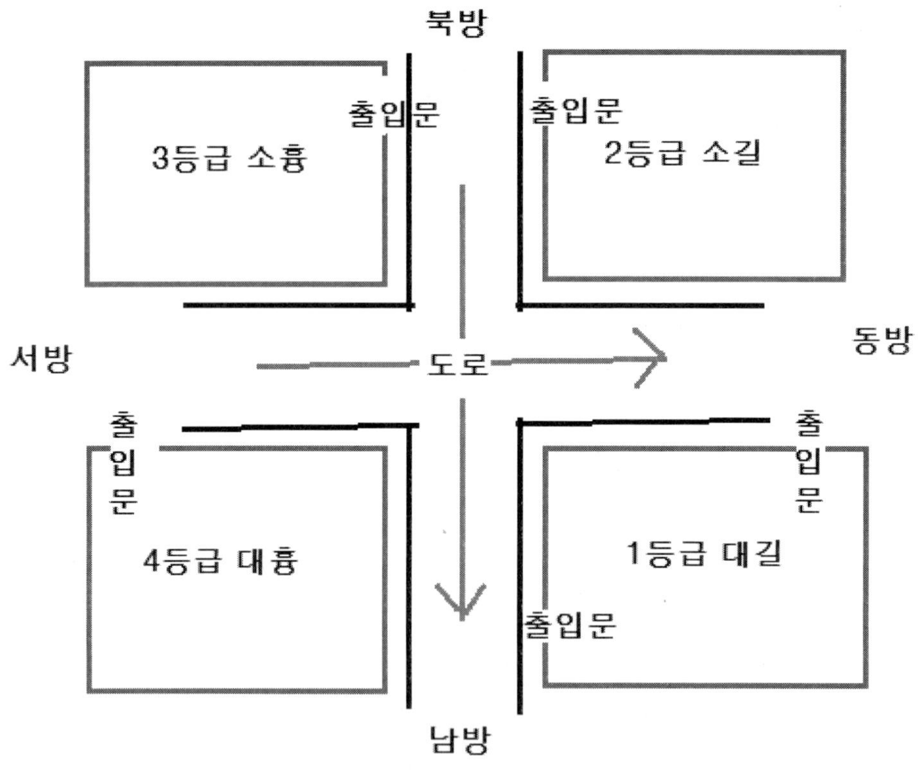

## 4등급 지역 북구

북구의 8등급 구분하기입니다.

태화강과 동천이 합류하는 평창 리베에르 1차 아파트 앞에서 지운 자를 북쪽으로 놓고 발원지까지 8등급으로 구분하여 보세요.

지운을 보는 지운 자를 참고 하세요.

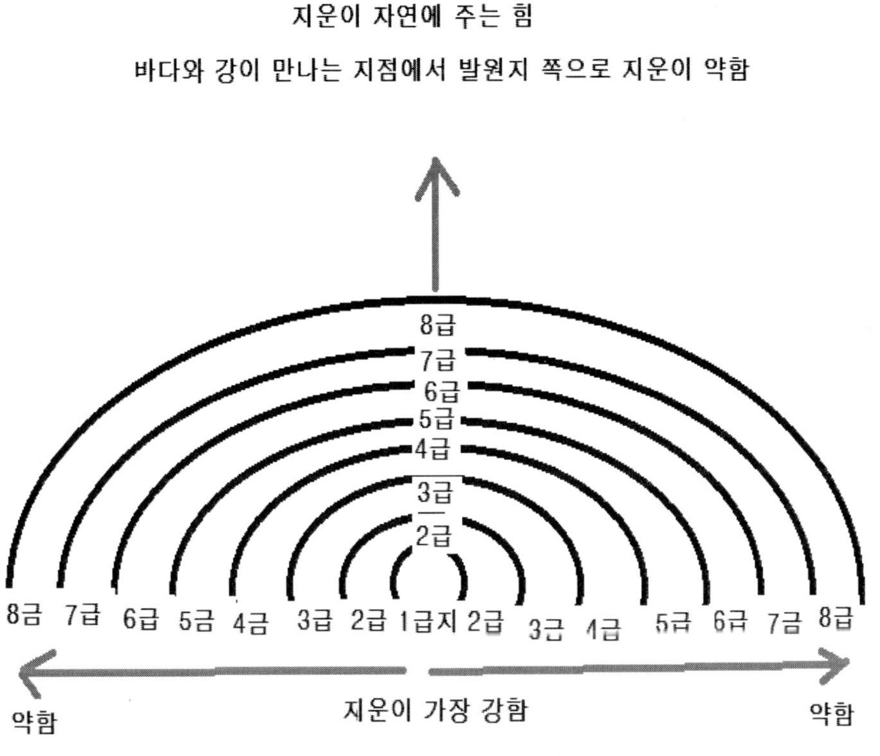


현대자동차 울산공장 현대제철 명촌 그린공원 우정교회 한국전력공사 삼성디지털 프라자가 있는 지역이 1등급 지역으로 구분할 수 있을 것이며 진장중학교 메가마트 울산진장 유통단지 울산자동차 운전학원 동국실업 울산공장 울산차량등록 사업소 하나로마-트가 있는 지역이 2등급 지역으로 구분할 수 있을 것입니다.

북구청 송정동 복지 센-타 울산북부경찰서 울산북부소방서 코리아스포츠그룹이 있는 지역이 3등급 지역으로 구분할 수 있으며 능소종합운동장 호계초등학교 은월초등학교 주변이 4등급 지역으로 구분할 수 있을 것입니다.

농소2동 복지센-타 장등못 매곡도서관 중산초등학교 주변이 5등급 지역으로 구분할 수 있으며 천곡초등학교 달천고등학교 약수초등학교 주변이 6등급 지역으로 구분할 수 있을 것입니다.

강동초등학교 강동회암 주상절리 서강해수탕 강동동 복지 센-타 강동동우체국이 있는 지역이 7등급 지역으로 구분할 수 있으며 울산외국어 고등학교 이화초등학교 황용사 세광교회 이화제일 유치원이 있는 지역이 8등급 지역으로 구분할 수 있을 것입니다.

등급지의 의미를 구분하고 나면  그 등급 지역의 경사도를 보아야 합니다.

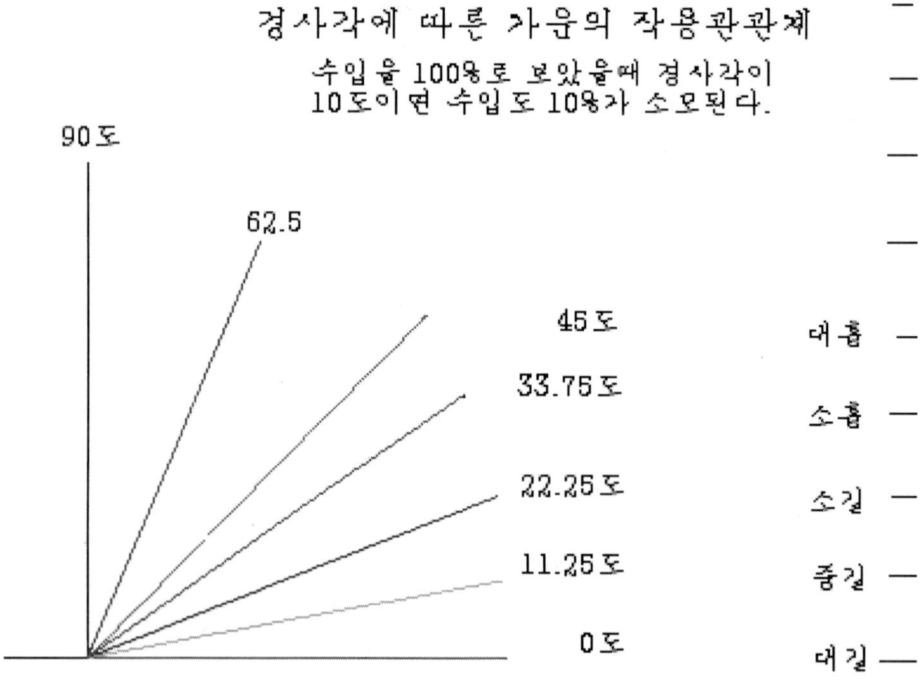

위의 그림은 가운도(경사각)입니다.

경사각은 지운의 균형을 보는 것입니다.

지역의 등급지역을 구별하고 경사각을 보고나면 도로에서 보는 4등급 지역의 구분과 등급지가 가지고 있는 용도 의미를 보아야 합니다.

북구청이 있는 주변 상방사거리에서 보는 지운관계입니다.

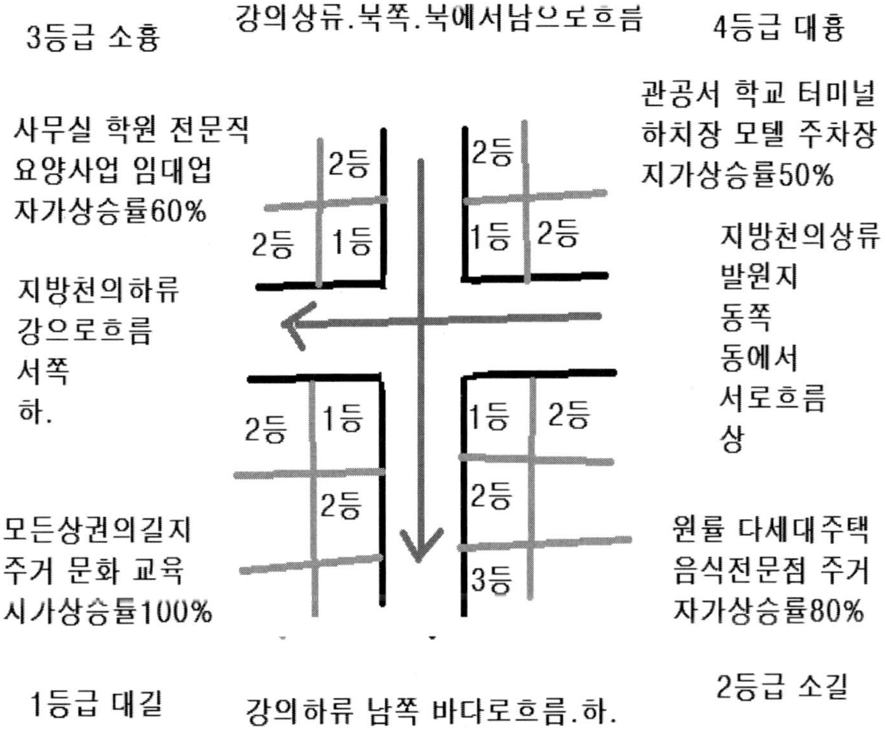


상방사거리에서 동남쪽 방향으로 효자동 복지 센-타 동국산업 울산공장 현대자동차 울산공장이 있는 지역이 1등급 지역으로 구분할 수 있으며 상방사거리에서 서남쪽으로 하나로 마트 울산 자동차매매단지 진장 중하교가 있는 지역이 2등급 지역으로 볼 수 있을 것입니다.

사거리에서 서북방향으로 울산공항 울산시티 병원 울산 동천고등학교 주변이 3등급 지역으로 구분할 수 있으며 사거리에서 북동방향으로 부구청 송정동 복지 센-타 매곡초등학교가 있는 주변이 4등급 지역으로 구분할 수 있을 것입니다. 등급지역과 지역에 따른 경사도 그리고 지번이 선택되면 선택된 지번에 건축물에 따른 출입문을 보아야 할 것입니다.

다음은 출입문 길흉관계입니다. 아래 그림에서 참고 하세요.

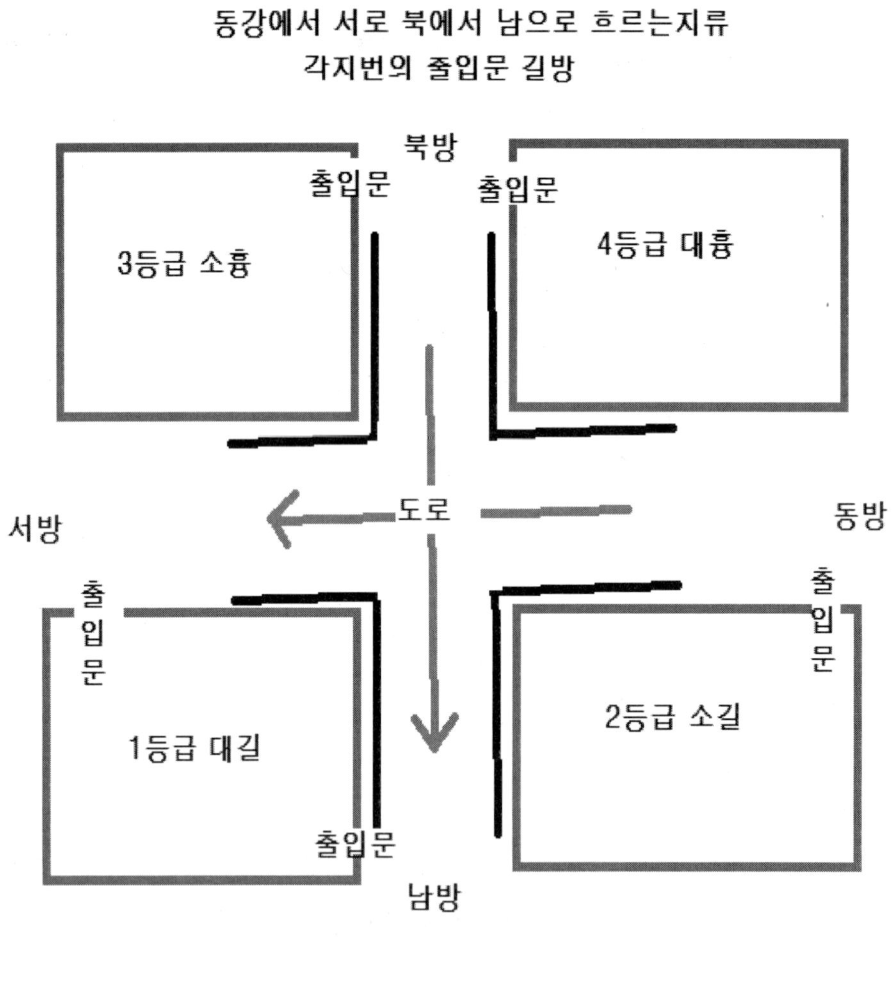

## 5등급 지역 범서읍

범서읍 8등급 구분하기입니다.

지운자로 보는 등급지역 구별입니다. 구영 교에서 서쪽으로 지운 자를 놓고 좌는 천상리 우측은 구영 리 로 나누어 보세요.

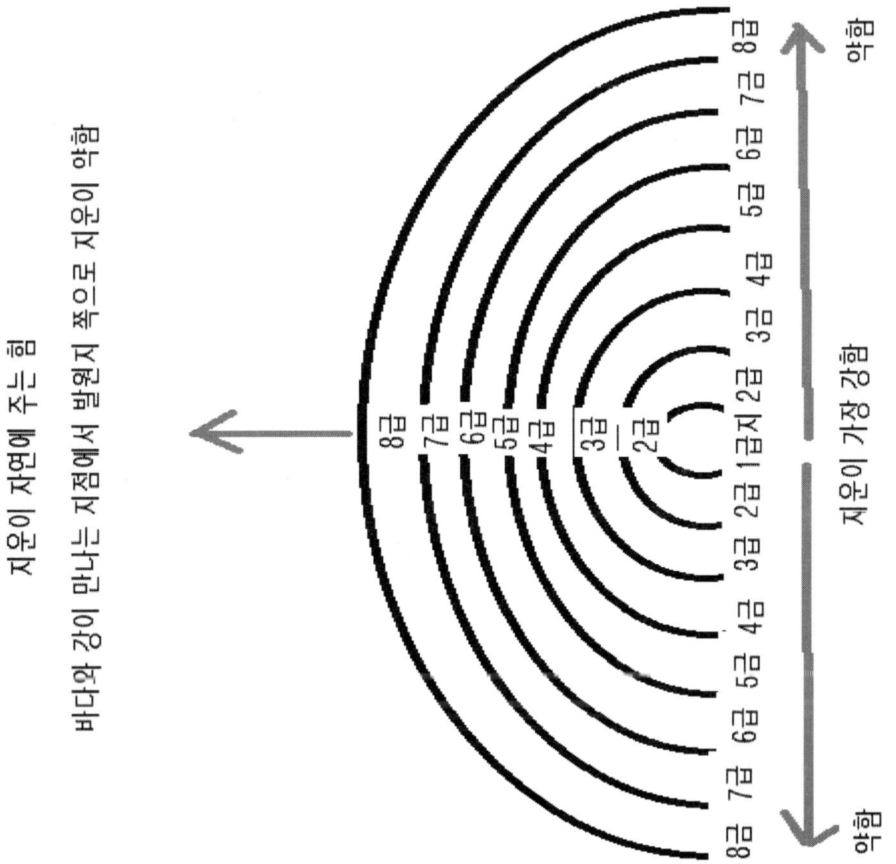


범서읍 울산상업고등학교 굴화 초등학교 굴화 수질개선사업소 굴화 강변월드 메르디앙 아파트 문수산 푸르지오 하늘빛교회 주변이 1등급 지역으로 구분할 수 있을 것이며 입암리 선바위 휴게소 진목마을회관이 있는 지역이 2등급 지

역으로 구분할 수 있을 것입니다.

구영리 범서중학교 울주 선바위 도서관 구영공원 구영중학교 주변이 3등급 지역으로 구분할 수 있으며  구영리 범서 중하교 구영유치원 구영초등학교 주변이 3등급 지역으로 구분할 수 있으며 찬상리 범서생활 체육공원 천상중학교 빙그레가 있는 지역이 4등급 지역으로 구분할 수 있을 것입니다.

가장저수지 미풍향 가든 성원원룸이 있는 지역을 5등급 지역으로 구분할 수 있으며 사일회관 아름다운학교 앞 논밭이 6등급 지역으로 구분할 수 있을 것입니다. 척화 초등학교 척과 보건소 숲속의집 울산들꽃 학습원이 있는 지역이 7등급 지역으로 볼 수 있으며 두산리 자운도예 마을회관 법등사가 있는 지역이 8등급 지역으로 구분할 수 있을 것입니다.

다음은 경사각을 보는 가운도입니다.

가운 도는 지운의 균형을 보는데 쓰는 그림입니다.

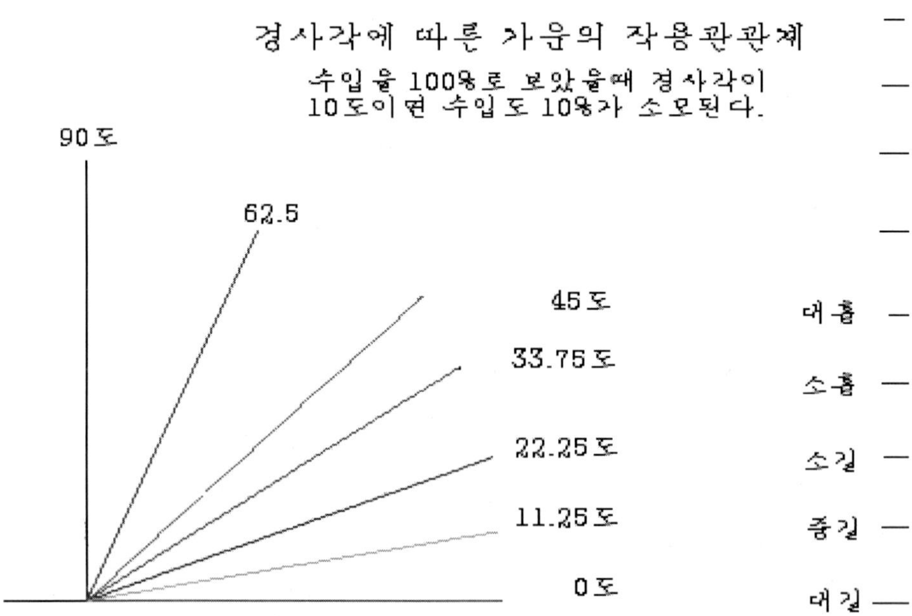

다음은 도로에서 보는 4등급 지역의 구분과 길흉관계입니다. 아래의 그림은 구영리 경찰서 후문 교차로에서 보는 4등급 지역의 용도와 길흉관계입니다.

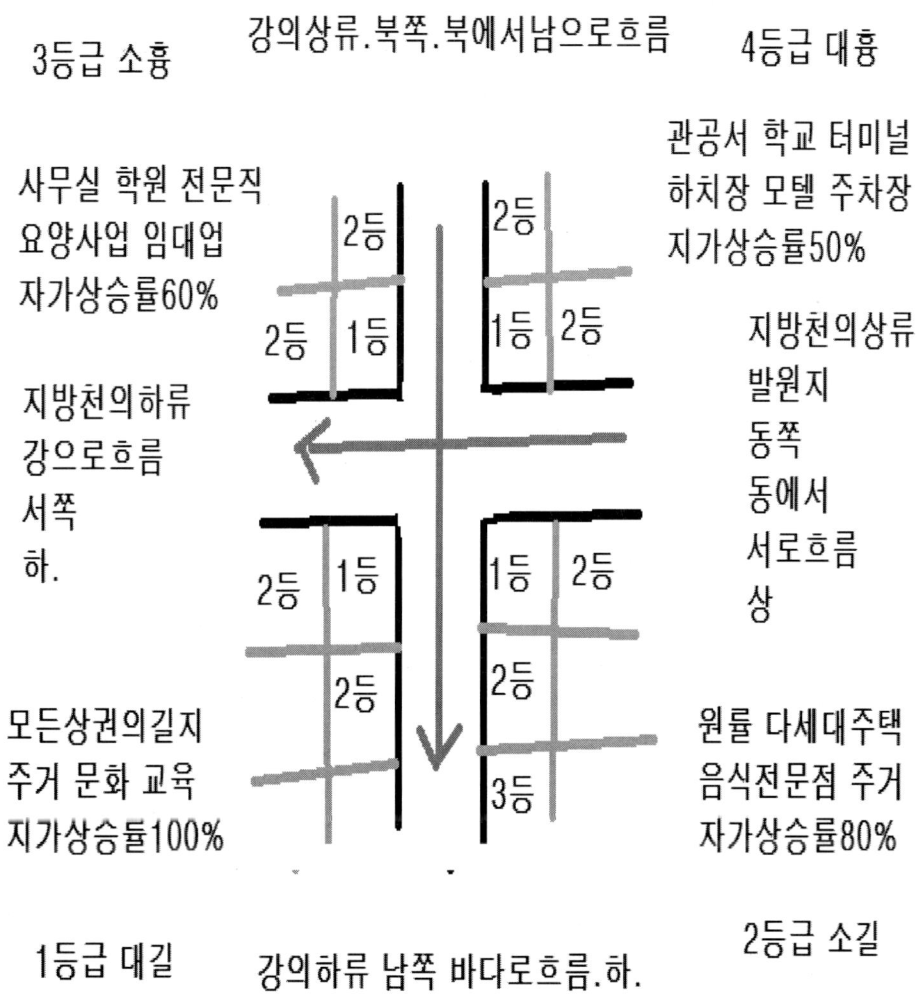


교차로에서 서남쪽 울산 울주 경찰서 한아름 유치원이 있는 지역이 1등급 지역으로 구분할 수 있으며 교차로에서 동남쪽 뚜레쥬르 양영 수학전문학원 범서중학교 구영 유치원이 있는 지역이 2등급 지역으로 구분할 수 있습니다.

교차로에서 서북쪽으로 은혜내과의원 구영 중학교가 있는 지역이 구영 리 3등급 지역으로 구분할 수 있으며 교차로에서 서북쪽 푸르지오 1단지 아파트 울주군 국민체육 센-타가 있는 지역이 구영 4등급 지역으로 구분 할 수 있습니다.

다음은 주소지가 선택되면 그 지번에 건축물의 출입문의 길흉을 보아야 할 것입니다. 다음 그림은 출입문 길흉관계를 표시한 그림입니다.

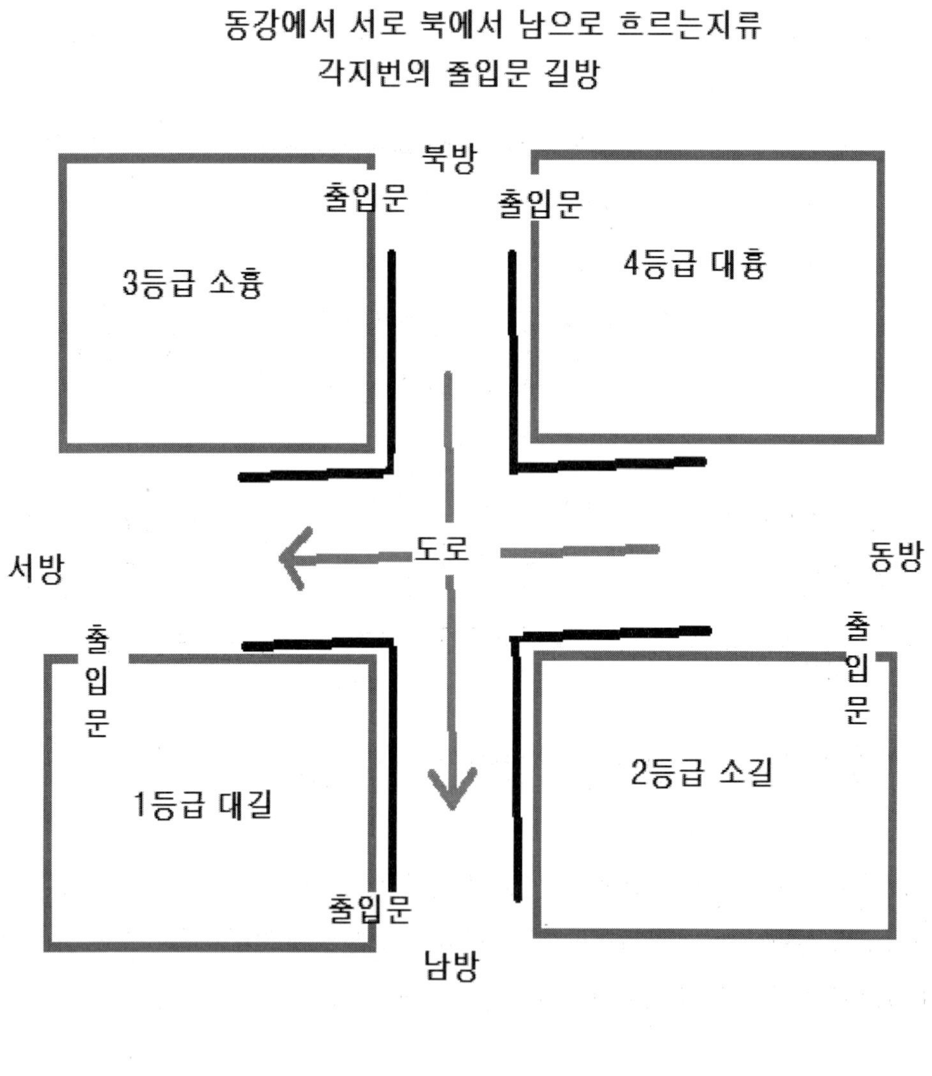

## 6등급 지역 언양읍

언양 반천 현대 아파트에서 지운 자를 서쪽으로 놓고 상북교까지 8등급으로 구분하세요. 오른쪽으로는 언양읍이고 왼쪽이 삼남읍입니다.

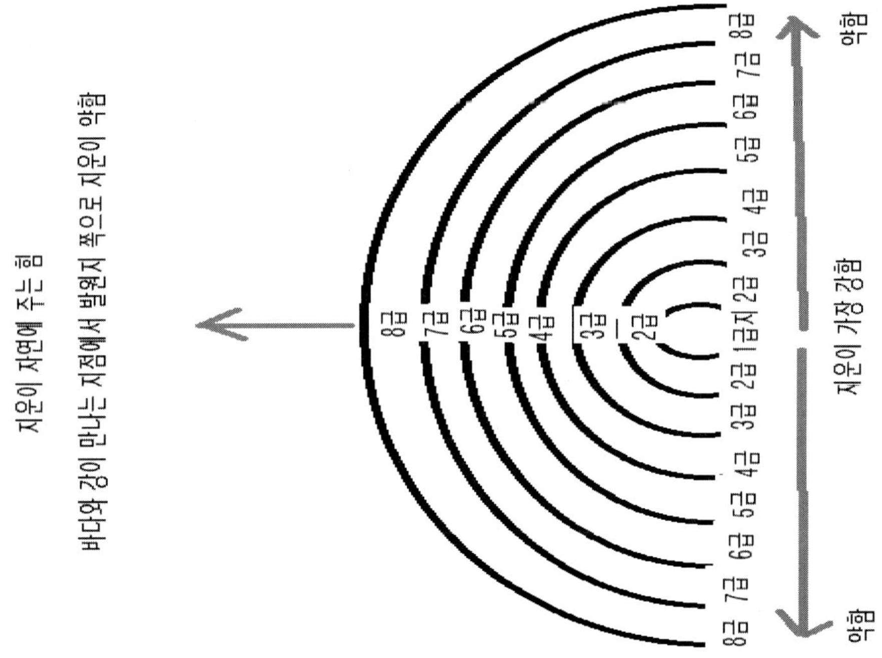


구수마을 회관 반송마을 회관 반천초등학교 반천현대아파트가 있는 지역이 1등급 지역으로 구분할 수 있으며 언양 시외버스 터미널 언양 고등학교 언양 자동차 운전학원 울산 반천산업단지가 있는 지역이 2등급 지역으로 구분할 수 있을 것입니다.

국민연금공단 울산 언양 우체국 언양 중학교가 있는 지역이 3등급 지역으로 볼 수 있으며 언양장터 백인정형외과의원 언양읍성 경남아너스빌 아파트가 있는 지역이 4등급 지역으로 구분할 수 있을 것입니다.

평화요양 병원 석남사 포교원 신언중학교 언양 성당이 있는 지역이 5등급 지역으로 구분할 수 있으며 송대 지구 도시개발지역 양우내안에 울산양육원이 있는 지역이 6등급 지역으로 구분할 수 있을 것입니다.

반곡초등학교 언동마을회관 반곡리 지석묘군 신화 새마을회관이 있는 지역이 7등급 지역으로 구분할 수 있으며 다개 마을회관 구룡사 주변 논밭이 8등급 지역으로 구분할 수 있을 것입니다.

그리고 지번이 선택하면 그 지번에 경사지를 참고 하세요. 아래그림은 경사지의 길흉도입니다. 가운 도는 지운의 균형을 보는 방법입니다.

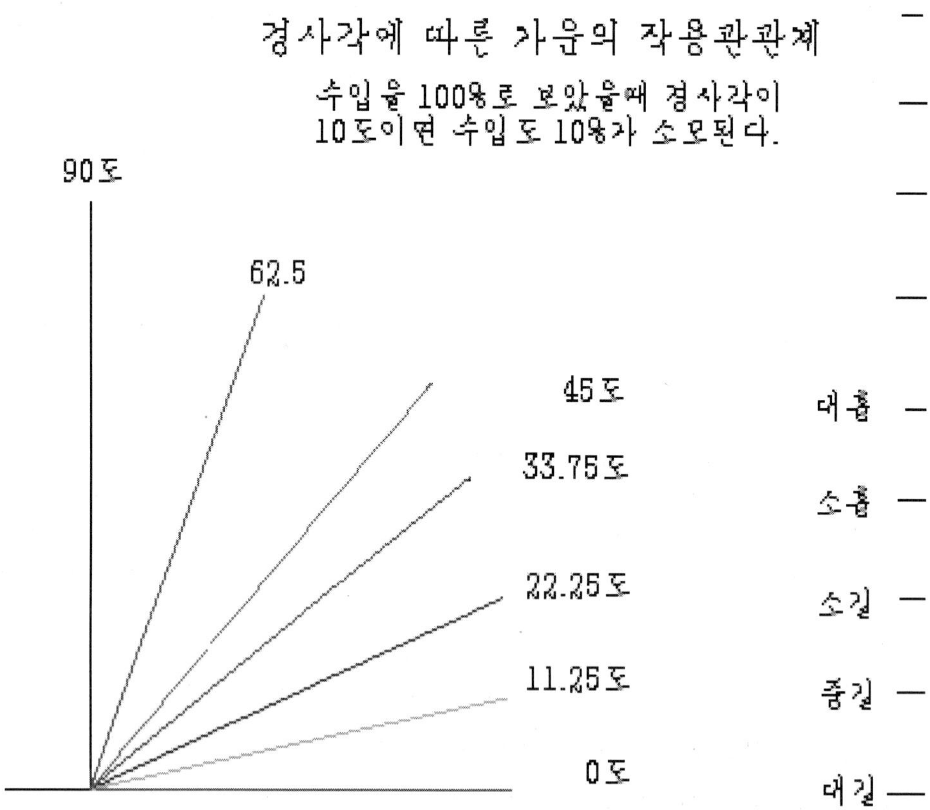

등급 지를 구분하고 경사도를 보고 나면 도로에서 보는 지운의 의미를 살펴 보세요. 오른쪽으로 언양 자동차 운전학원 왼쪽으로 호텔포스 주변을 1등급 지역 언양 고등학교 언양 파출소 동문 굿모닝 아파트 언양 우체국 지역을 2등급 지역으로 구분할 수 있습니다.

아래의 그림은 언양읍 사무소 교차로에서 보는 4등급 지역 구분도입니다.

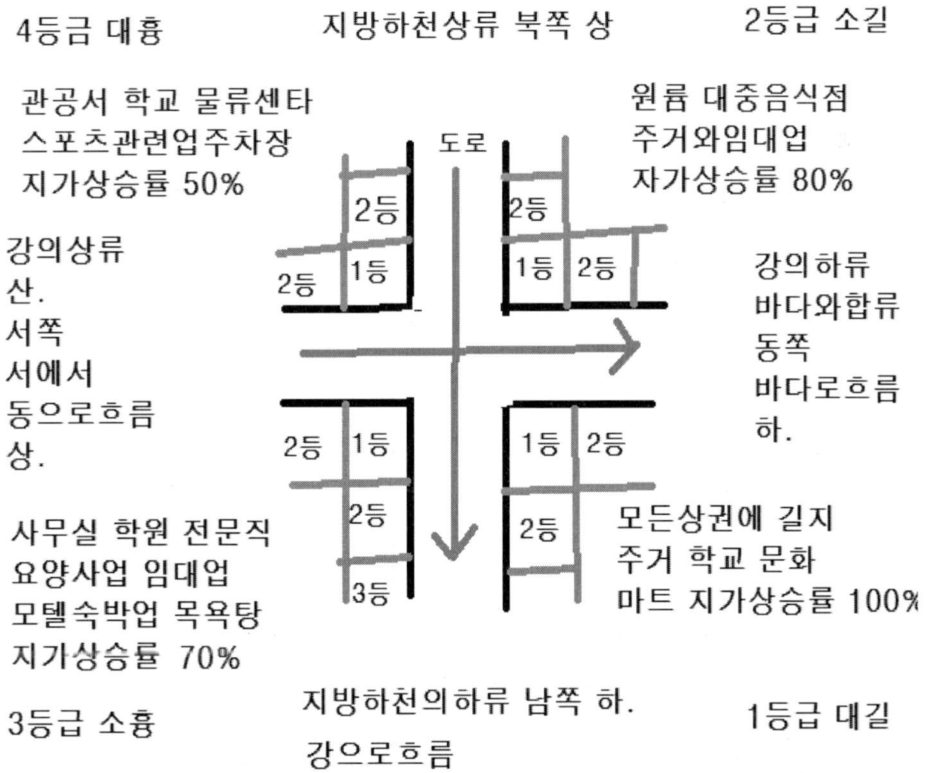


사거리에서 동남쪽 방향으로 언양읍 복지 센-타 울산 언양 우체국 언양 고등학교가 있는 지역이 1등급 지역으로 볼 수 있으며 사거리에서 서남쪽으로 언양읍성 언양장터 평화 요양병원 영화 초등학교가 있는 지역이 2등급 지역으로 구분할 수 있습니다.

사거리에서 서부종합 복지관 언양 중학교 신흥마을 회관이 있는 주변이 3등급 지역으로 구분할 수 있으며 사거리에서 서북쪽으로 아너스빌 언양교회 송대리 회관 울산양육원이 있는 지역이 4등습 지역으로 구분할 수 있을 것입니다.

지금까지는 언양읍 에서보는 4등급 지역의 길흉관계입니다. 등급지역과 경사도 그리고 도로에서 보는 4등급 지역의 지운을 보고 나면 선택된 지번의 출입문의 길흉관계를 보아야 합니다.

아래 그림은 4등급 지역의 출입문 관계입니다.

그림에서 표시한 위치를 참고하세요.

동에서 서로 북에서 남으로 흐르는 지류
각 지번의 출입문 길방

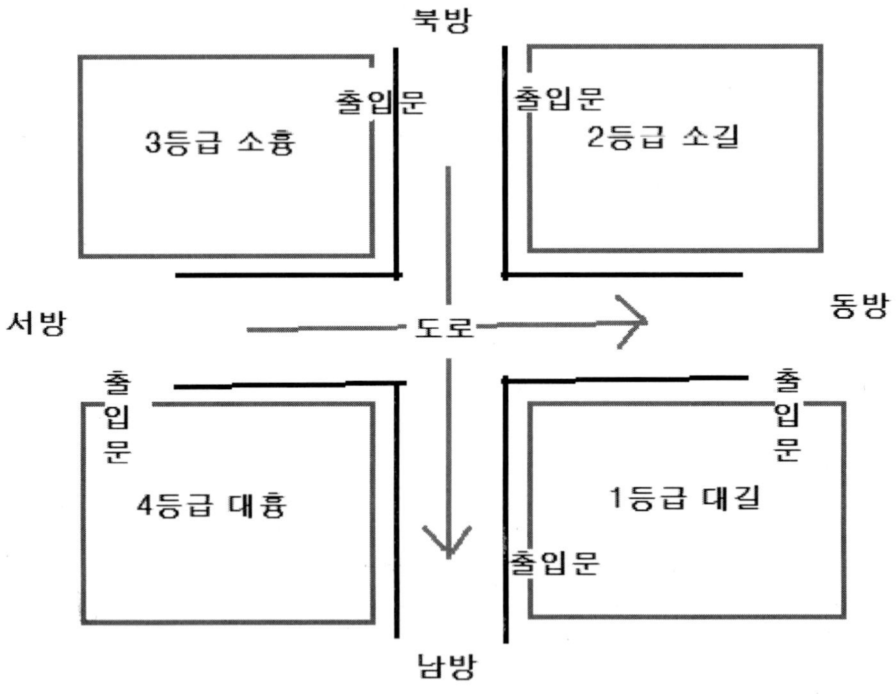

## 7등급 지역 삼남면

삼남면 8등급 지역 구분하기입니다.

다음은 지운 자로 8등급 지역 구별하기입니다.

남천교 에서 남쪽으로 수직과 좌우로 등급 지를 구분해 보는 것입니다.

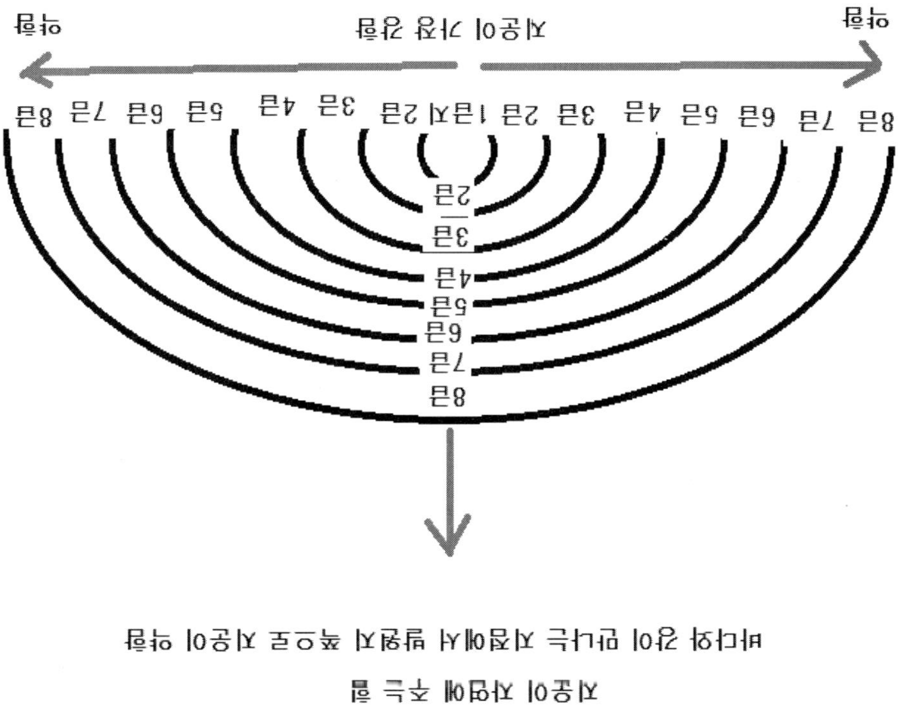

삼남초등학교 언양 우체국 울산전시 컨벤션 센-타 울산역 제이드 호텔이 있는 지역이 1등급 지역으로 볼 수 있으며 보람병원 석남유치원 중평마을회관 한서공원이 있는 지역이 2등급 지역으로 볼 수 있을 것입니다.

현대모비스 울주군보건소 울산 산업고등학교 하이키 프라자가 있는 지역이 3등급 지역으로 볼 수 있으며 대진 그린피아 아파트 메가 마-트  삼남읍 복지 센-타가 있는 지역이 4등급 지역으로 구분할 수 있을 것입니다.

마산회관 신화리 이레전력 농심 언양 물류 센-타가 있는 논밭 주변이 5등급 지역으로 구분할 수 있으며 중남 초등학교 공암마을 회관 삼남 중하교가 있는 주변이 6등급 지역으로 구분할 수 있을 것입니다.

상천리 상천마을회관 신안마을회관 석정 가든이 있는 논밭주변이 7등급 지역으로 구분할 수 있으며 방기초등학교 오뚜기 식품 삼성SDI 삼아아파트 영축사 주변이 8등급 지역으로 구분할 수 있을 것입니다.

삼남면 8등급 지역을 구분하고 나면 경사각을 보아야 합니다.

아래 그림은 가운도입니다. 가운 도는 지운의 균형을 보는 의미입니다.

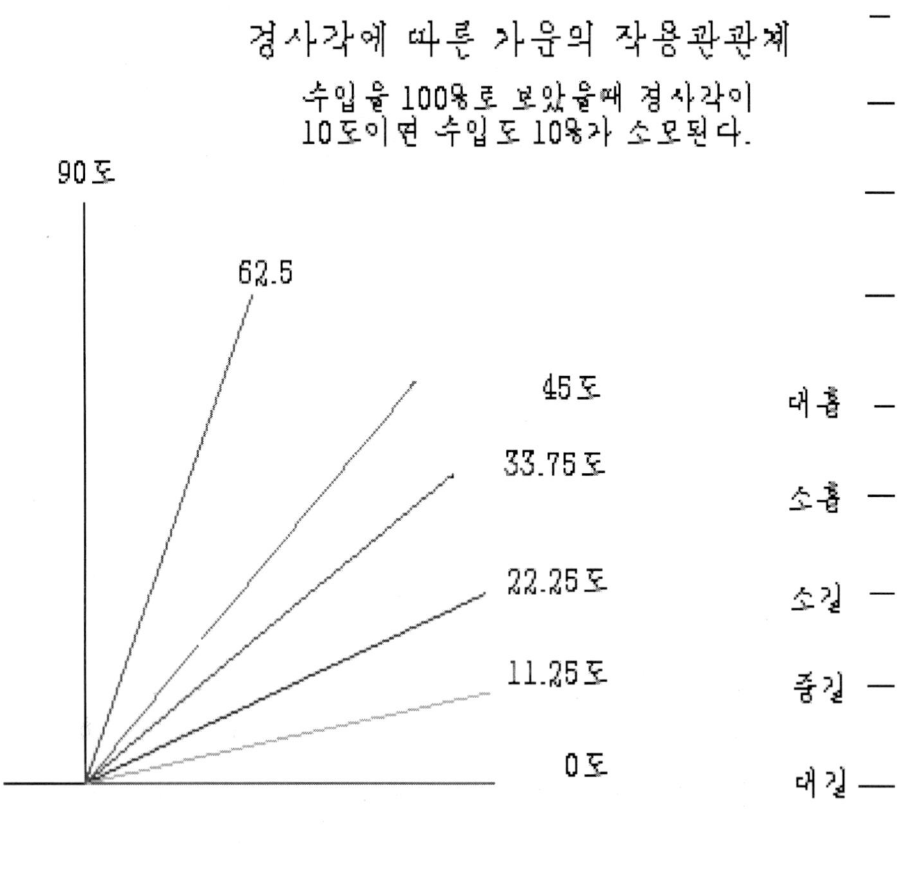

등급지의 구별과 경사도를 보고나면 선택된 지번의 가장 가까운 사거리에서 보는 4등급 지역의 지운의 의미를 보아야 합니다.

아래 그림을 참고하게요.

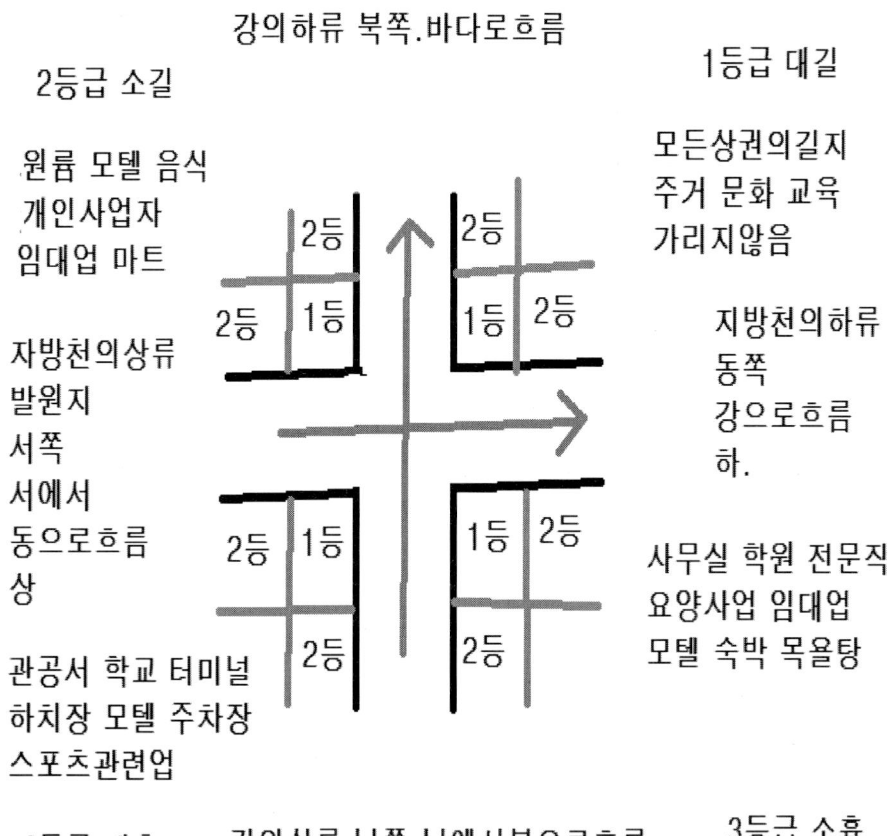


위의 그림은 삼남면 메가마-트 언양점 교차로에서 보는 4등급 지역 지운의 의미입니다. 교차로에서 동북쪽으로 에스오일 울주 교동리 유적지 삼남초등학교 울산역이 있는 지역이 1등급 지역으로 구분할 수 있으며 교차로에서 서북쪽 울산 산업고등학교 언양향교 보람병원 항복한 실버홈이 있는 지역이 2등급 지역으로 구분할 수 있을 것입니다.

교차로에서 메가 마트 농심 언양 물류 센-타 상천마을회관이 있는 지역이 3등급 지역으로 구분할 수 있으며 언양 가구 백화점 태봉파크 삼남읍 복지 센-타 오뚜기 방기 초등학교 주변이 4등급 지역으로 구분할 수 있을 것입니다.

다음은 지역과 경사지 그리고 4등급 지역을 구분해서 지번이 선택되면 그 지번에 건축물에 관한 출입문을 보아야 합니다.

아래 그림은 출입문 위치도입니다.

그림에 표시한 위치를 참고 하세요.

**동에서 서로 남에서 북으로 흐르는 지류**

**각 자번의 출입문 길방**

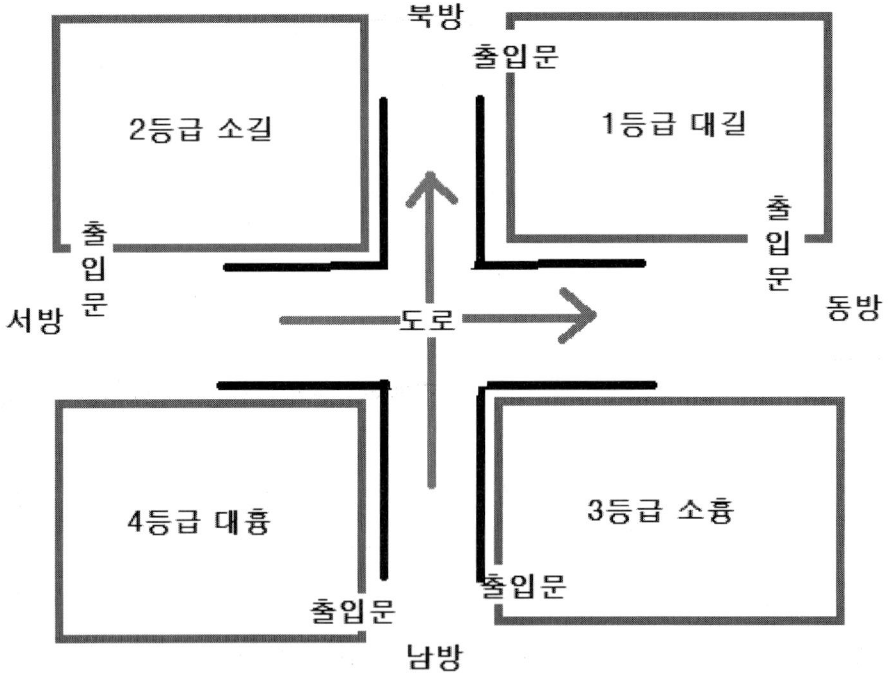

## 8등급 지역 상북면

상북면 8등급 지역 구분하기입니다. 상북교 에서 서북쪽으로 석남사 주변으로 지운 자를 놓고 보는 지운자입니다.

아래 그림을 참고 하세요.

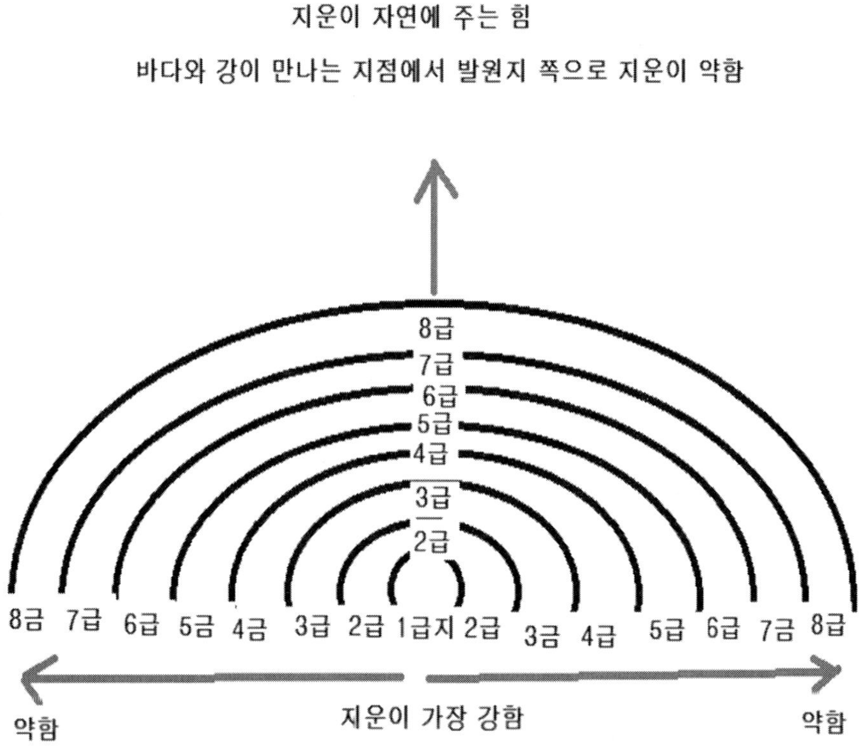


청구골든 맨션 용화사 천전리 회관 울산운전 면허시험장 주변이 1등급 지역으로 구분할 수 있으며 대우버스 울산공장 언양성당 상북면 복지센-타가 있는 지역이 2등급 지역으로 구분할 수 있을 것입니다

상북 면민 운동장 미창 케이블 울주 상북 농공단지가 있는 지역이 3등급 지역으로 구분할 수 있으며 파인힐 병원 내셔널 오일웰 바르코 코리아 궁근정 초등학교가 있는 지역이 4등급 지역으로 구분할 수 있을 것입니다.

가지산 오토캠핑장 아마란스 호텔 편백 원 찜질방 전기차 충전소가 있는 지역이 5등급 지역으로 구분할 수 있으며 천안 한의원 행정마을 농촌체험 마을 카페 불랙이 있는 지역이 6등급 지역으로 구분할 수 있을 것입니다.

7 8 등급 지역은 국가 관리 지역이나 개인의 개발이 어려우므로 생략합니다.

8등급 지역을 구분하고 나면 선택된 지번에 경사도를 보아야 합니다.

아래 그림은 경사도를 보는 가운도입니다.

그림에서 참고 하세요. 가운 도는 지운의 균형을 보는 그림입니다.

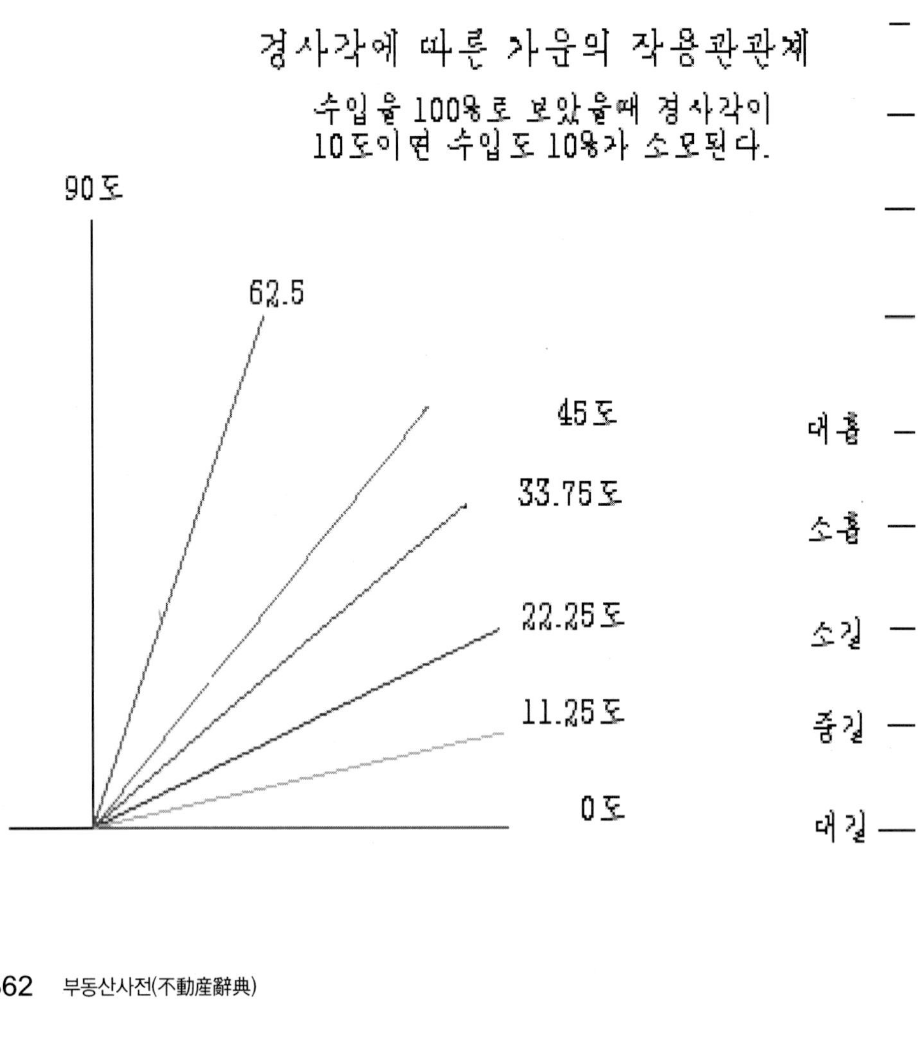

등급지역과 가운 도를 보고나면 선택된 지번에서 가장 가까운 사거리에서 보는 4등급 지역 길흉도입니다.

상북면 모트레인 앞 신전교 사거리에서 보는 지운입니다.

아래 그림을 참고하세요.

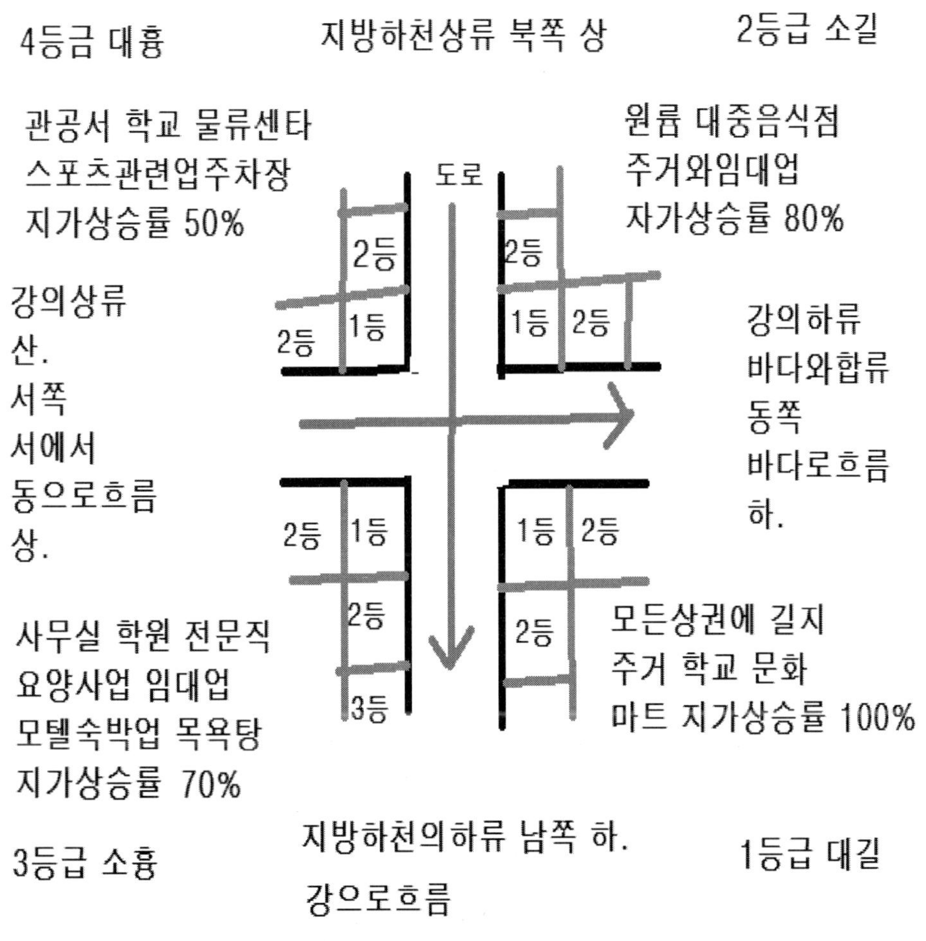


사거리에서 동남쪽으로 모트레인 세광 이엔지 대우버스 울산공장이 있는 지역이 1등급 지역으로 구분할 수 있으며 상북면 복지 센-타 상북초등학교 주변이 2등급 지역으로 구분할 수 있을 것입니다.

사거리에서 서북쪽으로 대성정공 울산공장 미창 케이불이 있는 지역이 3등급 지역으로 구분할 수 있으며 상북 지역 아동 센-타 신정 정미소 울산과학 고등학교가 있는 지역이 4등급 지역으로 구분할 수 있을 것입니다.

상북면지역에서 8등급 지역과 경사지 그리고 선택된 4등급 지역의 지번을 보고나면 건축물에 관한 출입문 길흉관계를 찾아보아야 할 것입니다.

아래 그림에서 출입문 위치를 표시한 내용을 보시고 참고 하세요.

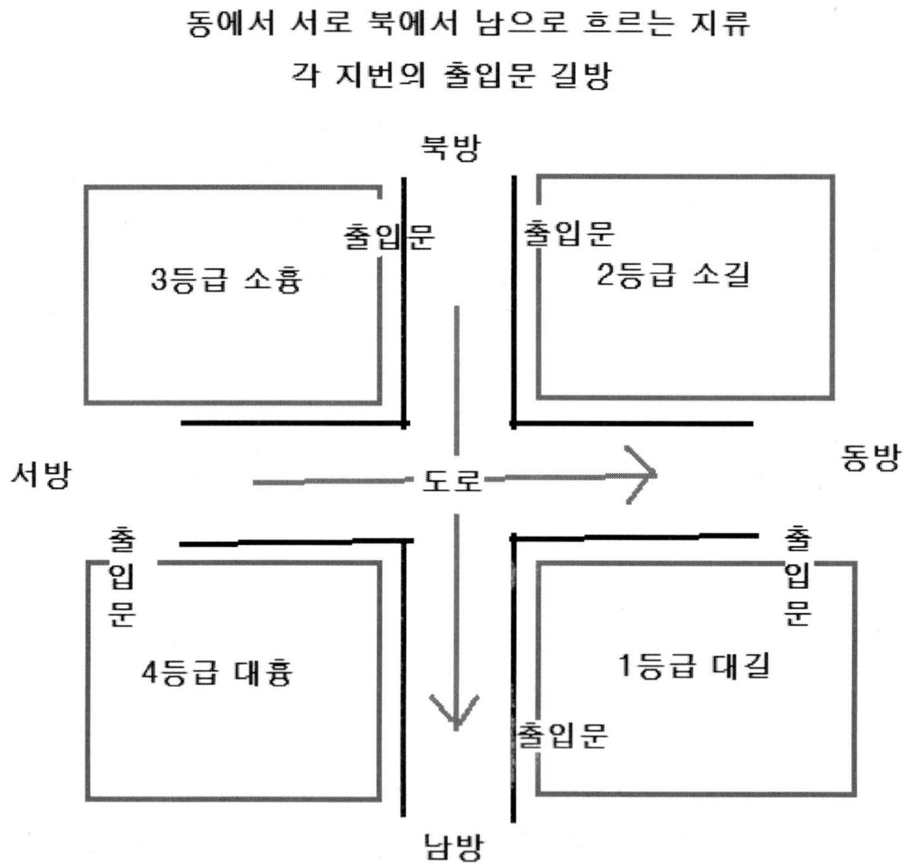

## 8등급지 두서면

두서면 8등급 지역 구분하기입니다.

구량천 마병천 대곡천에서 대곡호로 흐르는 지운입니다.

아래 그림을 참고 하세요.

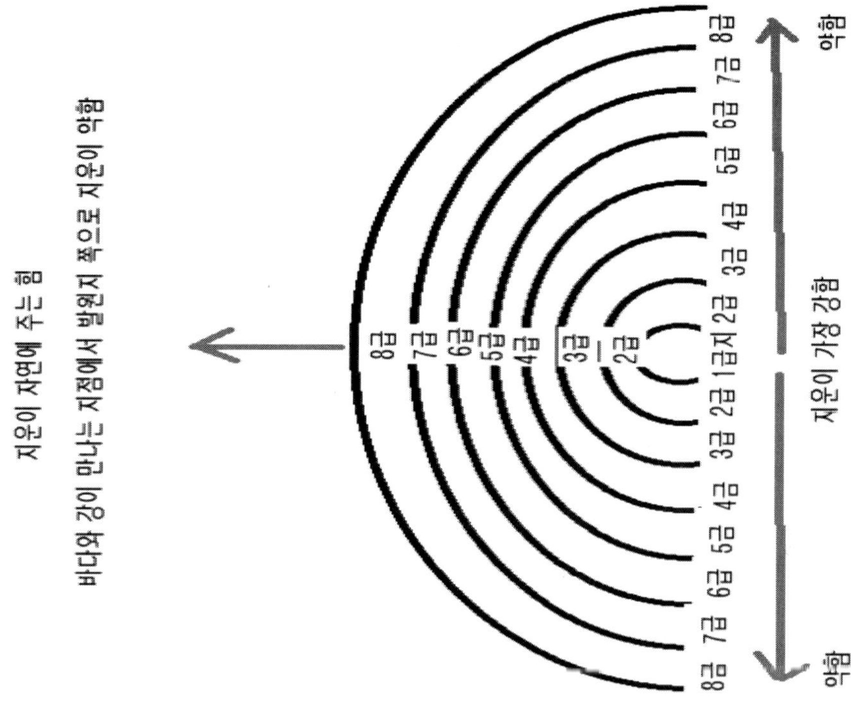


인보교회 고향다방 두서치안 센-타 두북 농업 협동조합이 있는 지역이 1등급 지역으로 구분할 수 있으며 두서초등학교 두북 농협 두서우체국이 있는 지역이 2등급 지역으로 구분할 수 있습니다.

대정마을 회관 보신탕가든 서하리 회관 삼봉 암이 있는 주변 논밭이 3등급 지역으로 구분할 수 있으며 두광중학교 전읍교회 전읍 일반산업단지가 있는 지역이 4등급 지역으로 구분할 수 있을 것입니다.

구량보건소 울산고운 중학교 송정마을회관 구량 천 주변 농지가 5등급 지역으로 구분할 수 있으며 차리 마을 회관 차리 송어 차리 저수지 주변이 6등급 지역으로 구분할 수 있을 것입니다.

활천리 KCC 일반산업단지 활천 청년회 사무실 활천 경노당이 있는 지역이 7등급 지역으로 구분할 수 있으며 실로암 교회 지장사 내와 마을 회관이 있는 지역이 8등급 지역으로 구분할 수 있을 것입니다. 두서면 8등급 지역을 구분하고 나면 지역의 경사도를 보아야 할 것입니다.

다음 그림은 경사도를 보는 가운도입니다. 그림에서 참고 하세요.

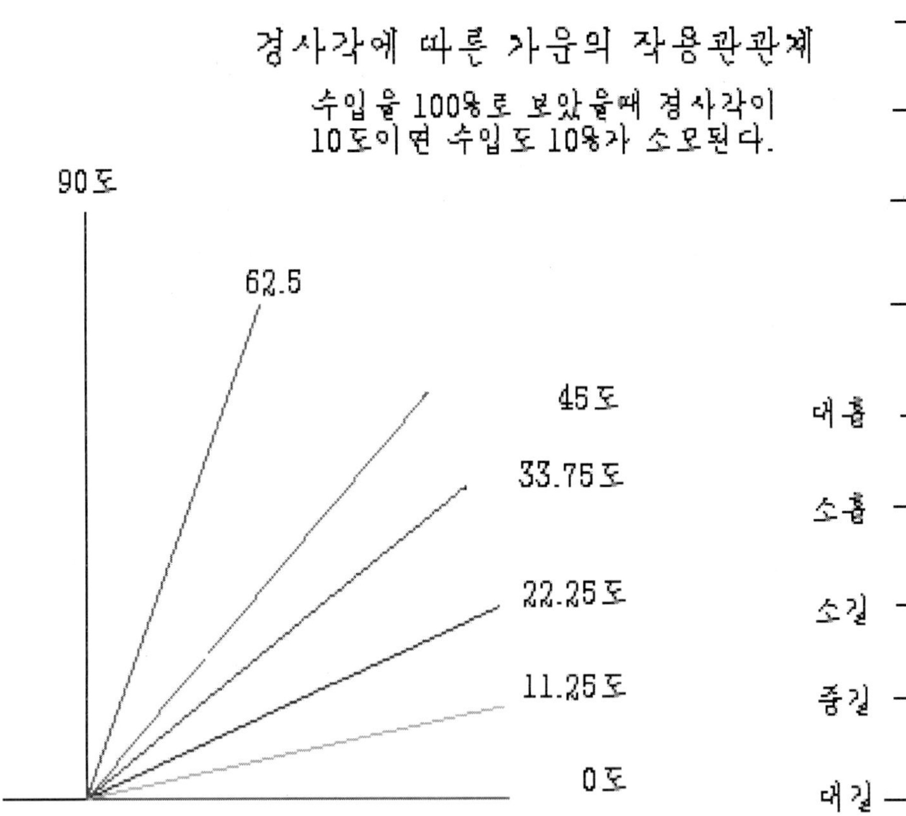


가운 도는 지운의 균형을 보는 것입니다.

지역별 등급 지와 경사도를 참고하고 나면 선택된 지번에서 가장 가까운 사거리 교차로에서 보는 4등급 지역 지운보기입니다.

아래 그림에서 참고하세요.

태일 식당 앞 사거리에서 보는 4등급 지역 길흉관계입니다.

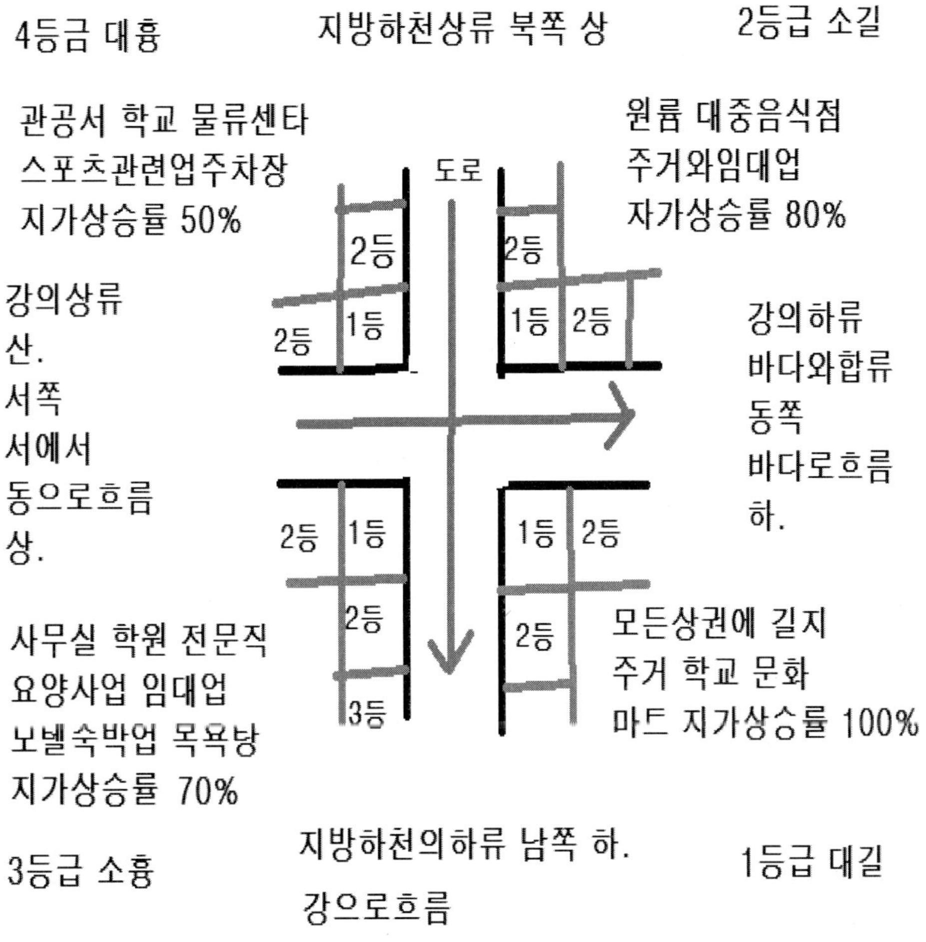


사거리에서 동남쪽 두서식당 월드컵 노래연습장 고향다방 주변 논밭이 1등급 지역으로 볼 수 있으며 사거리에서 남서쪽 서하리 회관 대정마을이 있는 지역이 2등급 지역으로 구분할 수 있을 것입니다.

태일식당 인보성당 두서 어린이집이 있는 지역이 3등급 지역으로 구분할 수 있으며 사거리에서 서북쪽으로 두서초등학교 두서농협 노서경로당이 있는 지역이 4등급 지역으로 구분할 수 있을 것입니다.

다음은 선택된 등급지번에 건물이나 상가 공장에 출입문 길흉관계를 보아야 합니다. 아래그림은 출입문 위치도입니다.

그림에 표시한 위치를 참고하세요.

**동에서 서로 북에서 남으로 흐르는 지류**

**각 지번의 출입문 길방**

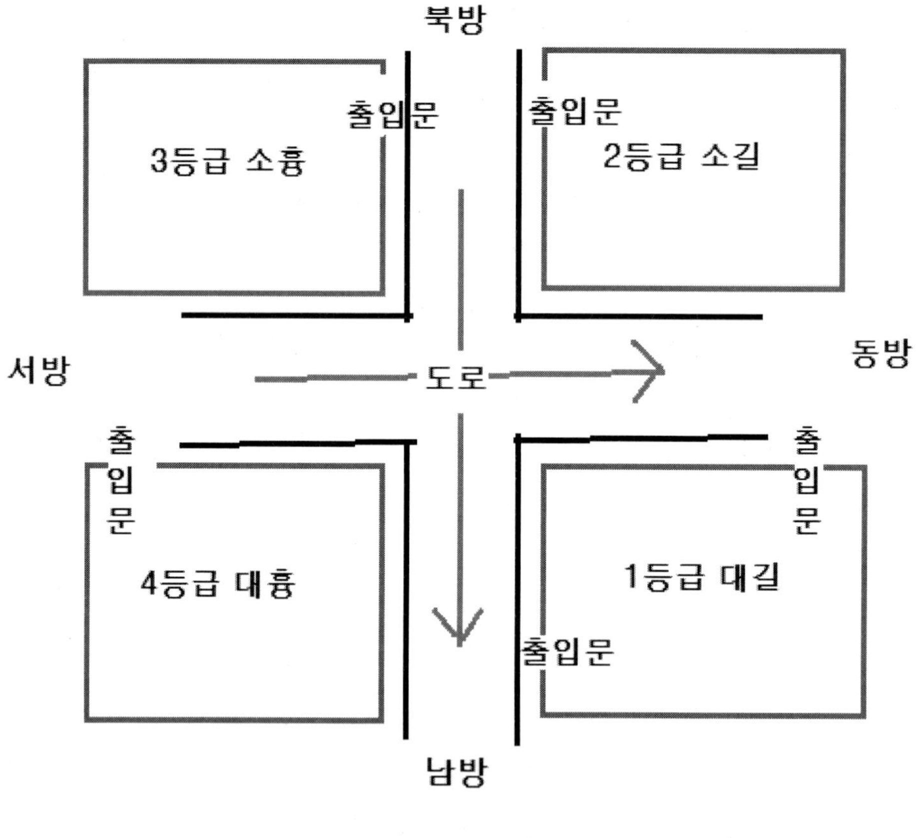

## 8등급 지역 두동면

두동면 8등급 지역 구분해 보기입니다.

연화천과 이전천이 합류하여 대곡호로 흐르는 지운입니다.

지운자를 서족에서 동족방향으로 놓고 보는 지운입니다.

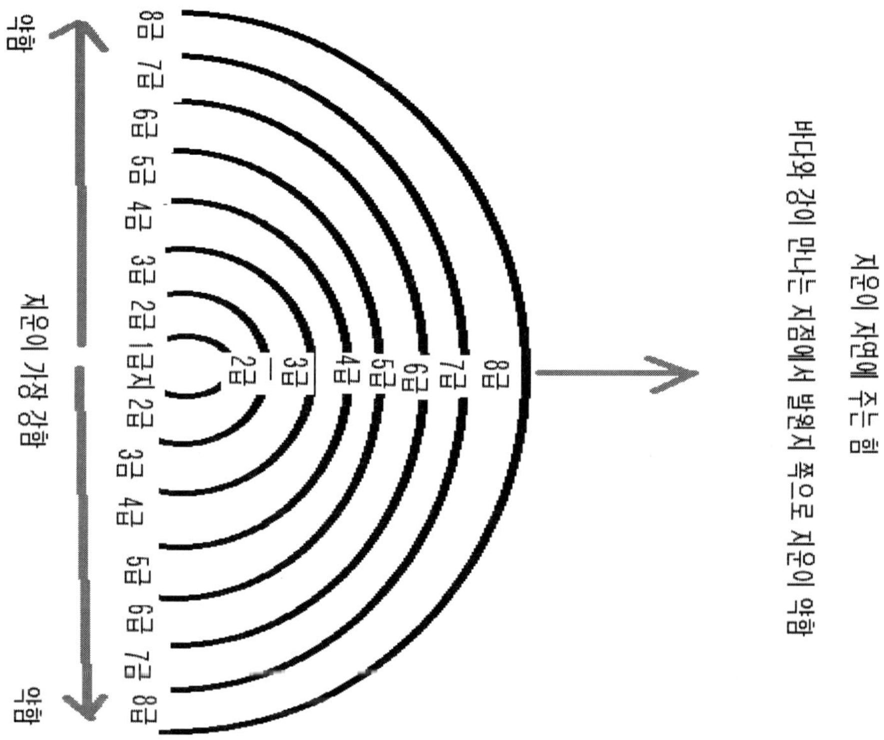

두북 농협 봉계교회 남명마을회관 두동농공단지가 있는 지역이 두동면 1등급 지역으로 구분할 수 있으며 하월평마을 회관 월평교회 상월평회관이 있는 지역이 2등급 지역으로 구분할 수 있을 것입니다. 천전정미소 모하이트 센-터 반구대병원이 있는 지역이 3등급 지역으로 구분할 수 있으며 두동면 복지 센-타 두북 농협 두동초등학교 주변이 4등급 지역으로 구분할 수 있을 것입니다.

미타사 농촌문화 복지회관 율림 마을 회관 연화천 주변 논밭이 5등급 지역으로 구분할 수 있으며 당사리 마을회관 박제상 유적지 칠조 회관이 있는 지역이 6등급 지역으로 구분할 수 있을 것입니다.

주원 새마을회관 우리농산 중리마을 회관이 있는 지역이 7등급 지역으로 구분할 수 있으며 당산마을회관 두동성산교회 문원 골 문화촌이 있는 지역이 8등급 지역으로 구분할 수 있을 것입니다.

지역을 구분하고 나면 그 지역의 경사지를 보아야 할 것입니다.

다음은 경사지를 보는 가운도입니다. 그림의 내용에서 참고 하세요.

가운 도는 지운의 균형을 보는 이해도입니다.

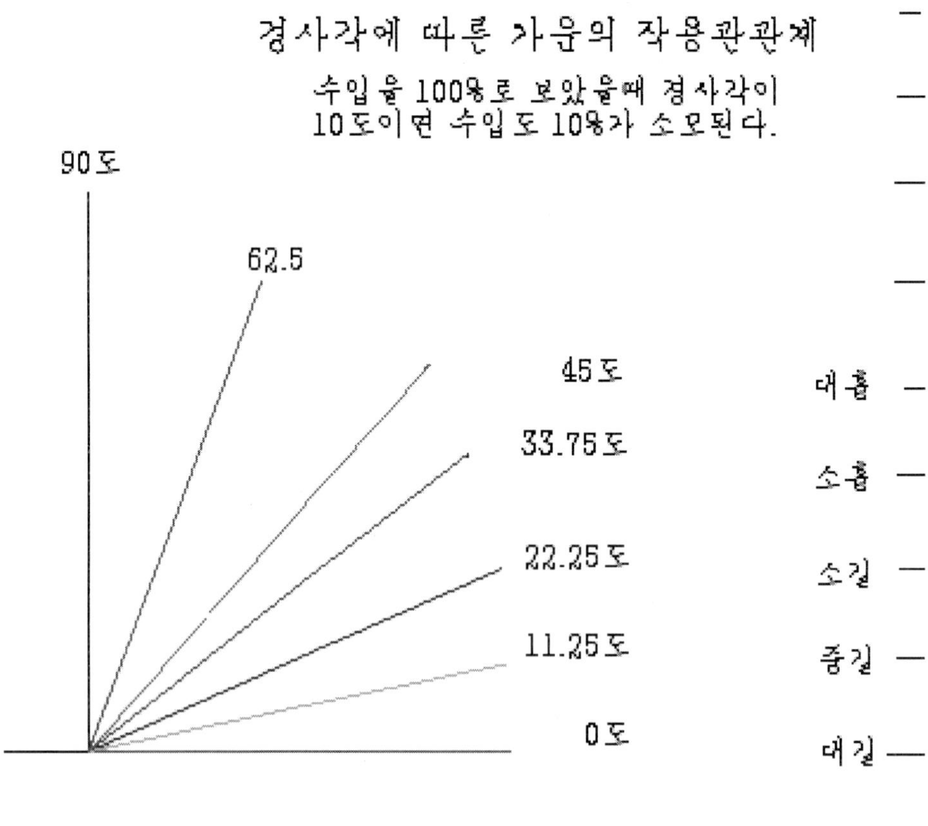

등급 지역과 경사지를 보고나면 선택하는 지번에서 보는 4등급 지역 길흉관계를 보아야 합니다. 두동면 큰 당골집 앞 사거리에서 보는 지운관계입니다.

아래 그림에서 참고하세요.

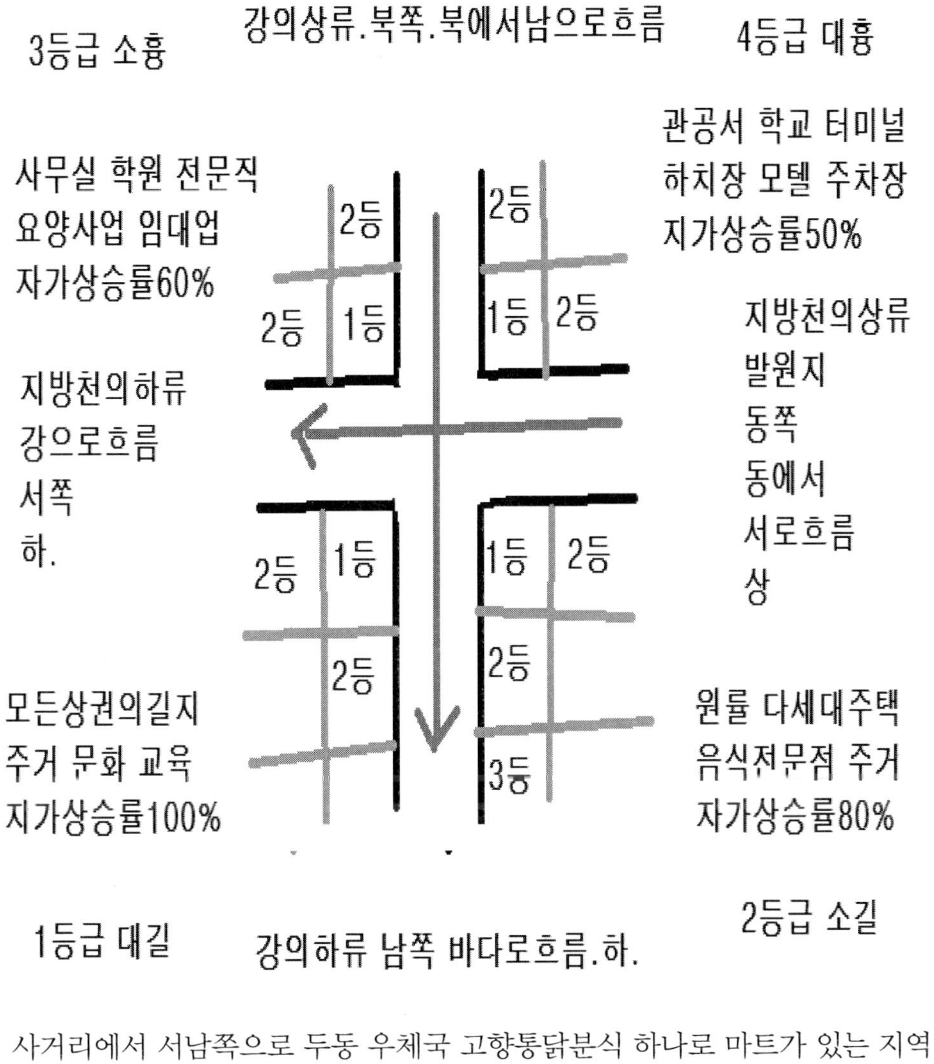


사거리에서 서남쪽으로 두동 우체국 고향통닭분식 하나로 마트가 있는 지역이 1등급 지역이하고 볼 수 있으며 동남쪽으로 큰 당골진 두동면 복지센-타 두동 보건지소가 있는 지역이 2등급 지역으로 구분할 수 있을 것입니다.

사거리에서 서북쪽으로 대영휴게소 구미 식육식당 평진장 모텔이 있는 지역이 3등급 지역으로 구분할 수 있으며 사거리에서 동북쪽으로 두동파출소 대밀이 마을회관 두동초등학교 주변이 4등급 지역으로 구분할 수 있을 것입니다.

이렇게 8등급 지역을 구분하고 그 지역을 경사지로 분석해보고 그리고 선택할 지역의 도로에서 보는 4등급 지의 의미를 분석해 보고나면 선택된 지번에 건축물에 출입문을 보아야 할 것입니다.

아래 그림은 출입문 길흉관계 위치도입니다

그림에 표시한 위치를 참고하세요.

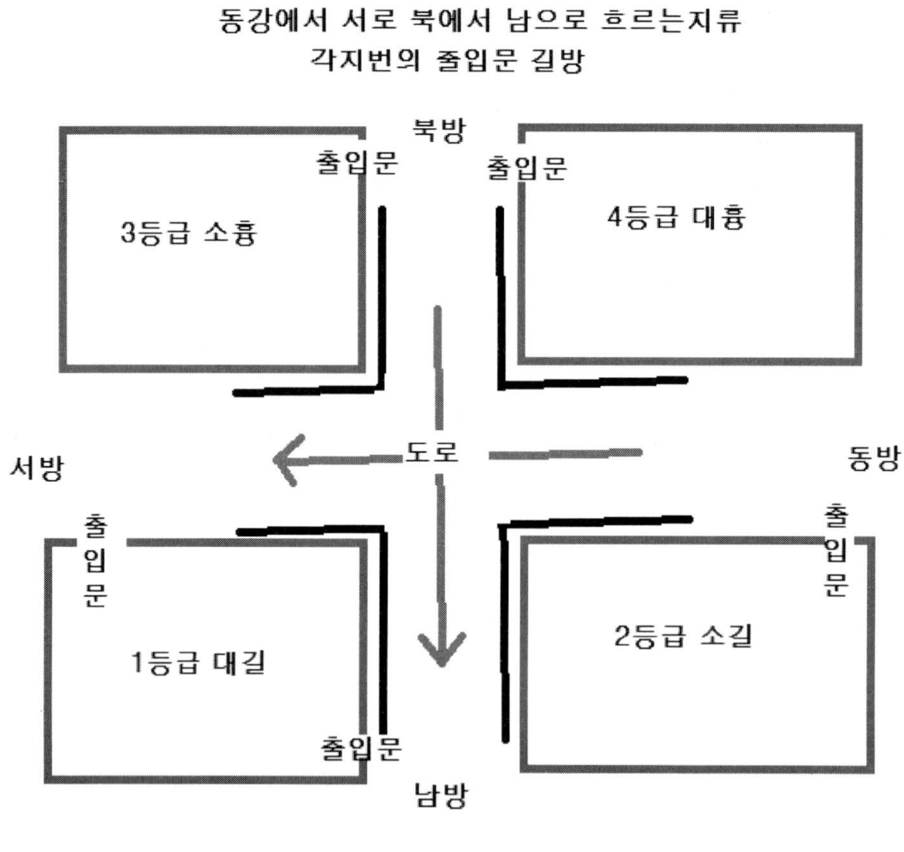

## 포항시

형상강의 지운보기입니다.

포항시의 8등등급 지역 구분하기입니다.

형산강은 울주군 두서면에서 발원하여 경주시를 지나  동해로 흐르는 약 62킬로미터의 강이다.

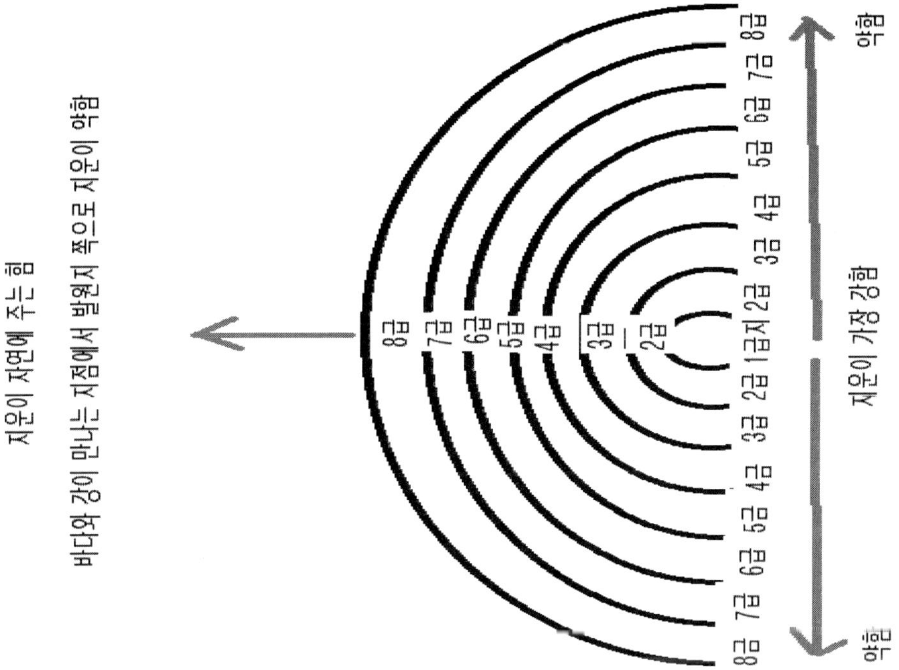


포항제철소가 있는 매립지가 1등급 지역으로 구분할 수 있으며 포항북구청 포항터미널 송도중학교가 있는 북구가 2등급 지역으로 구분할 수 있을 것입니다.

한국 폴리텍 대학 련대 제철 한국 교통안전공단 포항제4일반산업단지가 있는 지역이 3등급 지역으로 구분할 수 있으며 연일읍 복지 센-타 연일초등학교 동부종합정비가 있는 지역이 4등급 지역으로 구분할 수 있을 것입니다.

문덕초등학교 오천읍 복지 센-타 메가 마트 이마트 장림초등학교 주변이 5등급 지역으로 구분할 수 있으며 장량동 복지 센-타 양덕 파출소 포항양덕초등학교 포항고등학교 두호동 복지 센-타가 있는 지역이 6등급 지역으로 구분할 수 있을 것입니다.

곡경초등학교 흥해초등학교 망천리 마을회관이 있는 주변이 7등급 지역으로 구분할 수 있으며 필화리 청하면 복지센-타 월포2리 마을회관 송라면 복지 센타가 있는 주변이 8등급 지역으로 구분할 수 있을 것입니다.

이렇게 등급지역을 구분하여 선택하는 지역의 지운이 어떤가를 보고 그 해당하는 지역의 경사각은 어떤 가를 보아야 합니다.
아래 그림은 가운도입니다. 가운 도는 지운의 균형을 보는 이해도입니다.

경사각에 따른 가운의 작용관관계

수입을 100%로 보았을때 경사각이
10도이면 수입도 10%가 소모된다.

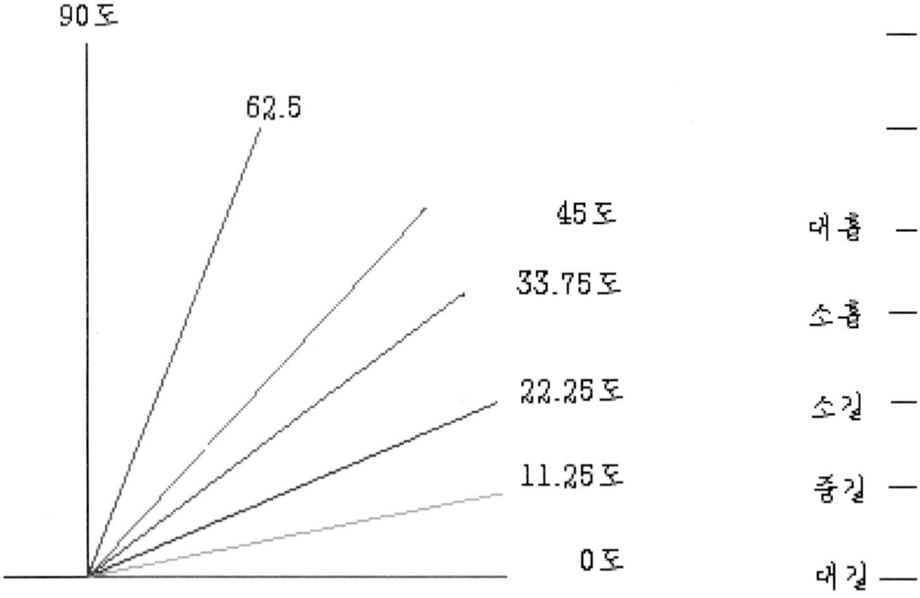

다음은 도로에서 보는 4등급 지역 길흉관계입니다.

포항시 중심 지역으로 볼 수 있는 송내교 교차로에서 보는 4등급 지역 지운관계입니다.

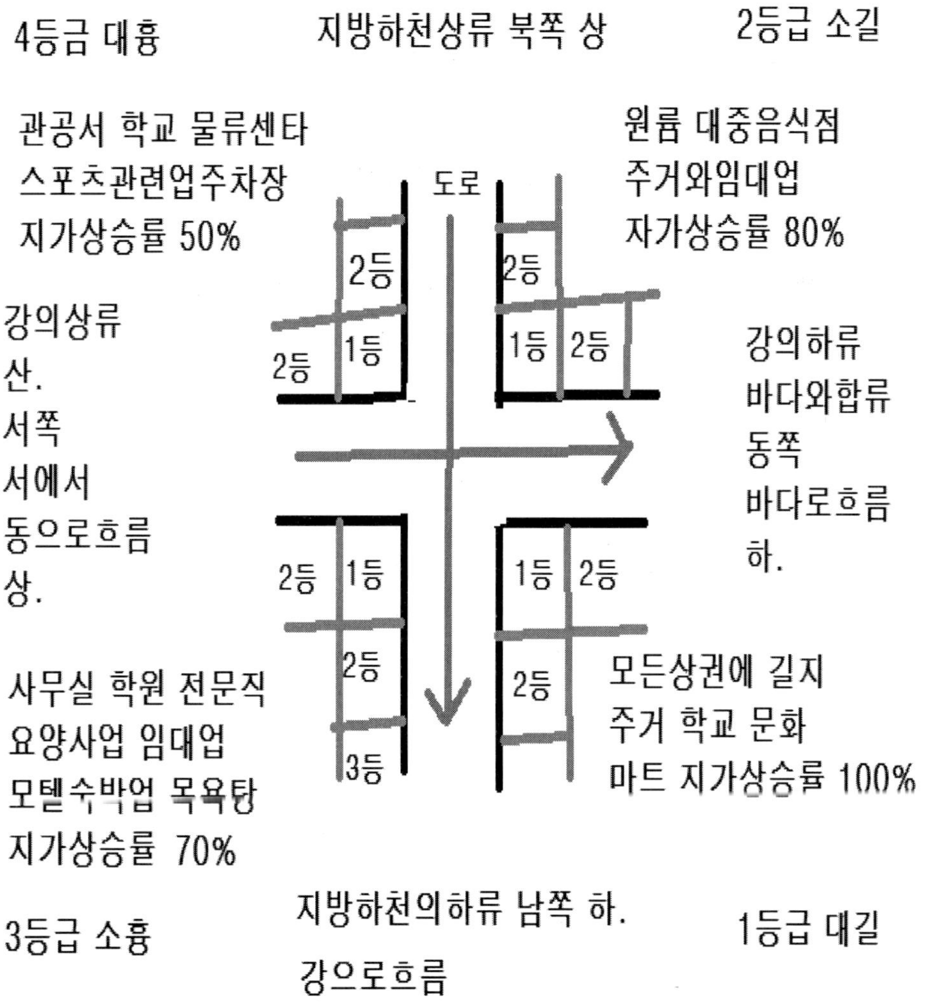


사거리에서 동남쪽으로 괴동역 한국 폴리텍 대학 장림동 포항제철이 있는 지역이 1등급 지역으로 볼 수 있으며 사거리에서 동북쪽 포항남구청 성도중학교 포항 북구청이 있는 지역이 2등급 지역으로 구분할 수 있을 것입니다.

대송초등학교 관리공단 사무실 포항운전면허 시험장이 있는 지역이 3등급 지역으로 구분할 수 있으며 사거리에서 서북쪽으로 영일고등하교 포항시청 유강초등학교가 있는 지역이 4등급 지역으로 구분할 수 있을 것입니다.

이렇게 지번이 선택되면 선택된 지번의 건축물에 관한 출입문 위치를 보아야 할 것입니다.

그림에서 표시한 출입문의 위치를 참고하세요.

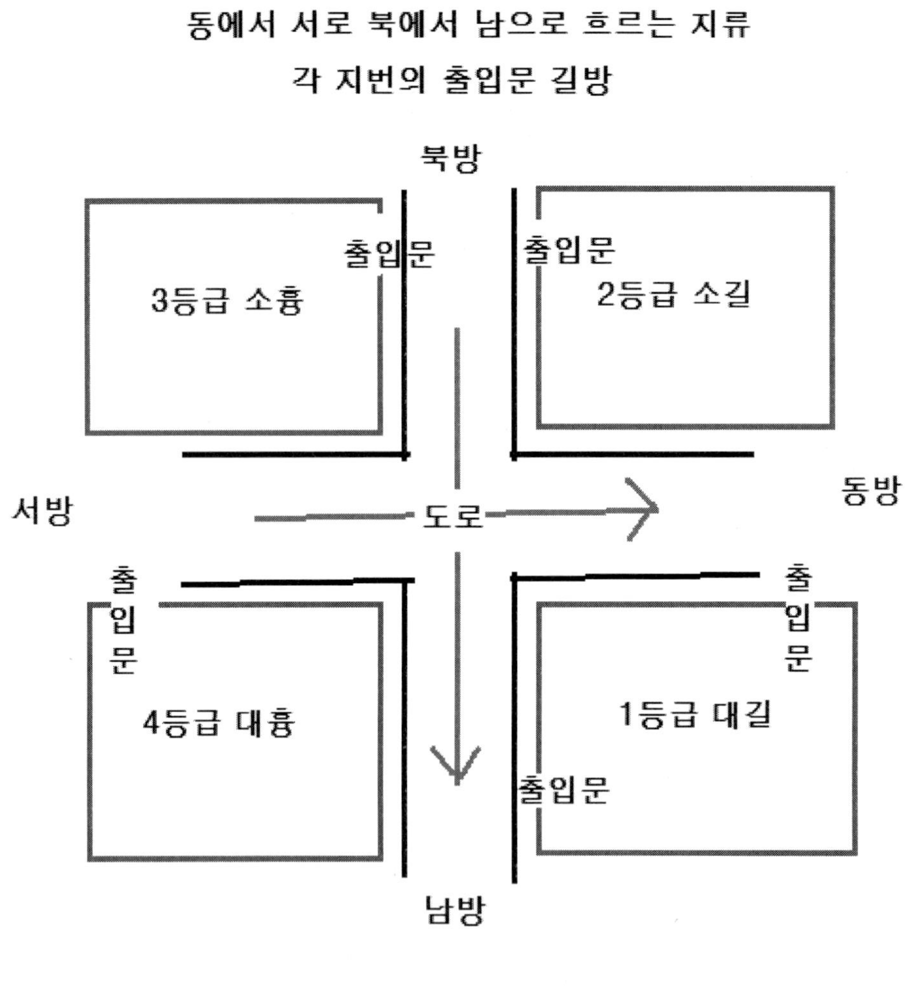

## 경주시

경주시 8등급 지역 구분하기입니다.

경주시는 보문호 에서 형산강으로 입수되는 지운입니다.

아래 그림을 참고하세요.

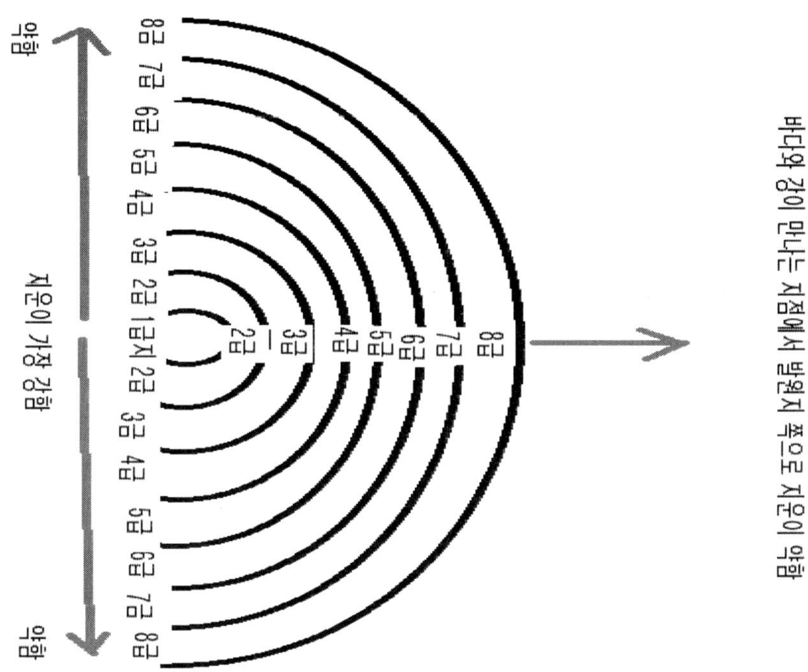


성건동 복지 센-타 계림초등학교 경주여자 고등학교 경주고속버스 터미널이 있는 지역이 1등급 지역으로 구분할 수 있으며 황성동복지 센-타 천마자동차 전문학원 경주 예술의전당 신라중학교가 있는 지역이 2등급 지역으로 구분할 수 잇을 것입니다.

경주황룡사지 경주고등학교 국립 경주박물관 진평 왕릉이 있는 지역이 3등급 지역으로 구분할 수 있으며 경주시청 경주교육 지원청 용강동복지 센-타가 있는 지역이 4등급 지역으로 구분할 수 있을 것입니다.

북경주 복지센-타 안강여자 중학교 안강운동장 주변 논밭이 5등급 지역으로 구분할 수 있으며 건천읍 복지 센-타 모랑초등학교 서면복지 센-타 무산고등학교가 있는 주변이 6등급 지역으로 구분할 수 있을 것입니다.

외동읍 복지 센-타 연안초등학교 불국중학교 동방초등학교 주변이 7등급 지역으로 구분할 수 있으며 문무대왕면 복지 센-타 대본3리 마을회관 감포읍복지 센-타 나산초등학교 양남면 복지 센-타가 있는 주변이 8등급 지역으로 구분할 수 있을 것입니다.

각 지역 등급지와 경사각을 보고나면 선택한 지역의 경사지각을 보아야할 것입니다. 아래 그림은 경사각을 측정하는 가운도입니다.

가운 도는 지운의 균형을 보는 것입니다. 그림에서 내용을 참고하세요.

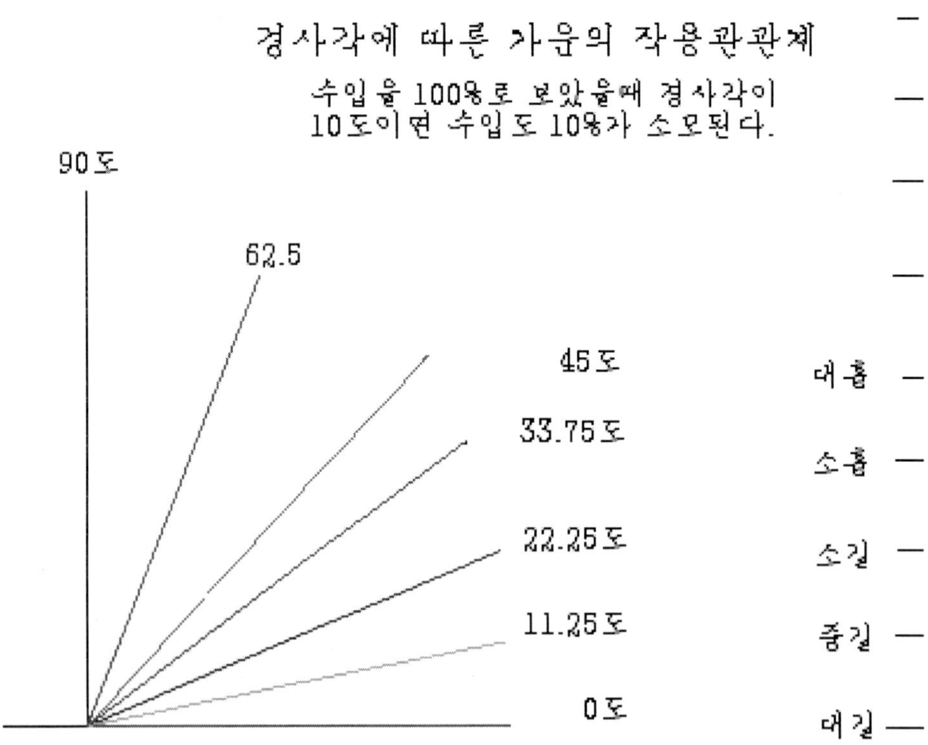

등급지역과 경사도를 보고나면 선택된 지번에서 보는 4등급 지역의 내용을 보는 4등급지역 응용도입니다.

아래 그림을 참고하세요.

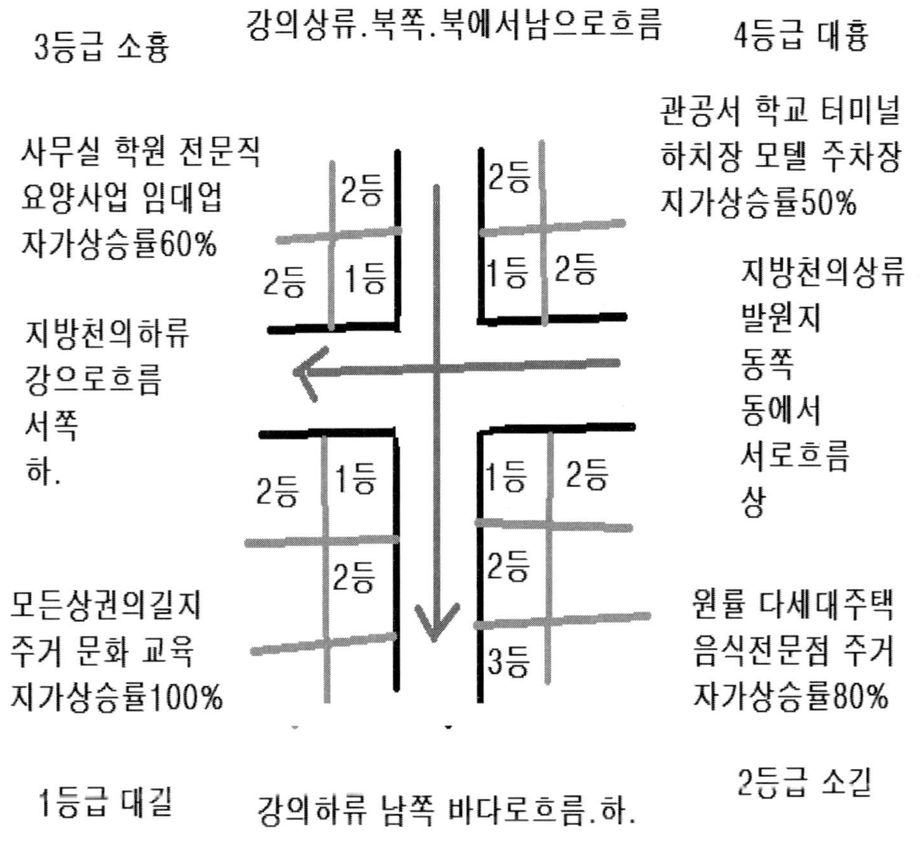


위의 그림은 경주시의 중심지역으로 볼 수 있는 하나투어 앞 사거리에서 보는 4등급 지역 구분도입니다. 사거리에서 서남쪽으로 경주세무서 계림초등학교 행남동 복지 센-타 경주여자 고등학교가 있는 주변이 1등급 지역으로 볼 수 있을 것이며 사거리에서 서북쪽으로 신라중학교 경주시립도서관 경주실내 체육관 천마자동차 전문학원 경주국민 체육 샌-타가 있는 지역이 2등급 지역으로 구분할 수 있을 것입니다.

사거리에서 동남쪽으로 경주시환경복지회관 경주 중학교 선덕 여자고등학교 진평 왕릉 경주오릉이 있는 지역이 3등급 지역으로 구분할 수 있을 것이며 사거리에서 동북쪽으로 일진빌딩 경주시청 용강동복지 센-타 동천초등학교 한국전기 안전공사가 있는 지역이 4등급 지역으로 구분할 수 있을 것입니다.

4등급 지역을 구분해서 지번이 선택되면 그 지번의 건축물에 대한 출입문 위치를 보아야 할 것입니다

**동강에서 서로 북에서 남으로 흐르는지류**
**각지번의 출입문 길방**

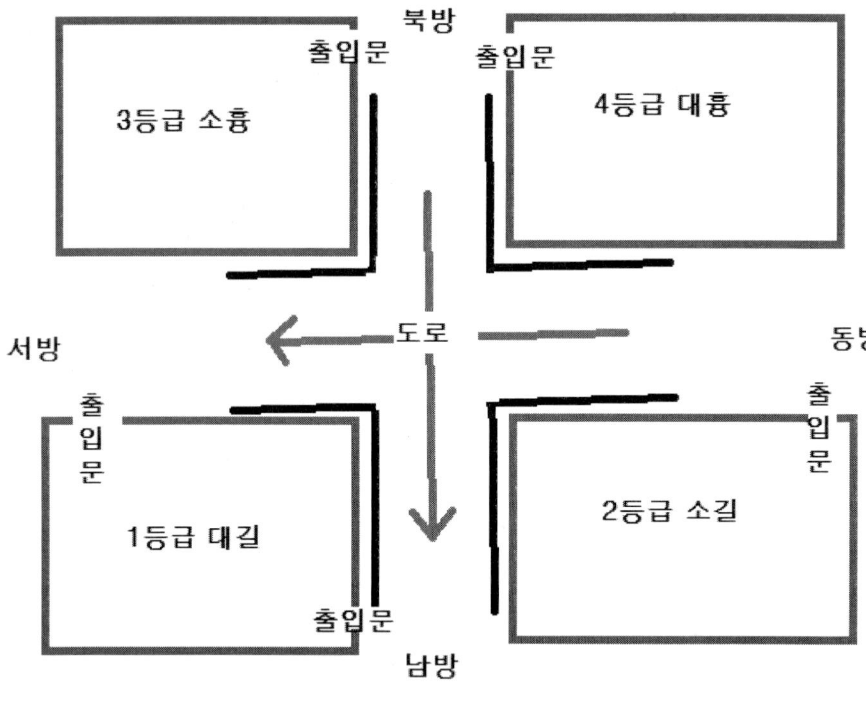


위 그림은 4등급 지역의 출입문 위치도입니다. 그림에서 표시한 위치를 참고하세요. 출입문은 지운관계와 건물의 길흉을 볼 때 최종적 풍수의 마감을 하는 것이므로 신중하게 보세요.

# 제 9 편

# 도시별 지운보기

# 제9편 도시별 지운보기

## 제주도

제주도는 사면이 바다로 조성되어 있는 섬이다.

제주도는 본토에서 볼 때 안태와 같은 땅이며 또 다른 의미에서 보면 방석과 같은 의미로 볼 수 있다. 우리나라 안에서 볼 때 외국 가는 기분으로 이국적 기분이 더는 지형이다. 방석이란 손님이 올 때 내어놓고 앉으라고 접대하는 것처럼 제주는 관광 회의 접대의 땅으로서 항공 국제관계 관광 숙박 요식업 등으로 많은 발전이 기대되는 지역이다.

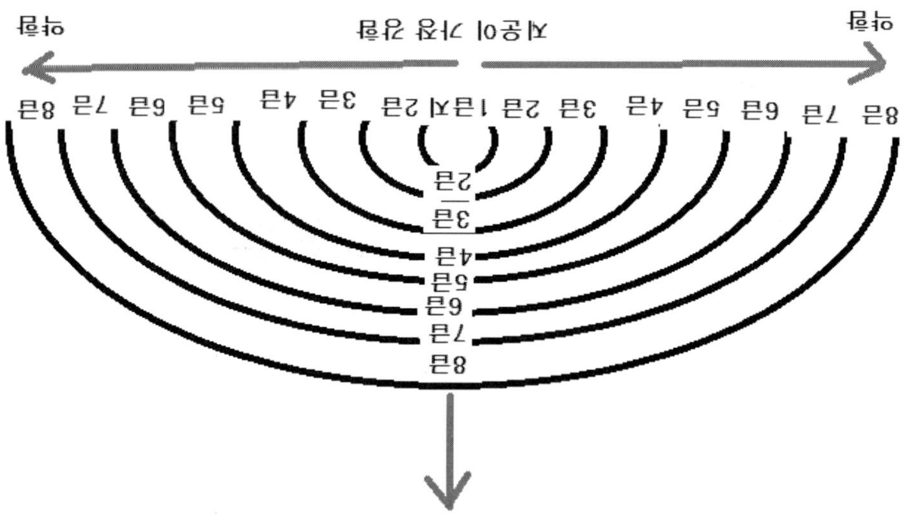

제주시 8등급 지역 구분하기입니다.

제주특별 자치도청 제주대학교 부설고등학교 노형동주빈 센-타 제주시청이 있는 지역이 1등급 지역으로 구분할 수 있으며 서귀포시 제1청사 서귀포 중학교 서귀포 기적의도서관 서귀포 항 여객 터미널이 있는 지역이 2등급 지역으로 구분할 수 있습니다.

서귀포시 2청사 서귀포시 여자고등학교 법환 초등학교 강창학 종합경기장이 있는 지역이 3등급 지역으로 구분할 수 있으며 대정읍 사무소 모슬포수협 수산물 직판장 하모해수풀장이 있는 지역이 4등급 지역으로 구분할 수 있을 것입니다.

무릉 초등학교 일오삼수산 영락리 마을회관 신도1리 사무소가 있는 지역이 5등급 지역으로 구분할 수 있으며 고산리 새마을회관 한국뷰티 고등학교 한 장동마을회관 당산 봉일봉 주변이 6등급 지역으로 구분할 수 있을 것입니다.

송악공원 알뜨르 비행장 상모리 사계화석 발견지주변이 7등급 지역으로 구분할 수 있을 것이며 한림읍 주민자치 센-타 서부소방서 제주수산 귀덕 초등학교 주변이 8등급 지역으로 구분할 수 있을 것입니다.

제주도는 꼭 여기가 더 좋 라고 할 수는 없다

그밖에 성산읍 사무소 성산초등학교 성산고등학교주변이나 구좌읍 사무소 세화 고등학교 평대초등학교 한동 초등학교 구좌중앙 초등학교 김녕 중학교 주변에도 5 6등급 지역으로 볼 수 있는 곳이 많다 등급지역이 구분이 되면 선택한 지역의 경사지를 살펴보아야 할 것입니다.

아래 그림 가운도 해설을 참고하세요.

가운 도는 지운의 균형을 보는 의미 이므로 세밀하게 살펴볼 필요가 있을 것입니다.

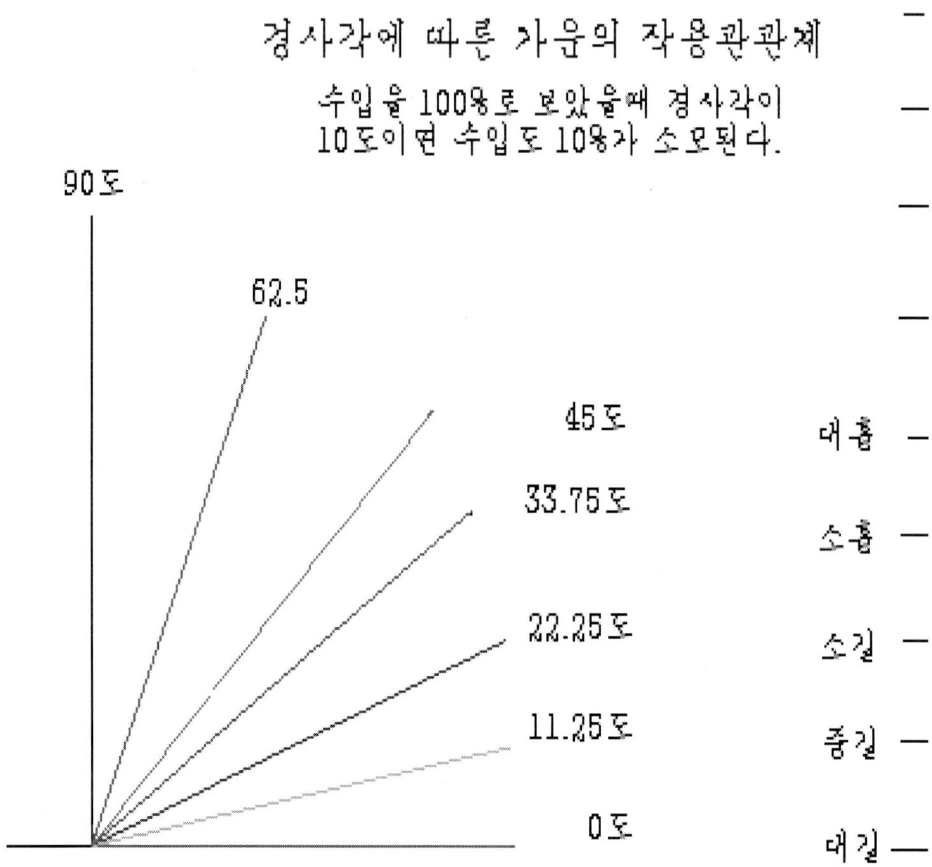


등급 지역과 경사도를 보고나면 도로에서 보는 4등급 지역 적성 용도를 살펴보아야 할 것입니다.

아래의 그림을 제주시 서사라 사거리에서 보는 그림입니다.

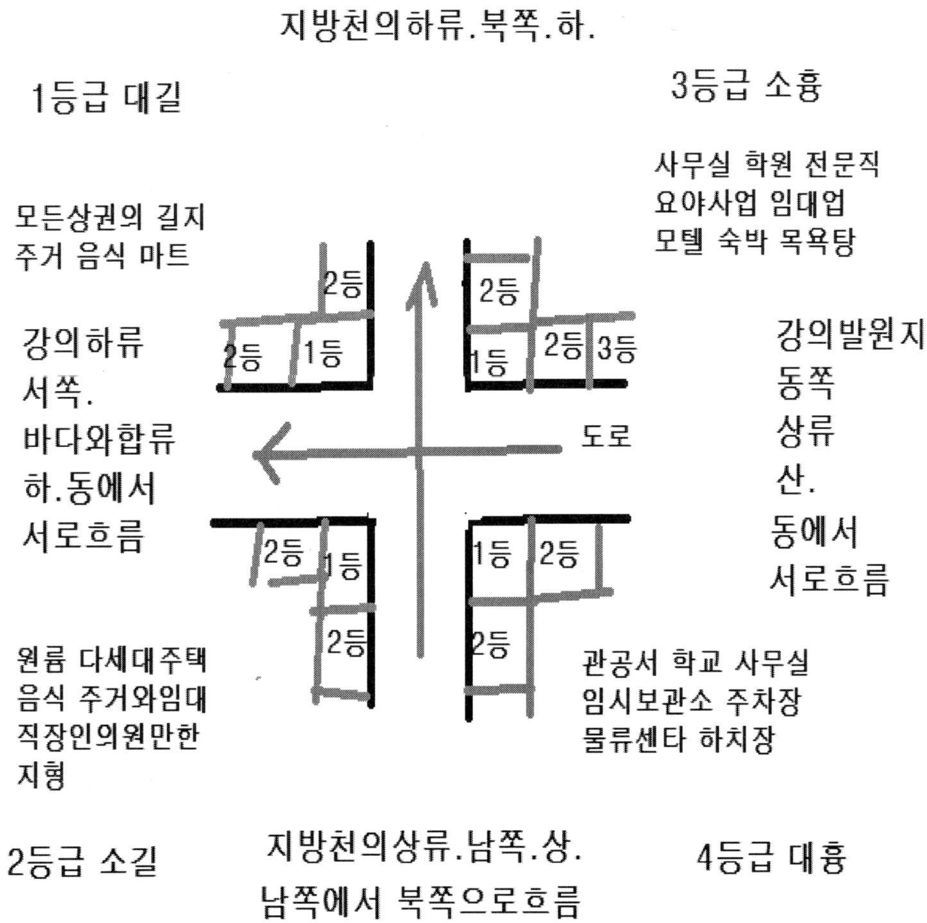


사거리에서 명 이비인후관 이병훈 재활의학과 의원 제주중학교 용담동주민센-타 제주공항이 있는 주변이 1등급 지역으로 구분할 수 있으며 동북쪽으로 제주미의원 광양초등학교 인화초등학교 제주여자 상업고등학교 제주북초등학교가 있는 주변이 2등급 지역으로 구분할 수 있을 것입니다.

서사라 사거리에서 남서쪽으로 GS 25시 동성마을회관 제주종합경기장 제주도청이 있는 지역이  3등급 지역으로 구분할 수 있으며 사거리에서 동남쪽으로 문 애송 소아 청소년과 의원 제주시청 동광초등학교 제주시민 복지타운광장 제주여자 고등학교가 있는 주변이 4등급 지역으로 구분할 수 있을 것입니다.

다른 지역에서 보아도 선택한 지번에서 가까운 교차로에서 4등급 지역을 구분하고 위와 같은 방법으로 이해하세요.

등급지역과 경사도 그리고 4등급 지역에서 지번이 선택되면 선택된 지번에 건축물에 관한 출입문 위치를 보아야 할 것입니다. 아래 그림은 출입문 위치도입니다. 그림에서 표시한 위치를 참고하세요.

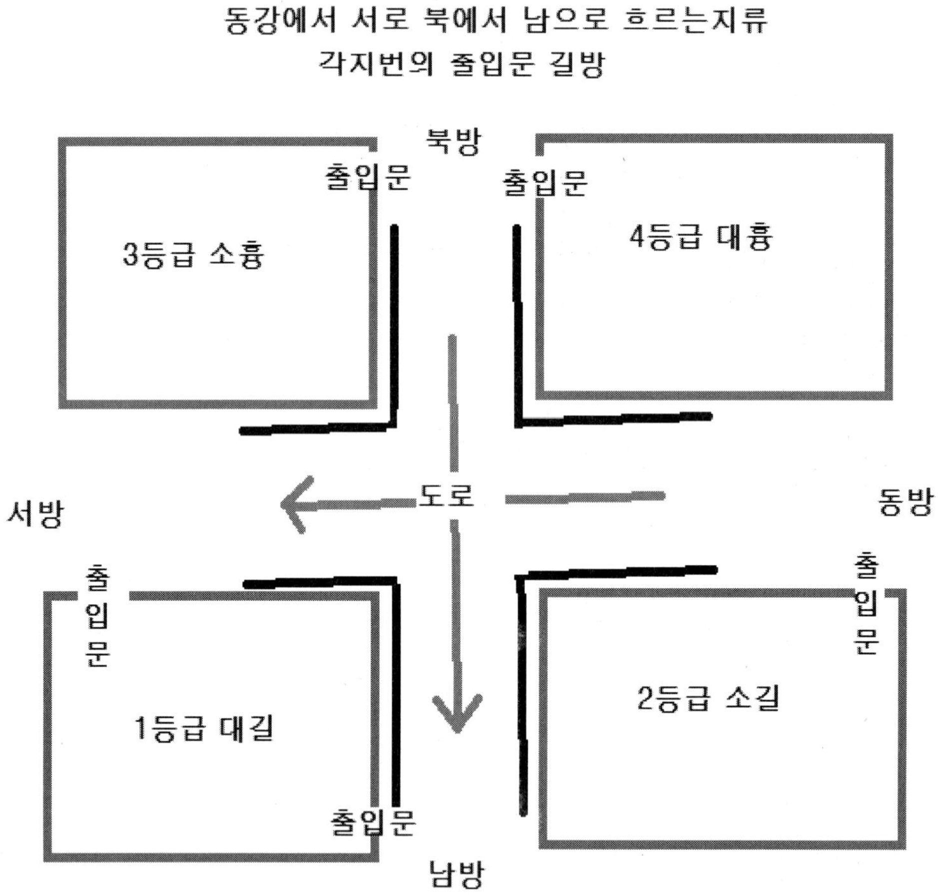

다음은 제주도 서귀포시에서 보는 지운보기입니다.

바다와 연외 천이 합류하는 지점에서 연외 천의 발원지까지로 8등분하여 보는 지운관계입니다. 아래그림은 지운을 측정하는 자입니다.

그림을 참고하세요.

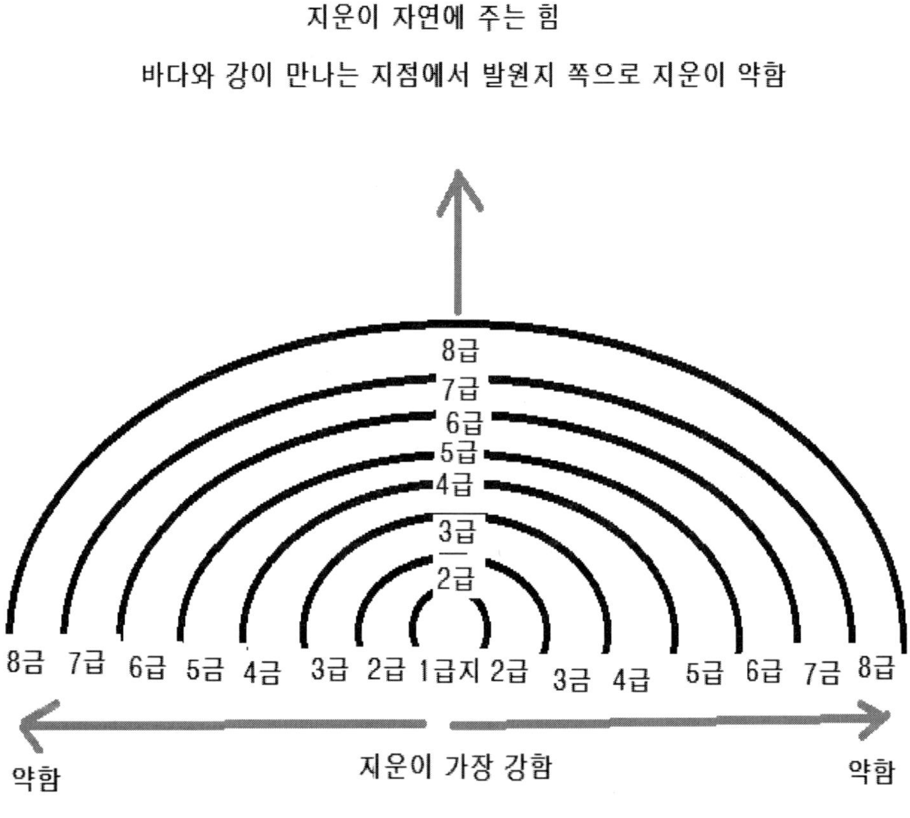


서귀포해양경찰파출소에서 신세계 호텔 까지를 1등급 지역으로 볼 수 있으며 양정철 청소년과 의원까지 2등급 지역으로 볼 수 있습니다. 한솔도시락이 있는 지역 까지를 3등급지역으로 볼 수 있으며 서귀포 재활의학과 의원이 있는 지역까지가 4등급 지역으로 볼 수 있을 것입니다.

성홍동 주민 센-타가 있는 지역까지가 5등급 지역으로 볼 수 있으며 홈플러스 서귀북초등학교가 있는 지역이 6등급 지역으로 구분할 수 있을 것입니다.

새 차처럼 세차장 복덩이 숯불갈비가 있는 지역까지가 7등급 지역으로 볼 수 있을 것이며 지정샘 가족 펜-션이 있는 지역까지를 8등급지역으로 가정해 볼 수 있을 것입니다. 좌우측으로도 이렇게 등급 지를 구분하여 지운의 길흉관계를 보세요. 이렇게 등급지역을 구분하고 나면 등급지역의 경사지를 보아야 할 것입니다. 아래그림은 경사도를 보는 가운도입니다.

경사도는 지역의 균형을 보는 의미입니다.

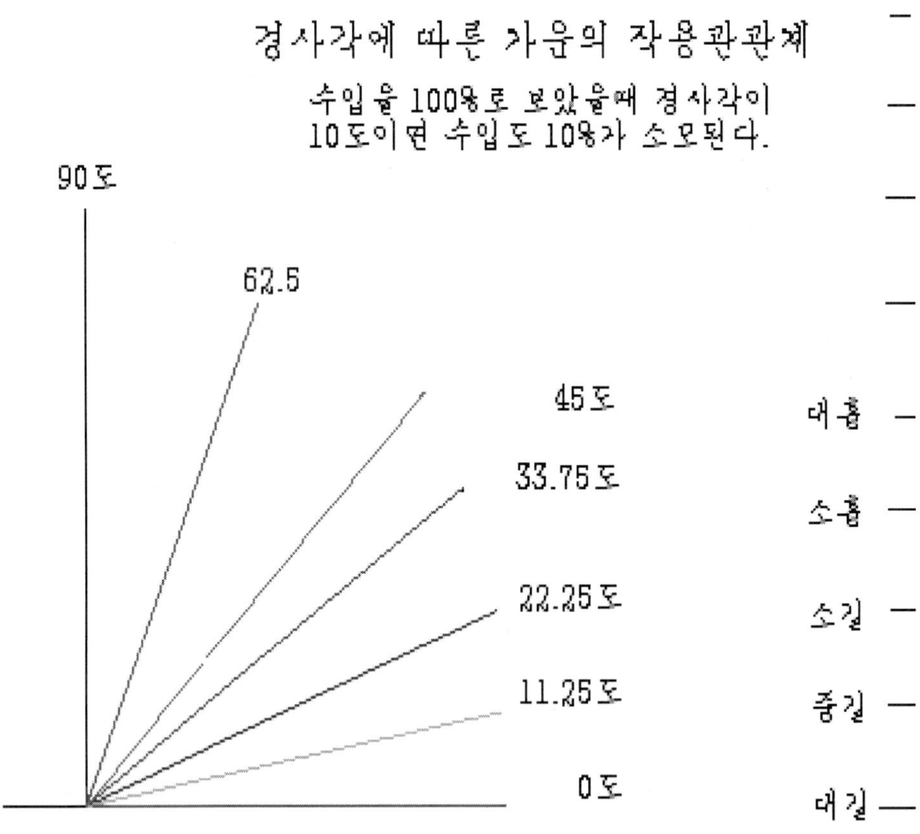

등급지역과 경사지를 보고나서 지번이 선택되면 선택된 지번에서 가까운 교차로에서 보는 4등급 지역 의 용도 적성입니다. 서귀포시 중심지로 보여 지는 중앙 로타-리에서 보는4등급 지역의 의미입니다.

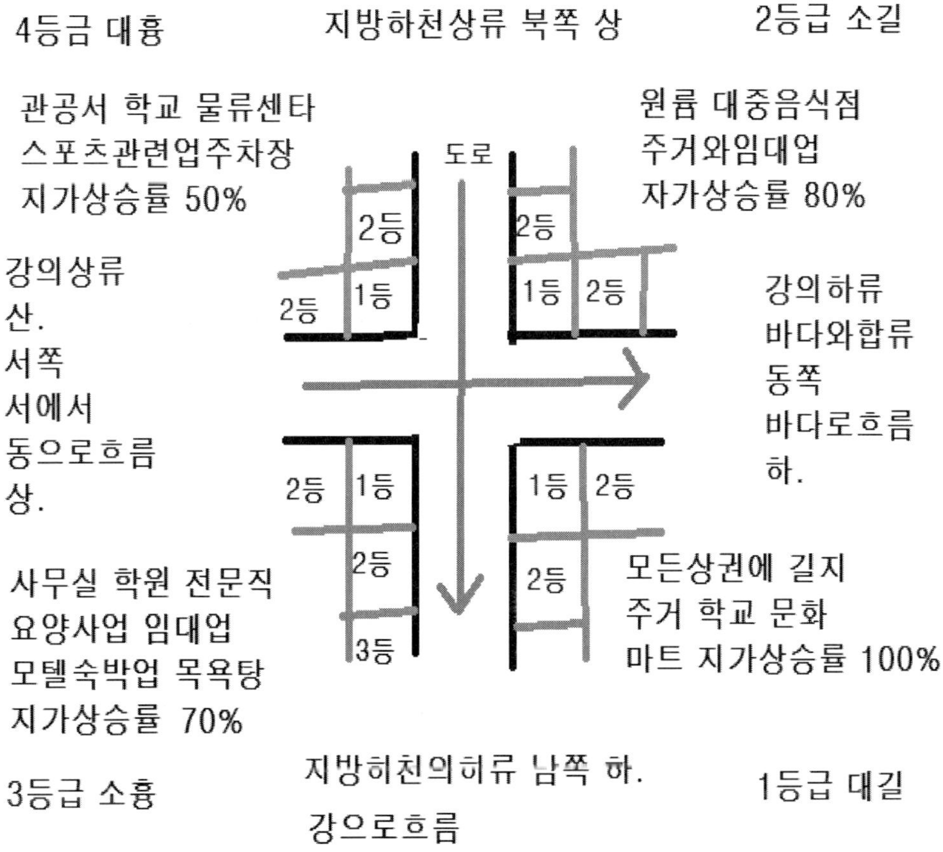


위의그림을 참고하세요.

사거리에서 동남쪽으로 전인기 피부과의원 서귀포 빛사랑 안과의원 서귀포 상설시장 서귀포 초등학교 중앙동 주민 센-타가 있는 지역이 1등급 지역으로 구분할 수 있으며 연세치과의원 서귀포 365일 의원 걸매 축구장 서귀포해양도립공원이 있는 지역이 2등급 지역으로 구분할 수 있을 것입니다.

중앙사거리에서 동북쪽으로 GS 25 서귀포여자중학교 동홍초등학교 홈 풀러스 서귀포 고등학교가 있는 지역이 3등급 지역으로 볼 수 있으며 사거리에서 서북쪽으로 서귀포시청 서귀서 초등학교 서귀포 여자중학교 열방교회가 있는 지역이 4등급 지역으로 볼 수 있을 것입니다.
각 등급지의 적성 용도는 그림의 내용에서 살펴보세요.

등급지역과 경사도 그리고 도로에서 지번이 선택되면 그 지번에 건물의 출입문관계를 보아야 할 것입니다. 아래 그림은 출입문 위치도입니다 그림에서 표시한 위치를 참고하세요.

그림에서 선택한 지번에 따라 출입문 위치를 살펴보세요.

**동에서 서로 북에서 남으로 흐르는 지류**
**각 지번의 출입문 길방**

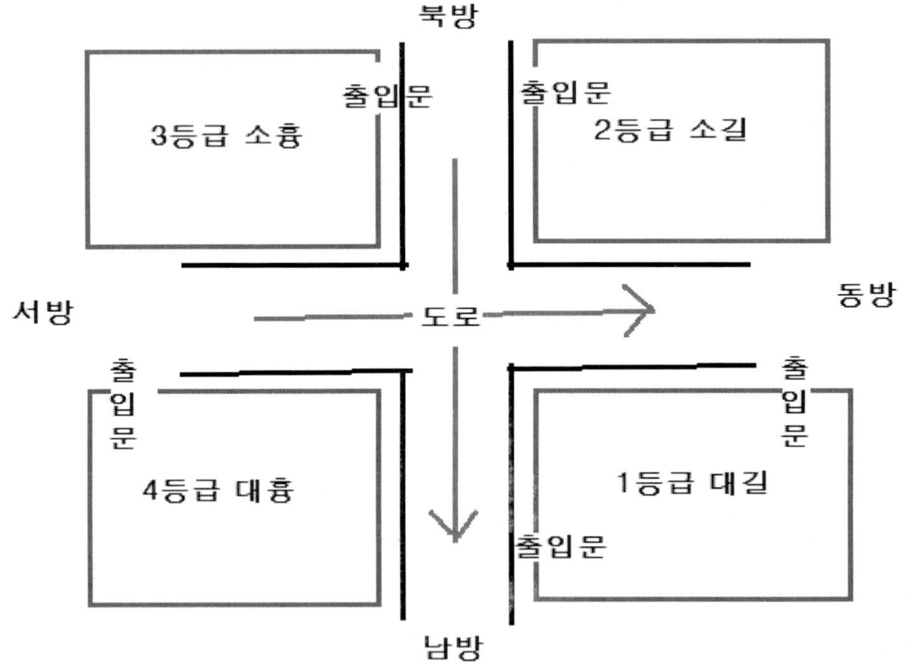

## 수원시

수원시 8등급 지역 지운보기입니다.

지운자를 남쪽에서 북쪽으로 황구지천을 따라 왕송호수 까지 놓고 보는 지운 관계입니다. 아래 그림을 참고 하세요.

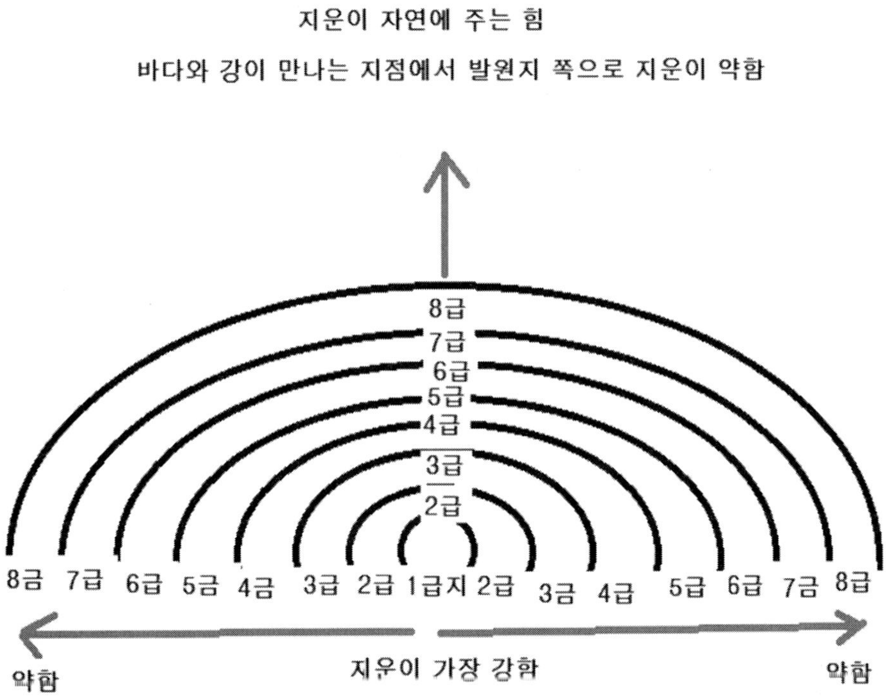


세류역 솔대공원 수원델타플렉스 수원역 자동차 전문학원이 있는 지역이 1등급 지역으로 볼 수 있으며 권선구청 고색고등학교 구운 중학교 국립식량과학원이 있는 지역이 2등급 지역으로 구분할 수 있을 것입니다.

율천동 복지 센-타 서 수원버스 터미널 칠보중학교가 있는 주변이 3등급 지역으로 구분할 수 있으며 수원시청 수원버스터미널 곡선동복지 센-타 수원공업고등학교가 있는 지역이 4등급 지역으로 구분할 수 있을 것입니다.

망포2동 복지 센-타 영일중학교 청명고등학교 삼성전자가 있는 주변이 5등급 지역으로 구분할 수 있으며 동남 보건대학교 경기체육중학교 동원고등학교주변이 6등급 지역으로 구분할 수 있을 것입니다.

영통 구 수원 지방법원 아주대학교 수원정보 과학 고등학교가 있는 지역이 7등급 지역으로 구분할 수 있으며 경기 대학교 수원 캠퍼스 수원 월드컵경기장 광교역 주변이 8등급 지역으로 구분할 수 있을 것입니다.

수원시 8등급 지역을 구분해서 보고나면 선택한 지역의 경사도를 보아야 할 것입니다.

경사각은 지운의 균형을 보는 의미입니다.

아래 그림을 참고하세요.

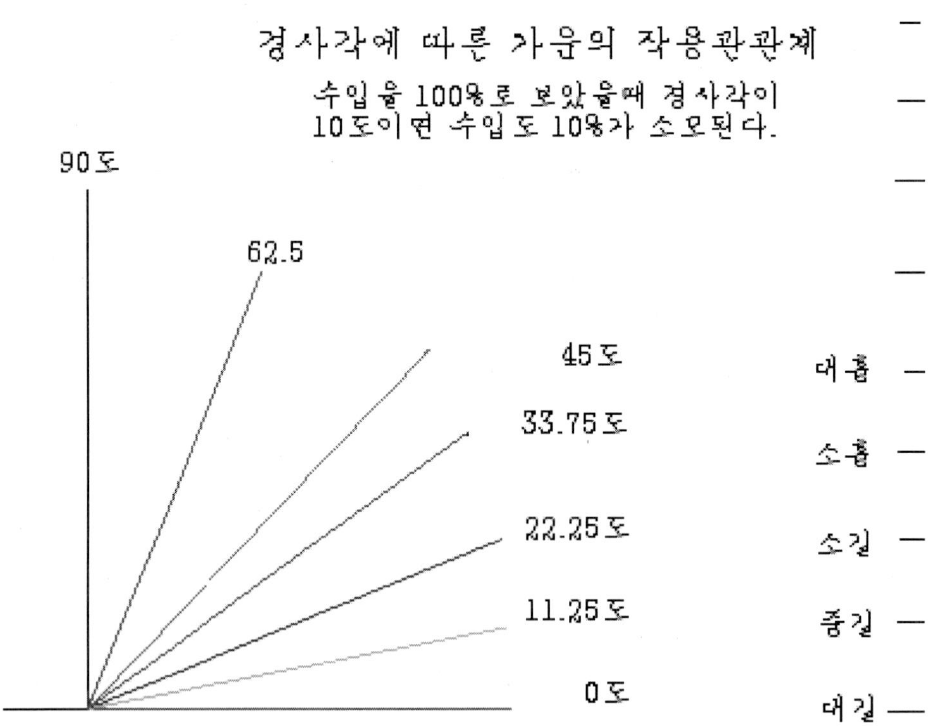

가운 도를 보고나면 선택된 지번이 도로에서 보는 적성 용도를 보아야 합니다. 등급 지역과 경사지를 보고 지번이 선택되면 선택된 지역에서 보는 4등급 지역의 길흉관계입니다.

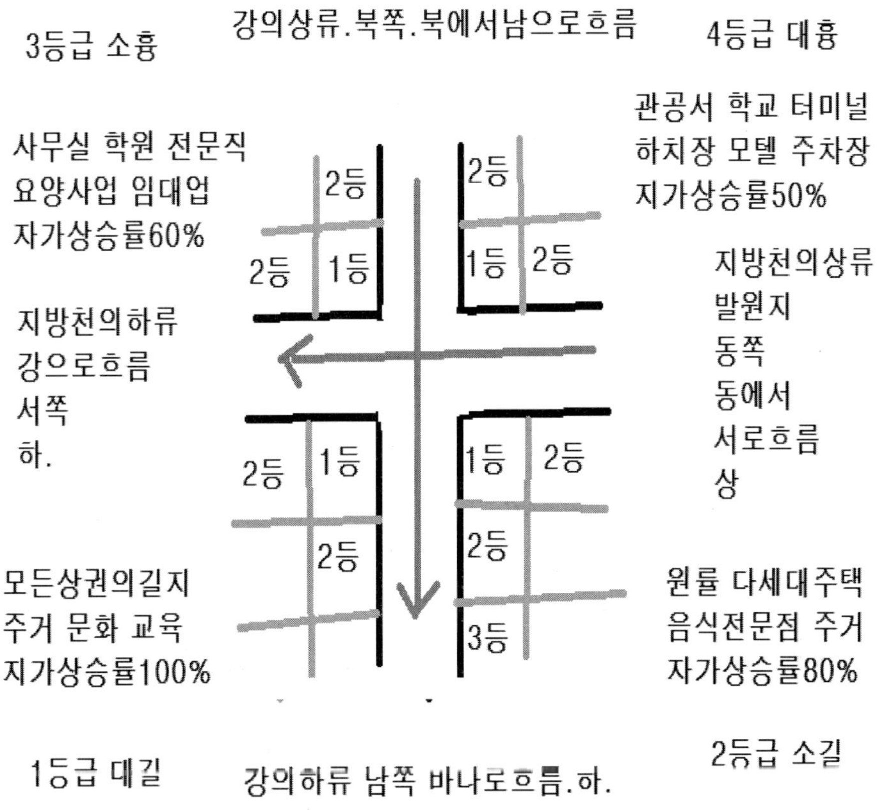


위의 그림은 수원시의 중심지로 볼 수 있는 수원시청 앞 시청사거리에서 보는 4등급 지역 길흉관계입니다.

사거리에서 서남쪽 꿈 동물병원 세류초등학교 수원역 롯데 몰 수원점 수원역 자동차 운전학원 세류2동 주변이 수원시 1등급 지역으로 구분할 수 있으며 사거리에서 동남쪽 쌍용자동차 중앙전시장 수원 올림픽공원 농수산물 도매시장 영통구청이 있는 지역이 수원시 2등급 지역으로 구분해 볼 수 있습니다.

사거리에서 서북쪽 우리병원 수원고등학교 민석 공원 경기과학 고등학교 장안구청이 있는 지역이 3등급 지역으로 구분할 수 있으며 사거리에서 동북쪽 마라톤 빌딩 수원시청 명성황후 세트장 원천저수지 광교중앙역이 있는 지역이 4등급 지역으로 구분할 수 있습니다.

다음은 선택된 지번에 건축물에 따른 출입문 관계를 보아야 할 것입니다.

아래 그림은 등급지에 따른 출입문 위치도입니다.

그림에서 표시한 위치를 참고 하세요.

동강에서 서로 북에서 남으로 흐르는지류
각지번의 출입문 길방

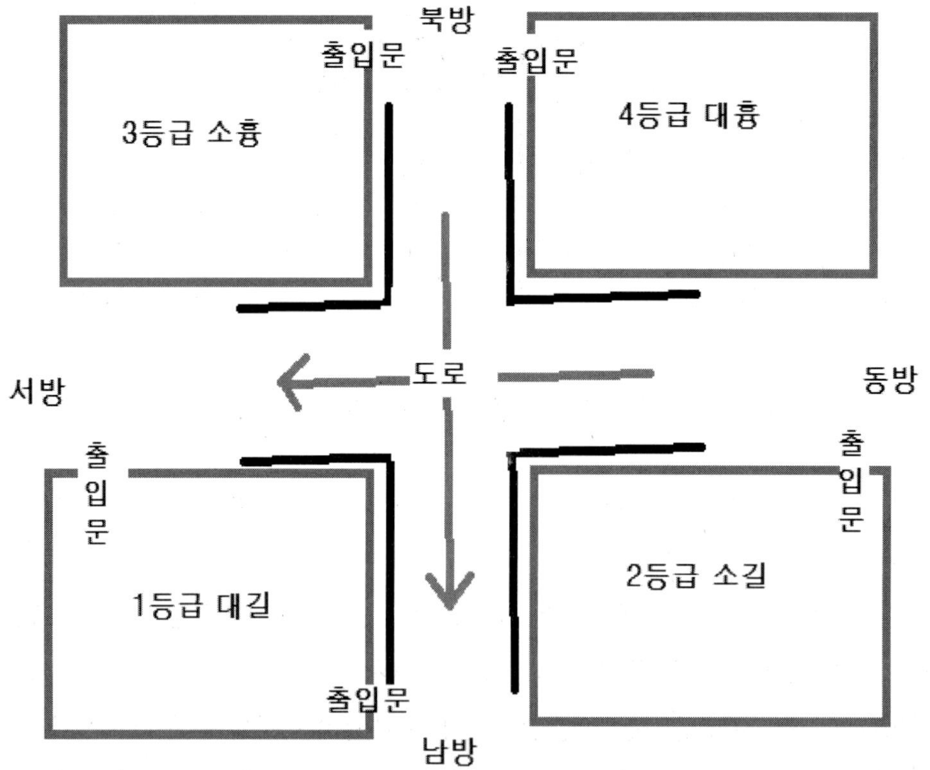

## 평택시

평택시의 8등급 지역 구분하기입니다.

평평택시는 안성천에서 북동쪽으로 통복 천을 따라 형성된 시로 보입니다;

지운 자를 서에서 동북쪽으로 놓고 지번을 구분해 보세요.

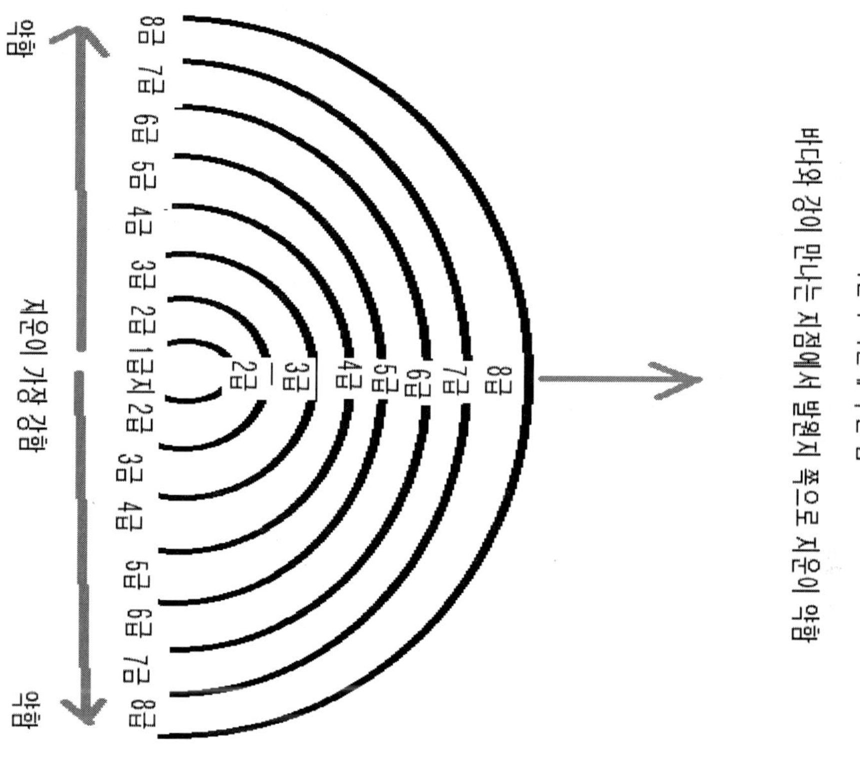


평택항 국제여객터미널 원정초등학교 문수산 주변 석정리 불당산 코스트코 가 있는 지역이 1등급 지역으로 구분할 수 있으며 평택 당진 항만보안 센-타 황해 경제자유구역 현덕지구 포승읍 복지 센-타 현화 고등학교 현덕면 복지 센-타 가 있는 주변이 2등급 지역으로 구분할 수 있을 것입니다.

대안4리 마을회관 현덕면주변 신왕2리 마을회관 산정리주변 새 소만교회 평택농장이 있는 주변이 3등급 지역으로 구분할 수 있을 것이며 평택계양 아구장 노안1리 마을회관 노상리 주변 대동자동차 전문 학원 동창리마을 회관 평택추발 일반산업단지가 있는 주변이 4등급 지역으로 구분할 수 있을 것입니다.

오성면복지 센-타 길음리 대반리 주변 평택서부 공설운동장 창내리 창신 초등학교 아연초등학교 주변이 5등급 지역으로 구분할 수 있으며 평택시청 세교동 복지 센-타 이마트 쌍용자동차본사 죽백초등학교 주변이 6등급 지역으로 구분할 수 있을 것입니다.

고덕면복지 센-타 삼성전자 한국관광 고등학교 서탄면복지 센-타 북창초등학교 주변이 7등급 지역으로 구분할 수 있을 것이며 마산4리 마을회관 송탄소방서 진위면복지 센-타 LG 전자 송탄동 복지 센-타가 있는 지역이 8등급 지역으로 구분할 수 있을 것입니다. 8등급 지역을 구분해 보고 선택한 지역이 있으면 그 지역의 주변에 경사도를 보아야 할 것입니다.

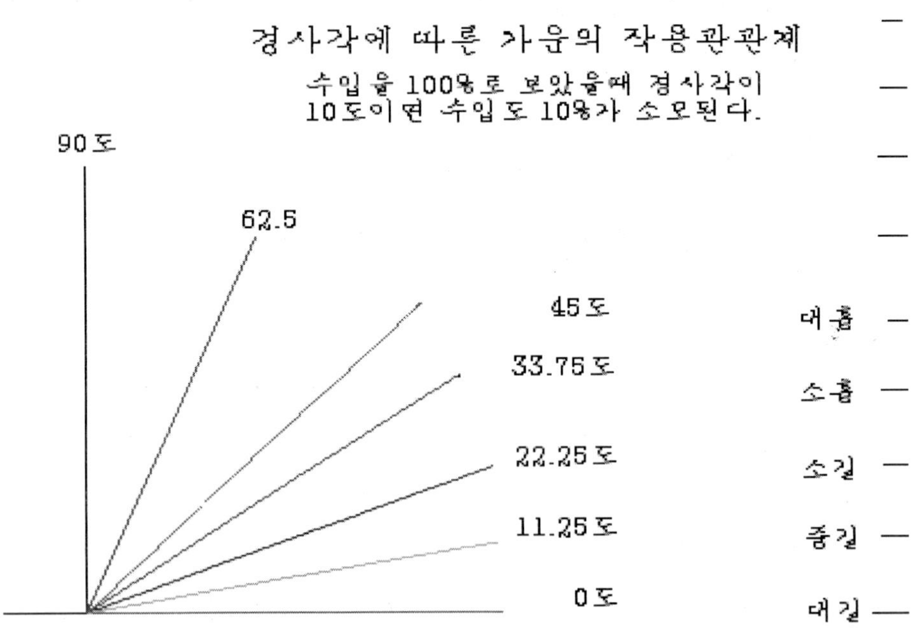

위의 그림은 경사도를 보는 가운도입니다.

가운 도는 지운의 균형을 보는 의미입니다. 그림의 내용에서 참고하세요.

지역과 경사도를 보고나면 선택한 지번에 도로에서 보는 4등급 지역의 적성 용도에 의미를 관찰해 보아야 합니다.

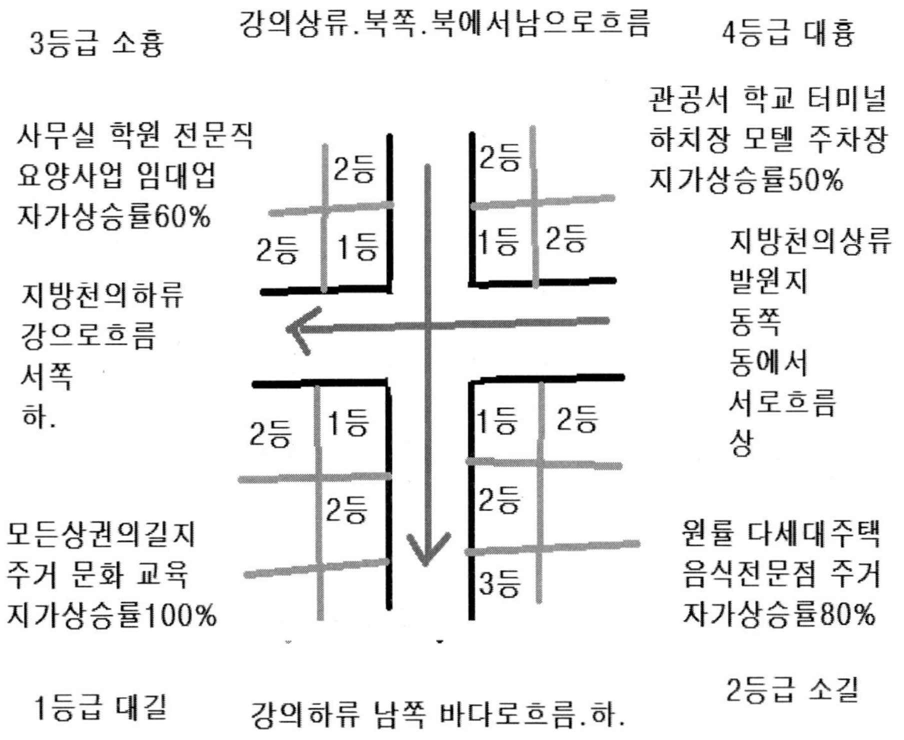


위의 그림을 살펴보세요.

위의 그림은 오성2교와 숙성삼거리 교차로에서 보는 4등급 지역 길흉관계도 입니다. 교차로에서 서남쪽 평택시 자연테마 식물원 안중고등학교 아산국가 산업단지 평택 해양경찰서가 있는 지역이 평택시 1등급 지역으로 구분할 수 있으며 동남쪽 숙성 삼거리 솔파크 테니스장 창신 초등학교 내리문화공원 팽성읍 행정복지 센-타가 있는 지역이 2등급 지역으로 구분해 볼 수 있습니다.

사거리에서 동북쪽 안화2리 마을회관 고덕면 행정복지 센 타 송탄관광특구 지역 송탄 소방서가 있는 지역이 평택3등급 지역으로 구분할 수 있을 것이며 사거리에서 서북쪽으로 오성면 행정복지 센 타 평택서부 공설운동장 평택 휴게소가 있는 지역이 평택 4등급 지역으로 볼 수 있을 것입니다.

도로에서 보는 4등급 지역에서 지번이 선택되면 선택된 지번에 건축물에 따른 출입문을 보아야 할 것입니다. 아래 그림은 등급지에 따른 출입문 의치도입니다. 그림에서 표시된 위치를 참고하세요.

동강에서 서로 북에서 남으로 흐르는지류
각지번의 출입문 길방

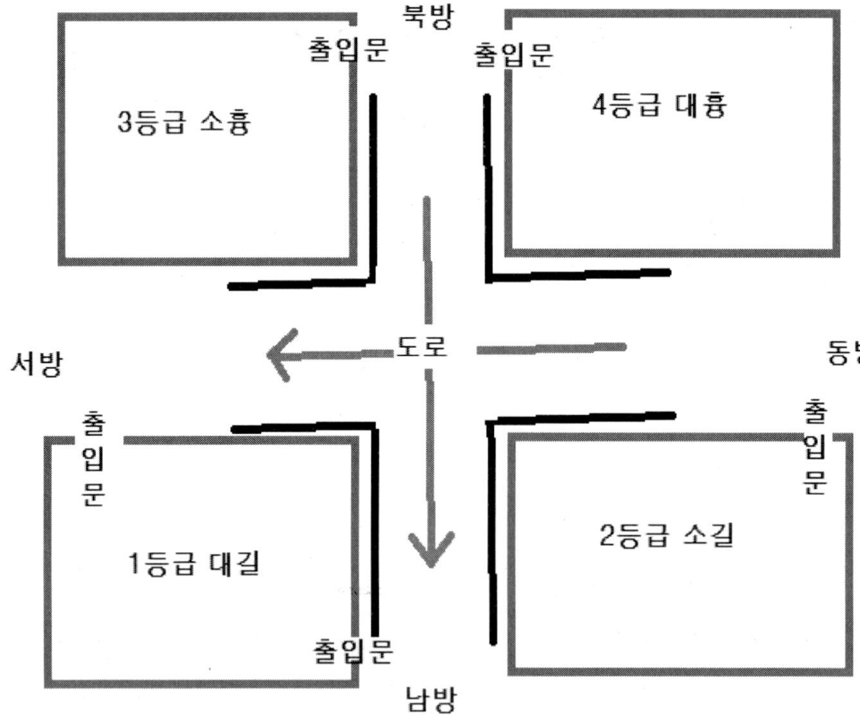

## 청주시

청주시 8등급 지역 구분하기입니다.

청주시는 기는골 관 한계저수지 일원에서 발원한 무심천에서 미호천과 합류하는 유역에서 성장된 고도이다.

아래 지운 자를 이용해서 지운보기입니다.

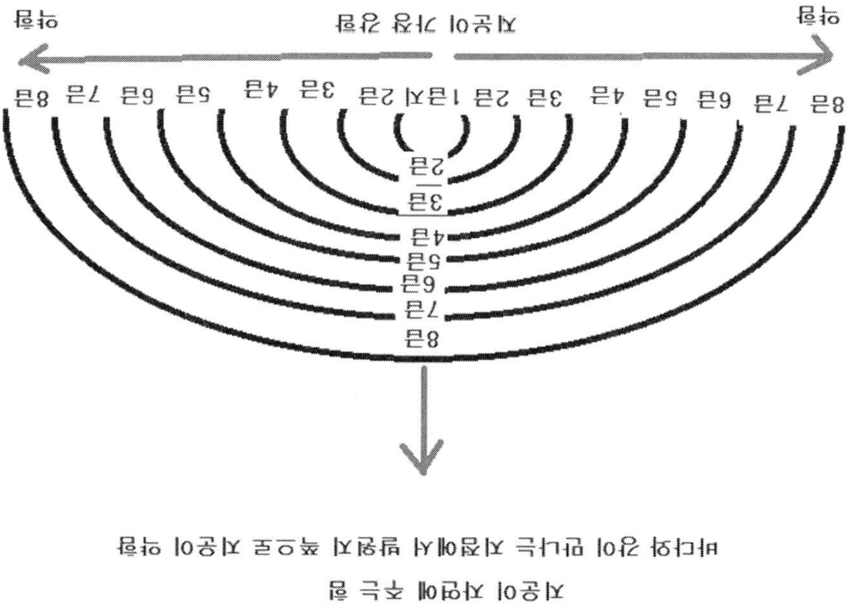


오송읍 복지 센타 서평리 주변 봉산리 주변 궁평리 주변 만수리 주변이 1등급 지역으로 구분할 수 있으며 흥덕구청 흥덕구 옥산면복지 센-타 청원고등학교 서촌초등학교 주변이 2등급 지역으로 구분할 수 있을 것입니다.

정북동토성주변 정북동 마을회관 가곡리 충북농업기술원 보름산주변이 3등급 지역으로 구분할 수 있을 것이며 강서2동 복지 센-타 대성중학교 서원구청 복대1동복지 센-타 삼성운전 전문학원이 있는 지역이 4등급 지역으로 구분할 수 있을 것입니다.

청원구청 덕성초등학교 중앙초등학교 청주시청이 있는 지역이 5등급 지역으로 구분할 수 있으며 금천동복지 센-타 충북도청 용성중학교 영운동복지 센-타가 있는 주변이 6등급 지역으로 구분할 수 있을 것입니다.

상당구청 용암2동 복지 센-타 삼성디지털 프라자 아름다운 웨딩홀이 있는 지역이 7등급 지역으로 구분할 수 있으며 동화초등학교 주 사랑병원 가덕초등학교 청주운전면허 시험장 미원면복지 센-타가 있는 지역이 8등급 지역으로 구분할 수 있을 것입니다.

다음은 등급 지역에 따른 경사도를 보아야 할 것입니다. 아래 그림은 가운도입니다. 가운 도는 지운의 균형을 보는 그림입니다.

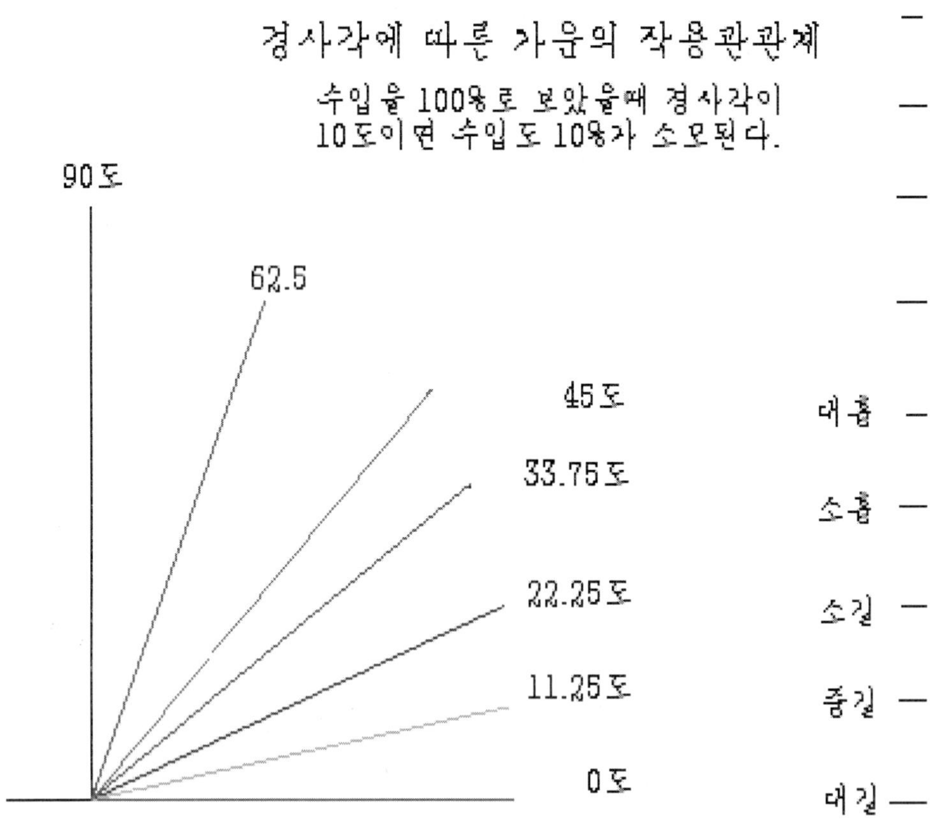

등급지역과 경사도를 보고나면 선택하려는 지번이 도로에서 볼 때 어떤 지운을 담고 있을 것인가를 보아야 할 것입니다.

아래의 그림은 도로에서 보는 4등급 지역의 용도 적을 보는 그림입니다.

그림에서 참고하세요.

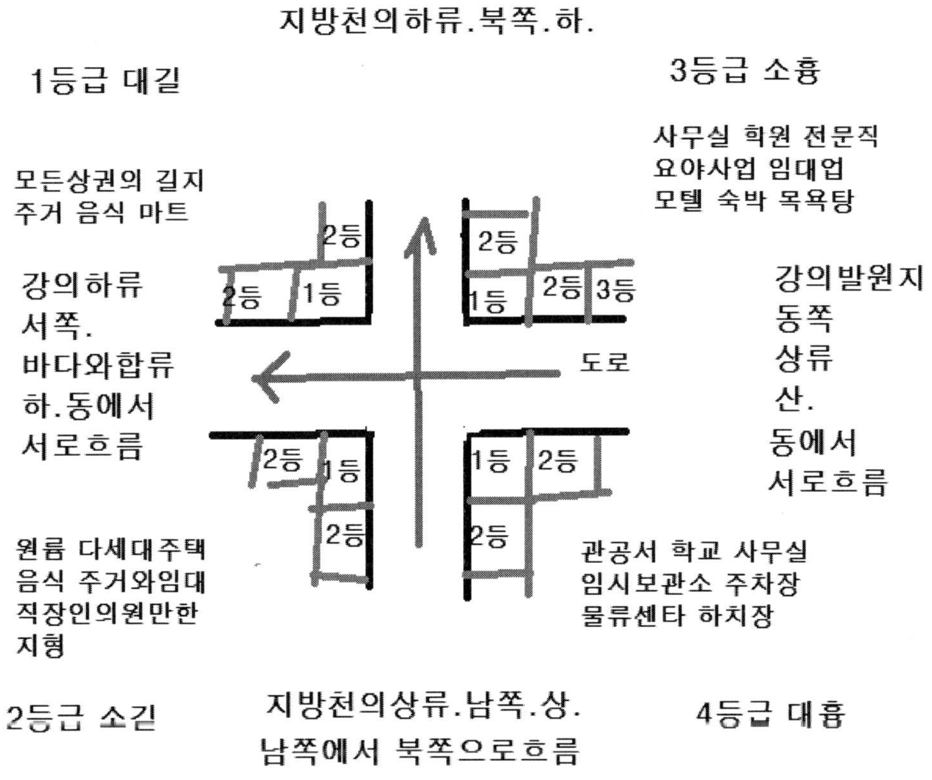


위의 그림은 청주시의 중심으로 보여 지는 사직사거리에서 보는 4등급지역 용도 적성 이용도입니다. 사거리에서 서북쪽으로 굿모닝빌딩 청주종합 경기장 롯데 아울렛 청주점 국민건강보험공단 대성중학교주변이 1등급 지역으로 구분할 수 있을 것이며 사거리에서 북동쪽으로 세무사 양기정사무소 교원공제회관 청주시청 청원구청 충북상업 정보 고등학교가 있는 지역이 2등급 지역으로 구분할 수 있을 것입니다.

사거리에서 서남쪽으로 교보생명 모충동 복지 센-타 복대초등학교 충북공업고등학교 사창동복지 센-타가 있는 지역이 3등급 지역으로 구분할 수 있을 것이며 사거리에서 동남쪽으로 청주중장비 운전학원 충북도청 청주산림조합 효성병원 용암1동 복지 센-타가 있는 지역 주변이 4등급 지역으로 구분할 수 있을 것입니다.

이렇게 등급지역과 경사도 그리고 도로에서 보는 4등급 지역의 내용을 보고 지번이 선택되면 그 지번에 따른 건축물에 따른 출입문을 보아야 할 것입니다. 아래 그림은 등급 지역에 따른 출입문 위치도입니다.

그림에서 표시한 위치를 참고 하세요.

가운 도는 지운의 균형을 보는 그림입니다.

강에서 서로 남에서 북으로 흐르는 지류

각 지번의 출입문 길방

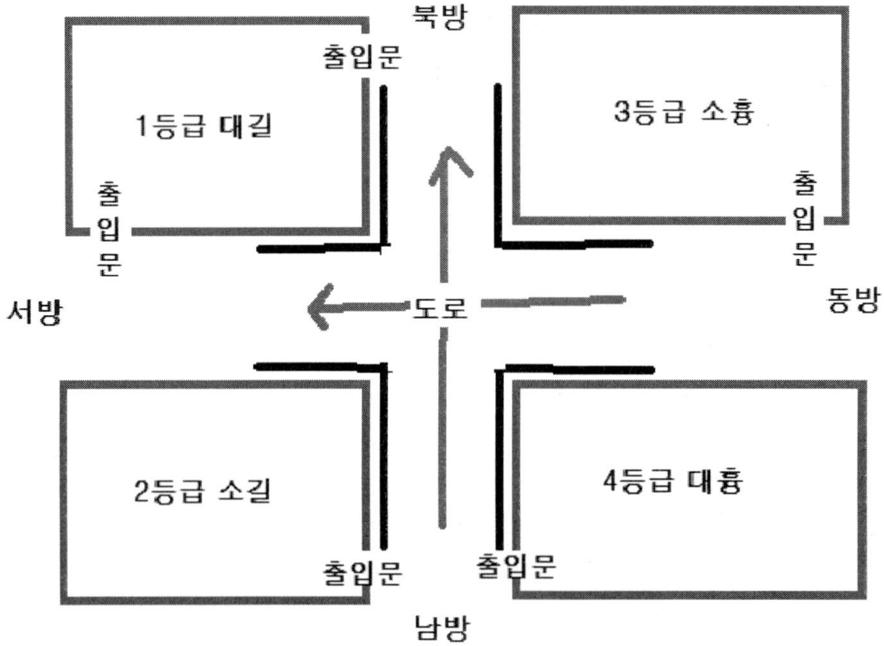

## 성남시

성남시 8등급 지역 구분하기입니다.

성남시는 용인시 기흥구 창덕동 주변에서 발원하여  대장 천과 동막 천이 탄천과 합류하여 한강으로 유입되는 지운입니다.

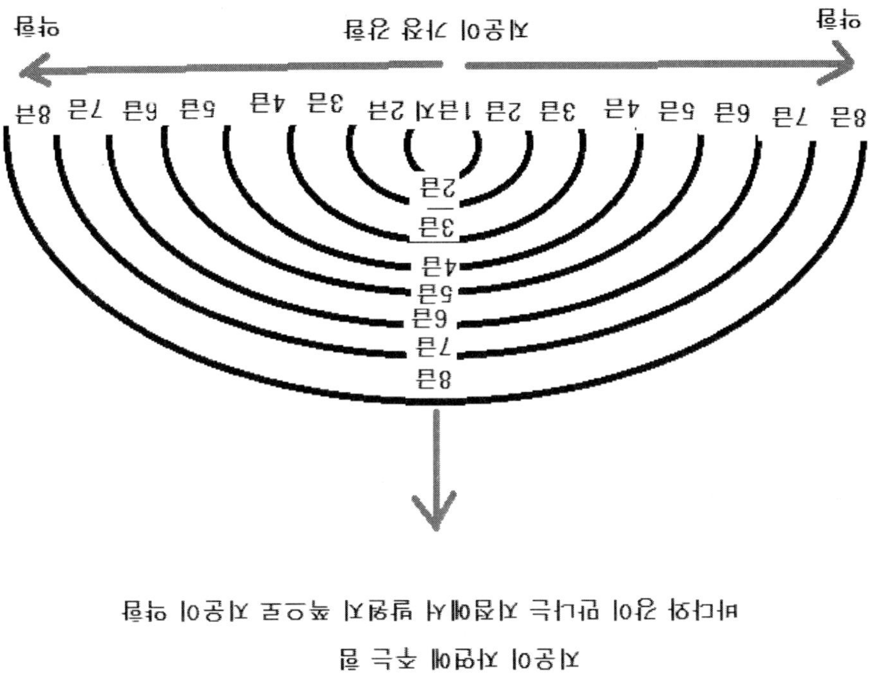


태평3동 복지 센-타 수정초등학교 수진1동 복지 센-타 중원구청 성남제일초등학교 주변이 1등급 지역으로 구분할 수 있으며 탄천종합 운동장 삼평동복지 센-타 삼평중학교 생태호수 성남매송 초등학교 이매유치원 이매고등학교 백현동복지 센-타 판교역주변이 2등급 지역으로 구분할 수 있을 것입니다.

정자1동 복지 센-타 분당경찰서 분당경영고등학교 미금역 오리초등학교 불곡고등학교 주변이 3등급 지역으로 구분할 수 있으며 서현1동 복지센-타 정자중학교 수내 2동 복지센-타 한국지역 난방공사 주변이 4등급 지역으로 구분할 수 있을 것입니다.

복정역 위례중앙초등학교 성남위례 파출소 위례한빛초등학교 위례119 안전 센-타가 있는 주변이 5등급 지역으로 구분할 수 있으며 수정구청 신성파출소 경기 성남 교육도서관 주변이 6등급 지역으로 구분할 수 있을 것입니다.

성남동 중학교 대원중학교 금광2동 복지센-타 성남일반 산업단지 상대원2동 복지 센-타가 있는 주변이 7등급 지역으로 구분할 수 있으며 판교동복지 센-타 판교중학교 산운초등학교 운중 중학교 운중 초등학교 주변이 8등급 지역으로 구분할 수 있을 것입니다. 성남시 지역별 8등급 지역을 구분하고 나면 그 지역의 경사도를 보아야 합니다.

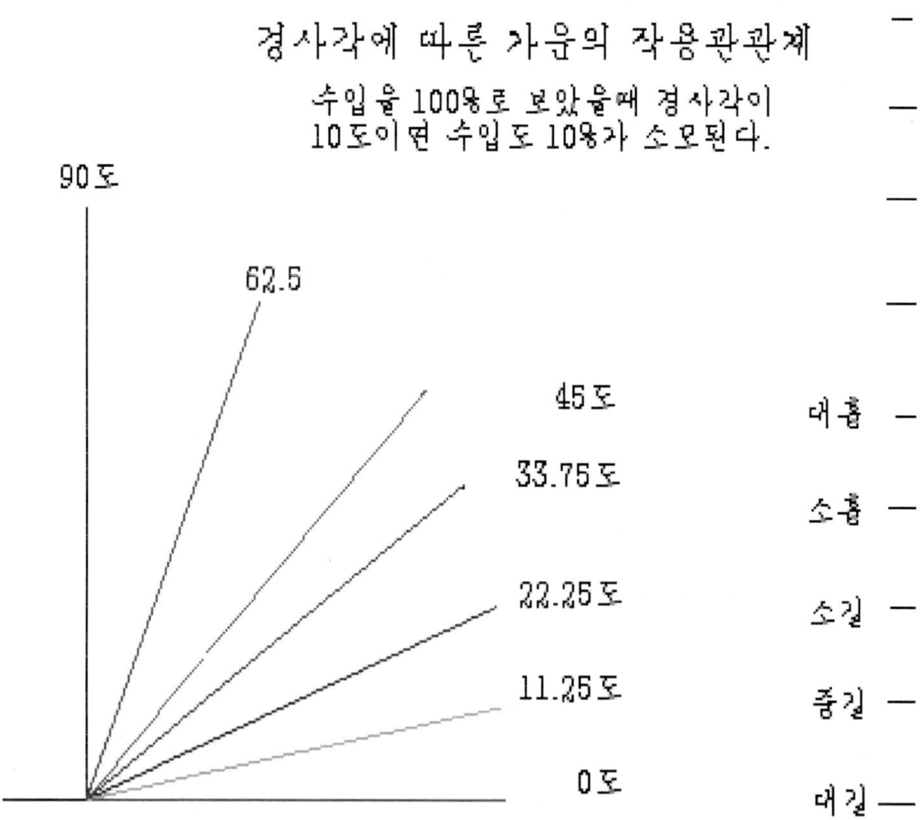

위의 그림은 경사각을 보는 가운도입니다. 그림의 내용을 참고하세요.

등급지역과 경사도를 보고나면 자기가 선택한 지번이 도로에서 어떤 지운을 담고 있는지 살펴보아야 합니다. 아래 그림은 4등급 지역의 지운의 용도입니다. 성남시 중심지로 보여 지는 방아다리 사거리 교차로에서 보는 4등급 지역 적성 용도를 보는 지운관계입니다.

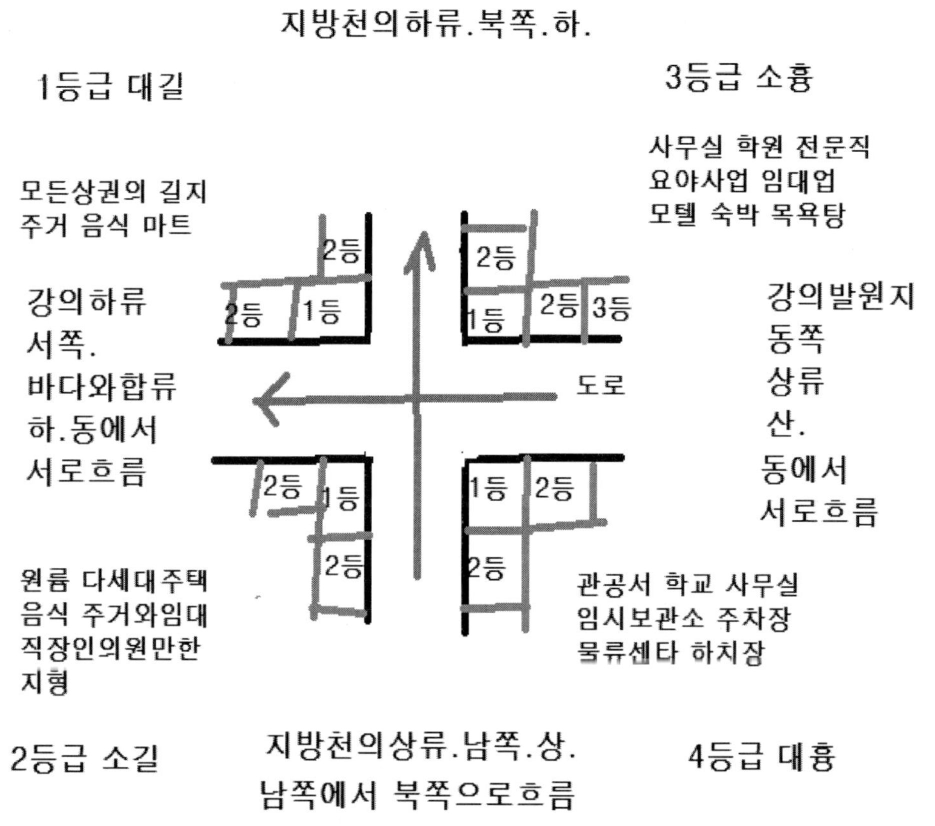


사거리에서 북서쪽 이매2동 복지 센-타 심평중학교 탄천종합 운동장 환상 어린이 공원이 있는 지역이 1등급 지역으로 구분할 수 있을 것이며 사거리에서 서남쪽으로 매송 중학교 신 백현초등학교 판교역 주변이 2등급 지역으로 구분할 수 있을 것입니다.

사거리에서 북동쪽으로 이매중학교 야탑2동 복지 센-타 중원구 수정시청이 있는 지역이 3등급 지역으로 구분할 수 있으며 방아사거리에서 남동쪽으로 이매초등학교 서현고등학교 분당중학교 삼성디지털 프라자가 있는 지역이 4등급 지역으로 구분할 수 있을 것입니다.

지역별 등급지역과 경사도 그리고 도로에서 보는 지운간계를 보고나면 선택한 지번에 건축물 주택 상가 단지 내 주 출입구에 따른 출입문 위치를 보아야 할 것입니다. 아래 그림은 출입문 위치도입니다.

그림에서 표시한 출입문 위치를 참고 하세요.

강에서 서로 남에서 북으로 흐르는 지류

각 지번의 출입문 길방

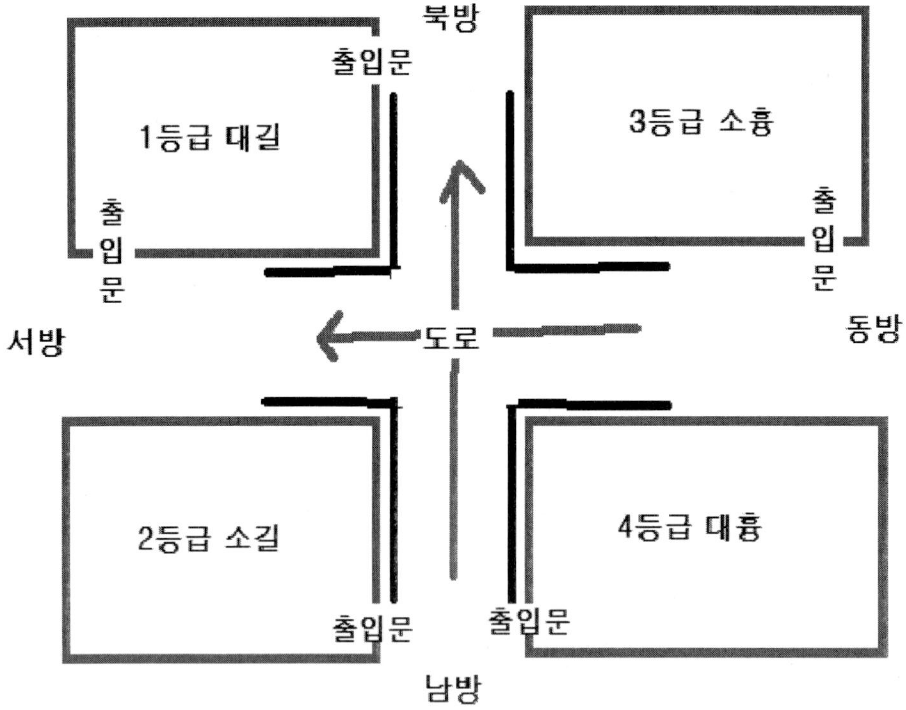

## 강릉시

강릉시 8등급 지역 구분하기입니다.

오봉 저수지에서 발원한 남대천이 동으로 흘러 동해로 입수데는 지운니다.

지운 자를  동해와 남대천이 만나는 지점에 서향으로 보는 지운입니다.

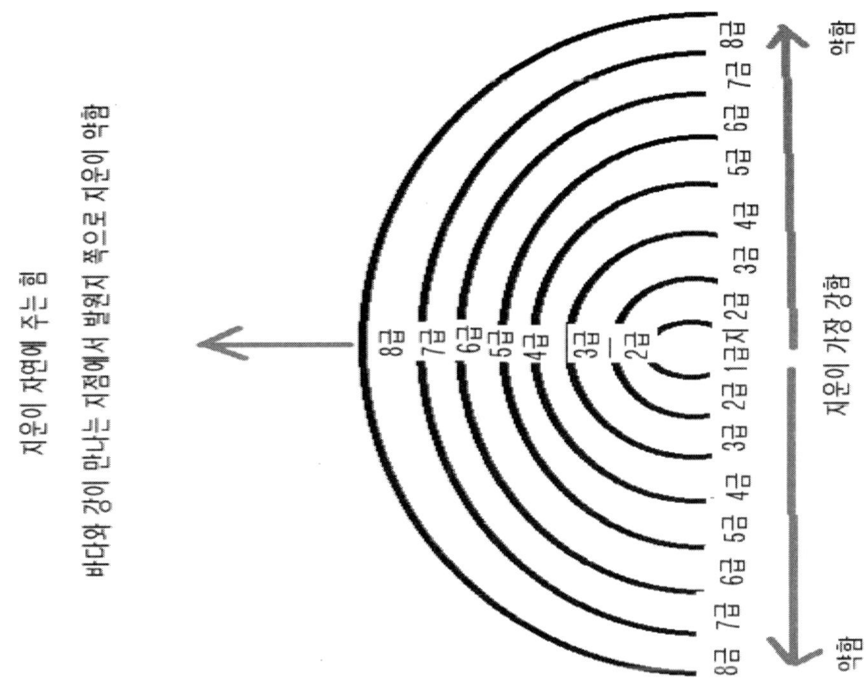


송정동주민 센-타 브릭 캠퍼스 강릉오성학교 포남2동주민 센-타가 있는 지역이 1등급 지역으로 볼 수 있을 것이며 강릉산림항공 관리소 하시동고분군 강동면사무소 강남동주민 센-타가 있는 지역이 2등급 지역으로 구분할 수 있을 것입니다.  포남1동 주민 센-타 강릉경찰서 강릉여자고등학교 강릉역 주변이 3등급 지역으로 구분할 수 있을 것이며 주앙동 주민 센-타 하나로 마트 강릉초등학교 강릉의료원이 있는 주변이 4등급 지역으로 구분할 수 있을 것입니다.

강릉중앙 고등학교 강남동주민 센-타 남산초등학교 명주초등학교 주변이 5등급 지역으로 구분할 수 있을 것이며 강릉고등학교 경포대초등학교 강릉세무서 율곡초등학교 강릉시청이 있는 지역이 6등급 지역으로 구분할 수 있을 것입니다. 쌍한정 사천면사무소 대관령아기동물목장 사천중학교 주변이 7등급 지역으로 구분할 수 있으며 강릉정보고등학교 주문진 버스종합 터미널 주영초등학교 신영초등학교 주변이 8등급 지역으로 구분할 수 있을 것입니다.

등급 지역을 구분하고 나면 그 지역에 경사지를 보아야 할 것입니다.
아래 그림은 경사각을 보는 가운도입니다.
경사각은 지운의 균형을 보는 것입니다.

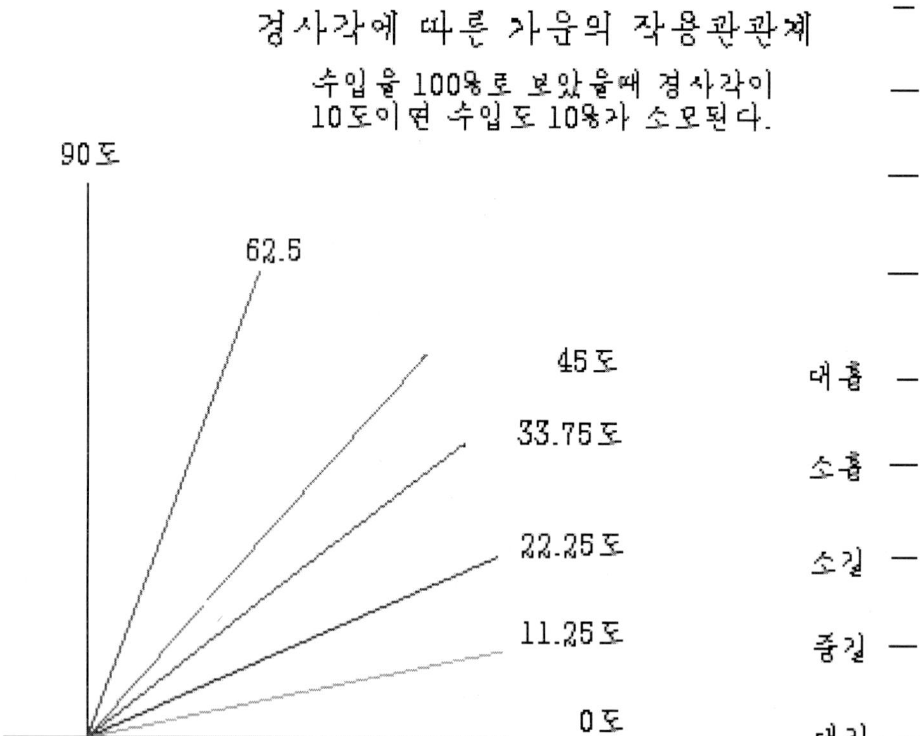

지역을 선택하고 경사각을 살펴보고 나면 선택한 지번에서 가까운 교차로에서 보는 지운관계를 보아야 할 것입니다.

아래 그림은 4등급 지역과 적성 용도를 보는 그림입니다. 그림에서 참고하세요. 강릉시 중심지로 보여 지는 육전오거리에서 보는 4등급 지역의 용도 적성 지운의 이용도를 보는 그림입니다.

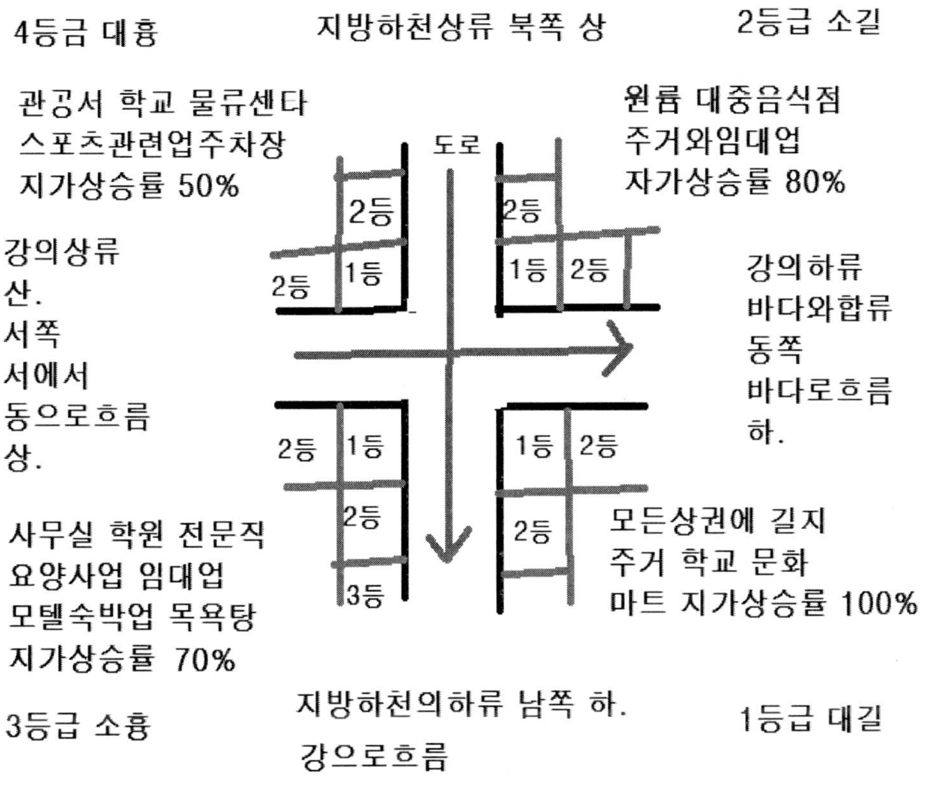


오거리에서 동남쪽으로 육전공구 사 하나로 마-트 강릉 여자고등학교 현대자동차 강릉 서비스 센-타 강릉 중소일반 산업단지가 있는 지역이 1등급 지역으로 볼 수 있으며 육전 오거리에서 동북쪽으로 베스트 동물병원 아래약국 강릉역 동명중학교 김포 고등학교가 있는 지역이 2등급 지역으로 구분할 수 있을 것입니다.

오거리에서 서남쪽으로 홈 플러스 영생당 한약방 강릉 교육 지원청 남산공원 강릉 중앙시장이 있는 지역이 3등급 지역으로 구분해 볼 수 있으며 오거리에서 서북쪽으로 조은안과 의원 삼성 디지털 프라자 강릉제일 고등학교 강릉 시청 강릉 초등학교가 있는 지역이 4등급 지역으로 구분해 볼 수 있을 것입니다.

지역과 경사지 그리고 도로에서 보는 지운의 적성관계를 보고 지번이 선택되면 그 지번에 건축물에 합당한 출입문의 위피를 보아야 합니다.

아래 그림은 출입문 위치도입니다. 그림에서 표시한 위치를 참고하세요.

**동에서 서로 북에서 남으로 흐르는 지류**

**각 지번의 출입문 길방**

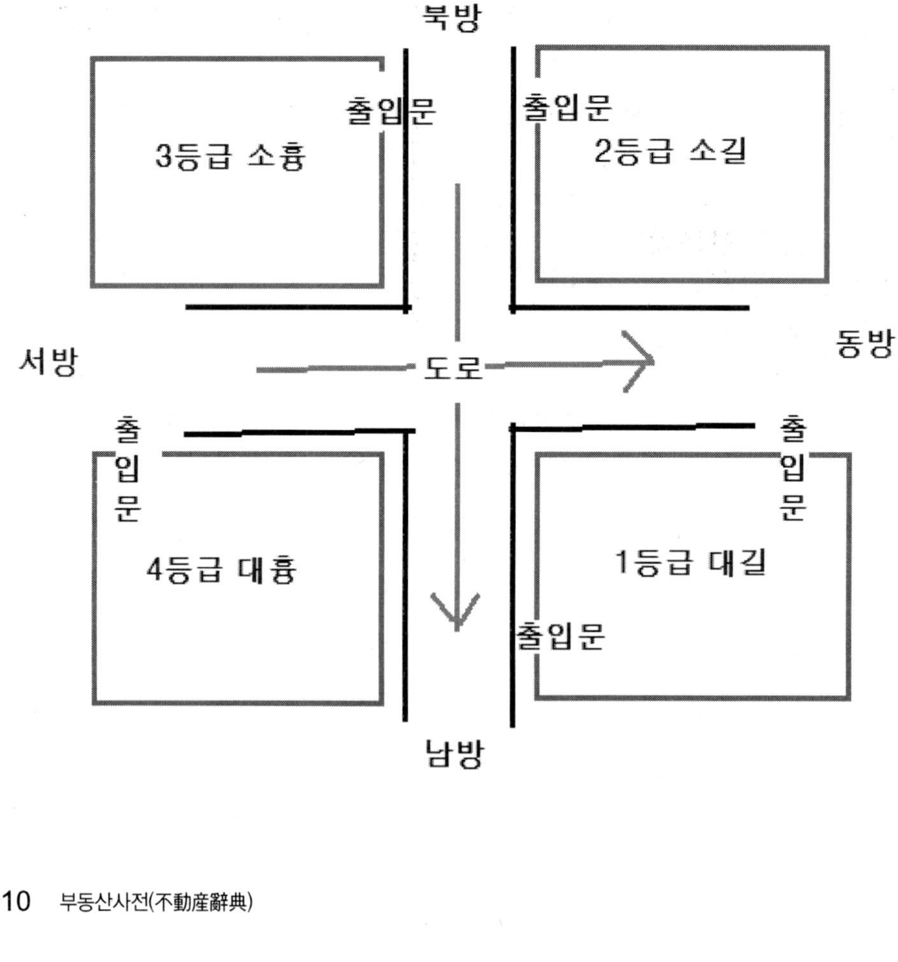

## 진주시

진주시 8등급 지역 지운보기입니다

진주시는 양천과 남강이 합류하여 서에서 동으로 흐르는 지운입니다.

아래그림을 참고 하세요.

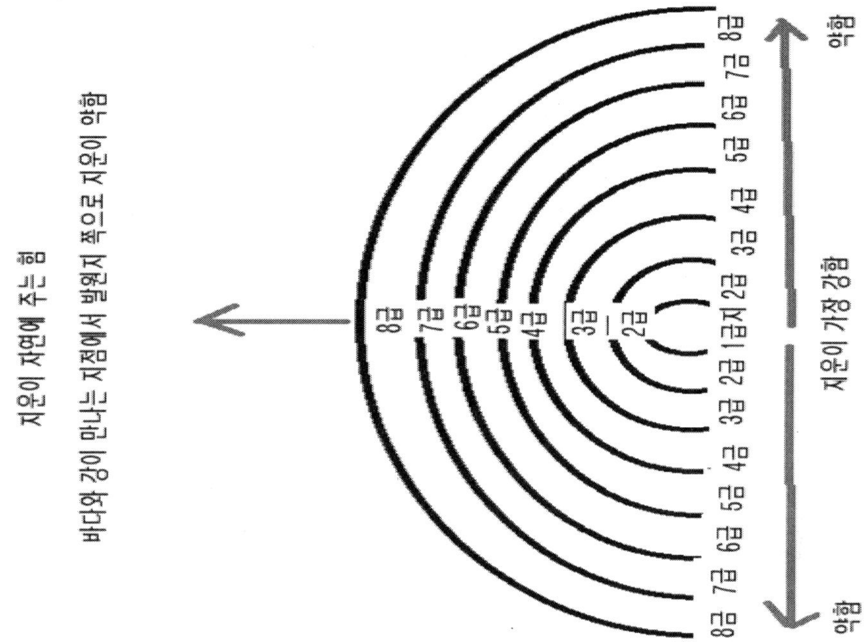


국민아파트 한빛장례식장 무림페이퍼 진주시청 하대동복지 센-타가 있는 지역이 1등급 지역으로 볼 수 있을 것이며 도동초등학교 진주중앙 고등학교 진주동명 고등학교 경남도청이 있는 주변이 2등급 지역으로 볼 수 있을 것입니다.

천전 동 복지 센-타 천전동초등학교 주약초등학교 경상국립 대학교병원이 있는 주변이 3등급 지역으로 구분할 수 있을 것이며 성북동복지 센-타 봉래초등학교 중앙동복지 센-타 진주제일중학교 주변이 4등급 지역으로 구분할 수 있을 것입니다.

정오자동차운전 전문 학원 신당마을회관 집현 초등학교 월아 마을 회관 대곡 농협 농산물판매장이 있는 논밭 주변이 5등급 지역으로 구분할 수 있으며 금산 면사무소 덕의마을회관 관방마을 회관 앞 논밭주변이 6등급 지역으로 구분할 수 있을 것입니다.

문산읍사무소 어수마을회관 서부경남 자동차 운전전문 학원 장지마을회관 금곡초등학교 주변이 7등급 지역으로 볼 수 있을 것이며 지수면사무소 지수초등학교 경남과학고등학교 진성면사무소 진주외국어 고등학교 주변이 8등급 지역으로 구분할 수 있을 것입니다.

지역별 등급 지역을 구분하고 나면 그 지역의 경사도를 보아야 할 것입니다. 아래 그림은 경사도를 보는 가운도입니다. 그림에서 참고 하세요.

가운 도는 지운의 균형을 보는 그림입니다.

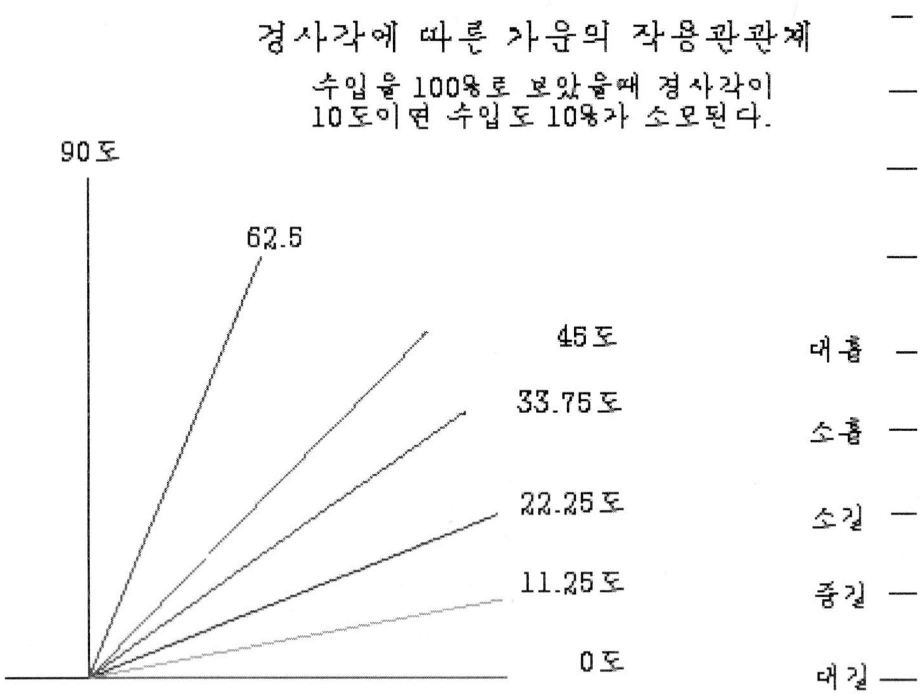

등급지역을 구분하고 경사도를 보고나면 선택한 지번이 도로에서 보는 4등급 지역 적성 용도를 보아야 할 것입니다.

아래 그림을 보고 참고하세요.

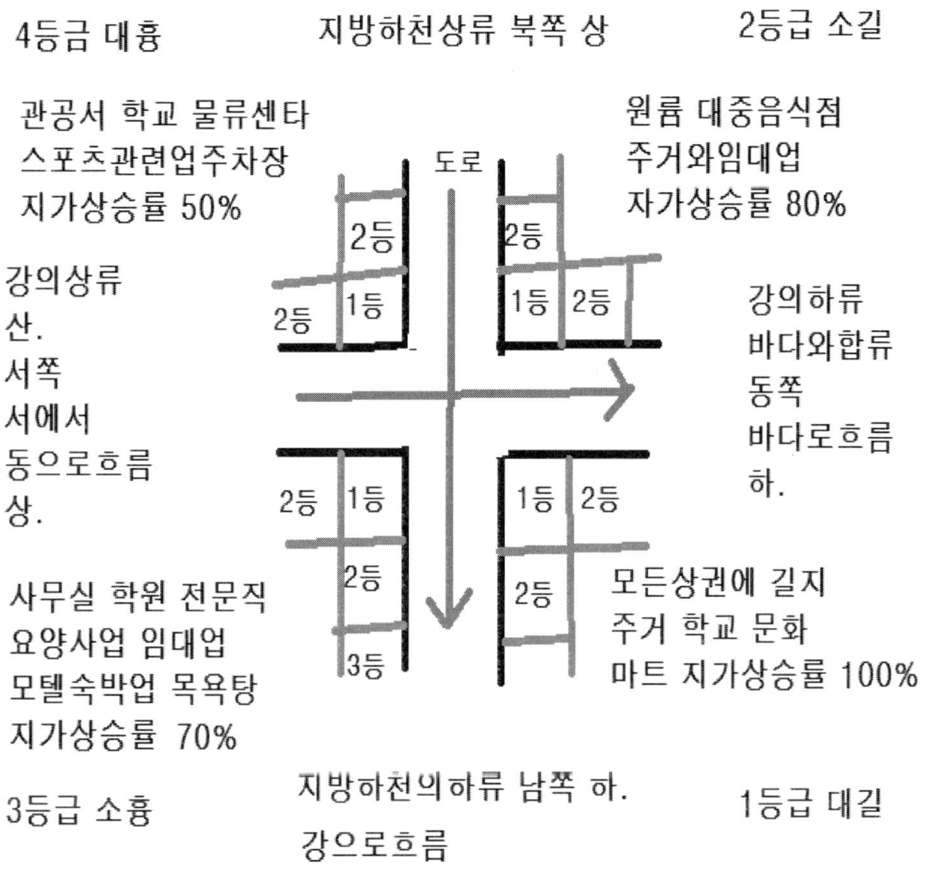


위의 그림은 진주시 남강전화국 교차로에서 보는 4등급 지역의 적성 의미입니다. 사거리에서 동남쪽으로 항공전자기 기술 센-타 한빛장례식장 동업회사법인 서라벌 진명여자중학교가 있는 지역이 1등급 지역으로 구분할 수 있을 것이며 사거리에서 서남쪽으로 진주시청 가림초등학교 진주 상평 일반산업단지 LG 베스트 샵 진주시청점이 있는 지역이 2등급 지역으로 구분할 수 있을 것입니다.

사거리에서 동북쪽으로 동진초등학교 도동초등학교 선학초등학교 진주동명 고등학교 경남도청이 있는 지역이 3등급 지역으로 구분할 수 있으며 사거리에서 서북쪽으로 남강초등학교 진주제일 여자고등학교 금성초등학교 초전초등학교 주변이 4등급 지역으로 구분할 수 있을 것입니다.

다음은 등급지역과 경사도 그리고 4등급 지역을 구분하여 지번이 선택되면 그 지번에 선택된 건물의 출입문의 위치를 보아야 할 것입니다. 아래 그림은 건물의 출입문 위치도입니다.

그림에서 표시한 출입문 위치를 참고하세요.

**동에서 서로 북에서 남으로 흐르는 지류**

**각 지번의 출입문 길방**

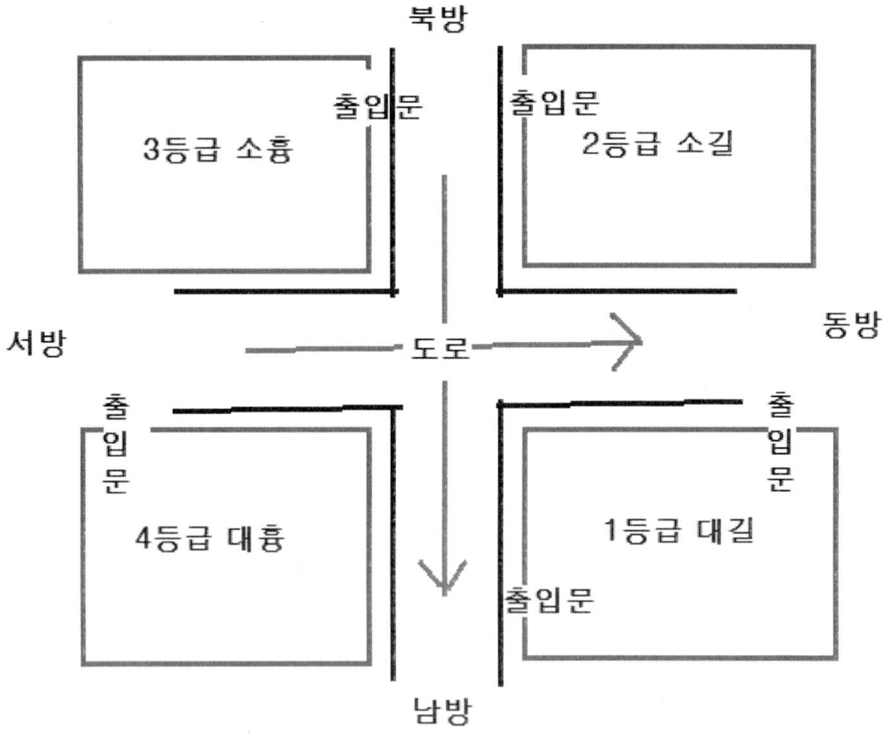

## 창원시

창원시 전체를 보는 8등급 지역 지운보기입니다.

마신합포구청 해운중학교 마산가포 신향터미널 마산용마고등학교 성호초등학교 주변이 1등급 지역으로 구분할 수 있으며 마산 봉암동우체국 회원구청 회원초등학교 양덕동북지 센-타 주변이 2등급 지역으로 구분할 수 있을 것입니다.

진해 구 이동생활 채육시설 이동복지 센-타 충무동복지 센-타 여좌동복지 센-타 경화역 진해경찰서가 있는 주변이 3등급 지역으로 볼 수 있을 것이며 성산구 창원시청 LG전자 신촌단지 창원중앙 중학교 주변이 4등급 지역으로 구분할 수 있을 것입니다.

경남도청 의창구청 창원종합버스 터미널 창원시청이 있는 주변이 5등급 지역으로 구분할 수 있을 것이며 대산면 복지 센-타 신당마을회관 수성마을회관 대산야구장이 있는 지역이 6등급 지역으로 구분할 수 있을 것입니다.

진동시외버스 정류장 마산삼진중학교 산진고등학교 경남조총면허 시험장 마산운전면허 시험장이 있는 주변이 7등급 지역으로 구분할 수 있으며 진천면 복지 센-타 진전초등학교 지전중학교 거락 마을회관이 있는 지역 주변이 8등급 지역으로 구분할 수 있을 것입니다.

창원시 성산구  지운보기입니다.

창원시 봉암교에 지운 자를 놓고 동북향으로 보는 지운입니다.

진해저수지주변 불모산 저수지주 창원천이 합류하여 서남향으로 흘러 바다로 입수하는 지운입니다.

창원시는  마신시 진해시 창원시를 합하여 통합 시로 구성된 시입니다.

각각 다른 지운이 구성되어 따로 설명할 수  밖에 없어 나누어 설명을 하겠 습니다.

먼저 창원시입니다. 지운 자를 보고 참고 하세요.

봉암교에서 동쪽 방면으로 창원천과 남천을 다라 불모산 저주지 방향으로 올라가면서 보는 그림입니다.

이렇게 강의길이에 8등분하여 보십시오.

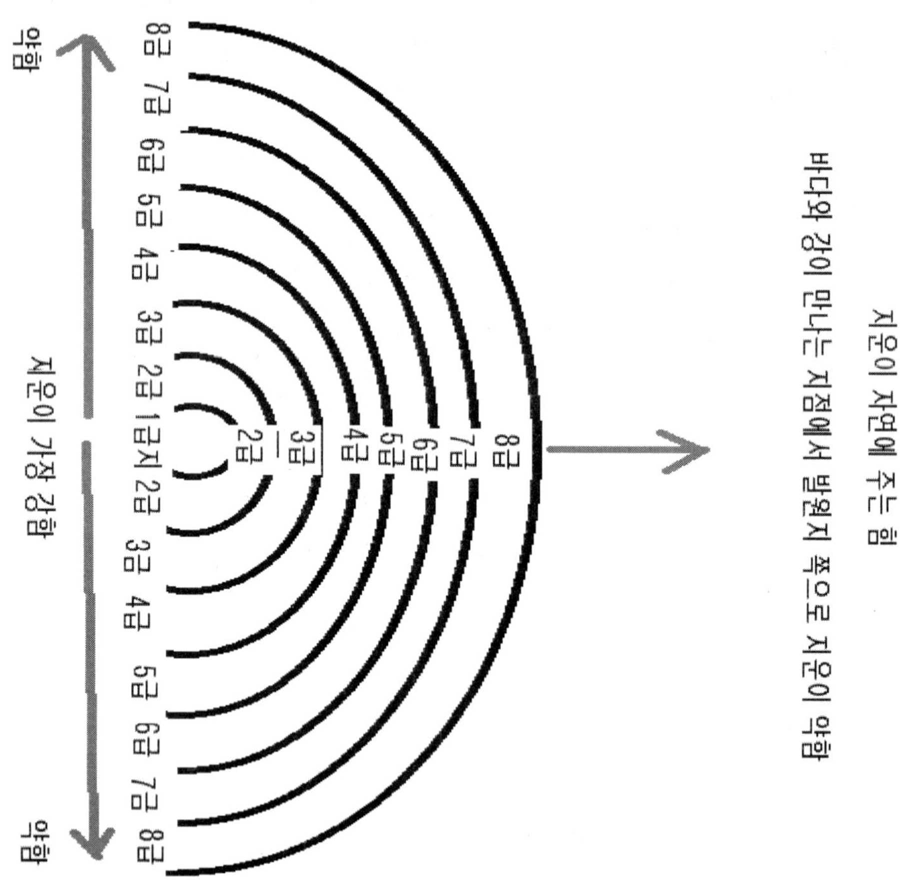

다음 그림은 경사각을 보는 가운도입니다.

가운 도는 지운의 균형을 보는 그림입니다. 창원시의 8등급 지역을 살펴보고 나면 그 선택된 주변의 경사각을 보아야 할 것입니다.

그림에서 경사각의 의미를 분석하시고 지번을 선택 하세요.

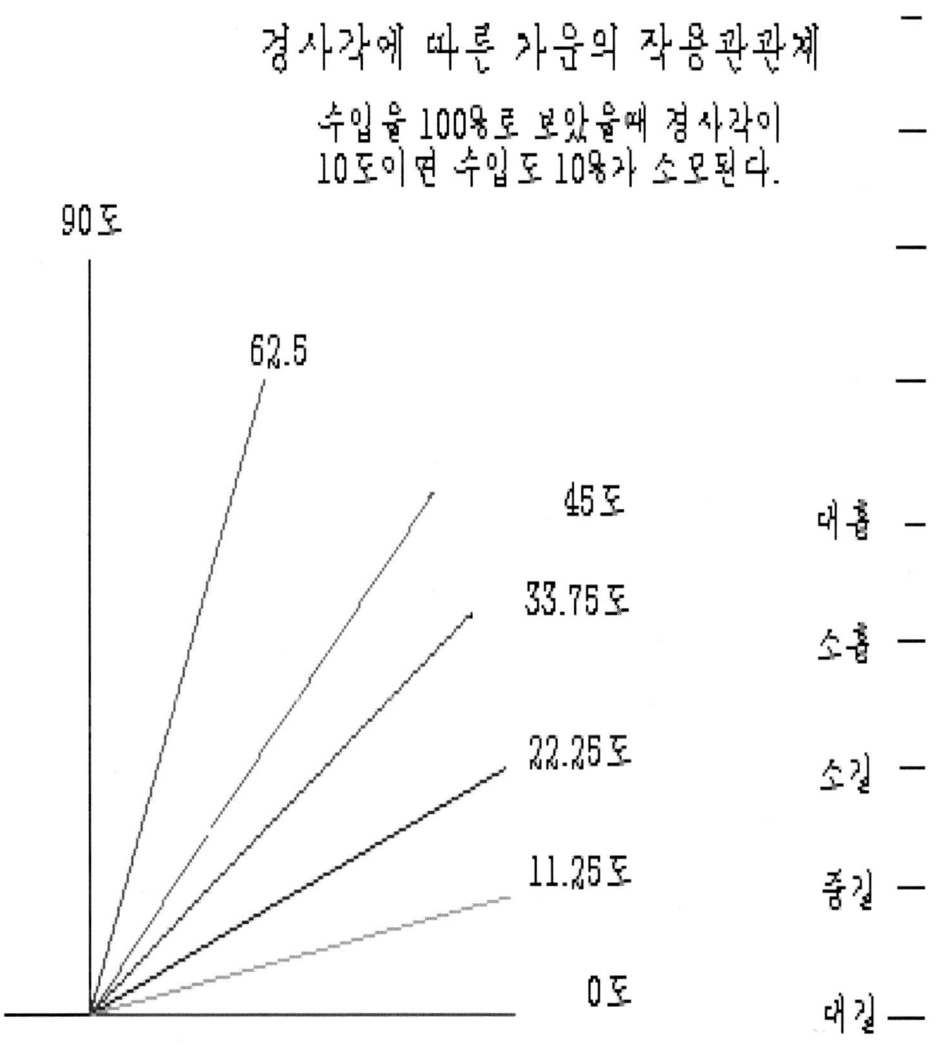

지역과 경사지를 보고나면 선택한 지번이 도로에서 볼 때 어떤 지운관계를 가지고 있는가를 보는 4등급 지역 적성 용도를 보는 그림입니다.

창원광장 교차로에서 보는 4등급지역 지운보기입니다.

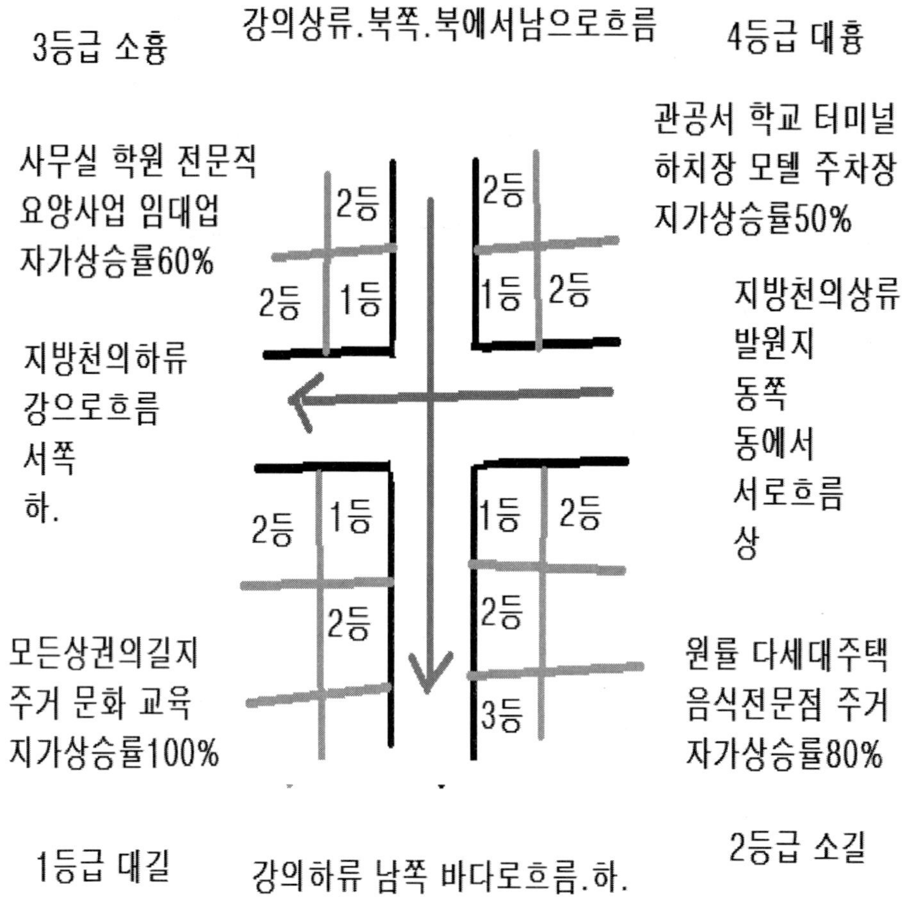


광장 교차로에서 남서쪽으로 롯데 마-트 빗물 테마공원 근로 복지공단 창원병원이 있는 지역이 1등급 지역으로 구분할 수 있으며 광장 교차로에서 동남쪽으로 롯데 백화점 창원가음정동 고분군 상남중학교 성산구청이 있는 주변이 2등급 지역으로 구분할 수 있을 것입니다.

광장 교차로에서 서북쪽으로 창원 중앙고등학교 회연 요양병원 의창구청 봉림중학교 주변이 3등급 지역으로 구분할 수 있으며 광장 교차로에서 동북쪽으로 한국은행 경남본부 창원 신월 중 고등학교 창원 지방법원이 있는 주변이 4등급 지역으로 구분할 수 있을 것입니다.

4등급 지역 지운을 보고나면 선택한 지번에 출입문 위치를 보아야 할 것입니다. 아래 그림은 4등급 지역에 따른 출입문 위치도입니다.

그림에서 표시된 위치를 참고하세요.

**동에서 서로 북에서 남으로 흐르는 지류**
**각 지번의 출입문 길방**

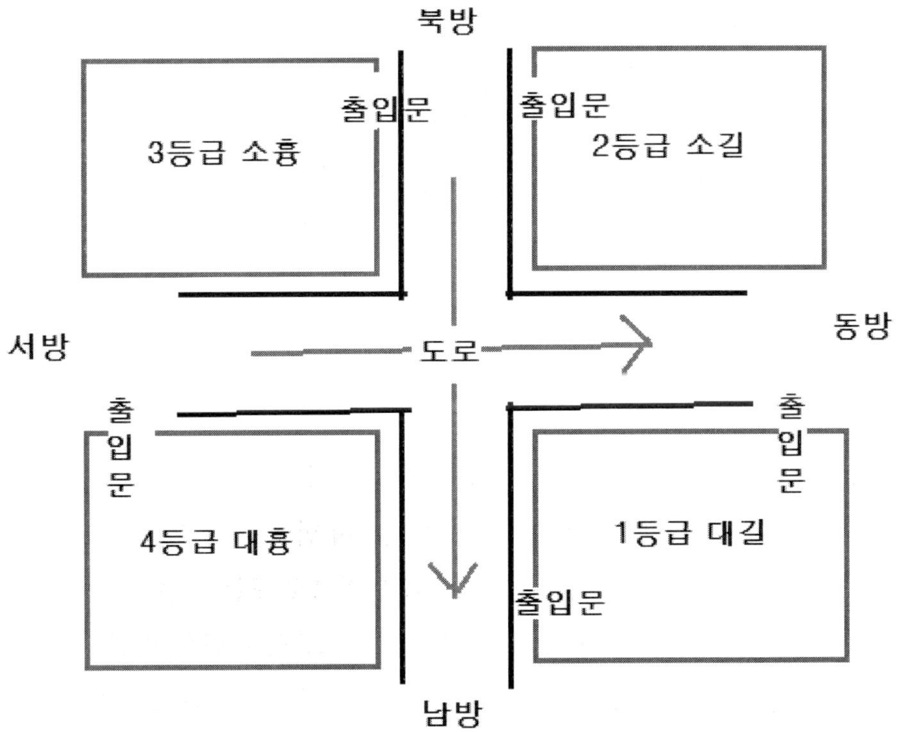

## 마산 합포구

합포구는 삼호천고 산호천이 협류허여 수출자유 지역교아해로 흘러 바단로 입수되는 지운입니다. 수출 자유 지역 교에서 북  북서방향으로 지운 자를 놓고 보세요. 아래 그림은 지운을 보는 지입니다.

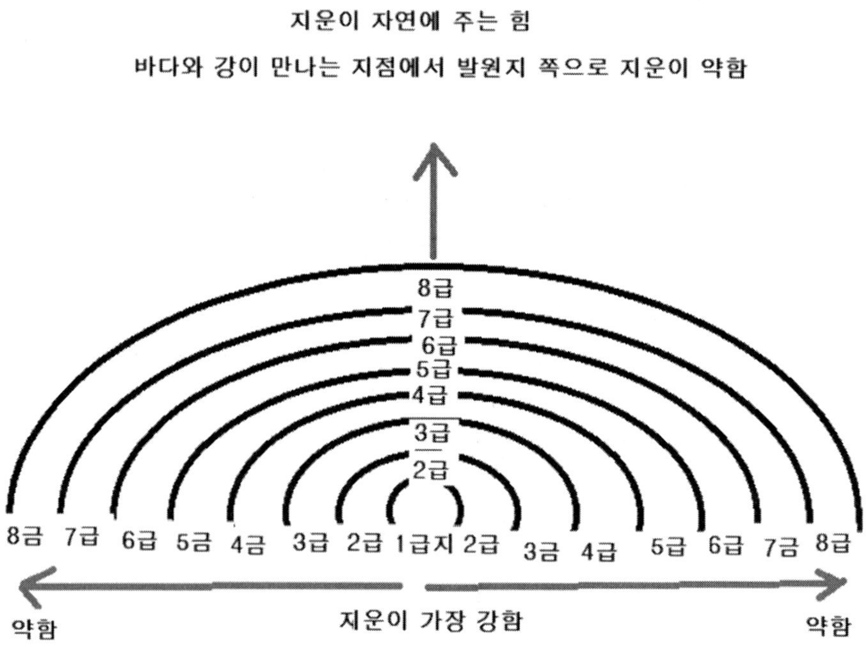


합포구의 8등급 지역 구분입니다.

한국 방송대학교 마산고운 초등학교 마산남부 시외버스 터미널 신마산 서항 부두 가 있는 지역이 1등급 지역으로 볼 수 있으며 합포구청 마산용마 고등학교 자산동 행정복지 센-타가 있는 지역이 2등급 지역으로 구분할 수 있습니다.

경남대학교 문화동 행정 복지센-타 마산 여자고등학교 반월 민원센-타가 있는 지역이 3등급 지역으로 구분할 수 있으며 마산의료원 마산고등학교 성호초등학교 경남전자고등학교 주변이 4등급 지역으로 구분할 수 있을 것입니다.

마산 삼진고등학교 진동 시외버스 정류소 마산운전 면허 시험장이 있는 지역이 5등급 지역으로 구분할 수 있으며 그린 식물원 삼진운동장 하북 초등학교 진북면 보건소 주변이 6등급 지역으로 구분할 수 있을 것입니다.

진전면 복지센-타 진전 중학교 진전초등학교 더하루 캠핑장이 있는 주변 농지가 7등급 지역으로 구분 할 수 있을 것이며 대장마을회관 양촌여울 체험캠프 가락마을회관이 있는 주변이 합포구 8등급 지역으로 구분할 수 있을 것입니다.

지역을 구분하고 나면 지역의 경사도를 보아야 합니다,

아래 그림은 가운도입니다. 가운도는 지형의 균형을 보는 것입니다.

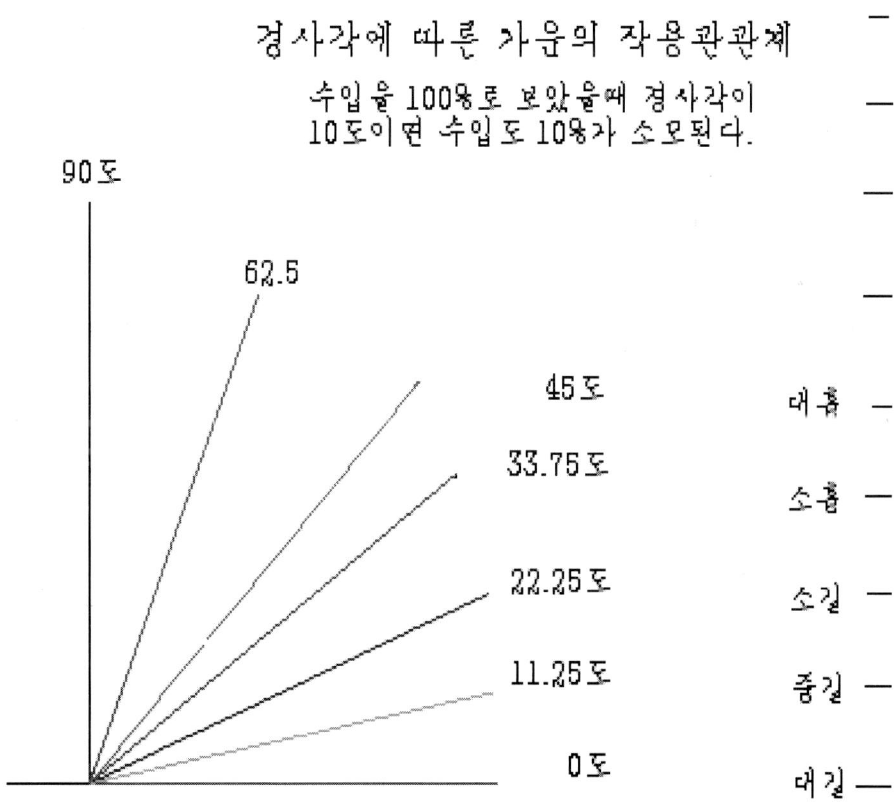

등급 지역과 경사도를 보고나면 선택한 지번에서 가까운 교차로에서 보는 지운입니다. 아래그림은 마산 육호광장 교차로에서 보는 4등급 지역 해설입니다.

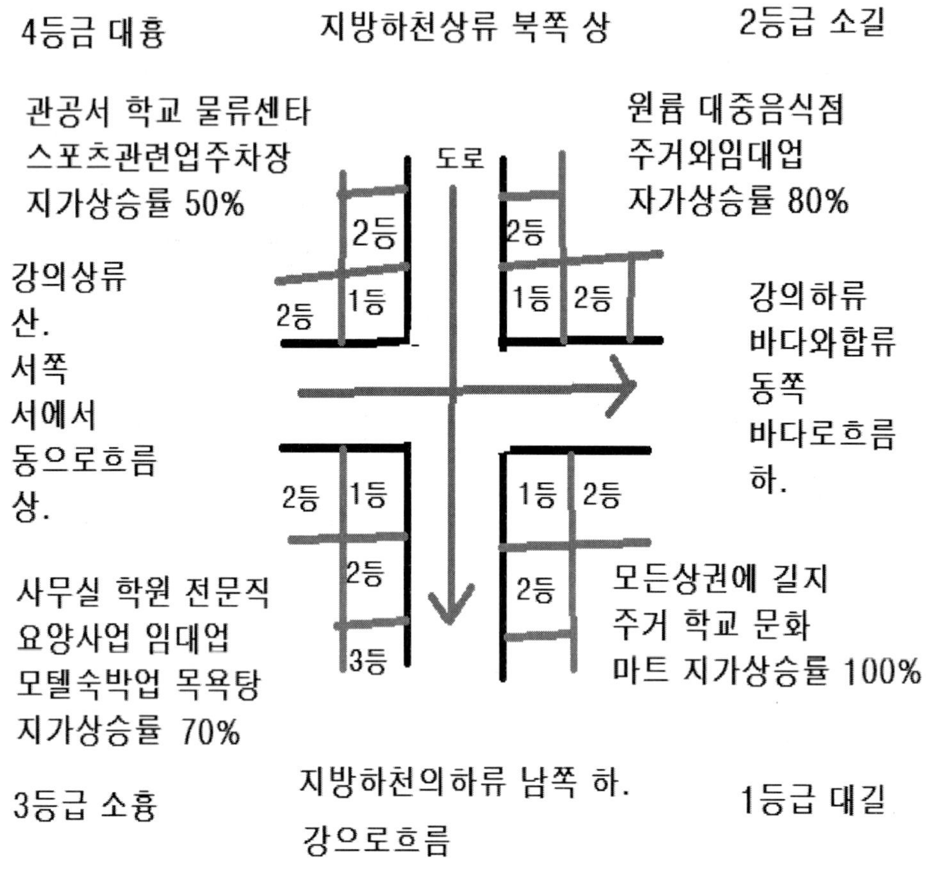


교차로에서 동남쪽으로 대동빌딩 로얄 교육원 오동민원 센-타 마산수협 냉동공장 은혜병원이 있는 지역이 1등급 지역으로 구분할 수 있을 것이며 교차로에서 서남쪽으로 교보생명 성호초등학교 마산합포구청 제1부두 월포 초등학교 주변이 2등급 지역으로 구분할 수 있을 것입니다.

교차로에서 동북쪽으로 성남초등학교 용마고등학교 마산고속버스 터미널 합성2동 복지 센-타가 있는 지역이 3등급 지역으로 구분할 수 있을 것이며 교차로에서 서북쪽으로 회원구 선거관리위원회 마산의신 여자중학교 회원초등학교 북성초등학교주변이 4등급 지역으로 구분할 수 있을 것입니다.

아래 그림은 4등급 지역에 따른 출입문 위치도입니다.

각 등급 지역에 표시된 위치에  출입문을 참고하세요.

**동에서 서로 북에서 남으로 흐르는 지류**
**각 지번의 출입문 길방**

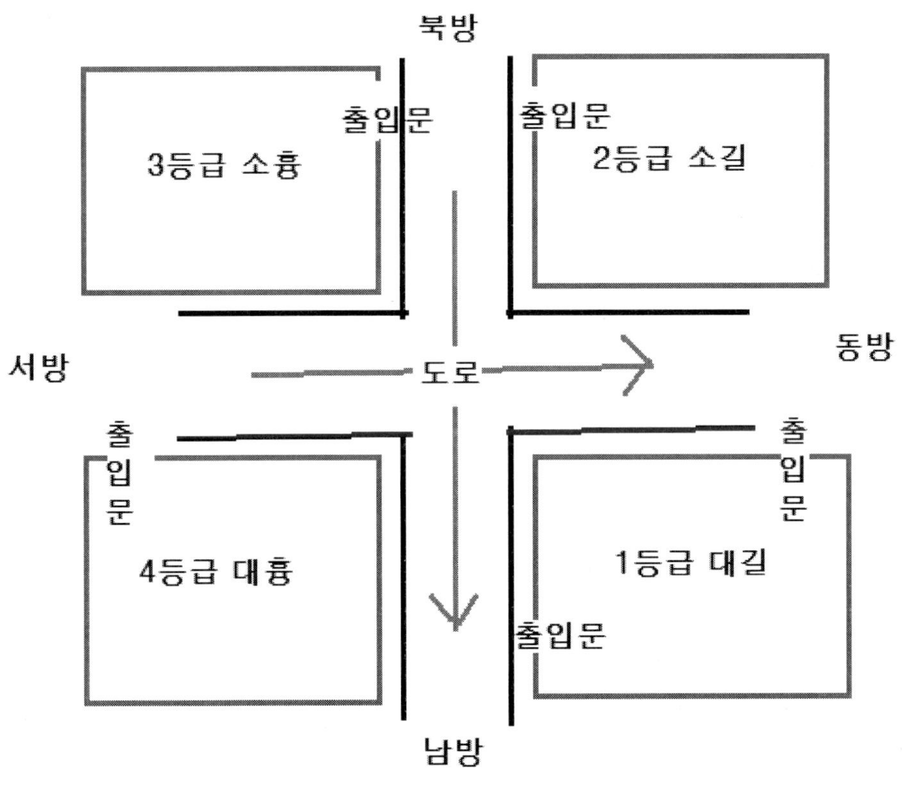

## 창원시 의창 구

의창구의 8등급 지역 구분입니다.

창원시 의창구청 필용동 행정복지 센-타 경상국립 대학교가 있는 지역이 1등급 지역으로 구분할 수 있으며 의창구청 별관 봉림동행정 복지센-타 경남도청이 있는 지역이 2등급 지역으로 구분할 수 있을 것입니다.

창원시 대산파크 골프장 유동마을 회과 우암 초등학교 주변이 3등급 지역으로 구분할 수 있으며 일동초등학교 선남마을회관 노연리 주변이 4등급 지여으로 구분할 수 있을 것입니다,

창원 일반산업단지 산동초등학교 죽동리주변 농지가 5등급 지역으로 귀분할 수 있으며 신기마을회관 천지승마클럽이 있는 지역이 6등급 지역으로 구분할 수 있을 것입니다.

북면 수변생태공원 초소마을회관  하천초등학교  소리마을회관이 있는 지역이 7등급 지역으로 구분할 수 있으며 창원동전 월드 메르디앙 아파트 창원 무동 센팀 파라디아 아파트 감계지구가 있는 지역이 8등급 지역으로 구분할 수 있을 것입니다.

창원시 의창구 전체지운 측정하는  지운을 보는 자 입니다.
낙동강과 신천천이 합류하는 지점에 지운자를 놓고 남쪽으로 달천공원 오토 캠핑장이 있는 지역 6등급 지역으로 보고  의창구청 경남도청이 있는 지역은 창원천의 지운을 받으므로 참고 하세요

다음은 지역을 보고 나면 선택된 지역의 경사도를 보아야 합니다.

아래그림은 가운도입니다. 가운도는 지운의 균형을 보는 의미입니다.

아래그림에서 내용을 참고하여 암기 하세요.

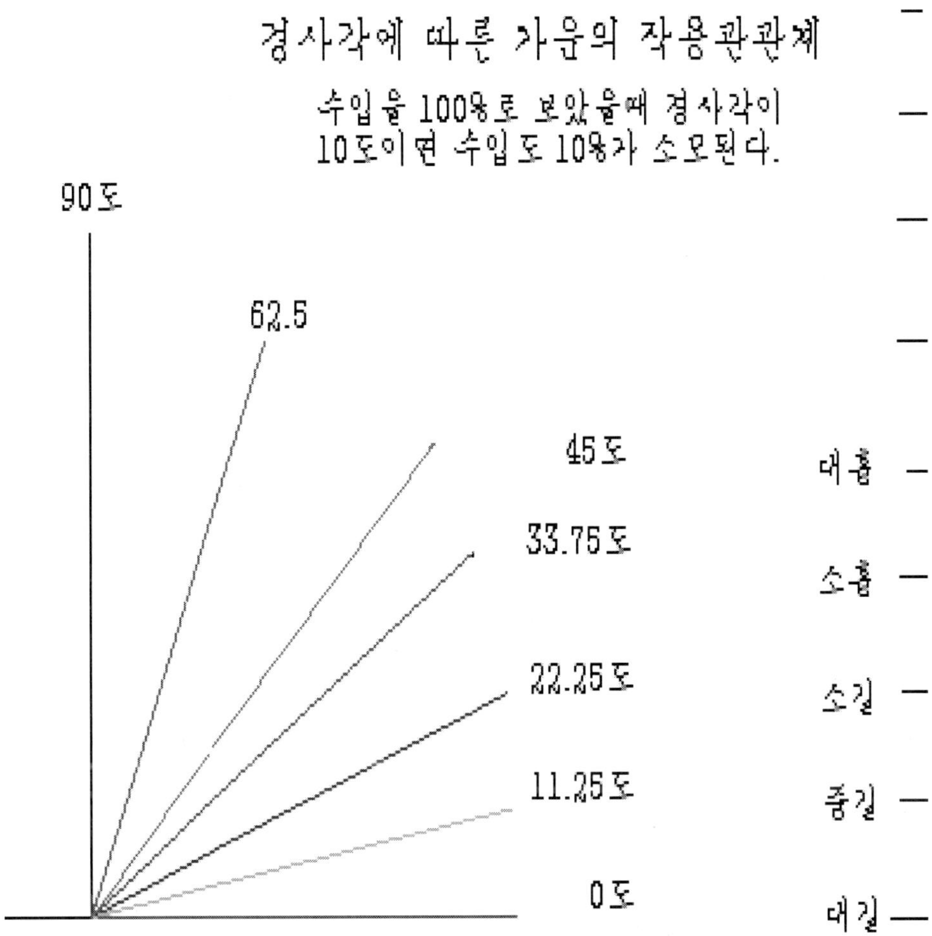


경사도를 보고나면 선택된 지번에서 가까운 교차로에서 보는 4등급 지역 용도 관계입니다. 그림에서 습득하세요.

명곡동 주민자치 샌-타앞 교차로에서 보는 4등급 지역 지운보기입니다.

의 동남쪽 창원 명곡 고등학교 의창구천 봉림중학교 경남도청이 있는 지역이 1등급 지역으로 가정할 수 있을 것이며 서남쪽 창원고등학교 도계 초등학교 의창구청 의창동 행정 복지샌-타가 있는 공단주변이 2등급 지역으로 구분할 수 있을 것입니다.

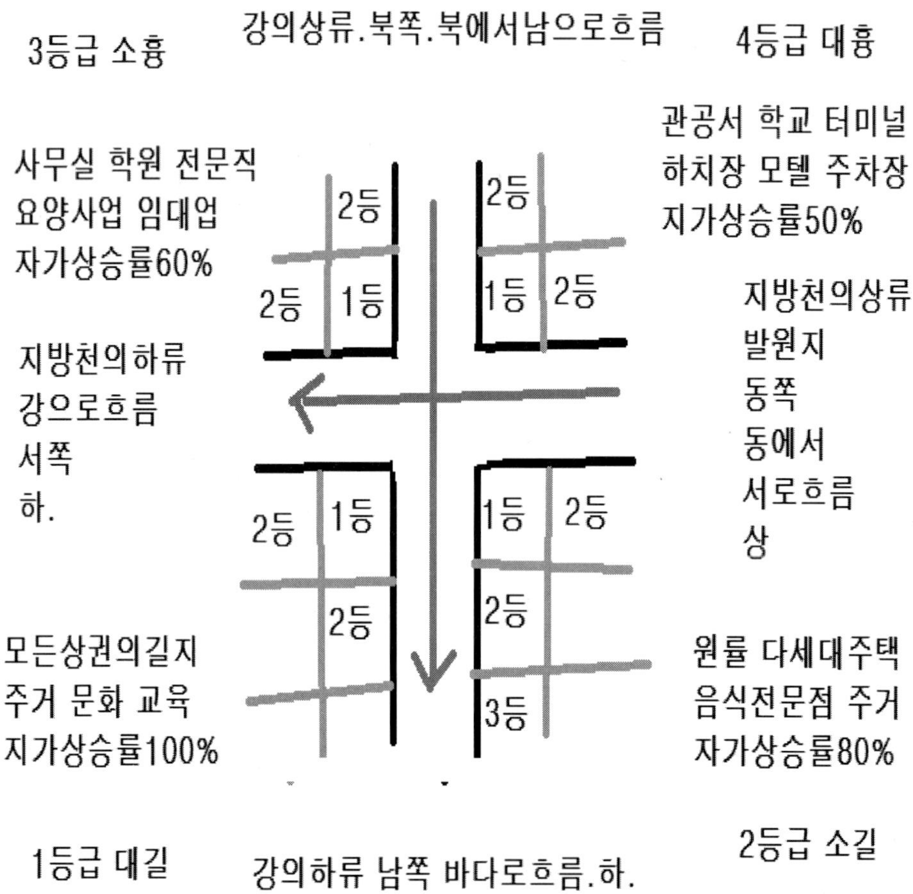


사거리에서 동북쪽으로 유동마을회관 우암초등학교 대산면 행정복지 센-타가 있는 지역이 3등급 지역으로 구분할 수 있으며 교차로에서 서북쪽으로 북면 구변행태공원 북면행정복지센-타 동전리 창원 무동센텀 파라다이아파트가 있

는 지역이 4등급 지역으로 구분할 수 있을 것입니다.

등급지역 구분과 경사도 그리고 도로에서 보는 4등급 지역 구분을 하고나면 선택된 지번의  건축물 의 출입문을 보아야 할 것입니다.

아래그림은 출입문 보기입니다. 그림에서 참고 하세요.

동강에서 서로 북에서 남으로 흐르는지류
각지번의 출입문 길방

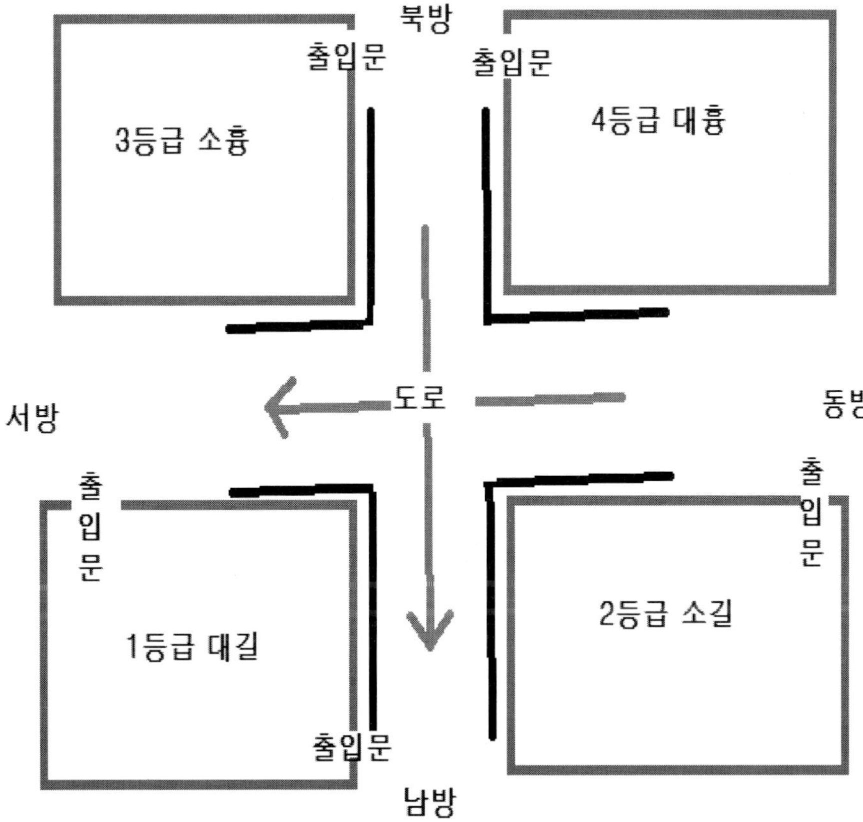


위의 그림은 출입문 위치를 보는 그림입니다.

그림에 표시한 위치를 참고 하세요.

## 창원시 진해구

진해구 전체 8등급 지역 구분하기입니다.

진해 이동 우편취급국 이동행정 복지센-타 진해경찰서 자은 파출소가 있는 지역이 1등급 지역으로 구분할 수 있으며 자은동 행정복지 센-타 진해구청 장천 초등학교 주변이 2등급 지역으로 구분할 수 있을 것입니다.

경화시장 경화동 복지센-타 태백동 행정복지센-타 가 있는 지역이 3등급 지역으로 가정해 볼 수 있으며 충무동 복지센-타 진해공설 운동장 진해 시외버스 터미널이 있는 지역을 4등급 지역으로 볼 수 있을 것입니다.

여좌동행정복지 센-타 진해고등학교 진해문화 센-타가 있는 지역이 5등급 지역으로 구분할 수 있으며 웅동2동 행정복지센-타 용원 초등학교 안청 초등 학교 주변이 6등급 지역으로 가정할 수 있을 것입니다.

웅동1동 행정복지센-타 창원마천 일반산업단지 중소벤처기업 부산경남 연수원이 있는 지역이 7등급 지역으로 구분할 수 있으며 웅천동행정복지센-타 남문시티 프라디움 1차 아파트 관정노인 복지회관이 있는 지역이 8등급 지역으로 구분할 수 있을 것입니다.

창원 마산 진해지역은 산지가 많고 지역적 편차가 심하여 다소 변화가 있을 수 있자만 구독자님의 양해와 배려를 하시기 바랍니다.

농업과 상공업이 개발되면서 지역 간 갈등으로 단결이 결여될 수 있습니다.

등급지역과 경사지를 보고나면 선택된 지번에서 가까운 교차로에서 보는 4

등급 지역 적성 용도 를 참고해 보기입니다.

만 리들 사거리에서 보는4등급 지역 적성 응용보기입니다.

아래 그림을 참고하세요.

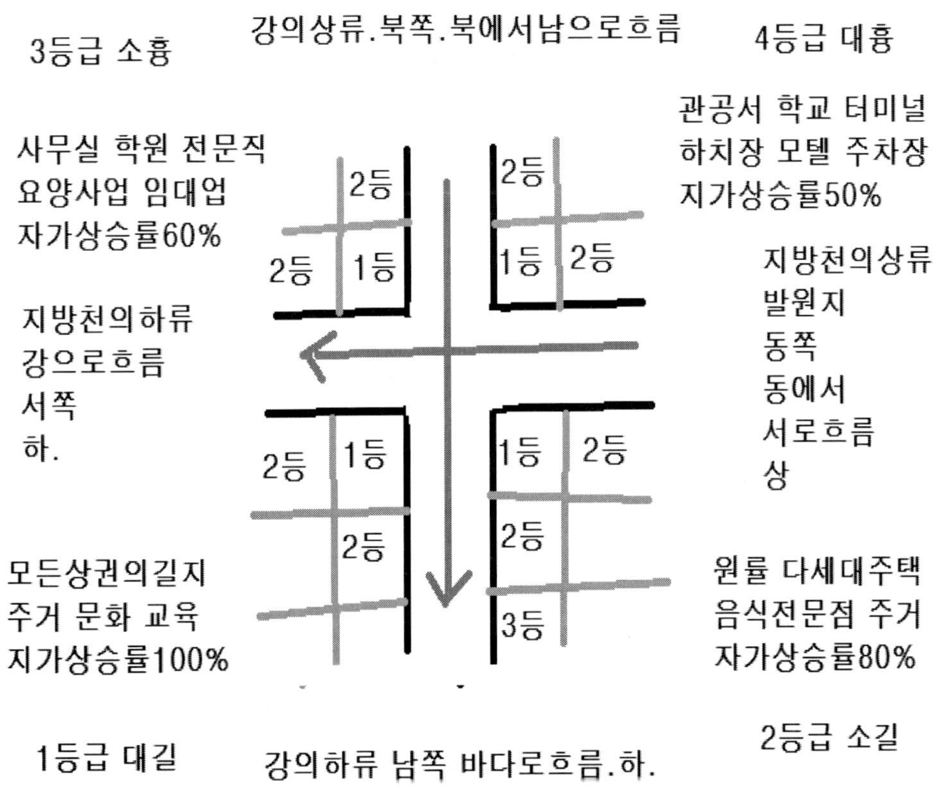


위의 그림에서 화살표 방향을 중시해서 보세요.

지운은 동쪽에서 서쪽으로 북쪽으로 흐르는 기류라고 보세요.

만 리들 사거리에서 서남간으로 석동중학교 어깨동무 유치원 이동 생활체육시설 이동북지 센-타 덕산초등학교 주변이 1등급 지역으로 구분할 수 있으며 서북쪽으로 동부초등학교 롯데마트 경화초등학교 충무동복지 센-타가 주변 지역이 2등급 지역으로 구분할 수 있을 것입니다.

진해경찰서 진해 남중학교 여좌동 진해고등학교가 있는 주변이 3등급 지역으로 구문할 수 있을 것이며 만 리들 사거리에서 동북쪽으로 창원지방법원 자은파출소 자은 초등학교 해군해양의료원 진해구청이 있는 지역이 4등급 지역으로 구분할 수 있을 것입니다.

8등급 지역과 경사도 그리고 선택한 지번이 도로에서 보는 지운관계를 보았으면 선택된 지번에 건축물에 관한 공장 상가 주택의 출입문 길흉관계를 보아야 할 것입니다.

아래 그림은 건물의 출입문에 관한 위치도입니다.

그림에서 표시한 위치를 잘 분석하여 참고 하세요.

동강에서 서로 북에서 남으로 흐르는지류
각지번의 출입문 길방

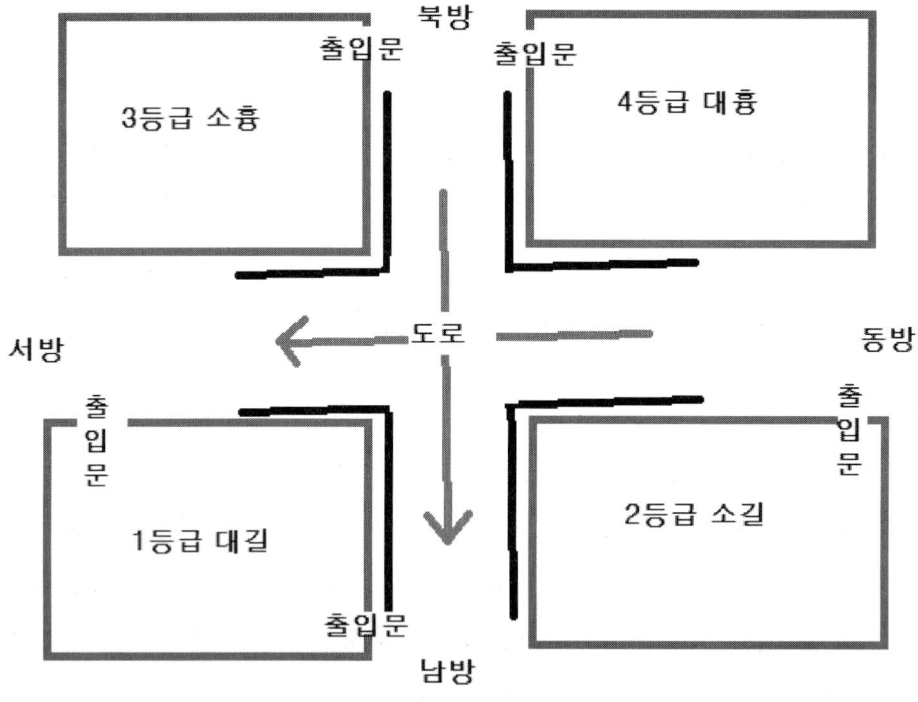

## 순천시

순천시 9등급 구분하기입니다.

순천시는 청소골 일원에서 발원한 순천동천 순천서천 마사천이 합류하여 남으로 흐르는 지운이다. 지운 자를 순천만 갈대 군락지에서 청소골 향으로 놓고 보는 지운입니다.

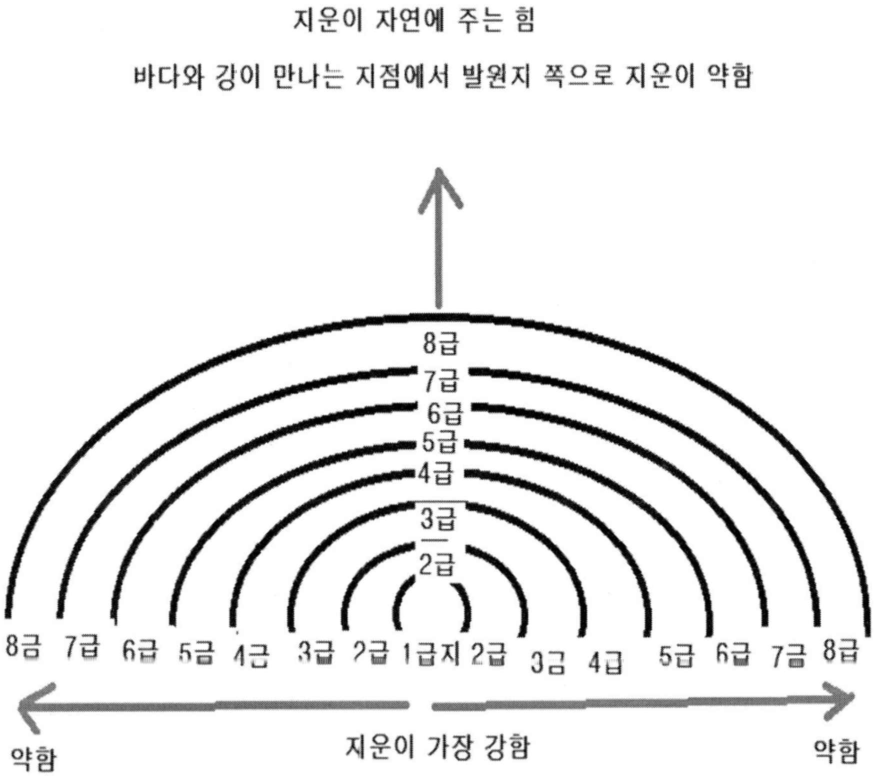


장산마을회관 진목마을회관 우신리 주변 순천인안 초등학교 월평마을회관 순천만갈대 캠핑장이 있는 주변 농지가 1등급 지역으로 구분할수 있을 것이며 외온마을 농주마을회관 도룡 마을회관 해룡초등학교 오신마을회관 대우자동차 운전 전문학원 순천도시 초등학교 주변 논밭이 2등급 지역으로 구분할 수 있을 것입니다. 순천테크노파크 한국전력공사 케이임 테크 해룡면사무소가 있는 지

역이 3등급 지역으로 구분할 수 있을 것이며 순천시청 순천남산초등학교 삼산초등학교 체육관이 있는 지역이 4등급 지역으로 구분할 수 있을 것입니다.

순천팔마종합 운동장 풍덕 중학교 중앙초등학교 순천이수중학교 순천동산여자중학교가 있는 지역이 5등급 지역으로 구분할 수 있을 것이며 순천우체국 동명초등학교 근로복지공단 순천병원 순천팔마 중학교가 있는 지역이 6등급 지역으로 구분할 수 있을 것입니다.

낙안면복지 센-타 낙안습성 민속마을 낙안초등학교 순천낙안중학교 이곡마을회관이 있는 지역이 7등급 지역으로 구분할 수 있을 것이며 순천 주암 중학교 주암면 주암 초등학교 월등면 황전면 승주읍 주변이 8등급 지역으로 구분할 수 있을 것입니다. 등급지역이 선택되면 선택된 지역에 경사각을 보아야 할 것입니다. 아래의 그림은 경사각을 보는 가운도입니다.

그림의 내용을 참고하세요.

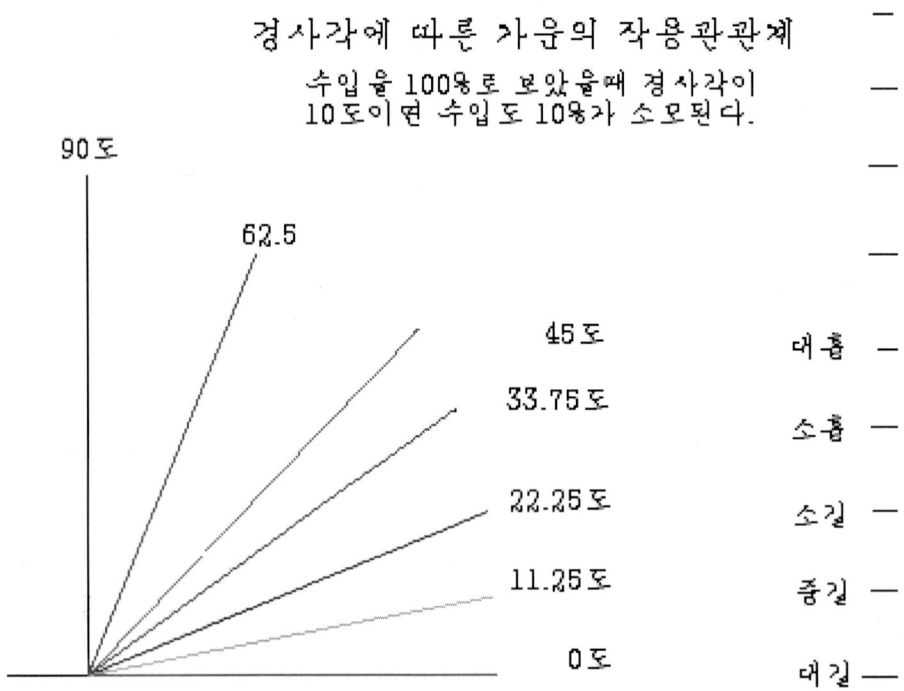

다음은 4등급 지역의 적성도입니다.

8등급지역에 자신에 맞는 지역을 선택하고 그리고 그 지역의 경사도를 보고 나면 지번에서 가장 가까운교차로에서 4등급 지역의 지운을 보세요.

위의 그림은 연항 육교에서 보는 4등급 지역 내용입니다.

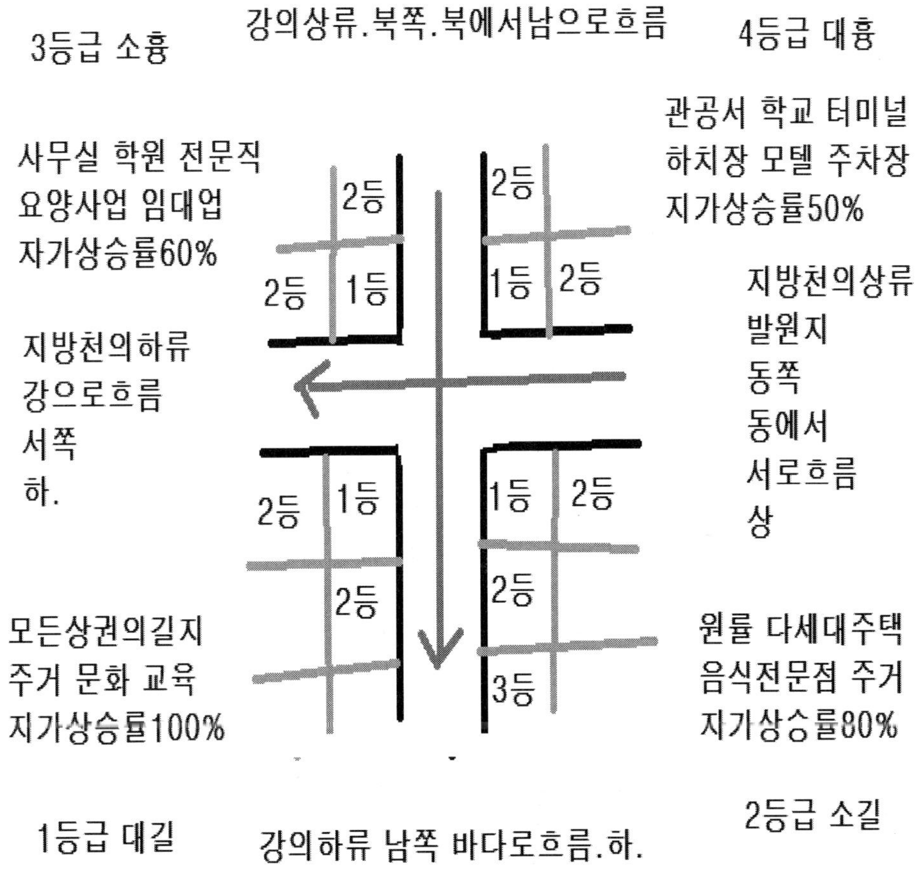


연항 육교 사거리에서 서남쪽으로 팔마야구장 메가 박스 순천남산초등학교 순천호수정원이 있는 지역이 1등급 지역으로 구분할 수 있을 것이며 육교 사거리에서 동남쪽으로 순천시 육아종합 지원 센-타 좌야 초등학교 테크노파크가 있는 지역이 2등급 지역으로 구분할 수 있을 것입니다.

육교 사거리에서 서북쪽으로 순천 연향 중학교 한국전력공사 순천이수 중학교 순천시청이 있는 지역이 3등급 지역으로 구분할 수 있을 것이며 육교 사거리에서 동북쪽으로 순천우체국 순천금당고등학교 순천북성고등학교 순천복지공단 순천병원이 있는 지역이 4등급 지역으로 구분할 수 있을 것입니다.

선택되면 선택한 지번에 건물 상가 공장 주택 등에 관한 출입문 관계를 보아야 할 것입니다. 아래 그림은 출입문 위치도입니다.

그림에서 표시한 출입문 위치를 참고하세요.

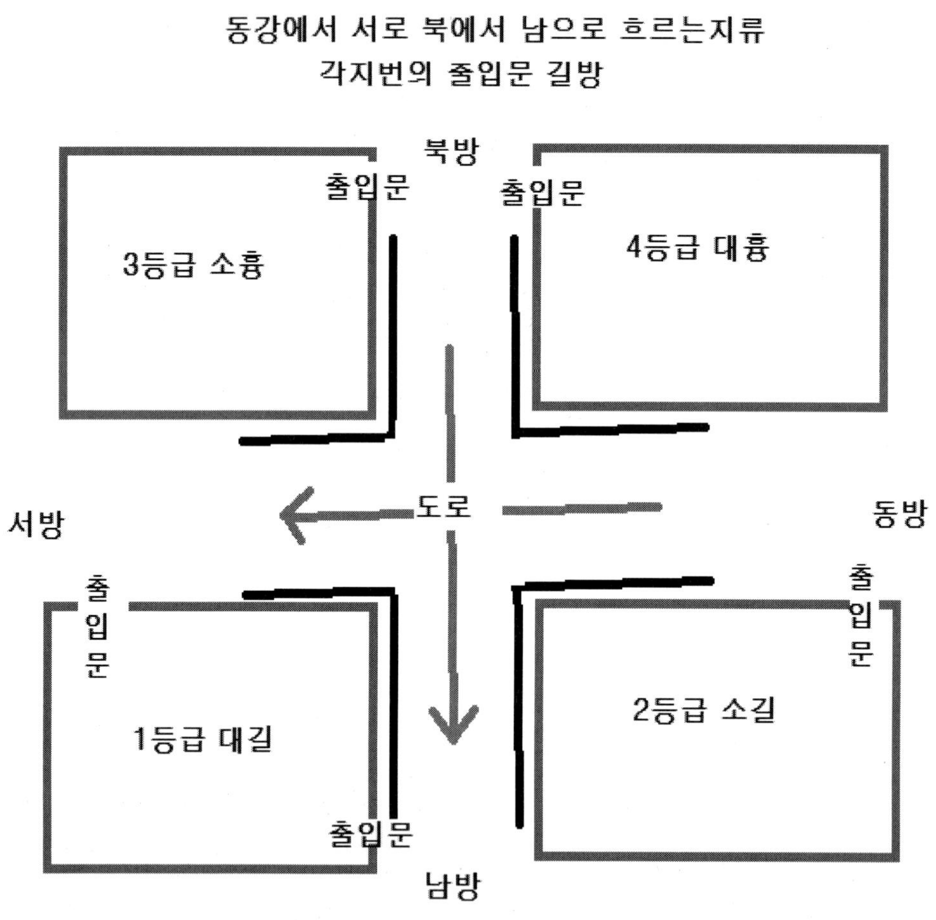

## 전주시

전주시 8등급 지운보기입니다.

전주시는 구이저수지에서 발원하여 북향으로 흘러서 김제시와 익산시 사이로 전주 천 에서 만경강과 합류하여 서해로 흘러가는 지운으로 보입니다.

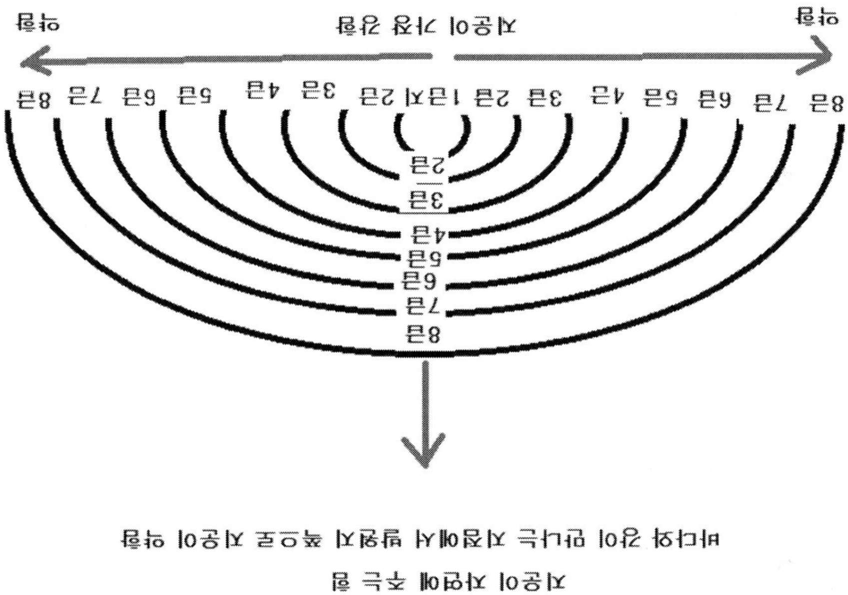


전주시는 전주 천과 만경강이 합류하는 지점에 지운자를 놓고 남동에서 서북으로 흐르는 지운을 받으므로 전주 천 서쪽으로 동산역 전주공업고등학교 전주용덕초등학교 도도지구마을회관이 있는 주변이 1등급 지역으로 구분할 수 있을 것이며 전주천 동쪽으로 송내 생활 체육공원 전주마산 초등학교 전주초포초등학교 가 있는 주변이 2등급 지역으로 구분할 수 있을 것입니다.

전주월드컵 경기장 전주지방법원 전주팔복 초등학교 전주한지박물관 농민생활 지원청 국민연금공단 하나로마트가 있는 지역이 3등급 지역으로 구분할 수 있으며 전주서진 중학교 전주한일 고등학교 한들 초등학교 중화산1동 주민 센-

타 완사구청 산천남 초등학교 주변이 4등급 지역으로 구분할 수 있을 것입니다.

전주시청 덕진구청 전주생명공학 고등학교 풍남문 전주교동 우편편집국이 있는 지역이 5등급 지역으로 구분할 수 있으며 전북도청 호남제일 고등학교 대운동장 전주우전 중학교가 있는 지역이 6등급 지역으로 구분할 수 있을 것입니다. 금성 장례식장 전주송천초등학교 전주 덕진 중학교 전주동신 초등학교 전주자동차 운전전문학원이 있는 지역이 7등급 지역으로 구분할 수 있을 것이며 전주여자 중학교 전주용흥 중학교 전주남 중학교 전주문정 초등학교 산천 자동차운전 전문 학원 중안 보건진료소가 있는 주변이 8등급 지역으로 구분할 수 있을 것입니다.

8등급 지역을 구분하고 나면 지역의 경사각을 보아야 합니다.

경사각을 보는 가운 도는 지운의 균형을 보는 그림입니다.

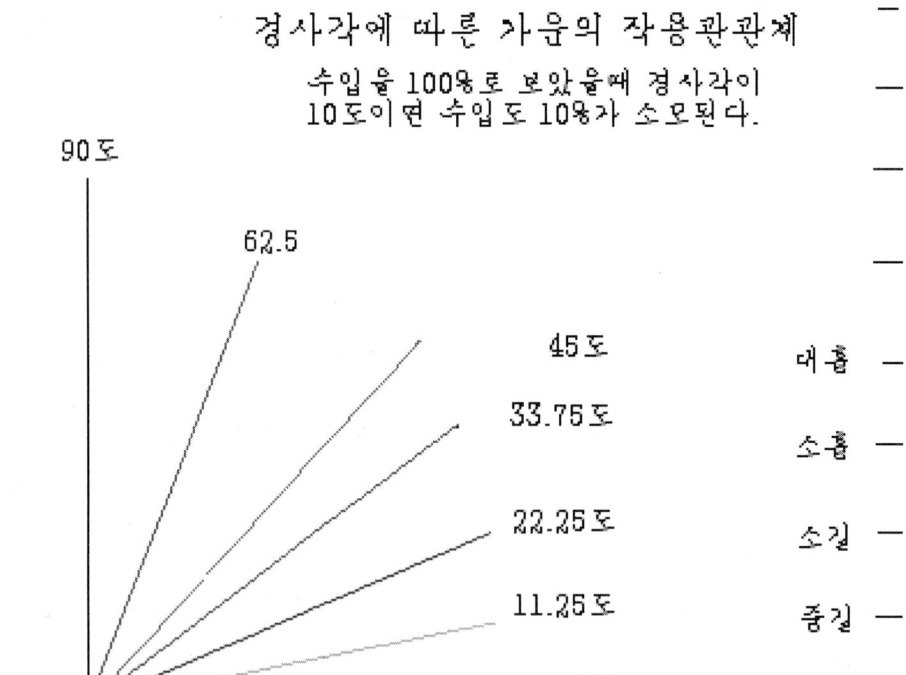

위의 그림은 가운도입니다. 그림에 내용에서 짐작하세요.

가운 도는 지운의 균형을 보는 것입니다.

등급 지역과 가운 도를 보고 지번을 선택하면 선택한 지번에서 가까운 교차로에서 보는 용도 적성보기입니다. 그림에서 참고 하세요. 에

다음 그림은 도로에서 보는4등급 지역 이용도입니다.

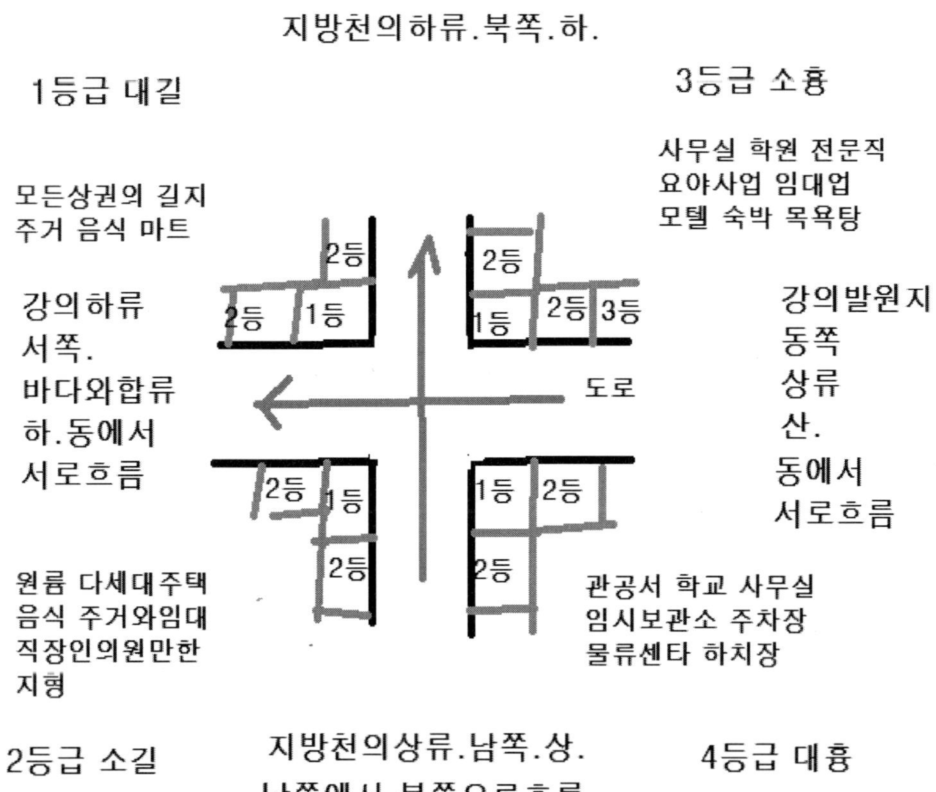


전주시 중심으로 보여 지는 전북 터널 사거리에서 보는4등급 지역 적성. 용도. 보기입니다. 위의 그림을 참고하세요. 사거리에서 북서쪽으로 유엔 미 병원 전주서천 중학교 전주공업 고등학교 한국 농수산대학교가 있는 지역 주변이 1등급 지역으로 구분할 수 있으며 사거리에서 북동쪽으로 다이소 은혜 푸드 전

주여자 고등학교 덕진구청 유일여자 고등학교 전주 대학교병원 백석저수지가 있는 주변이 2등급 지역으로 구분할 수 있을 것입니다.

사거리에서 서남쪽으로 중산공원 전북경찰청 전주선화학교 전북도청 완산구청 전주 우리들 병원 상산고등학교가 있는 주변이 3등급 지역으로 구분할 수 있을 것이며 사거리에서 동남쪽으로 구스토 나인 전주근영 여자 고등학교 전주항 병원 전주시청 전주중앙 여자고등학교가 있는 주변이 4등급 지역으로 구분할 수 있을 것입니다.

이렇게 4등급 지역 응용 적성을 구분해서 선택할 수 있을 것입니다.

이렇게 8등급 지역과 경사도 그리고 도로에서 보는 지번관계를 보고 지번을 선택하면 선택된 지번의 용도 상가 주택 공장 등 건물의 출입문을 보아야 할 것입니다. 이래 그림을 참고하세요.

강에서 서로 남에서 북으로 흐르는 지류

각 지번의 출입문 길방

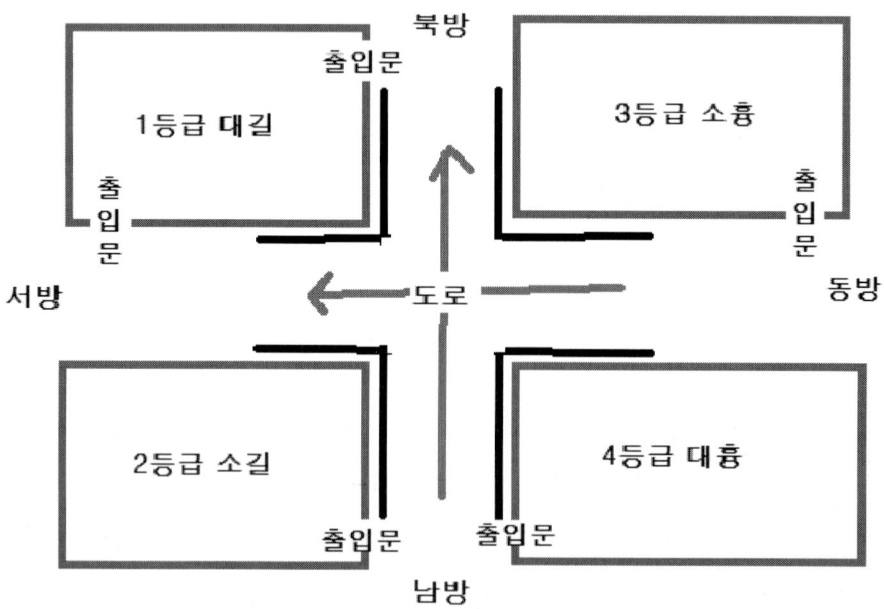

## 당진시

당진 시 8등급 지역 지운보기입니다.

안성천 진위 천 둔 포천이 합류하여 서해로 입수되는 지운의 도시입니다.

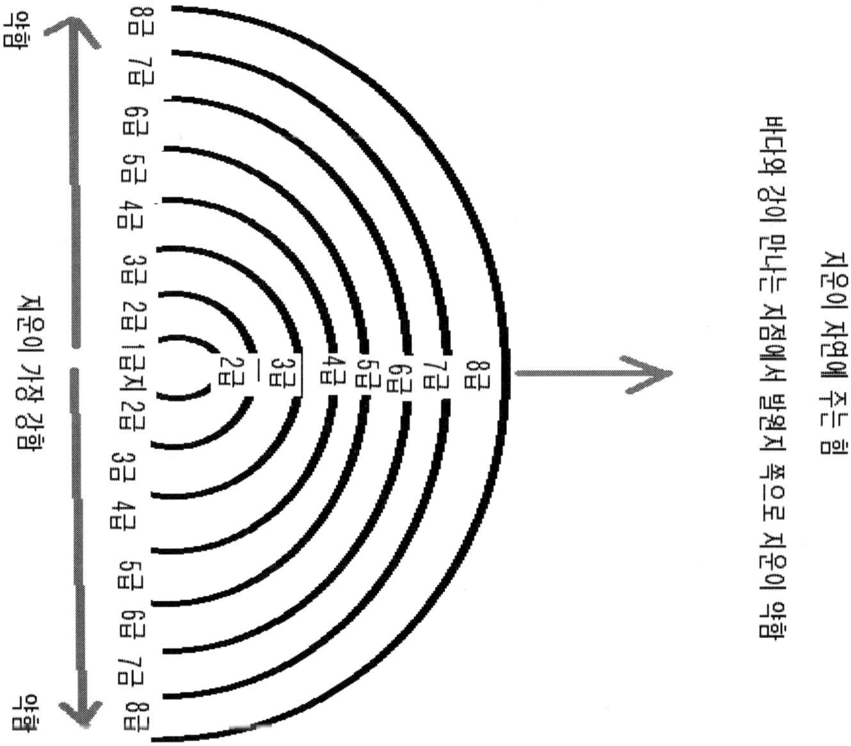


석문면 대호방조데 관리소 전망대 휴게소 삼봉초등학교 의정부부대찌개 초락 초등학교 선배산 조급초등학교 주변 논밭이 1등급 지역으로 볼 수 있을 것이며 지중해 낚시 슈-퍼 삼봉2리 마을회관 호서대학교 석문면복지 센-타 서경한우목장이 있는 주변이 2등급 지역으로 구분할 수 있을 것입니다. 통정리 삼화리 삼일물류 센-타 보덕사 당진시청 당진종합 운동장이 있는 주변이 3등급 지역으로 구분할 수 있을 것이며 당진철강 산업단지 서해휴게소 정곡리 마을회관 송

악고등학교 중외제약 한지리 주변이 4등급 지역으로 구분할 수 있을 것입니다.

매산 해안공원 매산리 마을회관 당진해양 캠핑공원 삽교천 시외버스 터미널 신평면복지 센-타 금천2리 마을회관이 송산중학교가 있는 지역이 5등급 지역으로 구분할 수 있을 것이며 삽교호 호수공원 신당보건진료소 세한대학교 송산리 마을회관이 있는 지역이 6등급 지역으로 구분할 수 있을 것입니다.

합덕전통시장 합도 초등학교 내동리 마을회관 도리마을회관 내경1리 마을회관 강문리 마을회관 부장리 주변 논밭이 7등급 지역으로 구분할 수 있으며 율산 보건진료소 면천중학교 성당초등학교 순성초등학교가 있는 지역이 8등급 지역으로 구분할 수 있을 것입니다. 위와 같이 8등급 지역을 구분을 하고나면 선택된 지번에 경사각을 보아야 할 것입니다.

아래의 그림은 경사도를 보는 가운도입니다.

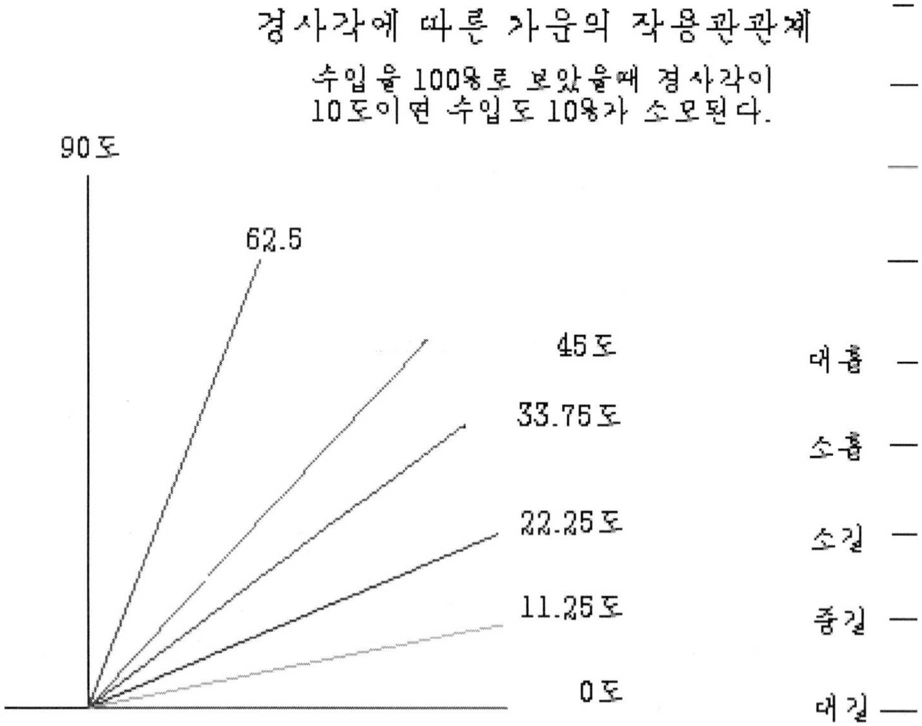

가운 도는 지운의 균형을 보는 내용입니다. 그림의 내용에서 참고하세요.

다음은 등급 지역과 경사도를 보고 선택한 지번이 도로에서는 어떤 지운을 가지고 있는가를 보아야 할 것입니다.

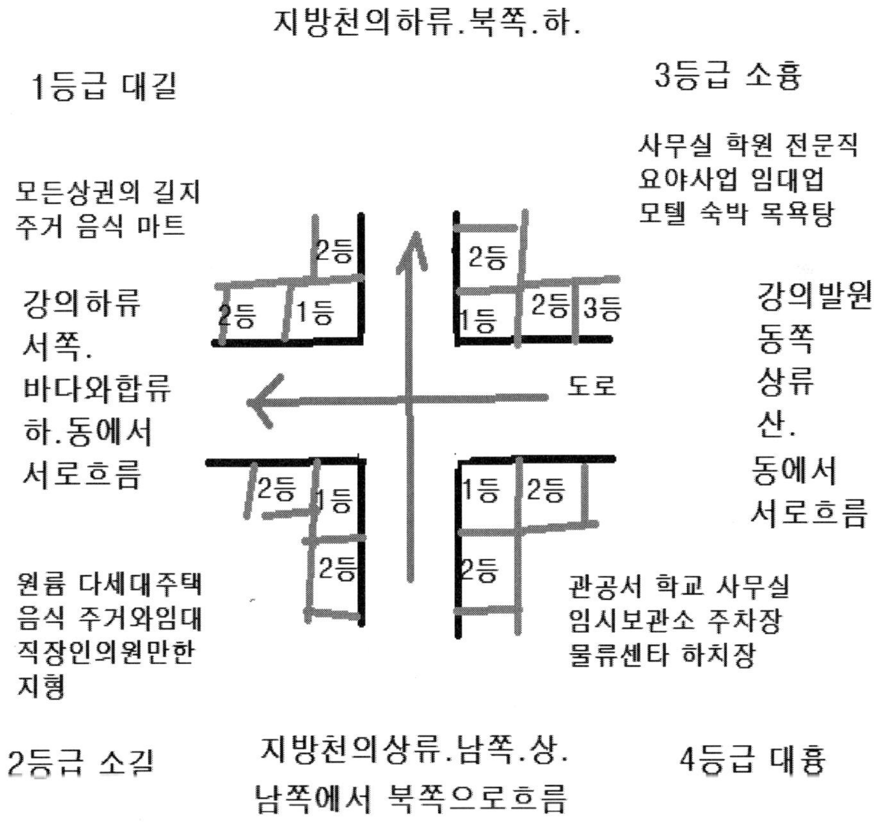


위의그림은 당진시 에서 중심지역으로 볼 수 있는 문예의 전당 사거리에서 보는 지운관계입니다.

사거리에서 북서쪽으로 우리 홈 마-트 박가 부대 당진초등학교 한마음 공원 당진고등학교가 있는 지역이 1등급 지역으로 볼 수 있을 것이며 사거리에서 동북쪽으로 열린 치과의원 스타 벅스 당진경찰서 당진버스 터미널 당진통일교회가 있는 지역이 2등급 지역으로 구분할 수 있을 것입니다.

사거리에서 서남쪽으로 국가대표 르노삼성 당진시 보건소 당진 전통시장 당진 고등학교가 있는 지역이 3드급 지역으로 구분할 수 있을 것이며 사거리에서 동남쪽으로 당진문화 예술의 전당 당진시청 무지개 어린이공원이 있는 지역이 4등급 지역으로 구분할 수 있을 것입니다.

다음은 등급 지역과 경사도 그리고 사거리에서 보는 지운의 적성 용도를 구분하여 지번이 선택되면 그 선택한 지번에 건물 주택 상가 공장 등의 출입문 관계를 보아야 할 것입니다.

다음 그림은 출입문 위치도입니다. 그림에서 표시한 위치를 참고하세요.

강에서 서로 남에서 북으로 흐르는 지류

각 지번의 출입문 길방

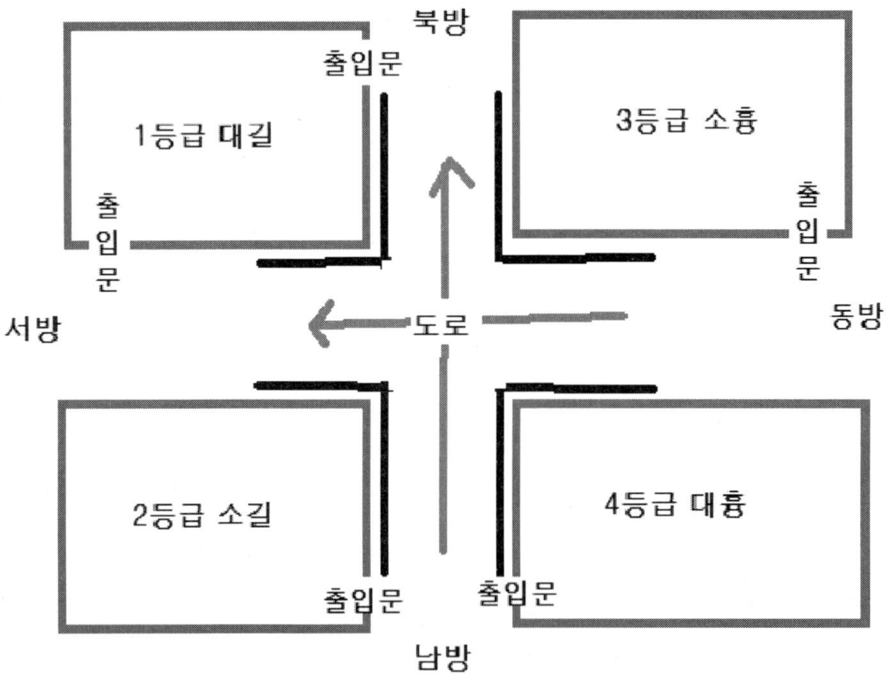

# 제 10 편

# 주택설계와 윤회

제10편 주택설계와 윤회

• 아래의 그림을 참고 하세요.

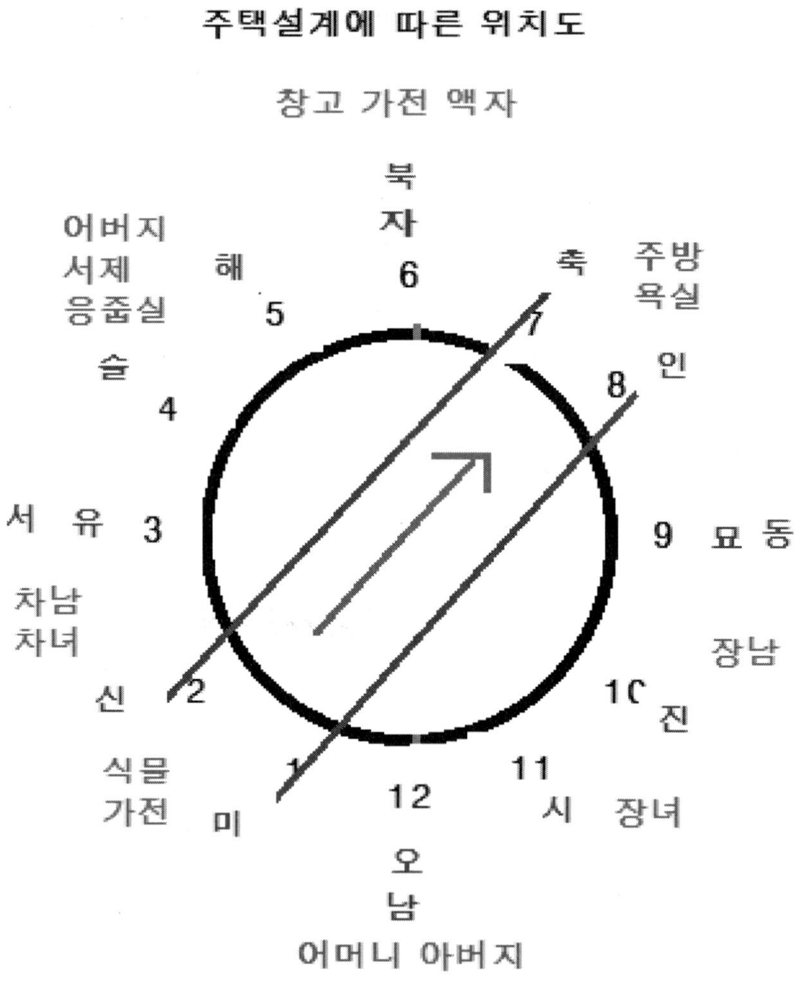

풍수를 이해하기위하여서는 지금까지 설명을 하였듯이 먼저 역역을 보고 그리고는 경사도를 참고하교 선택한 지번이 도로에서는 어떤 위치에 있는 가를 보고 선택한 지번은 설계를 어떻게 해야 할 지를 보아야 할 것입니다.

우리나라는 서남간(未申)방에서 기류가 발생하여 동북향(丑寅)방으로 움직이는 기류로 볼 수 있을 것입니다.

동북쪽으로는 바람이 배출이 되는 방위로 물과 관련된 주방 욕실을 두는 것이 바람직하다고 할 수 있으며 이방방위를 가택(家宅)설 에서는 귀신이 움직이는 방위라고해서 귀문살(鬼門殺)방 이라고 하여 제사를 지낼 때 이방위로 차례를 지낸다고 할 수 있습니다.

그리고 이 시간이 오전 1시에서 3시 사이를 조상님이 오셨다가 가시는 시간으로 생각하고 있습니다.

오전 3시에서 5시 사이를 동이틀 무렵이 시작된다고 하여 기후에 변화가 생기고 이슬이 멎고 조심 준비를 하는 시간으로 볼 수 있어 가구나 물건을 배치하는 것은 괜찮으나 사람이 거주하는 것은 바람직하지 못하다고 볼 수 있을 것입니다.

오전5시에서 7시 까지를 동쪽이라고 하고 묘방으로서 하루의 일과가 시작하는 의미로 장남 서제 방으로 쓰면 좋다고 할 수 있을 것입니다. 경우에 따라서 의류나 섬유 방송 전자 기획사 같은 업종에 일하고 있는 사람은 생각해 볼 필요가 있을 것입니다.

오전 7시에서 9시 사이를 진방으로 동동남향의 위치로 장녀 방 화초 장식장을 두는 것이 합당할 것 같습니다.

오전 9시에서 11시 사이를 사시 라고하고 오전 일을 마치고 잠간 쉬는 시간이다. 여가와 문화의 공간이라고 하여 음향기기 화초 장식장 같은 물건을 두거나 장녀가 거주하면 매우 출세 길이 빨리 열린다.

오전 11시에서 오후 3시 사이를 오미(午未)방으로 안방이 앉을 위치다. 대체적으로는 부부 방으로 보지만 안주인의 공간이다. 통풍이 잘되고 쾌적한 생활을 할 수 있어 권위와 재물 질병에서 보호 받을 수 있을 것입니다.

오후3시에서 5까지를 서서북방으로 신유(申酉)방 또는 도화 방 이라고 하여 예술에 뜻이 있는 사람은 좋다고 할 수 있으며 특히 칼이나 금속을 다루는 직업인에게는 빼어난 제를 발휘할 수 있으며 차녀 방을 여기에 두는 것을 우선으로 봅니다.

오후 5시에서 7시 사이를 유술(申酉)방으로 권위와 야망 재물 통치자의 의미를 가지고 있어 정치가 법률가 그리고 아버지의 자리로 볼 수 있을 것입니다.

오후 7시 에서 9시 사이를 술해(戌亥)방으로 결제 종결 내일의 구성 등의 의미를 가지고 있으며 가전 장식장 창고 방 같은 용도로 쓸 수 있는 공간입니다.

이와 같이 방위 도를 참고로 해서 지형에 맞는 주택 공장 상가 창고 등의 용도에 맞게 설계해 보세요.

# 1장 주택설계

우리가 살기 좋은 지역을 선택하는 것은 운명론에서 보면 자신이 태어나는 환경이 지신이 선택하여 태어나는 것이 아닐 것 이며 내가 태어난 지역도 역시 내가 선택하여 태어나는 것이 아닐 것입니다.

그러므로 이런 환경을 선천 운 이라고 할 수 있으며 부모님으로부터 받는 환경을 선천적 운명이라고 할 수 있으며 지역(주소지) 내가 선택할 수 있으므로 후천적 운이라고 할 수 있을 것입니다.

선천적 운은 바꿀 수 없는 것을 말할 수 있으며 후천적 운명은 자신의 지혜로 바꿀 수 있는 것을 말할 수 있을 것입니다. 인간이 운명은 선천적 운명에 의하여 주어진 운명 되로 살아간다면 얼마나 불행하고 서글픈 일이겠습니까.

부동산 사전(주소지의 비밀)은 후천적 운명으로 볼 수 있으므로  지천에 산재해 있는 지형을 선택할 수 살 수 있으므로 명리(사주)를 보고 길흉을 예지하듯이  주소지를 보고 운명을 예지할 수 있을 것입니다.

타고난 지역 시나 도(市.道)를 출생한 년 이라고 할 수 있으며 구(區)나 邑 面을 생월에 비유할 수 있으며 동(洞)이나 리(里)가 생일에 비우할 수 있으며 번지가 생시에 비유할 수 있으므로 필자는 주소지 사주라고 하는 것입니다.

그러므로 사주팔자를 보고 불운하다 하드라도 주소지를 잘 선택하면 인생 역전의 기회를 얻을 수 있을 것이 라고 필자는 100%로 믿어도 된다고 확신할 수 있습니다.

주소지의 비밀은 첫 번째 등급 지역을 선택하는 것은 재물 권력 명예를 국가 차원의 무대에서 움직인다고 말할 수 있으며 도나 시는 그 지역에서 직분을 얻는 것이며 동 이나 리 에서 지신의 입지를 얻을 것이며 번지는 자신의 가족 가정 직장 사업의 길흉화복을 얻을 것입니다.

그래서 마지막 주소지만 잘 선택해도 무탈한 운명을 가질 수 있을 것입니다. 지금 최종적으로 쓰고 있는 주택구조는 자신이 선택할 수 있는 마지막 선택입니다.

아래 그림을 참고하여 선택돈 지번에 주택설계를 참고하여 공부하세요.

## 1. 서에서 동으로 북에서 남으로 흐르는 지형

이 세상에서 운명을 디자인 하는 사람은 건축사라고 할 수 있으며 건축가의 설계가 그 개인의 운명이 된다는 것을 명심해야 할 것입니다.

아래의 그림은 강이나 하천이 북에서 남으로 서에서 동으로 흐르는 지역의 그림입니다.

화살표 방향을 참고하시고 북에서 남으로 서에서 동으로 흐르는 지형에서 가장 강하게 받는 지번은 동남간 위치가 1등급 지번이라고 할 수 있으며 그 지번에서 동으로 가면서 있는 지번은 북쪽 도로를 접해 있으므로 북향 주택으로 볼 수 있으며 서쪽 아래로 있는 지번을 서향 주택으로 볼 수 있을 것입니다. 그러므로 동남쪽으로 있는 지역을 1등급 지역으로 볼 수 있으며 주택의 구조는 그림에서 참고하세요.

서에서 동르로 북에서 남으로 흐르는 지형

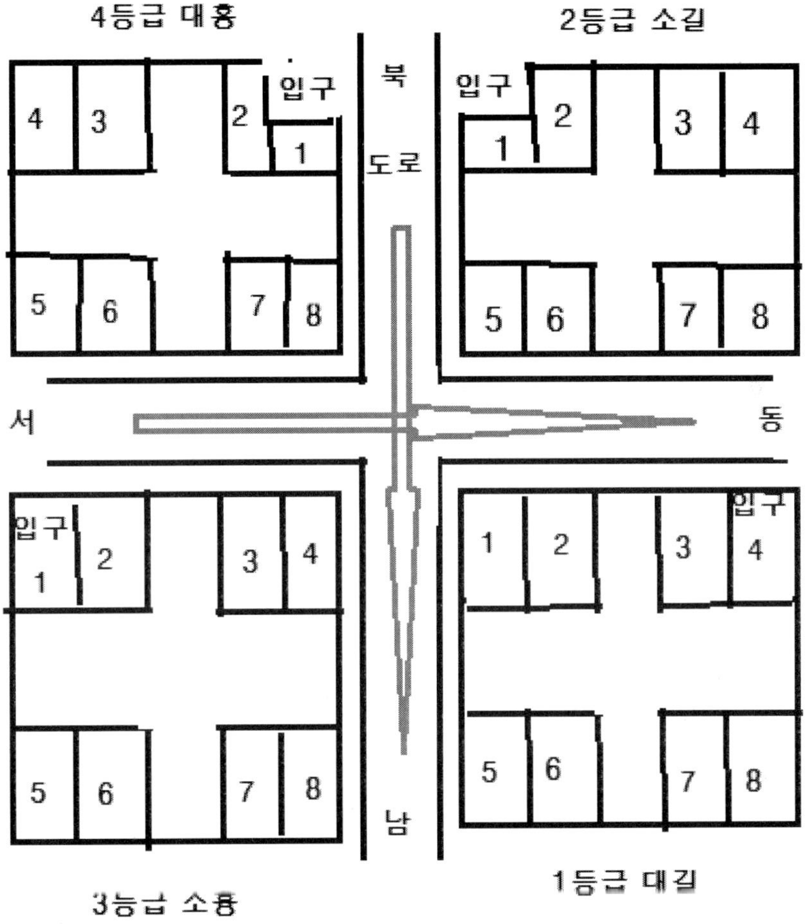


• 1등급 지역 대길

1등급 대길의 위치에서 1 2번 위치는 주방이나 욕실로 쓰면 가장 좋은 위치로 볼 수 있을 것이며 1번이나 4번의 위치에서는 문을 내는 것이 좋으나 상가 건물이나 다층으로 건축을 할 때 에는 4번을 이용하시는 것이 좋을 수 있을 것입니다.

또 이지번은 서쪽 5번 위치에 문을 설치할 수 있으므로 참고하시기 바랍니다. 남서 방 5 6번 위치에서 3 4번의 위치로 기류가 움직이므로 7 8번에 안방 8번관 4번 하이에 응접실을 두어도 좋을 것으로 보이며 5 6번 위치는 자녀 방으로 두면 가정이 화목하게 될 것입니다.

- **2등급 지역 소길**

북에서 남으로 오는 도로를 보고 설계를 해야 할 것으로 보입니다. 남쪽으로는 문을 설치할 수 없으므로 서쪽도로를 보고 출입문을 내어야 할 것입니다. 1번 위치는 현관으로 볼 수 있으며 3 4번은 주방과 욕실 7 8번은 안주인 방 또는 부부 방으로 볼 수 있으며 4번과 8번 사이가 응접실 5 6번 위치는 자녀 방으로 적합할 것입니다.

- **3 등급 지역 소흉**

남도 쪽으로는 출입문을 설치할 수 없으므로 북도를 보고 설치하는 것이 가장 좋아 보입니다. 1번 위치는 현관으로 가장 적합할 것이며 5 6번 위치는 자녀 방으로 3 4번은 욕실과 주방으로 7 8번 위치는 안방 용도로 보세요.

- **4등급 지역 대흉**

이 지번에 설계는 동도를 보고 설계를 하면 가정에 안정이 오고 화목할 수 있으나 남도를 보고 설계를 하면 파란이 올 수 있습니다. 1 2 번 위치는 출입구 현관으로 적당하며 3 4번 위치는 주방과 욕실로 5 6번 위치는 자녀 방으로 7 8번 위치는 안방으로 쓰면 좋아 보입니다.

다음은 일등급 지역에서 코너가 아닌 가운데 지번을 둔 경우입니다.

북도를 보고 있는 지번의 경우입니다. 1 2 번의 경우는 출입문과 현관으로 볼 수 있으며 3 4 번은 주방과 욕실로 볼 수 있으며 5 6 방은 자녀 방으로 7 8번은 안주인 방으로 볼 수 있을 것입니다.

출입문은 이 지번의 경우에는 1 2 3 4 번에 어느 위치에도 문을 두어도 되지만 지면의 길이에 서쪽으로 3분의2위치 그림의 1 2 번 위치가 가장 좋다고 할 수 있을 것입니다.

아래 그림을 참고 하세요. 1등급 북도형입니다.

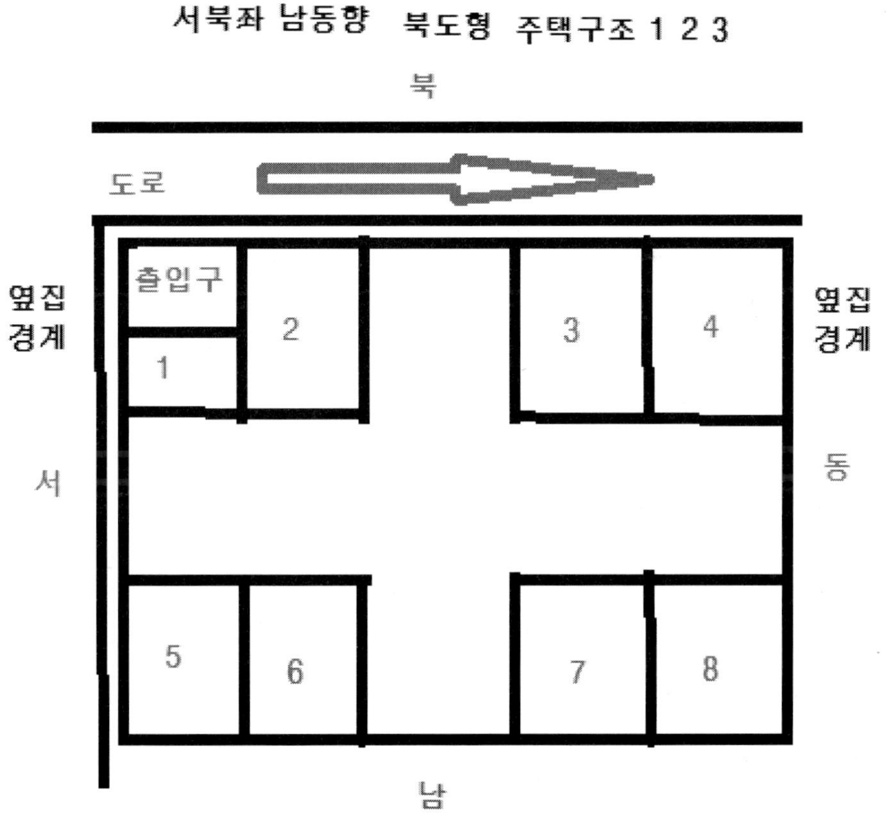

다음은 1등급 지역에서 중간 서도형의 경우입니다.

서쪽 도로를 접해있으며 가운데 위치한 지번의 경우입니다.

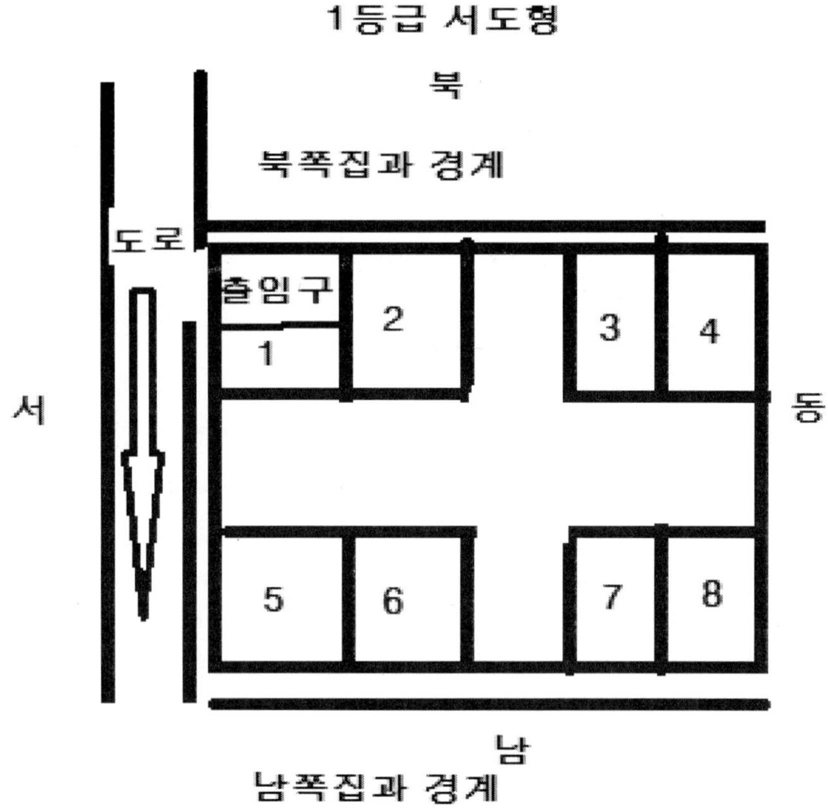


앞에서도 설명하였듯이 5 6번 방의에서 3 4번 위치로 기류가 흐르는 지형입니다. 그림에서 1번은 출입문 현관의 위치가 적합할 수 있으며 3 4번에 욕실과 주방이 있어야 통풍이 잘된다고 할 수 있으며 5 6번은 자녀 방 7 8번은 안방으로 위치하는 것이 가장 합당한 설계라고 할 수 있을 것으로 보입니다.

## 2등급 지역 소길

4등급 구분도 에서 2등급소길 지역에서 코너가  아닌 가운데 지번 남도 형 의 경우입니다.

2등급 소길 남도형 1 2 3

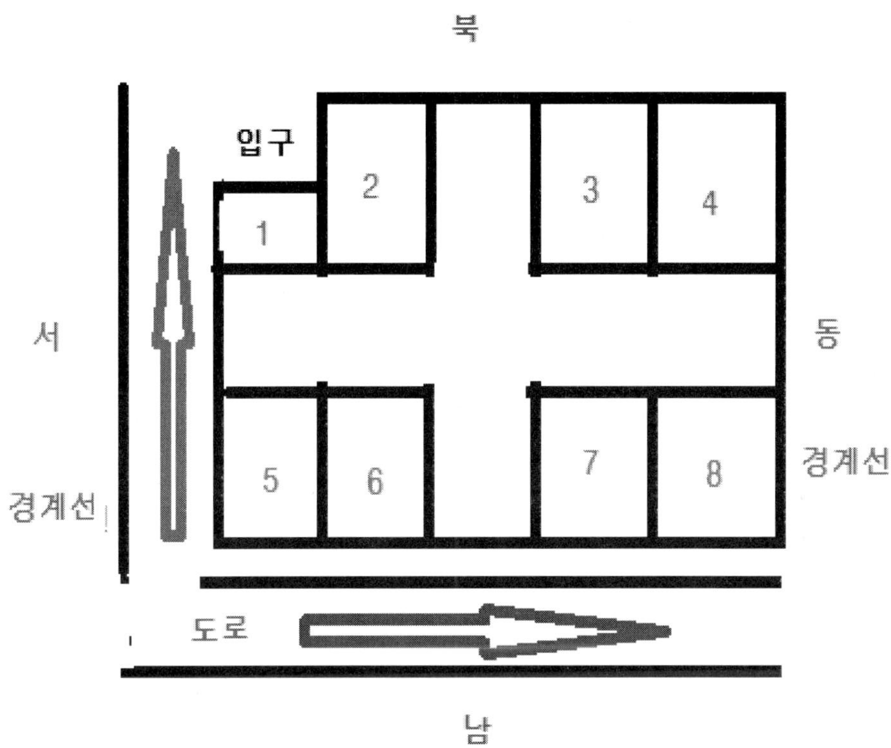


이 지번의 경우에는 남도에서 직접 출입구를 설치하면 불길 하므로 서쪽면의 경계에서 간격을 두고 서 북쪽에 출입구를 설치해야 할 것입니다. 1 번은 출입문 현관의 위치로 볼 수 있을 것이며 3 4번의 위치는 주방과 욕실로 5 6 번방은 자녀의 방으로 7 8번은 부부 방으로 쓰는 것이 가장 합당하다고 할 수 있으며 나머지 공간은 소품을 두는 것으로 볼 수 있습니다.

## 2등급 지역 소길 서도 형

이 지번은 서쪽 도로를 접해 있는 지번입니다.

2등급 소길 서도형 1 2 3

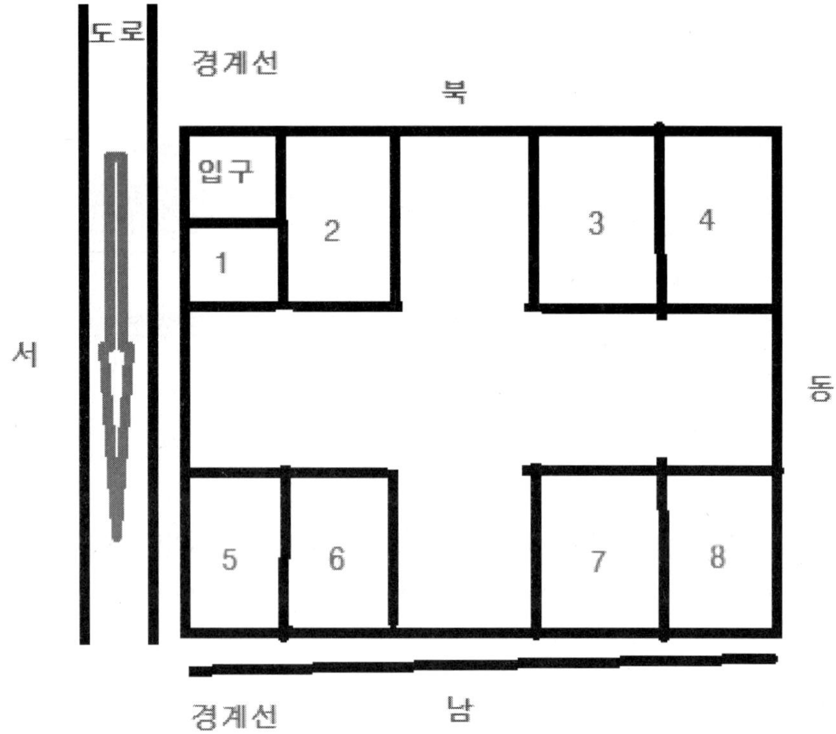


서쪽도로와 접해있는 어느 위치에 문을 설치할 수 있겠지만 문은 지번에서 가장 높은 북쪽으로 올라가서 설치하는 것이 가장 합당하다 할 수 있을 것입니다. 그림의 1번 위치는 출입문 현관 자리로 볼 수 있으며 2번은 딸 방이나 서제로 쓸 수 있으며 5 6번 위치는 자녀 방 7 8 번의치는 안방으로 쓰는 것이 합당하다고 할 수 있을 것입니다.

## 3등급 지역 소흉 동도형

4등급 지역에서 3등급소흉에서 동도 형 그림입니다.

**3등급 소흉 동도형 12 3**

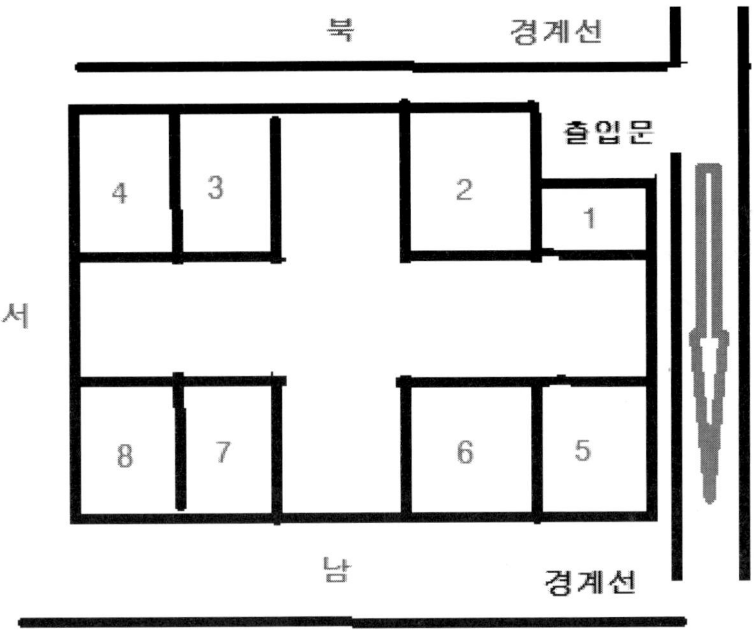


북에서 남으로 흐르는 기류에서 동쪽 도로와 접해있는 지번입니다.

당연히 서 좌 동향으로 지을 수 있을 것이며 남 좌 북향으로 지으면 부귀하고 안락한 가정을 이룰 수 있을 것이며 북 좌 남향이나 5번 위치에 문을 내면 가정이 불화하고 산만해 질 수 있을 것입니다.

그림에서 남 좌 북향으로 지을 경우에는 1 번 위치나 4번 위치에 문을 낼 수 있을 것이며 서 좌 동향으로 지을 경우에는 1번 위치가 출입문이나 현관의 위치로 볼 수 있을 것입니다. 3 4번 위치는 주방이나 욕실로 볼 수 있을 것이며 7 8번 위치는 자녀 방으로 5 6번 위치는 부부 방으로 볼 수 있으며 1번과 5번 사이에 응접실로 2번 위치를 서제나 자녀 방 창고 방으로 쓴다면 이상적으로 볼 수 있을 것입니다.

## 3등급 지역 소흉 북도 형

북쪽으로 도로를 접해 있으며 동쪽과 서쪽을 옆집과 경계를 이루고 있는 남좌 북 향의 지번입니다. 서에서 동으로 흐르는 기류를 받고 있으므로 1번의 위치가 출입문이나 현관으로 설치하는 것을 우선으로 볼 수 있으나 2 3 4 위치에 문을 설치해도 액운은 없을 것입니다. 그러나 필자는 현제 그림을 참고하세요.

아래 그림을 참고하세요.

3등급 소흉 북도형 1 2 3

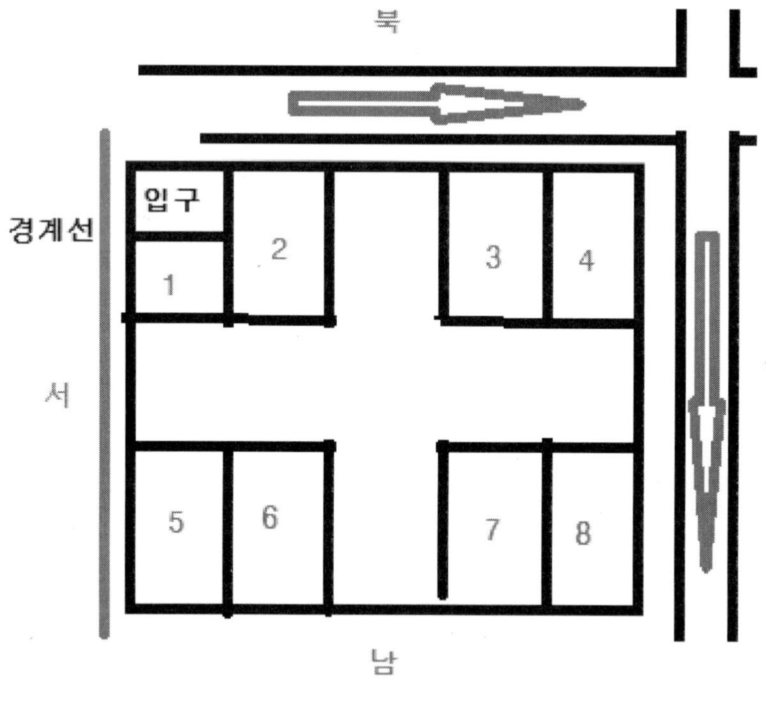

1번 위치는 출입문이나 현관의 위치로 볼 수 있으며 3 4번 위치는 주방이나 욕실로 쓰면 좋을 것이며 5 6번의 위치는 자녀 방으로 7 8번은 안방 부부방 으로 볼 수 있을 것입니다. 2번 위치는 서제나 자녀 방 또는 창고 방으로 쓸 수 있으며 4번과 8번 사이 2번과 3번 사이는 응접실로 볼 수 있을 것입니다.

주방과 욕실 그리고 안방은 바꾸면 안 될 것입니다.

## 4등급 지역 남도 형

4등급 지역 구분도 에서 4등급 대흉 지역도 에서 남도형

도로가 남도를 접해 있으므로 북 좌 남향의 주택으로 지을 수 있는 지번입니다. 남도를 접해 있고 동쪽과 서쪽은 이웃집과 경계를 이루고 있으므로 건축을 할 때 신중하게 설계를 해야 할 것입니다.

4 등급 대흉 남도형 1 2 3

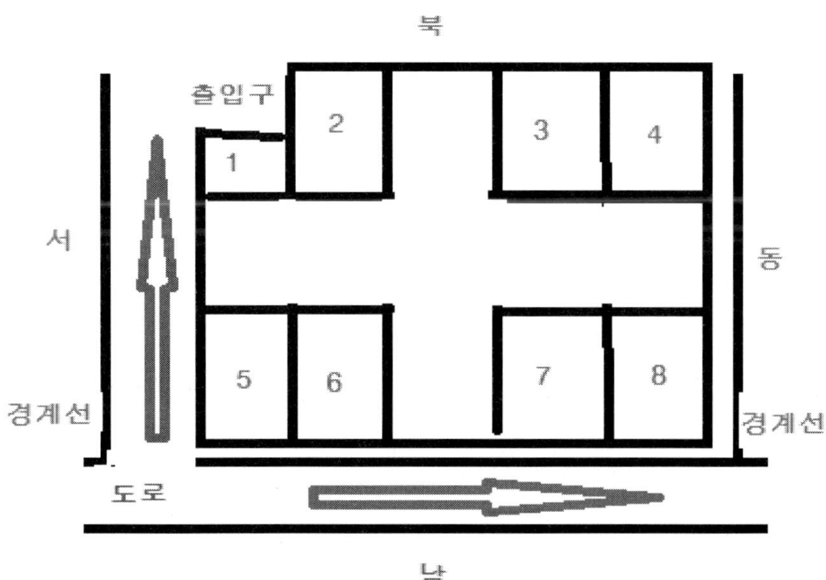

동쪽으로 지면을 붙이고 서쪽으로 지면을 넓혀서 북쪽 상단에 출입문을 설치해야 할 지번입니다. 1번의 위치는 출입문이나 현관의 위치로 선정할 수 있으며 3 4번의 위치는 주방과 욕실의 위치로 볼 수 있을 것이며 5 6번은 자녀 방으로 7 8 번방은 안방 부부 방으로 쓰는 용도가 합당할 것으로 보입니다.

6번과 7번사이나 8번과 4번 사이에 응접실로 이용 하는 것도 좋아 보입니다.

## 4등급 대흉 동도 형

동쪽으로 도로를 접해 있으며 남쪽과 북쪽으로는 이웃과 경계를 이루고 있는 지형입니다. 주택은 서 좌 동향으로 또는 남 좌 북향으로 세워도 좋을 것 같은 지형입니다. 그러나 그림은 서 좌 동향으로 그린 그림입니다.

아래 그림을 참고하세요.

3등급 소흉 동도형 12 3

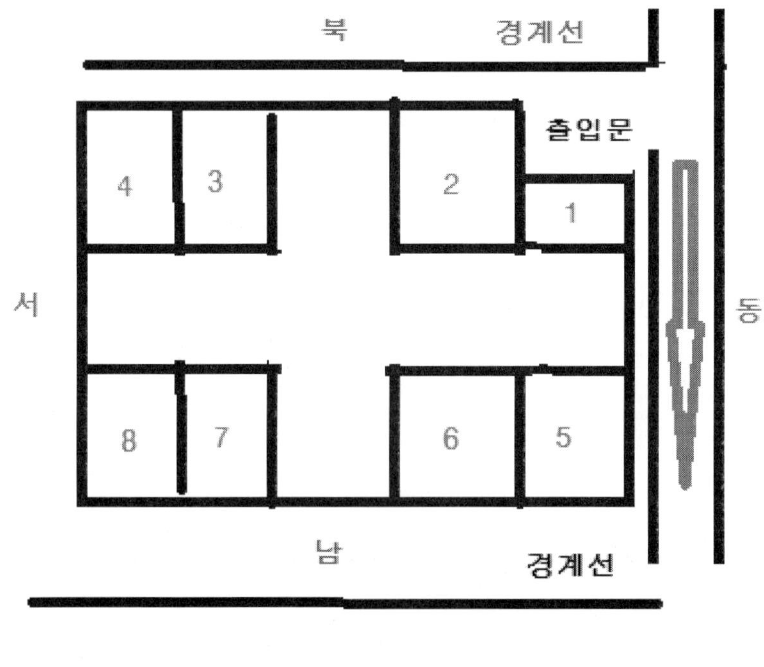

그림에서 3등급 소흉 이라고 표시한 것은 4등급 대흉 동도 형으로 읽어주세요. 그림에서 1 번 위치는 출입문이나 현관의 위치로 합당하다고 할 수 있으며 3 4번은 욕실과 주방의 위치로 합당할 것이며 5 6번의 위치는 부부 방으로 7번관 8번은 자녀 방으로 합당할 것으로 보입니다. 1번과 5번 7번과8번 사이에 응접실로 쓴다면 건강하고 화목한 가정으로 볼 수 있을 것입니다. 2번의 위치는 서제 자녀 방 창고 방으로 볼 수 있을 것입니다.

## 2. 북에서 남으로 동에서 서향으로 흐르는 지형아래의 그림은 사거리 교차로에서 보는 4등급 지역 위치도입니다.

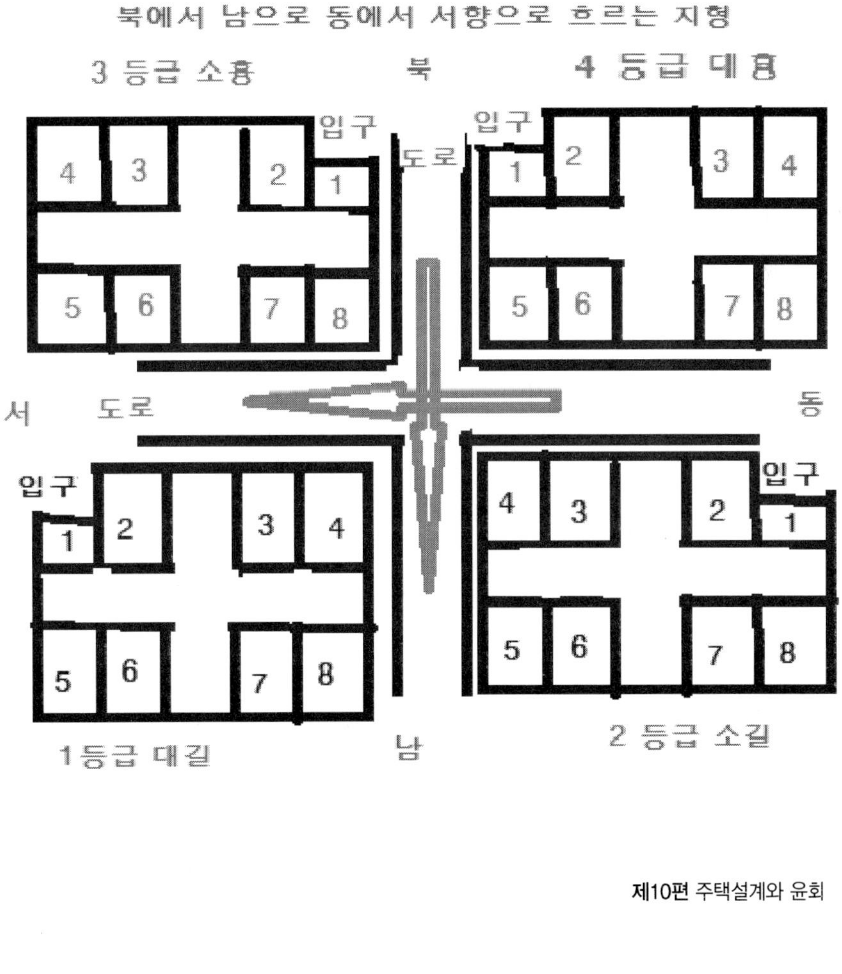

위의 그림에서 서남쪽 위치가 1등급 대길지이다. 1번이나 4번은 출입문이나 현관의 위치로 볼 수 있으나 단층일 경우이고 다층으로 보면 1번 위치가 안정적으로 볼 수 있을 것입니다.

3 4번의 위치는 주방이나 욕실로 적합하며 5 6번은 자녀 방으로 7 8번 위치는 부부 방으로 볼 수 있으며 4번과 8번 사이는 응접실로 2번은 서제 자녀 방 창고 방으로 볼 수 있습니다. 그림에서 동쪽아래  2등급 소길 의위치는 4번과 1번의 위치는 출입문이나 현관으로 적합할 수 있으며 다층으로 올릴 경우를 보아서 1번의 위치가 안정적으로 볼 수 있을 것입니다.

3 4번의 위치는 주방이나 욕실로 적합하다고 할 수 있으며 5 6번은 안방 또는 부부 방으로 적합할 수 있으며 7 8번은 자녀 방으로 쓰는 것이 좋으며 2번은 서제 손님방 창고 방으로 적합할 수 있을 것입니다.

서북쪽 3등급 소길 의 위치에서는 1번이 현관으로 볼 수 있으며 3 4번은 주방과 욕실로 5 6번방은 자녀 방으로 7 8번방은 안방으로 적합할 수 있을 것입니다.
2번은 손님방 서제 창고 방으로 적합할 것으로 보입니다.

동북쪽 4등급 대흉의 위치에서는 1번의 위치가 현관으로 볼 수 있으며 3 4번은 주방과 욕실의 위치로 합당할 것이며 7 8번은 안방으로 5 6번의 위치는 자녀 방으로 볼 수 있을 것입니다.
2번의 위치는 서제 창고 방 손님방으로 볼 수 있을 것입니다.

다음은 4등급 지역 구분도 에서 서남쪽 하단의 1등급 대길의 위치에서 동도를 접해있는 코너에서 가운데 있는 지번의 도면입니다.

- **4등급 지역 구분도에서 1등급 동도입니다.**

아래 그림을 참고하세요. 북쪽이 높고 남쪽이 낮은 지형이므로 북쪽 상단에 문을 내는 것이 합당하며 내려 올수 록 저축성이 부족할 것으로 보여 진다.

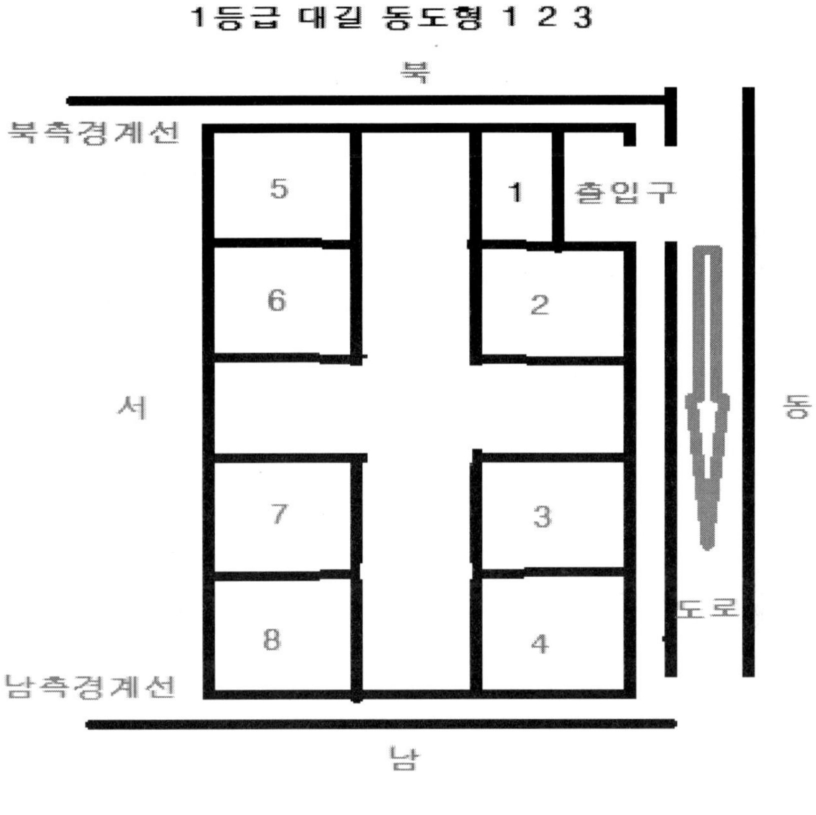


위의 그림에서 1번의 위치가 출입문이나 현관의 위치로 볼 수 있으며 3 4번의 위치는 안방으로 합당하며 5 6번에 위치에 욕실과 주방으로 설계를 하면 쾌적한 환경으로 살 수 있으며 7번 8번방은 자녀 방으로 쓰는 것이 합당 하지만 7번방은 딸 8번방은 아들 방으로 주면 더 좋다고 할 수 있을 것입니다. 2번방은 서제나 손님방 창고 방으로 볼 수 있으며 2번과 3번 사이 또는 4번과 8번 사이에 응접실을 두는 것이 합당해 보입니다.

• 1등급 북도

1등급 대길의 위치에서 서쪽방향으로 북도를 접하고 있는 중간에 있는 지번의 경우입니다. 우측과 좌측은 옆집과 경계를 이루고 있어 북도를 이용하여 출입구를 설치해야 할 것입니다. 지형이 동세서 서로 흐르는 지형이므로 출입문이 동쪽으로 가까울 수 록 경제성이 좋아지고 서쪽이 가까울 수 록 소비심리가 작용하여 경제성이 낮아질 것입니다.

1 등급 대길 북도형 1 2 3

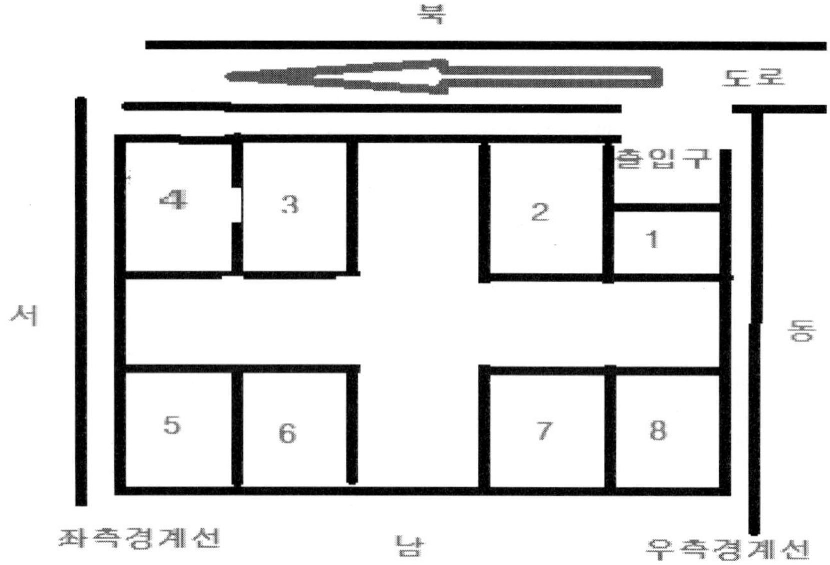


그림에서 1번 위치가 출입문이나 현관의 위치로 가장 합당할 것으로 보이며 3 4번의 위치는 주방과 욕실로 7 8번은 안방 5 6번은 자녀 방으로 합당하며 2번은 서제나 자녀 방 창고 방으로 볼 수 있으며 1번과 8번 사이 6번과 7번 사이에 응접실로 구성하면 부족함이 없을 것입니다. 다음은 2등급 지역 소 길의 위치에서 서도를 접해있는 2등급 소길 서도의 그림입니다.

- **4등급 구분도에서 2등급 서도 형**

4등급 지역에서 2등급 소길 의 위치에서 서도를 접해있는 가운데 있는 지번의 경우입니다.

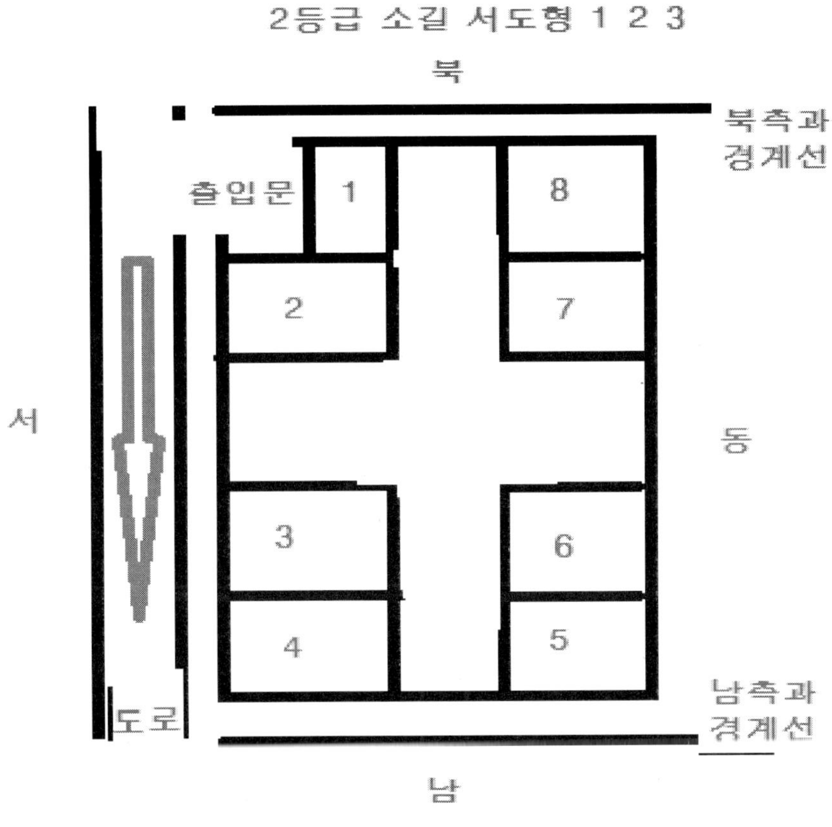


북쪽과 남쪽은 옆집과 경계를 이루고 있어 서도를 이용할 수 있는 지번입니다. 그림에서 1번의 위치는 출입문이나 현관의 위치로 합당할 것이며 7 8번의 위치는 주방과 욕실로 사용하는 합당하며 6 5번은 안방으로 3번은 딸 4번은 아들 방으로 쓰는 것이 좋아 보입니다. 2번의 위치는 다용도실 서제나 자녀 방 또는 창고 방으로 합당할 것입니다.

다음은 2등급 소길 의 경우 북도를 접해있는 1 번째 3번째 위치한 지번의 경우입니다. 그림에서 1번은 출입문이나 현관의 위치가 적당할 수 있으며 2번은 서제나 손님 창고 방으로 합당할 수 있으며 3 4번은 주방과 욕실로 볼 수 있으며 5 6번은 주인 안방으로 7 8번방은 자녀 방으로 위치하는 것이 합당하다 할 수 있을 것입니다. 2번과  3번방사이나 6번과 7번방 사이를 응접실로 보아도 좋아 보일 것입니다.

## 2등급 소길 북도형 위치도

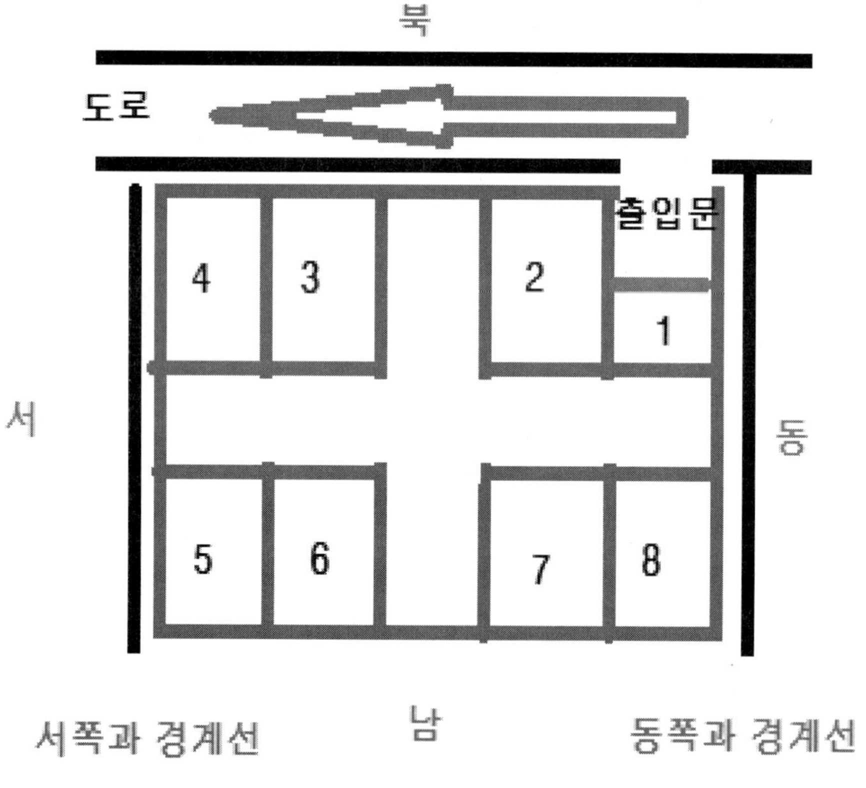

- **3등급 소흉**

4등급 구분도에서 3등급 소흉 남도 형입니다.

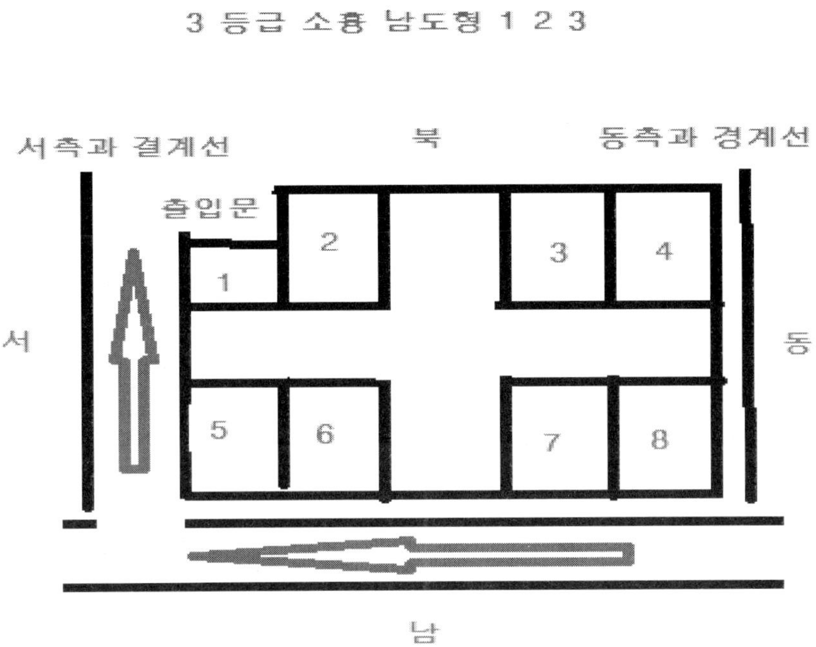


위의 그림을 참고하세요.

동쪽과 서쪽이 옆집과 경계를 이루고 있어 남도를 이용하는 지번입니다. 이 지번은 북 좌 남향 형의 주택이 되면 매우 나쁜 형향을 줄 수 있으므로 신중하게 설계해야 할 것입니다. 그림에서 보는 것처럼 서쪽 옆집과 경계에서 출입할 수 있는 면적을 뛰 워서 건축을 하는 것이 좋아 보입니다.

그림에서 서쪽 면 상단 1번 위치에 출입문을 내는 것이 안락한 가정이 될 수 있을 것입니다. 3 4번은 공기가 나가는 위치이므로 주방이나 욕실로 합당할 것이며 5 6 번방은 안방으로 7 8번 방은 자녀 방으로 합당할 것으로 보입니다. 2번은 서제나 창고 방 손님방으로 이용할 수 있을 것이며 4번과 8번사이나 6번과 7번 사이에 응접실을 둔다면 합당할 것으로 보입니다.

• **3등급 동도 형**

4등급 구분도 에서 동도 형 입니다. 아래 그림을 참고 하세요.

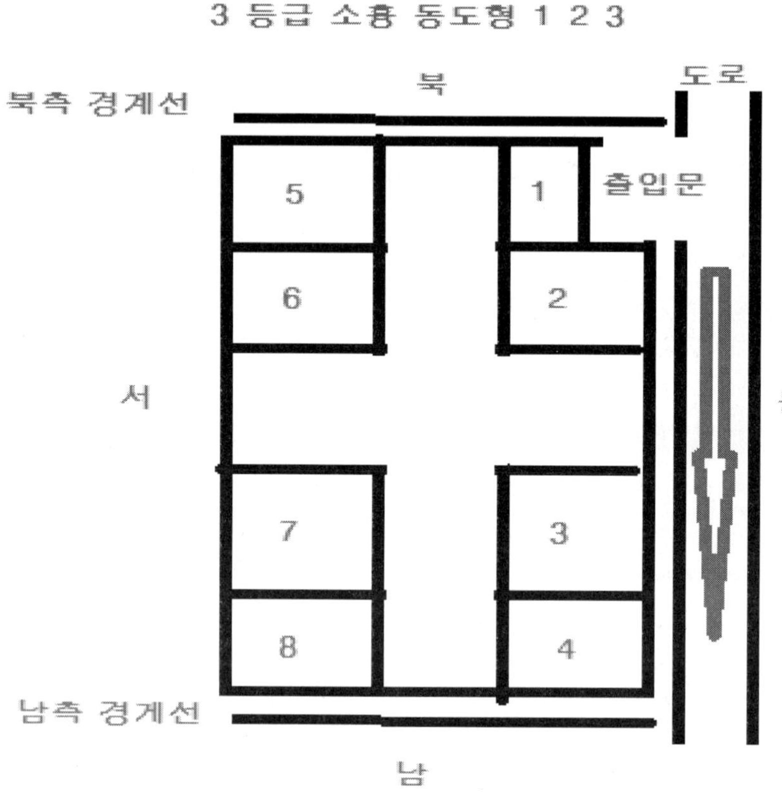


이 지번은 북쪽과 남쪽은 옆집과 경계를 이루고 있어 동도를 이용하는 지번입니다. 북에서 남으로 흐르는 기류이므로 그림의 동측 상단의 1번의 위치는 모든 기운을 받아들이는 출입문이나 현관의 위치로 합당할 것이며 5 6번은 주방이나 욕실로 볼 수 있으며 7번과 8번은 안방으로 3번과 4번은 자녀 방으로 쓰면 좋을 것입니다. 2번 위치는 간이역 같은 위치로 손님 방 서제 창고 방으로 합당할 것이며 2번과 3번사이나 8번과 4번 사이에 응접실로 사용하면 가정에 액운의 없고 순탄할 것입니다.

4등급 지역 구분 도에서 4등급 대흉의 위치에서 서도 형입니다.

- **4등급 서도 형**

아래 그림에서 참고하세요.

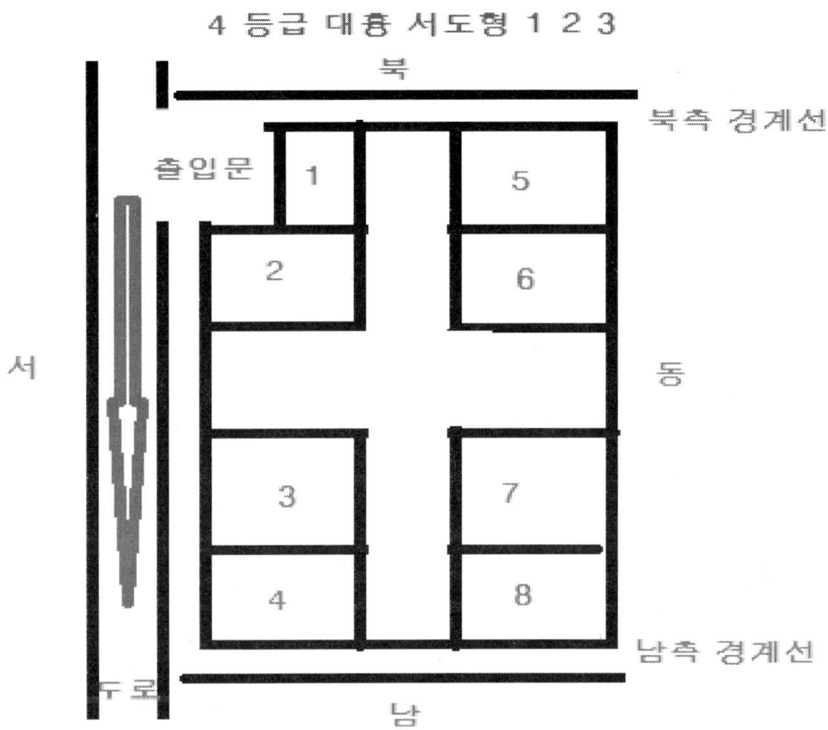


이지번은 북쪽과 남쪽으로 옆집과 경계를 이루고 있어 서도를 이용하여 건축을 할 수박에 없는 지번입니다. 북에서 남으로 흐르는 지운이므로 북쪽 상단 1번 위치가 출입문이나 현관으로 보아야 할 것이며 5 번과 6번은 주방과 욕실로 합당할 것입니다. 3번과 4번은 자녀 방으로 7번과 8번의 위치는 안방으로 쓰는 것이 좋을 것입니다. 6번과 7번사이나 4번과 8번 사이는 응접실로 2번의 위치는 서제나 손님 방 창고 방으로 합당할 것입니다.

다음은 남도 형입니다.

- 4등급 남도 형

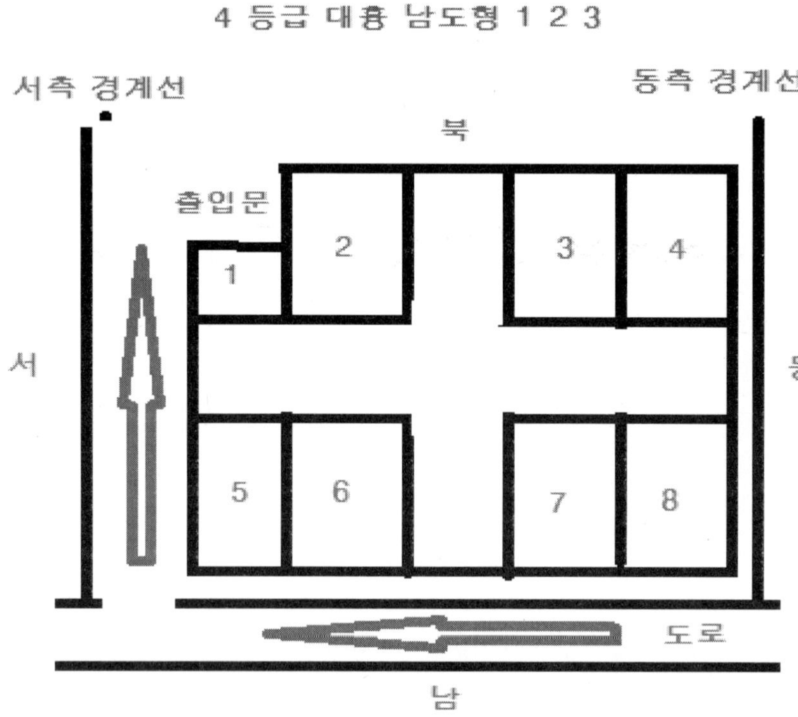


위의 그림은 동쪽과 서쪽이 옆집과 경계를 이루고 있어 남도를 이용하여 건축을 해야 할 것입니다. 그림에서 남도를 직접 접해서 건축을 하면 가정에 허실이 발생하므로 서쪽 경계선에서 출입할 수 있는 공간을 만들어서 북쪽 상단 1번에 위치에 출입문이나 현관이 있어야 합당한 설계라고 볼 수 있을 것입니다.

3 4번 위치는 주방과 욕실로 합당하며 7 8번은 안방으로 5 6번 위치는 자녀방으로 쓰는 것이 좋을 것입니다. 4번과 8번사이나 6번과 7번 사이에 응접실을 두고 2번의 위치는 서제나 자녀 또는 손님방으로 쓰면 될 것이며 필요에 따라 창고 방으로 합당할 것입니다.

서쪽에 지면을 띄우는 것을 아깝다고 생각하여 전체 면적을 적용하고 남도에 출입문을 내는 것은 매우 불행한 운기를 만들어 이 건물에 이용하는 거주자에게 고통과 괴로움을 주게 될 것입니다. 설계를 하시는 분들은 빛을 중심으로 보는 양택(陽宅) 설에 무게를 두지 말고 지형에 맞는 설계를 하시면 당신이 설계한 주택의 주인이 향복해 할 것입니다.

## 3. 동에서 서로 남에서 북으로 흐르는 지형

남에서 북으로 동에서 서로 흐르는 지운에서 보는 4등급 지역 구분도입니다. 아래의 그림에서 서북쪽 1등급대길 지역의 주택의 설명입니다.

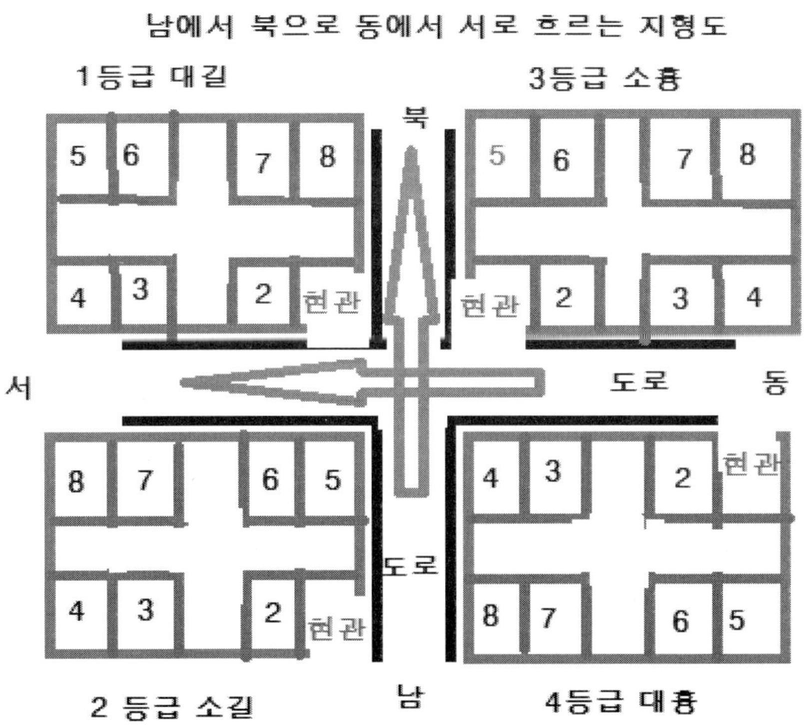

동에서 서로 남에서 북으로 지류가 흐를 때 가장 운기를 많이 받는 지역은 서북쪽에 위치한 1등급 대길입니다.

현관으로 표시된 위치가 입수로서 가장 좋은 위치로 볼 수 있으며 2번은 서제나 창고 손님방으로 적합할 수 있으며 7 8번은 주방과 욕실의 위치로 볼 수 있으며 5번관 6번은 안방 또는 부부 방으로 3 4번은 자녀 방으로 볼 수 있으며 5번과 4번 사이에 응접실을 둔다면 가장 이상적이 배치로 볼 수 있을 것입니다.

2등급 소길 의 지번의 위치에서는 그림의 현관이 출입문의 위치로 가장 적합하다고 할 수 있으며 2번의 위치는 손님 서제 창고 방으로 적합할 수 있으며 7번 8번은 부부 장 4 3번은 욕실과 주방으로 6번과 5번은 자녀 방으로 4번과 8번방 상이에 응접실로 설계를 하면 적합한 구조로 볼 수 있을 것입니다.

3등급 소흉의 지번의 경우입니다.

그림에서 현관으로 표시한 위치에 출입이 합당 하다고 할 수 있으며 5 6번은 주인 부부 방으로 7번 8번은 자녀 방으로 적당하며 3 4번의 위치는 주방이나 욕실로 볼 수 있으며 2번은 다용도 창고 서제 손님방으로 합당 하다고 할 수 있을 것입니다.

4등급 대흉의 경우입니다.

서도와 북도를 접하고 있는 지번입니다. 그림에서 표시한 위치를 현관으로 하고 2번은 창고 서제 손님방으로 적합할 수 있으며 3 4번은 주방 욕실로 8 7번은 자녀 방으로 6 5번은 주인 안방으로 위치가 적합하다고 볼 수 있을 것입니다.

다음은 1등급 지역에서  남도를 접하고 있는 지번의 경우입니다.

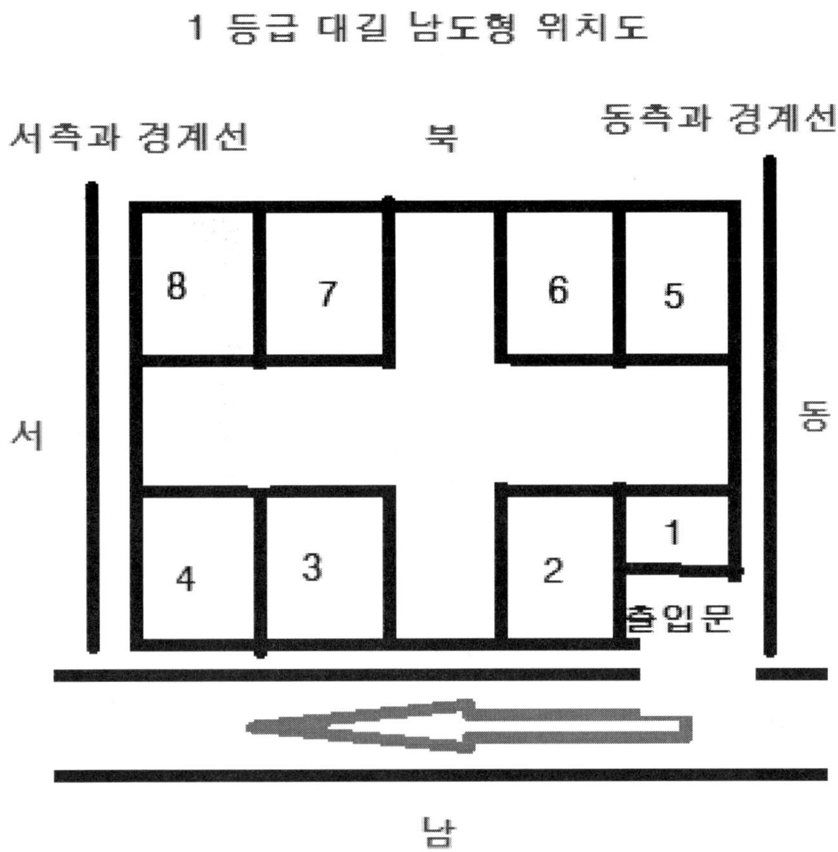


1등급 대길의 코너 지점에서 2번째 3 4번째의 남쪽 도로를 접하고 있는 지번의 경우입니다.

그림에서 1번은 현관이나 출입문의 위치가 합당하며 2번은 손님 서제 창고방으로 적당할 수 있으며 7번 8번방은 주인 안방으로 합당하며 5 6번은 주방과 욕실로 3 4번 위치는 자녀 방으로 설계를 하는 것이 가정에 우환이 없다고 할 수 있을 것입니다.

다음은 1등급 대길의 위에서 동도를 접하고 있는 두 번째 세 번째 위치한 지번의 경우입니다.

## 1등급 대길 동도형

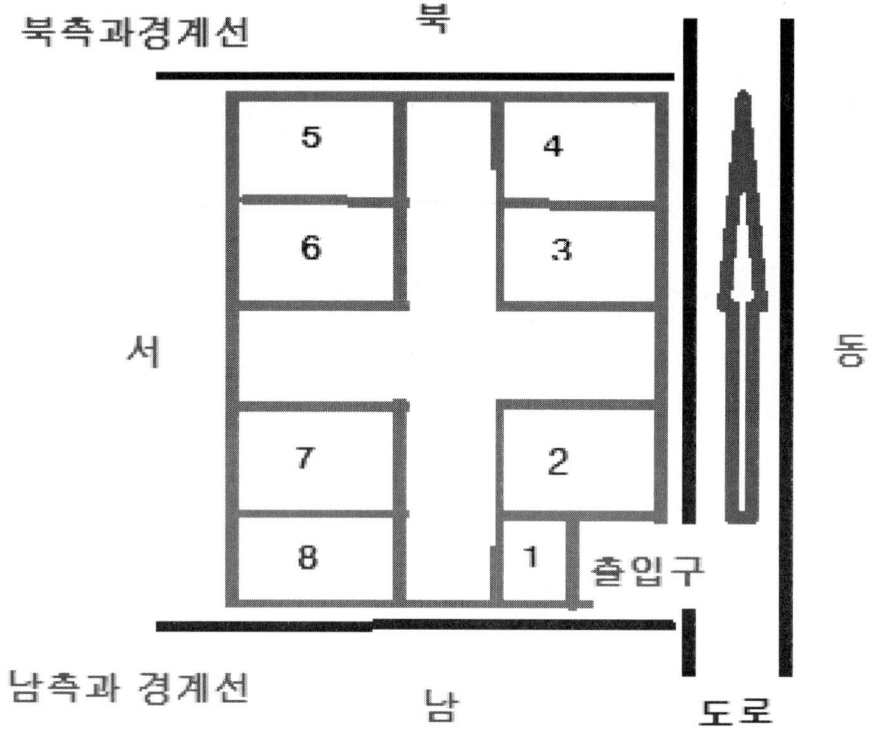


그림에서 1번의 위치는 출입문이나 현관이 적합 하다고 할 수 있으며 2번은 손님 서제 다용도 방으로 적합하며 7 8번은 주인 안방으로 5 6번은 자녀 방으로 3 4번의 위치는 주방이나 욕실의 위치로 배치하는 것이 합당하다고 할 수 있을 것입니다.

• 2등급 지역 소길

다음은 2등급 소길 의 지번에서 두 번째 3 번째 동도를 접해있는 지번의 경우입니다.

2등급 소길 동도형 위치도

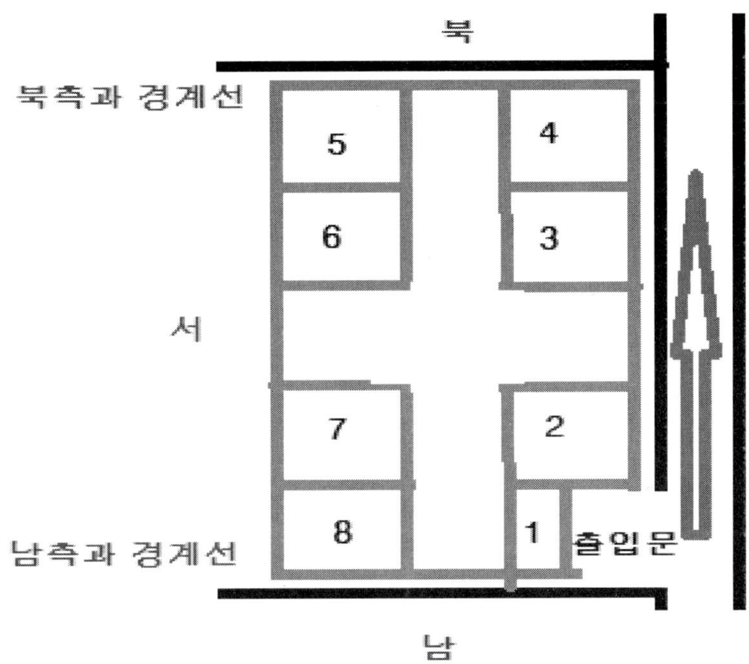


그림에서 출입문으로 표시된 위치에서 문이나 현관으로 쓰면 가장 안전적이 가운이 될 수 있으므로 1번의 위치를 현관으로 볼 수 있습니다.

2번은 서제나 손님 방 창고 방으로 합당 할 수 있으며 3 번과 4번의 위치는 주방이나 욕실로 5 6번은 자녀 방으로 합당할 수 있으며 7번과 8번은 안방으로 사용하는 것이 이상적일수 있으나 5번 6번 자녀방과 안방과 바꾸어도 좋겠습니다.

- 2등급 지역 소길

2등급 지역 북도형입니다.

## 2등급 소길 북도형 위치도

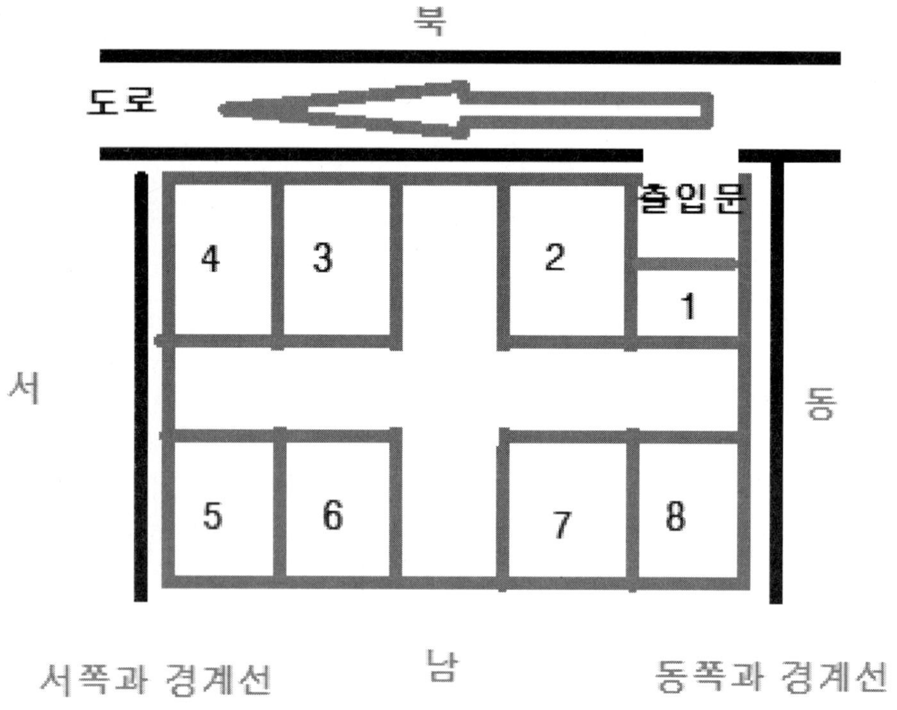


위의 그림은 2등급 지역북도형입니다.

그림에서 1번은 출입문 현관으로 합당할 수 있으며 2번은 서제나 창고 손님방으로 3번과 4번은 주방과 욕실로 합당할 것으로 보입니다,

5번 6번은 주인방 안방으로 7번8번은 자녀방으로 하는 것이 좋을 것으로 보입니다.

2번과 3번사이나 6번과7번 사이는 응접실로 설계하는 것이 좋아 보입니다.

- **3등급 지역 소흉의 남도 형 지형**

3등급 지역이면서 도로가 남으로 접해있는 코너 다음지번 2 3 4번 지번의 경우입니다.

저번이 동에서 서로 흐르는 지형이라 남쪽 면에 어디에 출입문을 내어도 나쁜 문이 되므로 지번에서 동쪽 면을 살려서 동도 형 출입문이 합당할 것으로 보입니다. 그러므로 동북쪽에 출입문이 설치되어야 가정이 무탈할 것으로 보입니다.

위의 그림을 참고하세요. 1번의 위치는 현관으로 2번은 무게 중심은 없어 잠시 쉬었다 가는 손님 서제 다용도 창고 방으로 합당할 수 있으며 3 4번은 주방과 욕실로 5 6번방은 안방 7 8번은 자녀 방으로 안배를 하는 것이 좋다고 할 수 있을 것입니다. 6 7번사이나 2 3번사이는 응접실로 합당해보입니다.

• 3등급 지역 소흉 서도 형

3등급 소흉의 위치에서 서도를 접해있으면서 코너 다음 2 3 4번 지번의 가운데 있는 지번입니다.

아래 그림을 참고 하세요.

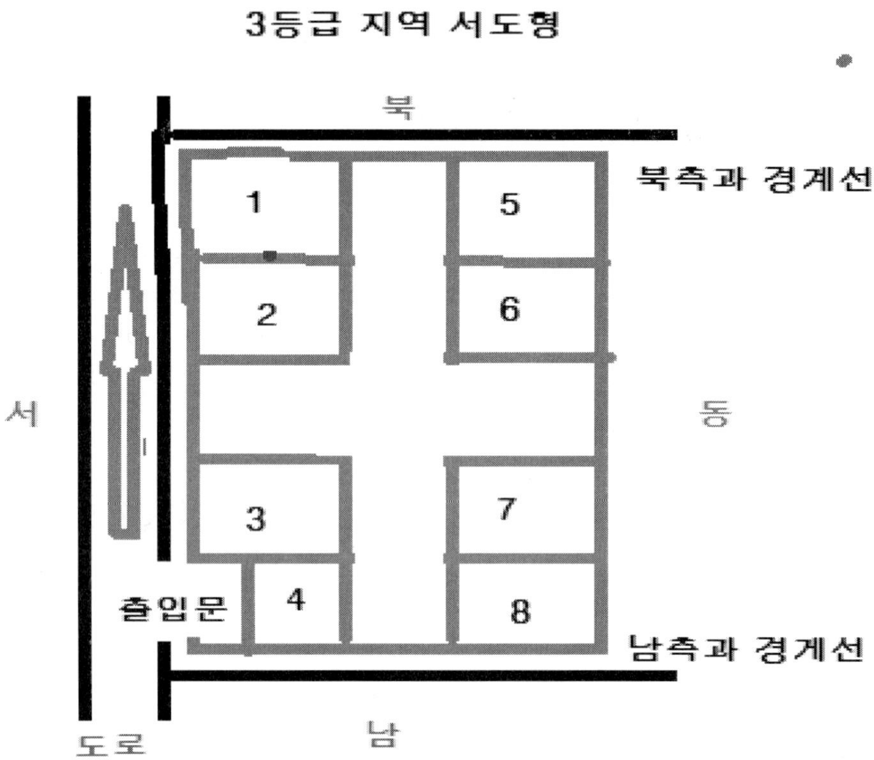


서도 형은 남에서 북으로 흐르는 지운이므로 출입문으로 표시된 4번 위치가 현관으로 합당하며 3번은 손님 서제 창고 방으로 1 2번은 주방이나 욕실로 합당하며 5 6번방은 안방 7 8번은 자녀 방으로 합당하다고 할 수 있을 것입니다.

6 9번방이나 4 8번 사이는 응접실로 합당해 보입니다.

4등급 대흉지역에서 4등급 북도 형 지번의 경우입니다.

동에서 흐르는 지형에서 코너 다음 2 3 4번 중앙에 있는 지형의 경우입니다. 그림에서 북도를 접해서 출입문을 내면 가운의 우환이 생기므로 신중하게 설계를 해야 할 것입니다.

4등급 지역 북도형

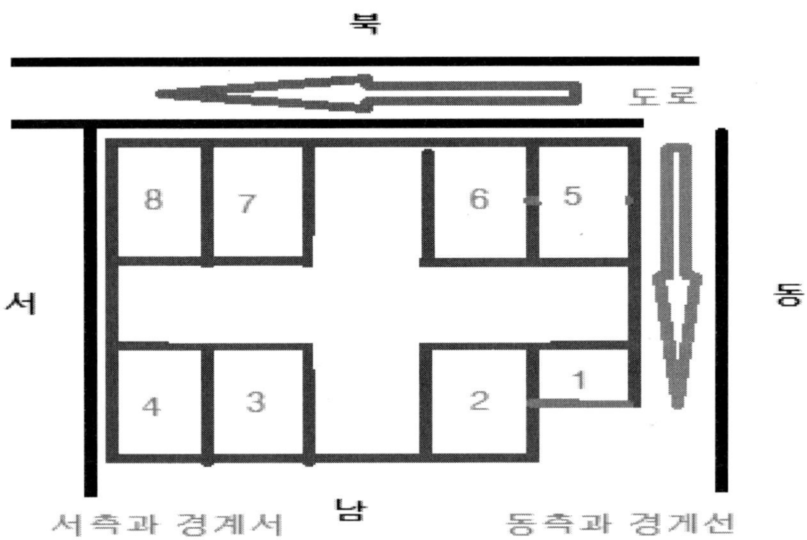


그림에서 동쪽 측 경계선에서 지면을 뛰 워서 그림 1번의 위치에 출입문이나 현관을 설치해야 할 것입니다. 2번방은 서제 손님 창고 방으로 합당할 것이며 3 4번은 자녀 방으로 8 7번의 위치는 주방이나 욕실로 5 6번의치는 안방으로 분배라는 것이 좋다고 볼 수 있을 것입니다.

물론 자녀방과 부모 방이 바꾸어도 문제는 없습니다. 그러나 그림에서 부모 혹은 안방이라고 정한 것은 그 위치가 어른으로서 통제할 수 있는 권한이 우선시 된다고 할 수 있습니다. 안방의 위치에서 자녀 방으로 바꾸면 자식에게 권한이 강해지므로 부모가 자식 눈치를 보고 살 수 있다고 할 수 있을 것입니다.

• **4등급 대흉지역에서 서도형**

3등급 소흉 도에서 4등급지역 서도형의 그림입니다.

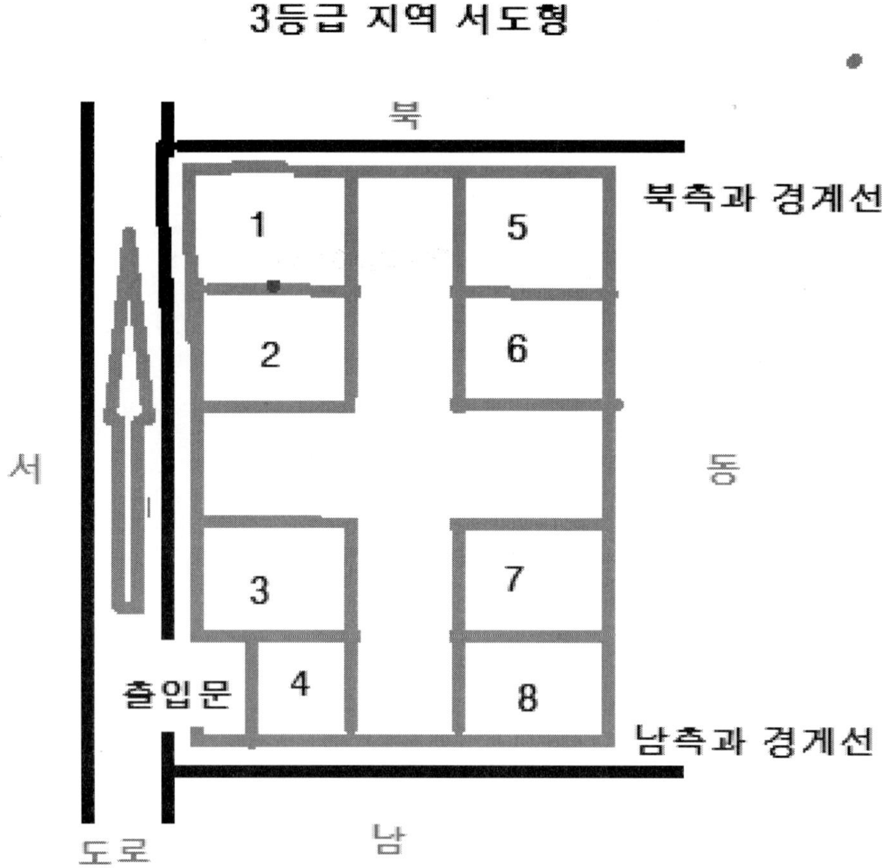


그림에서 4번의 위치는 출입문 현관으로 합당할 수 있으며 3번은 손님방 서제나 창고바으로 합당할 수 있을 것입니다.

1번과 2번은 주방과 욕실로 사용하는것이 좋으며 5번과 6번은 안방으로 7번8번은 자녀방으로 합당할 수 있을 것입니다.

6번과 7번 2번관 3번 사이는 응접실로 설계를 하면 가정이 형통할 것입니다.

- **4등급 지역 대흉 지역의 4등급 지역 해설**

서에서 동으로 남에서 북으로 흐르는 지형에서 4등급 지역해설입니다.

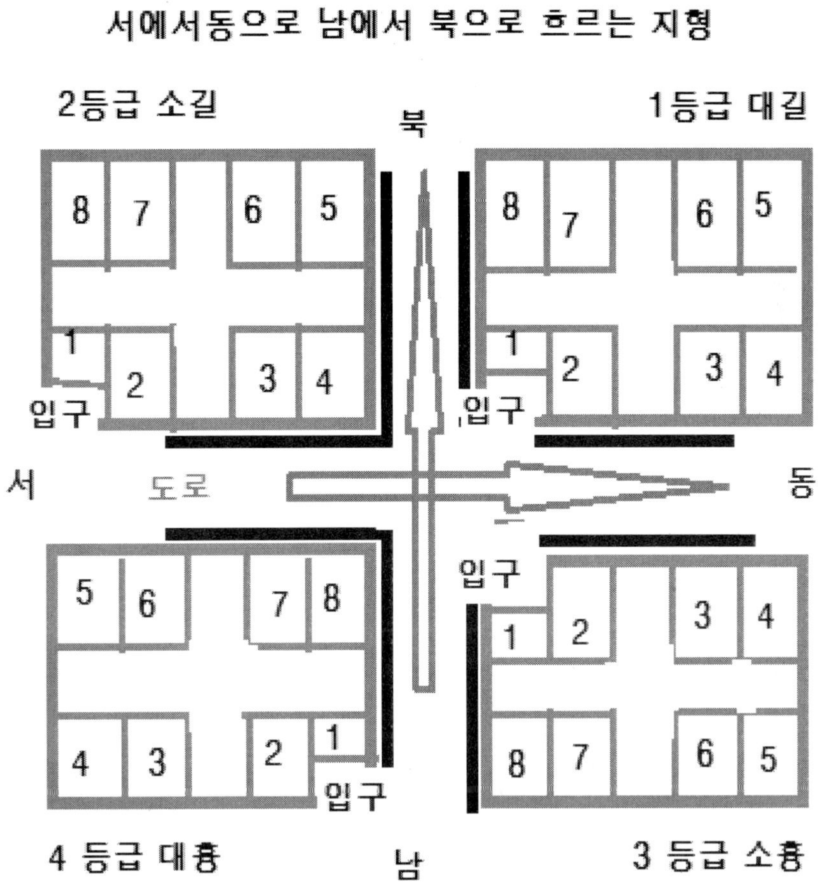


4거리에서 동북쪽 1등급 대길 지역의 코너에 위치한 지번입니다.

남쪽과 서쪽에서 오는 지운을 모두 받으니 이 지번이 1등급 지역으로 볼 수 있을 것입니다. 그림의 1번 위치가 현관이나 출입문의 위치로 으뜸으로 볼 수 있지만 4번이나 8번의 위치에 출입문을 내어도 좋을 것입니다.

단층일 때는 1번 위치로 볼 수 있지만 고층일 경우에는 4번이나 8번 위치로 내는 것이 더 유익할 수 있을 것입니다.

2번은 서제나 손님 창고 방으로 합당할 것이며 3 4번 위치는 자녀 방 7 8번 위치는 안방으로 적합할 것이며 5 6번은 주방이나 욕실로 설계하는 것이 좋을 것으로 봅니다. 7번과 6번사이나 2번과 3번사이가 응접실로 쓰는 것도 합당하다고 할 수 있을 것입니다.

서북쪽 2등급 소길 지역의 경우입니다.

1번의 위치에 출입문이나 현관을 내는 것이 가장 좋을 것입니다. 단층일 경우에는 4번에 위치에 내는 경우도 있겠지만 1번의 위치가 우선으로 보아야 할 것입니다. 5 6번 위치가 안방으로 8 7번의 위치가 주방과 욕실로 적당할 것이며 3 4번은 자녀 방으로 좋으며 4 5번사이나 7번과 6번사이가 응접실로 쓰면 좋아 보입니다.

동남간 3등급 소흉 지역의 경우입니다.

남에서 북으로 서에서 동으로 지운을 받으므로 단층일 경우에는 1번 위치가 출입문이나 현관의 위치로 합당할 것으로 보이지만 다층일 경우에는 8번에 출입구도 좋아 보입니다.

2번은 서제나 손님 창고 방으로 적당하며 3 4번은 욕실이나 주방으로 5 6번은 안방으로 7 8번은 자녀 방으로 2번과 3번 위치나 4번과 5번사이가 응접실로 합당할 수 있을 것입니다.

서남간 코너에 위치한 4등급 대흉 지역의 경우입니다.

그림에서 1번이 출입구로 적당할 수 있지만 5번의 위치로 출입문을 내어도 좋아 보입니다. 2번은 서제나 손님 창고 방으로 합당할 수 있으며 3 4번의 위치는 자녀 방으로 5 6번의 위치는 주방이나 욕실로 7 8번 위치는 안방으로 합당해 보이며 6 7번 사이 2번 3번 사이를 응접실로 설계해 본다면 가정이 화평해 질 것입니다.

지금 까지는 4등급 지역 코너에 있는 지번에 설명이었습니다.

다음은 4등급 지역의 1등급 지역에서 서도를 접하고 있는 가운데 있는 지번의 경우입니다.

**1 등급 지역 대길 서도형**

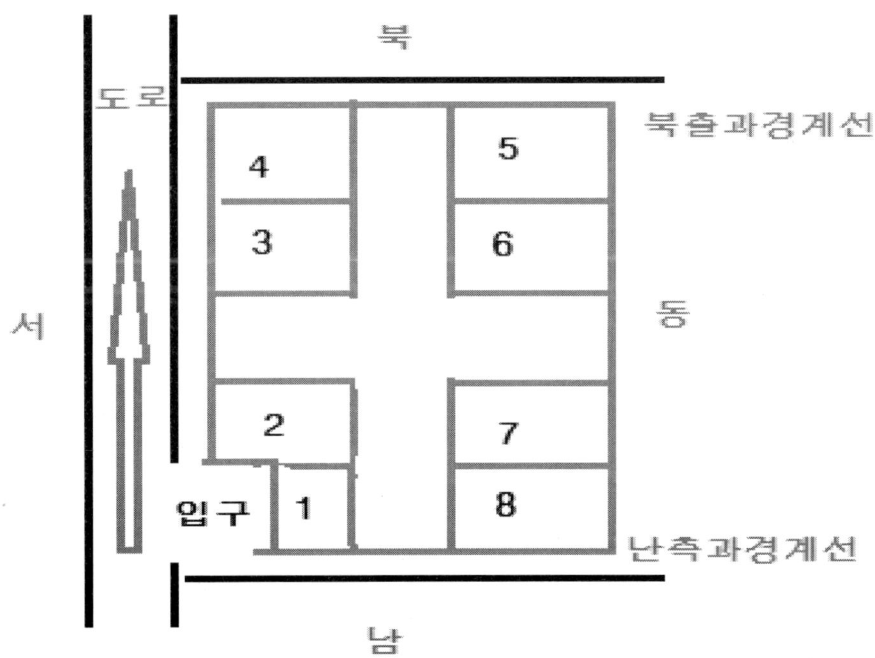

• **서도 형**

서도를 접하고 있고 남측과 북측으로 이웃과 경계를 이루고 있는 지번입니다.

남에서 북으로 지운을 받고 있기 때문에 1번의 위치가 출입문이나 현관의 위치가 가장 합당하다고 할 수 있을 것입니다. 2번은 서제나 손님 창고 방으로 3 4번은 자녀 방으로 5 6번은 욕실이나 주방으로 7 8번은 안방으로 2번과 3번사이나 6번과 7번 사이가 응접실로 합당할 수 있을 것입니다.

다음은 4등급 대흉지역에서 1등급 대길 위치에서 코너 다음 남도를 접해있는 가운데 지번의 경우입니다.

• **남도 형**

서에서 동으로 지운을 받고 있기 때문에 그림에서 1번의 위치가 출입문이나 현관의 위치로 합당할 수 있을 것입니다.

1 등급 대길 남도형

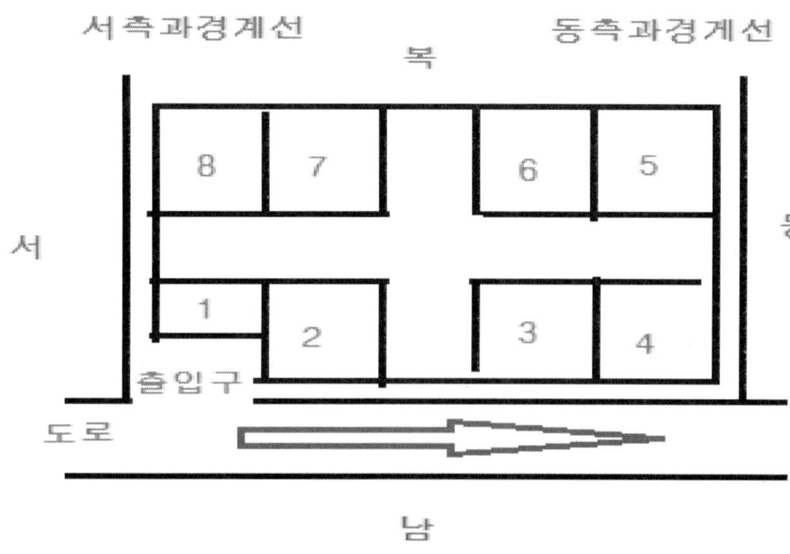

다층일 경우에는 4번의 위치에 낼 수도 있을 것입니다.

위의 그림은 단층을 기준으로 보는 것입니다.

그림을 참고하세요. 2번은 서제나 손님 창고 방으로 7 8번은 자녀 방으로 5 6번의 위치는 주방이나 욕실로 3 4번은 안방으로 합당할 것이며 2 3번사이나 4 5번 사이를 응접실로 구성한다면 가정에 행운이 찾아올 것입니다.

다음은 4등급 지역에서 2등급 소길 지역에서 동도를 접해있는 코너 다음 가운데 있는 지번의 경우입니다

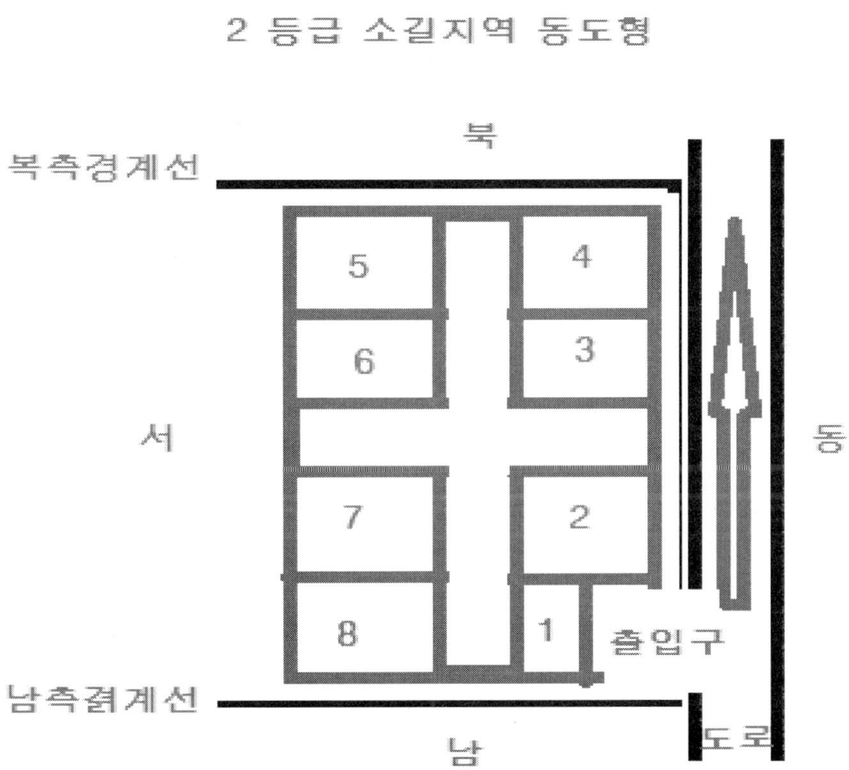

남에서 북으로 흐르는 지운이기 때문에 그림의 1번 위치가 출입구로 합당할 것이며 2번은 서제나 손님 창고 방으로 5번 6번은 주방과 욕실로 3 4번의 위치는 안방 7 8번은 자녀 방으로 6 7번이나 2 3번 위치가 응접실로 설계하는 것이 가장 좋은 설계로 볼 수 있을 것입니다.

다음은 4등급 대흉 지역에서 2등급 남도 형 가운데 있는 지번입니다.

서에서 동으로 흐르는 지운이므로 그림의 1번 위치가 출입문이나 현관으로 볼 수 있으며 2번은 서제나 손님 창고 방으로 볼 수 있으며 5 6번은 안방으로 7 8번은 주방이나 욕실로 합당할 것이며 3 4번은 자녀 방으로 안배하는 것이 안락한 배치로 볼 수 있을 것입니다.

2등급 지역 소길 남도형

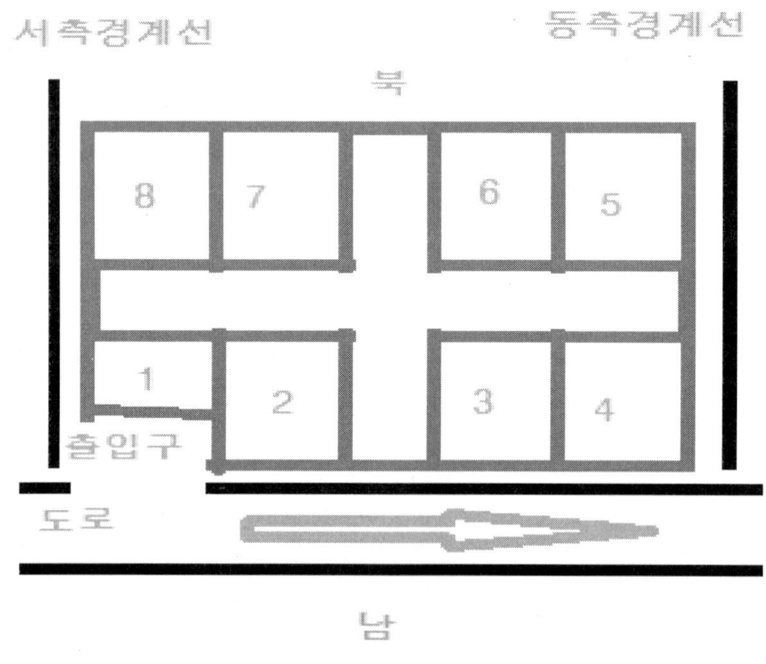

다음은 4등급 지역 3 소흉 북도 형 지번의 경우입니다.

서에서 동으로 흐르는 지운의 경우입니다.

4등급지역 3등급 소흉 북도형

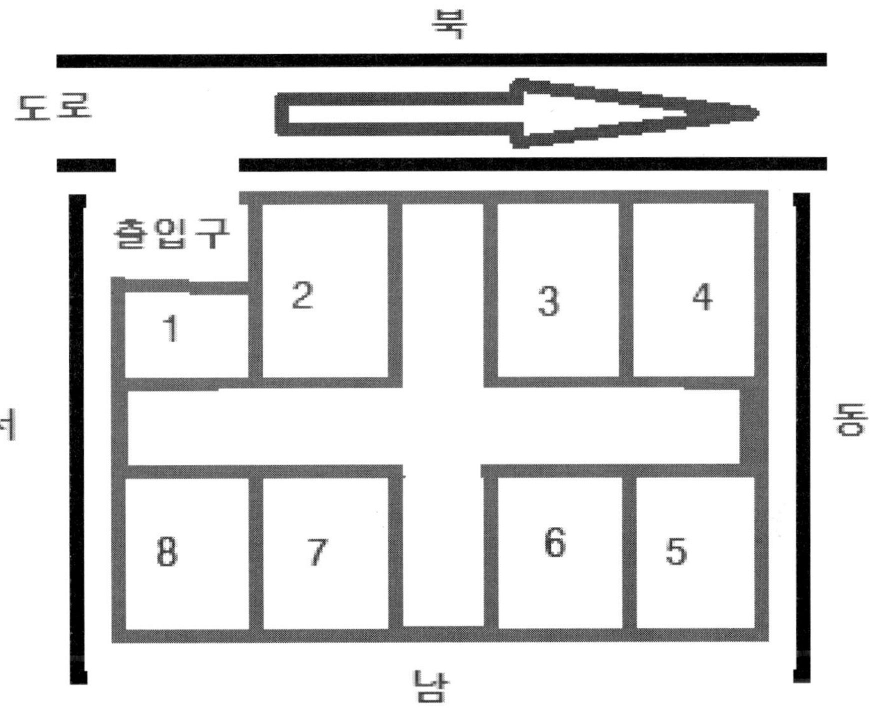


그림에서 1번 출입구나 현관의 위로 합당할 것이며 2번은 서제나 손님 창고 방으로 볼 수 있으며 3 4번은 주방이나 욕실로 5 6번은 안방 7 8번은 자녀 방으로 볼 수 있으며 2 3번 6 7번 사이가 응접실로 합당할 것입니다.

다음은 4등급 지역 3등급 소흉 서도 형 경우입니다.

서도는 남에서 북으로 흐르는 지운의 코너 다음 가운데 있는 지번의 경우입니다.

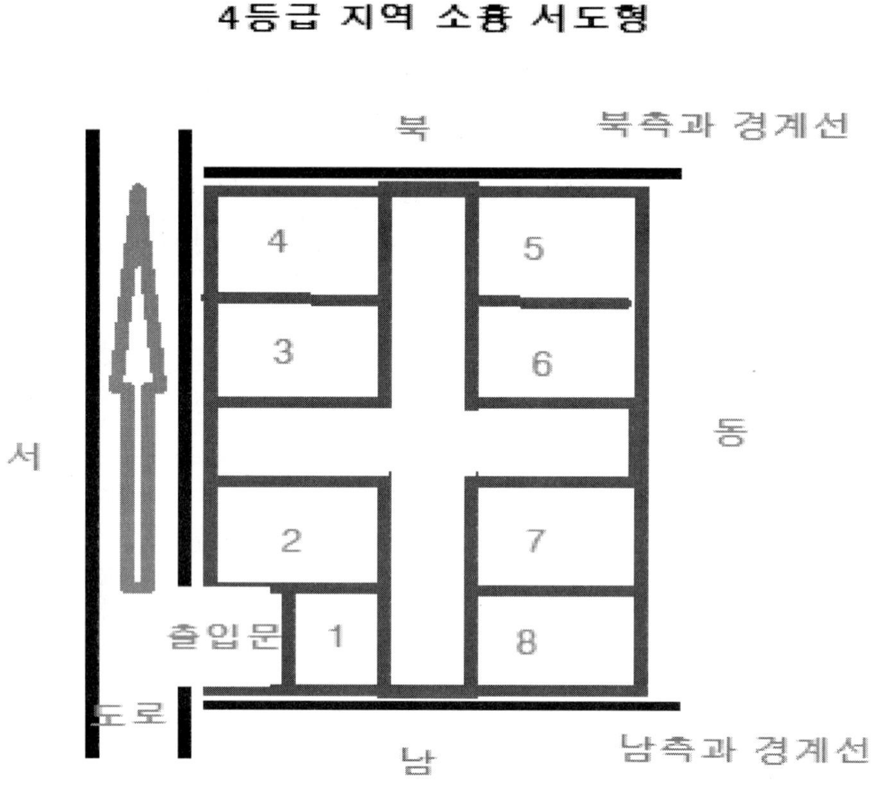


1번의 위치가 현관이나 출입문의 위치로 합당할 것이며 2번은 서재 손님 창고 다용도 실로 합당할 것으로 보이며 3 4번 위치는 안방으로 5 6번은 주방이나 욕실로 7 8자녀 방으로 볼 수 있으며 6번과 7번 사이 2번과 3번 사이가 응접실로 사용하는 것이 합당할 것으로 볼 수 있을 것입니다. 경우에 따라서 6번 위치에 현관을 내어도 좋을 것입니다.

4등급 지역 대흉 동도 형 지번의 경우입니다.

4등급 지역 대흉 동도형

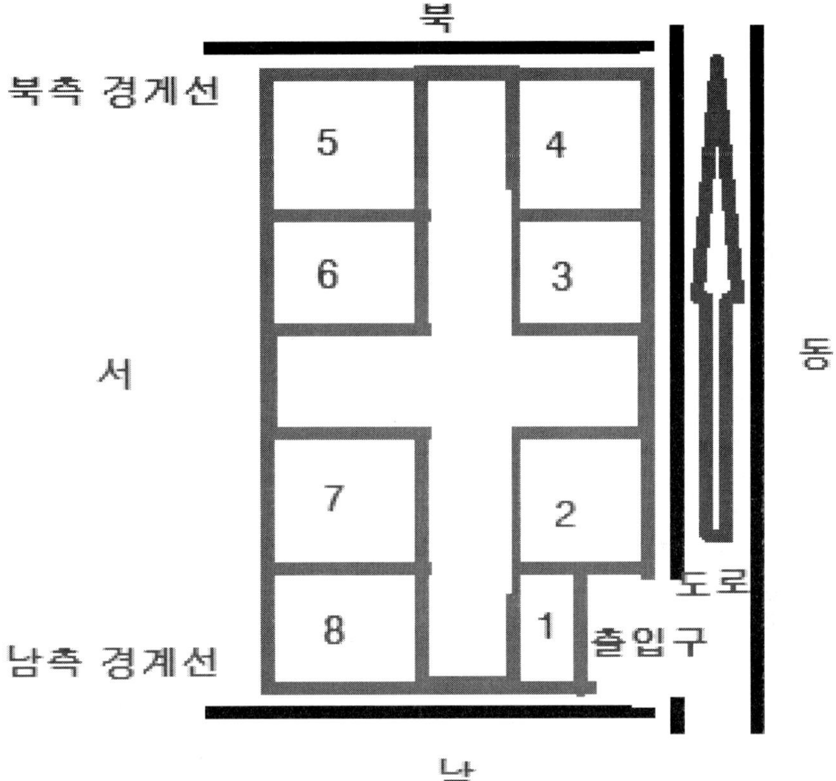


남에서 북으로 흐르는 지운의 경우 이므로 그림에서 1번의 위치가 출입문이나 현관의 위치로 합당하며 2번은 서제 손님방 창고 다용도 실로 볼 수 있으며 3 4번은 주방이나 욕실로 5 6번 위치는 안방으로 볼 수 있으며 7 8번은 자녀 방으로 합당할 수 있으며 2 3번사이나 6 7번 사이에 응접실로 설계하는 것이 가장 안락한 설계라고 할 수 있을 것입니다.

다음은 4등급 지역 대흉 북도 형 코너 다음 가운데 있는 지번의 경우입니다. 서에서 동으로 흐르는 지운이므로 7 8 5 6위치에 출입문을 낼 수가 없다.

4 등급 지역 대흉 북도형

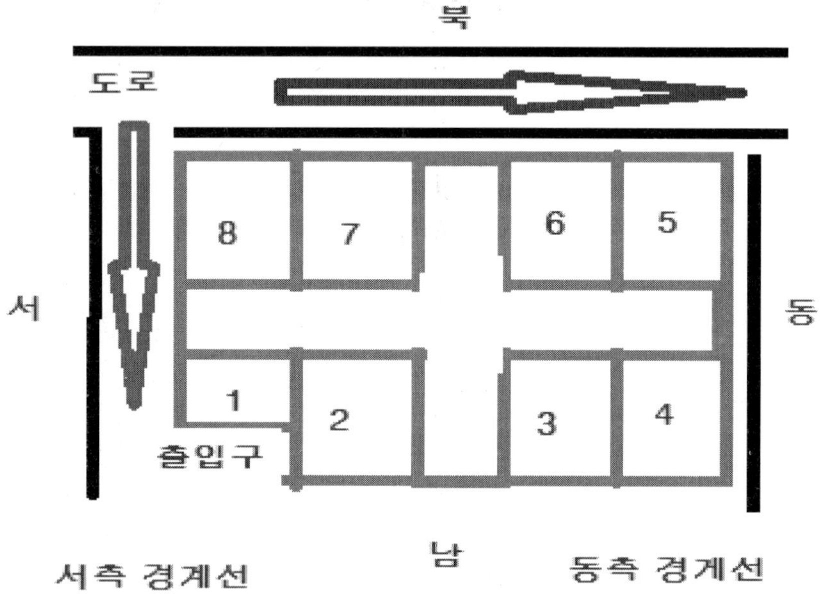


그러므로 서쪽 경계선에서 그림에서 표시한 화살표 방향으로 들어와서 그림의 1번 위치에 출입문이나 현관을 내는  이 가장 이상적이 설계라고 할 수 있을 것입니다. 관공서나 국가 관리구역의 시설에서는 상관이 없지만 개인의 주택이라면 그림의 위치를 참고 하시기 바랍니다.

2번의 위치는 서제 손님 창고 다용도실로 합당할 수 있을 것이며 3 4번의 위치는 자녀 방으로 5 6번의 위치는 주방으로 7 8번의 위치는 안방으로 합당할 수 있으며 2 3번사이나 6 7번 사이가 응접실로 볼 수 있을 것입니다.

## 2장 윤회(輪廻)

### 1. 전생(前生)

우리의 생명이 시작되는 시점 즉 어머니의 자궁에 착상되어 생명이 시작되는 일로부터 출생하는 날 까지를 전생이라고 할 수 있으며 1개월을 30일로 기준으로 보고 9개월 동안을 태중에 1달을 현제 시간으로 10년으로 보고 9개월을 계산해 보면 전생을 90년 주기로 볼 수 있으며 어머니가 아이를 잉태하고 사는 곳이 아이의 초년 운이 형성된다고 보시면 될 것입니다.

지금까지는 아무런 생각 없이 부모가 살던 곳에서 태어나서 부모가 물려준 전답에 의존하여 살아왔다고 하면 그 지번이 경사가 없고 평탄한 가정은 초 년이 경사각이 심한 지역의 살고 있는 친구보다 초년이 좋게 보일 것이며 지금은 아닌 것 갖아도 후일 발 복이 보장될 것입니다.

주소지의 비밀은 비슷한 한경에서 살고 있는 이웃집의 지번을 한 집 한집 비교 분석애서 쓴 책입니다. 그러므로 전생에서 이생으로 온 것은 나의 의지가 아니고 부모님의 환경에서 비롯되어 어쩔 수 없으며 이생에서 90년 주기는 내가 선택해서 길지에 운을 의지한다면 일생을 유복하게 살아갈 수 있을 것입니다.

이 기간을 이생 현제의 살아가는 주기라고 하고 이생의 주기를 90년으로 볼 수 있을 것입니다.

부모님의 환경에서 출생하여 30년 까지는 초년 이라고 하고 부모는 교육 건강 경제 문화 모든 면에서 돌봐 주어야 할 의무가 주어진다.

30세에서 60세 까지를 중년이라고 하고 부모 자식 가정의 책임을 가지게 되며 종족의 번성과 가계를 책임져야 하며 자녀들의 미래에 희망을 주어야 할 의무가 주어진다.

60세에서 90세 까지를 궁극(窮極) 60년 동안 통제한 것에 대한 지식과 경제 가족의 중요성을 후손에게 가르쳐 주어야 할 의무가 있으며 이 시기를 말년 이라고 할 수 있을 것입니다.

인간의 탄생에서 죽음을 맞이하여 이생을 마감하면 바로 매장을 하고 나면 살은 썩어서 초목의 영양소가 되어 초목은 무성하게 성장하여 그 잎과 줄기는 다른 초식동물들을 양육하게 되며 그 인자는 하천으로 바다로 유입되어 다른 인자와 만나서 또 다른 생명체를 유발 하게 될 것입니다.

뼈는 산화되어 다른 동식물의 칼-슘을 보급하여 뼈와 발톱 을 만들어 지는 인자로 돌아올 것입니다. 이렇게 살이 썩고 뼈가 산화되어 돌아오는 과정이 90년 주기로 볼 수 있으며 이시기를 사람들은 저승 후생이라고 말하고 사람이 죽으면 다시 다른 동 식물로 환생된다고 믿고 이것을 윤회라고 할 수 있을 것입니다.

그러므로 우리가 편의에 따라 생산을 하는 먹을거리 에서 생활필수품 기계 문명을 개발 발전하는 것에는 무어라고 말할 수 없지만 지구환경이나 인류사회에 해가되는 것에서는 생각해볼 필요성이 있을 것입니다.

이렇게 잉태서 죽음 그리고 후생에서 새로운 인자가 생겨나는 주기를 270년

걸린다고 보고 나쁜 것은 만들지도 말고 후손에게 자연에 유익한 인자가 많이 생겨나도록 살아가야할 것입니다.

주소지의 비밀에서는 살고 있는 곳이 우리들의 환경이 되므로 이 책을 통하여 길지를 얻어 행복한 가정을 이루어 보세요,

부동산 사전 일명 주소지의 비밀을 미칩니다.

필자는 독자 여러분에게 쉽게 이해가 가도록 세밀하게 표현하려고 노력을 하였습니다 만은 그림이 많아 뜻대로 되지 않아 미숙한 부분이 있더라도 이해하시고 여러 번 반복해서 숙지해 보세요. 여기에서 지명이나 지역 4등급지역의 구분에서 그 지역을 나쁜 의미로  하려는 의미가 아니고 지운의 용도 적성을 예를 들어 설명한 것이므로 오해가 없어 시길 간절히 바랍니다.

지역은 달라도 의미는 같으므로 다른 장 또는 다른 지역에서도 이해할 수 있을 것입니다. 그러면 풍수에 관심이 있는 독자 여러분도 전문가가 되어 토지 건물 이사를 갈 때 도움이 될 것입니다.

필자는 풍수를 이해하기위하여 고향에서 이웃 마을까지 현장을 가보고 연구하여 이 자료를 쓴 것입니다.

이 책을 읽고 깨달음을 얻어 여러분의 가정에 행복하고 유복한 가정을 이루기를 기원합니다.